# 2019
# 中国民政统计年鉴

CHINA CIVIL AFFAIRS STATISTICAL YEARBOOK

中华人民共和国民政部　编

中国社会出版社
国家一级出版社 · 全国百佳图书出版单位

图书在版编目（CIP）数据

中国民政统计年鉴. 2019 / 中华人民共和国民政部编. -- 北京 ：中国社会出版社，2019.10
ISBN 978-7-5087-6242-5

Ⅰ. ①中… Ⅱ. ①中… Ⅲ. ①民政事务－统计资料－中国－2019 Ⅳ. ①D632-66

中国版本图书馆CIP数据核字(2019)第242861号

书　　名：中国民政统计年鉴（2019）
编　　者：中华人民共和国民政部

出 版 人：浦善新
终 审 人：王　前
策划编辑：张　党
责任编辑：朱赛亮

出版发行：中国社会出版社　　邮政编码：100032
通联方式：北京市西城区二龙路甲33号新龙大厦4层
电　　话：编辑部：（010）58124867
邮购部：（010）58124848
销售部：（010）58124845
传　真：（010）58124856
网　　址：www.shcbs.com.cn
shcbs.mca.gov.cn
经　　销：各地新华书店

中国社会出版社天猫旗舰店

印刷装订：中国电影出版社印刷厂
开　　本：210mm × 297mm 1/16
印　　张：32.25
字　　数：1000千字
版　　次：2019年10月第1版
印　　次：2019年10月第1次印刷
定　　价：320.00元

中国社会出版社微信公众号

# 2019
# 中国民政统计年鉴

## 编委会和编辑人员

# 编者说明

《中国民政统计年鉴（2019）》收录了全国各省、自治区、直辖市2018年民政事业的统计数据以及部分历史数据，是一部反映2018年度中国民政事业发展的资料性年刊。

本年鉴内容由六部分组成：第一部分是专文，即2018年民政事业发展统计公报；第二部分是主要数据图表；第三部分是综合统计资料；第四部分是历年统计资料；第五部分是当年分省统计资料；第六部分是主要指标解释。

本年鉴中涉及的全国性统计数据均不包括香港特别行政区、澳门特别行政区和台湾省的数据。

本年鉴中部分数据合计数或相对数由于计量单位取舍不同而产生的计算误差，均未作机械调整。

本年鉴各表中，“－”符号表示数据不足本表最小计量单位，“空格”符号表示该项统计数据为零，“#”表示为其中主要项。

本年鉴凝聚了全国民政系统广大规划财务部门统计工作者和有关部门统计人员的辛勤汗水和工作成果。本书的编辑出版得到了各级领导和统计战线同志们的热情支持和帮助。在此，向所有关心和支持该书编辑出版的同志们表示衷心的谢意！

# 目　录

## 第一部分：专文



## 第二部分：主要数据图表

### 综合



### 社会工作

## 成员组织和其他社会服务



# 第三部分：综合统计资料

## 综合

## 社会工作



## 成员组织和其他社会服务



# 第四部分：历年统计资料

## 综合

## 社会工作



## 成员组织和其他社会服务

# 第五部分：当年分省统计资料

## 综合

### 行政区划和行政机关



### 社会服务总体情况



## 社会工作

## 提供住宿的社会服务活动



## 不提供住宿的社会服务活动

## 其他



# 第六部分：主要指标解释

# 第一部分

# 专文

# 2018年民政事业发展统计公报

2018年，全国民政系统深入学习贯彻习近平新时代中国特色社会主义思想，全面贯彻落实党的十九大和十九届一中、二中、三中全会精神，坚持以人民为中心的发展思想，牢固树立和践行“民政为民、民政爱民”工作理念，全面贯彻落实党中央、国务院各项决策部署，不断深化民政工作改革创新，坚定不移推进全面从严治党，民政事业取得新进展、新成效。

## 一、综合

截至2018年底，全国共有省级行政区划单位34个，地级行政区划单位333个，县级行政区划单位2851个，乡级行政区划单位39945个。2018年共联合检查省界14条，完成了总长度11982公里的省界联检任务。

表1　2018年行政区划情况

单位：个

| 指标 | 数量 | 指标 | 数量 |
|---|---|---|---|
| **省级** | **34** | **县级** | **2851** |
| 直辖市 | 4 | 市辖区 | 970 |
| 省（含台湾省） | 23 | 县级市 | 375 |
| 自治区 | 5 | 县 | 1335 |
| 特别行政区 | 2 | 自治县 | 117 |
| **地级** | **333** | 旗 | 49 |
| 地级市 | 293 | 自治旗 | 3 |
| 地区 | 7 | 林区 | 1 |
| 自治州 | 30 | 特区 | 1 |
| 盟 | 3 | **乡级** | **39945** |
| | | 镇 | 21297 |
| | | 乡 | 10253 |
| | | #民族乡 | 981 |
| | | 街道办事处 | 8393 |
| | | 区公所 | 2 |

截至2018年底，全国民政部门登记和管理的民政服务机构和设施共计187.6万个，职工总数1470.0万人，固定资产原价5736.2亿元；各类民政服务机构和设施拥有床位755.9万张，每千人口社会服务床位数5.4张；民

政基本建设在建项目建设规模2029.3万平方米，全年实际完成投资总额188.0亿元。2018年，全国民政事业费支出4076.9亿元，占国家财政支出的1.8%；其中中央财政向各地转移支付的民政事业费1485.6亿元，占全年民政事业费支出的36.4%。

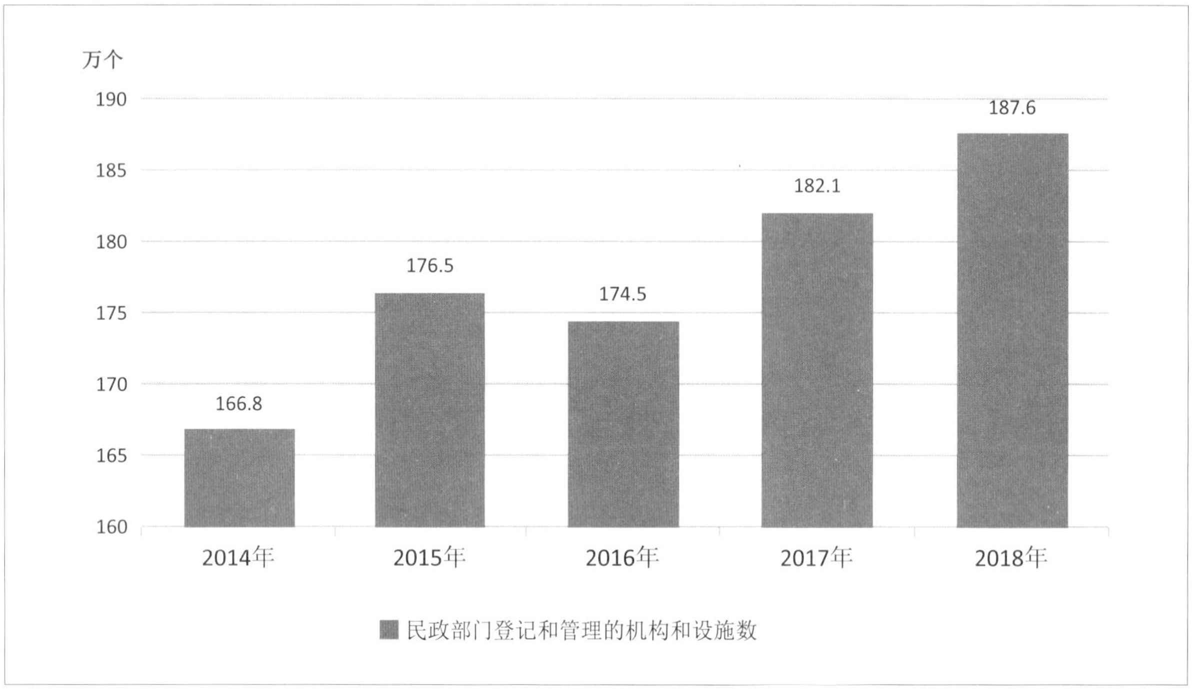


图1　2014 — 2018年民政部门登记和管理的机构和设施情况

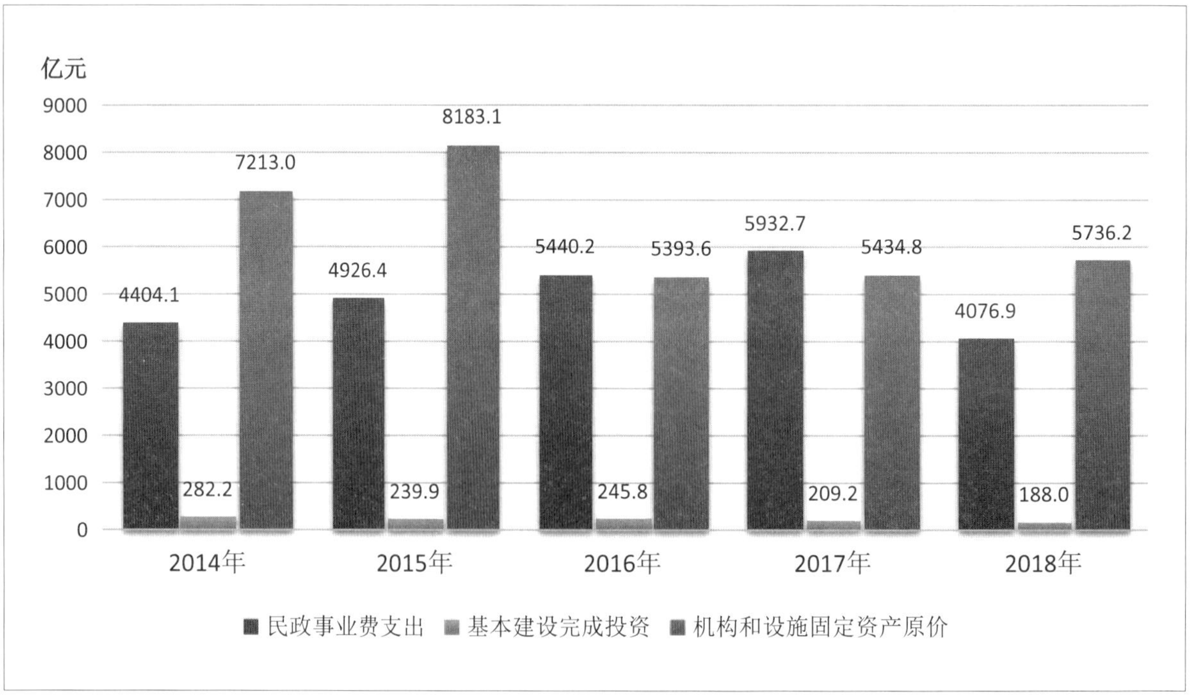


图2　2014 — 2018年民政事业发展总体情况

## 二、社会工作

### （一）提供住宿的社会工作

截至2018年底，全国注册登记的提供住宿的各类民政服务机构共计3.1万个，其中：注册登记为事业单位的1.6万个，注册登记为民办非企业单位的1.4万个。机构内床位408.1万张，年末收留抚养人员211.9万人。

表2　2018年提供住宿的民政服务机构情况

| 指标 | 机构（个） | 床位（万张） |
|---|---|---|
| 合计 | **31291** | **408.1** |
| 养老机构 | **28671** | **379.4** |
| 其中：社会福利院 | 1499 | 36.8 |
| 农村特困人员救助供养机构 | 13885 | 154.2 |
| 精神疾病服务机构 | **145** | **6.3** |
| 社会福利医院 | 145 | 6.3 |
| 儿童福利和救助机构 | **651** | **9.7** |
| 儿童福利机构 | 475 | 8.9 |
| 未成年人救助保护中心 | 176 | 0.8 |
| 其他提供住宿机构 | **1824** | **12.7** |
| 生活无着人员救助管理站 | 1534 | 10.2 |
| 其他提供住宿的机构 | 290 | 2.6 |

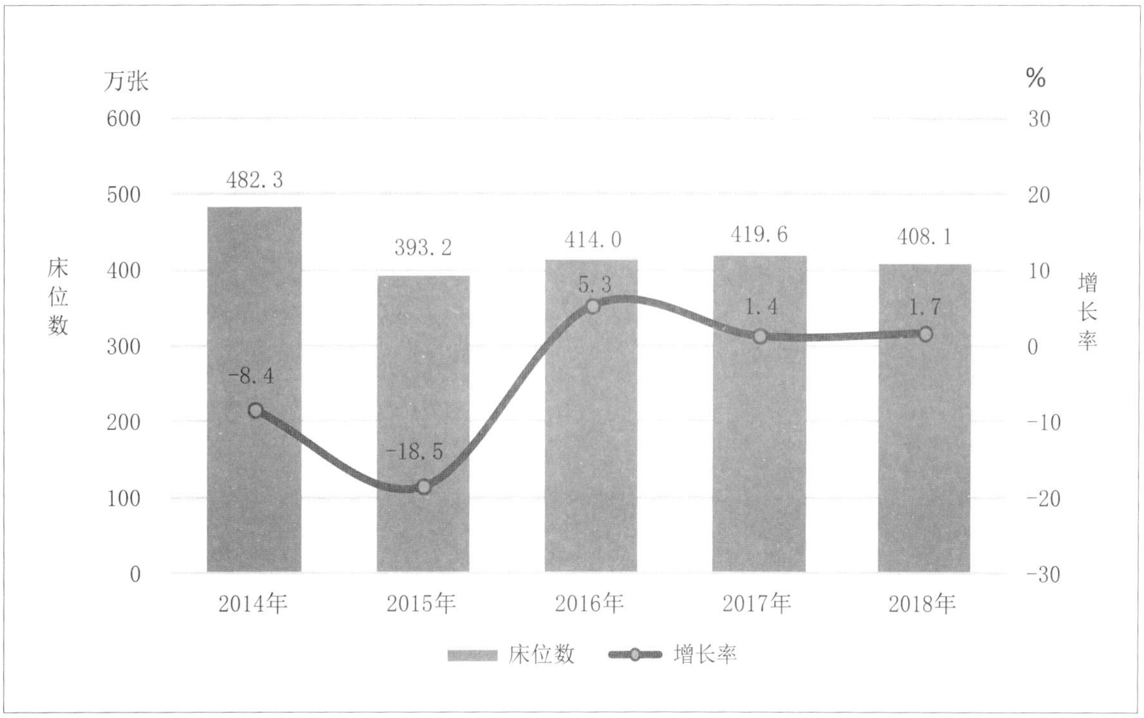


图3　2014 — 2018年提供住宿的民政服务机构床位情况

1.**提供住宿的养老服务**。截至2018年底，全国各类养老机构和设施16.8万个，养老床位合计达到727.1万张，比上年增长3.3%，每千名老年人拥有养老床位29.1张。其中：全国共有注册登记的养老机构2.9万个，比上年增长10.0%，床位379.4万张，比上年增长3.9%；社区养老照料机构和设施4.5万个，社区互助型养老设施9.1万个，社区留宿和日间照料床位达到347.8万张。

2.**提供住宿的精神疾病服务**。截至2018年底，全国民政部门管理的精神疾病服务机构——社会福利医院145个，床位6.3万张。

3.**提供住宿的儿童福利和救助保护服务**。截至2018年底，全国共有儿童福利和救助保护服务机构651个，床位9.7万张，年末收留抚养各类人员4.9万人。其中注册登记的独立儿童福利机构475个，床位8.9万张；注册登记的独立未成年人救助保护中心176个，床位0.8万张，全年共救助流浪乞讨未成年人2.2万人次。

4.**其他提供住宿的服务**。截至2018年底，全国共有其他提供住宿的民政服务机构1824个，床位12.7万张。其中：各类救助管理机构1534个，床位10.2万张，全年救助生活无着流浪乞讨人员155.0万人次（在站救助119.8万人次，站外救助35.2万人次）。

## （二）不提供住宿的社会工作

1.**老年人福利**。截至2018年底，全国60周岁及以上老年人口24949万人，占总人口的17.9%，其中：65周岁及以上老年人口16658万人，占总人口的11.9%。享受高龄补贴的老年人2972.3万人，比上年增长10.8%；享受护理补贴的老年人74.8万人，比上年增长22.0%；享受养老服务补贴的老年人521.7万人，比上年增长47.2%；享受其他老龄补贴的老年人3.0万人。

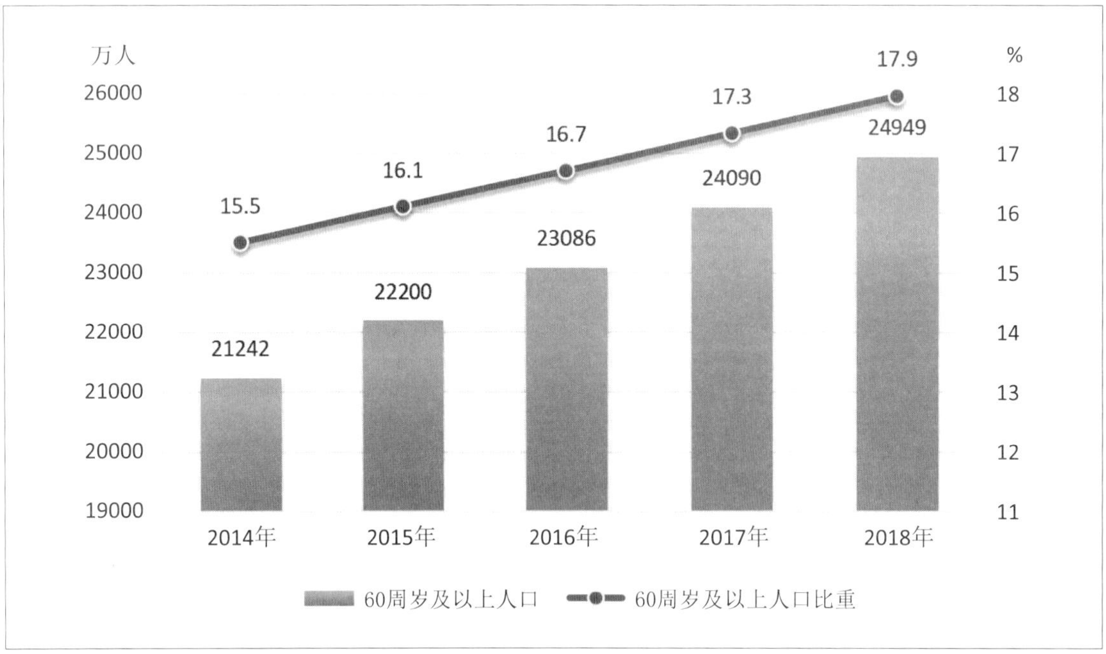


注：本图表资料来源于国家统计局。

图4 2014 — 2018年60周岁及以上老年人口及其占全国总人口比重

**2.儿童福利和收养登记**。截至2018年底，全国共有孤儿30.5万人，其中：集中养育孤儿7.0万人，基本生活保障平均标准1344.0元/人 · 月；社会散居孤儿23.5万人，基本生活保障平均标准924.0元/人 · 月。2018年，全国各级支出儿童福利经费49.6亿元，其中孤儿基本生活保障经费39.5亿元，其他儿童福利经费10.1亿元。

2018年，全国办理收养登记1.6万件，其中：内地居民收养登记1.5万件，港澳台及华侨收养登记116件，外国人收养登记1685件。

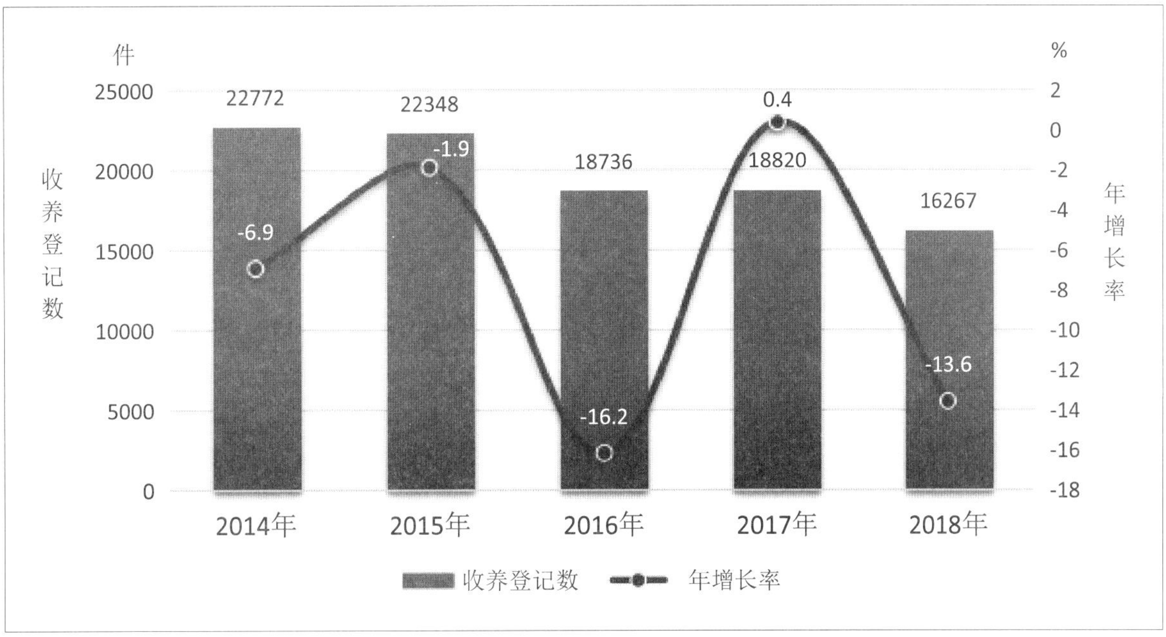


图5 2014 — 2018年收养登记情况

**3.残疾人服务**。2018年，全国有困难残疾人生活补贴对象1005.8万人，重度残疾人护理补贴对象1193.0万人。截至2018年底，民政部门直属康复辅具机构21个，职工0.6万人，固定资产原价4.7亿元。

**4.社会救助。**

**最低生活保障**。截至2018年底，全国有城市低保对象605.1万户、1007.0万人。全国城市低保平均保障标准579.7元/人 · 月，比上年增长7.2%。全年支出城市低保资金575.2亿元。全国有农村低保对象1901.7万户、3519.1万人。全国农村低保平均保障标准4833.4元/人 · 年，比上年增长12.4%。全年支出农村低保资金1056.9亿元。

**特困人员救助供养**。截至2018年底，全国共有农村特困人员455.0万人，比上年减少2.6%。全年支出农村特困人员救助供养资金306.9亿元。全国共有城市特困人员27.7万人，比上年增长9.1%。全年支出城市特困人员救助供养资金29.5亿元。

**临时救助**。2018年，共实施临时救助1108.0万人次，其中救助非本地户籍对象9.4万人次。全年支出临时救助资金130.6亿元，平均救助水平1178.8元/人次。

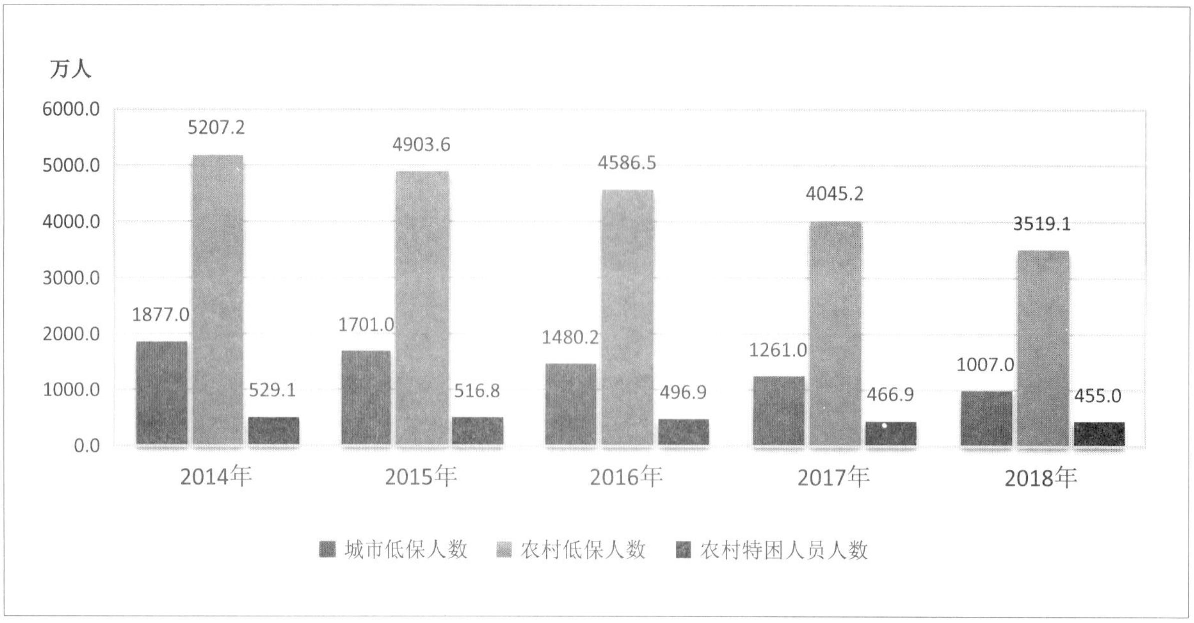


图6　2014 — 2018年城乡低保对象、农村特困人员情况

5.慈善事业和专业社会工作。

**慈善服务**。截至2018年底，全国共有经常性社会捐赠工作站、点和慈善超市1.2万个（其中：慈善超市3464个）。全年有1072.0万人次在民政领域提供了2388.7万小时的志愿服务。2018年，全国社会组织捐赠收入达919.7亿元，比上年增长26.1%。

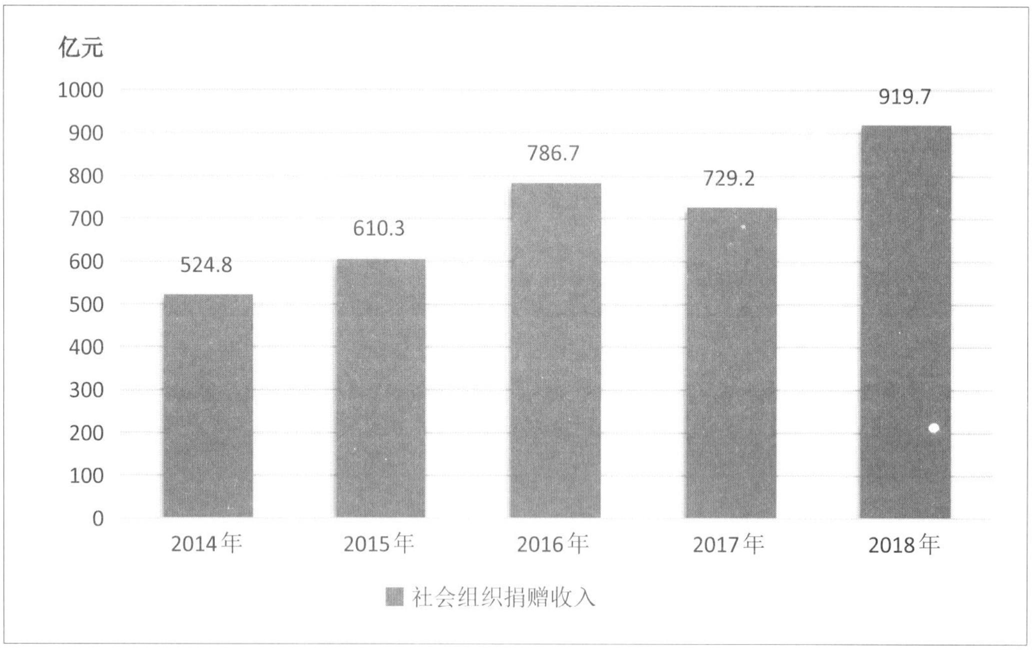


图7　2014 — 2018年社会组织捐赠收入情况

**专业社会工作**。全国持证社会工作者共计43.9万人，其中社会工作师10.7万人，助理社会工作师33.2万人。

**福利彩票**。2018年中国福利彩票销售2245.6亿元，比上年增加75.8亿元，增长3.5%。全年筹集彩票公益金643.6亿元，比上年增长3.6%。全年民政系统共支出彩票公益金251.7亿元，比上年增长3.0%，其中用于社会福利171.5亿元，用于社会救助9.1亿元。

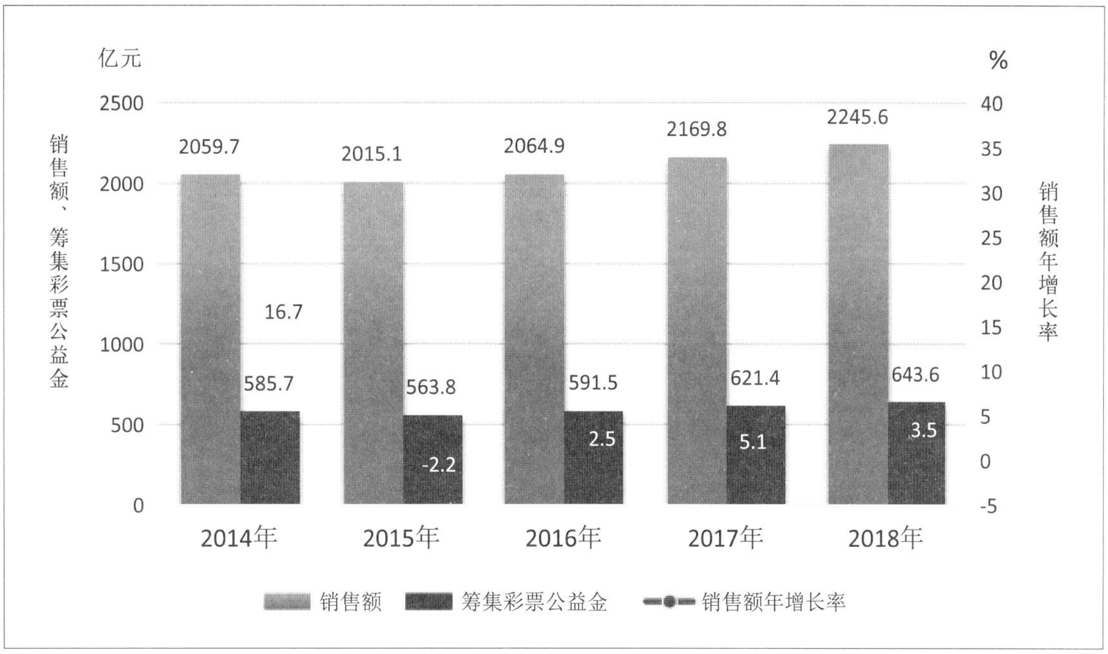


**图8　2014 — 2018年福利彩票销售额、增长率及筹集公益金情况**

**6.社区服务**。截至2018年底，全国共有各类社区服务机构和设施42.7万个。城市社区综合服务设施覆盖率78.7%，农村社区综合服务设施覆盖率45.3%。社区志愿服务组织（团体）12.9万个。

**表3　2018年社区服务机构和设施情况**

| 指标 | 单位 | 合计 | 城市 | 农村 |
|---|---|---|---|---|
| **社区服务机构和设施** | **万个** | **42.7** | **18.1** | **24.5** |
| 社区服务指导中心 | 个 | 569 | 554 | 15 |
| 社区服务中心 | 万个 | 2.8 | 1.6 | 1.1 |
| 社区服务站 | 万个 | 14.9 | 6.8 | 8.1 |
| 未登记的农村特困人员救助供养机构 | 万个 | 0.4 | — | 0.4 |
| 社区养老照料机构和设施 | 万个 | 4.5 | 1.8 | 2.6 |
| 社区互助型养老服务设施 | 万个 | 9.1 | 0.9 | 8.2 |
| 其他社区服务设施 | 万个 | 11.0 | 7.0 | 4.0 |

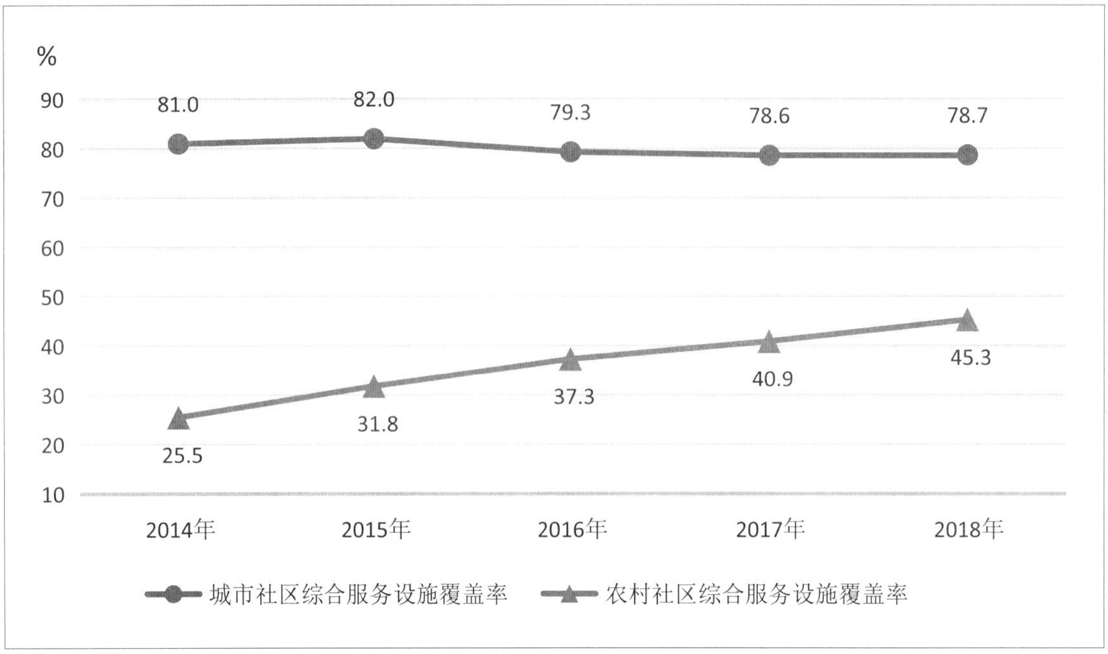


图9　2014 — 2018年社区服务机构和设施覆盖率

## 三、成员组织和其他社会服务

### （一）成员组织

**1.社会组织。**截至2018年底，全国共有社会组织81.7万个，比上年增长7.3%。其中社会团体36.6万个，基金会7034个，民办非企业单位44.4万个。吸纳社会各类人员就业980.4万人，比上年增长13.4%。全年共查处社会组织违法违规案件9295起，行政处罚8665起。

表4　2018年社会组织按主要活动领域分类

单位：个

| 指标 | 社会团体 | 基金会 | 民办非企业单位 |
|---|---|---|---|
| 合计 | **366234** | **7034** | **444092** |
| 科学研究 | 14838 | 504 | 14665 |
| 教育 | 10102 | 1511 | 240012 |
| 卫生 | 8707 | 177 | 30882 |
| 社会服务 | 49409 | 2341 | 73024 |
| 文化 | 41835 | 295 | 26614 |
| 体育 | 33722 | 42 | 19986 |
| 工商业服务 | 42510 | 224 | 5437 |
| 农村及农村发展 | 64745 | 86 | 3060 |
| 其他 | 100366 | 1854 | 30412 |

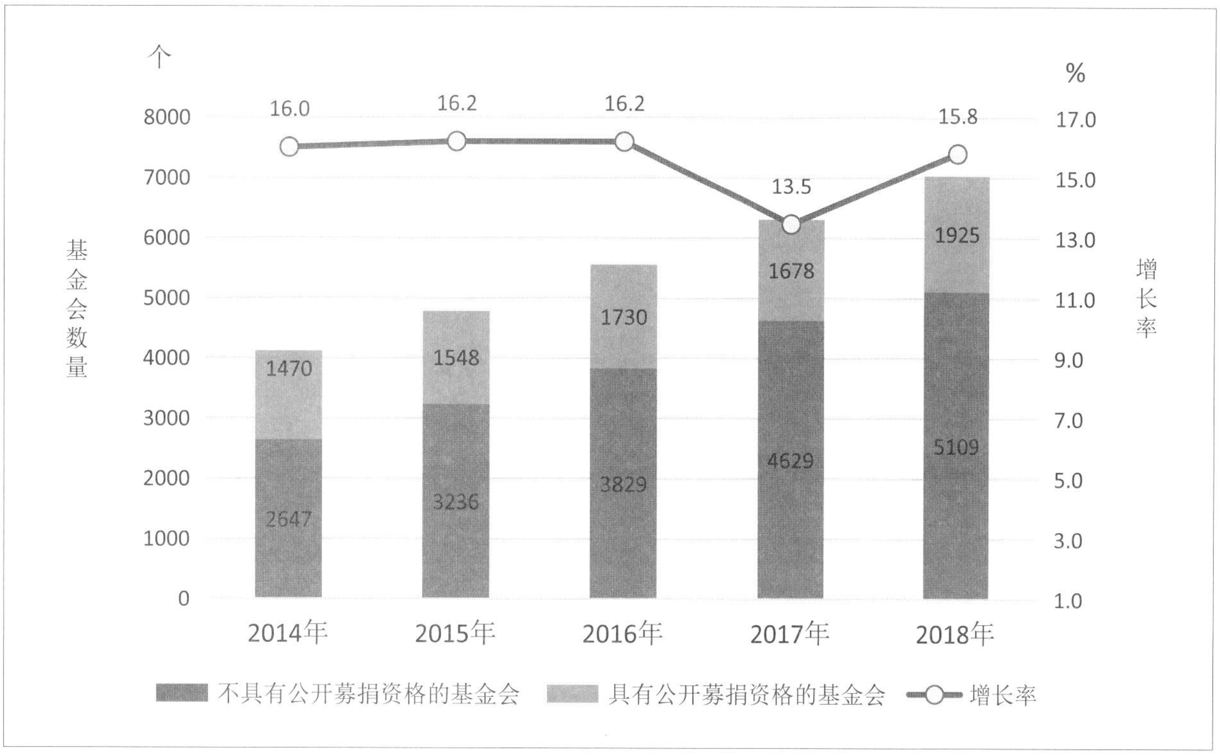


图10　2014 — 2018年基金会情况

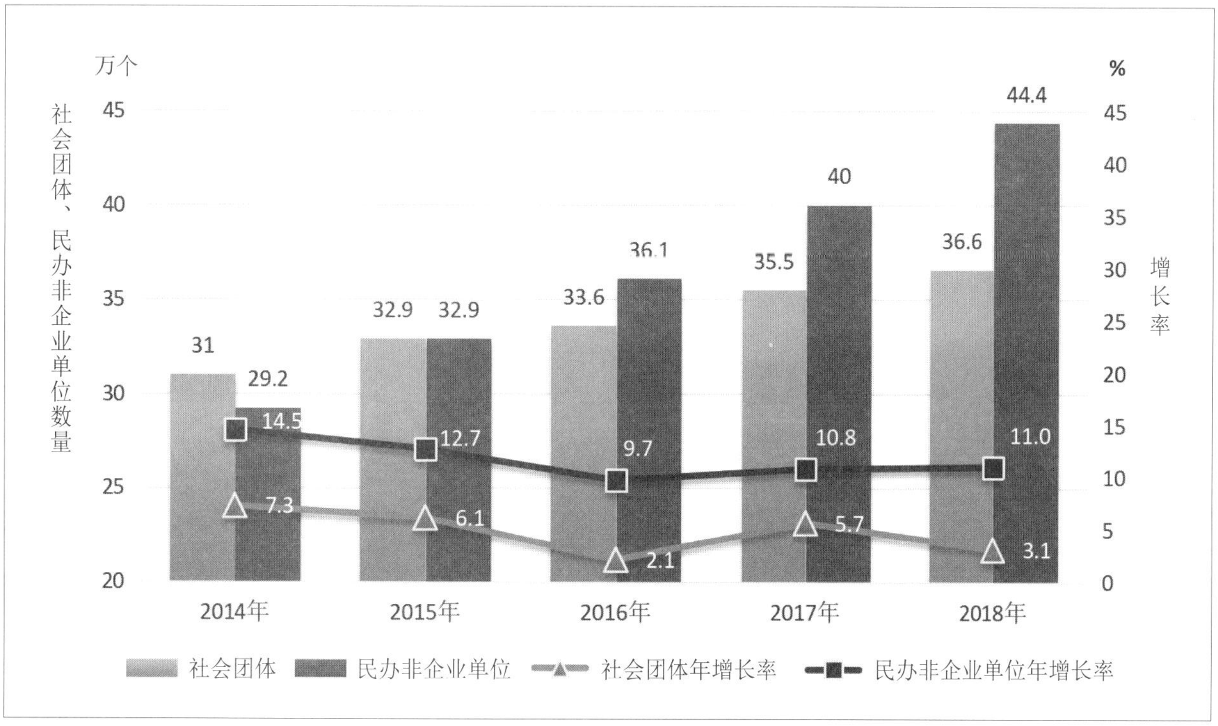


图11　2014 — 2018年社会团体、民办非企业单位情况

**2.自治组织。**截至2018年底，全国基层群众性自治组织共计65.0万个，其中：村委会54.2万个，比上年

下降2.2%，村民小组449.1万个，村委会成员221.5万人，比上年下降1.2%；居委会10.8万个，比上年增长1.3%，居民小组156.3万个，居委会成员57.9万人，比上年增长2.3%。全年共有27.6万个村（居）委会完成选举，登记选民数为2.8亿人，参与投票人数为2.3亿人。

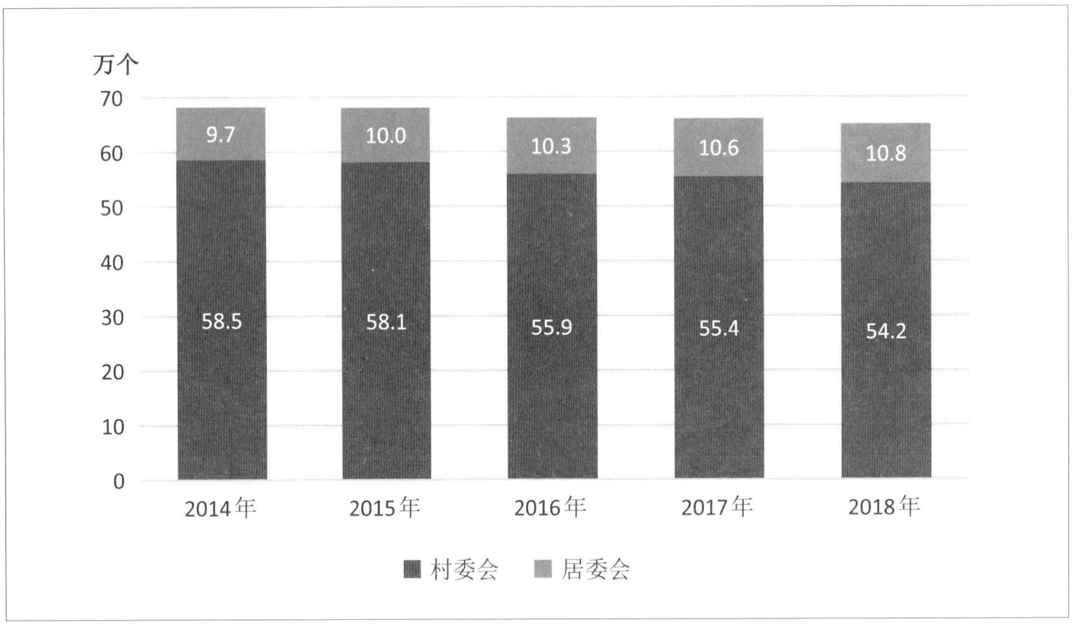


图12　2014 — 2018年基层群众性自治组织情况

## （二）其他社会服务

**1.婚姻登记服务。**2018年全国婚姻登记机构和场所共计4649个，其中婚姻登记机构1114个，全年依法办理结婚登记1013.9万对，比上年下降4.6%，其中涉外及华侨、港澳台居民登记结婚4.8万对。结婚率为7.3‰，比上年降低0.4个千分点。2018年依法办理离婚手续的共有446.1万对，比上年增长2.0%，其中：民政部门登记离婚381.2万对，法院判决、调解离婚64.9万对。离婚率为3.2‰，与上年持平。

图13　2014 — 2018年结婚率和离婚率

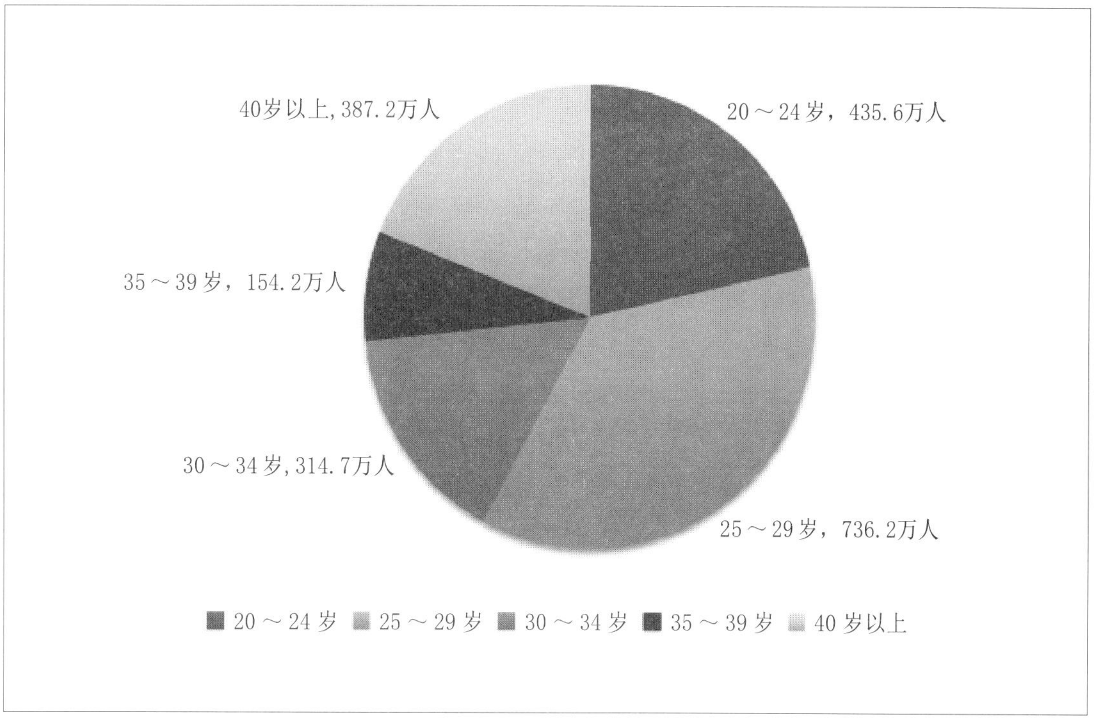


图14　2018年结婚登记人口年龄分布情况

**2.殡葬服务**。截至2018年底，全国殡葬服务机构共计4043个，其中：殡仪馆1730个，殡葬管理机构946个，民政部门管理的公墓1367个；殡葬服务机构职工8.0万人，其中殡仪馆职工4.6万人；火化炉6444台，火化遗体501.7万具，火化率50.5%，比上年增长1.6个百分点。

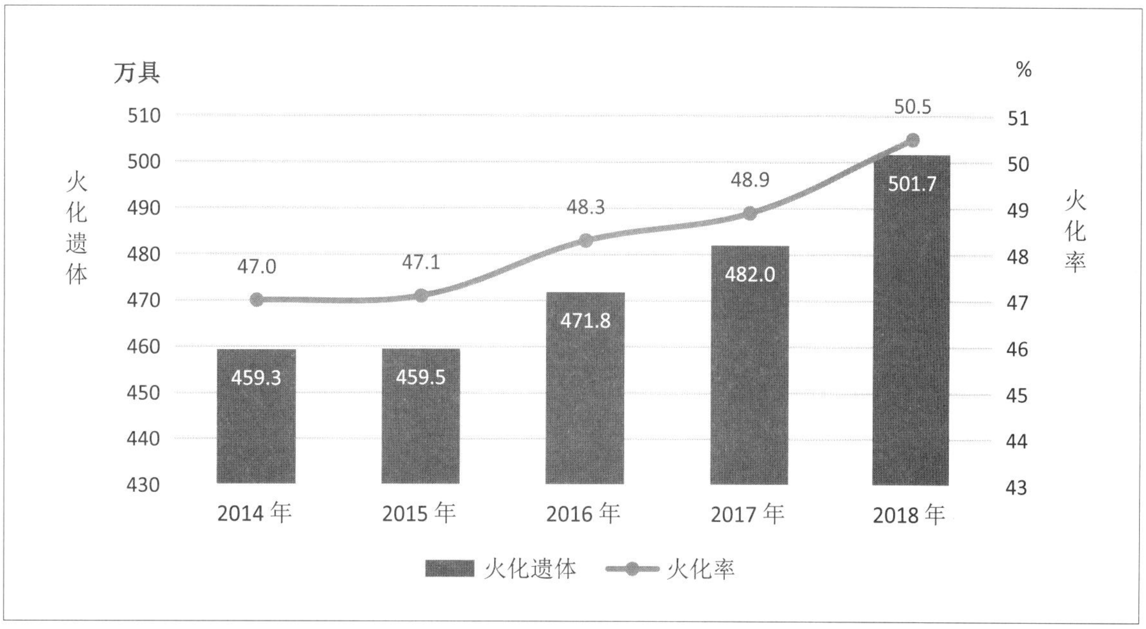


图15　火化遗体情况

**注释：**

1.本资料中的民政对象人数和机构数均为当年实际发生数和注册登记的法定机构数，与当年批准数、计划数不可比。

2.本资料部分数据因四舍五入原因，存在分项数据与合计数据不等情况，由此产生的误差，均未作机械调整。

3.各项统计数据均未包括香港特别行政区、澳门特别行政区和台湾省。

4.财政部、民政部下拨中央资金不包含部分拨付新疆生产建设兵团资金等。

5.图1中“乡”包含“民族乡”“苏木”和“民族苏木”。

6.自2018年起，养老机构及其床位统计范围不再包括荣誉军人康复医院、复员军人疗养院、军休所。

7.社会组织捐赠收入数据使用的是2018年完成年检社会组织的相关数据。

8.离婚登记服务中法院判决、调解离婚数据来源于最高人民法院。

# Statistical Report on the Development of Civil Affairs in 2018

In 2018, Civil Affairs Departments at all levels have earnestly studied and implemented Xi Jinping Thought on Socialism with Chinese Characteristics for a New Era and the spirit of the 19th CPC National Congress and the First, the Second and the Third Plenary Sessions of the 19th CPC Central Committee. Following the people-centered approach to development, Civil Affairs Departments have firmly established and implemented the work philosophy of Loving People and Cherishing People, fully implemented the decisions and deployment made by the Party Central Committee, firmly promoted the full and strict governance over the Party, and comprehensively advanced reforms and innovation in civil affairs. The course of civil affairs has witnessed new progress and achievements.

## Ⅰ. Overview

By the end of 2018, there were in total 34 provincial-level administrative divisions in China, 333 prefecture-level administrative divisions, 2,851 county-level administrative divisions and 39,945 township-level administrative divisions. In 2018, 14 provincial boundaries of approximately 11,982 kilometers were jointly inspected.

**Table 1 Administrative Division in 2018**

Unit:1

| Indicators | Number | Indicators | Number |
|---|---|---|---|
| **Provincial-level** | **34** | **County-level** | **2851** |
| Municipalities Directly Under Central Government | 4 | District | 970 |
| Province（including Taiwan Province） | 23 | County-level City | 375 |
| Autonomous Regions | 5 | County | 1335 |
| Special Administrative Regions | 2 | Autonomous Counties | 117 |
| **Prefecture-level** | **333** | Banner | 49 |
| Prefecture-level City | 293 | Autonomous Banner | 3 |
| Prefecture | 7 | Forestry District | 1 |
| Autonomous Prefectures | 30 | Special District | 1 |
| League | 3 | **Township-level** | **39945** |
| | | Town | 21297 |
| | | Township | 10253 |
| | | # Ethnic Township | 981 |
| | | Sub-district Offices | 8393 |
| | | District Public Offices | 2 |

By the end of 2018, there were 1.876 million civil affairs institutions and facilities throughout the country, with 14.70 million employees and 573.62 billion Yuan worth fixed assets (Original Value). The number of beds in civil affairs institutions and facilities at all levels amounted 7.559 million, with 5.4 beds for every 1,000 persons on everage. In this year, the scale of civil affairs infrastructure under construction reached 20.293 million square meters; 18.8 billion Yuan of investment on infrastructure was accomplished. Total expenditure on civil affairs nationwide amounted 407.69 billion Yuan in 2018, accounting for 1.8% of the national fiscal expenditure of the year. Of all the civil affairs expenditures, 148.56 billion Yuan was covered by the Central Government Fiscal through means of Transferred Payment, accounting for 36.4% of total expenditure on civil affairs.

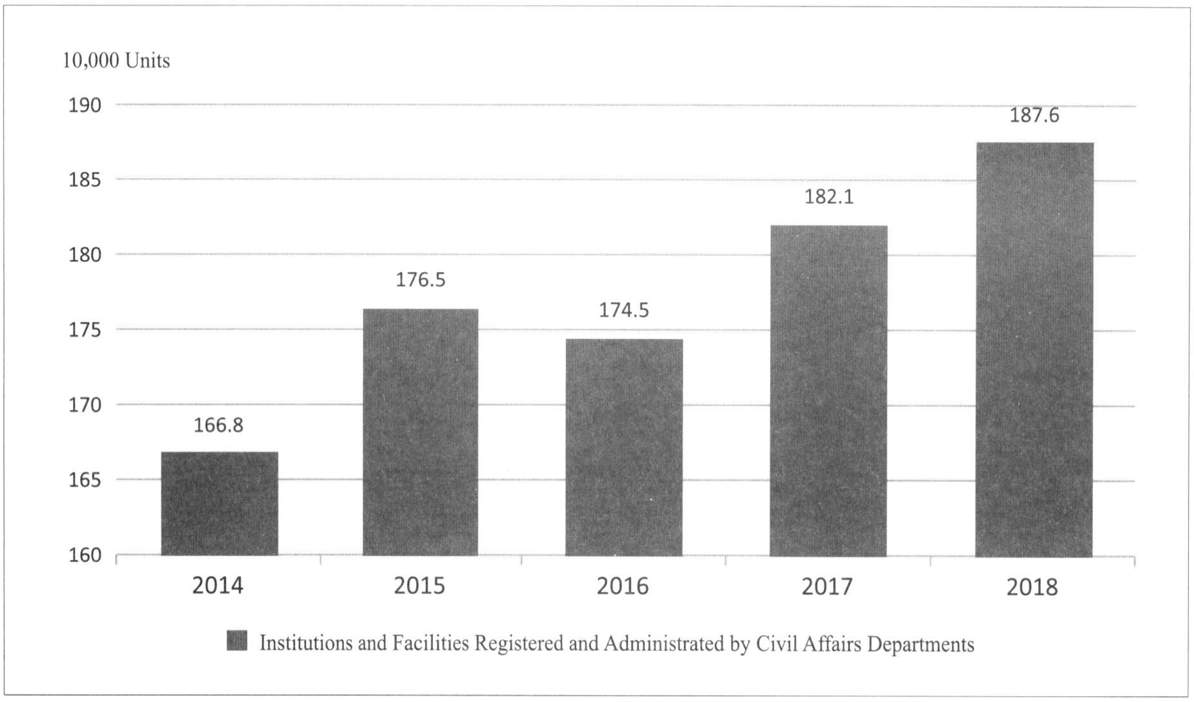


**Figure 1 Institutions and Facilities Registered and Administrated by Civil Affairs Departments, 2014-2018**

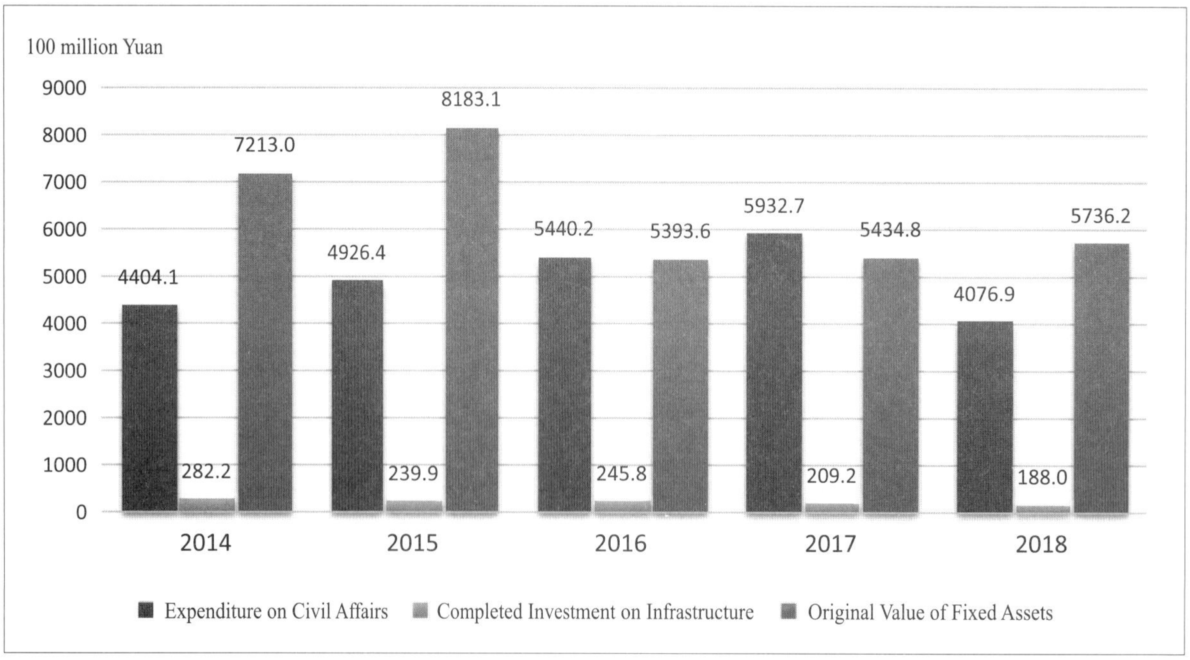


**Figure 2 Overview of Civil Affairs Development, 2014-2018**

## II. Social Work

### 1. Provision of social work with accommodation

By the end of 2018, there were 31,000 registered civil affairs service institutions that provide accommodation throughout the country, among which 16,000 were registered as public institutions, 14,000 were private non-enterprise units. 4.081 million beds were offered in these institutions which accommodated 2.119 million people in total.

**Table 2 Civil Service Institutions that Provide Accommodation in 2018**

| Indicators | Number of Institutions | Number of Beds (10,000) |
|---|---|---|
| **Total** | **31291** | **408.1** |
| **Elderly care institution** | **28671** | **379.4** |
| Social welfare institution | 1499 | 36.8 |
| Assistance and support institutions for people in extreme difficulty of rural areas | 13885 | 154.2 |
| **Mental illness service institution** | **145** | **6.3** |
| Social welfare hospital | 145 | 6.3 |
| **Child welfare and assistance institution** | **651** | **9.7** |
| Child welfare institution | 475 | 8.9 |
| Assistance and protection center for the minors | 176 | 0.8 |
| **Other institutions providing accommodation** | **1824** | **12.7** |
| Assistance and administration center for people without sources of living | 1534 | 10.2 |
| Other institutions providing accommodation | 290 | 2.6 |

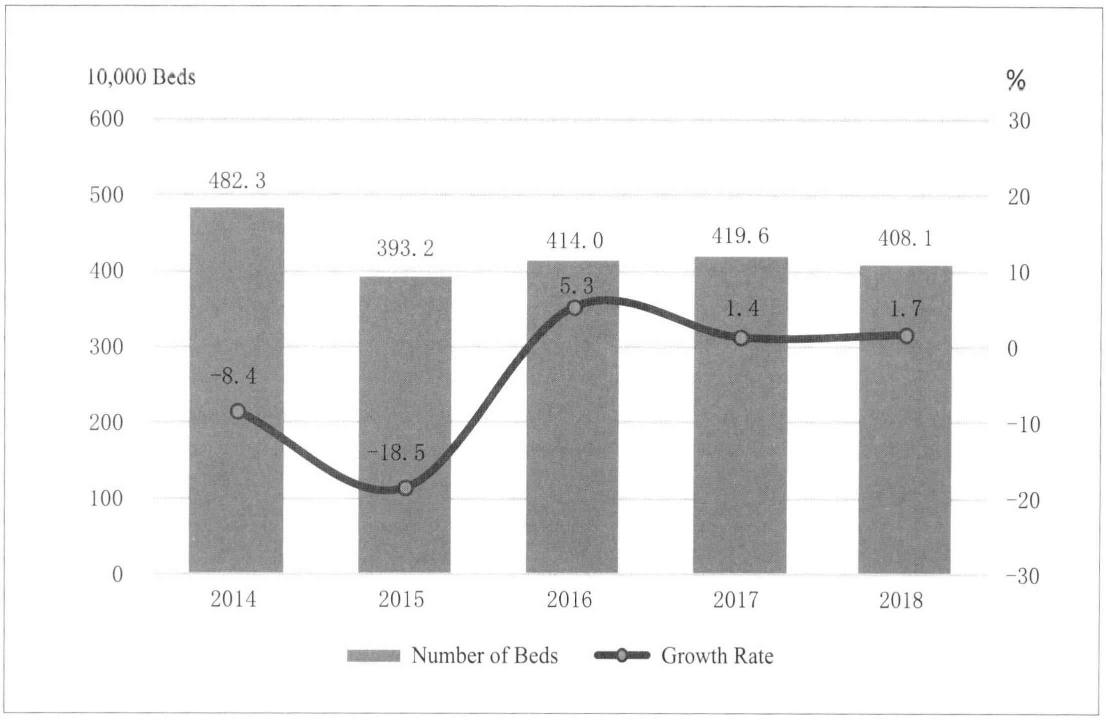


Figure 3 Number of Beds in Civil Service Institutions, 2014-2018

**(1) Provision of elderly care services with accommodation.** By the end of 2018, elderly care institutions and facilities totaled 168 thousand throughout the country. They provide 7.271 million beds (on average 29.1 beds per 1,000 elderly), an increase of 3.3% over the previous year. The above statistics include: 29 thousand registered elderly care institutions nationwide and their 3.794 million beds, an increase of 10% and 3.9% respectively, 45 thousand community-based elderly care institutions and facilities and 91 thousand community-based mutually supported elderly care facilities. The total number of beds at community-based elderly care institutions and facilities, including 24-hour and day-care services, amounted 3.478 million.

**(2) Provision of mental health services with accommodation.** By the end of 2018, 145 social welfare institutions affiliated to civil affairs departments, with 63 thousand beds, provide services for mental illness.

**(3) Provision of child welfare and protection services with accommodation.** By the end of 2018, there were 651 child welfare and protection institutions nationwide, with 97 thousand beds. 49 thousand people were accommodated and supported at these institutions. Among these institutions, 475 were registered independent Child Welfare Institutions with 89 thousand beds, and 176 were registered independent Assistance and Protection Centers for the Minors with 8 thousand beds. Through 2018, 22 thousand homeless minors received help from these institutions.

**(4) Provision of other types of services with accommodation.** By the end of 2018, 1,824 other types of civil service institutions provided accommodation with 127 thousand beds. Among them, 1,534 were assistance and management institutions with 102 thousand beds. These institutions helped 1.55 million person-times of homeless people during the year (1.198 million people received assistance in the institutions and 352 thousand out of the institutions).

**2. Provision of social work without accommodation**

**(1) Elderly welfare.** By the end of 2018, there were in total 249.49 million elderly people aged 60 or above, accounting for 17.9% of China's total population. Among the elderly, 166.58 million were aged 65 or above, accounting for 11.9% of China's total population. 29.723 million elderly people were entitled to the old age subsidy, an increase of 10.8%; 748 thousand elderly people were entitled to the nursing subsidy, an increase of 22%; 5.217 million elderly people received the elderly care service subsidy, up by 47.2%; 30 thousand elderly received other old age subsidies.

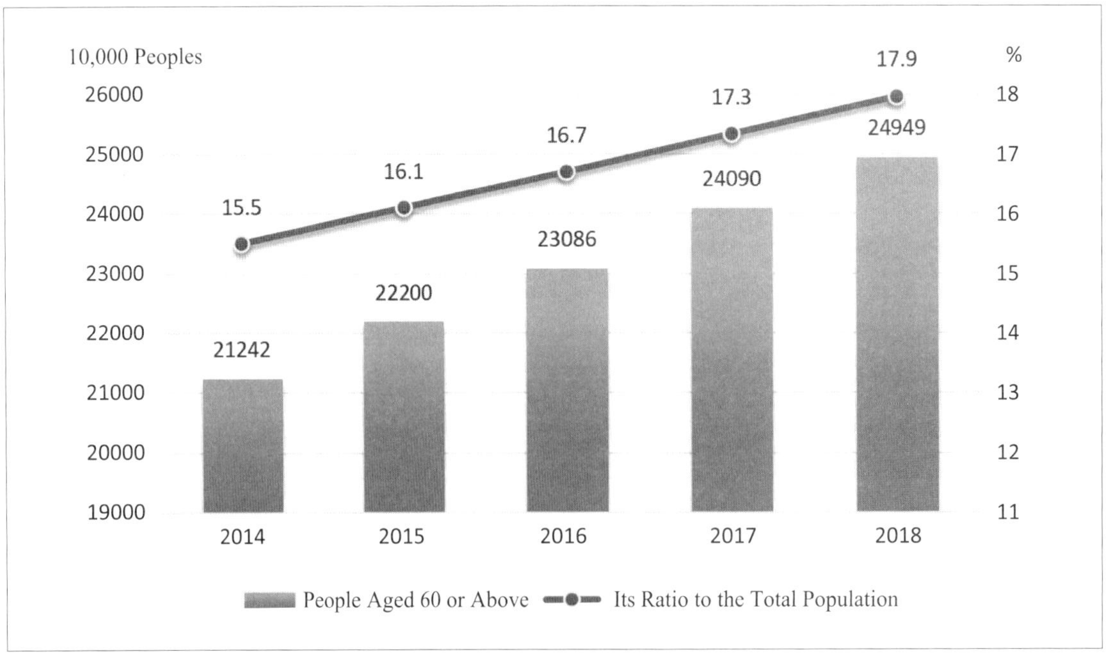


Source: National Bureau of Statistics

**Figure 4 Population Aged 60 or Above and its Ratio to the Total Population, 2014-2018**

**(2) Child welfare and adoption registration.** By the end of 2018, there were 305 thousand orphans throughout the country. 70 thousand of them lived collectively in child welfare institutions, with an average basic living standard 1344 yuan/person/month; 235 thousand of them lived separately, with an average basic living standard 924 yuan/person/month. In 2018, expenditures on child welfare by Civil Affairs Departments at all levels reached 4.96 billion yuan, among which 3.95 billion yuan was used for safeguarding their basic livelihood, 1.01 billion yuan for other child welfare.

In 2018, 16 thousand adoption cases were registered, including: 15 thousand adoption registered by mainland residents, 116 by Chinese from Hong Kong, Macao and Taiwan, and overseas Chinese, and 1,685 by foreigners.

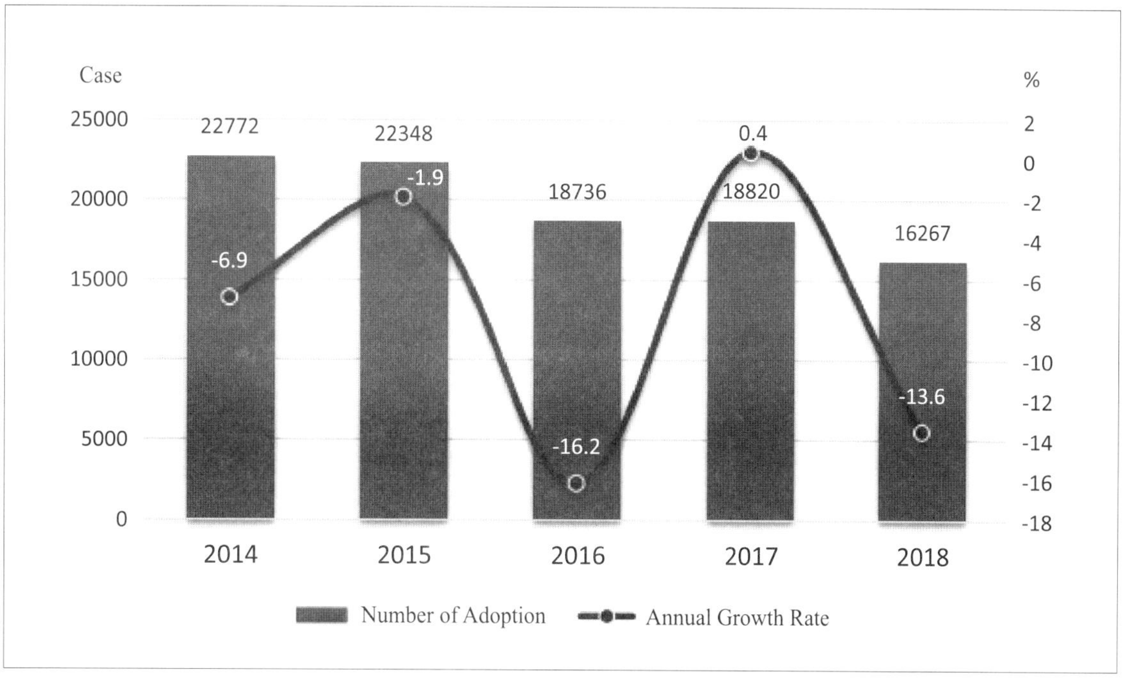


**Figure 5 Adoption Registration, 2014-2018**

**(3) Services for persons with disability.** In 2018, 10.058 million people with disabilities who were in financial difficulty were eligible for living allowances, 11.93 million people with serious disabilities received nursing care subsidy. By the end of 2018, there were 21 rehabilitation technical aids institutions directly affiliated to Civil Affairs Departments, with 6 thousand staff and 470 million yuan worth fixed asset.

**(4) Social assistance.**

**Subsistence allowance.** By the end of 2018, there were 6.051 million households (10.07 million people) in urban areas receiving subsistence allowance. The national average standard for subsistence allowance in urban areas was 579.7 yuan/person/month, up by 7.2% over the previous year. The annual expenditure on subsistence allowance in urban areas reached 57.52 billion yuan. The national standard for subsistence allowance in rural areas averaged 4,833.4 yuan/person/month, up by 12.4%. The annual expenditure on subsistence allowance in rural areas reached 105.69 billion yuan.

**Assistance and support for people living in extreme difficulty.** By the end of 2018, the number of people living in extreme difficulty in rural areas was 4.55 million, a decrease of 2.6% over the previous year. The annual expenditures on assistance and support for rural people living in extreme difficulty was 30.69 billion yuan. The number of people living in extreme difficulty in urban areas was 277 thousand, up by 9.1%. The annual expenditure on assistance and support for urban people living in extreme difficulty was 2.95 billion yuan.

**Temporary assistance.** In 2018, in total 11.08 million persontimes received temporary assistance, among which

94 thousand did not have local Hukou registration. Annual expenditure on temporary assistance reached 13.06 billion yuan, with an average of 1,178.8 yuan/persontime.

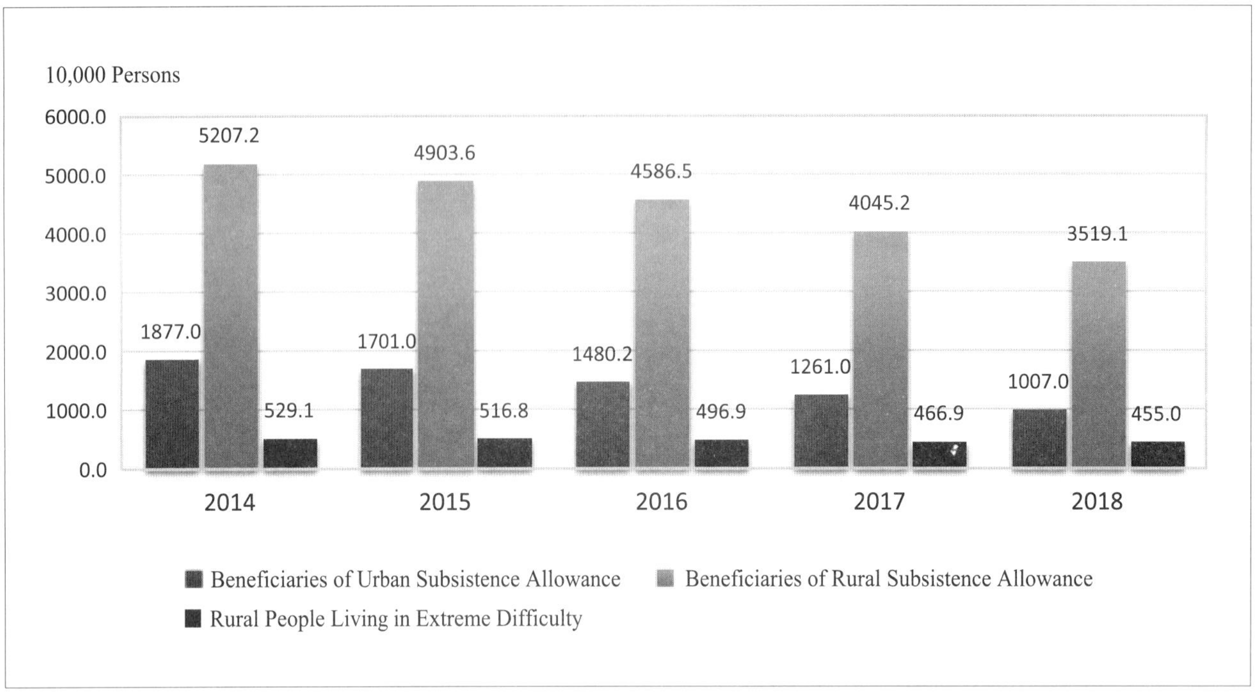


**Figure 6 Status Quo of Beneficiaries of Three Types of Social Assistance**

**(5) Charity and professional social work.**

**Charity services.** By the end of 2018, the number of fixed social donation stations, donation points and charity supermarkets reached 12 thousand (including 3.464 charity supermarkets). Throughout the year, 10.72 million person-times dedicated to 23.887 million hours of voluntary services in the field of civil affairs. In 2018, Social Organizations received 91.97 billion yuan of donations, an increase of 26.1% over the previous year.

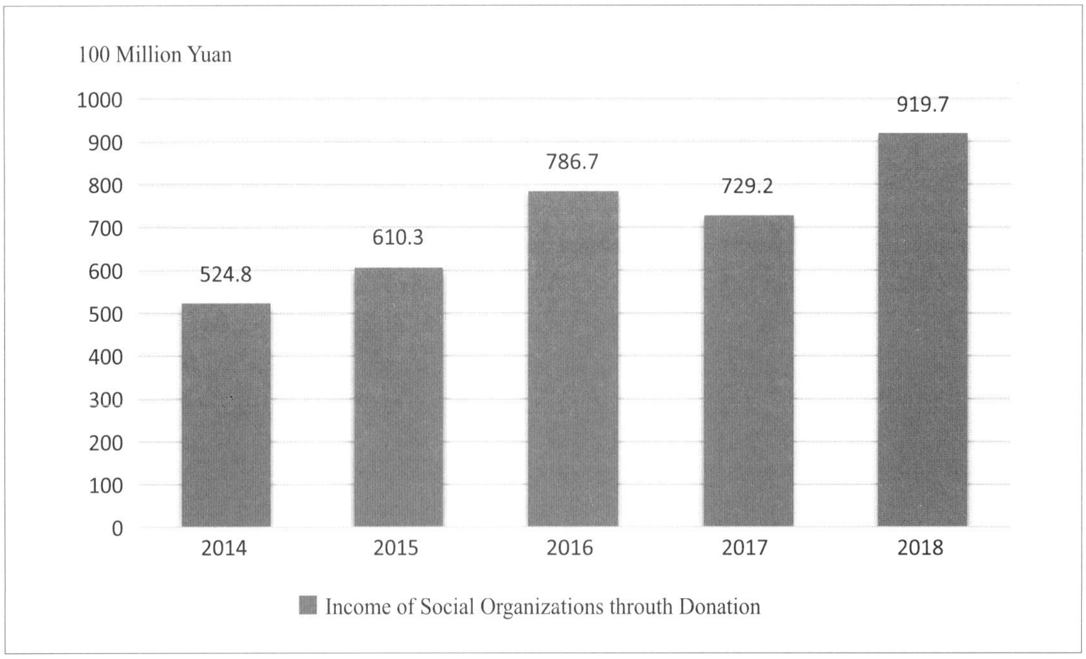


**Figure 7 Income of Social Organizations Through Donation**

**Professional social work.** There were 439 thousand certified social workers in the country, including 107 thousand social workers and 332 thousand assistant social workers.

**Welfare lottery.** In 2018, China's welfare lottery sales reached 224.56 billion yuan, an increase of 3.5 % (7.58 billion yuan) over the previous year. The welfare lottery fund for public good was 64.36 billion yuan in 2018, a year-on-year increase of 3.6%. Civil Affairs Departments spent annually 25.17 billion yuan of the fund (17.15 billion yuan for social welfare, 0.91 billion yuan for social assistance), a year-on-year increase of 3%.

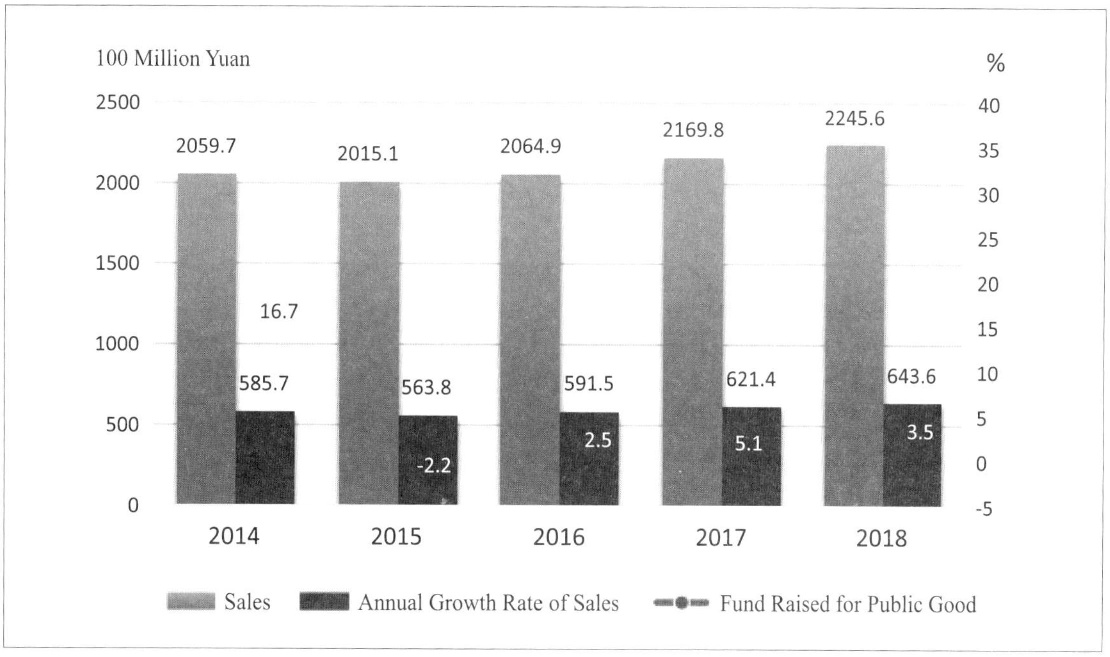


**Figure 8 Sales of Welfare Lottery and Fund Raised for Public Good, 2014-2018**

**(6) Community services.** By the end of 2018, there were 427 thousand community service institutions and facilities nationwide. The coverage rate of comprehensive service facilities in urban communities was 78.7%, and in rural communities the rate was 45.3%. There were 129 thousand community-based voluntary service organizations (groups).

**Table 3 Community Service Institutions of 2018**

| Indicators | Unit | Total | Urban | Rural |
|---|---|---|---|---|
| **Community service institutions and facilities** | **10,000** | **42.7** | **18.1** | **24.5** |
| Guidance center for community services | 1 | 569 | 554 | 15 |
| Community service center | 10,000 | 2.8 | 1.6 | 1.1 |
| Community service station | 10,000 | 14.9 | 6.8 | 8.1 |
| Unregistered assistance and support facilities for rural people living in extreme difficulty | 10,000 | 0.4 | — | 0.4 |
| Community elderly care institutions and facilities | 10,000 | 4.5 | 1.8 | 2.6 |
| Community mutually supportive elderly care facilities | 10,000 | 9.1 | 0.9 | 8.2 |
| Other community service facilities | 10,000 | 11.0 | 7.0 | 4.0 |

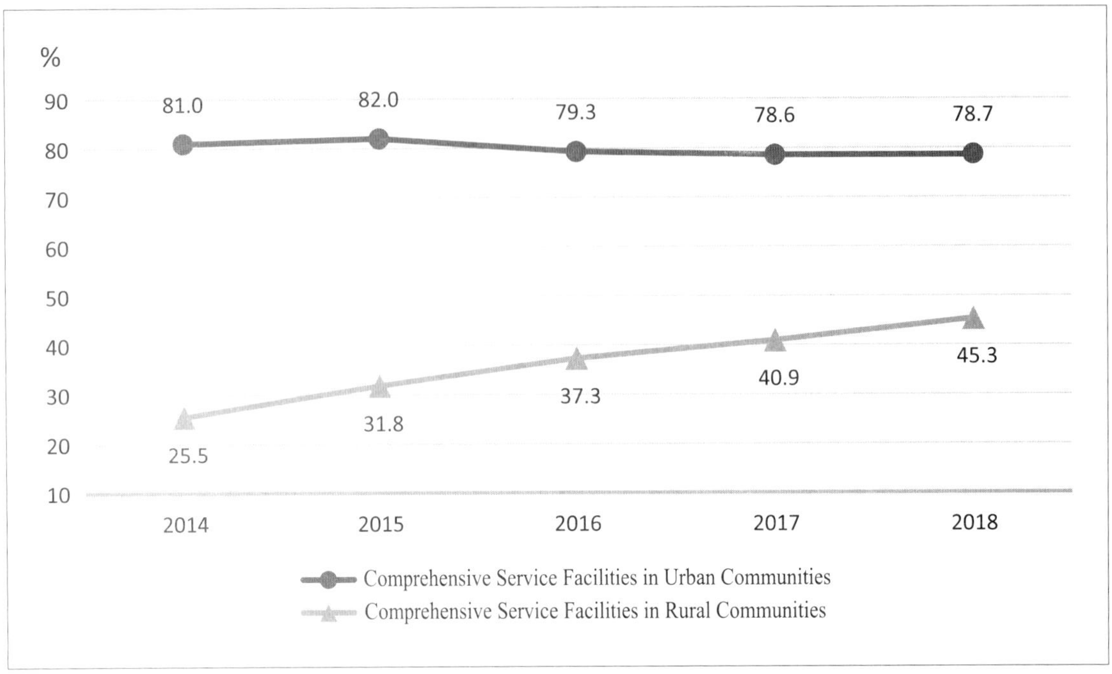


**Figure 9 Coverage Rate of Community Service Institutions and Facilities, 2014-2018**

## III. Member organizations and other social services

### 1. Member organizations

**(1) Social organizations.** By the end of 2018, there were 817 thousand social organizations in the country, an increase of 7.3% over the previous year. These social organizations, including 366 thousand social groups, 7034 foundations, 444 thousand private non-enterprise units, created jobs for 9.804 million people, a year-on-year increase of 13.4%. In the year, 9,295 cases violating laws and regulations that involved social organizations were investigated, resulted in 8,665 administrative penalties.

**Table 4 Major Areas of Activities of Social Organizations of 2018**

Unit:1

| Indicators | Social Groups | Foundations | Private Non-enterprise Units |
|---|---|---|---|
| **Total** | **366234** | **7034** | **444092** |
| Scientific research | 14838 | 504 | 14665 |
| Education | 10102 | 1511 | 240012 |
| Health | 8707 | 177 | 30882 |
| Social service | 49409 | 2341 | 73024 |
| Culture | 41835 | 295 | 26614 |
| Sport | 33722 | 42 | 19986 |
| Industrial and commercial Service | 42510 | 224 | 5437 |
| Villages and rural development | 64745 | 86 | 3060 |
| Others | 100366 | 1854 | 30412 |

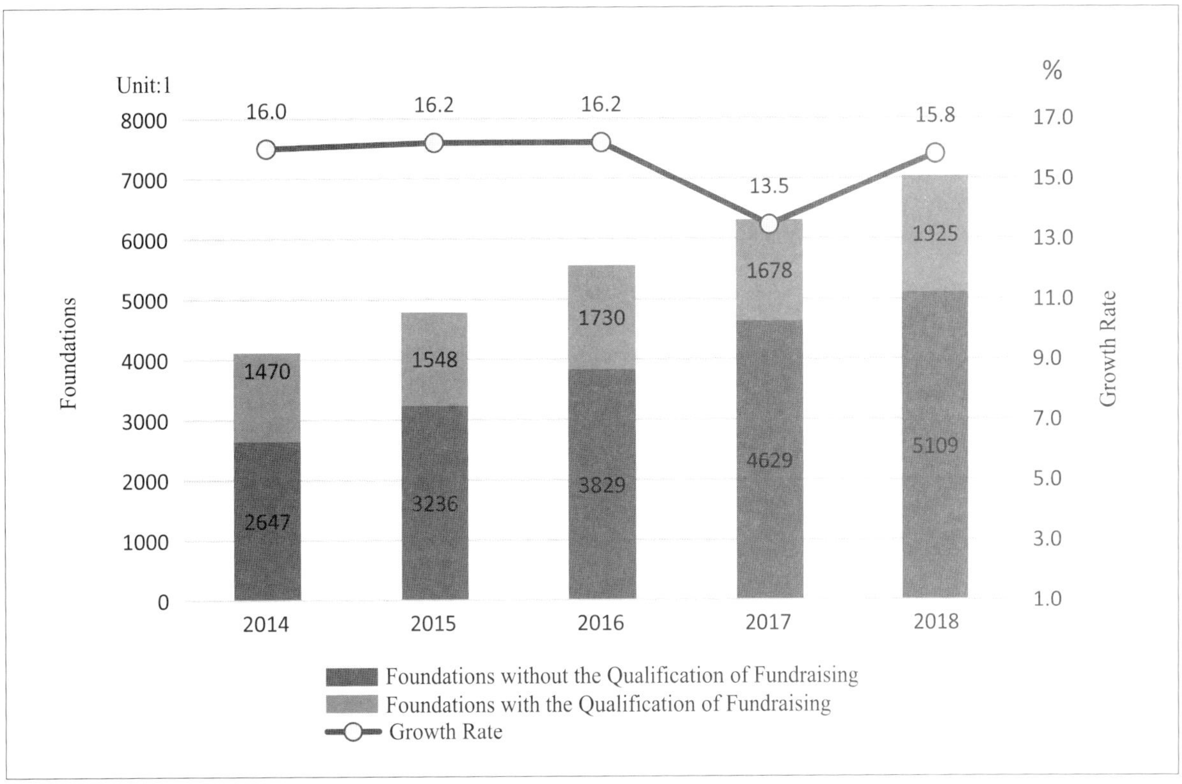


**Figure 10 Status Quo of Foundations, 2014-2018**

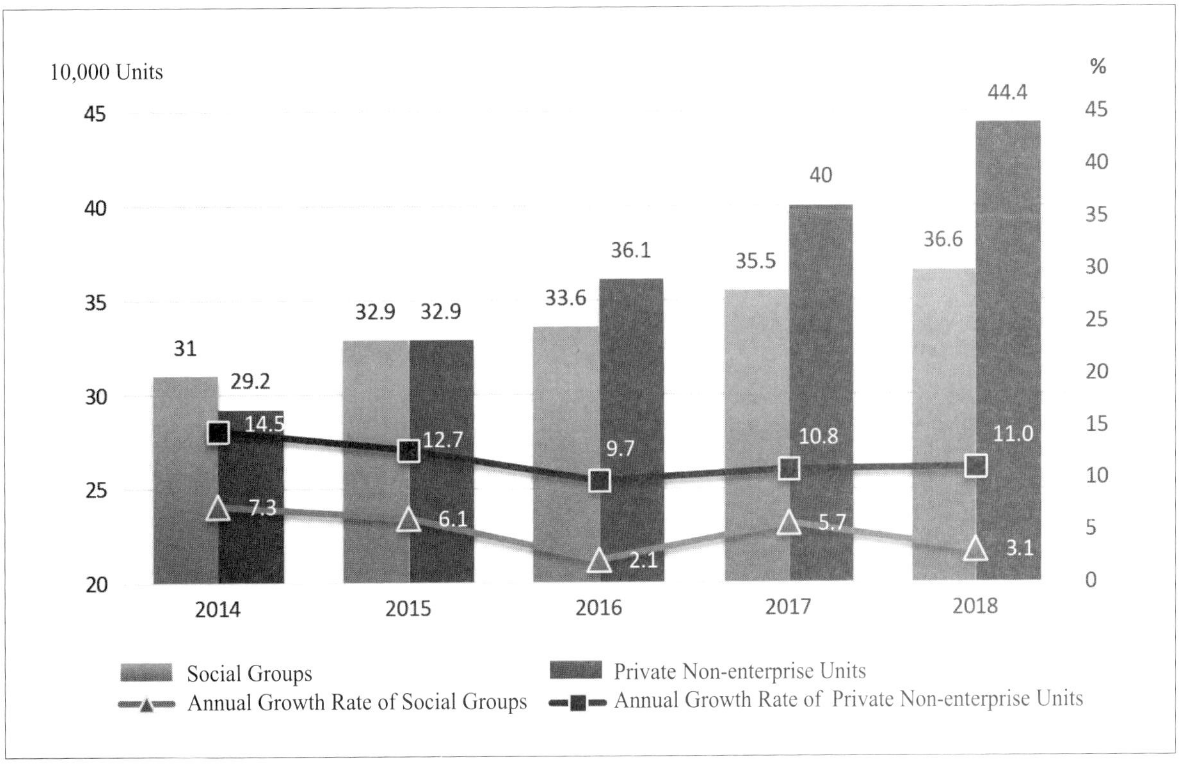


**Figure 11 Status Quo of Social Groups and Private Non-enterprise Units, 2014-2018**

**(2) Self-governance organizations.** By the end of 2018, there were 650 thousand community-level self-governance organizations, including 542 thousand village committees (2.2% decrease over the previous year), 4.491 million village resident groups and 2.215 million village committee members (1.2% decrease over the previous year), and 108 thousand urban neighborhood committees (an increase of 1.3% over the previous year), 1.563 million urban resident groups and 579 thousand urban neighborhood committee members (an increase of 2.3% over the previous year). Throughout the year, 276 thousand village (urban neighborhood) committees conducted elections. 280 million persons registered as electors and 230 million actually casted their votes.

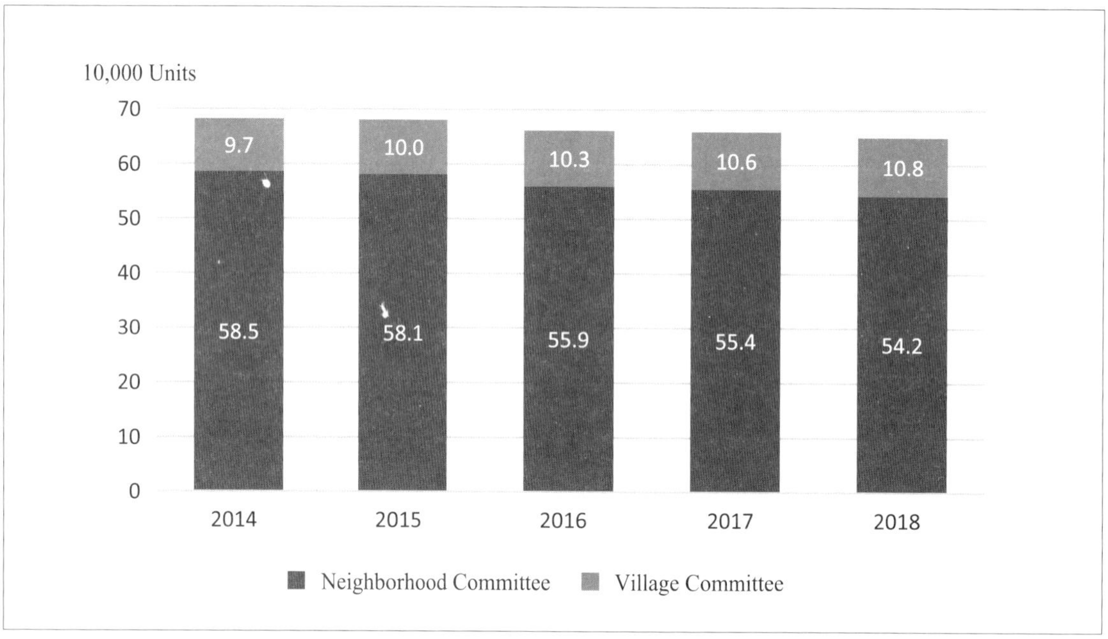


**Figure 12 Number of Community-level Self-governance Organizations, 2014-2018**

**2. Other Social Services**

**(1) Marriage registration.** In 2018, there were 4,649 marriage registration agencies (1114) and sites throughout the country. 10.139 million marriages were lawfully registered by marriage registration agencies and sites, a decrease of 4.6% over the previous year. Among these marriages, 48 thousand cases involved foreigners, overseas Chinese, and residents of Hong Kong, Macao and Taiwan. The marriage rate was 7.3‰, down by 0.4‰ over the previous year. In 2018, 4.461 million divorce cases were lawfully registered, an increase of 2% over the previous year. Among these divorcecases, 3.812 million were registered at the Civil Affairs Departments, 649 thousand were results of judicial decisions and mediation by the courts. The divorce rate was 3.2‰ , similar with that of 2017.

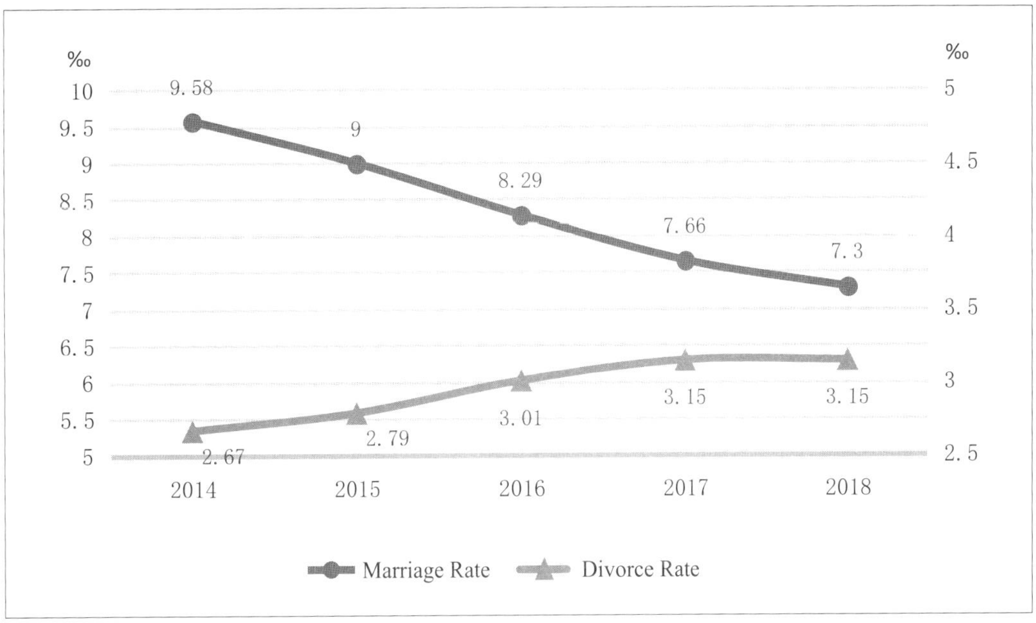


**Figure 13 Marriage and Divorce Rate, 2014-2018**

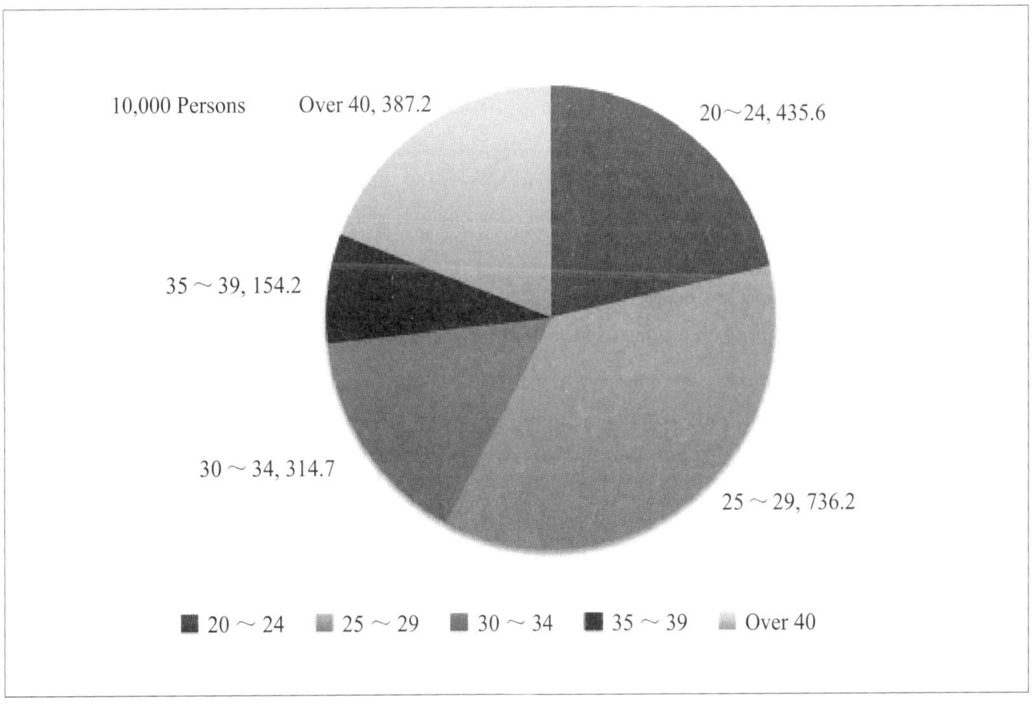


**Figure 14 Age Distribution of Marriage Registration in 2018**

**(2) Funeral services.** By the end of 2018, there were 4,043 funeral service providers in the country, including 1,730 funeral parlors, 946 funeral management institutions, 1,367 public cemeteries managed by Civil Affairs Departments. 80 thousand were employed in funeral service institutions, among which 47 thousand worked in the funeral parlors. There were 6,444 cremators throughout the country and they provided cremation services to 5.017 million deceased. Cremation rate in 2018 was 50.5%, an increase of 1.6% over the previous year.

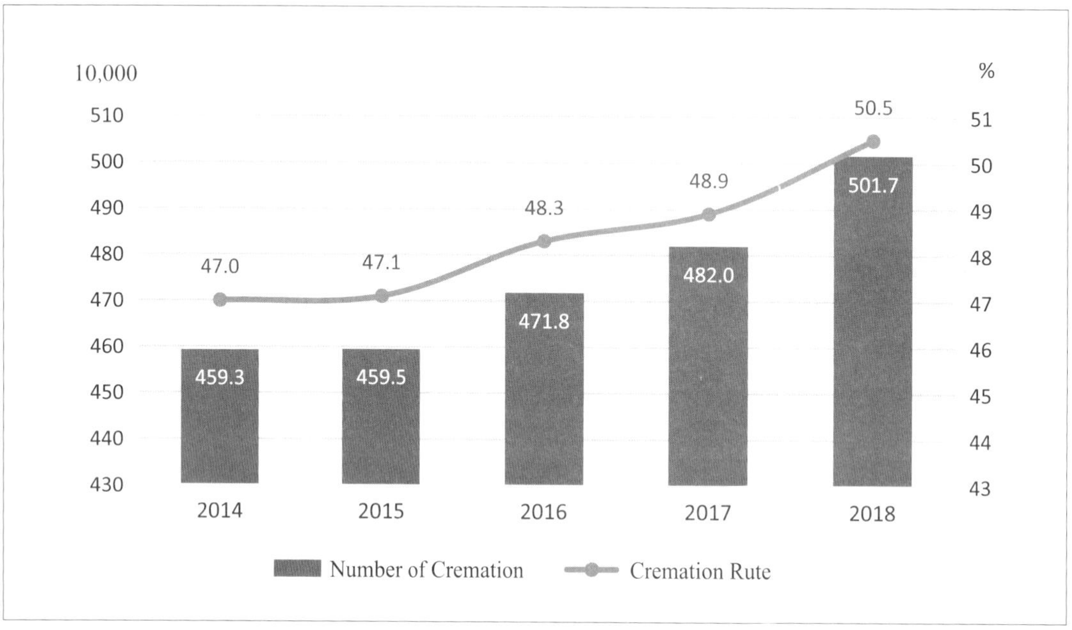


**Figure 15 Cremation Rate Percentage Point, 2014-2018**

**Notes:**

1. The number of beneficiaries and institutions of civil affair services in this report is based on the actual occurrence number and the number of lawfully registered institutions of the year, which may be incomparable with the number of approvals and plans for the year.

2. Due to the data rounding practices in this report, there are cases where sum of the sub-items does not equal to the "total". Errors caused by rounding practices were not mechanically adjusted.

3. Statistics of Hong Kong SAR, Macao SAR and Taiwan Province are not included in this report.

4. The central government fiscal funds allocated by the Ministry of Finance and the Ministry of Civil Affairs do not include funds allocated to Xinjiang Production and Construction Corps.

5. Townships in Table 1 include ethnic townships, sumus and ethnic sumus.

6. Since 2018, rehabilitation hospitals for entitled groups, sanatorium for veterans and logistic bureaus for veterans will not be included in statistics of elderly care institutions and their beds.

7. The statistics of donation income of social organizations come from social organizations that have finished the annual review of 2018.

8. The statistics of divorce cases resulting from judicial decisions and meditations were from the Supreme People's Court.

# 第二部分

# 主要数据图表

# 图1-1 市、区、县

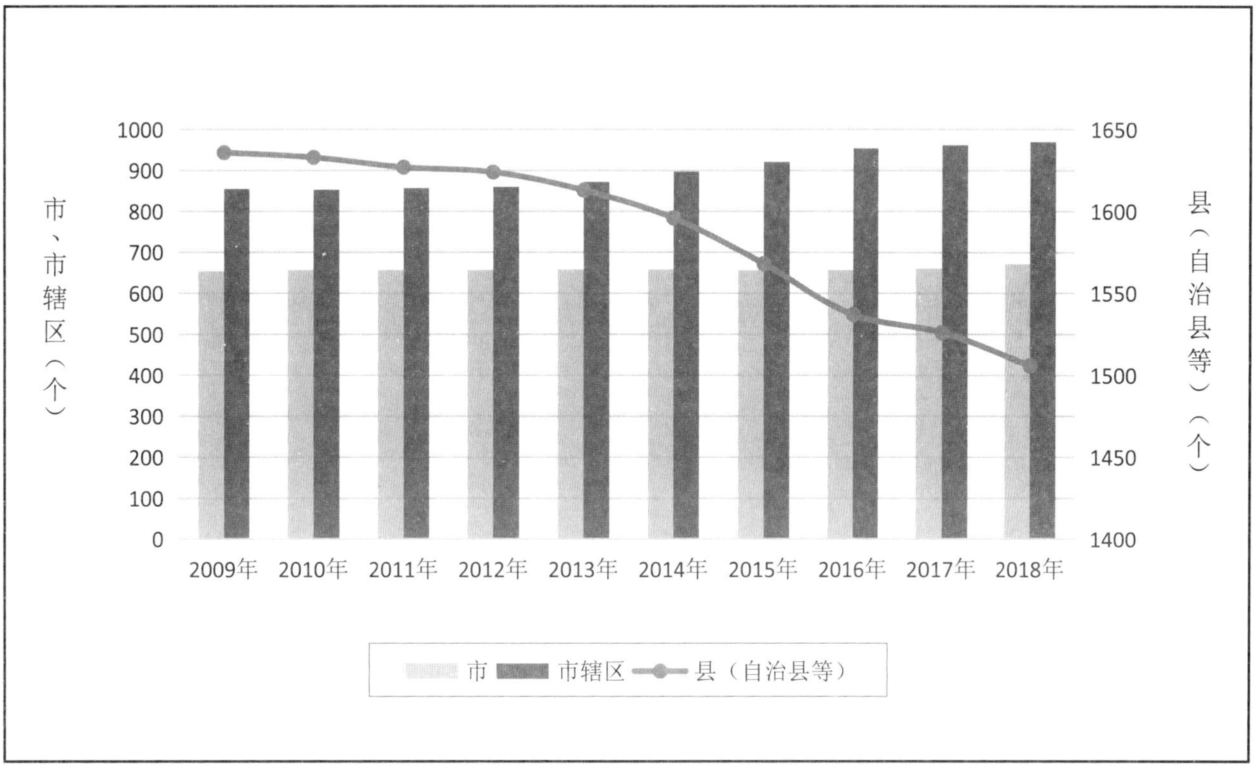


单位：个

| 指标 | 2009年 | 2010年 | 2011年 | 2012年 | 2013年 | 2014年 | 2015年 | 2016年 | 2017年 | 2018年 |
|---|---|---|---|---|---|---|---|---|---|---|
| 市 | 654 | 657 | 657 | 657 | 658 | 658 | 656 | 657 | 661 | 672 |
| 市辖区 | 855 | 853 | 857 | 860 | 872 | 897 | 921 | 954 | 962 | 970 |
| 县（自治县等） | 1636 | 1633 | 1627 | 1624 | 1613 | 1596 | 1568 | 1537 | 1526 | 1506 |

注：市含直辖市、地级市及县级市。

# 图1-2　乡、镇与街道

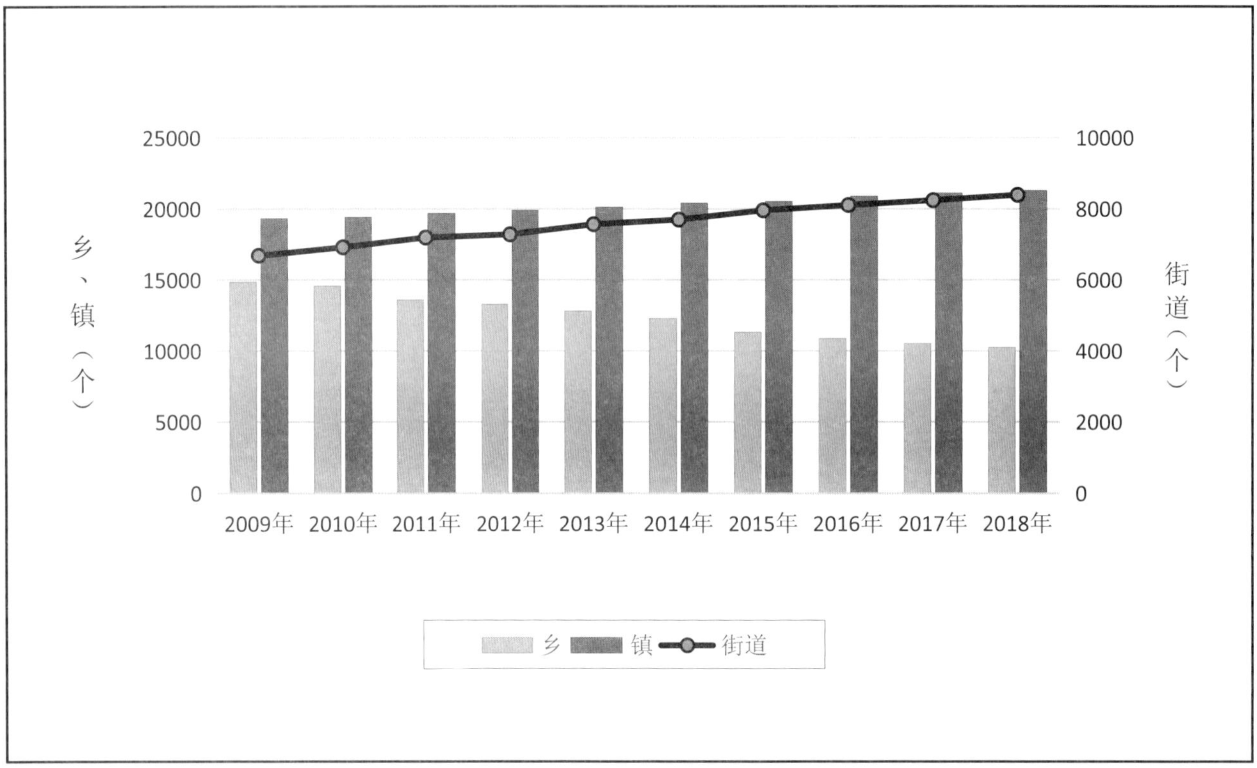


单位：个

| 指标 | 2009年 | 2010年 | 2011年 | 2012年 | 2013年 | 2014年 | 2015年 | 2016年 | 2017年 | 2018年 |
|---|---|---|---|---|---|---|---|---|---|---|
| 乡 | 14848 | 14571 | 13587 | 13281 | 12812 | 12282 | 11315 | 10872 | 10529 | 10253 |
| 镇 | 19322 | 19410 | 19683 | 19881 | 20117 | 20401 | 20515 | 20883 | 21116 | 21297 |
| 街道 | 6686 | 6923 | 7194 | 7282 | 7566 | 7696 | 7957 | 8105 | 8241 | 8393 |

# 图1-3　60周岁及以上老年人口占全国总人口比重

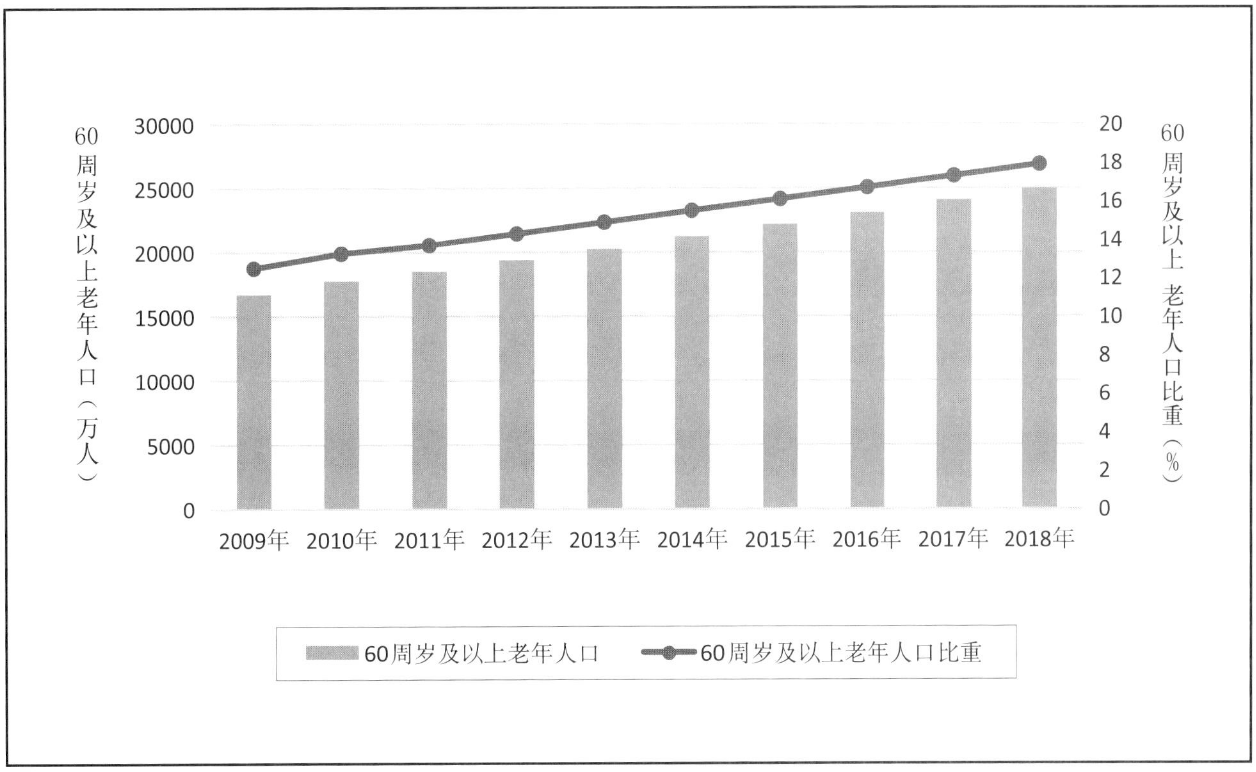


单位：万人、%

| 指标 | 2009年 | 2010年 | 2011年 | 2012年 | 2013年 | 2014年 | 2015年 | 2016年 | 2017年 | 2018年 |
|---|---|---|---|---|---|---|---|---|---|---|
| 60周岁及以上老年人口 | 16714 | 17765 | 18499 | 19390 | 20243 | 21242 | 22200 | 23086 | 24090 | 24949 |
| 60周岁及以上老年人口比重 | 12.5 | 13.26 | 13.7 | 14.3 | 14.9 | 15.5 | 16.1 | 16.7 | 17.3 | 17.9 |

注：本表数据来源于国家统计局。

# 图1-4 人口年龄结构

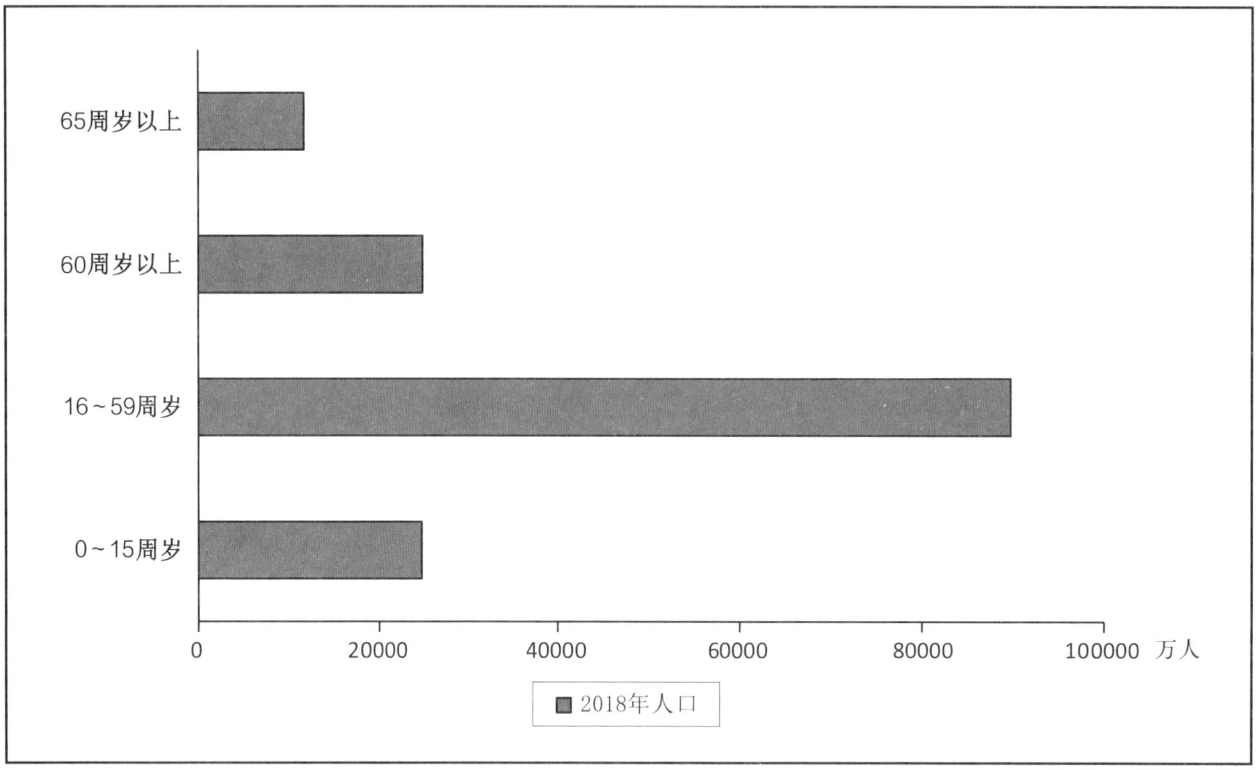


单位：万人、%

| 指标 | 0~15周岁 | 16~59周岁 | 60周岁及以上 | 65周岁及以上 |
|---|---|---|---|---|
| 2018年人口 | 24860 | 89729 | 24949 | 11658 |
| 不同年龄段人口比重 | 17.8 | 64.3 | 17.9 | 11.9 |
| 比2017年增减百分点 | — | -0.6 | 0.6 | 0.5 |

注：本表数据来源于国家统计局。

# 图1-5　民政服务对象占全国总人口比重

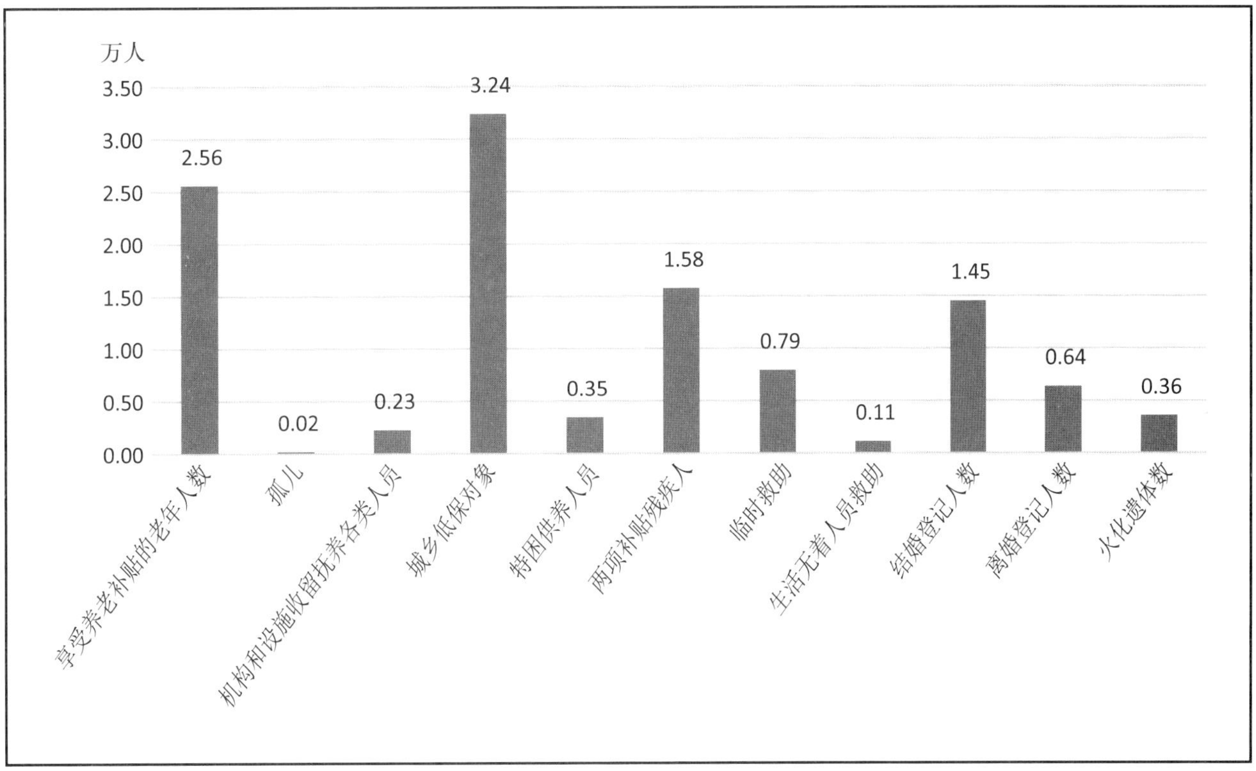


单位：万人、%

| 指标 | 2018年 | 比重 |
|---|---|---|
| 全国总人口 | 139538 | |
| 民政服务对象 | 40763.4 | 29.21 |
| 享受养老补贴的老年人数 | 3571.9 | 2.56 |
| 孤儿 | 30.5 | 0.02 |
| 机构和设施收留抚养各类人员 | 317.3 | 0.23 |
| 城乡低保对象 | 4526.1 | 3.24 |
| 特困供养人员 | 482.7 | 0.35 |
| 两项补贴残疾人 | 2198.9 | 1.58 |
| 临时救助 | 1108.0 | 0.79 |
| 生活无着人员救助 | 157.2 | 0.11 |
| 结婚登记人数 | 2027.9 | 1.45 |
| 离婚登记人数 | 892.2 | 0.64 |
| 火化遗体数 | 501.7 | 0.36 |

# 图1-6　民政部门登记和管理的机构和设施职工

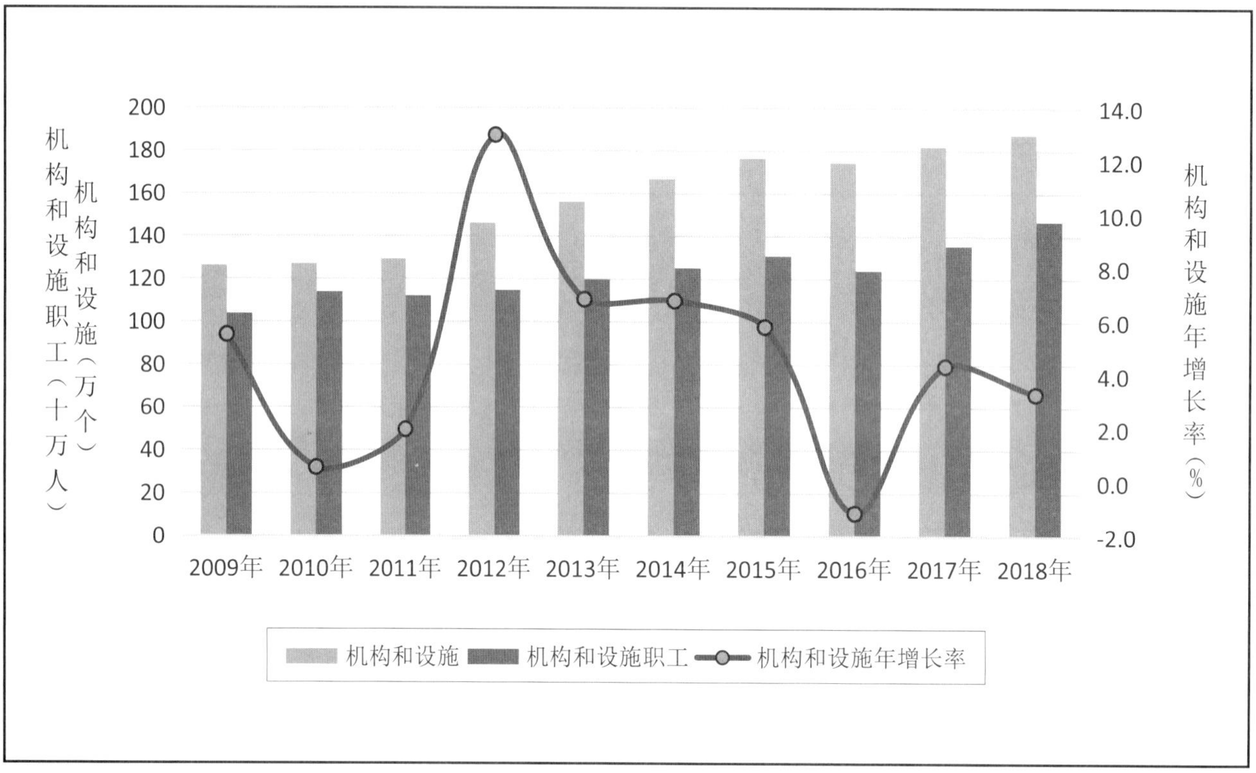


单位：万个、十万人、%

| 指标 | 2009年 | 2010年 | 2011年 | 2012年 | 2013年 | 2014年 | 2015年 | 2016年 | 2017年 | 2018年 |
|---|---|---|---|---|---|---|---|---|---|---|
| 机构和设施 | 126.2 | 126.9 | 129.4 | 146.2 | 156.2 | 166.8 | 176.5 | 174.5 | 182.1 | 187.6 |
| 机构和设施职工 | 103.8 | 113.8 | 112.1 | 114.7 | 119.8 | 125.1 | 130.9 | 123.9 | 135.6 | 147.0 |
| 机构和设施年增长率 | 5.5 | 0.6 | 2.0 | 13.0 | 6.8 | 6.8 | 5.8 | -1.1 | 4.4 | 3.3 |

# 图1-7　民政部门登记和管理的机构固定资产原价

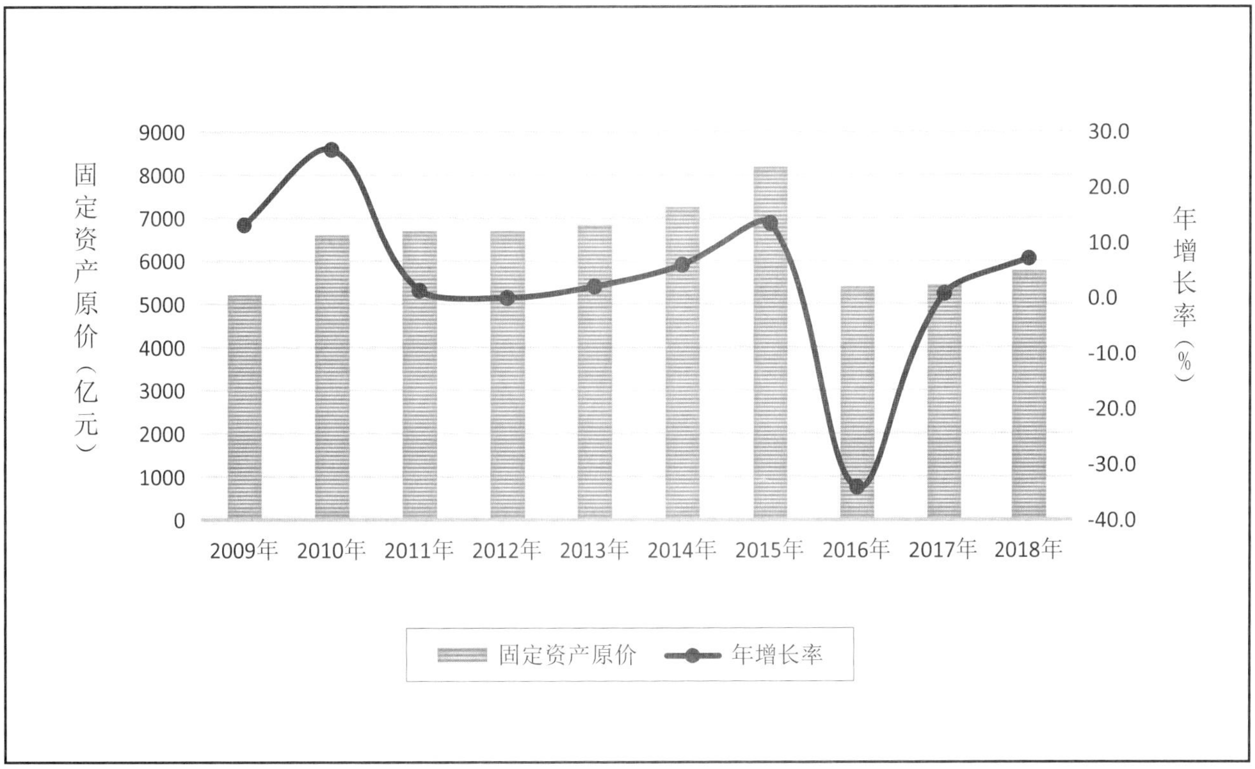


单位：亿元、%

| 指标 | 2009年 | 2010年 | 2011年 | 2012年 | 2013年 | 2014年 | 2015年 | 2016年 | 2017年 | 2018年 |
|---|---|---|---|---|---|---|---|---|---|---|
| 固定资产原价 | 5198 | 6589.3 | 6676.7 | 6675.4 | 6810.2 | 7213.0 | 8183.1 | 5393.6 | 5434.8 | 5736.2 |
| 年增长率 | 13.2 | 26.8 | 1.3 | — | 2.0 | 5.9 | 13.4 | -34.1 | 0.8 | 7.1 |

注：自2016年起，民政部取消社会福利企业资质认定，不再统计社会福利企业情况指标，因此民政部门登记和管理的机构固定资产原价指标出现较大降幅。

# 图1-8　民政事业费

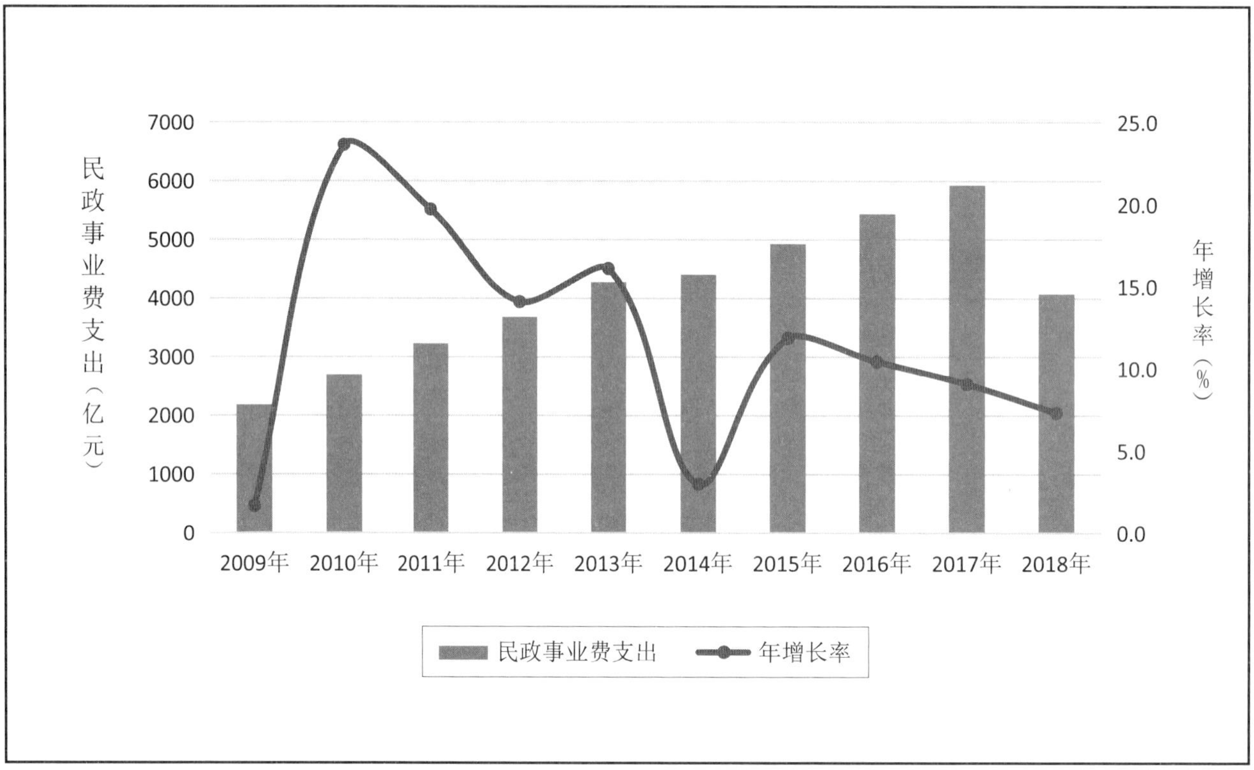


单位：亿元、%

| 指标 | 2009年 | 2010年 | 2011年 | 2012年 | 2013年 | 2014年 | 2015年 | 2016年 | 2017年 | 2018年 |
|---|---|---|---|---|---|---|---|---|---|---|
| 民政事业费支出 | 2181.9 | 2697.5 | 3229.1 | 3683.7 | 4276.5 | 4404.1 | 4926.4 | 5440.2 | 5932.7 | 4076.9 |
| 年增长率 | 1.6 | 23.6 | 19.7 | 14.1 | 16.1 | 3.0 | 11.9 | 10.4 | 9.1 | 7.3 |

## 图1-9　民政事业费支出占国家财政支出的比重

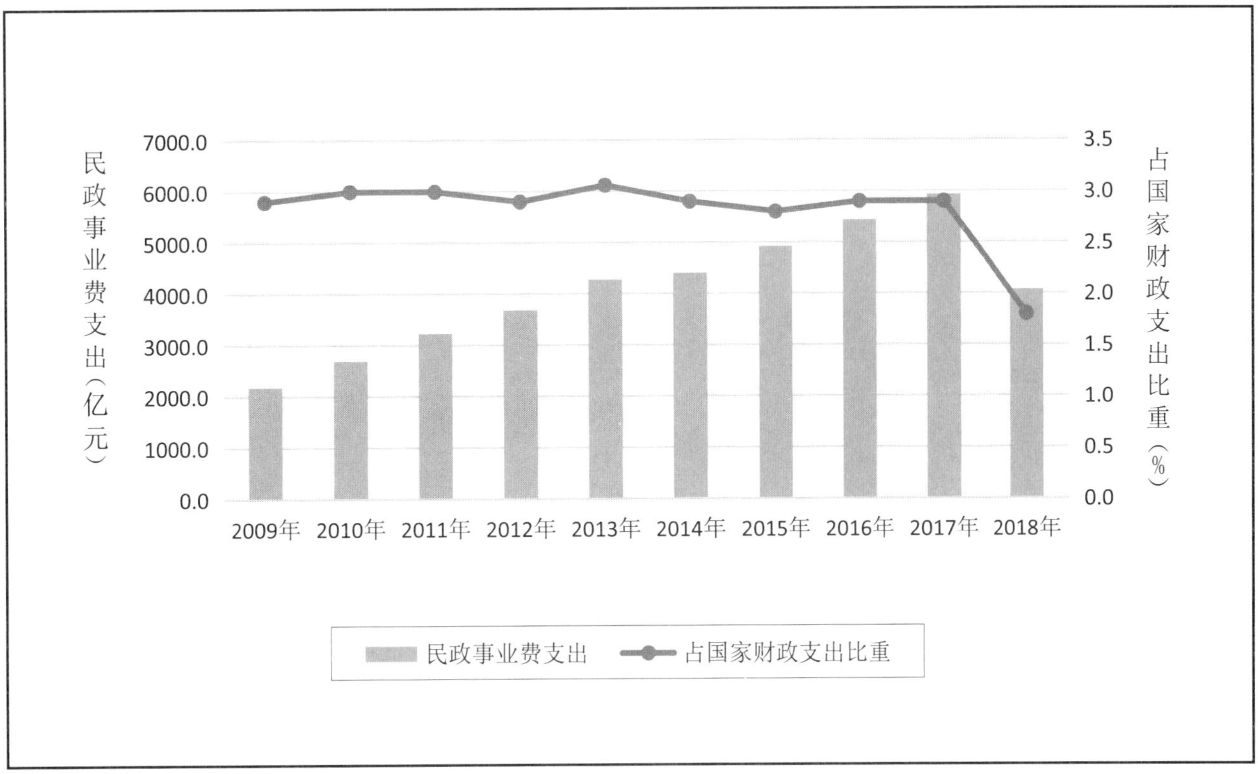


单位：亿元、%

| 指标 | 2009年 | 2010年 | 2011年 | 2012年 | 2013年 | 2014年 | 2015年 | 2016年 | 2017年 | 2018年 |
|---|---|---|---|---|---|---|---|---|---|---|
| 民政事业费支出 | 2181.9 | 2697.5 | 3229.1 | 3683.7 | 4276.5 | 4404.1 | 4926.4 | 5440.2 | 5932.7 | 4076.9 |
| 占国家财政支出比重 | 2.9 | 3.0 | 3.0 | 2.9 | 3.1 | 2.9 | 2.8 | 2.9 | 2.9 | 1.8 |

## 图1-10　按用项分民政事业费支出

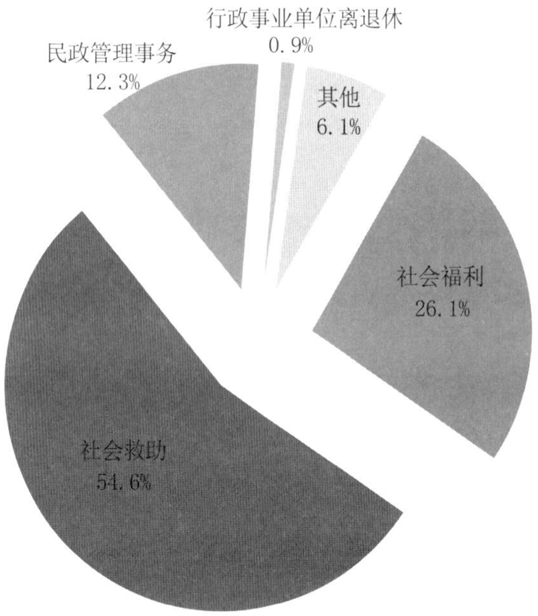


单位：亿元、%

| 指标 | 民政事业费支出 | 社会福利 | 社会救助 | 民政管理事务 | 行政事业单位离退休 | 其他 |
|---|---|---|---|---|---|---|
| 金额 | 4076.9 | 1064.8 | 2224.0 | 500.3 | 38.2 | 249.6 |
| 比重 | 100.0 | 26.1 | 54.6 | 12.3 | 0.9 | 6.1 |

# 图1-11 中央转移支付民政事业费

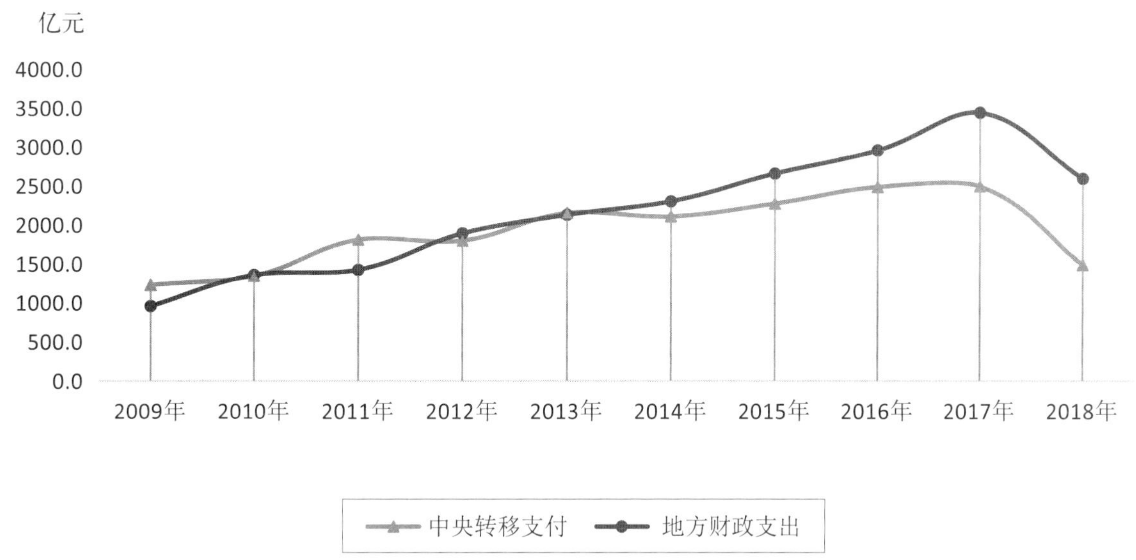


单位：亿元、%

| 指标 | 2009年 | 2010年 | 2011年 | 2012年 | 2013年 | 2014年 | 2015年 | 2016年 | 2017年 | 2018年 |
| --- | --- | --- | --- | --- | --- | --- | --- | --- | --- | --- |
| 民政事业费支出 | 2181.9 | 2697.5 | 3229.1 | 3683.7 | 4276.5 | 4404.1 | 4926.4 | 5440.2 | 5932.7 | 4076.9 |
| #中央转移支付 | 1227.0 | 1342.4 | 1808.0 | 1794.6 | 2149.7 | 2105.0 | 2270.3 | 2484.0 | 2492.3 | 1485.6 |
| 地方财政支出 | 954.9 | 1355.1 | 1421.1 | 1889.1 | 2126.8 | 2299.1 | 2656.1 | 2956.2 | 3440.4 | 2591.3 |
| 中央转移支付比重 | 56.2 | 49.8 | 56.0 | 48.7 | 50.3 | 47.8 | 46.1 | 45.7 | 42.0 | 36.4 |

# 图1-12　完成基本建设投资

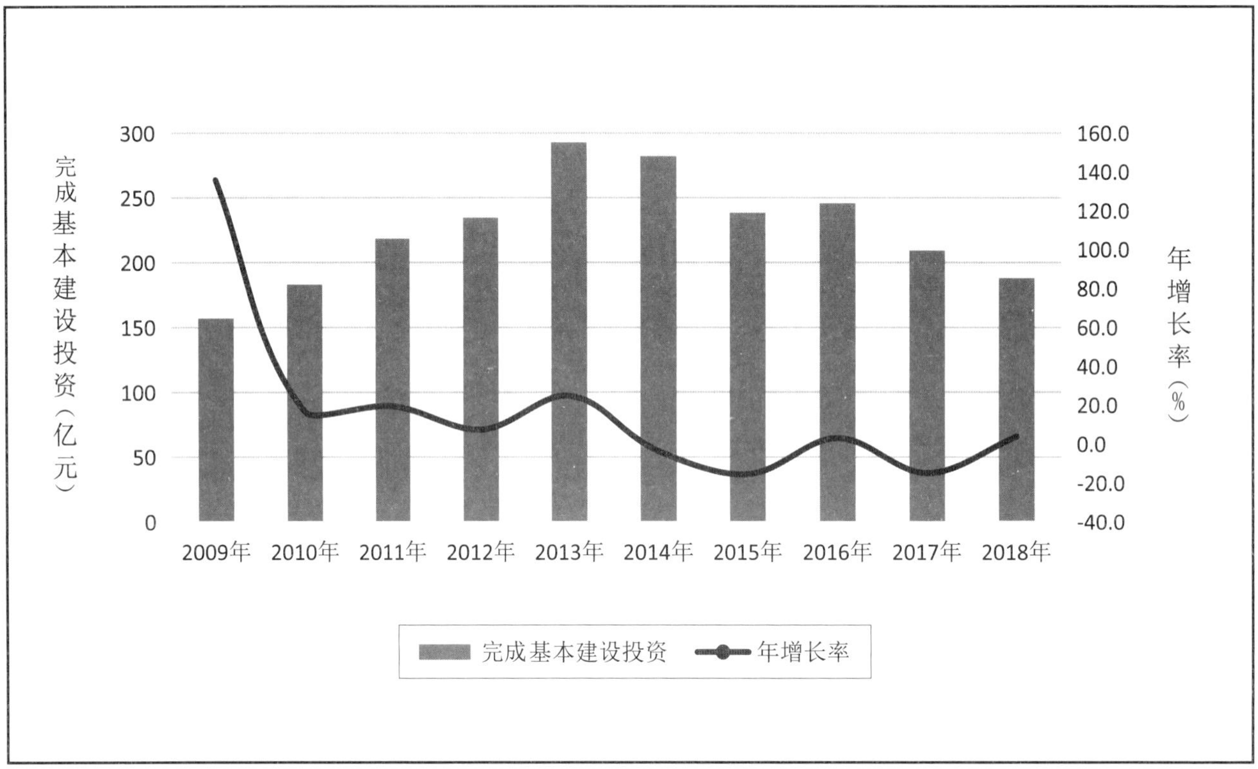


单位：亿元、%

| 指标 | 2009年 | 2010年 | 2011年 | 2012年 | 2013年 | 2014年 | 2015年 | 2016年 | 2017年 | 2018年 |
|---|---|---|---|---|---|---|---|---|---|---|
| 完成基本建设投资 | 157.0 | 183.0 | 218.5 | 234.7 | 292.8 | 282.2 | 238.5 | 245.8 | 209.2 | 188.0 |
| 年增长率 | 135.7 | 16.6 | 19.4 | 7.4 | 24.8 | -3.6 | -15.5 | 3.1 | -14.9 | 3.9 |

# 图1-13　预算内基本建设支出和中央转移支付

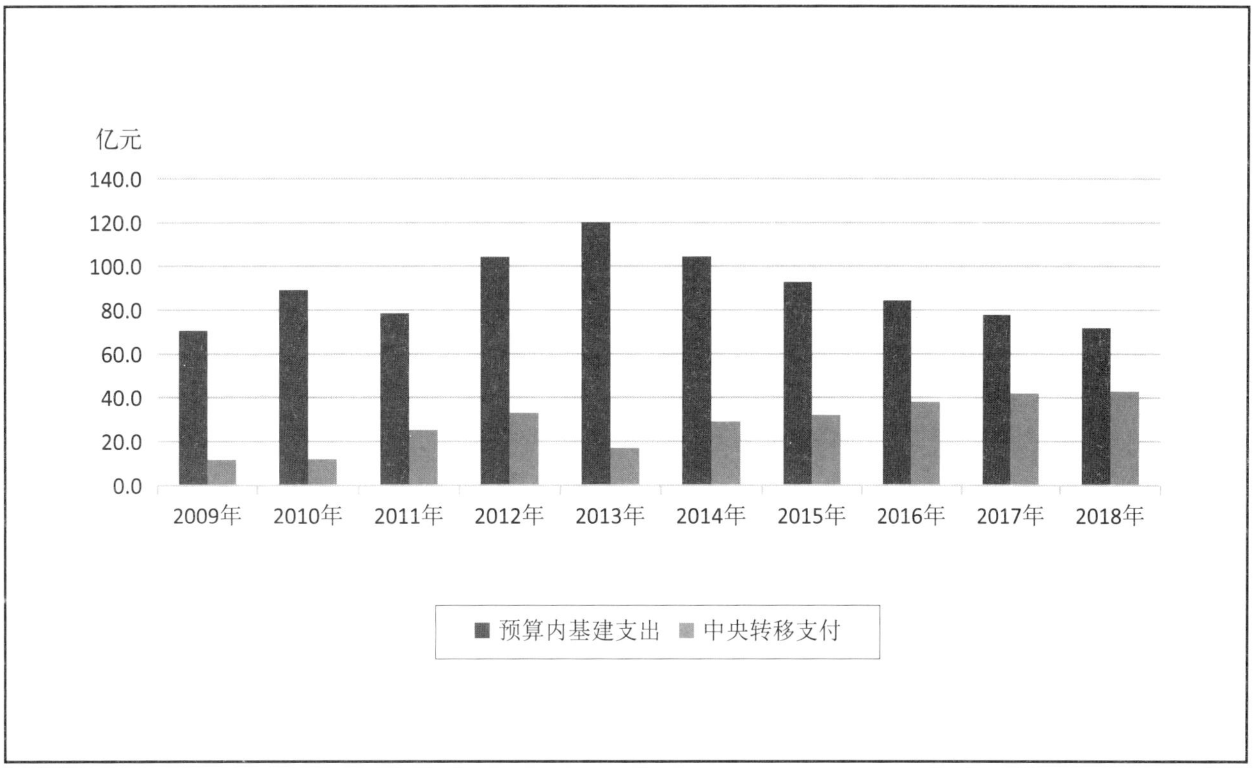


单位：亿元

| 指标 | 2009年 | 2010年 | 2011年 | 2012年 | 2013年 | 2014年 | 2015年 | 2016年 | 2017年 | 2018年 |
|---|---|---|---|---|---|---|---|---|---|---|
| 民政事业费支出 | 2181.9 | 2697.5 | 3229.1 | 3683.7 | 4276.5 | 4404.1 | 4926.4 | 5440.2 | 5932.7 | 4076.9 |
| 预算内基建支出 | 70.6 | 89.1 | 78.5 | 104.2 | 120.1 | 104.3 | 92.8 | 84.4 | 77.8 | 71.9 |
| 中央转移支付 | 11.7 | 12.0 | 25.3 | 33.0 | 17.0 | 29.0 | 32.0 | 38.0 | 42.0 | 43.0 |

# 图2-1　民政服务床位数

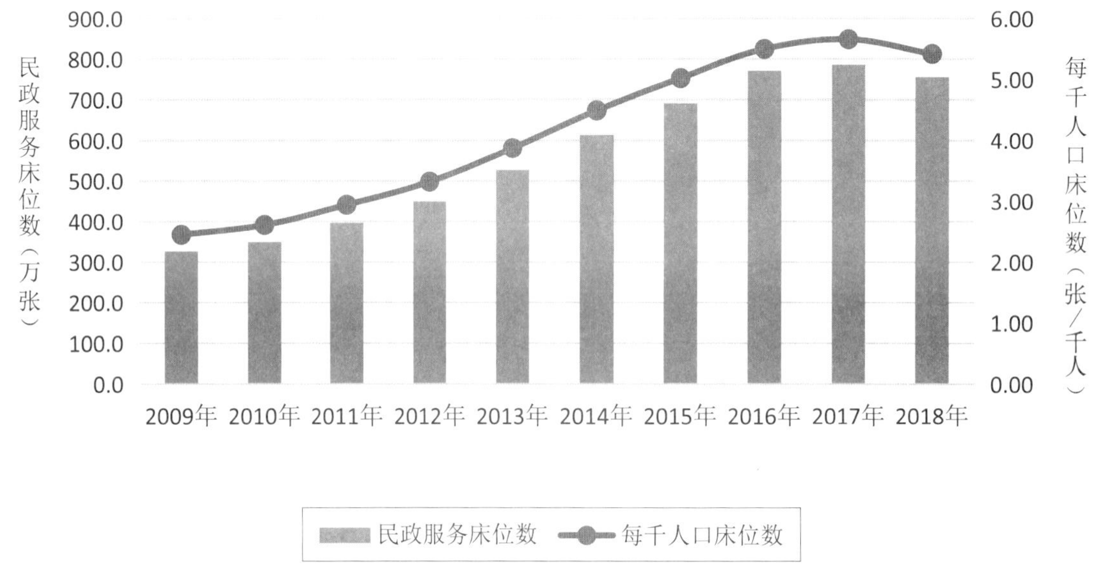


单位：万张、张/千人

| 指标 | 2009年 | 2010年 | 2011年 | 2012年 | 2013年 | 2014年 | 2015年 | 2016年 | 2017年 | 2018年 |
|---|---|---|---|---|---|---|---|---|---|---|
| 民政服务床位数 | 326.5 | 349.6 | 396.4 | 449.3 | 526.7 | 613.5 | 691.3 | 771.2 | 786.2 | 755.9 |
| 每千人口床位数 | 2.45 | 2.61 | 2.94 | 3.32 | 3.87 | 4.49 | 5.02 | 5.50 | 5.66 | 5.42 |

# 图2-2 养老床位数

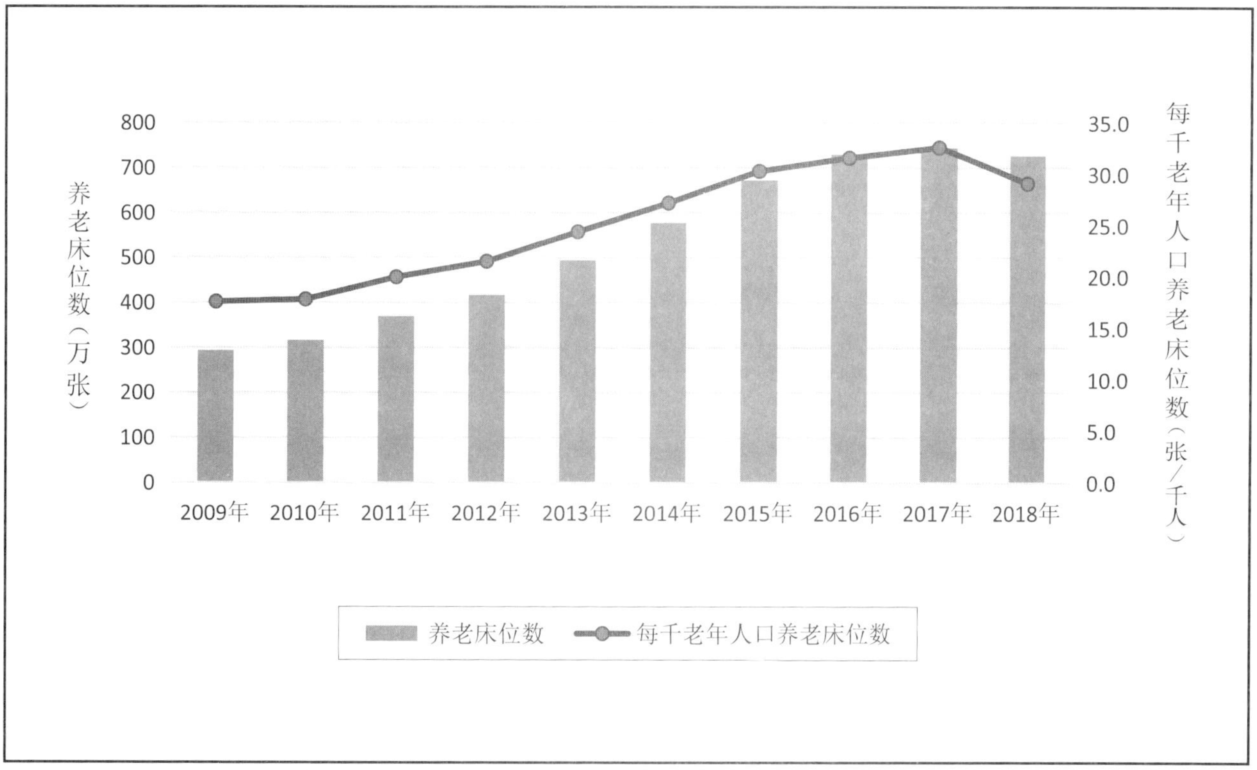


单位：万张、%、张/千人

| 指标 | 2009年 | 2010年 | 2011年 | 2012年 | 2013年 | 2014年 | 2015年 | 2016年 | 2017年 | 2018年 |
|---|---|---|---|---|---|---|---|---|---|---|
| 养老床位数 | 293.5 | 316.1 | 369.2 | 416.5 | 493.7 | 577.7 | 672.7 | 730.2 | 744.8 | 727.1 |
| 增长率 | 9.8 | 7.7 | 16.8 | 12.8 | 18.5 | 17.0 | 16.4 | 8.5 | 2.0 | 3.3 |
| 每千老年人口养老床位数 | 17.6 | 17.8 | 20.0 | 21.5 | 24.4 | 27.2 | 30.3 | 31.6 | 32.6 | 29.1 |

# 图2-3 精神疾病服务床位数

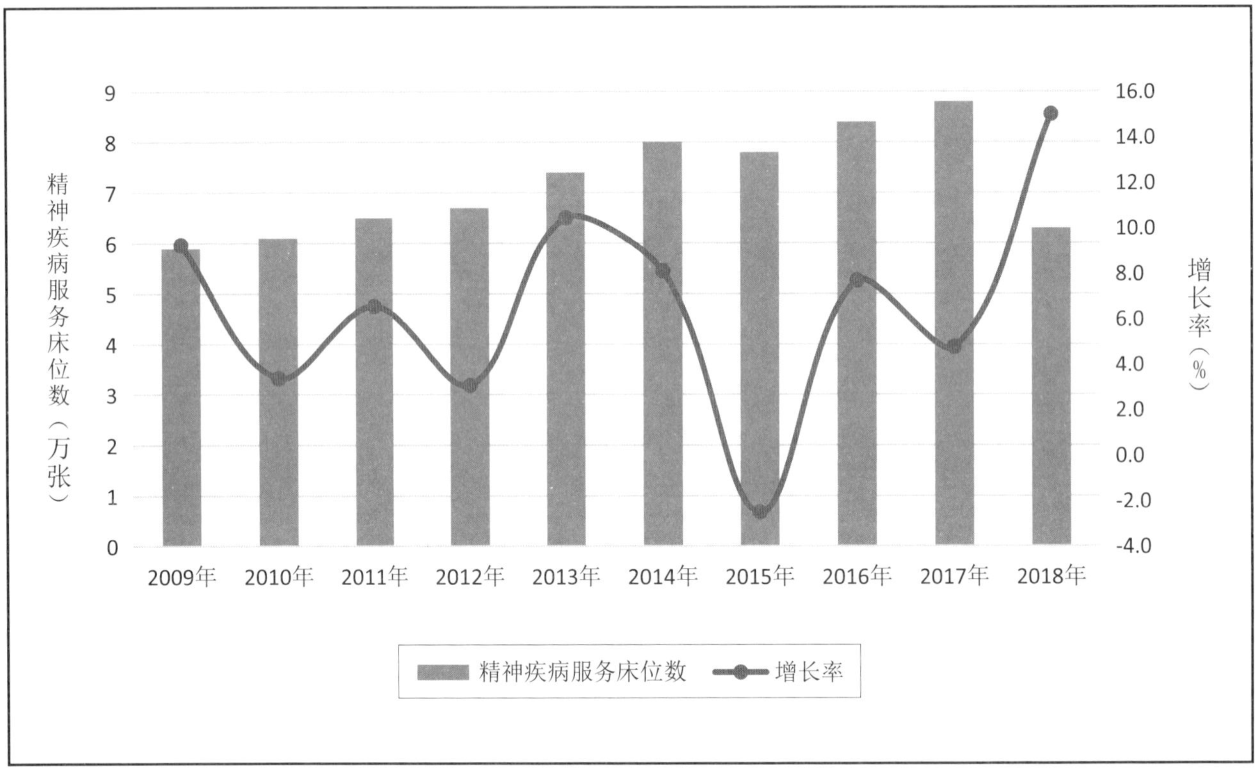


单位：万张、%

| 指标 | 2009年 | 2010年 | 2011年 | 2012年 | 2013年 | 2014年 | 2015年 | 2016年 | 2017年 | 2018年 |
|---|---|---|---|---|---|---|---|---|---|---|
| 精神疾病服务床位数 | 5.9 | 6.1 | 6.5 | 6.7 | 7.4 | 8.0 | 7.8 | 8.4 | 8.8 | 6.3 |
| 增长率 | 9.3 | 3.4 | 6.6 | 3.1 | 10.4 | 8.1 | -2.5 | 7.7 | 4.8 | 15.0 |

# 图2-4 儿童服务床位数

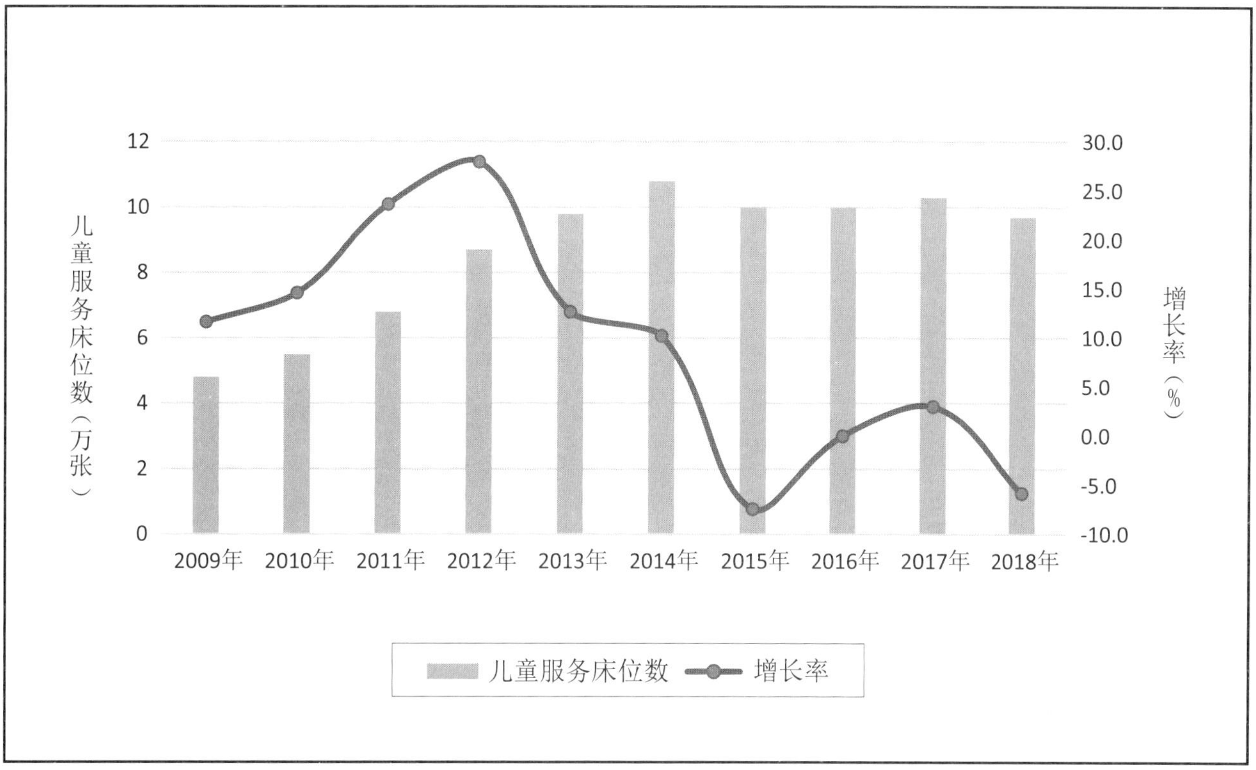


单位：万张、%

| 指标 | 2009年 | 2010年 | 2011年 | 2012年 | 2013年 | 2014年 | 2015年 | 2016年 | 2017年 | 2018年 |
|---|---|---|---|---|---|---|---|---|---|---|
| 儿童服务床位数 | 4.8 | 5.5 | 6.8 | 8.7 | 9.8 | 10.8 | 10.0 | 10.0 | 10.3 | 9.7 |
| 增长率 | 11.6 | 14.6 | 23.6 | 27.9 | 12.6 | 10.2 | -7.4 | — | 3.0 | -5.9 |

# 图2-5 老年人福利

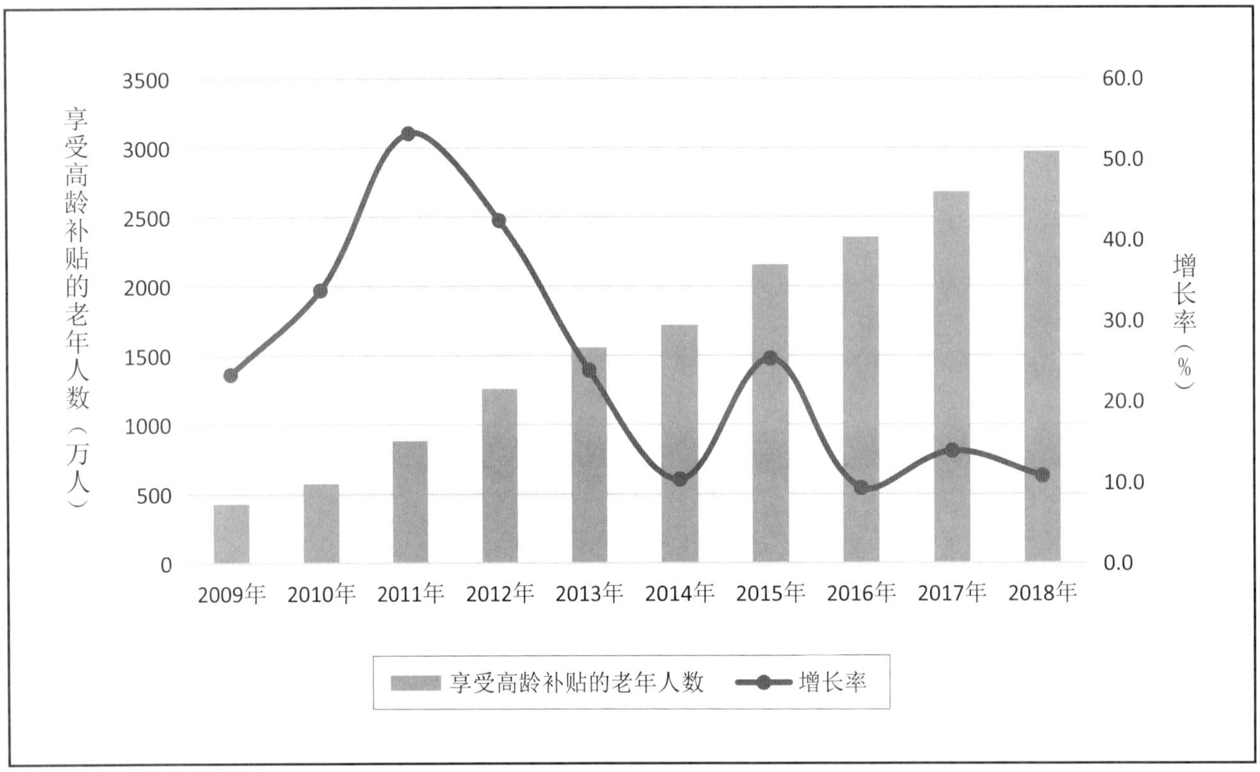


单位：万人、%

| 指标 | 2009年 | 2010年 | 2011年 | 2012年 | 2013年 | 2014年 | 2015年 | 2016年 | 2017年 | 2018年 |
|---|---|---|---|---|---|---|---|---|---|---|
| 享受高龄补贴的老年人数 | 430.9 | 576.4 | 883.1 | 1257.7 | 1557.9 | 1719.6 | 2155.1 | 2355.4 | 2682.2 | 2972.3 |
| 增长率 | 23.4 | 33.8 | 53.2 | 42.4 | 23.9 | 10.4 | 25.3 | 9.3 | 13.9 | 10.8 |

# 图2-6　收养登记

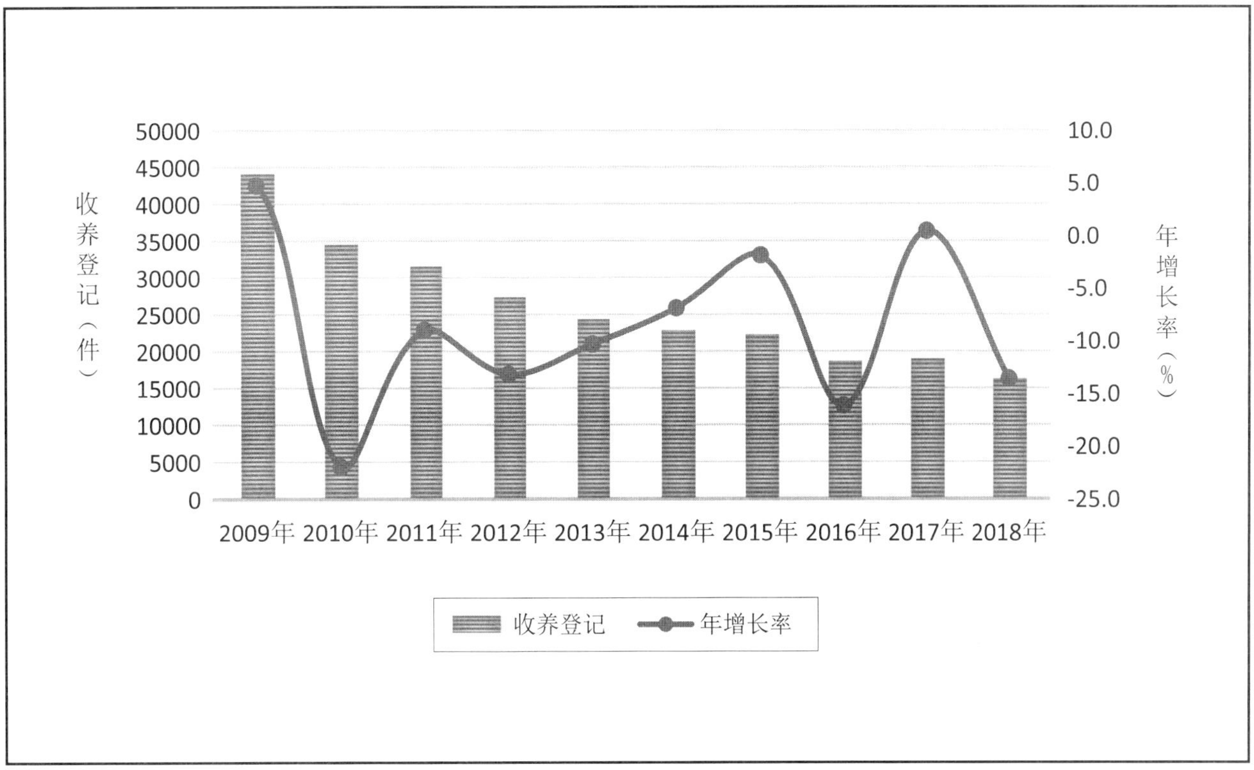


单位：件、%

| 指标 | 2009年 | 2010年 | 2011年 | 2012年 | 2013年 | 2014年 | 2015年 | 2016年 | 2017年 | 2018年 |
|---|---|---|---|---|---|---|---|---|---|---|
| 收养登记 | 44260 | 34529 | 31424 | 27278 | 24460 | 22772 | 22348 | 18736 | 18820 | 16267 |
| 年增长率 | 4.8 | -22.0 | -9.0 | -13.2 | -10.3 | -6.9 | -1.9 | -16.2 | 0.4 | -13.6 |

# 图2-7 城市最低生活保障人数

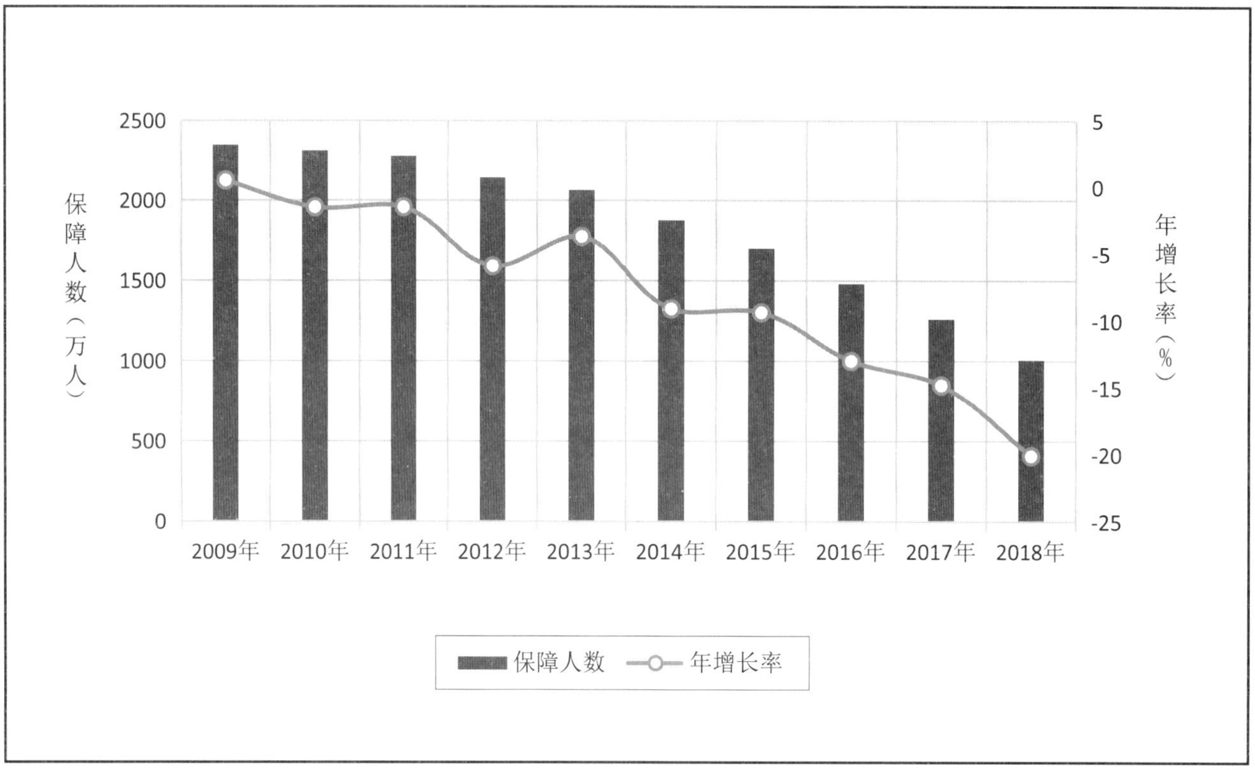


单位：万人、%

| 指标 | 2009年 | 2010年 | 2011年 | 2012年 | 2013年 | 2014年 | 2015年 | 2016年 | 2017年 | 2018年 |
|---|---|---|---|---|---|---|---|---|---|---|
| 保障人数 | 2345.6 | 2310.5 | 2276.8 | 2143.5 | 2064.2 | 1877 | 1701.1 | 1480.2 | 1261.0 | 1007.0 |
| 年增长率 | 0.5 | -1.5 | -1.5 | -5.9 | -3.7 | -9.1 | -9.4 | -13.0 | -14.8 | -20.1 |

# 图2-8　城市最低生活保障平均标准

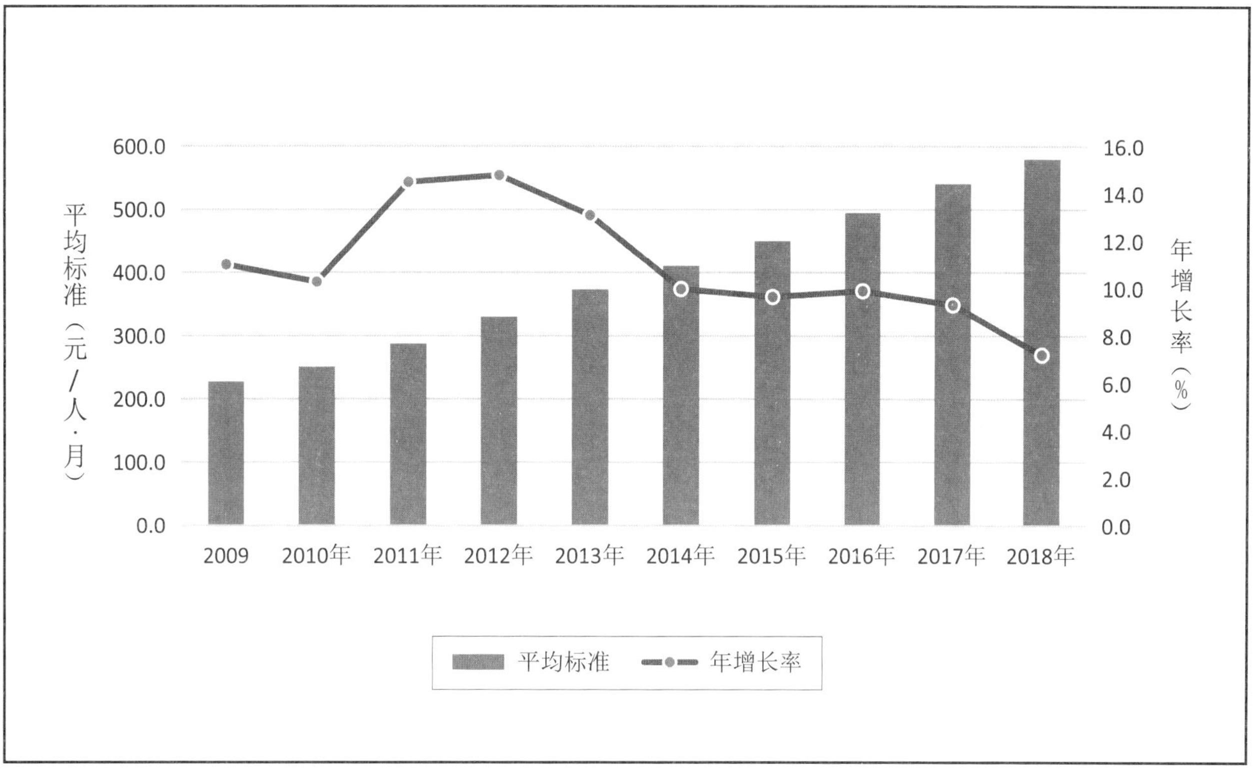


单位：元/人·月、%

| 指标 | 2009年 | 2010年 | 2011年 | 2012年 | 2013年 | 2014年 | 2015年 | 2016年 | 2017年 | 2018年 |
|---|---|---|---|---|---|---|---|---|---|---|
| 平均标准 | 227.8 | 251.2 | 287.6 | 330.1 | 373.3 | 410.5 | 450.1 | 494.6 | 540.6 | 579.7 |
| 年增长率 | 11.0 | 10.3 | 14.5 | 14.8 | 13.1 | 10.0 | 9.6 | 9.9 | 9.3 | 7.2 |

# 图2-9　分省份城市最低生活保障平均标准

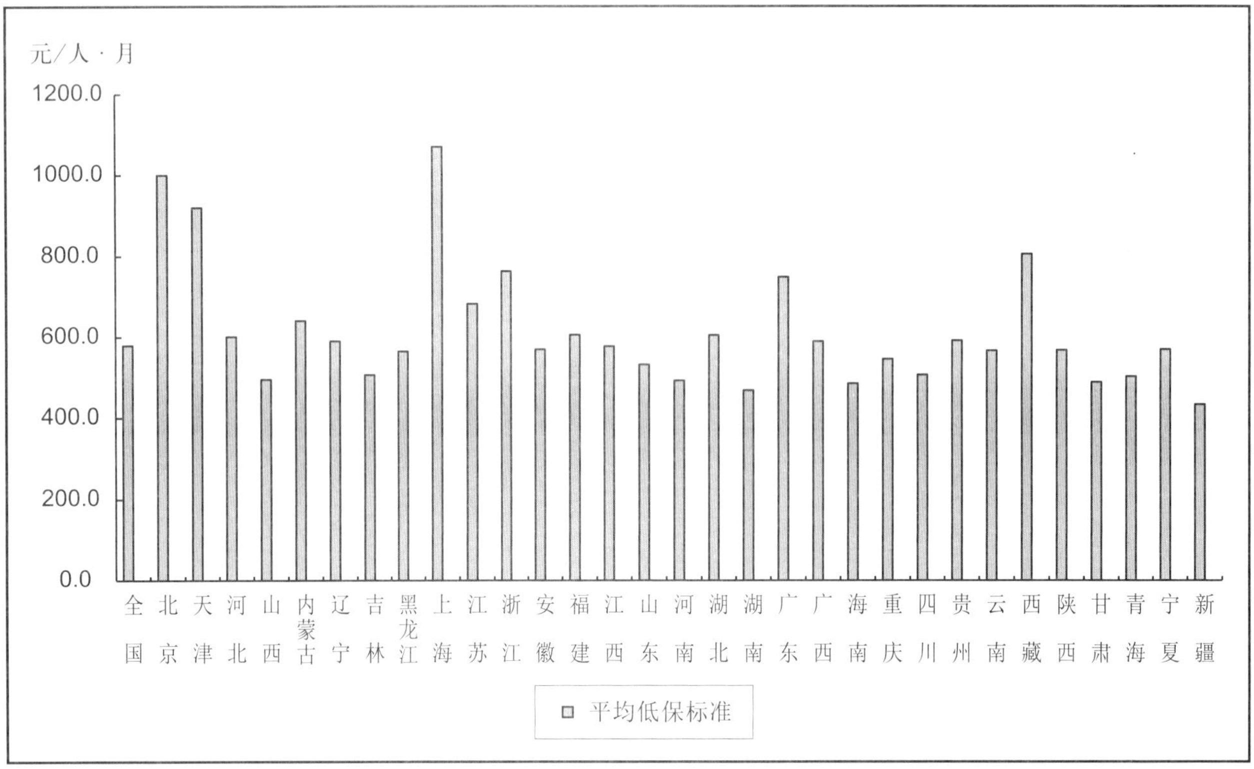


单位：元/人·月

| 地　区 | 平均标准 | 地　区 | 平均标准 | 地　区 | 平均标准 | 地　区 | 平均标准 |
|---|---|---|---|---|---|---|---|
| **全　国** | **579.7** | 黑龙江 | 564.8 | 河　南 | 492.9 | 贵　州 | 591.7 |
| 北　京 | 1000.0 | 上　海 | 1070.0 | 湖　北 | 605.0 | 云　南 | 566.8 |
| 天　津 | 920.0 | 江　苏 | 682.4 | 湖　南 | 468.8 | 西　藏 | 805.0 |
| 河　北 | 601.3 | 浙　江 | 762.6 | 广　东 | 748.6 | 陕　西 | 568.1 |
| 山　西 | 495.8 | 安　徽 | 569.7 | 广　西 | 589.6 | 甘　肃 | 489.1 |
| 内蒙古 | 640.5 | 福　建 | 605.6 | 海　南 | 485.6 | 青　海 | 503.2 |
| 辽　宁 | 590.2 | 江　西 | 577.4 | 重　庆 | 546.0 | 宁　夏 | 570.0 |
| 吉　林 | 506.9 | 山　东 | 532.4 | 四　川 | 507.2 | 新　疆 | 433.5 |

# 图2-10　农村最低生活保障人数

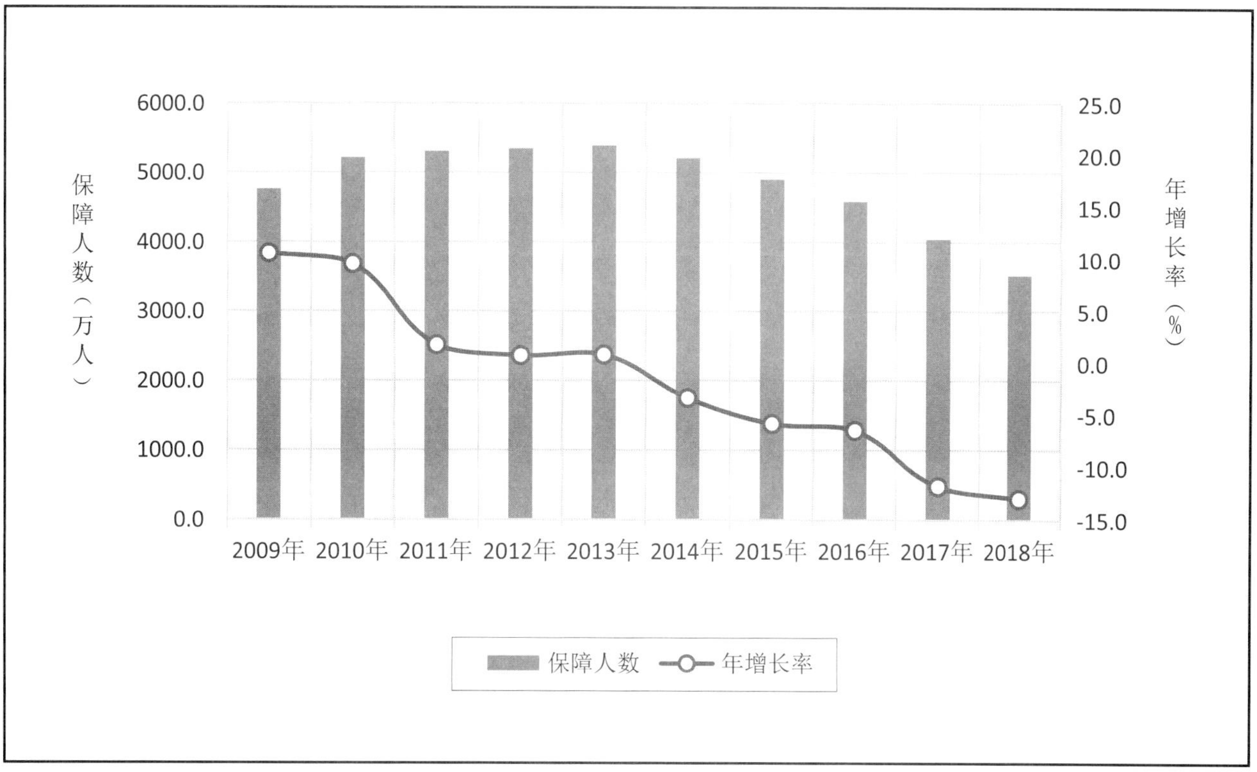


单位：万人、%

| 指标 | 2009年 | 2010年 | 2011年 | 2012年 | 2013年 | 2014年 | 2015年 | 2016年 | 2017年 | 2018年 |
|---|---|---|---|---|---|---|---|---|---|---|
| 保障人数 | 4760.0 | 5214.0 | 5305.7 | 5344.5 | 5388.0 | 5207.2 | 4903.6 | 4586.5 | 4045.1 | 3519.1 |
| 年增长率 | 10.6 | 9.5 | 1.8 | 0.7 | 0.8 | -3.4 | -5.8 | -6.5 | -11.8 | -13.0 |

# 图2-11　农村最低生活保障平均标准

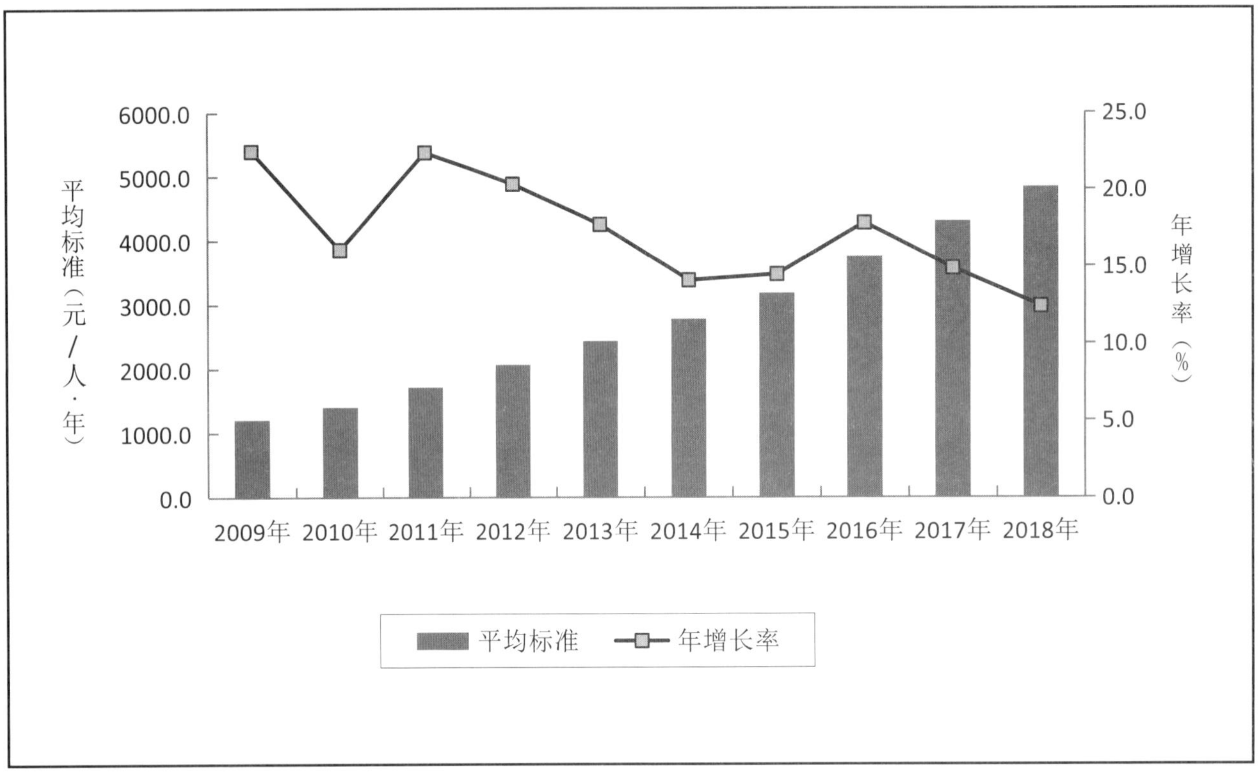


单位：元/人·年、%

| 指标 | 2009年 | 2010年 | 2011年 | 2012年 | 2013年 | 2014年 | 2015年 | 2016年 | 2017年 | 2018年 |
|---|---|---|---|---|---|---|---|---|---|---|
| 平均标准 | 1209.6 | 1404.0 | 1718.4 | 2067.8 | 2433.9 | 2776.6 | 3178.2 | 3744.0 | 4300.7 | 4833.4 |
| 年增长率 | 22.5 | 16.1 | 22.4 | 20.3 | 17.7 | 14.1 | 14.5 | 17.8 | 14.9 | 12.4 |

## 图2-12　分省份农村最低生活保障平均标准

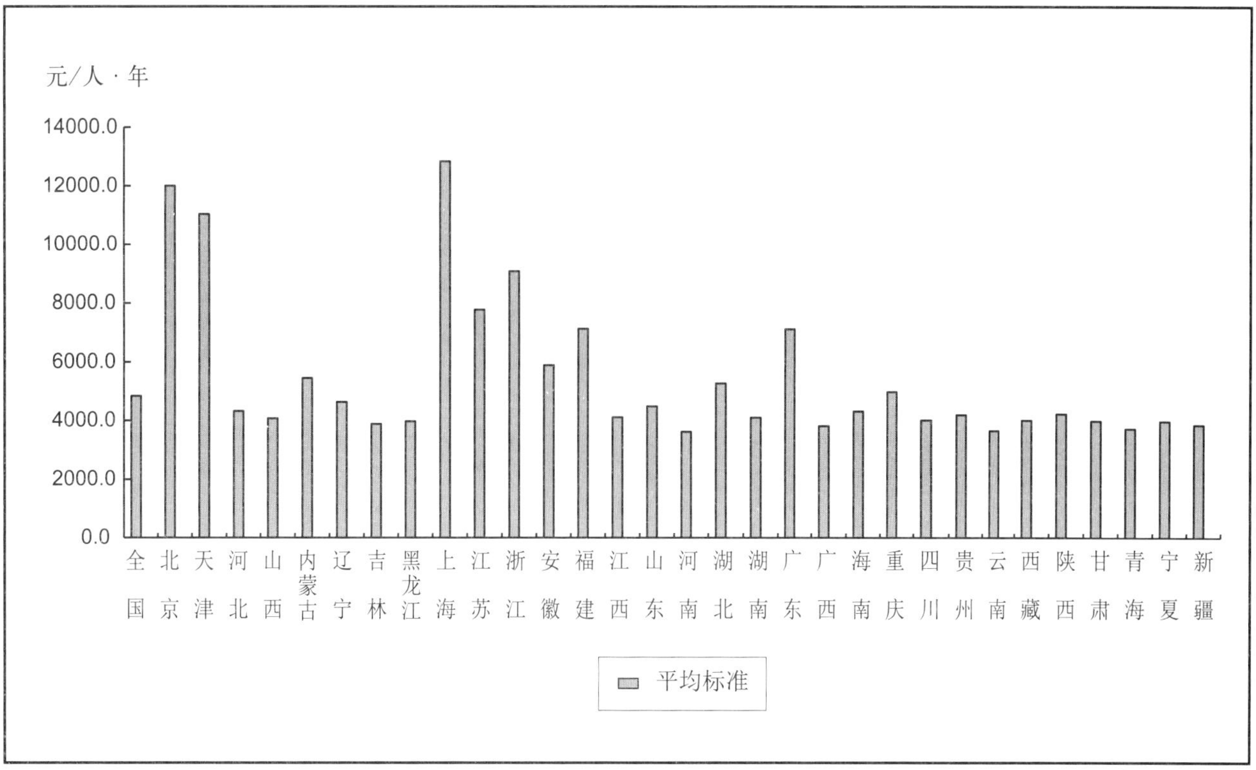


单位：元/人·年

| 地　区 | 平均标准 | 地　区 | 平均标准 | 地　区 | 平均标准 | 地　区 | 平均标准 |
|---|---|---|---|---|---|---|---|
| **全　国** | **4833.4** | 黑龙江 | 3974.1 | 河　南 | 3617.4 | 贵　州 | 4191.3 |
| 北　京 | 12000.0 | 上　海 | 12840.0 | 湖　北 | 5275.2 | 云　南 | 3651.9 |
| 天　津 | 11040.0 | 江　苏 | 7777.1 | 湖　南 | 4097.9 | 西　藏 | 4005.7 |
| 河　北 | 4321.7 | 浙　江 | 9083.3 | 广　东 | 7114.5 | 陕　西 | 4221.0 |
| 山　西 | 4072.6 | 安　徽 | 5891.8 | 广　西 | 3812.3 | 甘　肃 | 3978.8 |
| 内蒙古 | 5453.8 | 福　建 | 7127.3 | 海　南 | 4310.4 | 青　海 | 3713.1 |
| 辽　宁 | 4629.7 | 江　西 | 4111.7 | 重　庆 | 4984.9 | 宁　夏 | 3965.5 |
| 吉　林 | 3881.1 | 山　东 | 4482.0 | 四　川 | 4009.1 | 新　疆 | 3842.3 |

# 图2-13　农村特困人员救助供养

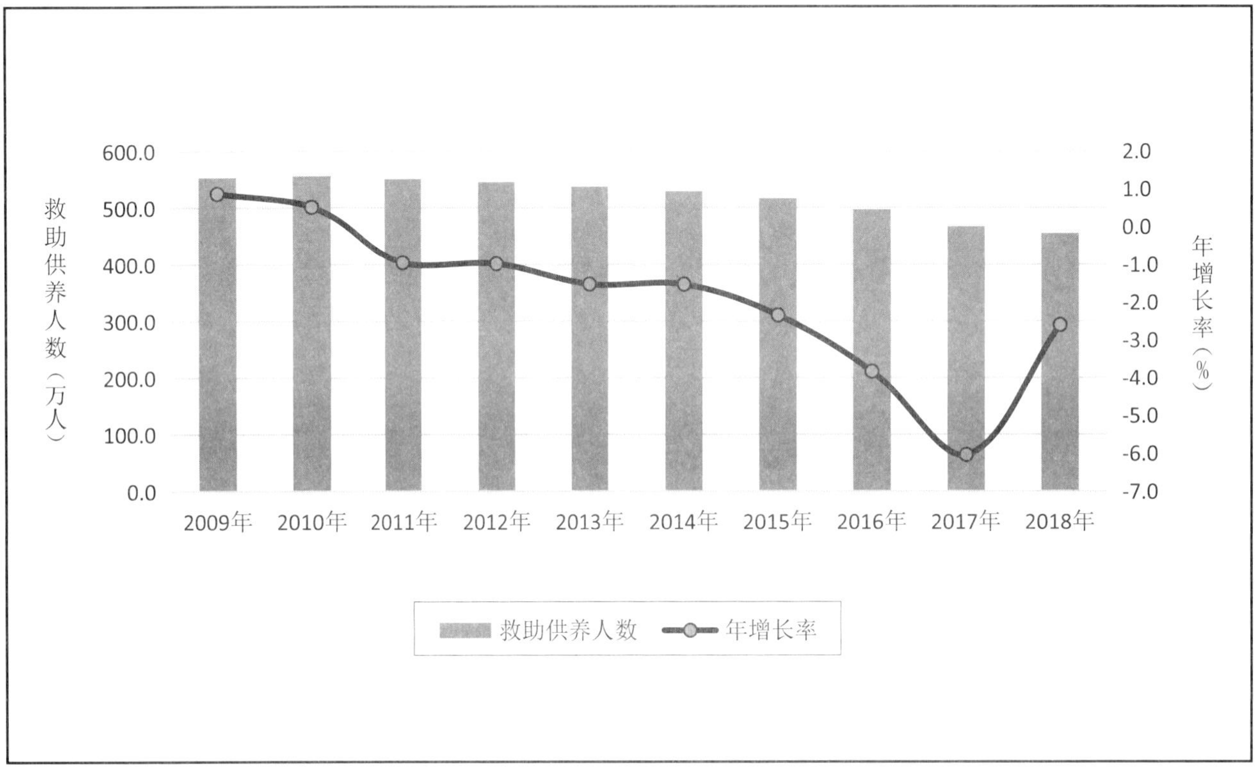


单位：万人、%

| 指标 | 2009年 | 2010年 | 2011年 | 2012年 | 2013年 | 2014年 | 2015年 | 2016年 | 2017年 | 2018年 |
|---|---|---|---|---|---|---|---|---|---|---|
| 救助供养人数 | 553.4 | 556.3 | 551.0 | 545.6 | 537.3 | 529.1 | 516.7 | 496.9 | 466.9 | 455.0 |
| 年增长率 | 0.9 | 0.5 | -1.0 | -1.0 | -1.5 | -1.5 | -2.3 | -3.8 | -6.0 | -2.6 |

# 图2-14 分省份孤儿平均保障标准

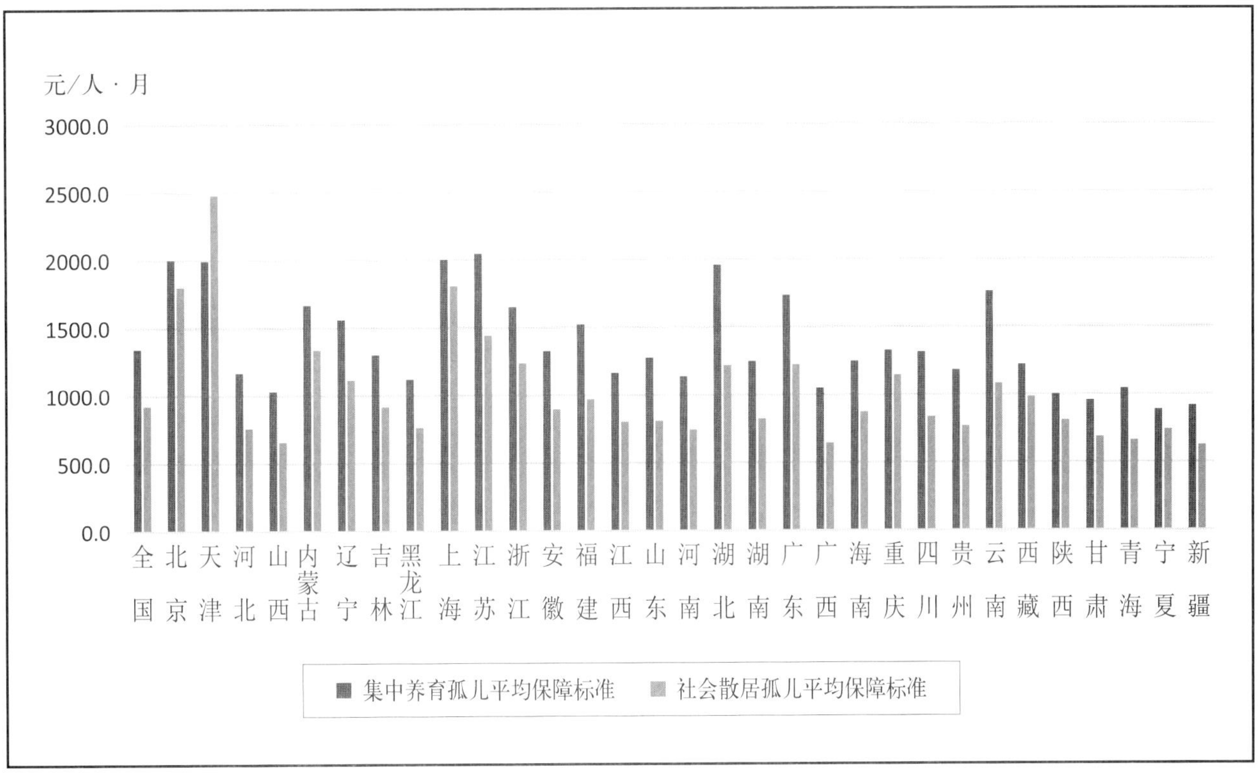


单位：元/人·月

| 地区 | 集中养育孤儿平均保障标准 | 社会散居孤儿平均保障标准 | 地区 | 集中养育孤儿平均保障标准 | 社会散居孤儿平均保障标准 | 地区 | 集中养育孤儿平均保障标准 | 社会散居孤儿平均保障标准 | 地区 | 集中养育孤儿平均保障标准 | 社会散居孤儿平均保障标准 |
|---|---|---|---|---|---|---|---|---|---|---|---|
| **全国** | **1344.0** | **924.0** | 黑龙江 | 1120.6 | 763.5 | 河南 | 1137.4 | 743.7 | 贵州 | 1181.2 | 767.2 |
| 北京 | 2000.0 | 1800.0 | 上海 | 2000.0 | 1806.3 | 湖北 | 1957.7 | 1218.7 | 云南 | 1758.8 | 1082.1 |
| 天津 | 1991.3 | 2480.0 | 江苏 | 2047.7 | 1441.9 | 湖南 | 1247.8 | 823.6 | 西藏 | 1220.0 | 984.6 |
| 河北 | 1170.0 | 759.8 | 浙江 | 1651.3 | 1238.3 | 广东 | 1733.0 | 1222.6 | 陕西 | 1000.9 | 808.8 |
| 山西 | 1033.2 | 658.1 | 安徽 | 1326.0 | 894.8 | 广西 | 1049.2 | 643.2 | 甘肃 | 954.0 | 686.5 |
| 内蒙古 | 1666.4 | 1336.6 | 福建 | 1522.0 | 968.6 | 海南 | 1247.4 | 871.4 | 青海 | 1043.3 | 661.1 |
| 辽宁 | 1559.6 | 1115.7 | 江西 | 1165.1 | 802.4 | 重庆 | 1327.2 | 1145.5 | 宁夏 | 886.1 | 740.0 |
| 吉林 | 1301.4 | 914.8 | 山东 | 1274.9 | 808.5 | 四川 | 1314.0 | 835.5 | 新疆 | 914.3 | 625.4 |

# 图2-15　社会组织捐赠收入

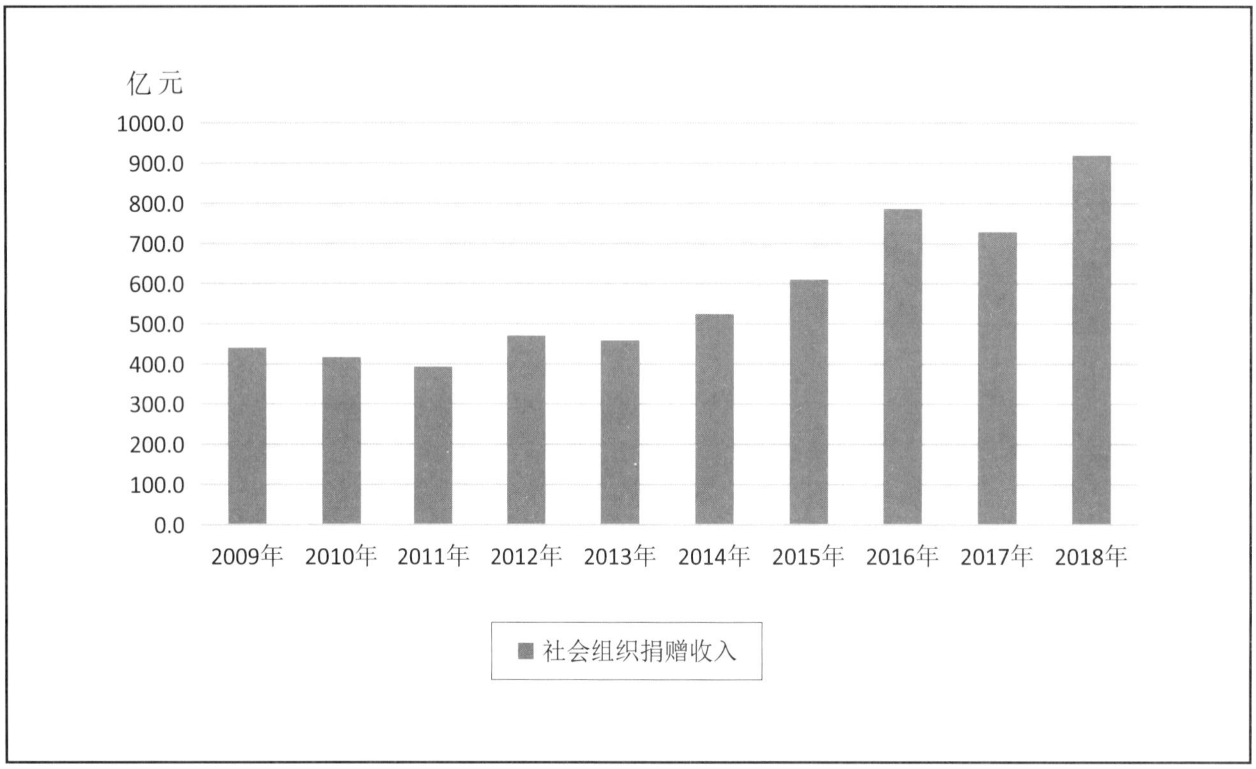


单位：亿元

| 指标 | 2009年 | 2010年 | 2011年 | 2012年 | 2013年 | 2014年 | 2015年 | 2016年 | 2017年 | 2018年 |
|---|---|---|---|---|---|---|---|---|---|---|
| 社会组织捐赠收入 | 440.7 | 417.0 | 393.5 | 470.8 | 458.8 | 524.8 | 610.3 | 786.7 | 729.2 | 919.7 |

# 图2-16 福利彩票

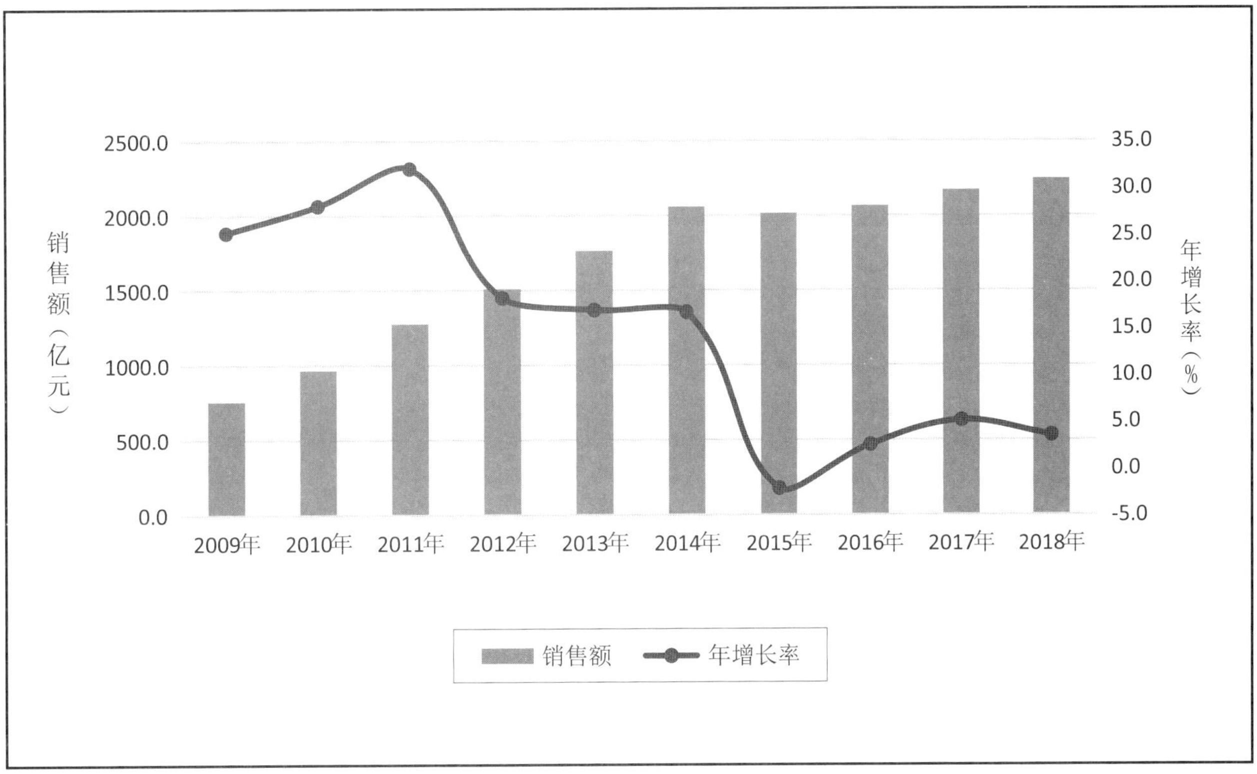


单位：亿元、%

| 指标 | 2009年 | 2010年 | 2011年 | 2012年 | 2013年 | 2014年 | 2015年 | 2016年 | 2017年 | 2018年 |
|---|---|---|---|---|---|---|---|---|---|---|
| 销售额 | 756.0 | 968.0 | 1278.0 | 1510.3 | 1765.3 | 2059.7 | 2015.1 | 2064.9 | 2169.8 | 2245.6 |
| 年增长率 | 25.2 | 28.0 | 32.0 | 18.2 | 16.9 | 16.7 | -2.2 | 2.5 | 5.1 | 3.5 |

# 图2-17 社区服务机构和设施

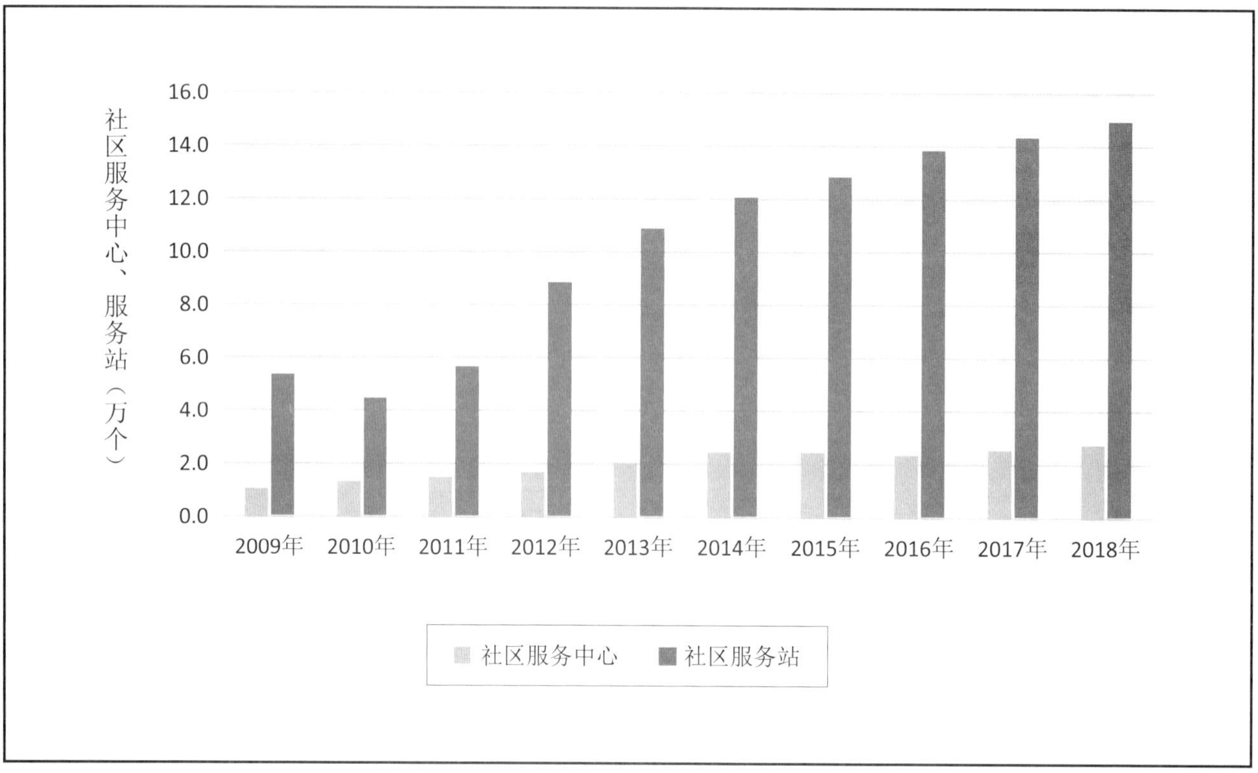


单位：万个

| 指标 | 2009年 | 2010年 | 2011年 | 2012年 | 2013年 | 2014年 | 2015年 | 2016年 | 2017年 | 2018年 |
|---|---|---|---|---|---|---|---|---|---|---|
| 社区服务机构和设施 | 14.6 | 15.3 | 16.0 | 20.0 | 25.2 | 31.1 | 36.1 | 38.6 | 40.7 | 42.7 |
| #社区服务中心 | 1.0 | 1.3 | 1.4 | 1.6 | 2.0 | 2.4 | 2.4 | 2.3 | 2.5 | 2.8 |
| 社区服务站 | 5.3 | 4.4 | 5.6 | 8.8 | 10.8 | 12.0 | 12.8 | 13.8 | 14.3 | 14.9 |

注：2014年以后社区服务中心中含社区服务指导中心。

# 图2-18 社区综合服务设施覆盖率

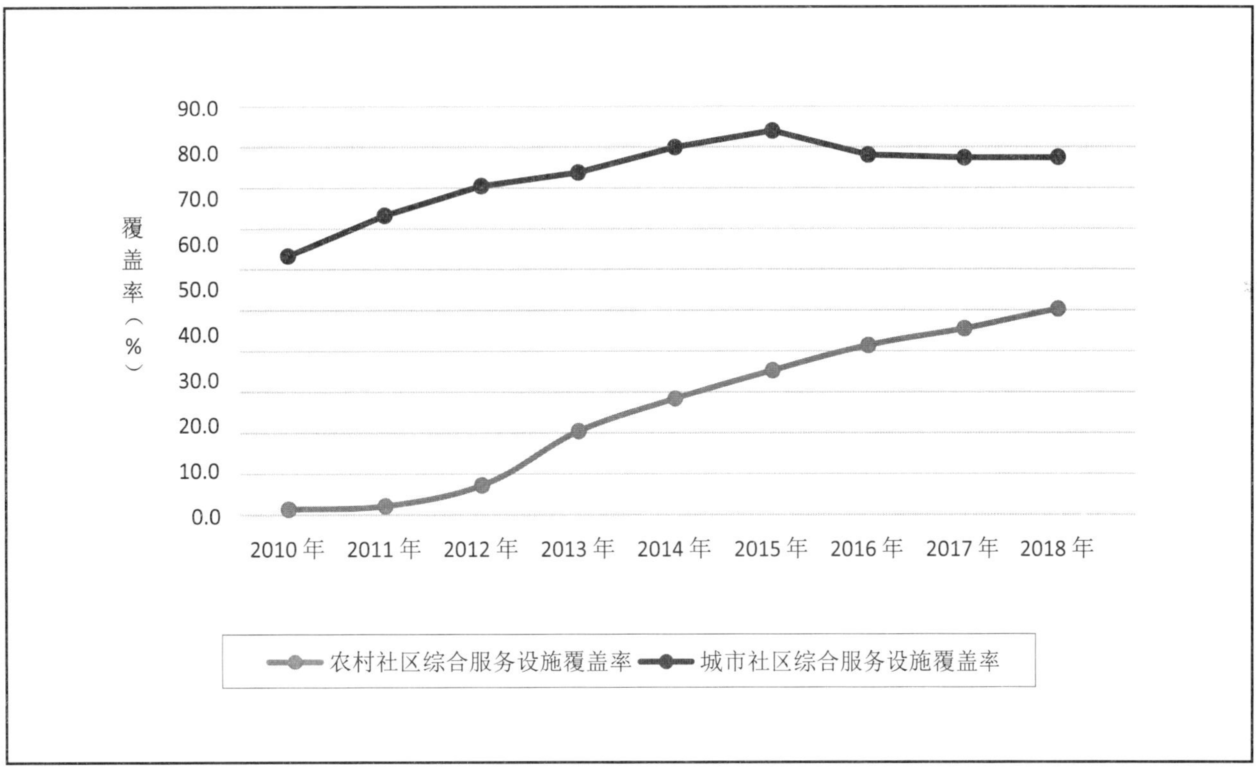


单位：万个、%

| 指标 | 2009年 | 2010年 | 2011年 | 2012年 | 2013年 | 2014年 | 2015年 | 2016年 | 2017年 | 2018年 |
|---|---|---|---|---|---|---|---|---|---|---|
| 城市社区综合服务设施覆盖率 | — | 57.0 | 65.9 | 72.4 | 75.4 | 81.0 | 82.0 | 79.3 | 78.6 | 78.7 |
| 农村社区综合服务设施覆盖率 | — | 1.2 | 2.0 | 6.5 | 18.4 | 25.5 | 31.8 | 37.3 | 40.9 | 45.3 |

# 图3-1　社会组织

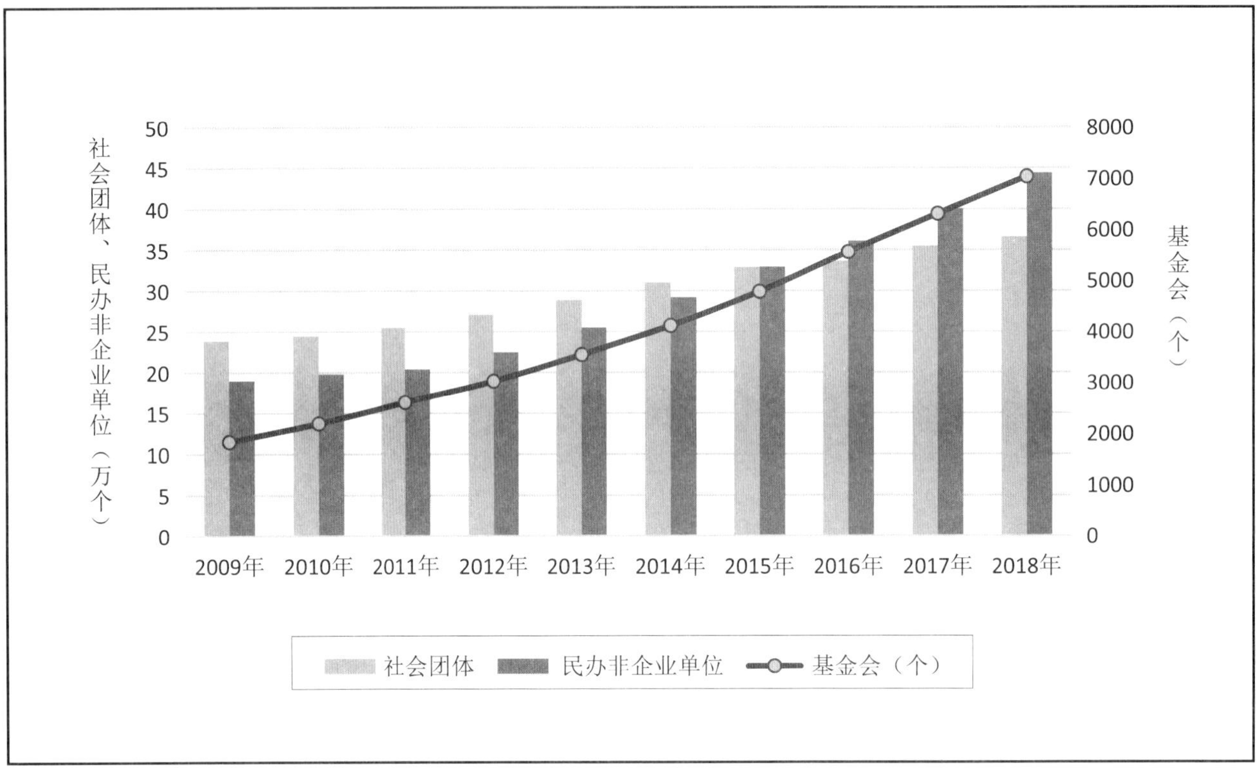


单位：万个、个

| 指标 | 2009年 | 2010年 | 2011年 | 2012年 | 2013年 | 2014年 | 2015年 | 2016年 | 2017年 | 2018年 |
|---|---|---|---|---|---|---|---|---|---|---|
| 社会组织 | 43.1 | 44.6 | 46.2 | 49.9 | 54.7 | 60.6 | 66.2 | 70.2 | 76.2 | 81.7 |
| 社会团体 | 23.9 | 24.5 | 25.5 | 27.1 | 28.9 | 31.0 | 32.9 | 33.6 | 35.5 | 36.6 |
| 基金会（个） | 1843 | 2200 | 2614 | 3029 | 3549 | 4117 | 4784 | 5559 | 6307 | 7034 |
| 民办非企业单位 | 19.0 | 19.8 | 20.4 | 22.5 | 25.5 | 29.2 | 32.9 | 36.1 | 40.0 | 44.4 |

# 图3-2 自治组织

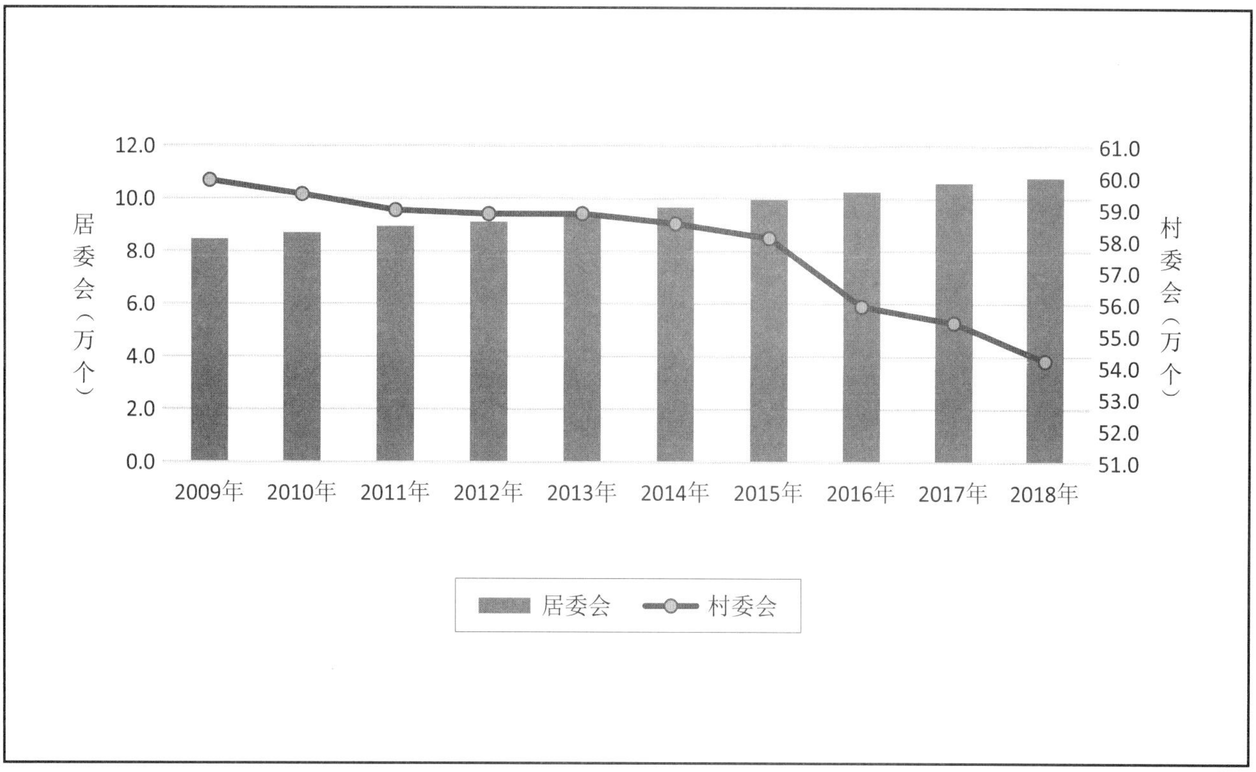


单位：万个

| 指标 | 2009年 | 2010年 | 2011年 | 2012年 | 2013年 | 2014年 | 2015年 | 2016年 | 2017年 | 2018年 |
|---|---|---|---|---|---|---|---|---|---|---|
| 自治组织 | 68.4 | 68.2 | 67.9 | 68.0 | 68.3 | 68.2 | 68.1 | 66.2 | 66.1 | 65.0 |
| 居委会 | 8.5 | 8.7 | 8.9 | 9.1 | 9.5 | 9.7 | 10.0 | 10.3 | 10.6 | 10.8 |
| 村委会 | 59.9 | 59.5 | 59.0 | 58.8 | 58.9 | 58.5 | 58.1 | 55.9 | 55.4 | 54.2 |

# 图3-3　结婚登记

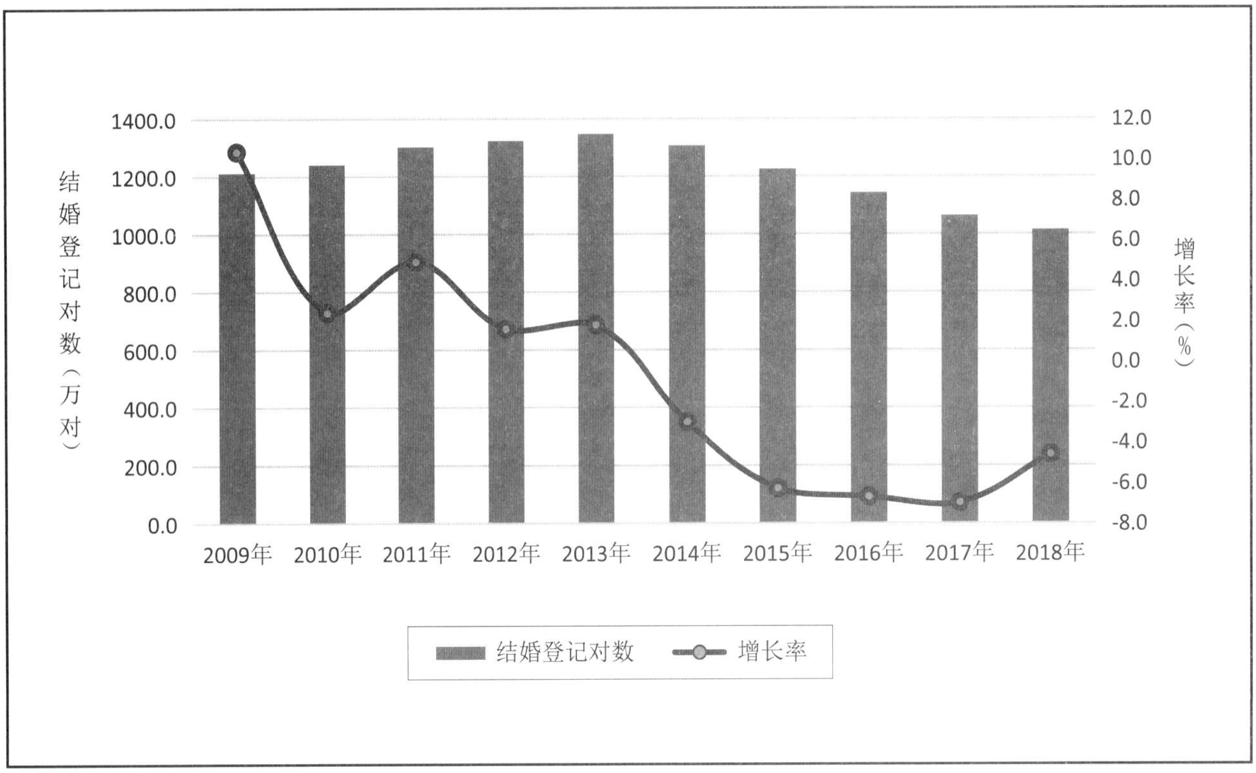


单位：万对、%

| 指标 | 2009年 | 2010年 | 2011年 | 2012年 | 2013年 | 2014年 | 2015年 | 2016年 | 2017年 | 2018年 |
|---|---|---|---|---|---|---|---|---|---|---|
| 结婚登记对数 | 1212.2 | 1241.0 | 1302.4 | 1323.6 | 1346.9 | 1306.7 | 1224.7 | 1142.8 | 1063.1 | 1013.9 |
| 增长率 | 10.4 | 2.4 | 4.9 | 1.6 | 1.8 | -3.0 | -6.3 | -6.7 | -7.0 | -4.6 |

# 图3-4　分年龄组结婚登记

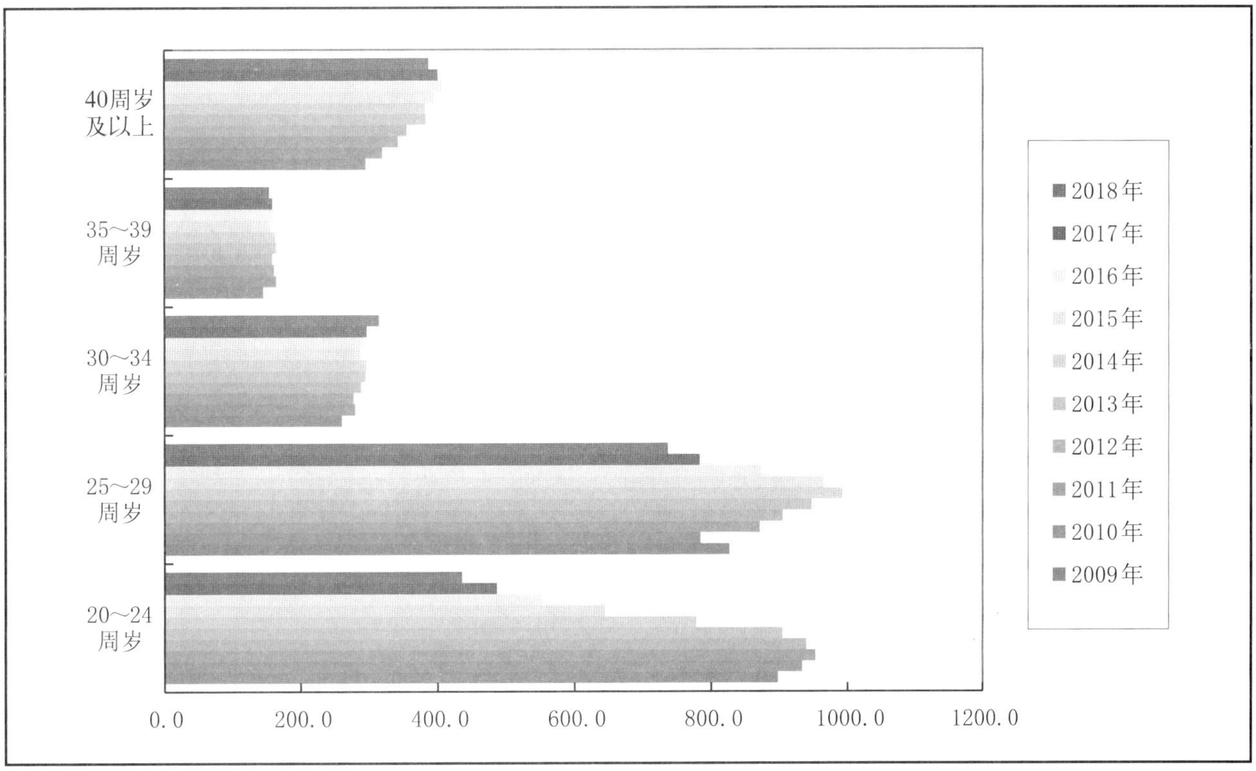


单位：万人

| 年份 | 20～24周岁 | 25～29周岁 | 30～34周岁 | 35～39周岁 | 40周岁及以上 |
|---|---|---|---|---|---|
| 2009 | 896.7 | 826.4 | 260.3 | 145.4 | 295.5 |
| 2010 | 933.4 | 784.6 | 279.9 | 164.5 | 319.6 |
| 2011 | 953.0 | 870.2 | 277.6 | 161.5 | 342.4 |
| 2012 | 939.6 | 904.1 | 289.0 | 158.9 | 355.6 |
| 2013 | 903.4 | 947.5 | 295.1 | 164.3 | 383.5 |
| 2014 | 778.2 | 993.1 | 296.5 | 163.5 | 382.2 |
| 2015 | 643.9 | 965.7 | 288.1 | 155.3 | 396.4 |
| 2016 | 552.3 | 872.2 | 293.0 | 160.6 | 407.3 |
| 2017 | 486.6 | 783.5 | 296.7 | 158.7 | 400.7 |
| 2018 | 435.6 | 736.2 | 314.7 | 154.2 | 387.2 |

## 图3-5　民政部门和法院办理离婚

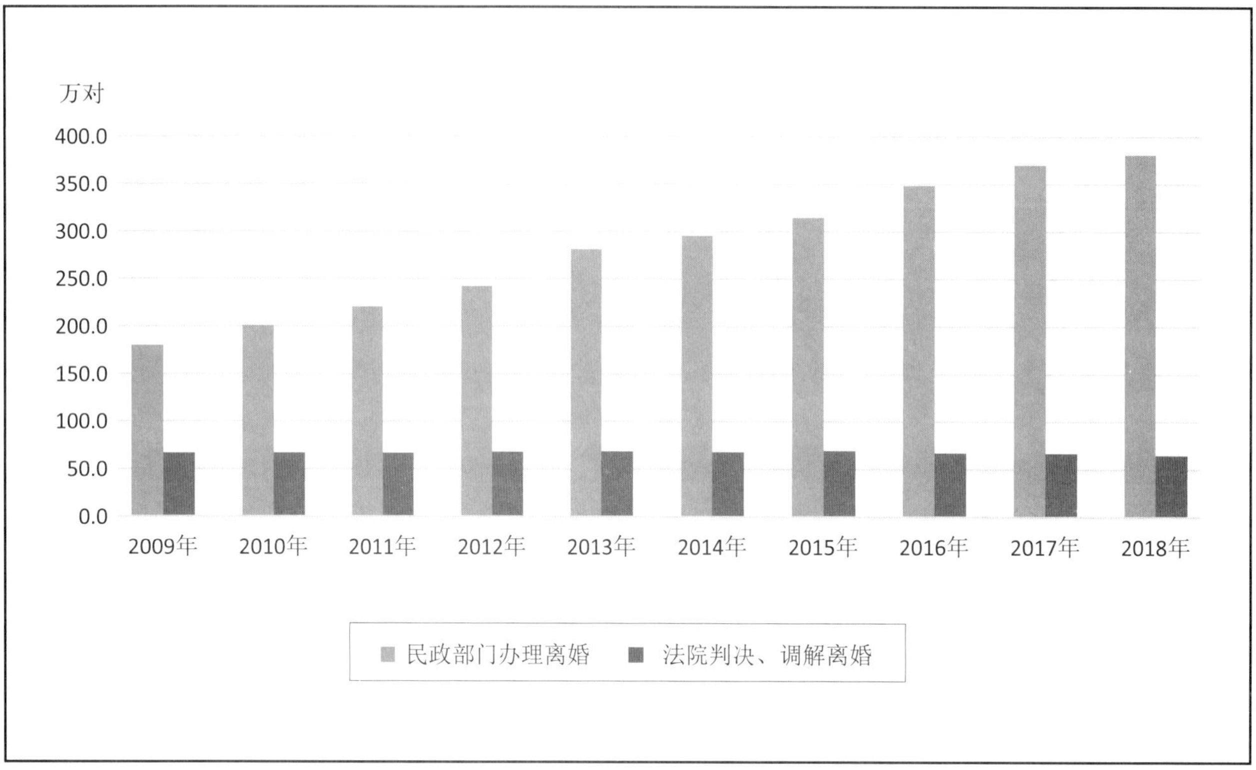


单位：万对

| 指标 | 2009年 | 2010年 | 2011年 | 2012年 | 2013年 | 2014年 | 2015年 | 2016年 | 2017年 | 2018年 |
|---|---|---|---|---|---|---|---|---|---|---|
| 离婚对数 | 246.8 | 267.8 | 287.4 | 310.4 | 350.0 | 363.6 | 384.1 | 415.8 | 437.3 | 446.1 |
| 民政部门办理离婚 | 180.2 | 201.0 | 220.7 | 242.3 | 281.5 | 295.7 | 314.9 | 348.6 | 370.4 | 381.2 |
| 法院判决、调解离婚 | 66.6 | 66.8 | 66.7 | 68.1 | 68.5 | 67.9 | 69.3 | 67.2 | 66.9 | 64.9 |

# 图3-6　结婚率和离婚率

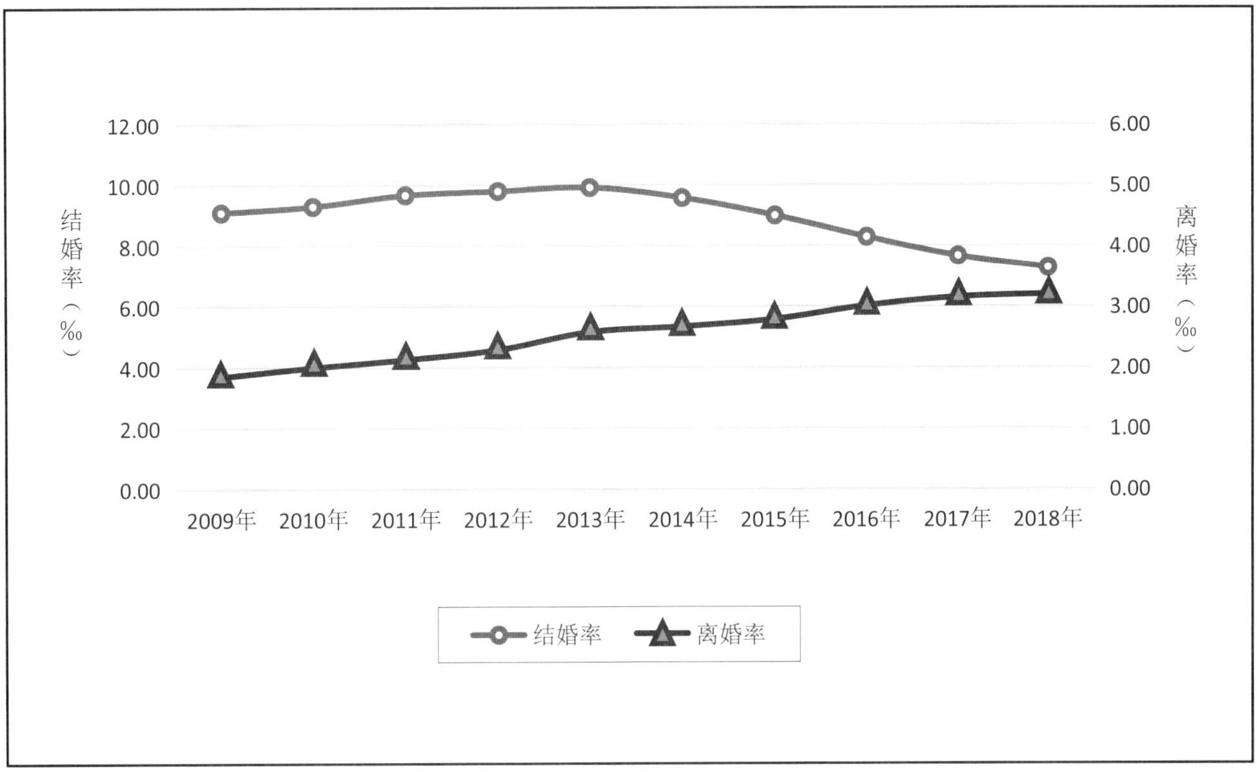


单位：‰

| 指标 | 2009年 | 2010年 | 2011年 | 2012年 | 2013年 | 2014年 | 2015年 | 2016年 | 2017年 | 2018年 |
|---|---|---|---|---|---|---|---|---|---|---|
| 结婚率 | 9.10 | 9.30 | 9.67 | 9.80 | 9.92 | 9.58 | 9.00 | 8.29 | 7.66 | 7.28 |
| 离婚率 | 1.85 | 2 | 2.13 | 2.29 | 2.58 | 2.67 | 2.79 | 3.01 | 3.15 | 3.20 |

注：结（离）婚率计算方法是当期结（离）婚对数除以当期人口平均数。

## 图3-7　火化遗体

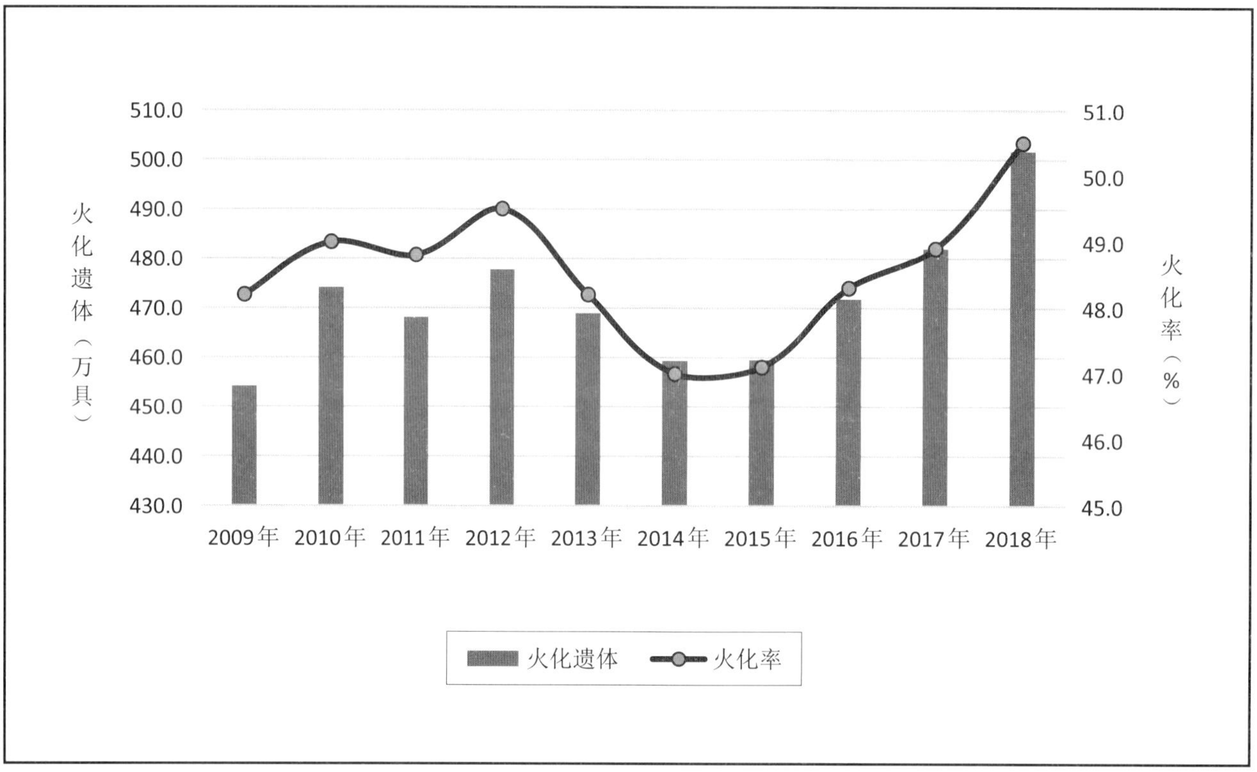


单位：万具、%

| 指标 | 2009年 | 2010年 | 2011年 | 2012年 | 2013年 | 2014年 | 2015年 | 2016年 | 2017年 | 2018年 |
|---|---|---|---|---|---|---|---|---|---|---|
| 火化遗体 | 454.2 | 474.1 | 468.1 | 477.7 | 468.9 | 459.3 | 459.5 | 471.8 | 482.0 | 501.7 |
| 火化率 | 48.2 | 49.0 | 48.8 | 49.5 | 48.2 | 47.0 | 47.1 | 48.3 | 48.9 | 50.5 |

注：火化率 = $\frac{\text{当年火化遗体数}}{\text{当年死亡人数}} \times 100\%$

# 第三部分

# 综合统计资料

# A-1-1 “七五”——“十三五”时期民政事业发展速度

单位：%

| 指　标 | “七五”时期平均增长速度 | “八五”时期平均增长速度 | “九五”时期平均增长速度 | “十五”时期平均增长速度 | “十一五”时期平均增长速度 | “十二五”时期平均增长速度 | “十三五”时期前三年平均增长速度 |
|---|---|---|---|---|---|---|---|
| **一、综合** | | | | | | | |
| 行政区划 | | | | | | | |
| 镇 | 5.7 | 7.7 | 3.0 | -0.8 | -0.1 | 1.1 | 1.3 |
| 乡 | -11.6 | -7.8 | -4.7 | -7.2 | -1.8 | -4.9 | -3.2 |
| 60岁及以上老年人口 | | | | | 4.3 | 4.6 | 4.0 |
| 民政事业费支出 | 11.9 | 14.8 | 17.3 | 25.6 | 30.3 | 12.8 | — |
| 固定资产原价 | 20.8 | 22.5 | 53.1 | 9.9 | 16.3 | 4.4 | -11.2 |
| **二、社会工作** | | | | | | | |
| 民政服务床位 | 9.7 | 4.6 | 3.0 | 7.7 | 13.8 | 14.6 | 1.0 |
| #养老床位 | | | | 5.0 | 15.3 | 16.3 | 2.6 |
| 精神疾病服务床位 | | | | 10.0 | 8.8 | 6.7 | -7.3 |
| 儿童服务床位 | | | | 11.7 | 11.5 | 21.2 | -1.0 |
| 收养登记 | | | | -2.0 | -7.5 | -8.9 | -9.6 |
| 销售福利彩票 | | 54.5 | 14.6 | 29.4 | 18.7 | 15.8 | 3.7 |
| 城市最低生活保障人数 | | | | 40.9 | 0.7 | -5.9 | -16.0 |
| 农村最低生活保障人数 | | | | 28.3 | 47.9 | -1.2 | -10.5 |
| 社区服务中心 | | | 8.0 | 5.6 | 8.2 | 13.7 | 4.6 |
| **三、成员组织和其他社会服务** | | | | | | | |
| 社会组织 | | 75.5 | -3.2 | 15.8 | 6.9 | 8.2 | 7.3 |
| 社会团体 | | | | 5.6 | 7.5 | 6.1 | 3.6 |
| 基金会 | | | | | 17.7 | 16.8 | 13.7 |
| 民办非企业单位 | | | | 45.5 | 6.1 | 10.7 | 10.5 |
| 自治组织 | | | | | | | |
| 村委会 | 1.1 | -6.9 | -4.7 | -3.0 | -1.1 | -0.5 | -2.3 |
| 居委会 | 4.1 | 2.5 | -0.6 | -5.9 | 1.7 | 2.8 | 2.6 |
| 婚姻服务 | | | | | | | |
| 结婚登记 | 2.7 | -0.4 | -0.2 | -0.6 | 8.6 | -0.3 | -6.1 |
| 离婚登记 | 11.7 | 5.7 | 2.8 | 8.0 | 8.5 | 7.5 | 5.1 |
| 殡葬服务 | | | | | | | |
| 火化遗体 | 5.3 | 5.5 | 7.3 | 3.8 | 1 | -0.6 | 3.0 |

# A-1-2　2014 — 2018年民政事业发展主要指标

| 指　标 | 单 位 | 2014年 | 2015年 | 2016年 | 2017年 | 2018年 |
|---|---|---|---|---|---|---|
| 一、综合 | | | | | | |
| 乡镇级行政区划 | | | | | | |
| 镇 | 个 | 20401 | 20515 | 20883 | 21116 | 21297 |
| 乡 | 个 | 12282 | 11315 | 10872 | 10529 | 10253 |
| #民族乡 | 个 | 1020 | 991 | 989 | 982 | 981 |
| 街道办事处 | 个 | 7696 | 7957 | 8105 | 8241 | 8393 |
| 区公所 | 个 | 2 | 2 | 2 | 2 | 2 |
| 民政服务基本情况 | | | | | | |
| 民政部门登记和管理的机构和设施 | 万个 | 166.8 | 176.5 | 174.5 | 182.1 | 187.6 |
| 民政部门登记和管理的机构和设施职工人数 | 万人 | 1251.0 | 1308.9 | 1239.3 | 1355.8 | 1470.0 |
| 民政部门登记和管理的机构和设施固定资产原价 | 亿元 | 7213.0 | 8183.1 | 5393.6 | 5434.8 | 5736.2 |
| 民政基本建设投资 | 亿元 | 282.2 | 239.9 | 243.5 | 209.2 | 188.0 |
| #预算内投资 | 亿元 | 104.3 | 92.8 | 82.1 | 77.8 | 71.9 |
| #公益金投资 | 亿元 | 57.5 | 61.7 | 68.4 | 55.3 | 48.0 |
| 预算内基本建设投资占民政事业费比重 | % | 2.4 | 1.9 | 1.6 | 1.3 | 1.8 |
| 公益金基本建设投资占公益金支出比重 | % | 24.9 | 21.4 | 25.5 | 20.1 | 19.1 |
| 民政事业费支出 | 亿元 | 4404.1 | 4926.4 | 5440.0 | 5932.7 | 4076.9 |
| 抚恤 | 亿元 | 636.6 | 686.8 | 769.8 | 827.3 | — |
| 退役安置 | 亿元 | 456.8 | 582.7 | 625.6 | 723.4 | — |
| 社会福利 | 亿元 | 480.9 | 562.8 | 753.4 | 920.5 | 1064.8 |
| 社会救助 | 亿元 | 2197.5 | 2347.4 | 2492.8 | 2609.8 | 2224.0 |
| 自然灾害生活救助 | 亿元 | 124.4 | 148.5 | 156.1 | 128.0 | — |
| 民政管理事务 | 亿元 | 308.3 | 399.6 | 441.7 | 501.0 | 500.3 |
| 行政事业单位离退休 | 亿元 | 44.2 | 50.1 | 48.4 | 47.9 | 38.2 |
| 其他 | 亿元 | 155.3 | 148.5 | 152.2 | 175.0 | 249.6 |
| #公益金支出 | 亿元 | 231.3 | 288.9 | 268.3 | 275.2 | 251.7 |
| 中央转移支付的事业费占民政事业费比重 | % | 47.8 | 46.1 | 45.7 | 42.0 | 36.4 |
| 民政事业费占国家财政支出的比重 | % | 2.9 | 2.8 | 2.9 | 2.9 | 1.8 |

注：2018年民政机构改革，抚恤、退役安置、救灾等职能从民政转出。

A-1-2续表1

| 指　标 | 单 位 | 2014年 | 2015年 | 2016年 | 2017年 | 2018年 |
|---|---|---|---|---|---|---|
| 二、社会工作 | | | | | | |
| 提供住宿的社会工作 | | | | | | |
| 机构数 | 万个 | 3.7 | 3.1 | 3.2 | 3.2 | 3.1 |
| 机构和设施床位数 | 万张 | 613.5 | 732.9 | 771.2 | 786.2 | 755.9 |
| #养老机构和设施床位数 | 万张 | 593.8 | 691.2 | 730.2 | 744.8 | 727.1 |
| 机构和设施收养照料人数 | 万人 | 336.8 | 330.8 | 348.9 | 334.7 | 317.3 |
| 每千人口民政服务床位数 | 张/千人 | 4.5 | 5.3 | 5.5 | 5.7 | 5.4 |
| 每千老年人口养老床位数 | 张/千人 | 27.2 | 30.3 | 31.6 | 30.9 | 29.1 |
| 不提供住宿的社会工作 | | | | | | |
| 机构和设施数 | 万个 | 33.4 | 38.2 | 39.1 | 41.2 | 42.8 |
| 老年人福利 | | | | | | |
| 老龄补贴人数 | 万人 | 1894.3 | 2439.5 | 2678.8 | 3098.0 | 3571.9 |
| 60周岁及以上老年人口 | 万人 | 21242 | 22200 | 23086 | 24090 | 24949 |
| 60周岁及以上老年人口占全国总人口比重 | % | 15.5 | 16.1 | 16.7 | 17.3 | 17.9 |
| 儿童福利 | | | | | | |
| 孤儿 | 万人 | 52.5 | 50.2 | 46.0 | 41.0 | 30.5 |
| 收养登记 | 万人 | 2.3 | 2.2 | 1.9 | 1.9 | 1.6 |
| 流浪儿童救助 | 万人次 | 17.0 | 16.7 | 16.7 | 9.4 | 7.6 |
| 社会救助 | | | | | | |
| 最低生活保障 | | | | | | |
| 城市最低生活保障人数 | 万人 | 1877.0 | 1701.1 | 1480.2 | 1261.0 | 1007.0 |
| 城市最低生活保障户数 | 万户 | 1026.1 | 957.4 | 855.3 | 741.5 | 605.1 |
| 城市最低生活保障平均标准 | 元/人·月 | 410.5 | 451.1 | 494.6 | 540.6 | 579.7 |
| 农村最低生活保障人数 | 万人 | 5207.2 | 4903.6 | 4586.5 | 4045.2 | 3519.1 |
| 农村最低生活保障户数 | 万户 | 2943.6 | 2846.2 | 2635.3 | 2249.3 | 1901.7 |
| 农村最低生活保障平均标准 | 元/人·年 | 2776.6 | 3177.6 | 3744.0 | 4300.7 | 4833.4 |
| 特困人员救助供养 | | | | | | |
| 农村特困人员救助供养 | 万人 | 529.1 | 516.7 | 496.9 | 466.9 | 455.0 |
| 城市特困人员救助供养 | 万人 | 7.6 | 6.8 | 9.1 | 25.4 | 27.7 |
| 临时救助 | 万人次 | 650.7 | 655.4 | 850.7 | 970.3 | 1108.0 |
| 本地户籍 | 万人次 | 631.5 | 633.5 | 826.3 | 958.4 | 1098.6 |
| 非本地户籍 | 万人次 | 19.2 | 21.9 | 24.4 | 11.9 | 9.4 |

## A-1-2续表2

| 指　标 | 单 位 | 2014年 | 2015年 | 2016年 | 2017年 | 2018年 |
|---|---|---|---|---|---|---|
| **生活无着人员救助** | **万人次** | **351.7** | **375.2** | **333.8** | **218.9** | **157.2** |
| **福利彩票** | | | | | | |
| 销售福利彩票 | 亿元 | 2059.7 | 2015.1 | 2064.9 | 2169.8 | 2245.6 |
| 筹集公益金 | 亿元 | 585.7 | 563.8 | 591.5 | 631.1 | 643.6 |
| **社区服务** | | | | | | |
| 社区服务机构和设施 | 万个 | 31.1 | 36.1 | 38.6 | 40.7 | 42.7 |
| #社区服务中心 | 万个 | 2.4 | 2.4 | 2.3 | 2.5 | 2.8 |
| 其中：农村 | 万个 | 0.8 | 0.8 | 0.8 | 1.0 | 1.1 |
| 社区服务站 | 万个 | 12.0 | 12.8 | 13.8 | 14.3 | 14.9 |
| 其中：农村 | 万个 | 5.8 | 6.3 | 7.2 | 7.5 | 8.1 |
| 社会捐赠接收站、点 | 万个 | 3.2 | 3.0 | 2.9 | 2.8 | 1.2 |
| 城市社区综合服务设施覆盖率 | % | 81.0 | 82.0 | 79.3 | 78.6 | 78.7 |
| 农村社区综合服务设施覆盖率 | % | 25.5 | 31.8 | 37.3 | 40.9 | 45.3 |
| **三、成员组织和其他社会服务** | | | | | | |
| **社会组织** | **万个** | **60.6** | **66.2** | **70.2** | **76.2** | **81.7** |
| 社会团体 | 万个 | 31.0 | 32.9 | 33.6 | 35.5 | 36.6 |
| 基金会 | 个 | 4117 | 4784 | 5559 | 6307 | 7034 |
| 民办非企业 | 万个 | 29.2 | 32.9 | 36.1 | 40.0 | 44.4 |
| 社会组织捐赠收入 | 亿元 | 524.8 | 610.3 | 786.7 | 729.2 | 919.7 |
| **自治组织** | **万个** | **68.2** | **68.1** | **66.2** | **66.1** | **65.0** |
| 村委会 | 万个 | 58.5 | 58.1 | 55.9 | 55.4 | 54.2 |
| 居委会 | 万个 | 9.7 | 10.0 | 10.3 | 10.6 | 10.8 |
| **婚姻登记** | | | | | | |
| 结婚登记 | 万对 | 1306.7 | 1224.7 | 1142.8 | 1063.1 | 1013.9 |
| #涉外及华侨、港澳台 | 万对 | 4.7 | 4.1 | 4.2 | 4.1 | 4.8 |
| 结婚率 | ‰ | 9.6 | 9.0 | 8.3 | 7.7 | 7.3 |
| 离婚登记 | 万对 | 363.7 | 384.1 | 415.8 | 437.4 | 446.1 |
| 离婚率 | ‰ | 2.7 | 2.8 | 3.0 | 3.2 | 3.2 |
| **殡葬服务** | | | | | | |
| 火化遗体 | 万具 | 459.3 | 459.5 | 471.8 | 482.0 | 501.7 |
| 火化率 | % | 47.0 | 47.1 | 48.3 | 48.9 | 50.5 |

# A-1-3 民政事业发展主要数据与上年比较

| 指　标 | 单　位 | 2018年 | 2017年 | 比上年增长(%) |
|---|---|---|---|---|
| **一、综合** | | | | |
| **行政区划** | | | | |
| 镇 | 个 | 21297 | 21116 | 0.9 |
| 乡 | 个 | 10253 | 10529 | -2.6 |
| #民族乡 | 个 | 981 | 982 | -0.1 |
| 街道办事处 | 个 | 8393 | 8241 | 1.8 |
| 区公所 | 个 | 2 | 2 | — |
| **老龄人口** | | | | |
| 60周岁及以上老年人口 | 万人 | 24949 | 24090 | 3.6 |
| 占全国总人口比例 | % | 17.9 | 17.3 | 0.6 (百分点) |
| 65周岁及以上老年人口 | 万人 | 16658 | 15831 | 5.2 |
| 占全国总人口比例 | % | 11.9 | 11.4 | 0.5 (百分点) |
| **民政事业费支出*** | **亿元** | **4076.9** | **5932.7** | **7.3** |
| 社会福利 | 亿元 | 1064.8 | 920.5 | 15.7 |
| 社会救助 | 亿元 | 2224.0 | 2609.8 | -0.4 |
| 民政管理事务 | 亿元 | 500.3 | 501.0 | 14.1 |
| 行政事业单位离退休 | 亿元 | 38.2 | 47.9 | 25.6 |
| 其他 | 亿元 | 249.6 | 175.0 | 42.7 |
| 基本建设支出* | 亿元 | 188.0 | 209.2 | 3.9 |
| 固定资产原价 | 亿元 | 5736.2 | 5434.8 | 7.1 |
| **二、社会工作** | | | | |
| **提供住宿的社会工作*** | | | | |
| 机构数 | 万个 | 3.1 | 3.2 | 4.7 |
| 床位数 | 万张 | 408.1 | 419.6 | 3.5 |
| 收养照料人数 | 万人 | 211.9 | 228.8 | 0.2 |
| 每千人口民政服务床位数 | 张 | 5.4 | 5.7 | -5.3 |

注：1. 民政事业费支出及其分项，基本建设支出的增长率，均采用经过调整的上年同口径数据作为基数计算，即将该指标对应的2017年支出数扣除优抚安置、防灾减灾、医疗救助等职能对应的支出数后作为基数计算。后同。

2. 社会工作机构数、床位数等指标的增长率，将上年数据按照本年口径调整后作为基数计算。

A-1-3续表1

| 指　标 | 单 位 | 2018年 | 2017年 | 比上年增长(%) |
|---|---|---|---|---|
| 不提供住宿的社会工作 | | | | |
| 机构和设施数 | 万个 | 42.8 | 41.2 | 4.6 |
| 社区服务 | | | | |
| 社区服务机构和设施 | 个 | 426524 | 407453 | 4.7 |
| 社区服务指导中心 | 个 | 569 | 619 | -8.1 |
| 社区服务中心 | 个 | 27635 | 25015 | 10.5 |
| 社区服务站 | 个 | 148779 | 142823 | 4.2 |
| 未登记的农村特困人员救助供养机构 | 个 | 3991 | — | — |
| 社区养老照料机构和设施 | 个 | 44558 | 43212 | 3.1 |
| 社区互助型养老设施 | 个 | 91057 | 82648 | 10.2 |
| 其他社区服务机构和设施 | 个 | 109935 | 113136 | -2.8 |
| 城市社区综合服务设施覆盖率 | % | 78.7 | 78.6 | 0.1 (百分点) |
| 农村社区综合服务设施覆盖率 | % | 45.3 | 40.9 | 4.3 (百分点) |
| 社会捐赠接收站、点数 | 万个 | 1.2 | 2.8 | -56.0 |
| 社会救助 | | | | |
| 城市低保 | | | | |
| 城市最低生活保障人数 | 万人 | 1007.0 | 1261.0 | -20.1 |
| 城市最低生活保障户数 | 万户 | 605.1 | 741.5 | -18.4 |
| 城市最低生活保障平均标准 | 元/人·月 | 579.7 | 540.6 | 7.2 |
| 农村低保 | | | | |
| 农村最低生活保障人数 | 万人 | 3519.1 | 4045.2 | -13.0 |
| 农村最低生活保障户数 | 万户 | 1901.7 | 2249.3 | -15.5 |
| 农村最低生活保障平均标准 | 元/人·年 | 4833.4 | 4300.7 | 12.4 |
| 特困人员救助供养 | | | | |
| 农村特困人员救助供养 | 万人 | 455.0 | 466.9 | -2.6 |

A-1-3续表2

| 指　标 | 单　位 | 2018年 | 2017年 | 比上年增长(%) |
|---|---|---|---|---|
| 城市特困人员救助供养 | 万人 | 27.7 | 25.4 | 9.1 |
| **儿童福利** | | | | |
| 孤儿 | 万人 | 30.5 | 41.0 | -25.6 |
| 收养登记 | 万人 | 1.6 | 1.9 | -13.6 |
| **福利彩票** | | | | |
| 销售福利彩票 | 亿元 | 2245.6 | 2169.8 | 3.5 |
| 筹集公益金 | 亿元 | 643.6 | 621.4 | 3.6 |
| **三、成员组织和其他社会服务** | | | | |
| **社会组织** | 万个 | 81.7 | 76.2 | 7.3 |
| 社会团体 | 万个 | 36.6 | 35.5 | 3.2 |
| 基金会 | 个 | 7034 | 6307 | 11.5 |
| 民办非企业单位 | 万个 | 44.4 | 40.0 | 10.9 |
| **自治组织** | 万个 | 65.0 | 66.1 | 10.9 |
| 村委会 | 万个 | 54.2 | 55.4 | -2.2 |
| 居委会 | 万个 | 10.8 | 10.6 | 1.3 |
| **婚姻登记** | | | | |
| 结婚登记 | 万对 | 1013.9 | 1063.1 | -4.6 |
| #涉外及华侨、港澳台 | 万对 | 4.8 | 4.1 | 19.3 |
| 结婚率 | ‰ | 7.3 | 7.7 | -0.4(千分点) |
| 离婚登记 | 万对 | 446.1 | 437.4 | 2.0 |
| 离婚率 | ‰ | 3.2 | 3.2 | — |
| **殡葬服务** | | | | |
| 火化遗体 | 万具 | 501.7 | 482.0 | 4.1 |
| 火化率 | % | 50.5 | 48.9 | 1.6 (百分点) |

# A-1-4　行政区划与上年比较

单位：个

| 指　标 | 2018年 | 2017年 | 比上年增长(%) |
|---|---|---|---|
| **地级行政区划合计** | **333** | **334** | **-0.3** |
| 地级市 | 293 | 294 | -0.3 |
| 地区 | 7 | 7 | — |
| 自治州 | 30 | 30 | — |
| 盟 | 3 | 3 | — |
| **县级行政区划合计** | **2851** | **2851** | — |
| 市辖区 | 970 | 962 | 0.8 |
| 县级市 | 375 | 363 | 3.3 |
| 县 | 1335 | 1355 | -1.5 |
| 自治县 | 117 | 117 | — |
| 旗 | 49 | 49 | — |
| 自治旗 | 3 | 3 | — |
| 特区 | 1 | 1 | — |
| 林区 | 1 | 1 | — |
| **乡镇、街道级行政区划合计** | **39945** | **39888** | **0.1** |
| 镇 | 21297 | 21116 | 0.9 |
| 乡 | 10253 | 10529 | -2.6 |
| 苏木 | 153 | 152 | 0.7 |
| 民族乡 | 981 | 982 | -0.1 |
| 民族苏木 | 1 | 1 | — |
| 街道办事处 | 8393 | 8241 | 1.8 |
| 区公所 | 2 | 2 | — |

# A-1-5 民政部门登记和管理的机构和设施与上年比较

单位：个

| 指　标 | 2018年 | 2017年 | 比上年增长 (%) |
|---|---|---|---|
| **合计** | **1876315** | **1820781** | **3.3** |
| **一、社会工作** | **459419** | **444131** | **4.6** |
| **提供住宿的社会工作** | **31291** | **31929** | **4.7** |
| 养老机构 | 28671 | 28770 | 5.6 |
| #养老公寓等各类养老机构 | 12687 | — | — |
| 农村特困人员救助供养机构 | 13885 | — | — |
| 社会福利院 | 1499 | 1578 | -5.0 |
| 精神疾病服务机构 | 145 | 242 | 0.7 |
| 社会福利医院 | 145 | 144 | 0.7 |
| 儿童福利和救助机构 | 651 | 663 | -1.8 |
| 儿童福利机构 | 475 | 469 | 1.3 |
| 未成年人救助保护中心 | 176 | 194 | -9.3 |
| 其他提供住宿机构 | 1824 | 2254 | -6.0 |
| 生活无着人员救助管理站 | 1534 | 1623 | -5.5 |
| 其他提供住宿的机构 | 290 | 318 | -8.8 |
| **不提供住宿的社会工作** | **428128** | **412202** | **4.6** |
| 民政部门直属康复辅具机构 | 21 | 24 | -12.5 |
| 低保服务机构 | 883 | 923 | -4.3 |
| 福利彩票发行管理机构 | 700 | 729 | -4.0 |
| 社区服务机构和设施 | 426524 | 407453 | 4.7 |
| **二、成员组织和其他社会服务** | **1472405** | **1427597** | **3.1** |
| **成员组织** | **1467248** | **1422248** | **3.2** |
| 社会组织 | 817360 | 761539 | 7.3 |
| 社会团体 | 366234 | 354794 | 3.2 |
| 基金会 | 7034 | 6307 | 11.5 |
| 民办非企业单位 | 444092 | 400438 | 10.9 |
| 自治组织 | 649888 | 660709 | -1.6 |
| 居委会 | 107869 | 106491 | 1.3 |
| 村委会 | 542019 | 554218 | -2.2 |
| **其他社会服务** | **5157** | **5349** | **-3.6** |
| 婚姻登记机构 | 1114 | 1217 | -8.5 |
| 殡葬服务机构 | 4043 | 4132 | -2.2 |
| 殡仪馆 | 1730 | 1760 | -1.7 |
| 公墓 | 1367 | 1420 | -3.7 |
| 殡葬管理机构 | 946 | 952 | -0.6 |
| **三、其他事业单位** | **1658** | **1876** | **-11.6** |
| **行政机关** | **3471** | **3484** | **-0.4** |

注：“提供住宿的社会工作”及其中“养老机构”的比上年增长率均采用同口径基数计算，参见第73页注解。

# A-1-6 民政部门登记和管理的机构和设施职工与上年比较

单位：万人

| 指　标 | 2018年 | 2017年 | 比上年增长(%) |
|---|---|---|---|
| **合计** | **1470.0** | **1355.8** | **8.9** |
| **一、社会工作** | **200.1** | **199.8** | **3.5** |
| **提供住宿的社会工作** | **43.3** | **44.1** | **8.7** |
| 养老机构 | 37.6 | 36.9 | 9.2 |
| #养老公寓等各类养老机构 | 23.0 | — | — |
| 农村特困人员救助供养机构 | 10.0 | — | — |
| 社会福利院 | 4.3 | 4.4 | -1.5 |
| 精神疾病服务机构 | 1.9 | 3.0 | 14.8 |
| 社会福利医院 | 1.9 | 1.6 | 14.8 |
| 儿童福利和救助机构 | 1.4 | 1.5 | -2.7 |
| 儿童福利机构 | 1.3 | 1.3 | -2.2 |
| 未成年人救助保护中心 | 0.1 | 0.1 | -7.8 |
| 其他提供住宿机构 | 2.4 | 2.8 | 4.2 |
| 生活无着人员救助管理站 | 1.7 | 1.7 | -2.5 |
| 其他提供住宿的机构 | 0.7 | 0.6 | 24.0 |
| **不提供住宿的社会工作** | **156.8** | **155.7** | **2.1** |
| 民政部门直属康复辅具机构 | 0.1 | 0.2 | -30.0 |
| 低保服务机构 | 0.8 | 0.8 | -2.8 |
| 福利彩票发行管理机构 | 1.2 | 1.3 | -4.5 |
| 社区服务机构和设施 | 154.7 | 150.9 | 2.5 |
| **二、成员组织和其他社会服务** | **1268.5** | **1154.4** | **9.9** |
| **成员组织** | **1259.7** | **1145.5** | **10.0** |
| 社会组织 | 980.4 | 864.7 | 13.4 |
| 社会团体 | 420.2 | 436.7 | -3.8 |
| 基金会 | 3.5 | 3.1 | 15.8 |
| 民办非企业单位 | 556.7 | 425.0 | 31.0 |
| 自治组织 | 279.4 | 280.8 | -0.5 |
| 居委会 | 57.9 | 56.5 | 2.3 |
| 村委会 | 221.5 | 224.3 | -1.2 |
| **其他社会服务** | **8.7** | **8.9** | **-1.9** |
| 婚姻登记机构 | 0.7 | 0.8 | -5.8 |
| 殡葬服务机构 | 8.0 | 8.1 | -1.5 |
| 殡仪馆 | 4.6 | 4.7 | -1.7 |
| 公墓 | 2.6 | 2.7 | -3.2 |
| 殡葬管理机构 | 0.8 | 0.8 | 5.9 |
| **三、其他事业单位** | **1.5** | **1.6** | **-9.7** |
| **行政机关** | **9.5** | **9.8** | **-2.6** |

注：本页表格中的比上年增长率均采用同口径基数计算，参见第73页注解。

# A-1-7 职工性别统计

| 指 标 | 职工总数（人） | 女性 | 女性占比（%） | 比上年增长（百分点） |
| --- | --- | --- | --- | --- |
| **合计** | **14699933** | **5032674** | **34.2** | **0.8** |
| **一、社会工作** | **2000675** | **849111** | **42.4** | **0.9** |
| **提供住宿的社会工作** | **432539** | **250611** | **57.9** | **0.9** |
| 养老机构 | 375857 | 220379 | 58.6 | 0.9 |
| #养老公寓等各类养老机构 | 230212 | 142600 | 61.9 | — |
| 农村特困人员救助供养机构 | 100415 | 49820 | 49.6 | — |
| 社会福利院 | 43460 | 27247 | 62.7 | -1.0 |
| 精神疾病服务机构 | 18570 | 11461 | 61.7 | 0.7 |
| 社会福利医院 | 18570 | 11461 | 61.7 | 0.7 |
| 儿童福利和救助机构 | 14278 | 9716 | 68.0 | 1.0 |
| 儿童福利机构 | 12919 | 9163 | 70.9 | 0.8 |
| 未成年人救助保护中心 | 1359 | 553 | 40.7 | 1.1 |
| 其他提供住宿机构 | 23834 | 9055 | 38.0 | -2.0 |
| 生活无着人员救助管理站 | 16667 | 5813 | 34.9 | -0.1 |
| 其他提供住宿的机构 | 7167 | 3242 | 45.2 | -9.3 |
| **不提供住宿的社会工作** | **1568136** | **598500** | **38.2** | **0.7** |
| 民政部门直属康复辅具机构 | 1240 | 426 | 34.4 | 26.7 |
| 低保服务机构 | 7549 | 3467 | 45.9 | -0.5 |
| 福利彩票发行管理机构 | 12068 | 5541 | 45.9 | 0.2 |
| 社区服务机构和设施 | 1547279 | 589066 | 38.1 | 0.7 |
| **二、成员组织和其他社会服务** | **12684751** | **4176759** | **32.9** | **0.9** |
| **成员组织** | **12597420** | **4148615** | **32.9** | **0.9** |
| 社会组织 | 9803903 | 3326465 | 33.9 | 0.7 |
| 社会团体 | 4201653 | 918149 | 21.9 | -2.1 |
| 基金会 | 35449 | 6056 | 17.1 | -14.0 |
| 民办非企业单位 | 5566801 | 2402260 | 43.2 | 0.5 |
| 自治组织 | 2793517 | 822150 | 29.4 | 1.0 |
| 居委会 | 578618 | 291439 | 50.4 | 0.7 |
| 村委会 | 2214899 | 530711 | 24.0 | 0.9 |
| **其他社会服务** | **87331** | **28144** | **32.2** | **0.2** |
| 婚姻登记机构 | 7264 | 4841 | 66.6 | -0.3 |
| 殡葬服务机构 | 80067 | 23303 | 29.1 | 0.4 |
| 殡仪馆 | 46336 | 12271 | 26.5 | 0.3 |
| 公墓 | 25773 | 8899 | 34.5 | 0.4 |
| 殡葬管理机构 | 7958 | 2133 | 26.8 | 1.0 |
| **三、其他事业单位** | **14507** | **6804** | **46.9** | **0.1** |
| **行政机关** | **95068** | **33011** | **34.7** | **0.5** |

# A-1-8 民政部门登记和管理的机构和设施固定资产原价与上年比较

单位：亿元

| 指　标 | 2018年 | 2017年 | 比上年增长（%） |
| --- | --- | --- | --- |
| **合计** | **5736.2** | **5434.8** | **7.1** |
| **一、社会工作** | **1206.6** | **1423.1** | **-10.4** |
| **提供住宿的社会工作** | **999.6** | **1097.5** | **-2.1** |
| 养老机构 | 855.7 | 889.2 | 5.3 |
| #养老公寓等各类养老机构 | 451.0 | — | — |
| 农村特困人员救助供养机构 | 237.3 | — | — |
| 社会福利院 | 163.6 | 150.0 | 9.1 |
| 精神疾病服务机构 | 51.6 | 87.1 | -5.2 |
| 社会福利医院 | 51.6 | 54.4 | -5.2 |
| 儿童福利和救助机构 | 45.7 | 46.2 | -1.1 |
| 儿童福利机构 | 44.5 | 45.5 | -2.2 |
| 未成年人救助保护中心 | 1.2 | 0.6 | 96.5 |
| 其他提供住宿机构 | 46.6 | 75.0 | -10.3 |
| 生活无着人员救助管理站 | 38.7 | 36.2 | 6.9 |
| 其他提供住宿的机构 | 7.9 | 15.8 | -49.8 |
| **不提供住宿的社会工作** | **206.9** | **325.2** | **11.2** |
| 民政部门直属康复辅具机构 | 4.7 | 5.7 | -16.8 |
| 低保服务机构 | 3.1 | 2.9 | 5.7 |
| 福利彩票发行管理机构 | 128.5 | 103.9 | 23.7 |
| 社区服务机构和设施 | 70.6 | 73.7 | -4.2 |
| **二、成员组织和其他社会服务** | **4475.2** | **3954.2** | **13.2** |
| **成员组织** | **4129.3** | **3635.7** | **13.6** |
| 社会组织 | 3542.3 | 2802.2 | 26.4 |
| 社会团体 | 533.6 | 431.3 | 23.7 |
| 基金会 | 45.6 | 72.0 | -36.7 |
| 民办非企业单位 | 2963.1 | 2299.0 | 28.9 |
| 自治组织 | 587.0 | 833.5 | -29.6 |
| 居委会 | 197.5 | 188.6 | 4.7 |
| 村委会 | 389.6 | 644.9 | -39.6 |
| **其他社会服务** | **345.9** | **318.3** | **8.7** |
| 婚姻登记机构 | 2.3 | 2.5 | -6.8 |
| 殡葬服务机构 | 343.6 | 315.8 | 8.8 |
| 殡仪馆 | 227.0 | 212.3 | 6.9 |
| 公墓 | 88.1 | 90.0 | -2.1 |
| 殡葬管理机构 | 28.5 | 13.6 | 109.6 |
| **三、其他事业单位** | **54.5** | **57.6** | **-5.5** |
| **行政机关** | **247.8** | **224.3** | **10.5** |

注：本页表格中的比上年增长率均采用同口径基数计算，参见第73页注解。

# A-1-9　民政基本建设投资与上年比较

单位：亿元、万平方米

| 指　标 | 2018年 | 2017年 | 比上年增长（%） |
|---|---|---|---|
| **计划总投资** | **675.3** | **771.6** | **-0.8** |
| **本年计划投资** | **157.9** | **180.3** | **4.4** |
| 社会工作 | 119.4 | 143.3 | 4.7 |
| 提供住宿的民政服务机构 | 112.6 | 124.3 | 4.3 |
| 养老机构 | 96.3 | 98.7 | 9.4 |
| 精神疾病服务机构 | 7.5 | 13.3 | -9.2 |
| 儿童福利和救助机构 | 6.5 | 9.3 | -29.8 |
| 其他提供住宿机构 | 2.2 | 3.0 | -3.8 |
| 不提供住宿的民政服务机构 | 6.8 | 19.0 | 10.8 |
| 其他社会服务机构 | 28.1 | 27.5 | 2.1 |
| 其他 | 10.3 | 9.5 | 8.1 |
| **本年实际完成投资** | **188.0** | **209.2** | **3.9** |
| 按项目类别分 | | | |
| 社会工作 | 142.0 | 165.2 | 3.6 |
| 提供住宿的民政服务机构 | 134.0 | 143.8 | 3.1 |
| 养老机构 | 113.0 | 118.2 | 4.4 |
| 精神疾病服务机构 | 7.9 | 11.5 | -4.8 |
| 儿童福利和救助机构 | 8.5 | 11.6 | -26.9 |
| 其他提供住宿机构 | 4.6 | 2.4 | 161.3 |
| 不提供住宿的民政服务机构 | 7.9 | 21.5 | 11.5 |
| 其他社会服务机构 | 34.8 | 34.5 | 1.0 |
| 其他 | 11.2 | 9.4 | 18.9 |
| 按资金性质分 | | | |
| 国家预算内投资 | 71.9 | 77.8 | 5.2 |
| 国内贷款 | 2.7 | 5.2 | -48.5 |
| 利用外资 | 0.3 | 0.1 | 217.7 |
| 彩票公益金 | 48.0 | 55.3 | -0.2 |
| 其他 | 65.1 | 70.9 | 9.9 |
| **开工累计完成投资** | **363.0** | **419.1** | **-2.0** |
| **本年完工项目规模** | **669.3** | **1153.8** | **-38.1** |

# A-1-10 民政事业费支出与上年比较

单位：亿元

| 指　标 | 2018年 | 2017年 | 比上年增长 (%) |
|---|---|---|---|
| **民政事业费支出合计*** | **4076.9** | **5932.7** | **7.3** |
| 占国家财政支出比重 (%) | 1.8 | 2.9 | — |
| #中央转移支付的事业费 | 1485.6 | 2492.3 | 8.5 |
| 占民政事业费的比重 (%) | 36.4 | 42.0 | — |
| #国家预算内基本建设投资 | 71.9 | 77.8 | 5.2 |
| #公益金支出 | 251.7 | 275.2 | 3.7 |
| 按支出用项分 | | | |
| 社会福利 | 1064.8 | 920.5 | 15.7 |
| 社会救助 | 2224.0 | 2609.8 | -0.4 |
| 最低生活保障 | 1632.1 | 1692.3 | -3.6 |
| 临时救助 | 164.9 | 152.7 | 8.0 |
| 特困人员救助供养 | 336.4 | 290.5 | 15.8 |
| 其他社会救助 | 90.6 | 98.0 | -7.5 |
| 民政管理事务 | 500.3 | 501.0 | 14.1 |
| 行政事业单位离退休 | 38.2 | 47.9 | 25.6 |
| 其他 | 249.6 | 175.0 | 42.7 |
| **中央财政转移支付的民政事业费合计** | **1485.6** | **2492.3** | **8.5** |
| 城乡困难群众救助补助资金 | 1399.5 | 1326.6 | 5.5 |
| 民政管理事务 | 4.2 | 6.6 | -36.0 |
| 部本级公益金补助地方 | 39.0 | 35.6 | 9.4 |
| 中央预算内基本建设投资 | 43.0 | 42.0 | 2.4 |
| 养老服务 | 31.0 | 30.0 | 3.3 |
| 社会福利 | 12.0 | 12.0 | — |

注：“民政事业费支出合计”及其分项指标的同比增长率均采用同口径基数计算，参见第73页注释。

# A-1-11 民政事业费支出按用项分

单位：亿元

| 指　标 | 2018年 | 2017年 | 占全部% | 比上年增加 | 比上年增长 (%) |
|---|---|---|---|---|---|
| **合计** | **4076.9** | **5932.7** | **100.0** | **279.1** | **7.3** |
| **社会福利** | **1064.8** | **920.5** | **26.1** | **144.3** | **15.7** |
| 儿童福利 | 49.6 | 54.6 | 1.2 | -5.1 | -9.3 |
| 老年人福利 | 370.1 | 293.9 | 9.1 | 76.2 | 25.9 |
| 残疾人福利 | 237.9 | 191.7 | 5.8 | 46.2 | 24.1 |
| 殡葬 | 102.4 | 97.3 | 2.5 | 5.2 | 5.3 |
| 社会福利事业单位 | 211.1 | 168.3 | 5.2 | 42.9 | 25.5 |
| 其他社会福利支出 | 93.7 | 114.7 | 2.3 | -21.1 | -18.4 |
| **社会救助** | **2224.0** | **2609.8** | **54.6** | **-9.6** | **-0.4** |
| 最低生活保障 | 1632.1 | 1692.3 | 40.0 | -60.2 | -3.6 |
| 城市最低生活保障 | 575.2 | 640.5 | 14.1 | -65.2 | -10.2 |
| 农村最低生活保障 | 1056.9 | 1051.8 | 25.9 | 5.0 | 0.5 |
| 临时救助 | 164.9 | 152.7 | 4.0 | 12.2 | 8.0 |
| 临时救助 | 130.6 | 107.7 | 3.2 | 22.9 | 21.3 |
| 流浪乞讨人员救助 | 34.3 | 45.1 | 0.8 | -10.7 | -23.8 |
| 特困人员救助供养 | 336.4 | 290.5 | 8.3 | 45.8 | 15.8 |
| 城市特困人员救助供养 | 29.5 | 21.2 | 0.7 | 8.3 | 39.4 |
| 农村特困人员救助供养 | 306.9 | 269.4 | 7.5 | 37.5 | 13.9 |
| 其他社会救助 | 90.6 | 98.0 | 2.2 | -7.4 | -7.6 |
| **民政管理事务** | **500.3** | **501.0** | **12.3** | **61.9** | **14.1** |
| 行政运行 | 142.2 | 127.2 | 3.5 | 15.0 | 11.8 |
| 一般行政管理事务 | 27.9 | 19.7 | 0.7 | 8.2 | 41.8 |
| 机关服务 | 4.1 | 3.5 | 0.1 | 0.5 | 15.3 |
| 民间组织管理 | 11.1 | 9.5 | 0.3 | 1.6 | 16.3 |
| 行政区划和地名管理 | 12.5 | 15.9 | 0.3 | -3.4 | -21.3 |
| 基层政权和社区建设 | 148.7 | 137.1 | 3.7 | 11.5 | 8.4 |
| 其他民政管理事务支出 | 153.8 | 125.4 | 3.8 | 28.4 | 22.7 |
| **行政事业单位离退休** | **38.2** | **47.9** | **0.9** | **7.8** | **25.6** |
| **其他** | **249.6** | **175.0** | **6.1** | **74.7** | **42.7** |

# A-2-1　社会工作类机构财务状况与上年比较

单位：万元

| 指　标 | 2018年 | 2017年 | 比上年增长（%） |
|---|---|---|---|
| **执行企业会计制度单位填报** | | | |
| 存货 | 6062.2 | 4287.4 | 41.4 |
| 固定资产原价 | 906534.3 | 584408.0 | 55.1 |
| 累计折旧 | 42933.8 | 25616.6 | 67.6 |
| 其中：本年折旧 | 11980.4 | 6494.2 | 84.5 |
| 资产总计 | 848800.2 | 416479.9 | 103.8 |
| 负债合计 | 334481.9 | 178205.7 | 87.7 |
| 营业收入 | 124722.1 | 77374.4 | 61.2 |
| 营业成本 | 99259.3 | 56591.4 | 75.4 |
| 营业税金及附加 | 1957.2 | 5493.7 | -64.4 |
| 销售费用 | 11704.5 | 11683.6 | 0.2 |
| 管理费用 | 49999.3 | 26752.3 | 86.9 |
| 其中：税金 | 486.8 | 613.7 | -20.7 |
| 差旅费 | 634.1 | 298.0 | 112.8 |
| 财务费用 | 4143.3 | 8507.2 | -51.3 |
| 其中：利息支出 | 976.9 | 5410.4 | -81.9 |
| 资产减值损失 | 221.3 | -60.8 | -464.0 |
| 公允价值变动收益 | -2541.9 | 24.8 | — |
| 投资收益 | 274.9 | 84.0 | 227.3 |
| 营业利润 | -29276.5 | 12803.8 | -328.7 |
| 营业外收入 | 8983.7 | 5322.5 | 68.8 |
| 其中：政府补助 | 4252.3 | 5806.3 | -26.8 |
| 应付职工薪酬 | 33157.4 | 21142.7 | 56.8 |
| 本年应交增值税 | 609.1 | 284.5 | 114.1 |

A-2-1续表1

单位：万元

| 指　标 | 2018年 | 2017年 | 比上年增长 (%) |
| --- | --- | --- | --- |
| **执行行政事业单位会计制度填报** | | | |
| 存货 | 57059.6 | 59770.0 | -4.5 |
| 固定资产原价 | 6916387.4 | 9488858.3 | -27.1 |
| 资产总计 | 7645568.8 | 7341671.2 | 4.1 |
| 负债合计 | 2364946.3 | 2884470.1 | -18.0 |
| 本年收入合计 | 4546127.0 | 9926410.7 | -54.2 |
| 其中：事业收入 | 2314140.5 | 3625552.9 | -36.2 |
| 经营收入 | 90998.4 | 154845.5 | -41.2 |
| 本年支出合计 | 4343712.7 | 9727369.6 | -55.3 |
| 其中：工资福利支出 | 1321596.4 | 1764769.0 | -25.1 |
| 商品和服务支出 | 1367159.0 | 1709992.6 | -20.0 |
| 其中：取暖费 | 27443.7 | 42589.7 | -35.6 |
| 差旅费 | 16738.7 | 22988.3 | -27.2 |
| 因公出国（境）费用 | 274.2 | 368.1 | -25.5 |
| 劳务费 | 113054.1 | 114476.0 | -1.2 |
| 工会经费 | 11117.2 | 14114.1 | -21.2 |
| 福利费 | 12889.6 | 21316.3 | -39.5 |
| 对个人和家庭的补助 | 640449.5 | 3579388.6 | -82.1 |
| 其中：抚恤金 | 5482.0 | 42098.0 | -87.0 |
| 生活补助 | 124945.4 | 529513.4 | -76.4 |
| 救济费 | 267587.0 | 239198.5 | 11.9 |
| 助学金 | 2133.5 | 3295.6 | -35.3 |
| 奖励金 | 17142.8 | 25795.6 | -33.5 |
| 生产补贴 | 897.3 | 1011.9 | -11.3 |
| 经营支出 | 55717.5 | 97275.0 | -42.7 |
| 销售税金 | 2718.7 | 3430.5 | -20.7 |

## A-2-1续表2

单位：万元

| 指　标 | 2018年 | 2017年 | 比上年增长（%） |
|---|---|---|---|
| **执行民间非营利组织单位会计制度填报** | | | |
| 存货 | 18038.5 | 13414.6 | 34.5 |
| 固定资产原价 | 4233874.1 | 4145554.4 | 2.1 |
| 资产总计 | 1710540.9 | 1150292.9 | 48.7 |
| 负债合计 | 1116165.7 | 579840.0 | 92.5 |
| 本年收入合计 | 1809660.2 | 1626607.6 | 11.3 |
| 其中：捐赠收入 | 51962.2 | 52461.7 | -1.0 |
| 会费收入 | 41395.2 | 47681.3 | -13.2 |
| 本年费用合计 | 1599195.8 | 1504228.4 | 6.3 |
| 其中：业务活动成本 | 887450.6 | 807627.5 | 9.9 |
| 其中：人员费用 | 336341.0 | 304809.1 | 10.3 |
| 日常费用 | 185855.2 | 160326.6 | 15.9 |
| 固定资产折旧 | 91621.0 | 92376.9 | -0.8 |
| 税费 | 10777.2 | 9102.1 | 18.4 |
| 管理费用 | 454595.3 | 478235.3 | -4.9 |
| 其中：人员费用 | 203100.1 | 221995.0 | -8.5 |
| 日常费用 | 99970.5 | 87671.1 | 14.0 |
| 固定资产折旧 | 52520.2 | 50220.9 | 4.6 |
| 税费 | 2234.7 | 2878.0 | -22.4 |
| 净资产变动额 | 80404.8 | 57433.1 | 40.0 |

# A-2-2 提供住宿的民政服务机构和社区养老情况与上年比较

| 指　标 | 机构与设施数（个） | | | 职工人数（万人） | | |
|---|---|---|---|---|---|---|
| | 2018年 | 2017年 | 比上年增长(%) | 2018年 | 2017年 | 比上年增长(%) |
| **机构和设施合计** | 457525 | 438752 | 4.7 | 198.0 | 195.0 | 3.9 |
| **机构合计** | 31291 | 31930 | 4.7 | 43.3 | 44.1 | 9.0 |
| **养老机构和设施** | 455195 | 436224 | 4.7 | 192.3 | 187.8 | 3.8 |
| 机构养老 | 28671 | 28771 | 5.6 | 37.6 | 36.9 | 9.3 |
| #养老公寓等各类养老机构 | 12687 | — | — | 23.0 | — | — |
| 农村特困人员救助供养机构 | 13885 | — | — | 10.0 | — | — |
| 社会福利院 | 1499 | 1578 | -5.0 | 4.3 | 4.4 | -1.2 |
| 社区养老 | 426524 | 407453 | 4.7 | 154.7 | 150.9 | 2.5 |
| #未登记的农村特困人员救助供养机构 | 3991 | — | — | 2.2 | — | — |
| 社区养老照料机构和设施 | 44558 | 43212 | 3.1 | 16.6 | 17.2 | -3.7 |
| 社区互助型养老设施 | 91057 | 82648 | 10.2 | 18.4 | 16.4 | 12.3 |
| 其他社区机构和设施 | 286918 | 281593 | 1.9 | 117.6 | 117.3 | 0.2 |
| **精神疾病服务机构** | 145 | 242 | 0.7 | 1.9 | 3.0 | 16.1 |
| 社会福利医院 | 145 | 144 | 0.7 | 1.9 | 1.6 | 16.1 |
| **儿童福利和救助机构** | 651 | 663 | -1.8 | 1.4 | 1.4 | 2.0 |
| 儿童福利院 | 475 | 469 | 1.3 | 1.3 | 1.3 | -0.6 |
| 未成年人救助保护中心 | 176 | 194 | -9.3 | 0.1 | 0.1 | 35.9 |
| **其他提供住宿机构** | 1824 | 2254 | -6.0 | 2.4 | 2.8 | 3.6 |
| 生活无着人员救助管理站 | 1534 | 1623 | -5.5 | 1.7 | 1.7 | -2.0 |
| 其他 | 290 | 318 | -8.8 | 0.7 | 0.6 | 19.5 |

注：为便于对比分析，在计算增长率时，按照当前指标口径范围对上年基数进行了调整。

A-2-2续表

| 指　标 | 床位数（万张） | | | 收留抚养救助人数（万人） | | |
|---|---|---|---|---|---|---|
| | 2018年 | 2017年 | 比上年增长(%) | 2018年 | 2017年 | 比上年增长(%) |
| **机构和设施床位合计** | 755.9 | 786.2 | 3.1 | 317.3 | 334.6 | — |
| **机构合计** | 408.1 | 419.6 | 3.5 | 211.9 | 228.7 | 0.2 |
| **养老机构和设施** | 727.1 | 744.9 | 3.3 | 302.9 | 317.0 | 0.2 |
| 机构养老 | 379.4 | 383.5 | 3.9 | 197.6 | 211.1 | 0.5 |
| #养老公寓等各类养老机构 | 184.8 | — | — | 90.3 | — | — |
| 农村特困人员救助供养机构 | 154.2 | — | — | 87.0 | — | — |
| 社会福利院 | 36.8 | 37.8 | -2.6 | 18.9 | 19.7 | -3.9 |
| 社区养老 | 347.8 | 338.5 | 2.7 | 105.4 | 105.9 | -0.5 |
| #未登记的农村特困人员救助供养机构 | 33.6 | — | — | 14.9 | — | — |
| 社区养老照料机构和设施 | 130.7 | 158.7 | -17.6 | 41.8 | 56.4 | -25.8 |
| 社区互助型养老设施 | 93.1 | 82.6 | 12.8 | 32.3 | 27.7 | 16.6 |
| 其他社区机构和设施 | 90.3 | 97.2 | -7.1 | 16.4 | 21.8 | -24.9 |
| **精神疾病服务机构** | 6.3 | 8.8 | 15.0 | 5.4 | 7.4 | 14.6 |
| 社会福利医院 | 6.3 | 5.5 | 15.0 | 5.4 | 4.7 | 14.6 |
| **儿童福利和救助机构** | 9.7 | 10.3 | -5.9 | 4.9 | 5.9 | -7.6 |
| 儿童福利院 | 8.9 | 9.5 | -5.8 | 4.9 | 5.8 | -16.1 |
| 未成年人救助保护中心 | 0.8 | 0.8 | -6.5 | 0.0 | 0.1 | -25.3 |
| **其他提供住宿机构** | 12.7 | 17.1 | -4.7 | 4.0 | 4.4 | -7.6 |
| 生活无着人员救助管理站 | 10.2 | 10.1 | 0.5 | 2.5 | 2.7 | -6.1 |
| 其他 | 2.6 | 3.3 | -21.2 | 1.5 | 1.7 | -10.1 |

# A-2-3　孤儿、家庭收养登记与上年比较

单位：人、件、%

| 指　标 | 2018年 | 2017年 | 比上年增长 |
|---|---|---|---|
| **孤儿** | **305110** | **409840** | **-25.6** |
| 集中养育孤儿 | 69760 | 86025 | -18.9 |
| 社会散居孤儿 | 235350 | 323815 | -27.3 |
| **家庭收养登记** | **16267** | **18820** | **-13.6** |
| 中国公民收养登记 | 14582 | 16592 | -12.1 |
| 港澳台及华侨 | 116 | 103 | 12.3 |
| 外国人收养登记 | 1685 | 2228 | -24.4 |
| 被收养人合计（人） | 16267 | 18820 | -13.6 |
| #女性 | 10355 | 12425 | -16.7 |
| 残疾儿童 | 1479 | 2154 | -31.3 |
| #社会福利机构抚养的孤儿 | 8082 | 9115 | — |
| 社会福利机构抚养的弃婴 | 499 | — | — |
| 继子女 | 697 | 1408 | -50.5 |
| 三代以内同辈旁系血亲的子女 | 1314 | — | — |
| 非社会福利机构抚养的孤儿 | 4522 | — | — |
| 非社会福利机构抚养的弃婴 | 230 | — | — |
| 生父母有特殊困难无力抚养的子女 | 918 | 730 | 25.8 |
| 生父母均不具备完全民事行为能力且具有严重危害可能的子女 | 5 | — | — |

# A-2-4 社会救助与上年比较

| 指　标 | 单位 | 2018年 | 2017年 | 比上年增长 (%) |
|---|---|---|---|---|
| **社会救助总人数** | **万人** | **6330.8** | **16212.9** | **-10.2** |
| **城市最低生活保障** | **万人** | **1007.0** | **1261.0** | **-20.1** |
| 老年人 | 万人 | 180.4 | 219.0 | -17.6 |
| 成年人 | 万人 | 663.1 | 836.7 | -20.8 |
| 在职人员 | 万人 | 14.0 | 18.6 | -24.5 |
| 灵活就业 | 万人 | 219.2 | 265.0 | -17.3 |
| 登记失业 | 万人 | 109.2 | 153.5 | -28.9 |
| 无就业条件 | 万人 | 320.6 | 399.6 | -19.8 |
| 未成年人 | 万人 | 163.6 | 205.4 | -20.4 |
| # 女性 | 万人 | 451.6 | 561.4 | -19.6 |
| 残疾人 | 万人 | 145.5 | 159.9 | -9.0 |
| # 重度残疾人 | 万人 | 52.5 | 40.6 | 29.4 |
| 城市最低生活保障户数 | 万户 | 605.1 | 741.5 | -18.4 |
| 城市低保资金支出 | 亿元 | 575.2 | 640.5 | -10.2 |
| 平均保障标准 | 元／人·月 | 579.7 | 540.6 | 7.2 |
| **农村最低生活保障** | **万人** | **3519.1** | **4045.2** | **-13.0** |
| 农村最低生活保障户数 | 万户 | 1901.7 | 2249.3 | -15.5 |
| 农村低保支出 | 亿元 | 1056.9 | 1051.8 | 0.5 |
| 平均保障标准 | 元／人·年 | 4833.4 | 4300.7 | 12.4 |
| **特困人员救助供养** | | | | |
| 农村特困人员救助供养 | 万人 | 455.0 | 466.9 | -2.6 |
| 城市特困人员救助供养 | 万人 | 27.7 | 25.4 | 9.1 |
| **传统救济** | **万人** | **56.8** | **61.8** | **-8.1** |
| **临时救助** | **万人次** | **1108.0** | **970.3** | **14.2** |
| 本地户籍 | 万人次 | 1098.6 | 958.4 | 14.6 |
| 非本地户籍 | 万人次 | 9.4 | 11.9 | -21.3 |
| **生活无着人员救助** | **万人次** | **157.2** | **218.9** | **-28.2** |
| 在站救助 | 万人次 | 122.0 | 166.6 | -26.7 |
| 站外救助 | 万人次 | 35.2 | 52.3 | -32.7 |
| # 未成年人 | 万人次 | 7.6 | 9.4 | -18.6 |

注：社会救助总人数是救助人数和人次数的合计。

# A-2-5 分省份城市最低生活保障平均标准与上年比较

单位：元/人·月

| 地 区 | 2018年 | 2017年 | 比上年增长 (%) |
|---|---|---|---|
| **全 国** | **579.7** | **540.6** | **7.2** |
| 北 京 | 1000.0 | 900.0 | 11.1 |
| 天 津 | 920.0 | 860.0 | 7.0 |
| 河 北 | 601.3 | 544.0 | 10.5 |
| 山 西 | 495.8 | 467.5 | 6.1 |
| 内蒙古 | 640.5 | 591.6 | 8.3 |
| 辽 宁 | 590.2 | 561.6 | 5.1 |
| 吉 林 | 506.9 | 483.4 | 4.9 |
| 黑龙江 | 564.8 | 550.7 | 2.6 |
| 上 海 | 1070.0 | 970.0 | 10.3 |
| 江 苏 | 682.4 | 645.6 | 5.7 |
| 浙 江 | 762.6 | 706.2 | 8.0 |
| 安 徽 | 569.7 | 531.2 | 7.2 |
| 福 建 | 605.6 | 589.8 | 2.7 |
| 江 西 | 577.4 | 531.7 | 8.6 |
| 山 东 | 532.4 | 513.6 | 3.7 |
| 河 南 | 492.9 | 459.6 | 7.2 |
| 湖 北 | 605.0 | 563.6 | 7.4 |
| 湖 南 | 468.8 | 444.1 | 5.6 |
| 广 东 | 748.6 | 674.8 | 10.9 |
| 广 西 | 589.6 | 518.0 | 13.8 |
| 海 南 | 485.6 | 484.4 | 0.2 |
| 重 庆 | 546.0 | 500.0 | 9.2 |
| 四 川 | 507.2 | 485.1 | 4.5 |
| 贵 州 | 591.7 | 557.0 | 6.2 |
| 云 南 | 566.8 | 516.0 | 9.8 |
| 西 藏 | 805.0 | 751.5 | 7.1 |
| 陕 西 | 568.1 | 532.2 | 6.7 |
| 甘 肃 | 489.1 | 458.6 | 6.7 |
| 青 海 | 503.2 | 450.5 | 11.7 |
| 宁 夏 | 570.0 | 473.2 | 20.5 |
| 新 疆 | 433.5 | 409.0 | 6.0 |

# A-2-6 分省份农村最低生活保障平均标准与上年比较

单位：元/人·年

| 地 区 | 2018年 | 2017年 | 比上年增长(%) |
|---|---|---|---|
| **全 国** | **4833.4** | **4300.7** | **12.4** |
| 北 京 | 12000.0 | 10800.0 | 11.1 |
| 天 津 | 11040.0 | 10320.0 | 7.0 |
| 河 北 | 4321.7 | 3829.1 | 12.9 |
| 山 西 | 4072.6 | 3646.9 | 11.7 |
| 内蒙古 | 5453.8 | 4920.2 | 10.8 |
| 辽 宁 | 4629.7 | 4350.9 | 6.4 |
| 吉 林 | 3881.1 | 3734.9 | 3.9 |
| 黑龙江 | 3974.1 | 3857.5 | 3.0 |
| 上 海 | 12840.0 | 11640.0 | 10.3 |
| 江 苏 | 7777.1 | 7147.1 | 8.8 |
| 浙 江 | 9083.3 | 8040.6 | 13.0 |
| 安 徽 | 5891.8 | 4427.5 | 33.1 |
| 福 建 | 7127.3 | 5054.0 | 41.0 |
| 江 西 | 4111.7 | 3743.3 | 9.8 |
| 山 东 | 4482.0 | 4162.9 | 7.7 |
| 河 南 | 3617.4 | 3356.4 | 7.8 |
| 湖 北 | 5275.2 | 4706.4 | 12.1 |
| 湖 南 | 4097.9 | 3689.0 | 11.1 |
| 广 东 | 7114.5 | 6340.8 | 12.2 |
| 广 西 | 3812.3 | 3338.4 | 14.2 |
| 海 南 | 4310.4 | 4300.8 | 0.2 |
| 重 庆 | 4984.9 | 4287.7 | 16.3 |
| 四 川 | 4009.1 | 3767.8 | 6.4 |
| 贵 州 | 4191.3 | 3660.0 | 14.5 |
| 云 南 | 3651.9 | 3342.0 | 9.3 |
| 西 藏 | 4005.7 | 3355.5 | 19.4 |
| 陕 西 | 4221.0 | 3733.7 | 13.1 |
| 甘 肃 | 3978.8 | 3765.3 | 5.7 |
| 青 海 | 3713.1 | 3335.0 | 11.3 |
| 宁 夏 | 3965.5 | 3468.9 | 14.3 |
| 新 疆 | 3842.3 | 3561.3 | 7.9 |

# A-2-7 分省份孤儿平均保障标准与上年比较

单位：元/人·月

| 地 区 | 集中养育平均保障标准 | | | 社会散居平均保障标准 | | |
|---|---|---|---|---|---|---|
| | 2018年 | 2017年 | 比上年增长(%) | 2018年 | 2017年 | 比上年增长(%) |
| **全 国** | **1344.0** | **1258.7** | **6.8** | **924.0** | **858.2** | **7.7** |
| 北 京 | 2000.0 | 1925.0 | 3.9 | 1800.0 | 1725.0 | 4.3 |
| 天 津 | 1991.3 | 1440.0 | 38.3 | 2480.0 | 2420.0 | 2.5 |
| 河 北 | 1170.0 | 1153.5 | 1.4 | 759.8 | 749.4 | 1.4 |
| 山 西 | 1033.2 | 993.8 | 4.0 | 658.1 | 633.2 | 3.9 |
| 内蒙古 | 1666.4 | 1623.8 | 2.6 | 1336.6 | 1305.4 | 2.4 |
| 辽 宁 | 1559.6 | 1391.9 | 12.0 | 1115.7 | 935.3 | 19.3 |
| 吉 林 | 1301.4 | 1000.0 | 30.1 | 914.8 | 700.0 | 30.7 |
| 黑龙江 | 1120.6 | 1083.2 | 3.5 | 763.5 | 729.2 | 4.7 |
| 上 海 | 2000.0 | 1900.0 | 5.3 | 1806.3 | 1700.0 | 6.3 |
| 江 苏 | 2047.7 | 1903.1 | 7.6 | 1441.9 | 1293.0 | 11.5 |
| 浙 江 | 1651.3 | 1534.5 | 7.6 | 1238.3 | 1024.6 | 20.8 |
| 安 徽 | 1326.0 | 1169.7 | 13.4 | 894.8 | 727.9 | 22.9 |
| 福 建 | 1522.0 | 1516.8 | 0.3 | 968.6 | 962.0 | 0.7 |
| 江 西 | 1165.1 | 1124.6 | 3.6 | 802.4 | 758.4 | 5.8 |
| 山 东 | 1274.9 | 1275.9 | -0.1 | 808.5 | 796.8 | 1.5 |
| 河 南 | 1137.4 | 1128.9 | 0.8 | 743.7 | 736.0 | 1.0 |
| 湖 北 | 1957.7 | 1815.2 | 7.9 | 1218.7 | 1131.7 | 7.7 |
| 湖 南 | 1247.8 | 1063.0 | 17.4 | 823.6 | 654.4 | 25.9 |
| 广 东 | 1733.0 | 1553.1 | 11.6 | 1222.6 | 1136.4 | 7.6 |
| 广 西 | 1049.2 | 1053.5 | -0.4 | 643.2 | 631.2 | 1.9 |
| 海 南 | 1247.4 | 1242.1 | 0.4 | 871.4 | 872.6 | -0.1 |
| 重 庆 | 1327.2 | 1200.0 | 10.6 | 1145.5 | 1017.5 | 12.6 |
| 四 川 | 1314.0 | 1294.3 | 1.5 | 835.5 | 810.6 | 3.1 |
| 贵 州 | 1181.2 | 1027.4 | 15.0 | 767.2 | 646.0 | 18.8 |
| 云 南 | 1758.8 | 1666.6 | 5.5 | 1082.1 | 1057.3 | 2.3 |
| 西 藏 | 1220.0 | 1117.7 | 9.2 | 984.6 | 840.7 | 17.1 |
| 陕 西 | 1000.9 | 1000.9 | — | 808.8 | 806.1 | 0.3 |
| 甘 肃 | 954.0 | 951.5 | 0.3 | 686.5 | 682.0 | 0.7 |
| 青 海 | 1043.3 | 1027.5 | 1.5 | 661.1 | 655.2 | 0.9 |
| 宁 夏 | 886.1 | 802.5 | 10.4 | 740.0 | 617.5 | 19.8 |
| 新 疆 | 914.3 | 912.6 | 0.2 | 625.4 | 623.6 | 0.3 |

# A-2-8 社区服务与上年比较

| 指　标 | 单位 | 2018年 | 2017年 | 比上年增长(%) |
|---|---|---|---|---|
| **社区服务机构和设施合计** | 个 | **426524** | **407453** | **4.7** |
| 社区服务指导中心 | 个 | 569 | 619 | -8.1 |
| 社区服务中心 | 个 | 27635 | 25015 | 10.5 |
| 社区服务站 | 个 | 148779 | 142823 | 4.2 |
| 未登记的农村特困人员救助供养机构 | 个 | 3991 | — | — |
| 社区养老照料机构和设施 | 个 | 44558 | 43212 | 3.1 |
| 社区互助型养老设施 | 个 | 91057 | 82648 | 10.2 |
| 其他社区服务机构和设施 | 个 | 109935 | 113136 | -2.8 |
| 城市社区综合服务设施覆盖率 | % | 78.7 | 78.6 | 0.1(百分点) |
| 农村社区综合服务设施覆盖率 | % | 45.3 | 40.9 | 4.3(百分点) |
| **社区养老床位数** | **张** | **3477691** | **3385029** | **2.7** |
| 日间照料床位 | 张 | 1830244 | 1686363 | 8.5 |
| 留宿照料床位 | 张 | 1647447 | 1698666 | -3.0 |
| **社会捐赠接收工作站、点数** | **个** | **12445** | **28262** | **-56.0** |
| 社会捐赠接收工作站数 | 个 | 8981 | 19293 | -53.4 |
| 慈善超市数 | 个 | 3464 | 8969 | -61.4 |
| **社区服务志愿者组织（团体）数** | **万个** | **12.9** | **9.6** | **34.7** |

注：由于社会组织年检工作滞后于年报汇总工作，社会组织捐赠数据为2017年数据。

# A-3-1 社会组织与上年比较

单位：个、万元

| 指 标 | 2018年 | 2017年 | 比上年增长(%) |
|---|---|---|---|
| **社会组织合计** | **817360** | **761539** | **7.3** |
| 社会组织捐赠收入 | 919.7 | 729.2 | 26.1 |
| **社会团体** | **366234** | **354794** | **3.2** |
| 按活动区域分 | | | |
| 全国性 | 1986 | 1989 | -0.2 |
| 省级 | 31380 | 31285 | 0.3 |
| 地级 | 87528 | 86165 | 1.6 |
| 县级 | 245340 | 235355 | 4.2 |
| **基金会** | **7034** | **6307** | **11.5** |
| 按性质分 | | | |
| 具有公开募捐资格的基金会 | 1925 | 1678 | 14.7 |
| 不具有公开募捐资格的基金会 | 5109 | 4629 | 10.4 |
| **民办非企业单位** | **444092** | **400438** | **10.9** |
| 按性质分 | | | |
| 法人 | 377108 | 331171 | 13.9 |
| 合伙 | 9286 | 10298 | -9.8 |
| 个体 | 57698 | 58969 | -2.2 |

# A-3-2 基层群众性自治组织与上年比较

单位：个、人

| 指 标 | 2018年 | 2017年 | 比上年增长(%) |
|---|---|---|---|
| 城市 | | | |
| 社区居委会 | 107869 | 106491 | 1.3 |
| 居民小组 | 1562980 | 1371175 | 14.0 |
| 居民委员会成员人数 | 578618 | 565443 | 2.3 |
| #女性 | 291439 | 280907 | 3.7 |
| 居委会选举情况 | | | |
| 当年完成选举的居委会数 | 33096 | 30505 | 8.5 |
| 当年完成选举的居委会选民登记总数 | 63143247 | 77533773 | -18.6 |
| #本届登记选民数 | 44296221 | 59840512 | -26.0 |
| 参加投票人数 | 32030149 | 50938811 | -37.1 |
| 农村 | | | |
| 村民委员会 | 542019 | 554218 | -2.2 |
| 村民小组 | 4490805 | 4396849 | 2.1 |
| 村民委员会成员人数 | 2214899 | 2242570 | -1.2 |
| #女性 | 530711 | 518268 | 2.4 |
| 村委会选举情况 | | | |
| 当年完成选举的村委会数 | 243042 | 151513 | 60.4 |
| 当年完成选举的村委会选民登记总数 | 295880576 | 228812125 | 29.3 |
| #本届登记选民数 | 240610403 | 179264045 | 34.2 |
| 参加投票人数 | 198525989 | 162363494 | 22.3 |

# A-3-3 其他社会服务与上年比较

| 指　标 | 单位 | 2018年 | 2017年 | 比上年增长（%） |
|---|---|---|---|---|
| 婚姻服务 | | | | |
| 婚姻登记机构 | 个 | 1114 | 1217 | -8.5 |
| 办理婚姻登记业务的处数 | 处 | 4649 | 4877 | -4.7 |
| 结婚登记 | 对 | 10139439 | 10630951 | -4.6 |
| 内地居民登记结婚对数 | 对 | 10091077 | 10590427 | -4.7 |
| 初婚人数 | 人 | 15986682 | 17463256 | -8.5 |
| 再婚人数 | 人 | 4292196 | 3798646 | 13.0 |
| #女性 | 人 | 2306282 | 2013529 | 14.5 |
| 恢复结婚 | 对 | 562921 | 522556 | 7.7 |
| 涉外及华侨、港澳台居民登记结婚 | 对 | 48362 | 40524 | 19.3 |
| 结婚率 | ‰ | 7.3 | 7.7 | -0.4（千分点） |
| 离婚登记 | 对 | 4460849 | 4373824 | 2.0 |
| 民政部门办理离婚对数 | 对 | 3812249 | 3704498 | 2.9 |
| 内地居民办理离婚 | 对 | 3804682 | 3698191 | 2.9 |
| 华侨、港澳台居民登记离婚 | 对 | 7567 | 6307 | 20.0 |
| 各级法院判决、调解离婚件数 | 件 | 648600 | 669326 | -3.1 |
| 离婚率 | ‰ | 3.2 | 3.2 | – |
| 殡葬服务 | | | | |
| 殡葬服务机构 | 个 | 4043 | 4132 | -2.2 |
| 火化炉数 | 台 | 6444 | 6361 | 1.3 |
| 全年遗体火化数 | 具 | 5016890 | 4819781 | 4.1 |
| 火化率 | % | 50.5 | 48.9 | 1.6（百分点） |
| 穴位数 | 个 | 17694262 | 16391489 | 7.9 |
| 安葬数 | 具 | 13033268 | 11563000 | 12.7 |

# A-3-4 其他社会服务机构财务状况与上年比较

单位：万元

| 指　标 | 2018年 | 2017年 | 比上年增长 (%) |
|---|---|---|---|
| **执行企业会计制度单位填报** | | | |
| 存货 | 189558.6 | 125204.8 | 51.4 |
| 固定资产原价 | 1272351.7 | 1147532.8 | 10.9 |
| 累计折旧 | 220395.4 | 149329.2 | 47.6 |
| 其中：本年折旧 | 78923.3 | 78630.2 | 0.4 |
| 资产总计 | 1320244.1 | 1084595.1 | 21.7 |
| 负债合计 | 794814.2 | 599186.3 | 32.6 |
| 营业收入 | 1237902.1 | 1342929.0 | -7.8 |
| 营业成本 | 358660.1 | 321993.9 | 11.4 |
| 营业税金及附加 | 9085.9 | 6068.0 | 49.7 |
| 销售费用 | 98558.9 | 97399.9 | 1.2 |
| 管理费用 | 212619.7 | 206414.6 | 3.0 |
| 其中：税金 | 6216.2 | 6084.9 | 2.2 |
| 差旅费 | 1642.1 | 2439.5 | -32.7 |
| 财务费用 | 6491.2 | 10131.2 | -35.9 |
| 其中：利息支出 | 1211.9 | 2692.3 | -55.0 |
| 资产减值损失 | 109.9 | 4.9 | 2142.9 |
| 公允价值变动收益 | 163.4 | 130.0 | 25.7 |
| 投资收益 | 2966.5 | 1870.4 | 58.6 |
| 营业利润 | 235448.7 | 231052.0 | 1.9 |
| 营业外收入 | 11114.6 | 74429.9 | -85.1 |
| 其中：政府补助 | 4024.0 | 2453.8 | 64.0 |
| 应付职工薪酬 | 102945.5 | 102343.1 | 0.6 |
| 本年应交增值税 | 3142.8 | 2291.1 | 37.2 |

A-3-4续表1

单位：万元

| 指　标 | 2018年 | 2017年 | 比上年增长 (%) |
| --- | --- | --- | --- |
| **执行事业单位会计制度填报** | | | |
| 存货 | 39470.6 | 27525.8 | 43.4 |
| 固定资产原价 | 2101399.8 | 1955755.6 | 7.4 |
| 资产总计 | 1890000.1 | 1355139.6 | 39.5 |
| 负债合计 | 312921.3 | 234726.8 | 33.3 |
| 本年收入合计 | 1589457.0 | 1521613.2 | 4.5 |
| 其中：事业收入 | 820890.0 | 815193.0 | 0.7 |
| 经营收入 | 316519.5 | 318416.2 | -0.6 |
| 本年支出合计 | 1509782.2 | 1458231.8 | 3.5 |
| 其中：工资福利支出 | 465355.2 | 422693.4 | 10.1 |
| 商品和服务支出 | 552748.3 | 536144.4 | 3.1 |
| 其中：取暖费 | 5489.8 | 5804.1 | -5.4 |
| 差旅费 | 4492.5 | 5885.1 | -23.7 |
| 因公出国（境）费用 | 358.6 | 272.4 | 31.6 |
| 劳务费 | 52529.9 | 42061.0 | 24.9 |
| 工会经费 | 4124.6 | 3208.3 | 28.6 |
| 福利费 | 7269.3 | 7541.3 | -3.6 |
| 对个人和家庭的补助 | 59067.2 | 72110.8 | -18.1 |
| 其中：抚恤金 | 869.6 | 600.9 | 44.7 |
| 生活补助 | 5748.0 | 5126.6 | 12.1 |
| 救济费 | 1142.5 | 1366.7 | -16.4 |
| 助学金 | 62.6 | 61.2 | 2.3 |
| 奖励金 | 2519.7 | 1707.1 | 47.6 |
| 生产补贴 | 132.1 | 221.8 | -40.4 |
| 经营支出 | 184717.7 | 176188.5 | 4.8 |
| 销售税金 | 1440.5 | 2488.6 | -42.1 |

A-3-4续表2

单位：万元

| 指　标 | 2018年 | 2017年 | 比上年增长 (%) |
|---|---|---|---|
| **执行民间非营利组织单位会计制度填报** | | | |
| 存货 | 1332.5 | 1052.7 | 26.6 |
| 固定资产原价 | 85117.5 | 80119.9 | 6.2 |
| 资产总计 | 50972.1 | 25121.8 | 102.9 |
| 负债合计 | 21825.5 | 6778.2 | 222.0 |
| 本年收入合计 | 27478.5 | 22085.8 | 24.4 |
| 其中：捐赠收入 | 539.0 | 538.0 | 0.2 |
| 会费收入 | 887.8 | 889.1 | -0.1 |
| 政府补助收入 | 7.0 | | |
| 本年费用合计 | 22128.4 | 19658.8 | 12.6 |
| 其中：业务活动成本 | 10977.9 | 11510.4 | -4.6 |
| 其中：人员费用 | 3487.2 | 3565.9 | -2.2 |
| 日常费用 | 4326.5 | 4769.5 | -9.3 |
| 固定资产折旧 | 1672.4 | 1749.5 | -4.4 |
| 税费 | 155.8 | 268.4 | -42.0 |
| 管理费用 | 7209.0 | 6048.3 | 19.2 |
| 其中：人员费用 | 2995.5 | 2358.5 | 27.0 |
| 日常费用 | 2121.3 | 1403.1 | 51.2 |
| 固定资产折旧 | 1079.7 | 1199.9 | -10.0 |
| 税费 | 76.3 | 79.7 | -4.3 |
| 净资产变动额 | 15643.1 | 15737.5 | -0.6 |

# 第四部分

# 历年统计资料

# B-1-1 县级及以上行政区划

单位：个

| 年份 | 省级 | 地级（不含地级市） | 县级（不含县级市、市辖区） | 市 | | | 市辖区 | 县级合计 |
|---|---|---|---|---|---|---|---|---|
| | | | | | #地级 | #县级 | | |
| 1978 | 30 | 212 | 2153 | 193 | 98 | 92 | 408 | 2653 |
| 1979 | 30 | 211 | 2153 | 216 | 104 | 109 | 428 | 2690 |
| 1980 | 30 | 211 | 2151 | 223 | 107 | 113 | 511 | 2775 |
| 1981 | 30 | 208 | 2144 | 233 | 108 | 122 | 514 | 2780 |
| 1982 | 30 | 210 | 2140 | 245 | 112 | 130 | 527 | 2797 |
| 1983 | 30 | 178 | 2091 | 289 | 144 | 142 | 552 | 2785 |
| 1984 | 30 | 175 | 2069 | 300 | 147 | 150 | 595 | 2814 |
| 1985 | 30 | 165 | 2046 | 324 | 162 | 159 | 621 | 2826 |
| 1986 | 30 | 159 | 2017 | 353 | 166 | 184 | 629 | 2830 |
| 1987 | 30 | 156 | 1986 | 381 | 170 | 208 | 632 | 2826 |
| 1988 | 31 | 151 | 1936 | 434 | 183 | 248 | 647 | 2831 |
| 1989 | 31 | 151 | 1919 | 450 | 185 | 262 | 648 | 2829 |
| 1990 | 31 | 151 | 1903 | 467 | 185 | 279 | 651 | 2833 |
| 1991 | 31 | 151 | 1894 | 479 | 187 | 289 | 650 | 2833 |
| 1992 | 31 | 148 | 1848 | 517 | 191 | 323 | 662 | 2833 |
| 1993 | 31 | 139 | 1795 | 570 | 196 | 371 | 669 | 2835 |
| 1994 | 31 | 127 | 1735 | 622 | 206 | 413 | 697 | 2845 |
| 1995 | 31 | 124 | 1716 | 640 | 210 | 427 | 706 | 2849 |
| 1996 | 31 | 117 | 1696 | 666 | 218 | 445 | 717 | 2858 |
| 1997 | 33 | 110 | 1693 | 668 | 222 | 442 | 727 | 2862 |
| 1998 | 33 | 104 | 1689 | 668 | 227 | 437 | 737 | 2863 |
| 1999 | 34 | 95 | 1682 | 667 | 236 | 427 | 749 | 2858 |
| 2000 | 34 | 74 | 1674 | 663 | 259 | 400 | 787 | 2861 |
| 2001 | 34 | 67 | 1660 | 662 | 265 | 393 | 808 | 2861 |
| 2002 | 34 | 57 | 1649 | 660 | 275 | 381 | 830 | 2860 |
| 2003 | 34 | 51 | 1642 | 660 | 282 | 374 | 845 | 2861 |
| 2004 | 34 | 50 | 1636 | 661 | 283 | 374 | 852 | 2862 |
| 2005 | 34 | 50 | 1636 | 661 | 283 | 374 | 852 | 2862 |
| 2006 | 34 | 50 | 1635 | 656 | 283 | 369 | 856 | 2860 |
| 2007 | 34 | 50 | 1635 | 655 | 283 | 368 | 856 | 2859 |
| 2008 | 34 | 50 | 1635 | 655 | 283 | 368 | 856 | 2859 |
| 2009 | 34 | 50 | 1636 | 654 | 283 | 367 | 855 | 2858 |
| 2010 | 34 | 50 | 1633 | 657 | 283 | 370 | 853 | 2856 |
| 2011 | 34 | 48 | 1627 | 657 | 284 | 369 | 857 | 2853 |
| 2012 | 34 | 48 | 1624 | 657 | 285 | 368 | 860 | 2852 |
| 2013 | 34 | 47 | 1613 | 658 | 286 | 368 | 872 | 2853 |
| 2014 | 34 | 45 | 1596 | 653 | 288 | 361 | 897 | 2854 |
| 2015 | 34 | 43 | 1568 | 656 | 291 | 361 | 921 | 2850 |
| 2016 | 34 | 41 | 1537 | 657 | 293 | 360 | 954 | 2851 |
| 2017 | 34 | 40 | 1526 | 661 | 294 | 363 | 962 | 2851 |
| 2018 | 34 | 40 | 1506 | 672 | 293 | 375 | 970 | 2851 |

# B-1-2 乡镇级行政区划

单位：个

| 年份 | 乡镇级 | | | | | |
|---|---|---|---|---|---|---|
| | | 镇 | 乡 | 民族乡 | 街道办事处 | 区公所 |
| 1978 | 6195 | 2173 | | | | 4022 |
| 1979 | 10424 | 2361 | | | 4444 | 3619 |
| 1980 | | | | | | |
| 1981 | 11434 | 2678 | | | 4965 | 3791 |
| 1982 | | | | | | |
| 1983 | 49695 | 2968 | 35514 | | 5304 | 5909 |
| 1984 | 106439 | 7186 | 85290 | | 5844 | 8119 |
| 1985 | 104900 | 9140 | 82450 | 3144 | 5402 | 7908 |
| 1986 | 83954 | 10718 | 61353 | 2936 | 5718 | 6165 |
| 1987 | 81025 | 11103 | 58739 | 3020 | 5680 | 5503 |
| 1988 | 65345 | 11481 | 45195 | 1571 | 5099 | 3570 |
| 1989 | 65419 | 11873 | 44624 | 1755 | 5420 | 3502 |
| 1990 | 65188 | 12084 | 44397 | 1980 | 5269 | 3438 |
| 1991 | 63391 | 12455 | 42654 | 1403 | 5186 | 3096 |
| 1992 | 54830 | 14539 | 33827 | 1348 | 5233 | 1231 |
| 1993 | 54863 | 15805 | 32445 | 1351 | 5470 | 1143 |
| 1994 | 54605 | 16702 | 31463 | 1322 | 5372 | 1068 |
| 1995 | 53360 | 17532 | 29502 | 1330 | 5596 | 730 |
| 1996 | 51336 | 18171 | 27056 | 1383 | 5565 | 544 |
| 1997 | 50967 | 18925 | 25966 | 1545 | 5678 | 398 |
| 1998 | 50999 | 19216 | 25712 | 1517 | 5732 | 339 |
| 1999 | 50750 | 19756 | 24745 | 1222 | 5904 | 345 |
| 2000 | 51024 | 20312 | 24555 | 1356 | 5902 | 255 |
| 2001 | 46369 | 20358 | 20012 | 1165 | 5972 | 27 |
| 2002 | 44822 | 20600 | 18640 | 1162 | 5516 | 66 |
| 2003 | 44067 | 20226 | 18064 | 1149 | 5751 | 26 |
| 2004 | 43275 | 19892 | 17534 | 1127 | 5829 | 20 |
| 2005 | 41636 | 19522 | 15951 | 1093 | 6152 | 11 |
| 2006 | 41040 | 19369 | 15306 | 1089 | 6355 | 10 |
| 2007 | 40813 | 19249 | 15120 | 1094 | 6434 | 10 |
| 2008 | 40828 | 19234 | 15067 | 1097 | 6524 | 3 |
| 2009 | 40858 | 19322 | 14848 | 1098 | 6686 | 2 |
| 2010 | 40906 | 19410 | 14571 | 1096 | 6923 | 2 |
| 2011 | 40466 | 19683 | 13587 | 1086 | 7194 | 2 |
| 2012 | 40446 | 19881 | 13281 | 1064 | 7282 | 2 |
| 2013 | 40497 | 20117 | 12812 | 1035 | 7566 | 2 |
| 2014 | 40381 | 20401 | 12282 | 1020 | 7696 | 2 |
| 2015 | 39789 | 20515 | 11315 | 991 | 7957 | 2 |
| 2016 | 39862 | 20883 | 10872 | 989 | 8105 | 2 |
| 2017 | 39888 | 21116 | 10529 | 982 | 8241 | 2 |
| 2018 | 39945 | 21297 | 10253 | 981 | 8393 | 2 |

# B-1-3 全国人口情况

单位：万人、%

| 年份 | 总人口 | 城镇 | 乡村 | 农村贫困人口 | 65周岁及以上老年人口 | 65周岁及以上人口比重 | 60周岁及以上老年人口 | 60周岁及以上人口比重 | 出生人口 | 死亡人口 | 当年净增人口 |
|---|---|---|---|---|---|---|---|---|---|---|---|
| 1978 | 96259 | 17245 | 79014 | 25000 | | | | | | | |
| 1979 | 97542 | 18495 | 79047 | | | | | | | | 1283 |
| 1980 | 98705 | 19140 | 79565 | | | | | | | | 1163 |
| 1981 | 100072 | 20171 | 79901 | | | | | | | | 1367 |
| 1982 | 101654 | 21480 | 80174 | | 4991 | 4.9 | | | | | 1469 |
| 1983 | 103008 | 22274 | 80734 | | | | | | | | 954 |
| 1984 | 104357 | 24017 | 80340 | 12800 | | | | | | | |
| 1985 | 105851 | 25094 | 80757 | 12500 | | | | | | | 1164 |
| 1986 | 107507 | 26366 | 81141 | 13100 | | | | | | | 1476 |
| 1987 | 109300 | 27674 | 81626 | 12200 | 5968 | 5.4 | | | | | 1500 |
| 1988 | 111026 | 28661 | 82365 | 9600 | | | | | | | 1541 |
| 1989 | 112704 | 29540 | 83164 | 10200 | | | | | | | 1577 |
| 1990 | 114333 | 30195 | 84138 | 8500 | 6368 | 5.6 | | | 2391 | 762 | 1629 |
| 1991 | 115823 | 31203 | 84260 | | | | | | 2258 | 768 | 1490 |
| 1992 | 117171 | 32175 | 84996 | 8000 | | | | | 2119 | 771 | 1348 |
| 1993 | 118517 | 33173 | 85344 | | | | | | 2126 | 780 | 1346 |
| 1994 | 119850 | 34169 | 85681 | 7000 | | | | | 2104 | 771 | 1333 |
| 1995 | 121121 | 35174 | 85947 | 6540 | 7510 | 6.2 | | | 2063 | 792 | 1271 |
| 1996 | 122389 | 37304 | 85085 | | 7833 | 6.4 | | | 2067 | 799 | 1268 |
| 1997 | 123626 | 39449 | 84177 | 4962 | 8085 | 6.5 | | | 2038 | 801 | 1237 |
| 1998 | 124761 | 41608 | 83153 | 4210 | 8359 | 6.7 | | | 1942 | 807 | 1135 |
| 1999 | 125786 | 43748 | 82038 | 3412 | 8679 | 6.9 | | | 1834 | 809 | 1025 |
| 2000 | 126743 | 45906 | 80837 | 3209 | 8821 | 7.0 | | | 1771 | 814 | 957 |
| 2001 | 127627 | 48064 | 79563 | 2927 | 9062 | 7.1 | | | 1702 | 818 | 884 |
| 2002 | 128453 | 50212 | 78241 | 2820 | 9377 | 7.3 | | | 1647 | 821 | 826 |
| 2003 | 129227 | 52376 | 76851 | 2900 | 9692 | 7.5 | | | 1599 | 825 | 774 |
| 2004 | 129988 | 54283 | 75705 | 2610 | 9857 | 7.6 | | | 1593 | 832 | 761 |
| 2005 | 130756 | 56212 | 74544 | 2365 | 10055 | 7.7 | 14408 | 11.0 | 1617 | 849 | 768 |
| 2006 | 131448 | 57706 | 73742 | 2148 | 10419 | 7.9 | 14901 | 11.3 | 1584 | 892 | 692 |
| 2007 | 132129 | 59379 | 72750 | 4320 | 10636 | 8.1 | 15340 | 11.6 | 1594 | 913 | 681 |
| 2008 | 132802 | 60667 | 72135 | 4007 | 10956 | 8.3 | 15989 | 12.0 | 1608 | 935 | 673 |
| 2009 | 133450 | 62186 | 71288 | 3597 | 11309 | 8.5 | 16714 | 12.5 | 1615 | 943 | 672 |
| 2010 | 134091 | 66558 | 67415 | 2688 | 11883 | 8.9 | 17765 | 13.3 | 1596 | 953 | 642 |
| 2011 | 134735 | 69079 | 65656 | 12238 | 12288 | 9.1 | 18499 | 13.7 | 1604 | 960 | 644 |
| 2012 | 135404 | 71182 | 64222 | 9899 | 12714 | 9.4 | 19390 | 14.3 | 1635 | 966 | 669 |
| 2013 | 136072 | 73111 | 62961 | 8249 | 13161 | 9.7 | 20243 | 14.9 | 1640 | 972 | 668 |
| 2014 | 136782 | 74916 | 61866 | 7017 | 13755 | 10.1 | 21242 | 15.5 | 1687 | 977 | 710 |
| 2015 | 137462 | 77116 | 60346 | 5575 | 14386 | 10.5 | 22200 | 16.1 | 1655 | 975 | 680 |
| 2016 | 138271 | 79298 | 58973 | 4335 | 15003 | 10.8 | 23086 | 16.7 | 1786 | 977 | 809 |
| 2017 | 139008 | 81347 | 57661 | 3046 | 15831 | 11.4 | 24090 | 17.3 | 1723 | 986 | 737 |
| 2018 | 139538 | 83137 | 56401 | 1660 | 16658 | 11.9 | 24949 | 17.9 | 1523 | 993 | 530 |

注：本表资料来源于国家统计局。

# B-1-4 民政部门登记和管理的机构和设施（按登记类型分类）

单位：万个

| 年份 | 合计 | 事业单位及设施合计 | 事业单位 | 企业性质机构 | 社会组织 | 社会服务类 | 自治组织 | 行政机关 |
|---|---|---|---|---|---|---|---|---|
| 1978 | 1.1 | 1.1 | | 0.1 | | | | |
| 1979 | 1.3 | 1.2 | | 0.1 | | | | |
| 1980 | 1.4 | 1.3 | | 0.1 | | | | |
| 1981 | 1.5 | 1.3 | | 0.2 | | | | |
| 1982 | 1.7 | 1.6 | | 0.2 | | | | |
| 1983 | 40.2 | 1.9 | | 0.6 | | | 37.7 | |
| 1984 | 103.6 | 2.6 | | 0.7 | | | 100.3 | |
| 1985 | 107.7 | 3.3 | | 1.5 | | | 103.0 | |
| 1986 | 101.2 | 3.9 | | 2.0 | | | 95.3 | |
| 1987 | 100.1 | 4.2 | | 2.8 | | | 93.2 | |
| 1988 | 106.7 | 4.3 | | 4.0 | 0.4 | | 97.8 | |
| 1989 | 111.8 | 4.4 | | 4.2 | 0.5 | | 102.8 | |
| 1990 | 119.8 | 4.5 | | 4.2 | 1.1 | | 110.0 | |
| 1991 | 129.2 | 4.7 | | 4.4 | 8.3 | | 111.9 | |
| 1992 | 136.1 | 4.8 | | 5.0 | 15.5 | | 110.8 | |
| 1993 | 139.7 | 5.3 | | 5.7 | 16.8 | | 112.0 | |
| 1994 | 140.3 | 5.2 | | 6.0 | 17.4 | | 111.7 | |
| 1995 | 133.7 | 5.2 | | 6.0 | 18.1 | | 104.4 | |
| 1996 | 133.9 | 5.3 | | 5.9 | 18.5 | | 104.2 | |
| 1997 | 131.4 | 5.3 | | 5.6 | 18.1 | | 102.4 | |
| 1998 | 122.2 | 5.4 | | 5.1 | 16.6 | | 95.2 | |
| 1999 | 115.7 | 5.4 | | 4.5 | 14.3 | | 91.6 | |
| 2000 | 109.5 | 6.1 | | 4.1 | 15.3 | | 84.0 | |
| 2001 | 109.8 | 5.7 | | 3.8 | 21.1 | | 79.2 | 0.6 |
| 2002 | 110.5 | 5.8 | | 3.6 | 24.5 | | 76.7 | 0.5 |
| 2003 | 109.9 | 5.8 | | 3.4 | 26.7 | | 74.0 | 0.4 |
| 2004 | 111.1 | 6.7 | | 3.2 | 28.9 | | 72.2 | 0.4 |
| 2005 | 112.6 | 6.6 | | 3.1 | 32.0 | | 70.9 | 0.4 |
| 2006 | 115.7 | 6.7 | | 3.0 | 35.4 | | 70.5 | 0.4 |
| 2007 | 117.7 | 7.0 | | 2.5 | 38.7 | | 69.5 | 0.3 |
| 2008 | 119.2 | 6.6 | | 2.4 | 41.4 | | 68.8 | 0.4 |
| 2009 | 125.9 | 12.1 | | 2.3 | 43.1 | | 68.4 | 0.3 |
| 2010 | 126.6 | 11.6 | | 2.2 | 44.6 | 6.3 | 68.2 | 0.3 |
| 2011 | 129.4 | 13.1 | | 2.2 | 46.2 | 6.6 | 67.9 | 0.3 |
| 2012 | 146.2 | 26.3 | | 2.0 | 49.9 | 7.5 | 68.0 | 0.3 |
| 2013 | 156.2 | 31.4 | 2.6 | 1.8 | 54.7 | 8.0 | 68.3 | 0.3 |
| 2014 | 166.5 | 36.0 | 2.9 | 1.7 | 60.6 | 8.8 | 68.2 | 0.3 |
| 2015 | 176.5 | 40.7 | 3.1 | 1.5 | 66.2 | 9.9 | 68.1 | 0.3 |
| 2016 | 174.5 | 37.9 | 3.1 | 0.1 | 70.2 | 10.4 | 66.2 | 0.3 |
| 2017 | 182.1 | 39.7 | 2.9 | 0.1 | 76.2 | 11.3 | 66.1 | 0.3 |
| 2018 | 187.6 | 40.7 | 2.3 | 0.2 | 81.7 | 12.5 | 65.0 | 0.3 |

# B-1-5 民政部门登记和管理的机构和设施（按国民经济行业分类）

单位：万个

| 年份 | 合计 | 社会工作 | 成员组织 | 社会组织 | 自治组织 | 其他社会服务机构 | 其他事业单位 | 行政机关 |
|---|---|---|---|---|---|---|---|---|
| 1978 | 1.1 | 0.8 | | | | 0.3 | | |
| 1979 | 1.3 | 1.0 | | | | 0.3 | | |
| 1980 | 1.4 | 1.1 | | | | 0.3 | | |
| 1981 | 1.5 | 1.2 | | | | 0.3 | | |
| 1982 | 1.7 | 1.4 | | | | 0.3 | | |
| 1983 | 40.2 | 2.2 | 37.7 | | 37.7 | 0.3 | | |
| 1984 | 103.6 | 3.0 | 100.3 | | 100.3 | 0.3 | | |
| 1985 | 107.7 | 4.5 | 103.0 | | 103.0 | 0.3 | | |
| 1986 | 101.2 | 5.6 | 95.3 | | 95.3 | 0.3 | | |
| 1987 | 100.1 | 6.6 | 93.2 | | 93.2 | 0.3 | | |
| 1988 | 106.7 | 8.1 | 98.3 | 0.4 | 97.8 | 0.3 | | |
| 1989 | 111.8 | 8.3 | 103.3 | 0.5 | 102.8 | 0.3 | | |
| 1990 | 119.8 | 8.4 | 111.1 | 1.1 | 110.0 | 0.3 | | |
| 1991 | 129.2 | 8.7 | 120.2 | 8.3 | 111.9 | 0.3 | | |
| 1992 | 136.1 | 9.5 | 126.3 | 15.5 | 110.8 | 0.3 | | |
| 1993 | 139.7 | 10.7 | 128.7 | 16.8 | 112.0 | 0.3 | | |
| 1994 | 140.3 | 10.9 | 129.1 | 17.4 | 111.7 | 0.3 | | |
| 1995 | 133.6 | 10.9 | 122.4 | 18.1 | 104.4 | 0.3 | | |
| 1996 | 133.9 | 10.9 | 122.7 | 18.5 | 104.2 | 0.3 | | |
| 1997 | 131.4 | 10.6 | 120.5 | 18.1 | 102.4 | 0.3 | | |
| 1998 | 122.2 | 10.2 | 111.8 | 16.6 | 95.2 | 0.3 | | |
| 1999 | 115.7 | 9.5 | 105.9 | 14.3 | 91.6 | 0.3 | | |
| 2000 | 109.5 | 9.8 | 99.3 | 15.3 | 84.0 | 0.3 | | |
| 2001 | 109.8 | 9.2 | 100.3 | 21.1 | 79.2 | 0.3 | | 0.6 |
| 2002 | 110.5 | 9.1 | 101.2 | 24.5 | 76.7 | 0.3 | | 0.5 |
| 2003 | 109.9 | 8.9 | 100.7 | 26.7 | 74.0 | 0.3 | | 0.4 |
| 2004 | 111.1 | 9.6 | 101.1 | 28.9 | 72.2 | 0.3 | | 0.4 |
| 2005 | 112.6 | 9.5 | 102.9 | 32.0 | 70.9 | 0.3 | | 0.4 |
| 2006 | 115.7 | 9.2 | 105.9 | 35.4 | 70.5 | 0.5 | | 0.4 |
| 2007 | 117.7 | 9.0 | 108.2 | 38.7 | 69.5 | 0.5 | | 0.3 |
| 2008 | 119.2 | 8.4 | 110.2 | 41.4 | 68.8 | 0.6 | | 0.4 |
| 2009 | 125.9 | 13.8 | 111.5 | 43.1 | 68.4 | 0.6 | | 0.3 |
| 2010 | 126.6 | 13.2 | 112.8 | 44.6 | 68.2 | 0.6 | | 0.3 |
| 2011 | 129.4 | 14.6 | 114.1 | 46.2 | 67.9 | 0.7 | | 0.3 |
| 2012 | 146.2 | 27.5 | 117.9 | 49.9 | 68.0 | 0.6 | 0.2 | 0.3 |
| 2013 | 156.1 | 32.3 | 123.0 | 54.7 | 68.3 | 0.6 | 0.2 | 0.3 |
| 2014 | 166.8 | 37.1 | 128.8 | 60.6 | 68.2 | 0.7 | 0.2 | 0.3 |
| 2015 | 176.5 | 41.3 | 134.3 | 66.2 | 68.1 | 0.7 | 0.2 | 0.3 |
| 2016 | 174.5 | 42.3 | 136.4 | 70.2 | 66.2 | 0.6 | 0.2 | 0.3 |
| 2017 | 182.1 | 44.4 | 142.2 | 76.2 | 66.1 | 0.5 | 0.2 | 0.3 |
| 2018 | 187.6 | 45.9 | 146.7 | 81.7 | 65.0 | 0.5 | 0.2 | 0.3 |

注：2012年开始社会工作中包含其他社区服务设施。

# B-1-6 民政部门登记和管理的机构和设施职工

单位：万人

| 年份 | 合计 | 社会工作 | 成员组织 | | | 其他社会服务机构 | 其他事业单位 | 行政机关 | 乡、镇民政助理员 |
|---|---|---|---|---|---|---|---|---|---|
| | | | | 社会组织 | 自治组织 | | | | |
| 1978 | 19.7 | 19.7 | | | | | | | |
| 1979 | 21.9 | 21.9 | | | | | | | |
| 1980 | 25.3 | 25.3 | | | | | | | |
| 1981 | 27.8 | 27.8 | | | | | | | |
| 1982 | 29.1 | 29.1 | | | | | | | |
| 1983 | 41.5 | 41.5 | | | | | | | |
| 1984 | 48.0 | 48.0 | | | | | | | |
| 1985 | 497.9 | 83.4 | 414.5 | | 414.5 | | | | |
| 1986 | 506.2 | 104.1 | 402.1 | | 402.1 | | | | |
| 1987 | 529.1 | 132.2 | 396.9 | | 396.9 | | | | |
| 1988 | 569.6 | 166.9 | 402.7 | | 402.7 | | | | |
| 1989 | 587.5 | 171.5 | 416.0 | | 416.0 | | | | |
| 1990 | 631.8 | 179.3 | 452.5 | | 452.5 | | | | |
| 1991 | 661.2 | 192.7 | 468.5 | | 468.5 | | | | |
| 1992 | 691.3 | 213.9 | 477.4 | | 477.4 | | | | |
| 1993 | 733.9 | 230.0 | 503.9 | | 503.9 | | | | |
| 1994 | 749.6 | 243.1 | 506.5 | | 506.5 | | | | |
| 1995 | 694.2 | 245.7 | 448.5 | | 448.5 | | | | |
| 1996 | 676.0 | 229.2 | 446.8 | | 446.8 | | | | |
| 1997 | 666.8 | 238.2 | 428.6 | | 428.6 | | | 14.3 | |
| 1998 | 634.4 | 225.0 | 409.4 | | 409.4 | | | 14.8 | |
| 1999 | 615.1 | 213.7 | 401.4 | | 401.4 | | | 14.8 | 5.9 |
| 2000 | 566.8 | 203.4 | 363.4 | | 363.4 | | | 13.5 | 5.7 |
| 2001 | 565.2 | 202.4 | 362.8 | | 362.8 | | | 12.1 | 4.6 |
| 2002 | 526.2 | 192.4 | 333.8 | | 333.8 | | | 11.2 | 4.1 |
| 2003 | 551.8 | 193.0 | 358.8 | | 358.8 | | | 10.8 | 3.7 |
| 2004 | 532.4 | 197.8 | 334.6 | | 334.6 | | | 11.3 | 3.9 |
| 2005 | 500.6 | 189.5 | 311.1 | | 311.1 | | | 8.4 | 5.5 |
| 2006 | 895.5 | 183.0 | 712.5 | 425.2 | 287.3 | | | 8.3 | 4.6 |
| 2007 | 930.0 | 190.4 | 739.6 | 456.9 | 282.7 | | | 8.4 | 4.7 |
| 2008 | 958.7 | 206.9 | 751.8 | 475.8 | 276.0 | | | 8.7 | 4.5 |
| 2009 | 1029.3 | 207.5 | 821.8 | 544.7 | 277.1 | | | 8.8 | 4.7 |
| 2010 | 1129.5 | 234.0 | 895.5 | 618.2 | 277.3 | | | 8.9 | 5.0 |
| 2011 | 1120.8 | 235.7 | 876.6 | 599.3 | 277.3 | 8.5 | | 9.0 | 4.9 |
| 2012 | 1144.7 | 241.4 | 892.5 | 613.3 | 279.2 | 8.6 | 2.2 | 9.3 | 5.2 |
| 2013 | 1197.6 | 269.2 | 917.3 | 636.6 | 280.7 | 9.1 | 2.0 | 9.4 | 5.2 |
| 2014 | 1250.9 | 277.3 | 962.5 | 682.3 | 280.2 | 9.3 | 1.9 | 9.5 | 5.4 |
| 2015 | 1308.9 | 281.9 | 1015.7 | 734.8 | 280.9 | 9.5 | 1.8 | 9.5 | 5.3 |
| 2016 | 1239.3 | 185.7 | 1043.0 | 763.7 | 279.3 | 9.0 | 1.6 | 9.6 | 5.3 |
| 2017 | 1355.8 | 199.8 | 1145.5 | 864.7 | 280.8 | 9.0 | 1.6 | 9.8 | 5.6 |
| 2018 | 1470.0 | 200.1 | 1259.7 | 980.4 | 279.4 | 8.7 | 1.5 | 9.5 | 5.8 |

注：合计数不含行政机关人员和乡镇助理员。

# B-1-7 社会工作师和助理社会工作师

单位：人

| 年份 | 社会工作师 | | 助理社会工作师 | |
|---|---|---|---|---|
| | 报考人数 | 考试通过人数 | 报考人数 | 考试通过人数 |
| 2008 | 77698 | 4192 | 60139 | 20648 |
| 2009 | 46015 | 4227 | 38204 | 6611 |
| 2010 | 25547 | 2664 | 46047 | 5428 |
| 2011 | 25500 | 2338 | 54515 | 8068 |
| 2012 | 34245 | 6104 | 92621 | 23846 |
| 2013 | 48287 | 11658 | 121937 | 27300 |
| 2014 | 62881 | 7427 | 144813 | 28431 |
| 2015 | 79535 | 13155 | 196965 | 34274 |
| 2016 | 88974 | 17772 | 210267 | 64638 |
| 2017 | 106810 | 13972 | 225941 | 25251 |
| 2018 | 130428 | 23843 | 293789 | 89087 |

# B-1-8 民政服务职业技能人员

单位：人

| 年份 | 合格总人数 | 养老护理员 | 假肢类技能人员 | 孤残儿童护理员 | 殡葬类技能人员 |
|---|---|---|---|---|---|
| 2007 | 114 | | 21 | | 93 |
| 2008 | 1027 | | 139 | | 888 |
| 2009 | 3575 | 24 | 302 | 23 | 1829 |
| 2010 | 16809 | 171 | 252 | 196 | 1636 |
| 2011 | 33240 | 1538 | 164 | 1270 | 2426 |
| 2012 | 34931 | 4220 | 219 | 2590 | 2294 |
| 2013 | 17612 | 4072 | 193 | 2216 | 2142 |
| 2014 | 13246 | 5934 | 338 | 2093 | 2116 |
| 2015 | 12871 | 8127 | 268 | 1570 | 2115 |
| 2016 | 12144 | 8528 | 393 | 1117 | 2106 |
| 2017 | 15537 | 11488 | 547 | 1266 | 2272 |
| 2018 | 1956 | 49 | 452 | 1333 | 122 |

说明：1.以上数据为民政部职业技能鉴定指导中心及分布在全国31个省、自治区、直辖市76个鉴定站鉴定人数和竞赛晋级人数（不含地方自行组织的鉴定人数）。

2.殡葬类职业包括：殡仪服务员（初、中、高、技师4个级别）、遗体接运工（初、中、高3个级别）、遗体防腐师（初、中、高、技师、高级技师5个级别）、遗体整容师（初、中、高、技师、高级技师5个级别）、遗体火化师（初、中、高、技师、高级技师5个级别）、墓地管理员（初、中、高、技师4个级别）。

3.假肢类职业包括：假肢师（初、中、高、技师、高级技师5个级别）、矫形器师（初、中、高、技师、高级技师5个级别）。

# B-1-9 民政服务对象及民

| 年份 | 城市最低生活保障人数 | 女 | 农村最低生活保障人数 | 女 | 农村特困人员救助供养人数 | 女 | 本年在站救助人次数 | 女 |
|---|---|---|---|---|---|---|---|---|
| 1996 | 84.9 | | | | | | | |
| 1997 | 87.9 | | | | | | | |
| 1998 | 184.1 | | | | | | | |
| 1999 | 256.9 | | | | | | | |
| 2000 | 402.6 | | | | | | | |
| 2001 | 1170.7 | | 304.6 | | | | | |
| 2002 | 2064.7 | | 407.8 | | | | | |
| 2003 | 2246.8 | | 367.1 | | | | 634528 | |
| 2004 | 2205.0 | | 488.0 | | | | 820254 | |
| 2005 | 2234.2 | 592.4 | 825.0 | 235.1 | | | 1196305 | 209632 |
| 2006 | 2240.1 | 787.5 | 1593.1 | 455.1 | | | 1295506 | 221164 |
| 2007 | 2272.1 | 922.5 | 3566.3 | 1169.2 | 531.3 | 137.5 | 1544492 | 281987 |
| 2008 | 2334.8 | 947.7 | 4305.5 | 1337.0 | 548.6 | 127.5 | 1573484 | 269609 |
| 2009 | 2345.6 | 961.4 | 4760.0 | 1502.4 | 553.4 | 123.9 | 1680532 | 281387 |
| 2010 | 2310.5 | 943.4 | 5214.0 | 1673.4 | 556.3 | 120.7 | 1719008 | 314866 |
| 2011 | 2276.8 | 920.2 | 5305.7 | 1700.6 | 551.0 | 115.6 | 2409701 | 373103 |
| 2012 | 2143.5 | 889.9 | 5344.5 | 1814.5 | 545.6 | 109.4 | 2765761 | 383262 |
| 2013 | 2064.2 | 867.0 | 5388.0 | 1866.5 | 537.3 | 102.0 | 3479536 | 609333 |
| 2014 | 1877.0 | 792.4 | 5207.2 | 1826.4 | 529.1 | 94.1 | 2953359 | 568551 |
| 2015 | 1701.1 | 727.1 | 4903.6 | 1795.0 | 516.7 | 87.2 | 3233912 | 608786 |
| 2016 | 1480.2 | 643.6 | 4586.5 | 1774.2 | 496.9 | 76.2 | 2886925 | 467503 |
| 2017 | 1261.0 | 561.4 | 4045.2 | 1649.2 | 466.9 | 61.5 | 1665633 | 257040 |
| 2018 | 1007.0 | 451.6 | 3519.1 | 1476.5 | 455.0 | 57.0 | 1220283 | 169045 |

# 政从业人员性别情况

单位：万人、人次、人

| 年份 | 社会团体负责人数 | 女 | 基金会负责人数 | 女 | 民办非企业单位负责人数 | 女 | 居委会主任数 | 女 | 村委会主任数 | 女 |
|---|---|---|---|---|---|---|---|---|---|---|
| 1996 | | | | | | | | | | |
| 1997 | | | | | | | | | | |
| 1998 | | | | | | | | | | |
| 1999 | 47.6 | 6.0 | | | 0.9 | 0.2 | | | | |
| 2000 | 45.4 | 6.1 | | | 3.2 | 0.7 | | | | |
| 2001 | 43.3 | 5.7 | | | 10.1 | 3.6 | | | | |
| 2002 | 45.5 | 6.1 | | | 14.4 | 5.1 | | | | |
| 2003 | 51.8 | 6.2 | | | 16.6 | 5.8 | | | | |
| 2004 | 56.0 | 6.6 | | | 19.1 | 6.5 | | | | |
| 2005 | 64.0 | 6.9 | 2940 | 450 | 23.1 | 7.0 | | | | |
| 2006 | 36.4 | 7.0 | 3014 | 738 | 20.9 | 6.5 | | | | |
| 2007 | 39.2 | 7.9 | 3113 | 925 | 25.9 | 7.4 | 8.2 | 3.7 | 61.1 | 9.1 |
| 2008 | 49.5 | 10.2 | 3231 | 600 | 30.6 | 8.9 | 7.8 | 3.4 | 57.6 | 5.9 |
| 2009 | 49.4 | 9.4 | 3856 | 637 | 31.1 | 9.6 | 7.8 | 3.4 | 56.3 | 6.2 |
| 2010 | 56.9 | 9.1 | 4797 | 1019 | 35.7 | 10.1 | 8.1 | 3.5 | 56.3 | 5.9 |
| 2011 | 59.4 | 8.2 | 6257 | 1388 | 33.6 | 11.0 | 8.0 | 3.5 | 54.5 | 6.1 |
| 2012 | 61.6 | 9.1 | 6896 | 1167 | 35.9 | 11.9 | 9.1 | 3.8 | 58.7 | 6.9 |
| 2013 | 61.0 | 10.0 | 7331 | 1429 | 37.7 | 12.6 | 9.4 | 3.9 | 58.7 | 7.0 |
| 2014 | 63.9 | 10.7 | 8952 | 1687 | 41.3 | 13.9 | 9.6 | 3.9 | 58.4 | 7.2 |
| 2015 | 66.3 | 12.2 | 12491 | 2852 | 48.4 | 16.0 | 9.9 | 4.1 | 57.9 | 6.7 |
| 2016 | 73.8 | 12.7 | 11902 | 2504 | 51.6 | 18.0 | 10.3 | 4.1 | 55.8 | 5.9 |
| 2017 | 76.3 | 14.1 | 13640 | 3259 | 56.8 | 20.2 | 10.5 | 4.2 | 55.2 | 5.9 |
| 2018 | 83.0 | 16.4 | 15758 | 3110 | 69.1 | 25.9 | 10.6 | 4.2 | 53.9 | 6.0 |

# B-1-10　民政部门登记和管理的机构固定资产原价

单位：亿元

| 年份 | 合计 | | | | | | | 行政机关 |
|---|---|---|---|---|---|---|---|---|
| | | 社会工作 | 成员组织 | 社会组织 | 自治组织 | 其他社会服务 | 其他事业单位 | |
| 1978 | | | | | | | | |
| 1979 | | | | | | | | |
| 1980 | | | | | | | | |
| 1981 | | | | | | | | |
| 1982 | | | | | | | | |
| 1983 | 13.0 | 13.0 | | | | | | |
| 1984 | 14.9 | 14.9 | | | | | | |
| 1985 | 20.1 | 20.1 | | | | | | |
| 1986 | 24.2 | 24.2 | | | | | | |
| 1987 | 28.7 | 28.7 | | | | | | |
| 1988 | 40.8 | 40.8 | | | | | | |
| 1989 | 44.1 | 44.1 | | | | | | |
| 1990 | 51.7 | 51.7 | | | | | | |
| 1991 | 63.6 | 63.6 | | | | | | |
| 1992 | 75.6 | 75.6 | | | | | | |
| 1993 | 100.3 | 100.3 | | | | | | |
| 1994 | 119.0 | 119.0 | | | | | | |
| 1995 | 142.6 | 142.6 | | | | | | |
| 1996 | 168.1 | 168.1 | | | | | | |
| 1997 | 211.5 | 211.5 | | | | | | |
| 1998 | 962.4 | 962.4 | | | | | | |
| 1999 | 1017.3 | 1017.3 | | | | | | |
| 2000 | 1199.3 | 1199.3 | | | | | | |
| 2001 | 1317.0 | 1317.0 | | | | | | |
| 2002 | 1394.9 | 1394.9 | | | | | | |
| 2003 | 1644.3 | 1644.3 | | | | | | |
| 2004 | 1755.6 | 1755.6 | | | | | | 62.8 |
| 2005 | 3032.9 | 1858.0 | 1174.9 | | 1174.9 | | | 64.9 |
| 2006 | 3972.4 | 2103.0 | 1869.4 | 423.0 | 1446.4 | | | 94.3 |
| 2007 | 3840.2 | 1934.3 | 1905.9 | 682.0 | 1223.9 | | | 132.8 |
| 2008 | 4592.8 | 2186.8 | 2273.1 | 805.8 | 1467.3 | | | 132.9 |
| 2009 | 5198.0 | 2326.4 | 2752.4 | 1030.0 | 1722.4 | | | 119.2 |
| 2010 | 6589.3 | 2671.9 | 3795.6 | 1864.1 | 1931.5 | | | 121.8 |
| 2011 | 6676.7 | 2790.4 | 3684.2 | 1885.0 | 1799.2 | 231.0 | | 284.2 |
| 2012 | 6675.4 | 2898.9 | 3477.7 | 1425.4 | 2052.3 | 251.8 | 47.0 | 344.1 |
| 2013 | 6810.2 | 3030.7 | 3465.7 | 1496.6 | 1969.1 | 267.0 | 46.8 | 185.4 |
| 2014 | 7212.9 | 3273.0 | 3609.3 | 1560.6 | 2048.6 | 283.8 | 46.8 | 169.3 |
| 2015 | 8183.1 | 2892.2 | 4950.4 | 2311.1 | 2639.3 | 292.0 | 48.5 | 251.5 |
| 2016 | 5393.6 | 1238.6 | 3807.3 | 2740.0 | 1067.3 | 293.3 | 54.4 | 192.4 |
| 2017 | 5434.8 | 1422.9 | 3635.7 | 2802.2 | 833.5 | 318.4 | 57.6 | 224.3 |
| 2018 | 5736.2 | 1206.6 | 4129.3 | 3542.3 | 587.0 | 345.9 | 54.5 | 247.8 |

# B-1-11 历年国家财政支出和民政事业费支出情况

单位：亿元

| 年份 | 国家财政支出 | 民政事业费支出 | 占国家财政支出% | 年份 | 国家财政支出 | 民政事业费支出 | 占国家财政支出% |
|---|---|---|---|---|---|---|---|
| 1950 | 68.04 | 1.32 | 1.94 | 1985 | 2004.25 | 29.58 | 1.48 |
| 1951 | 122.32 | 1.37 | 1.12 | **“七五”时期** | **12865.67** | **208.49** | **1.62** |
| 1952 | 175.78 | 2.83 | 1.61 | 1986 | 2204.91 | 34.41 | 1.56 |
| 1953 | 220.50 | 3.55 | 1.61 | 1987 | 2262.18 | 35.93 | 1.59 |
| 1954 | 280.93 | 6.04 | 2.15 | 1988 | 2491.21 | 39.56 | 1.59 |
| 1955 | 474.29 | 4.98 | 1.05 | 1989 | 2823.78 | 46.65 | 1.65 |
| **“一五”时期** | **1367.89** | **25.99** | **1.90** | 1990 | 3083.59 | 51.94 | 1.68 |
| 1956 | 536.79 | 5.69 | 1.06 | **“八五”时期** | **24387.46** | **386.59** | **1.59** |
| 1957 | 303.43 | 5.31 | 1.75 | 1991 | 3386.62 | 62.54 | 1.85 |
| 1958 | 408.75 | 3.27 | 0.80 | 1992 | 3742.20 | 63.71 | 1.70 |
| 1959 | 553.09 | 4.48 | 0.81 | 1993 | 4642.30 | 69.87 | 1.51 |
| 1960 | 652.25 | 7.24 | 1.11 | 1994 | 5792.62 | 87.02 | 1.50 |
| **“二五”时期** | **3760.99** | **53.03** | **1.41** | 1995 | 6823.72 | 103.45 | 1.52 |
| 1961 | 367.66 | 9.89 | 2.69 | **“九五”时期** | **57043.46** | **840.90** | **1.47** |
| 1962 | 305.33 | 7.45 | 2.44 | 1996 | 7937.55 | 121.15 | 1.53 |
| 1963 | 339.15 | 8.75 | 2.58 | 1997 | 9233.56 | 133.52 | 1.45 |
| 1964 | 398.77 | 16.15 | 4.05 | 1998 | 10798.18 | 161.84 | 1.50 |
| 1965 | 467.10 | 10.79 | 2.31 | 1999 | 13187.67 | 194.70 | 1.48 |
| **“三五”时期** | **2523.24** | **35.83** | **1.42** | 2000 | 15886.50 | 229.69 | 1.45 |
| 1966 | 540.49 | 8.81 | 1.63 | **“十五”时期** | **127800.69** | **2471.74** | **1.93** |
| 1967 | 441.40 | 8.21 | 1.86 | 2001 | 18902.58 | 284.75 | 1.51 |
| 1968 | 359.62 | 5.61 | 1.56 | 2002 | 22053.15 | 392.27 | 1.78 |
| 1969 | 525.20 | 6.67 | 1.27 | 2003 | 24649.95 | 498.92 | 2.02 |
| 1970 | 646.53 | 6.53 | 1.01 | 2004 | 28486.89 | 577.39 | 2.03 |
| **“四五”时期** | **3924.37** | **46.70** | **1.19** | 2005 | 33930.28 | 718.41 | 2.12 |
| 1971 | 734.41 | 6.83 | 0.93 | **“十一五”时期** | **318970.83** | **9156.70** | **2.87** |
| 1972 | 768.87 | 8.15 | 1.06 | 2006 | 40422.73 | 915.35 | 2.26 |
| 1973 | 810.57 | 9.97 | 1.23 | 2007 | 49781.35 | 1215.49 | 2.44 |
| 1974 | 792.98 | 9.04 | 1.14 | 2008 | 62592.66 | 2146.45 | 3.43 |
| 1975 | 820.00 | 12.71 | 1.55 | 2009 | 76299.93 | 2181.90 | 2.86 |
| **“五五”时期** | **5198.77** | **84.22** | **1.62** | 2010 | 89874.16 | 2697.51 | 3.00 |
| 1976 | 804.48 | 16.17 | 2.01 | **“十二五”时期** | **703076.19** | **20529.88** | **2.92** |
| 1977 | 842.27 | 18.53 | 2.20 | 2011 | 109247.79 | 3229.14 | 2.96 |
| 1978 | 1122.09 | 13.71 | 1.22 | 2012 | 125952.97 | 3683.74 | 2.92 |
| 1979 | 1281.79 | 18.33 | 1.43 | 2013 | 140212.10 | 4276.50 | 3.05 |
| 1980 | 1228.83 | 17.48 | 1.42 | 2014 | 151785.56 | 4414.10 | 2.91 |
| **“六五”时期** | **7483.18** | **113.85** | **1.52** | 2015 | 175877.77 | 4926.40 | 2.80 |
| 1981 | 1138.41 | 19.23 | 1.69 | **“十三五”时期** | **611746.77** | **15449.76** | **2.53** |
| 1982 | 1229.98 | 19.19 | 1.56 | 2016 | 187755.21 | 5440.15 | 2.90 |
| 1983 | 1409.52 | 21.61 | 1.53 | 2017 | 203085.49 | 5932.68 | 2.92 |
| 1984 | 1701.02 | 24.24 | 1.43 | 2018 | 220906.07 | 4076.93 | 1.85 |

# B-1-12 按用项分

| 年份 | 民政事业费总支出 | 抚恤 | 离休费 | 社会福利及其他社会救济费 | 最低生活保障事业费 | 自然灾害救济费 | 退休费 | 其他民政事业费 |
|---|---|---|---|---|---|---|---|---|
| 1978 | 13.7 | 2.8 | | 4.4 | | 4.2 | 2.3 | |
| 1979 | 18.4 | 3.5 | | 5.2 | | 6.8 | 2.9 | |
| 1980 | 17.5 | 4.4 | | 5.2 | | 4.5 | 3.4 | |
| **“六五”时期** | **114.2** | **27.3** | **0.9** | **32.1** | | **35.2** | **16.8** | **1.7** |
| 1981 | 19.2 | 4.4 | | 5.1 | | 6.3 | 3.4 | |
| 1982 | 19.6 | 4.8 | | 5.1 | | 6.0 | 3.5 | |
| 1983 | 21.6 | 5.3 | | 6.5 | | 6.4 | 3.4 | |
| 1984 | 24.2 | 6.1 | 0.2 | 8.0 | | 6.9 | 3.0 | |
| 1985 | 29.6 | 6.7 | 0.7 | 7.4 | | 9.6 | 3.5 | 1.7 |
| **“七五”时期** | **208.4** | **59.2** | **11.4** | **46.7** | | **56.4** | **22.0** | **12.8** |
| 1986 | 34.4 | 8.4 | 1.2 | 8.3 | | 10.7 | 3.8 | 1.9 |
| 1987 | 35.9 | 9.6 | 1.8 | 8.6 | | 9.9 | 4.1 | 2.0 |
| 1988 | 39.6 | 11.0 | 2.3 | 9.0 | | 10.4 | 4.3 | 2.5 |
| 1989 | 46.6 | 14.0 | 2.9 | 10.0 | | 12.3 | 4.6 | 2.9 |
| 1990 | 51.9 | 16.2 | 3.2 | 10.8 | | 13.1 | 5.2 | 3.5 |
| **“八五”时期** | **386.6** | **107.8** | **23.2** | **75.6** | | **94.1** | **45.5** | **40.5** |
| 1991 | 62.5 | 16.8 | 3.6 | 11.7 | | 20.9 | 5.4 | 4.2 |
| 1992 | 63.7 | 18.0 | 4.2 | 12.4 | | 17.1 | 6.6 | 5.4 |
| 1993 | 69.9 | 20.1 | 3.6 | 14.5 | | 14.9 | 8.3 | 8.4 |
| 1994 | 87.0 | 24.4 | 5.5 | 17.3 | | 17.7 | 12.1 | 10.1 |
| 1995 | 103.5 | 28.5 | 6.3 | 19.7 | | 23.5 | 13.1 | 12.4 |

| 年份 | 民政事业费总支出 | 抚恤 | 军队离退休、退职费 | 社会福利及其他社会救济费 | 最低生活保障事业费 | 自然灾害救济费 | 地方离、退休人员费 | 其他民政事业费 |
|---|---|---|---|---|---|---|---|---|
| **“九五”时期** | **840.9** | **220.6** | **76.9** | **201.8** | **48.7** | **171.5** | **58.0** | **112.2** |
| 1996 | 121.2 | 31.9 | 6.2 | 22.8 | 3.0 | 30.8 | 13.9 | 15.5 |
| 1997 | 133.5 | 36.1 | 12.4 | 27.1 | 2.9 | 28.7 | 10.3 | 19.0 |
| 1998 | 161.8 | 39.4 | 15.2 | 34.0 | 7.1 | 41.2 | 10.9 | 21.3 |
| 1999 | 194.7 | 49.7 | 18.4 | 52.5 | 13.8 | 35.6 | 11.2 | 27.2 |
| 2000 | 229.7 | 63.5 | 24.7 | 65.4 | 21.9 | 35.2 | 11.7 | 29.2 |

# 民政事业费

单位：亿元

| 年份 | 民政事业费总支出 | 抚恤 | 退役安置 | 社会福利 | 社会救助 | 城市低保及其他城市社会救济 | 农村低保及其他农村社会救济 | 医疗救助 | 自然灾害生活救助 | 离退休人员经费 | 其他 |
|---|---|---|---|---|---|---|---|---|---|---|---|
| **“十五”时期** | **2471.8** | **479.8** | **302.7** | **206.8** | **924.3** | **660.0** | **176.5** | **11.0** | **247.6** | **66.9** | **242.6** |
| 2001 | 284.8 | 69.5 | 31.2 | 30.1 | 90.6 | 49.6 | 10.9 | | 41.0 | 13.0 | 8.4 |
| 2002 | 392.3 | 74.7 | 49.5 | 29.2 | 138.3 | 108.7 | 14.2 | | 40.0 | 13.2 | 47.3 |
| 2003 | 498.9 | 87.9 | 59.0 | 39.8 | 192.2 | 153.1 | 23.8 | | 52.9 | 13.1 | 54.0 |
| 2004 | 577.4 | 104.1 | 74.1 | 52.1 | 223.6 | 172.7 | 47.7 | 3.2 | 51.1 | 13.9 | 58.5 |
| 2005 | 718.4 | 143.6 | 88.9 | 55.6 | 279.6 | 191.9 | 79.9 | 7.8 | 62.6 | 13.7 | 74.4 |
| **“十一五”时期** | **9156.8** | **1316.2** | **956.0** | **490.0** | **3673.6** | **1941.7** | **1710.7** | **436.1** | **1205.0** | **125.7** | **975.4** |
| 2006 | 915.4 | 178.8 | 115.7 | 65.3 | 372.0 | 224.2 | 126.6 | 21.2 | 79.0 | 14.0 | 90.6 |
| 2007 | 1215.5 | 210.8 | 165.0 | 87.6 | 509.7 | 277.4 | 189.8 | 42.5 | 79.8 | 24.8 | 137.8 |
| 2008 | 2146.5 | 253.6 | 180.6 | 103.1 | 806.7 | 393.4 | 326.8 | 86.5 | 609.8 | 26.5 | 166.2 |
| 2009 | 2181.9 | 310.3 | 225.7 | 124.1 | 1098.1 | 482.1 | 487.9 | 128.1 | 199.2 | 30.0 | 194.5 |
| 2010 | 2697.5 | 362.7 | 269.0 | 109.9 | 1302.0 | 564.6 | 579.6 | 157.8 | 237.2 | 30.4 | 386.3 |

| 年份 | 民政事业费总支出 | 抚恤 | 退役安置 | 社会福利 | 社会救助 | 城乡低保 | 其他社会救助 | 医疗救助 | 自然灾害生活救助 | 民政管理事务 | 行政事业单位离退休 | 其他 |
|---|---|---|---|---|---|---|---|---|---|---|---|---|
| **“十二五”时期** | **20520.0** | **2887.1** | **2149.2** | **1993.1** | **10349.7** | **7586.3** | **1471.4** | **1292.0** | **743.7** | **1496.1** | **212.2** | **688.9** |
| 2011 | 3229.2 | 428.3 | 302.3 | 232.2 | 1766.3 | 1327.6 | 222.4 | 216.3 | 128.7 | 220.8 | 35.3 | 115.3 |
| 2012 | 3683.8 | 517.0 | 372.1 | 319.5 | 1866.1 | 1392.3 | 243.2 | 230.6 | 163.4 | 248.5 | 39.0 | 158.2 |
| 2013 | 4276.5 | 618.4 | 435.3 | 397.6 | 2172.4 | 1623.6 | 291.4 | 257.4 | 178.7 | 296.7 | 43.6 | 133.8 |
| 2014 | 4404.1 | 636.6 | 456.8 | 481.0 | 2197.5 | 1592.0 | 321.5 | 284.0 | 124.4 | 330.5 | 44.2 | 133.1 |
| 2015 | 4926.4 | 686.8 | 582.7 | 562.8 | 2347.4 | 1650.8 | 392.9 | 303.7 | 148.5 | 399.6 | 50.1 | 148.5 |
| **“十三五”时期** | **15449.8** | **1597.1** | **1349.0** | **2738.7** | **7326.6** | **5026.8** | **1591.2** | **708.5** | **284.1** | **1443.0** | **134.5** | **576.8** |
| 2016 | 5440.2 | 769.8 | 625.6 | 753.4 | 2492.8 | 1702.4 | 458.0 | 332.3 | 156.1 | 441.7 | 48.4 | 152.2 |
| 2017 | 5932.7 | 827.3 | 723.4 | 920.5 | 2609.8 | 1692.3 | 541.3 | 376.2 | 128.0 | 501.0 | 47.9 | 175.0 |
| 2018 | 4076.9 | — | — | 1064.8 | 2224.0 | 1632.1 | 591.9 | — | — | 500.3 | 38.2 | 249.6 |

说明：2018年民政机构改革，抚恤、退役安置、医疗救助、救灾等职能从民政部门转出。

# B-1-13 中央转移支付

单位：万元

| 年份 | 合计 | 中央级民政事业费 | 中央专项转移支付 | 抚恤、退休、救济费 | 救灾 | 社会福利救济事业费 | 其他 |
|---|---|---|---|---|---|---|---|
| 1978 | 11 | 11 | | | | | |
| 1979 | 44 | 44 | | | | | |
| 1980 | 103 | 103 | | | | | |
| **“六五”时期** | **335594** | **1108** | **334486** | **63306** | **270745** | **220** | **215** |
| 1981 | 138 | 138 | | | | | |
| 1982 | 74120 | 78 | 74042 | 14247 | 59795 | | |
| 1983 | 74368 | 163 | 74205 | 14205 | 60000 | | |
| 1984 | 78872 | 286 | 78586 | 18586 | 60000 | | |

| 年份 | 合计 | 中央级民政事业费 | 中央专项转移支付 | 抚恤 | 安置 | 救灾 | 社会福利救济事业费 | 其他 |
|---|---|---|---|---|---|---|---|---|
| 1985 | 108096 | 443 | 107653 | 9698 | 6570 | 90950 | 220 | 215 |
| **“七五”时期** | **778310** | **9267** | **769043** | **148718** | **105230** | **512500** | | |
| 1986 | 132802 | 2526 | 130276 | 16396 | 9285 | 102000 | | |
| 1987 | 133877 | 2742 | 131135 | 21726 | 19409 | 90000 | | |
| 1988 | 158355 | 1297 | 157058 | 24110 | 21948 | 111000 | | |
| 1989 | 174374 | 1185 | 173189 | 43206 | 26483 | 103500 | | |
| 1990 | 178902 | 1517 | 177385 | 43280 | 28105 | 106000 | | |
| **“八五”时期** | **1488090** | **15897** | **1472193** | **328272** | **315101** | **828820** | | |
| 1991 | 309432 | 1792 | 307640 | 49010 | 34210 | 224420 | | |
| 1992 | 209360 | 3217 | 206143 | 52156 | 40587 | 113400 | | |
| 1993 | 238083 | 3108 | 234975 | 60494 | 53481 | 121000 | | |
| 1994 | 353831 | 4077 | 349754 | 79084 | 90670 | 180000 | | |
| 1995 | 377384 | 3703 | 373681 | 87528 | 96153 | 190000 | | |
| **“九五”时期** | **2943934** | **104302** | **2839632** | **749824** | **773058** | **1122750** | **190000** | **4000** |
| 1996 | 426354 | 6371 | 419983 | 102394 | 102589 | 215000 | | |
| 1997 | 455309 | 5954 | 449355 | 110430 | 114925 | 220000 | | 4000 |
| 1998 | 568049 | 50783 | 517266 | 120000 | 149516 | 247750 | | |

# 民政事业费

单位：亿元

| 年份 | 合计 | 中央级民政事业费 | 中央专项转移支付 | | | | | | | | | |
|---|---|---|---|---|---|---|---|---|---|---|---|---|
| | | | | 抚恤 | 安置 | 福利 | 低保 | 临时救助 | 流浪乞讨救助 | 医疗救助 | 救灾 | 其他 |
| 1999 | 62.8 | 1.2 | 61.6 | 18.0 | 17.6 | | 4.0 | | | | 22.0 | |
| 2000 | 86.6 | 2.9 | 83.7 | 23.7 | 23.0 | | 15.0 | | | | 22.0 | |
| **“十五”时期** | **1004.3** | **11.9** | **992.4** | **212.1** | **217.3** | | **373.1** | | | **12.0** | **170.1** | **7.9** |
| 2001 | 109.6 | 1.4 | 108.2 | 26.3 | 28.7 | | 23.0 | | | | 30.2 | |
| 2002 | 140.2 | 1.8 | 138.4 | 31.6 | 37.0 | | 45.5 | | | | 24.3 | |
| 2003 | 213.6 | 1.8 | 211.8 | 37.1 | 39.2 | | 92.0 | | | 3.0 | 40.5 | 0.1 |
| 2004 | 227.7 | 3.9 | 223.8 | 40.7 | 47.4 | | 100.6 | | | 3.0 | 32.0 | 0.1 |
| 2005 | 313.2 | 2.9 | 310.3 | 76.4 | 65.0 | | 112.0 | | | 6.0 | 43.1 | 7.7 |
| **“十一五”时期** | **4745.9** | **87.0** | **4658.9** | **767.6** | **699.9** | | **1941.6** | | | **319.6** | **856.1** | **74.2** |
| 2006 | 406.8 | 2.8 | 404.0 | 111.7 | 73.9 | | 136.0 | | | 14.3 | 49.4 | 18.7 |
| 2007 | 507.7 | 3.3 | 504.4 | 110.9 | 117.4 | | 189.9 | | | 36.3 | 49.9 | 0.1 |
| 2008 | 1207.7 | 26.6 | 1181.1 | 142.1 | 142.9 | | 363.1 | | | 54.5 | 478.4 | 0.1 |
| 2009 | 1232.5 | 5.5 | 1227.0 | 187.3 | 160.2 | | 620.0 | | | 84.5 | 174.7 | 0.3 |
| 2010 | 1391.2 | 48.8 | 1342.4 | 215.6 | 205.5 | | 632.6 | | | 130.0 | 103.7 | 55.0 |
| **“十二五”时期** | **10189.2** | **61.5** | **10127.7** | **1668.5** | **1390.9** | **258.0** | **5312.0** | **73.0** | | **785.6** | **489.5** | **150.2** |
| 2011 | 1817.4 | 9.4 | 1808.0 | 277.4 | 206.4 | 25.2 | 1004.7 | | | 150.0 | 84.0 | 60.3 |
| 2012 | 1804.6 | 10.0 | 1794.6 | 333.3 | 265.4 | 42.0 | 870.5 | | | 150.0 | 112.7 | 20.7 |
| 2013 | 2163.5 | 13.7 | 2149.7 | 369.8 | 277.4 | 54.4 | 1168.8 | | | 156.7 | 101.9 | 20.8 |
| 2014 | 2117.8 | 12.8 | 2105.0 | 338.0 | 288.8 | 63.4 | 1101.3 | 32.0 | | 165.0 | 96.3 | 20.2 |
| 2015 | 2285.9 | 15.6 | 2270.3 | 350.0 | 352.9 | 73.0 | 1166.7 | 41.0 | | 163.9 | 94.6 | 28.2 |
| **“十三五”时期** | **6518.2** | **56.4** | **6461.9** | **803.6** | **833.7** | **79.1** | **4067.6** | | **20.0** | **355.8** | **137.9** | **155.6** |
| 2016 | 2500.6 | 16.6 | 2484.0 | 390.9 | 384.7 | 79.1 | 1341.5 | | 20.0 | 177.9 | 54.0 | 27.3 |
| 2017 | 2519.1 | 26.9 | 2492.3 | 412.7 | 449.0 | | 1326.6 | | | 177.9 | 83.9 | 42.2 |
| 2018 | 1498.5 | 12.9 | 1485.6 | | | | 1399.5 | | | | | 86.1 |

注：1. 自2017年开始，孤儿、低保、五保、临时救助资金合并为城乡困难群众救助补助资金打捆下达地方。
2. “其他”包括部本级公益金补助地方中央预算内投资以及其他民政事业费支出。

# B-1-14 彩票公益金支出

单位：亿元

| 年份 | 合计 | 抚恤 | 退役安置 | 社会福利 | 低保及其他社会救济 | 医疗救助 | 自然灾害生活救助 | 其他 |
|---|---|---|---|---|---|---|---|---|
| **“十一五”时期** | **485.3** | **17.6** | **6** | **204.9** | **26.2** | **48.8** | | **175.6** |
| 2006 | 52.6 | 2.6 | 1 | 24.1 | 3.3 | | | 21.6 |
| 2007 | 77.6 | 3 | 0.9 | 35.5 | 4.3 | | | 33.9 |
| 2008 | 119.2 | 3.7 | 1.3 | 44.9 | 7.2 | 17.5 | | 38.5 |
| 2009 | 113.4 | 3.4 | 1.2 | 49.3 | 5.9 | 15.5 | | 38 |
| 2010 | 122.5 | 4.9 | 1.6 | 51.1 | 5.5 | 15.8 | | 43.6 |
| **“十二五”时期** | **1002.6** | **30.5** | **2.6** | **596.4** | **42.7** | **90.4** | **8.8** | **206.7** |
| 2011 | 127.9 | 4.8 | 0.4 | 61.4 | 7.4 | 16.3 | 0.8 | 36.6 |
| 2012 | 159.0 | 5.4 | 0.5 | 92.2 | 7.3 | 16.8 | 1.3 | 35.6 |
| 2013 | 195.5 | 7.5 | 0.6 | 117.1 | 8.7 | 17.5 | 2.6 | 41.5 |
| 2014 | 231.3 | 5.9 | 0.9 | 143.6 | 10.0 | 19.1 | 2.2 | 49.4 |
| 2015 | 288.9 | 6.9 | 0.2 | 182.1 | 9.3 | 20.7 | 1.9 | 43.6 |
| **“十三五”时期** | **795.2** | **13.3** | **1.4** | **518.0** | **34.4** | **40.1** | **6.2** | **181.7** |
| 2016 | 268.3 | 7.1 | 0.8 | 172.9 | 10.4 | 19.6 | 2.7 | 54.7 |
| 2017 | 275.2 | 6.2 | 0.6 | 173.6 | 14.9 | 20.5 | 3.5 | 55.9 |
| 2018 | 251.7 | | | 171.5 | 9.1 | | | 71.1 |

# B-1-15 中央彩票公益金支出情况

单位：亿元

| 年份 | 合计 | 中央级 | 转移支付 | 养老 | 残疾人 | 儿童 | 社会公益 | 医疗救助 | 居家和社区养老服务改革试点 |
|---|---|---|---|---|---|---|---|---|---|
| **“十五”时期** | **14.9** | | **14.9** | **0.7** | | **2.1** | **0.2** | **12.0** | |
| 2001 | | | | | | | | | |
| 2002 | | | | | | | | | |
| 2003 | 3.0 | | 3.0 | | | | | 3.0 | |
| 2004 | 5.9 | | 5.9 | 0.7 | | 2.1 | 0.2 | 3.0 | |
| 2005 | 6.0 | | 6.0 | | | | | 6.0 | |
| **“十一五”时期** | **112.3** | **2.5** | **109.8** | **21.6** | | **16.4** | **1.8** | **70.0** | |
| 2006 | 14.0 | 0.1 | 13.9 | 1.6 | | 3.2 | 0.1 | 9.0 | |
| 2007 | 17.0 | 0.9 | 16.1 | 1.5 | | 1.2 | 0.3 | 13.0 | |
| 2008 | 28.1 | 0.1 | 28.0 | 4.8 | | 6.7 | 0.6 | 16.0 | |
| 2009 | 26.6 | 0.1 | 26.5 | 7.8 | | 2.1 | 0.7 | 16.0 | |
| 2010 | 26.5 | 1.3 | 25.2 | 5.9 | | 3.2 | 0.1 | 16.0 | |
| **“十二五”时期** | **220.8** | **8.2** | **212.6** | **75.8** | **25.3** | **22.9** | **8.6** | **80.0** | |
| 2011 | 30.0 | 1.3 | 28.7 | 7.9 | | 3.5 | 1.4 | 16.0 | |
| 2012 | 36.0 | 2.3 | 33.7 | 10.7 | 1.0 | 4.4 | 1.7 | 16.0 | |
| 2013 | 48.7 | 1.8 | 46.9 | 22.2 | 2.0 | 5.1 | 1.7 | 16.0 | |
| 2014 | 36.0 | 1.1 | 34.9 | 10.2 | 3.0 | 4.0 | 1.7 | 16.0 | |
| 2015 | 70.1 | 1.7 | 68.4 | 24.9 | 19.4 | 6.0 | 2.1 | 16.0 | |
| **“十三五”时期** | **148.6** | **3.5** | **145.2** | **41.1** | **13.5** | **17.7** | **6.8** | **36.0** | **30.0** |
| 2016 | 54.4 | 1.8 | 52.6 | 13.1 | 3.0 | 6.0 | 2.5 | 18.0 | 10.0 |
| 2017 | 54.4 | 0.8 | 53.6 | 13.2 | 4.9 | 4.9 | 2.6 | 18.0 | 10.0 |
| 2018 | 39.8 | 0.9 | 39.0 | 14.8 | 5.6 | 6.8 | 1.7 | — | 10.0 |

# B-1-16 民政事业基本建设投资（按投资来源分）

单位：亿元、个、万平方米

| 年份 | 计划总投资 | 本年完成投资 | | | | | | 本年完工项目个数 |
|---|---|---|---|---|---|---|---|---|
| | | | 国家投资 | 国内贷款 | 自筹 | | 其他 | |
| | | | | | | 彩票公益金 | | |
| 1989 | 5.8 | 2.0 | 0.7 | 0.1 | 0.8 | | 0.2 | |
| 1990 | 6.9 | 2.4 | 0.8 | 0.1 | 1.0 | | 0.3 | |
| **“八五”时期** | **63.4** | **27.6** | **10.3** | **1.2** | **13.4** | | **2.8** | |
| 1991 | 7.0 | 3.0 | 1.0 | 0.1 | 1.5 | | 0.3 | |
| 1992 | 7.3 | 3.2 | 1.0 | 0.1 | 1.9 | | 0.4 | |
| 1993 | 12.8 | 5.6 | 1.4 | 0.2 | 3.4 | | 0.7 | |
| 1994 | 15.5 | 6.2 | 2.3 | 0.5 | 2.9 | | 0.6 | |
| 1995 | 20.9 | 9.6 | 4.6 | 0.3 | 3.8 | | 0.9 | |
| **“九五”时期** | **237.9** | **89.8** | **21.3** | **5.9** | **54.3** | **6.8** | **8.3** | **2793** |
| 1996 | 29.8 | 10.1 | 2.1 | 0.4 | 6.4 | | 1.1 | |
| 1997 | 35.7 | 13.8 | 2.7 | 0.8 | 8.6 | | 1.6 | |
| 1998 | 41.0 | 16.6 | 2.8 | 0.8 | 11.1 | | 1.9 | |
| 1999 | 63.2 | 24.7 | 6.0 | 2.3 | 14.6 | 3.5 | 1.8 | 1456 |
| 2000 | 68.2 | 24.7 | 7.7 | 1.6 | 13.6 | 3.3 | 1.9 | 1337 |
| **“十五”时期** | **376.9** | **151.7** | **47.9** | **8.8** | **78.4** | **21.0** | **16.6** | **22117** |
| 2001 | 77.5 | 30.8 | 10.4 | 2.2 | 15.1 | 3.6 | 3.1 | 1360 |
| 2002 | 88.7 | 30.1 | 9.5 | 1.4 | 15.9 | 3.3 | 3.3 | 3659 |
| 2003 | 87.3 | 30.0 | 9.9 | 1.7 | 15.1 | 3.5 | 3.3 | 3867 |
| 2004 | 89.7 | 29.2 | 8.9 | 2.4 | 14.4 | 4.7 | 3.5 | 8982 |
| 2005 | 33.8 | 31.6 | 9.1 | 1.0 | 17.9 | 5.8 | 3.5 | 4249 |
| **“十一五”时期** | **485.6** | **487.8** | **210.7** | **12.4** | **148.8** | **96.8** | **82.3** | **62453** |
| 2006 | 34.8 | 33.5 | 9.9 | 0.9 | 19.9 | 8.4 | 2.5 | 3626 |
| 2007 | 47.6 | 47.7 | 14.5 | 3.0 | 26.9 | 13.0 | 2.9 | 2446 |
| 2008 | 63.5 | 66.6 | 26.6 | 1.9 | 34.6 | 16.5 | 3.2 | 3906 |
| 2009 | 166.5 | 157.0 | 70.6 | 3.7 | 67.4 | 26.6 | 15.3 | 6457 |

| 年份 | 本年计划总投资 | 本年完成投资 | | | | | | 本年完工项目个数（规模） |
|---|---|---|---|---|---|---|---|---|
| | | | 国家投资 | 国内贷款 | 利用外资 | 彩票公益金 | 其他 | |
| 2010 | 173.2 | 183.0 | 89.1 | 2.9 | 0.2 | 32.3 | 58.5 | 46018 |
| **“十二五”时期** | **1234.7** | **1268.1** | **499.9** | **19.6** | **5.8** | **288.3** | **454.5** | **38309** |
| 2011 | 217.3 | 218.5 | 78.5 | 6.2 | 0.5 | 53.4 | 79.9 | 4533 |
| 2012 | 222.3 | 234.7 | 104.2 | 3.8 | 1.1 | 51 | 74.6 | 6095 |
| 2013 | 311.9 | 292.8 | 120.1 | 1.4 | 1.7 | 64.7 | 104.8 | 15328 |
| 2014 | 266 | 282.2 | 104.3 | 3.5 | 1.7 | 57.5 | 115.3 | 11355 |
| 2015 | 217.2 | 239.9 | 92.8 | 4.7 | 0.8 | 61.7 | 79.9 | 1048 |
| **“十三五”时期** | **547.1** | **643.0** | **234.1** | **10.6** | **0.4** | **171.7** | **226.3** | **3066** |
| 2016 | 208.9 | 245.8 | 84.4 | 2.7 | — | 68.4 | 90.3 | 1243 |
| 2017 | 180.3 | 209.2 | 77.8 | 5.2 | 0.1 | 55.3 | 70.9 | 1154 |
| 2018 | 157.9 | 188.0 | 71.9 | 2.7 | 0.3 | 48.0 | 65.1 | 669 |

注：自2015年后，本年完工项目个数指标更改为本年完工项目规模，单位为万平方米。

# B-1-17　民政事业基本建设投资（按项目分）

单位：亿元

| 年份 | 国家预算内基本建设投资 | 优抚安置单位 | 社区服务设施 | 收养性福利机构 | 殡葬 | 救助 | 其他 |
|---|---|---|---|---|---|---|---|
| 1989 | 0.7 | | | | | | 0.7 |
| 1990 | 0.8 | | | 0.2 | 0.1 | | 0.5 |
| **“八五”时期** | **10.3** | **4.2** | | **1.4** | **1.1** | **0.2** | **3.4** |
| 1991 | 1.0 | 0.1 | | 0.2 | 0.1 | | 0.6 |
| 1992 | 1.0 | | | 0.2 | | | 0.8 |
| 1993 | 1.4 | | | 0.2 | 0.4 | | 0.8 |
| 1994 | 2.3 | 1.2 | | 0.3 | 0.3 | | 0.5 |
| 1995 | 4.6 | 2.9 | | 0.5 | 0.3 | 0.2 | 0.7 |
| **“九五”时期** | **21.3** | **2.0** | **1.6** | **6.6** | **6.5** | | **4.6** |
| 1996 | 2.1 | 0.1 | | 0.5 | 0.5 | | 1.0 |
| 1997 | 2.7 | | | 0.7 | 1.1 | | 0.9 |
| 1998 | 2.8 | 0.2 | | 1.8 | 0.8 | | |
| 1999 | 6.0 | 0.9 | 0.6 | 1.5 | 1.7 | | 1.3 |
| 2000 | 7.7 | 0.8 | 1.0 | 2.1 | 2.4 | | 1.4 |
| **“十五”时期** | **47.9** | **5.0** | **9.4** | **14.3** | **9.2** | | **10.0** |
| 2001 | 10.4 | 0.7 | 1.5 | 3.1 | 2.1 | | 3.0 |
| 2002 | 9.5 | 0.7 | 2.1 | 2.8 | 1.9 | | 2.0 |
| 2003 | 9.9 | 1.2 | 2.4 | 3.3 | 1.5 | | 1.5 |
| 2004 | 9.0 | 1.1 | 2.3 | 2.5 | 1.1 | | 2.0 |
| 2005 | 9.1 | 1.3 | 1.1 | 2.6 | 2.6 | | 1.5 |
| **“十一五”时期** | **210.8** | **27.8** | **31.5** | **85.2** | **19.2** | **8.1** | **39.0** |
| 2006 | 9.9 | 1.8 | 0.8 | 3.9 | 1.4 | 0.3 | 1.6 |
| 2007 | 14.5 | 2.5 | 0.9 | 6.5 | 2.4 | 0.4 | 1.8 |
| 2008 | 26.6 | 8.2 | 1.9 | 8.5 | 3.7 | 1.1 | 3.2 |
| 2009 | 70.6 | 7.4 | 14.0 | 30.1 | 5.7 | 2.5 | 11.0 |
| 2010 | 89.2 | 7.9 | 13.9 | 36.2 | 6.0 | 3.8 | 21.4 |
| **“十二五”时期** | **499.9** | **20.8** | **29.4** | **277.3** | **12.9** | **63.5** | **95.9** |
| 2011 | 78.5 | 9.5 | 11.1 | 31.1 | 5.8 | 3.8 | 17.2 |
| 2012 | 104.2 | 11.3 | 18.3 | 45.1 | 7.1 | 6.1 | 16.2 |

| 年份 | 国家预算内基本建设投资 | 提供住宿的民政服务机构 | 养老机构 | 精神疾病服务机构 | 儿童福利和救助机构 | 不提供住宿的民政服务机构 | 其他 |
|---|---|---|---|---|---|---|---|
| 2013 | 120.1 | 76.2 | 66.5 | 3.2 | 4.6 | 22.2 | 21.7 |
| 2014 | 104.3 | 66.4 | 58.1 | 2.7 | 4.5 | 16.2 | 21.7 |
| 2015 | 92.8 | 58.5 | 51.6 | 2.2 | 4.0 | 15.2 | 19.1 |
| **“十三五”时期** | **234.1** | **158.4** | **133.4** | **8.7** | **14.0** | **23.8** | **42.6** |
| 2016 | 84.4 | 54.0 | 46.7 | 2.3 | 4.1 | 10.0 | 18.2 |
| 2017 | 77.8 | 50.7 | 40.4 | 3.7 | 5.9 | 10.5 | 12.7 |
| 2018 | 71.9 | 53.7 | 46.3 | 2.7 | 4.0 | 3.3 | 11.7 |

# B-1-18 中央预算内

| 年份 | 项目合计（个） | 投资合计 | 本级情况 | | | | 养老 | |
|---|---|---|---|---|---|---|---|---|
| | | | 本级项目数 | 本级投资 | 地方项目小计 | 补助地方投资小计 | 项目数 | 资金额 |
| 1990 | | 0.1 | | 0.1 | | | | |
| **“八五”时期** | | **0.2** | | **0.2** | | | | |
| 1991 | | 0.2 | | 0.2 | | | | |
| **“十五”时期** | **24** | **0.8** | **24** | **0.8** | | | | |
| 2001 | 3 | 0.3 | 3 | 0.3 | | | | |
| 2002 | 10 | 0.2 | 10 | 0.2 | | | | |
| 2003 | 6 | 0.1 | 6 | 0.1 | | | | |
| 2004 | 3 | 0.1 | 3 | 0.1 | | | | |
| 2005 | 2 | 0.1 | 2 | 0.1 | | | | |
| **“十一五”时期** | **2088** | **35.9** | **18** | **5.5** | **2070** | **30.37** | **189** | **5.0** |
| 2006 | 2 | 0.2 | 2 | 0.2 | | | | |
| 2007 | 218 | 2.8 | 5 | 0.8 | 213 | 2.0 | | |
| 2008 | 575 | 6.8 | 3 | 2.1 | 572 | 4.7 | | |
| 2009 | 774 | 13.0 | 4 | 1.3 | 770 | 11.7 | 63 | 2.0 |
| 2010 | 519 | 13.1 | 4 | 1.1 | 515 | 12.0 | 126 | 3 |
| **“十二五”时期** | **1874** | **143.2** | **51** | **6.9** | **—** | **136.3** | **1364** | **108.0** |
| 2011 | 433 | 26.0 | 4 | 0.7 | 429 | 25.3 | 338 | 9 |
| 2012 | 699 | 33.3 | 7 | 0.31 | 692 | 33.0 | 669 | 31 |
| 2013 | 742 | 17.2 | 7 | 0.21 | 735 | 17.0 | 357 | 15 |

| 年份 | 建设规模 | 投资合计 | 本级情况 | | | | 养老 | |
|---|---|---|---|---|---|---|---|---|
| | | | 建设规模 | 本级投资 | 建设规模 | 补助地方投资小计 | 建设规模 | 资金额 |
| 2014 | 385.5 | 30.3 | 7.6 | 1.3 | 377.9 | 29.0 | 330.0 | 25.0 |
| 2015 | 368.4 | 36.4 | 25.4 | 4.4 | 343.0 | 32.0 | 302.0 | 28.0 |
| **“十三五”时期** | **—** | **83.5** | **—** | **3.5** | **—** | **80.0** | **—** | **58.0** |
| 2016 | 329.5 | 39.3 | 32.2 | 1.3 | 297.3 | 38.0 | 206.4 | 28.0 |

| 年份 | 建设规模 | 投资合计 | 本级情况 | | | | 养老 | |
|---|---|---|---|---|---|---|---|---|
| | | | 建设规模 | 本级投资 | 建设规模 | 补助地方投资小计 | 建设规模 | 资金额 |
| 2017 | — | 44.2 | — | 2.2 | — | 42.0 | — | 30.0 |
| 2018 | — | 47.6 | — | 4.6 | — | 43.0 | — | 31.0 |

# 基本建设投资

单位：亿元、个、万平方米

| 地方情况 | | | | | | | | | |
|---|---|---|---|---|---|---|---|---|---|
| 精神卫生 | | 儿童 | | 流浪 | | 社区 | | 烈建 | |
| 项目数 | 资金额 | 项目数 | 资金额 | 项目数 | 资金额 | 项目数 | 资金额 | 项目数 | 资金额 |
| **26** | **4.4** | **134** | **5.0** | **254** | **5.0** | **1334** | **6.0** | **133** | **5.0** |
| | | 15 | 0.5 | 28 | 0.8 | 170 | 0.7 | | |
| | | 32 | 1.3 | 65 | 1.4 | 475 | 2.0 | | |
| | | 33 | 1.3 | 78 | 1.4 | 463 | 2.0 | 133 | 5.0 |
| 26 | 4.37 | 54 | 1.9 | 83 | 1.4 | 226 | 1.3 | | |
| **131** | **20.3** | | **0.0** | | **4.0** | **401** | **4.0** | | |
| 91 | 16.3 | | | | | | | | |
| | | | | | | 23 | 2 | | |
| | | | | | | 378 | 2 | | |

| 地方情况 | | | | | |
|---|---|---|---|---|---|
| 儿童和精神病人 | | 社会事务 | | 社区 | |
| 建设规模 | 资金额 | 建设规模 | 资金额 | 建设规模 | 资金额 |
| 22.3 | 2.0 | | | 25.6 | 2.0 |
| 17.5 | 2.0 | | | 23.5 | 2.0 |
| — | — | — | — | — | — |
| 44.7 | 5.0 | 46.2 | 5.0 | | |

| 地方情况 | |
|---|---|
| 社会福利 | |
| 建设规模 | 资金额 |
| — | 12.0 |
| — | 12.0 |

# B-2-1 提供住宿的民政服务机构

单位：个

| 年份 | 合计 | 养老机构 | 精神疾病服务机构 | 儿童福利和救助机构 | 其他提供住宿机构 | 救助管理站 |
|---|---|---|---|---|---|---|
| 1978 | 8571 | 8365 | 139 | 67 | | |
| 1979 | 8988 | 8801 | 135 | 52 | | |
| 1980 | 9669 | 9460 | 150 | 59 | | |
| 1981 | 10031 | 9813 | 155 | 63 | | |
| 1982 | 12275 | 12046 | 165 | 64 | | |
| 1983 | 15807 | 15582 | 165 | 60 | | |
| 1984 | 22796 | 22566 | 167 | 63 | | |
| 1985 | 29100 | 28852 | 161 | 59 | 28 | |
| 1986 | 35008 | 34750 | 166 | 58 | 34 | |
| 1987 | 37372 | 37109 | 170 | 60 | 33 | |
| 1988 | 39030 | 38767 | 173 | 62 | 28 | |
| 1989 | 39743 | 39472 | 180 | 64 | 27 | |
| 1990 | 40583 | 40340 | 181 | 62 | | |
| 1991 | 42264 | 42013 | 188 | 63 | | |
| 1992 | 43319 | 43063 | 189 | 67 | | |
| 1993 | 43681 | 43375 | 190 | 67 | 49 | |
| 1994 | 43240 | 42911 | 188 | 73 | 68 | |
| 1995 | 43074 | 42735 | 190 | 77 | 72 | |
| 1996 | 42829 | 42518 | 155 | 84 | 72 | |
| 1997 | 42385 | 42027 | 192 | 91 | 75 | |
| 1998 | 42131 | 41755 | 195 | 105 | 76 | |
| 1999 | 40430 | 40030 | 191 | 110 | 99 | |
| 2000 | 40491 | 39321 | 201 | 126 | 843 | |
| 2001 | 38785 | 38106 | 200 | 160 | 319 | |
| 2002 | 38200 | 37591 | 200 | 178 | 231 | |
| 2003 | 37294 | 36224 | 205 | 192 | 1587 | |
| 2004 | 38593 | 37880 | 211 | 208 | 1320 | |
| 2005 | 42487 | 40641 | 226 | 224 | 1396 | |
| 2006 | 43187 | 40964 | 219 | 249 | 1755 | |
| 2007 | 44958 | 42713 | 234 | 269 | 1742 | |
| 2008 | 41099 | 38674 | 244 | 290 | 1891 | |
| 2009 | 43944 | 39671 | 266 | 419 | 3588 | |
| 2010 | 44482 | 39904 | 251 | 480 | 3847 | |
| 2011 | 45973 | 42828 | 251 | 638 | 2256 | 1547 |
| 2012 | 48078 | 44304 | 257 | 724 | 2793 | 1770 |
| 2013 | 45977 | 42475 | 261 | 803 | 2438 | 1891 |
| 2014 | 36810 | 33044 | 254 | 890 | 2622 | 1949 |
| 2015 | 31187 | 27753 | 242 | 753 | 2439 | 1766 |
| 2016 | 31912 | 28592 | 244 | 705 | 2371 | 1736 |
| 2017 | 31929 | 28770 | 242 | 663 | 2254 | 1623 |
| 2018 | 31291 | 28671 | 145 | 651 | 1824 | 1534 |

# B-2-2　提供住宿的民政服务机构床位

单位：万张、张/千人

| 年份 | 合计 | | | | | | 每千人口拥有民政服务床位数 | 每千老年人口拥有养老床位数 |
|---|---|---|---|---|---|---|---|---|
| | | 养老床位 | 精神疾病服务床位 | 儿童福利和救助床位 | 其他提供住宿床位 | 救助管理站 | | |
| 1978 | 16.3 | 15.7 | 0.6 | | | | 0.2 | |
| 1979 | 22.6 | 20.1 | 2.1 | 0.4 | | | 0.2 | |
| 1980 | 24.2 | 21.3 | 2.4 | 0.5 | | | 0.2 | |
| 1981 | 25.3 | 22.2 | 2.5 | 0.6 | | | 0.3 | |
| 1982 | 28.2 | 24.8 | 2.8 | 0.6 | | | 0.3 | |
| 1983 | 32.4 | 29.0 | 2.8 | 0.6 | | | 0.3 | |
| 1984 | 42.5 | 39.0 | 2.9 | 0.6 | | | 0.4 | |
| 1985 | 49.1 | 45.7 | 2.9 | 0.5 | 0.2 | | 0.5 | |
| 1986 | 58.7 | 55.0 | 3.1 | 0.6 | 0.3 | | 0.5 | |
| 1987 | 64.9 | 61.0 | 3.3 | 0.6 | 0.3 | | 0.6 | |
| 1988 | 69.5 | 65.5 | 3.4 | 0.6 | 0.2 | | 0.6 | |
| 1989 | 73.8 | 69.5 | 3.6 | 0.7 | 0.2 | | 0.7 | |
| 1990 | 78.0 | 73.5 | 3.7 | 0.8 | | | 0.7 | |
| 1991 | 82.8 | 78.3 | 3.8 | 0.7 | | | 0.7 | |
| 1992 | 89.8 | 85.2 | 3.8 | 0.8 | | | 0.8 | |
| 1993 | 92.7 | 87.8 | 4.0 | 0.9 | 0.4 | | 0.8 | |
| 1994 | 95.5 | 90.6 | 4.0 | 0.9 | 0.5 | | 0.8 | |
| 1995 | 97.6 | 92.5 | 4.0 | 1.1 | 0.6 | | 0.8 | |
| 1996 | 100.8 | 95.6 | 4.0 | 1.2 | 0.6 | | 0.8 | |
| 1997 | 103.1 | 97.8 | 4.0 | 1.3 | 0.6 | | 0.8 | |
| 1998 | 105.8 | 100.2 | 4.1 | 1.5 | 0.6 | | 0.8 | |
| 1999 | 108.9 | 102.4 | 4.1 | 1.6 | 0.8 | | 0.9 | |
| 2000 | 113.0 | 104.5 | 4.1 | 1.8 | 2.6 | | 0.9 | |
| 2001 | 140.7 | 114.6 | 4.2 | 2.3 | 19.6 | | 1.1 | |
| 2002 | 141.5 | 114.9 | 4.3 | 2.5 | 19.8 | | 1.1 | |
| 2003 | 142.9 | 120.6 | 4.5 | 2.7 | 15.1 | | 1.1 | |
| 2004 | 157.2 | 139.5 | 4.5 | 3.0 | 10.2 | | 1.2 | |
| 2005 | 180.7 | 158.1 | 4.4 | 3.2 | 15.0 | | 1.4 | 11.0 |
| 2006 | 204.5 | 179.6 | 4.4 | 3.2 | 17.3 | | 1.6 | 12.1 |
| 2007 | 269.6 | 242.9 | 4.7 | 3.4 | 18.6 | | 2.0 | 15.8 |
| 2008 | 300.3 | 267.4 | 5.4 | 4.3 | 23.2 | | 2.3 | 16.7 |
| 2009 | 326.5 | 293.5 | 5.9 | 4.8 | 22.3 | | 2.5 | 17.6 |
| 2010 | 349.6 | 316.1 | 6.1 | 5.5 | 21.9 | | 2.6 | 17.8 |
| 2011 | 396.4 | 369.2 | 6.5 | 6.8 | 13.9 | 7.1 | 2.9 | 20.0 |
| 2012 | 449.3 | 416.5 | 6.7 | 8.7 | 17.4 | 9.0 | 3.3 | 21.5 |
| 2013 | 462.4 | 429.5 | 7.4 | 9.8 | 15.7 | 9.7 | 3.9 | 24.4 |
| 2014 | 426.0 | 390.2 | 8.0 | 10.8 | 17.0 | 9.9 | 4.5 | 27.2 |
| 2015 | 393.2 | 358.2 | 7.9 | 10.0 | 17.1 | 10.3 | 5.3 | 30.3 |
| 2016 | 414.0 | 378.8 | 8.4 | 10.0 | 16.7 | 10.2 | 5.5 | 31.6 |
| 2017 | 419.6 | 383.5 | 8.8 | 10.3 | 17.1 | 10.1 | 5.7 | 30.9 |
| 2018 | 408.1 | 379.4 | 6.3 | 9.7 | 12.7 | 10.2 | 5.4 | 29.1 |

# B-2-3 提供住宿的民政服务机构收养人员情况

单位：万人

| 年份 | 合计 | 养老机构 | 精神疾病服务机构 | 儿童福利和救助机构 | 其他提供住宿机构 |
|---|---|---|---|---|---|
| 1978 | 16.3 | 14.0 | 1.9 | 0.4 | |
| 1979 | 18.6 | 16.3 | 1.9 | 0.4 | |
| 1980 | 19.1 | 16.7 | 2.0 | 0.4 | |
| 1981 | 19.7 | 17.0 | 2.2 | 0.5 | |
| 1982 | 22.5 | 19.7 | 2.3 | 0.5 | |
| 1983 | 25.9 | 23.0 | 2.4 | 0.5 | |
| 1984 | 34.1 | 31.0 | 2.6 | 0.5 | |
| 1985 | 40.8 | 37.5 | 2.6 | 0.5 | 0.2 |
| 1986 | 47.4 | 43.9 | 2.8 | 0.5 | 0.2 |
| 1987 | 51.8 | 48.2 | 2.9 | 0.5 | 0.2 |
| 1988 | 54.8 | 51.1 | 3.0 | 0.6 | 0.1 |
| 1989 | 56.9 | 53.0 | 3.1 | 0.6 | 0.2 |
| 1990 | 59.9 | 56.1 | 3.2 | 0.6 | |
| 1991 | 64.6 | 60.8 | 3.2 | 0.6 | |
| 1992 | 69.6 | 65.6 | 3.3 | 0.7 | |
| 1993 | 72.4 | 68.0 | 3.4 | 0.7 | 0.3 |
| 1994 | 73.6 | 69.2 | 3.3 | 0.8 | 0.3 |
| 1995 | 74.7 | 70.1 | 3.2 | 1.0 | 0.4 |
| 1996 | 76.9 | 72.3 | 3.1 | 1.1 | 0.4 |
| 1997 | 78.5 | 73.7 | 3.2 | 1.2 | 0.4 |
| 1998 | 80.0 | 74.9 | 3.2 | 1.4 | 0.5 |
| 1999 | 82.7 | 77.6 | 3.2 | 1.4 | 0.5 |
| 2000 | 85.4 | 78.6 | 3.2 | 1.8 | 1.8 |
| 2001 | 88.5 | 82.0 | 3.3 | 2.1 | 1.1 |
| 2002 | 91.6 | 85.0 | 3.4 | 2.2 | 1.0 |
| 2003 | 96.5 | 89.1 | 3.5 | 2.5 | 1.4 |
| 2004 | 110.9 | 103.9 | 3.6 | 2.8 | 0.6 |
| 2005 | 123.6 | 116.2 | 3.7 | 2.9 | 0.8 |
| 2006 | 147.0 | 138.5 | 3.8 | 3.2 | 1.5 |
| 2007 | 200.0 | 191.3 | 4.1 | 3.0 | 1.6 |
| 2008 | 240.0 | 211.5 | 4.5 | 3.4 | 20.6 |
| 2009 | 256.0 | 227.5 | 5.0 | 3.7 | 19.8 |
| 2010 | 278.2 | 247.0 | 5.3 | 4.2 | 21.7 |
| 2011 | 293.4 | 279.7 | 5.5 | 4.6 | 3.6 |
| 2012 | 309.5 | 293.6 | 5.8 | 5.4 | 4.7 |
| 2013 | 322.5 | 307.4 | 6.0 | 5.6 | 3.5 |
| 2014 | 337.0 | 320.4 | 6.5 | 5.9 | 4.2 |
| 2015 | 231.7 | 214.8 | 6.4 | 5.6 | 4.9 |
| 2016 | 236.3 | 219.8 | 6.9 | 5.5 | 4.2 |
| 2017 | 228.8 | 211.1 | 7.4 | 5.9 | 4.4 |
| 2018 | 211.9 | 197.6 | 5.4 | 4.9 | 4.0 |

# B-2-4 按城乡分类的提供住宿的民政服务机构情况

| 年份 | 单位数（个） | 城市 | 农村 | 床位数（万张） | 城市 | 农村 | 收养人数（万人） | 城市 | 农村 |
|---|---|---|---|---|---|---|---|---|---|
| 1978 | 8571 | 728 | 7843 | 16.3 | 0.1 | 16.2 | 16.3 | 5.7 | 10.6 |
| 1979 | 8988 | 1518 | 7470 | 22.6 | 6.4 | 16.2 | 18.6 | 8.0 | 10.6 |
| 1980 | 9669 | 1407 | 8262 | 24.2 | 7.1 | 17.1 | 19.1 | 7.9 | 11.2 |
| 1981 | 10031 | 1487 | 8544 | 25.3 | 7.4 | 17.9 | 19.7 | 8.2 | 11.5 |
| 1982 | 12275 | 1689 | 10586 | 28.2 | 7.6 | 20.6 | 22.5 | 8.7 | 13.8 |
| 1983 | 15807 | 1760 | 14047 | 32.4 | 7.7 | 24.7 | 25.9 | 9.0 | 16.9 |
| 1984 | 22796 | 1925 | 20871 | 42.5 | 8.5 | 34.0 | 34.1 | 10.0 | 24.1 |
| 1985 | 29100 | 5478 | 23622 | 49.1 | 18.2 | 30.9 | 40.8 | 14.6 | 26.2 |
| 1986 | 35008 | 8330 | 26678 | 58.7 | 23.6 | 35.1 | 47.4 | 18.9 | 28.5 |
| 1987 | 37372 | 9358 | 28014 | 64.9 | 25.8 | 39.1 | 51.8 | 20.5 | 31.3 |
| 1988 | 39030 | 10498 | 28532 | 69.5 | 28.4 | 41.1 | 54.8 | 22.3 | 32.5 |
| 1989 | 39743 | 10118 | 29625 | 73.8 | 28.7 | 45.1 | 56.9 | 22.3 | 34.6 |
| 1990 | 40583 | 12697 | 27886 | 78.0 | 34.5 | 43.5 | 59.9 | 26.8 | 33.1 |
| 1991 | 42264 | 13197 | 29067 | 82.8 | 36.7 | 46.1 | 64.6 | 28.5 | 36.1 |
| 1992 | 43319 | 16847 | 26472 | 89.8 | 44.6 | 45.2 | 69.6 | 34.5 | 35.1 |
| 1993 | 43681 | 17400 | 26281 | 92.7 | 47.0 | 45.7 | 72.4 | 37.2 | 35.2 |
| 1994 | 43240 | 18035 | 25205 | 95.5 | 50.0 | 45.5 | 73.6 | 39.1 | 34.5 |

| 年份 | 单位数（个） | 国有社会福利院 | 社会办敬老院 | 床位数（万张） | 国有社会福利院 | 社会办敬老院 | 收养人数（万人） | 国有社会福利院 | 社会办敬老院 |
|---|---|---|---|---|---|---|---|---|---|
| 1995 | 43074 | 11184 | 31890 | 97.6 | 18.6 | 79.0 | 74.7 | 14.4 | 60.3 |
| 1996 | 42829 | 11216 | 31613 | 100.8 | 19.2 | 81.6 | 76.9 | 14.8 | 62.1 |
| 1997 | 42385 | 10417 | 31968 | 103.1 | 19.9 | 83.2 | 78.5 | 15.4 | 63.1 |
| 1998 | 42131 | 9895 | 32236 | 105.8 | 21.0 | 84.8 | 80.0 | 16.1 | 63.9 |
| 1999 | 40430 | 3086 | 37344 | 108.9 | 23.6 | 85.3 | 82.7 | 17.9 | 64.8 |

| 年份 | 单位数（个） | 城市 | 农村 | 床位数（万张） | 城市 | 农村 | 收养人数（万人） | 城市 | 农村 |
|---|---|---|---|---|---|---|---|---|---|
| 2000 | 40491 | 14915 | 25576 | 113 | 57.4 | 55.6 | 85.4 | 42.6 | 42.8 |
| 2001 | 38785 | 12135 | 26650 | 140.7 | 72.3 | 68.4 | 88.5 | 39.6 | 48.9 |
| 2002 | 38200 | 12503 | 25697 | 141.5 | 75.3 | 66.2 | 91.6 | 42.2 | 49.4 |
| 2003 | 37294 | 12951 | 24343 | 142.9 | 75.3 | 67.6 | 96.5 | 46.1 | 50.4 |
| 2004 | 38593 | 12151 | 26442 | 157.2 | 79.7 | 77.5 | 110.9 | 51.5 | 59.4 |
| 2005 | 42487 | 12806 | 29681 | 180.7 | 91.2 | 89.5 | 123.6 | 55.7 | 67.9 |
| 2006 | 43187 | 11814 | 31373 | 204.5 | 90.9 | 113.6 | 147.0 | 55.0 | 92.0 |
| 2007 | 44958 | 10274 | 34684 | 269.6 | 89.8 | 179.8 | 200.0 | 43.9 | 149.3 |
| 2008 | 41099 | 10731 | 30368 | 300.3 | 107.2 | 193.1 | 240.0 | 79.5 | 160.5 |
| 2009 | 43944 | 12658 | 31286 | 326.5 | 117.7 | 208.8 | 256.0 | 83.0 | 173.0 |
| 2010 | 44482 | 13010 | 31472 | 349.6 | 124.7 | 224.9 | 278.2 | 95.7 | 182.5 |
| 2011 | 45973 | 13833 | 32140 | 396.4 | 154.5 | 241.9 | 293.4 | 100.9 | 192.5 |
| 2012 | 48078 | 15291 | 32787 | 449.3 | 188.3 | 261.1 | 309.5 | 109.5 | 200.0 |
| 2013 | 45977 | 15730 | 30247 | 462.4 | 189.6 | 272.8 | 322.5 | 121.3 | 201.2 |
| 2014 | 36810 | 16549 | 20261 | 426.0 | 206.4 | 219.6 | 334.0 | 127.6 | 206.4 |
| 2015 | 31187 | 15600 | 15587 | 393.2 | 216.1 | 177.1 | 231.7 | 116.5 | 115.2 |
| 2016 | 31912 | 16514 | 15398 | 414.0 | 234.1 | 179.9 | 236.3 | 123.1 | 113.2 |
| 2017 | 31929 | 16923 | 15006 | 419.6 | 242.9 | 176.7 | 228.8 | 127.3 | 101.3 |
| 2018 | 31291 | 17406 | 13885 | 408.1 | 253.9 | 154.2 | 211.9 | 124.9 | 87.0 |

注：“收养人数”中的“城市”与“农村”分类是指城市和农村机构的收留抚养人数。

# B-2-5　老年人和残疾人福利

单位：万人

| 年份 | 老年人福利 | | | | 残疾人补贴 | |
|---|---|---|---|---|---|---|
| | 高龄补贴老年人数 | 护理补贴老年人数 | 养老服务补贴老年人数 | 老龄综合补贴老年人数 | 困难残疾人生活补贴人数 | 重度残疾人护理补贴人数 |
| 2006 | 233.5 | | | | | |
| 2007 | 247.1 | | | | | |
| 2008 | 349.3 | | | | | |
| 2009 | 430.9 | | | | | |
| 2010 | 576.4 | | | | | |
| 2011 | 883.1 | | | | | |
| 2012 | 1257.7 | | | | | |
| 2013 | 1557.9 | 11.7 | 101.9 | | | |
| 2014 | 1719.6 | 20.0 | 154.7 | | | |
| 2015 | 2155.1 | 26.5 | 257.9 | | | |
| 2016 | 2355.4 | 40.5 | 282.9 | | 521.3 | 500.0 |
| 2017 | 2682.2 | 61.3 | 354.4 | | 1019.2 | 1053.7 |
| 2018 | 2972.3 | 74.8 | 521.7 | 3.0 | 1005.8 | 1193.0 |

# B-2-6 孤儿和家庭收养登记

单位：件、人

| 年份 | 孤儿数 | 收养登记总数 | 中国公民收养登记 | 外国公民收养登记 | 被收养人合计 | #福利机构抚养的儿童 | 中国公民收养 | 外国人收养 |
|---|---|---|---|---|---|---|---|---|
| 1996 | | 18896 | 14804 | 4092 | 20389 | 2201 | | |
| 1997 | | 21548 | 17193 | 4355 | 21548 | 975 | | |
| 1998 | | 26498 | 20611 | 5887 | 26498 | 677 | | |
| 1999 | | 38074 | 31916 | 6158 | 38019 | 1670 | 31882 | 6137 |
| 2000 | | 55802 | 49037 | 6765 | 56191 | 1847 | 49500 | 6691 |
| 2001 | | 44706 | 36089 | 8617 | 45844 | 1908 | 37200 | 8644 |
| 2002 | | 45336 | 35372 | 9964 | 47860 | 2404 | 37642 | 10218 |
| 2003 | | 54159 | 44884 | 9275 | 54159 | 3427 | 44884 | 9275 |
| 2004 | | 52603 | 40084 | 12519 | 55572 | 3189 | 44708 | 10864 |
| 2005 | | 49506 | 35470 | 14036 | 50921 | 3564 | 38057 | 12864 |
| 2006 | | 48178 | 38393 | 9785 | 49148 | 2867 | 39424 | 9724 |
| 2007 | | 45192 | 36893 | 8299 | 46047 | 1146 | 37790 | 8257 |
| 2008 | 67921 | 42550 | 37009 | 5541 | 44115 | 1846 | 38617 | 5498 |
| 2009 | 127599 | 44260 | 39801 | 4459 | 44359 | 1605 | 39964 | 4395 |
| 2010 | 252110 | 34529 | 29618 | 4911 | 34473 | 1878 | 29978 | 4495 |
| 2011 | 509695 | 31424 | 27579 | 3845 | 31329 | 1679 | 28117 | 3212 |
| 2012 | 570075 | 27278 | 23157 | 4121 | 27310 | 1760 | 23189 | 4121 |
| 2013 | 548845 | 24460 | 21230 | 3230 | 24491 | 9657 | 21261 | 3230 |
| 2014 | 525179 | 22772 | 19885 | 2887 | 22876 | 10336 | 20055 | 2821 |
| 2015 | 502105 | 22348 | 19406 | 2942 | 22363 | 10704 | 19430 | 2933 |
| 2016 | 460450 | 18736 | 15965 | 2771 | 18736 | 8884 | 15965 | 2771 |
| 2017 | 409840 | 18820 | 16592 | 2228 | 18820 | 9115 | 16592 | 2228 |
| 2018 | 305110 | 16267 | 14582 | 1685 | 16267 | 8581 | 14582 | 1685 |

注：2013年以后，福利机构抚养的儿童除孤儿外，还包括弃婴。

# B-2-7　城市社会救济和城市最低生活保障

单位：万人

| 年份 | 城市居民传统救济总人数 | 城市居民传统定救人数 | 城市精减退职老职工人数 | 40%救济对象人数 | 定量救济人数 |
|---|---|---|---|---|---|
| 1979 | 33.6 | 23.7 | 9.9 | | |
| 1980 | 32.9 | 22.9 | 10.0 | | |
| 1981 | 31.5 | 21.5 | 10.0 | | |
| 1982 | 34.7 | 21.4 | 13.3 | | |
| 1983 | 47.1 | 22.6 | 24.5 | | |
| 1984 | 207.4 | 160.6 | 46.8 | 25.3 | |
| 1985 | 30.0 | 18.2 | 11.8 | 6.4 | 5.4 |
| 1986 | 49.0 | 35.6 | 13.4 | 7.1 | 6.3 |
| 1987 | 29.8 | 16.2 | 13.6 | 7.2 | 6.4 |
| 1988 | 32.9 | 17.6 | 15.3 | 7.7 | 7.6 |
| 1989 | 30.5 | 16.2 | 14.3 | 7.1 | 7.2 |
| 1990 | 41.8 | 16.4 | 25.4 | 16.4 | 9.0 |
| 1991 | 33.7 | 16.1 | 17.6 | 8.5 | 9.0 |
| 1992 | 39.5 | 19.2 | 20.3 | 9.7 | 10.6 |
| 1993 | 24.6 | 13.8 | 10.8 | 5.0 | 5.8 |
| 1994 | 23.0 | 12.4 | 10.6 | 4.9 | 5.7 |
| 1995 | 109.0 | 55.2 | 53.8 | 23.9 | 29.9 |
| 1996 | 120.1 | 66.5 | 53.6 | 23.6 | 30.0 |

| 年份 | 城市最低生活保障人数 | 在职人员 | 下岗人员 | 退休人员 | 失业人员 | “三无”人员 | 其他人员 |
|---|---|---|---|---|---|---|---|
| 1996 | 84.9 | | | | | | |
| 1997 | 87.9 | | | | | | |
| 1998 | 184.1 | | | | | | |
| 1999 | 256.9 | | | | | | |
| 2000 | 402.6 | | | | | | |
| 2001 | 1170.7 | | | | | | |
| 2002 | 2064.7 | 186.8 | 554.5 | 90.8 | 358.3 | 91.9 | 783.1 |
| 2003 | 2246.8 | 179.3 | 518.4 | 90.7 | 409.0 | 99.9 | 949.3 |
| 2004 | 2205.0 | 141.0 | 468.9 | 73.1 | 423.1 | 95.4 | 1003.5 |
| 2005 | 2234.2 | 114.1 | 430.7 | 61.3 | 410.1 | 95.8 | 1122.1 |
| 2006 | 2240.1 | 97.6 | 350.0 | 53.2 | 420.8 | 93.1 | 1225.3 |

| 年份 | 城市最低生活保障人数 | 残疾人 | 三无人员 | 老年人 | 成年人 | | | | 未成年人 | 城市特困人员救助供养 |
|---|---|---|---|---|---|---|---|---|---|---|
| | | | | | 在职人员 | 灵活就业 | 登记失业 | 未登记失业 | | |
| 2007 | 2272.1 | 161.0 | 125.8 | 298.4 | 93.9 | 343.8 | 627.2 | 364.3 | 544.6 | |
| 2008 | 2334.8 | 169.1 | 106.9 | 316.7 | 82.2 | 381.7 | 564.3 | 402.2 | 587.7 | |
| 2009 | 2345.6 | 181.0 | 94.1 | 333.5 | 79.0 | 432.2 | 510.2 | 410.9 | 579.8 | |
| 2010 | 2310.5 | 180.7 | 89.3 | 338.6 | 68.2 | 432.4 | 492.8 | 420.0 | 558.5 | |
| 2011 | 2276.8 | 184.1 | 80.3 | 346.9 | 61.5 | 429.7 | 472.5 | 426.7 | 539.5 | |
| 2012 | 2143.5 | 174.5 | 64.9 | 339.3 | 49.6 | 459.3 | 400.4 | 422.1 | 472.8 | |
| 2013 | 2064.2 | 169.2 | 58.0 | 330.3 | 45.1 | 462.1 | 365.5 | 416.8 | 444.5 | |
| 2014 | 1877.0 | 161.1 | 50.0 | 315.8 | 37.5 | 425.8 | 312.5 | 398.7 | 386.7 | |
| 2015 | 1701.1 | 165.7 | 43.8 | 293.5 | 31.1 | 377.3 | 264.1 | 394.0 | 341.0 | |
| 2016 | 1480.2 | 156.5 | | 258.0 | 22.7 | 304.4 | 252.9 | 370.9 | 271.4 | 9.1 |
| 2017 | 1261.0 | 159.9 | | 219.0 | 18.6 | 265.0 | 153.5 | 399.6 | 205.4 | 25.4 |
| 2018 | 1007.0 | 145.5 | | 180.4 | 14.0 | 219.2 | 109.2 | 320.6 | 163.6 | 27.7 |

注：1.1984年的精减退职老职工人数含农村的数据。　2.2016年开始，城市低保中的三无人员纳入特困人员救助供养保障。

# B-2-8 农村社会救济和农村最低生活保障

单位：万人、万户

| 年份 | 农村社会救济总人数 | 农村定期定量救济人数 | 农村精减退职老职工人数 | 40%救济对象人数 | 定量救济人数 |
|---|---|---|---|---|---|
| 1979 | 6847.6 | 6837.7 | 9.9 | | |
| 1980 | 4651.8 | 4641.8 | 10.0 | | |
| 1981 | 4265.1 | 4255.1 | 10.0 | | |
| 1982 | 4270.7 | 4257.4 | 13.3 | | |
| 1983 | 3526.7 | 3502.2 | 24.5 | | |
| 1984 | 3842.7 | 3795.9 | 46.8 | 25.3 | |
| 1985 | 116.7 | 75.1 | 41.6 | 18.1 | 23.5 |
| 1986 | 103.0 | 63.1 | 39.9 | 18.1 | 21.7 |
| 1987 | 92.2 | 53.2 | 39.0 | 17.7 | 21.3 |
| 1988 | 93.0 | 54.1 | 38.9 | 17.6 | 21.4 |
| 1989 | 75.7 | 35.0 | 40.7 | 18.3 | 22.3 |
| 1990 | 100.2 | 46.7 | 53.5 | 23.6 | 29.9 |
| 1991 | 97.0 | 43.8 | 53.2 | 23.5 | 29.8 |
| 1992 | 97.5 | 45.6 | 51.9 | 23.3 | 28.6 |
| 1993 | 80.1 | 36.3 | 43.8 | 19.5 | 24.3 |
| 1994 | 82.1 | 38.5 | 43.6 | 19.2 | 24.3 |
| 1995 | 98.3 | 55.2 | 43.1 | 19.0 | 24.1 |
| 1996 | 109.2 | 66.5 | 42.7 | 18.6 | 24.1 |
| 1997 | 104.5 | 51.4 | 53.1 | 23.2 | 29.8 |
| 1998 | 120.5 | 65.6 | 54.9 | 24.9 | 30.0 |
| 1999 | 107.1 | 55.6 | 51.5 | 22.5 | 28.7 |
| 2000 | 112.2 | 62.5 | 49.7 | 22.1 | 27.6 |
| 2001 | 130.5 | 80.7 | 49.8 | 21.3 | 27.8 |
| 2002 | 138.7 | 90.0 | 48.7 | 20.9 | 27.8 |

| 年份 | 农村困难群众救助总人数 | 农村最低生活保障人数 | 农村特困户救助人数 | 农村困难群众救助总户数 | 农村最低生活保障户数 | 困难户 | 其他 | 农村特困户救助户数 | 困难户 | 其他 | 农村特困供养户数 | 农村传统救济人数 |
|---|---|---|---|---|---|---|---|---|---|---|---|---|
| 2001 | 385.3 | 304.6 | 80.7 | | | | | | | | | |
| 2002 | 497.8 | 407.8 | 90.0 | 156.7 | 156.7 | | | | | | | |
| 2003 | 1160.5 | 367.1 | 793.4 | 632.8 | 146.5 | 114.5 | 32.0 | 282.1 | 192.7 | 89.3 | 204.2 | |
| 2004 | 1402.1 | 488.0 | 914.1 | 780.8 | 197.9 | 165.2 | 33.6 | 317.1 | 260.4 | 56.6 | 265.8 | |
| 2005 | 1891.8 | 825.0 | 1066.8 | 1061.0 | 356.5 | 298.8 | 57.7 | 354.8 | 290.4 | 64.4 | 349.7 | |
| 2006 | 2987.8 | 1593.1 | 775.8 | 1606.3 | 777.2 | | | 325.8 | | | 503.3 | 115.6 |

| 年份 | 农村救助总人数 | 农村最低生活保障人数 | 农村特困人员集中供养人数 | 农村特困人员分散供养人数 | 传统救济人数 |
|---|---|---|---|---|---|
| 2007 | 4172.6 | 3566.3 | 138.0 | 393.3 | 75.0 |
| 2008 | 4926.3 | 4305.5 | 155.6 | 393.0 | 72.2 |
| 2009 | 5375.6 | 4760.0 | 171.8 | 381.6 | 62.2 |
| 2010 | 5829.8 | 5214.0 | 177.4 | 378.9 | 59.5 |
| 2011 | 5925.4 | 5305.7 | 184.5 | 366.5 | 68.7 |
| 2012 | 5969.7 | 5344.5 | 185.3 | 360.3 | 79.6 |
| 2013 | 5998.3 | 5388.0 | 183.5 | 353.8 | 73.0 |
| 2014 | 5810.8 | 5207.2 | 174.3 | 354.8 | 74.5 |
| 2015 | 5484.1 | 4903.6 | 162.3 | 354.4 | 63.8 |
| 2016 | 5143.6 | 4586.5 | 139.7 | 357.2 | 60.2 |
| 2017 | 4573.8 | 4045.2 | 99.6 | 367.2 | 61.8 |
| 2018 | 3974.1 | 3519.1 | 86.2 | 368.8 | 56.8 |

注：1984年以前的“农村社会救济总人数”含应保未保的农村救济人数。

# B-2-9　最低生活保障平均标准

| 年份 | 城市最低生活保障平均标准（元/人·月） | 农村最低生活保障平均标准（元/人·年） |
|---|---|---|
| 2004 | 152.0 | |
| 2005 | 156.0 | |
| 2006 | 169.6 | 850.8 |
| 2007 | 182.4 | 840.0 |
| 2008 | 205.3 | 987.6 |
| 2009 | 227.8 | 1210.1 |
| 2010 | 251.2 | 1404.0 |
| 2011 | 287.6 | 1718.4 |
| 2012 | 330.1 | 2067.8 |
| 2013 | 373.3 | 2433.9 |
| 2014 | 410.5 | 2776.6 |
| 2015 | 451.1 | 3177.6 |
| 2016 | 494.6 | 3744.0 |
| 2017 | 540.6 | 4300.7 |
| 2018 | 579.7 | 4833.4 |

# B-2-10 生活无着人员救助

| 年份 | 救助站（个） | 未成年人救助保护中心（个） | 生活无着人员救助总数（人次） | | 救助类单位床位总数（张） | |
|---|---|---|---|---|---|---|
| | | | | 未成年人救助总数 | | 未成年人救助保护中心床位 |
| 1978 | 783 | | | | | |
| 1979 | 845 | | | | | |
| 1980 | 665 | | | | | |
| 1981 | 598 | | | | | |
| 1982 | 610 | | | | | |
| 1983 | 615 | | | | | |
| 1984 | 628 | | | | | |
| 1985 | 636 | | | | | |
| 1986 | 647 | | | | | |
| 1987 | 639 | | | | | |
| 1988 | 644 | | | | | |
| 1989 | 669 | | | | | |
| 1990 | 666 | | | | | |
| 1991 | 691 | | | | | |
| 1992 | 692 | | | | | |
| 1993 | 719 | | | | | |
| 1994 | 712 | | | | | |
| 1995 | 722 | | | | | |
| 1996 | 720 | | | | | |
| 1997 | 728 | | | | | |
| 1998 | 742 | | | | | |
| 1999 | 800 | | | | | |
| 2000 | 857 | | | | | |
| 2001 | 838 | | | | | |
| 2002 | 861 | | | | | |
| 2003 | 864 | | 634528 | 60257 | | |
| 2004 | 977 | | 820254 | 104455 | 47086 | |
| 2005 | 1079 | 40 | 1196305 | 120487 | 45603 | 1849 |
| 2006 | 1189 | 50 | 1295506 | 129337 | 45661 | 1133 |
| 2007 | 1261 | 90 | 1544492 | 159989 | 46800 | 3621 |
| 2008 | 1334 | 88 | 1573484 | 155794 | 50642 | 3543 |
| 2009 | 1372 | 116 | 1680532 | 167283 | 51049 | 3670 |
| 2010 | 1448 | 145 | 1719008 | 146329 | 55562 | 5221 |
| 2011 | 1547 | 241 | 2409701 | 178705 | 71109 | 8165 |
| 2012 | 1770 | 261 | 2765761 | 152070 | 99901 | 10038 |
| 2013 | 1891 | 274 | 3484727 | 183802 | 108360 | 11499 |
| 2014 | 1949 | 345 | 3474544 | 128033 | 110806 | 11584 |
| 2015 | 1766 | 275 | 3752106 | 166723 | 113402 | 10682 |
| 2016 | 1736 | 240 | 3338221 | 167029 | 112944 | 10473 |
| 2017 | 1623 | 194 | 2188572 | 93783 | 109683 | 8411 |
| 2018 | 1534 | 176 | 1572077 | 76380 | 109683 | 7681 |

# B-2-11 福利彩票

| 年份 | 福利彩票发行管理单位（个） | 福利彩票销售额（亿元） | 公益金（亿元） | 公益金支出（亿元） |
|---|---|---|---|---|
| **"六五"时期** | | | | |
| 1981 | | | | |
| 1982 | | | | |
| 1983 | | | | |
| 1984 | | | | |
| 1985 | | | | |
| **"七五"时期** | | **14.2** | **4.6** | |
| 1986 | | | | |
| 1987 | | 0.2 | 0.1 | |
| 1988 | | 3.8 | 1.2 | |
| 1989 | | 3.8 | 1.3 | |
| 1990 | | 6.5 | 2.0 | |
| **"八五"时期** | | **115.2** | **34.3** | |
| 1991 | | 7.7 | 2.5 | |
| 1992 | | 13.8 | 4.1 | |
| 1993 | | 18.4 | 5.5 | |
| 1994 | | 18.0 | 5.3 | |
| 1995 | | 57.3 | 16.9 | |
| **"九五"时期** | | **358.7** | **103.9** | **72.7** |
| 1996 | | 64.8 | 19.6 | |
| 1997 | | 36.4 | 10.1 | |
| 1998 | | 63.2 | 19.6 | 14.1 |
| 1999 | 1169 | 104.4 | 30.4 | 19.9 |
| 2000 | 1253 | 89.9 | 24.2 | 38.7 |
| **"十五"时期** | | **1145.2** | **393.6** | **161.9** |
| 2001 | 1185 | 139.6 | 41.9 | 19.7 |
| 2002 | 1121 | 168.0 | 58.8 | 25.5 |
| 2003 | 1145 | 200.1 | 70.0 | 30.6 |
| 2004 | 1128 | 226.4 | 79.2 | 33.8 |
| 2005 | 1113 | 411.2 | 143.7 | 52.3 |
| **"十一五"时期** | | **3455.4** | **1133.3** | **484.0** |
| 2006 | 989 | 495.7 | 172.2 | 52.6 |
| 2007 | 985 | 631.6 | 217.5 | 77.6 |
| 2008 | 999 | 604.0 | 199.6 | 119.2 |
| 2009 | 988 | 756.1 | 246.3 | 113.4 |
| 2010 | 993 | 968.0 | 297.7 | 121.2 |
| **"十二五"时期** | | **8628.7** | **2497.2** | **1002.6** |
| 2011 | 974 | 1278.0 | 382.0 | 127.9 |
| 2012 | 955 | 1510.3 | 455.0 | 159.0 |
| 2013 | 940 | 1765.3 | 510.7 | 195.5 |
| 2014 | 893 | 2060.0 | 585.7 | 231.3 |
| 2015 | 861 | 2015.1 | 563.8 | 288.9 |
| **"十三五"时期** | | **6480.3** | **1856.5** | **794.9** |
| 2016 | 788 | 2064.9 | 591.5 | 268.3 |
| 2017 | 729 | 2169.8 | 621.4 | 275.2 |
| 2018 | 700 | 2245.6 | 643.6 | 251.7 |

# B-2-12 社区服务机构和设施

单位：个

| 年份 | 合计 | | | 便民利民网点 |
|---|---|---|---|---|
| | | 社区服务中心 | 其他社区服务机构 | |
| 1988 | 69699 | | 69699 | |
| 1989 | 71357 | | 71357 | |
| 1990 | 84757 | | 84757 | |
| 1991 | 89918 | | 89918 | |
| 1992 | 112171 | | 112171 | |
| 1993 | 92946 | 3711 | 89235 | 169503 |
| 1994 | 98679 | 4034 | 94645 | 204229 |
| 1995 | 115175 | 4380 | 110795 | 234024 |
| 1996 | 132309 | 5055 | 127254 | 259201 |
| 1997 | 138366 | 5113 | 133253 | 307226 |
| 1998 | 154196 | 6154 | 148042 | 345075 |
| 1999 | 164962 | 7623 | 157339 | 405740 |
| 2000 | 187888 | 6444 | 181444 | 451567 |
| 2001 | 201758 | 6179 | 195579 | 539544 |
| 2002 | 206743 | 7898 | 198845 | 622986 |
| 2003 | 203945 | 7520 | 196425 | 668418 |
| 2004 | 205926 | 7804 | 198122 | 703760 |
| 2005 | 203275 | 8479 | 194796 | 664764 |
| 2006 | 160007 | 8565 | 151442 | 457896 |

| 年份 | 社区服务机构和设施合计 | 社区指导中心 | 社区服务中心 | 社区服务站 | 其他社区服务机构 | 便民利民网点 |
|---|---|---|---|---|---|---|
| 2007 | 134852 | | 9319 | 50116 | 75417 | 892656 |
| 2008 | 146322 | | 9873 | 30021 | 106428 | 748684 |
| 2009 | 146341 | | 10003 | 53170 | 83168 | 692625 |
| 2010 | 152941 | | 12720 | 44237 | 95984 | 539136 |
| 2011 | 160352 | | 14391 | 56156 | 89805 | 452868 |
| 2012 | 200162 | 809 | 15497 | 87931 | 95925 | 397222 |
| 2013 | 251939 | 890 | 19014 | 108377 | 123658 | 358518 |

| 年份 | 社区服务机构和设施合计 | 社区指导中心 | 社区服务中心 | 社区服务站 | 社区养老照料机构和设施 | 社区互助型的养老设施 | 未登记的农村特困救助供养机构 | 其他社区服务机构和设施 |
|---|---|---|---|---|---|---|---|---|
| 2014 | 310652 | 918 | 23088 | 120188 | 18927 | 40357 | | 107174 |
| 2015 | 360956 | 863 | 24138 | 128083 | 26067 | 62027 | | 119778 |
| 2016 | 386186 | 809 | 23493 | 137533 | 34924 | 76374 | | 113053 |
| 2017 | 407453 | 619 | 25015 | 142823 | 43212 | 82648 | | 113136 |
| 2018 | 426524 | 569 | 27635 | 148779 | 44558 | 91057 | 3991 | 109935 |

# B-3-1 社会组织

单位：个、万元

| 年份 | 社会组织合计 | 社会团体 | 基金会 | 民办非企业单位 | 社会组织捐赠收入合计 |
|---|---|---|---|---|---|
| 1978 | | | | | |
| 1979 | | | | | |
| 1980 | | | | | |
| 1981 | | | | | |
| 1982 | | | | | |
| 1983 | | | | | |
| 1984 | | | | | |
| 1985 | | | | | |
| 1986 | | | | | |
| 1987 | | | | | |
| 1988 | 4446 | 4446 | | | |
| 1989 | 4544 | 4544 | | | |
| 1990 | 10855 | 10855 | | | |
| 1991 | 82814 | 82814 | | | |
| 1992 | 154502 | 154502 | | | |
| 1993 | 167506 | 167506 | | | |
| 1994 | 174060 | 174060 | | | |
| 1995 | 180583 | 180583 | | | |
| 1996 | 184821 | 184821 | | | |
| 1997 | 181318 | 181318 | | | |
| 1998 | 165600 | 165600 | | | |
| 1999 | 142665 | 136764 | | 5901 | 2.0 |
| 2000 | 153322 | 130668 | | 22654 | 3.9 |
| 2001 | 210939 | 128805 | | 82134 | 4.1 |
| 2002 | 244509 | 133297 | | 111212 | 7.9 |
| 2003 | 266612 | 141167 | 954 | 124491 | 11.9 |
| 2004 | 289432 | 153359 | 892 | 135181 | 16.9 |
| 2005 | 319762 | 171150 | 975 | 147637 | 29.0 |
| 2006 | 354393 | 191946 | 1144 | 161303 | 40.1 |
| 2007 | 386916 | 211661 | 1340 | 173915 | 81.9 |
| 2008 | 413660 | 229681 | 1597 | 182382 | 265.2 |
| 2009 | 431069 | 238747 | 1843 | 190479 | 417.2 |
| 2010 | 445631 | 245256 | 2200 | 198175 | 417.0 |
| 2011 | 461971 | 254969 | 2614 | 204388 | 393.5 |
| 2012 | 499268 | 271131 | 3029 | 225108 | 470.8 |
| 2013 | 547245 | 289026 | 3549 | 254670 | 458.8 |
| 2014 | 606048 | 309736 | 4117 | 292195 | 524.9 |
| 2015 | 662425 | 328500 | 4784 | 329141 | 610.3 |
| 2016 | 702405 | 335932 | 5559 | 360914 | 786.7 |
| 2017 | 761539 | 354794 | 6307 | 400438 | 729.2 |
| 2018 | 817360 | 366234 | 7034 | 444092 | 919.7 |

注：2001年以前的基金会含在社会团体内。

# B-3-2 自治组织

| 年份 | 自治组织合计（万个） | 居民委员会（个） | 居民小组（万个） | 居民委员会成员（万人） | 村民委员会（万个） | 村民小组（万个） | 村民委员会成员（万人） |
|---|---|---|---|---|---|---|---|
| 1978 | | | | | | | |
| 1979 | | 46810 | | | | | |
| 1980 | | | | | | | |
| 1981 | | 57169 | | | | | |
| 1982 | | | | | | | |
| 1983 | 37.7 | 65519 | | | 31.2 | | |
| 1984 | 100.3 | 75609 | | | 92.7 | | |
| 1985 | 103.0 | 80943 | | 34.9 | 94.9 | | 379.6 |
| 1986 | 95.3 | 86824 | | 36.2 | 86.6 | | 365.9 |
| 1987 | 93.2 | 86799 | | 37.0 | 84.5 | | 359.9 |
| 1988 | 97.8 | 95684 | | 36.1 | 88.3 | | 366.6 |
| 1989 | 102.8 | 93691 | | 36.6 | 93.4 | | 379.4 |
| 1990 | 110.0 | 98814 | | 43.1 | 100.1 | | 409.4 |
| 1991 | 111.9 | 100347 | | 44.1 | 101.9 | | 424.4 |
| 1992 | 110.8 | 104136 | | 46.5 | 100.4 | | 430.9 |
| 1993 | 112.0 | 107173 | | 47.9 | 101.3 | | 456.0 |
| 1994 | 111.7 | 110112 | | 48.0 | 100.7 | | 458.5 |
| 1995 | 104.4 | 111860 | | 48.0 | 93.2 | | 400.5 |
| 1996 | 104.2 | 113690 | | 49.3 | 92.8 | | 397.5 |
| 1997 | 102.4 | 117915 | 108.3 | 49.8 | 90.6 | 535.8 | 378.8 |
| 1998 | 95.2 | 119042 | 117.2 | 50.8 | 83.3 | 537.1 | 358.6 |
| 1999 | 91.6 | 114815 | 124.7 | 50.1 | 80.1 | 555.7 | 351.3 |
| 2000 | 84.0 | 108424 | 127.2 | 48.4 | 73.2 | 553.4 | 315.0 |
| 2001 | 79.2 | 91893 | 125.9 | 46.4 | 70.0 | 541.9 | 316.4 |
| 2002 | 76.7 | 86087 | 124.4 | 39.6 | 68.1 | 528.6 | 294.2 |
| 2003 | 74.1 | 77431 | 122.2 | 39.7 | 66.3 | 519.2 | 319.1 |
| 2004 | 72.2 | 77884 | 129.6 | 42.5 | 64.4 | 507.9 | 292.1 |
| 2005 | 70.9 | 79947 | 123.3 | 45.4 | 62.9 | 490.5 | 265.7 |
| 2006 | 70.4 | 80717 | 123.5 | 44.3 | 62.4 | 453.3 | 243.0 |
| 2007 | 69.5 | 82006 | 122.3 | 41.6 | 61.3 | 466.9 | 241.1 |
| 2008 | 68.8 | 83413 | 128.7 | 42.2 | 60.4 | 480.9 | 233.9 |
| 2009 | 68.4 | 84689 | 129.5 | 43.1 | 59.9 | 480.5 | 234.0 |
| 2010 | 68.2 | 87057 | 130.7 | 43.9 | 59.5 | 479.1 | 233.4 |
| 2011 | 67.9 | 89480 | 134.0 | 45.4 | 59.0 | 476.4 | 231.9 |
| 2012 | 68.0 | 91153 | 133.5 | 46.9 | 58.8 | 469.4 | 232.3 |
| 2013 | 68.3 | 94620 | 135.7 | 48.4 | 58.9 | 466.4 | 232.3 |
| 2014 | 68.2 | 96693 | 135.8 | 49.7 | 58.5 | 470.4 | 230.5 |
| 2015 | 68.1 | 96679 | 134.7 | 51.2 | 58.1 | 469.2 | 229.7 |
| 2016 | 66.2 | 103292 | 142.0 | 54.0 | 55.9 | 447.8 | 225.3 |
| 2017 | 66.1 | 106491 | 137.1 | 56.5 | 55.4 | 439.7 | 224.3 |
| 2018 | 65.0 | 107869 | 156.3 | 57.9 | 54.2 | 449.1 | 221.5 |

# B-3-3　结婚登记

| 年份 | 结婚登记对数（万对） | 内地居民登记结婚（万对） | 涉外华侨港澳台登记结婚（万对） | 结婚登记人数（万人） | 初婚人数（万人） | 再婚人数（万人） | #女（万人） | #恢复结婚件数（对） | 结婚率（‰） |
|---|---|---|---|---|---|---|---|---|---|
| 1978 | 597.8 | 597.8 | | | | | | | 6.2 |
| 1979 | 637.1 | 636.3 | 0.8 | | | | | | 6.7 |
| 1980 | 720.9 | 719.8 | 1.1 | | | | | | 7.3 |
| 1981 | 1041.7 | 1040.3 | 1.4 | | | | | | 10.4 |
| 1982 | 836.9 | 835.5 | 1.4 | | | | | | 8.3 |
| 1983 | 765.4 | 764.2 | 1.3 | | | | | | 7.5 |
| 1984 | 784.8 | 783.4 | 1.4 | | | | | | 7.5 |
| 1985 | 831.3 | 829.1 | 2.2 | | | | | | 7.9 |
| 1986 | 884.0 | 882.3 | 1.7 | | | | | | 8.2 |
| 1987 | 926.7 | 924.7 | 2.0 | | | | | | 8.6 |
| 1988 | 899.2 | 897.2 | 2.0 | | | | | | 8.3 |
| 1989 | 937.2 | 935.2 | 2.0 | | | | | | 8.4 |
| 1990 | 951.1 | 948.7 | 2.4 | | | | | | 8.2 |
| 1991 | 953.6 | 951.0 | 2.6 | | | | | | 8.3 |
| 1992 | 957.5 | 954.5 | 3.0 | | | | | | 8.3 |
| 1993 | 915.4 | 912.2 | 3.3 | | | | | | 7.8 |
| 1994 | 932.4 | 929.0 | 3.4 | | | | | | 7.8 |
| 1995 | 934.1 | 929.7 | 4.4 | | | | | | 7.7 |
| 1996 | 938.7 | 934.0 | 4.7 | 1877.4 | 1781.7 | 86.2 | 41.1 | 48044 | 7.7 |
| 1997 | 914.1 | 909.1 | 5.1 | 1828.3 | 1726.0 | 92.2 | 46.3 | 62752 | 7.4 |
| 1998 | 891.7 | 886.7 | 5.0 | 1783.4 | 1675.4 | 97.9 | 49.8 | 69160 | 7.2 |
| 1999 | 885.3 | 879.9 | 5.4 | 1770.6 | 1659.4 | 100.5 | 50.0 | 57815 | 7.1 |
| 2000 | 848.5 | 842.0 | 6.5 | 1697.0 | 1581.4 | 102.6 | 50.8 | 56324 | 6.7 |
| 2001 | 805.0 | 797.1 | 7.9 | 1610.0 | 1481.7 | 112.5 | 58.0 | 63442 | 6.3 |
| 2002 | 786.0 | 778.8 | 7.3 | 1572.0 | 1440.3 | 117.2 | 60.2 | 68081 | 6.1 |
| 2003 | 811.4 | 803.5 | 7.8 | 1622.8 | 1483.9 | 123.3 | 60.7 | 68204 | 6.3 |
| 2004 | 867.2 | 860.8 | 6.4 | 1734.4 | 1569.6 | 152.0 | 77.1 | 84799 | 6.7 |
| 2005 | 823.1 | 816.6 | 6.4 | 1646.2 | 1483.0 | 163.1 | 74.3 | 115003 | 6.3 |
| 2006 | 945.0 | 938.2 | 6.8 | 1890.0 | 1705.6 | 184.4 | 86.7 | 107113 | 7.2 |
| 2007 | 991.4 | 986.3 | 5.1 | 1982.8 | 1779.7 | 203.1 | 97.3 | 138967 | 7.5 |
| 2008 | 1098.3 | 1093.2 | 5.1 | 2196.6 | 1972.5 | 224.1 | 108.0 | 162244 | 8.3 |
| 2009 | 1212.4 | 1207.5 | 4.9 | 2424.8 | 2168.8 | 256.0 | 124.7 | 181162 | 9.1 |
| 2010 | 1241.0 | 1236.1 | 4.9 | 2482.0 | 2200.9 | 281.1 | 138.8 | 190356 | 9.3 |
| 2011 | 1302.4 | 1297.5 | 4.9 | 2604.8 | 2309.9 | 294.9 | 146.5 | 209781 | 9.7 |
| 2012 | 1323.6 | 1318.3 | 5.3 | 2647.2 | 2361.2 | 286.0 | 145.8 | 229607 | 9.8 |
| 2013 | 1346.9 | 1341.4 | 5.5 | 2693.8 | 2386.0 | 307.9 | 156.5 | 298766 | 9.9 |
| 2014 | 1306.7 | 1302.0 | 4.7 | 2613.5 | 2286.8 | 326.7 | 168.7 | 348285 | 9.6 |
| 2015 | 1224.7 | 1220.6 | 4.1 | 2449.4 | 2109.0 | 340.4 | 177.2 | 398527 | 9.0 |
| 2016 | 1142.8 | 1138.6 | 4.2 | 2285.6 | 1913.3 | 372.4 | 195.0 | 473905 | 8.3 |
| 2017 | 1063.1 | 1059.0 | 4.1 | 2126.2 | 1746.3 | 379.9 | 201.4 | 522556 | 7.7 |
| 2018 | 1013.9 | 1009.1 | 4.8 | 2027.9 | 1598.7 | 429.2 | 230.6 | 562921 | 7.3 |

注：结婚率计算方法：$结婚率=\frac{登记结婚对数}{（当年期初人口数+当年期末人口数）/2}\times 1000‰$

# B-3-4 离婚登记

| 年份 | 离婚总数（万对） | 民政部门登记离婚数（万对） | | | 法院部门判决、调解离婚数（万件） | 离婚率（‰） |
|---|---|---|---|---|---|---|
| | | | 内地居民登记离婚数（万对） | 涉外华侨港澳台登记离婚数（对） | | |
| 1978 | 28.5 | 17.0 | 17 | | 11.5 | 0.2 |
| 1979 | 31.9 | 19.3 | 19.3 | 82 | 12.6 | 0.3 |
| 1980 | 34.1 | 18.0 | 18 | 330 | 16.1 | 0.4 |
| 1981 | 38.9 | 18.7 | 18.7 | 46 | 20.2 | 0.4 |
| 1982 | 42.8 | 21.1 | 21.1 | 116 | 21.7 | 0.4 |
| 1983 | 41.8 | 19.7 | 19.7 | 126 | 22.1 | 0.4 |
| 1984 | 45.4 | 19.9 | 19.9 | 110 | 25.5 | 0.4 |
| 1985 | 45.8 | 19.6 | 19.6 | 108 | 26.2 | 0.4 |
| 1986 | 50.6 | 21.4 | 21.4 | 205 | 29.2 | 0.5 |
| 1987 | 58.1 | 23.6 | 23.6 | 220 | 34.5 | 0.6 |
| 1988 | 65.5 | 26.4 | 26.4 | 310 | 39.1 | 0.6 |
| 1989 | 75.3 | 28.8 | 28.7 | 518 | 46.5 | 0.7 |
| 1990 | 80.0 | 30.1 | 30 | 602 | 49.9 | 0.7 |
| 1991 | 83.1 | 30.1 | 30 | 588 | 53 | 0.7 |
| 1992 | 85.0 | 31.6 | 31.5 | 833 | 53.4 | 0.7 |
| 1993 | 91.0 | 33.6 | 33.5 | 968 | 57.4 | 0.8 |
| 1994 | 98.2 | 35.5 | 35.4 | 737 | 62.7 | 0.8 |
| 1995 | 105.6 | 36.8 | 36.7 | 813 | 68.8 | 0.9 |
| 1996 | 113.4 | 39.4 | 39.3 | 1175 | 74 | 0.9 |
| 1997 | 119.9 | 44.0 | 43.9 | 1385 | 75.9 | 1.0 |
| 1998 | 119.2 | 46.6 | 46.5 | 948 | 72.6 | 1.0 |
| 1999 | 120.2 | 47.8 | 47.7 | 975 | 72.4 | 1.0 |
| 2000 | 121.3 | 48.9 | 48.8 | 1075 | 72.4 | 1.0 |
| 2001 | 125.0 | 52.8 | 52.5 | 2856 | 72.2 | 1.0 |
| 2002 | 117.7 | 57.3 | 56.8 | 5221 | 60.4 | 0.9 |
| 2003 | 133.0 | 69 | 68.7 | 3333 | 64 | 1.1 |
| 2004 | 166.5 | 104.6 | 104.0 | 5830 | 61.9 | 1.3 |
| 2005 | 178.5 | 118.4 | 117.5 | 8267 | 60.1 | 1.4 |
| 2006 | 191.3 | 129.1 | 128.3 | 8414 | 62.2 | 1.5 |
| 2007 | 209.8 | 145.7 | 144.8 | 8852 | 64.1 | 1.6 |
| 2008 | 226.9 | 161.0 | 160.0 | 9470 | 65.9 | 1.7 |
| 2009 | 246.8 | 180.2 | 179.6 | 5608 | 66.6 | 1.9 |
| 2010 | 267.8 | 201.0 | 200.4 | 5783 | 66.8 | 2.0 |
| 2011 | 287.4 | 220.7 | 220.2 | 5761 | 66.7 | 2.1 |
| 2012 | 310.4 | 242.3 | 241.7 | 6161 | 68.1 | 2.3 |
| 2013 | 350.0 | 281.5 | 280.9 | 6538 | 68.5 | 2.6 |
| 2014 | 363.9 | 295.7 | 295.1 | 6714 | 67.9 | 2.7 |
| 2015 | 384.3 | 314.9 | 314.3 | 6237 | 69.3 | 2.8 |
| 2016 | 415.8 | 348.6 | 348.0 | 6315 | 67.2 | 3.0 |
| 2017 | 437.4 | 370.4 | 369.8 | 6307 | 66.9 | 3.2 |
| 2018 | 446.1 | 381.2 | 380.5 | 7567 | 64.9 | 3.2 |

注：离婚率计算方法： $离婚率=\frac{离婚对数}{（当年期初人口数+当年期末人口数）/2}\times 1000‰$

# B-3-5 殡葬服务

| 年份 | 殡仪馆（个） | 公墓（个） | 殡葬管理机构（个） | 火化炉（台） | 火化遗体（万具） | 火化率（%） |
|---|---|---|---|---|---|---|
| 1978 | | | | *1712* | *117.5* | |
| 1979 | | | | *2300* | *102.1* | |
| 1980 | | | | *2510* | *98.7* | |
| 1981 | | | | *2586* | *85.4* | |
| 1982 | | | | *2622* | *96.2* | |
| 1983 | | | | *2622* | *108.0* | |
| 1984 | | | | *2686* | *128.2* | |
| 1985 | *9* | *24* | *122* | *2729* | *155.2* | |
| 1986 | *5* | *25* | *143* | *2745* | *155.5* | *26.2* |
| 1987 | *6* | *29* | *195* | *2752* | *162.0* | *27.0* |
| 1988 | *14* | *37* | *219* | *2729* | *180.9* | *29.5* |
| 1989 | *17* | *50* | *217* | *2768* | *182.3* | *30.1* |
| 1990 | 1260 | 73 | 211 | 2795 | 201.3 | 31.5 |
| 1991 | 1283 | 84 | 234 | 2714 | 215.6 | 34.0 |
| 1992 | 1288 | 88 | 228 | 2852 | 242.6 | 31.2 |
| 1993 | 1264 | 136 | 296 | 2891 | 247.6 | 31.6 |
| 1994 | 1272 | 163 | 284 | 2882 | 257.1 | 33.4 |
| 1995 | 1281 | 209 | 302 | 2927 | 262.7 | 33.2 |
| 1996 | 1283 | 256 | 313 | 3005 | 282.7 | 35.2 |
| 1997 | 1289 | 359 | 340 | 2959 | 295.0 | 36.8 |
| 1998 | 1310 | 425 | 374 | 3157 | 319.7 | 39.6 |
| 1999 | 1318 | 624 | 402 | 3340 | 336.4 | 41.5 |
| 2000 | 1363 | 692 | 466 | 3565 | 373.7 | 46.0 |
| 2001 | 1415 | 757 | 540 | 4299 | 386.7 | 47.3 |
| 2002 | 1486 | 854 | 542 | 3945 | 415.2 | 50.6 |
| 2003 | 1515 | 855 | 599 | 4159 | 434.9 | 52.7 |
| 2004 | 1549 | 937 | 633 | 4792 | 436.9 | 52.5 |
| 2005 | 1594 | 1009 | 681 | 5037 | 450.2 | 53.0 |
| 2006 | 1635 | 1109 | 805 | 5649 | 430.2 | 48.2 |
| 2007 | 1708 | 1162 | 799 | 4838 | 442.1 | 48.4 |
| 2008 | 1692 | 1209 | 853 | 4789 | 453.4 | 48.5 |
| 2009 | 1729 | 1266 | 901 | 5123 | 454.2 | 48.2 |
| 2010 | 1724 | 1308 | 919 | 5229 | 474.1 | 49.0 |
| 2011 | 1745 | 1406 | 952 | 5209 | 468.1 | 48.8 |
| 2012 | 1782 | 1597 | 978 | 5539 | 477.7 | 49.5 |
| 2013 | 1784 | 1535 | 1063 | 5743 | 468.9 | 48.2 |
| 2014 | 1801 | 1617 | 1141 | 5908 | 459.3 | 47.0 |
| 2015 | 1821 | 1582 | 1127 | 6063 | 459.5 | 47.1 |
| 2016 | 1775 | 1386 | 1005 | 6206 | 471.8 | 48.3 |
| 2017 | 1760 | 1420 | 952 | 6361 | 482.0 | 48.9 |
| 2018 | 1730 | 1367 | 946 | 6444 | 501.7 | 50.5 |

注：1．斜体数据经过修正。1989年以前部分数据统计不完全。

2．$火化率=\frac{当年火化遗体数}{当年死亡人数}\times 100\%$

# 第五部分

# 当年分省统计资料

# C-1-1 省级行政区划

单位：个

| 地区 | 省级合计 | 直辖市 | 省 | 自治区 | 特别行政区 |
|---|---|---|---|---|---|
| **全国** | **34** | **4** | **23** | **5** | **2** |
| 北京 | 1 | 1 | | | |
| 天津 | 1 | 1 | | | |
| 河北 | 1 | | 1 | | |
| 山西 | 1 | | 1 | | |
| 内蒙古 | 1 | | | 1 | |
| 辽宁 | 1 | | 1 | | |
| 吉林 | 1 | | 1 | | |
| 黑龙江 | 1 | | 1 | | |
| 上海 | 1 | 1 | | | |
| 江苏 | 1 | | 1 | | |
| 浙江 | 1 | | 1 | | |
| 安徽 | 1 | | 1 | | |
| 福建 | 1 | | 1 | | |
| 江西 | 1 | | 1 | | |
| 山东 | 1 | | 1 | | |
| 河南 | 1 | | 1 | | |
| 湖北 | 1 | | 1 | | |
| 湖南 | 1 | | 1 | | |
| 广东 | 1 | | 1 | | |
| 广西 | 1 | | | 1 | |
| 海南 | 1 | | 1 | | |
| 重庆 | 1 | 1 | | | |
| 四川 | 1 | | 1 | | |
| 贵州 | 1 | | 1 | | |
| 云南 | 1 | | 1 | | |
| 西藏 | 1 | | | 1 | |
| 陕西 | 1 | | 1 | | |
| 甘肃 | 1 | | 1 | | |
| 青海 | 1 | | 1 | | |
| 宁夏 | 1 | | | 1 | |
| 新疆 | 1 | | | 1 | |
| 香港 | 1 | | | | 1 |
| 澳门 | 1 | | | | 1 |
| 台湾 | 1 | | 1 | | |

# C-1-2 地级与县级行政区划

单位：个

| 地区 | 地级合计 | | | | | 县级合计 | | | | | | | | |
|---|---|---|---|---|---|---|---|---|---|---|---|---|---|---|
| | | 地级市 | 地区 | 自治州 | 盟 | | 市辖区 | 县级市 | 县 | 自治县 | 旗 | 自治旗 | 特区 | 林区 |
| **全国** | **333** | **293** | **7** | **30** | **3** | **2851** | **970** | **375** | **1335** | **117** | **49** | **3** | **1** | **1** |
| 北京 | | | | | | 16 | 16 | | | | | | | |
| 天津 | | | | | | 16 | 16 | | | | | | | |
| 河北 | 11 | 11 | | | | 168 | 47 | 21 | 94 | 6 | | | | |
| 山西 | 11 | 11 | | | | 117 | 25 | 11 | 81 | | | | | |
| 内蒙古 | 12 | 9 | | | 3 | 103 | 23 | 11 | 17 | | 49 | 3 | | |
| 辽宁 | 14 | 14 | | | | 100 | 59 | 16 | 17 | 8 | | | | |
| 吉林 | 9 | 8 | | 1 | | 60 | 21 | 20 | 16 | 3 | | | | |
| 黑龙江 | 13 | 12 | 1 | | | 128 | 65 | 20 | 42 | 1 | | | | |
| 上海 | | | | | | 16 | 16 | | | | | | | |
| 江苏 | 13 | 13 | | | | 96 | 55 | 22 | 19 | | | | | |
| 浙江 | 11 | 11 | | | | 89 | 37 | 19 | 32 | 1 | | | | |
| 安徽 | 16 | 16 | | | | 105 | 44 | 7 | 54 | | | | | |
| 福建 | 9 | 9 | | | | 85 | 29 | 12 | 44 | | | | | |
| 江西 | 11 | 11 | | | | 100 | 26 | 11 | 63 | | | | | |
| 山东 | 16 | 16 | | | | 137 | 56 | 27 | 54 | | | | | |
| 河南 | 17 | 17 | | | | 158 | 52 | 21 | 85 | | | | | |
| 湖北 | 13 | 12 | | 1 | | 103 | 39 | 25 | 36 | 2 | | | | 1 |
| 湖南 | 14 | 13 | | 1 | | 122 | 36 | 17 | 62 | 7 | | | | |
| 广东 | 21 | 21 | | | | 122 | 65 | 20 | 34 | 3 | | | | |
| 广西 | 14 | 14 | | | | 111 | 40 | 8 | 51 | 12 | | | | |
| 海南 | 4 | 4 | | | | 23 | 8 | 5 | 4 | 6 | | | | |
| 重庆 | | | | | | 38 | 26 | | 8 | 4 | | | | |
| 四川 | 21 | 18 | | 3 | | 183 | 54 | 17 | 108 | 4 | | | | |
| 贵州 | 9 | 6 | | 3 | | 88 | 15 | 9 | 52 | 11 | | | 1 | |
| 云南 | 16 | 8 | | 8 | | 129 | 17 | 16 | 67 | 29 | | | | |
| 西藏 | 7 | 6 | 1 | | | 74 | 8 | | 66 | | | | | |
| 陕西 | 10 | 10 | | | | 107 | 30 | 5 | 72 | | | | | |
| 甘肃 | 14 | 12 | | 2 | | 86 | 17 | 5 | 57 | 7 | | | | |
| 青海 | 8 | 2 | | 6 | | 44 | 6 | 4 | 27 | 7 | | | | |
| 宁夏 | 5 | 5 | | | | 22 | 9 | 2 | 11 | | | | | |
| 新疆 | 14 | 4 | 5 | 5 | | 105 | 13 | 24 | 62 | 6 | | | | |

# C-1-3 乡镇级行政区划

单位：个

| 地 区 | 乡镇级合计 | 镇 | 乡 | 民族乡 | 街道办事处 | 区公所 |
|---|---|---|---|---|---|---|
| **全 国** | **39945** | **21297** | **10253** | **981** | **8393** | **2** |
| 北 京 | 333 | 143 | 38 | 5 | 152 | |
| 天 津 | 249 | 126 | 3 | 1 | 120 | |
| 河 北 | 2255 | 1156 | 790 | 46 | 308 | 1 |
| 山 西 | 1398 | 564 | 632 | | 202 | |
| 内蒙古 | 1024 | 508 | 270 | 17 | 246 | |
| 辽 宁 | 1531 | 640 | 201 | 54 | 690 | |
| 吉 林 | 933 | 426 | 182 | 28 | 325 | |
| 黑龙江 | 1196 | 541 | 347 | 52 | 308 | |
| 上 海 | 214 | 107 | 2 | | 105 | |
| 江 苏 | 1258 | 723 | 44 | 1 | 491 | |
| 浙 江 | 1375 | 639 | 269 | 14 | 467 | |
| 安 徽 | 1488 | 968 | 271 | 9 | 249 | |
| 福 建 | 1106 | 651 | 272 | 19 | 183 | |
| 江 西 | 1567 | 827 | 578 | 8 | 162 | |
| 山 东 | 1824 | 1092 | 68 | | 664 | |
| 河 南 | 2451 | 1173 | 618 | 12 | 660 | |
| 湖 北 | 1235 | 762 | 163 | 10 | 310 | |
| 湖 南 | 1933 | 1138 | 392 | 83 | 403 | |
| 广 东 | 1601 | 1123 | 11 | 7 | 467 | |
| 广 西 | 1251 | 806 | 312 | 59 | 133 | |
| 海 南 | 218 | 175 | 21 | | 22 | |
| 重 庆 | 1030 | 627 | 177 | 14 | 226 | |
| 四 川 | 4612 | 2232 | 2027 | 98 | 353 | |
| 贵 州 | 1381 | 837 | 317 | 193 | 227 | |
| 云 南 | 1400 | 682 | 543 | 140 | 175 | |
| 西 藏 | 697 | 138 | 539 | 9 | 20 | |
| 陕 西 | 1311 | 975 | 21 | | 315 | |
| 甘 肃 | 1355 | 886 | 343 | 32 | 126 | |
| 青 海 | 403 | 143 | 223 | 28 | 37 | |
| 宁 夏 | 240 | 103 | 90 | | 47 | |
| 新 疆 | 1076 | 386 | 489 | 42 | 200 | 1 |

# C-1-4 民政部门

| 地 区 | 单位数 | 年末职工人数 | #女性 | 受教育程度 | |
|---|---|---|---|---|---|
| | | | | 大学专科 | 大学本科及以上 |
| **全 国** | **3471** | **95068** | **33011** | **34369** | **45108** |
| 中央级 | 1 | 308 | 97 | 3 | 305 |
| 北 京 | 18 | 1120 | 537 | 120 | 935 |
| 天 津 | 17 | 575 | 179 | 112 | 390 |
| 河 北 | 189 | 6400 | 2516 | 2297 | 2461 |
| 山 西 | 130 | 2627 | 901 | 1010 | 1141 |
| 内蒙古 | 118 | 3175 | 1058 | 1247 | 1549 |
| 辽 宁 | 121 | 2609 | 897 | 756 | 1650 |
| 吉 林 | 70 | 1215 | 291 | 324 | 614 |
| 黑龙江 | 146 | 2571 | 955 | 1017 | 1278 |
| 上 海 | 17 | 655 | 271 | 85 | 549 |
| 江 苏 | 117 | 3322 | 982 | 838 | 2193 |
| 浙 江 | 102 | 2736 | 844 | 815 | 1620 |
| 安 徽 | 122 | 2554 | 778 | 945 | 1291 |
| 福 建 | 96 | 1803 | 487 | 637 | 850 |
| 江 西 | 114 | 3188 | 874 | 1139 | 1085 |
| 山 东 | 171 | 6503 | 2249 | 2233 | 3381 |
| 河 南 | 179 | 6988 | 2498 | 2765 | 2510 |
| 湖 北 | 120 | 4122 | 1404 | 1708 | 1751 |
| 湖 南 | 142 | 6693 | 2410 | 2454 | 2578 |
| 广 东 | 149 | 4335 | 1478 | 1371 | 2552 |
| 广 西 | 126 | 2152 | 725 | 835 | 1118 |
| 海 南 | 23 | 791 | 242 | 345 | 309 |
| 重 庆 | 40 | 1150 | 423 | 364 | 749 |
| 四 川 | 209 | 5606 | 1986 | 2283 | 2619 |
| 贵 州 | 100 | 3985 | 1371 | 1767 | 1770 |
| 云 南 | 147 | 4402 | 1536 | 1704 | 2010 |
| 西 藏 | 82 | 1175 | 541 | 364 | 452 |
| 陕 西 | 118 | 3760 | 1212 | 1474 | 1656 |
| 甘 肃 | 106 | 3398 | 1085 | 1194 | 1410 |
| 青 海 | 55 | 929 | 353 | 331 | 442 |
| 宁 夏 | 28 | 727 | 281 | 216 | 443 |
| 新 疆 | 298 | 3494 | 1550 | 1616 | 1447 |

# 行政机构

单位：个、人

| 职业资格水平 | | 年龄结构 | | | |
| --- | --- | --- | --- | --- | --- |
| 助理社会工作师 | 社会工作师 | 35岁及以下 | 36岁至45岁 | 46岁至55岁 | 56岁及以上 |
| **2011** | **2201** | **23930** | **34149** | **30164** | **6825** |
| | | 75 | 149 | 60 | 24 |
| 7 | 24 | 300 | 341 | 395 | 84 |
| | | 130 | 151 | 222 | 72 |
| 113 | 119 | 1748 | 2424 | 1881 | 347 |
| 36 | 27 | 669 | 932 | 836 | 190 |
| 13 | 36 | 863 | 1088 | 977 | 247 |
| 18 | 31 | 504 | 880 | 968 | 257 |
| 6 | 20 | 156 | 527 | 426 | 106 |
| 23 | 22 | 639 | 981 | 821 | 130 |
| 13 | 5 | 137 | 182 | 235 | 101 |
| 286 | 241 | 555 | 1101 | 1304 | 362 |
| 84 | 120 | 513 | 798 | 1110 | 315 |
| 168 | 166 | 482 | 898 | 957 | 217 |
| 31 | 115 | 372 | 483 | 764 | 184 |
| 40 | 40 | 591 | 1231 | 1061 | 305 |
| 186 | 335 | 1925 | 2367 | 1878 | 333 |
| 119 | 143 | 2130 | 2530 | 1840 | 488 |
| 83 | 94 | 840 | 1268 | 1472 | 542 |
| 142 | 128 | 1884 | 2611 | 1759 | 439 |
| 166 | 160 | 1088 | 1461 | 1481 | 305 |
| 9 | 20 | 302 | 600 | 1049 | 201 |
| 21 | 11 | 233 | 281 | 223 | 54 |
| 74 | 46 | 253 | 321 | 475 | 101 |
| 85 | 75 | 1350 | 2135 | 1789 | 332 |
| 21 | 18 | 1243 | 1528 | 1059 | 155 |
| 51 | 34 | 850 | 1683 | 1569 | 300 |
| 32 | 2 | 628 | 393 | 147 | 7 |
| 47 | 51 | 1012 | 1346 | 1145 | 257 |
| 94 | 75 | 1095 | 1239 | 888 | 176 |
| 23 | 10 | 207 | 434 | 251 | 37 |
| 8 | 14 | 154 | 276 | 260 | 37 |
| 12 | 19 | 1002 | 1510 | 862 | 120 |

C−1−4续表

| 地　区 | 职工按行政层级分 | | | | 乡、镇、街道民政助理员 |
|---|---|---|---|---|---|
| | 中央级 | 省级 | 地级 | 县级 | |
| **全　国** | **308** | **3596** | **13411** | **77753** | **58273** |
| 中央级 | 308 | | | | |
| 北　京 | | 246 | | 874 | 626 |
| 天　津 | | 119 | | 456 | 297 |
| 河　北 | | 111 | 639 | 5650 | 2809 |
| 山　西 | | 76 | 359 | 2192 | 1757 |
| 内蒙古 | | 82 | 440 | 2653 | 1568 |
| 辽　宁 | | 72 | 651 | 1886 | 1587 |
| 吉　林 | | 97 | 269 | 849 | 933 |
| 黑龙江 | | 112 | 487 | 1972 | 1407 |
| 上　海 | | 157 | | 498 | 264 |
| 江　苏 | | 127 | 629 | 2566 | 1639 |
| 浙　江 | | 86 | 417 | 2233 | 1800 |
| 安　徽 | | 116 | 522 | 1916 | 1974 |
| 福　建 | | 100 | 295 | 1408 | 1655 |
| 江　西 | | 84 | 377 | 2727 | 1986 |
| 山　东 | | 135 | 821 | 5547 | 4666 |
| 河　南 | | 144 | 799 | 6045 | 3698 |
| 湖　北 | | 103 | 527 | 3492 | 1780 |
| 湖　南 | | 143 | 780 | 5770 | 3688 |
| 广　东 | | 126 | 1006 | 3203 | 1672 |
| 广　西 | | 98 | 393 | 1661 | 2746 |
| 海　南 | | 76 | 111 | 604 | 337 |
| 重　庆 | | 187 | | 963 | 2654 |
| 四　川 | | 145 | 757 | 4704 | 4665 |
| 贵　州 | | 72 | 447 | 3466 | 3255 |
| 云　南 | | 129 | 558 | 3715 | 2499 |
| 西　藏 | | 121 | 376 | 678 | 442 |
| 陕　西 | | 92 | 413 | 3255 | 2300 |
| 甘　肃 | | 116 | 641 | 2641 | 2121 |
| 青　海 | | 74 | 184 | 671 | 424 |
| 宁　夏 | | 72 | 120 | 535 | 287 |
| 新　疆 | | 178 | 393 | 2923 | 737 |

单位：人、人次、时、万元

| 志愿服务 | | 行政单位会计制度财务指标 | | |
|---|---|---|---|---|
| 志愿者服务人次数 | 志愿服务时间 | 固定资产原价 | 本年收入合计 | 本年支出合计 |
| **53912** | **180449** | **2478079.2** | **9840502.8** | **9771047.5** |
| | | 33715.8 | 60679.7 | 49127.5 |
| | | | | |
| 285 | 1580 | 100448.9 | 557915.0 | 526094.9 |
| | | 19670.3 | 222480.5 | 217795.6 |
| 3209 | 7461 | 91147.5 | 664548.9 | 670844.8 |
| 248 | 596 | 37408.5 | 249699.5 | 244541.8 |
| 114 | 282 | 104163.8 | 132609.2 | 112430.2 |
| | | | | |
| 150 | 550 | 82755.7 | 266569.5 | 266267.7 |
| | | 35464.4 | 112887.0 | 112428.4 |
| 1407 | 2756 | 39314.5 | 93820.3 | 98383.1 |
| | | | | |
| 183 | 478 | 51971.5 | 558448.1 | 544470.9 |
| 7825 | 29132 | 91816.5 | 584776.6 | 590319.0 |
| 2209 | 6590 | 93503.6 | 764123.1 | 749404.8 |
| 4989 | 14904 | 74473.0 | 305579.0 | 314074.4 |
| 2134 | 9242 | 54121.1 | 174141.8 | 168503.9 |
| 1562 | 6616 | 42489.3 | 114158.9 | 106624.4 |
| | | 125971.4 | 406302.6 | 399588.9 |
| | | | | |
| 2546 | 6960 | 53368.6 | 277372.5 | 272285.2 |
| 3612 | 12793 | 123640.8 | 234692.8 | 233047.7 |
| 2191 | 6496 | 92742.2 | 429464.3 | 424911.8 |
| | | 173137.4 | 1005350.8 | 1023061.5 |
| 98 | | 95002.9 | 434888.6 | 433394.4 |
| | | 20971.2 | 166836.6 | 177798.6 |
| | | | | |
| 772 | 3128 | 49967.2 | 166406.9 | 167922.3 |
| 1543 | 6278 | 93107.3 | 389726.4 | 387734.1 |
| 11101 | 36760 | 69630.7 | 308584.7 | 337928.9 |
| 891 | 2902 | 138511.7 | 379283.1 | 384015.8 |
| 3 | 3 | 97212.2 | 36932.4 | 34464.4 |
| | | | | |
| 4020 | 13582 | 79083.1 | 225548.6 | 226406.1 |
| 1761 | 7793 | 34830.7 | 83314.5 | 102175.3 |
| 57 | 294 | 81175.6 | 144174.4 | 125290.9 |
| 23 | 33 | 47059.2 | 77609.7 | 78590.3 |
| 979 | 3241 | 150202.6 | 211576.8 | 191119.9 |

# C-1-5 民政部门登记和管理

| 地区 | 机构和设施数 | 按登记类型分 | | | | |
|---|---|---|---|---|---|---|
| | | 市场监管部门登记 | 编制部门登记 | 民政部门登记 | 自治组织 | 设施和多牌子机构 |
| **全国** | **1876315** | **1768** | **23448** | **817360** | **649888** | **383851** |
| 中央级 | 2319 | | 19 | 2300 | | |
| 北京 | 30879 | 43 | 572 | 12530 | 7124 | 10610 |
| 天津 | 13255 | 6 | 94 | 5148 | 5213 | 2794 |
| 河北 | 116050 | 17 | 609 | 26427 | 52957 | 36040 |
| 山西 | 51541 | 23 | 455 | 15535 | 29216 | 6312 |
| 内蒙古 | 35123 | 32 | 572 | 16677 | 13490 | 4352 |
| 辽宁 | 47800 | 61 | 666 | 23299 | 16013 | 7761 |
| 吉林 | 26942 | 70 | 946 | 13066 | 11222 | 1638 |
| 黑龙江 | 33601 | 37 | 405 | 18698 | 11549 | 2912 |
| 上海 | 25403 | 65 | 247 | 16208 | 5988 | 2895 |
| 江苏 | 135266 | 150 | 1483 | 93061 | 21740 | 18832 |
| 浙江 | 117830 | 149 | 1044 | 55298 | 29391 | 31948 |
| 安徽 | 56976 | 56 | 380 | 30777 | 17951 | 7812 |
| 福建 | 56593 | 39 | 405 | 29457 | 16934 | 9758 |
| 江西 | 51335 | 14 | 1720 | 24921 | 20687 | 3993 |
| 山东 | 153317 | 77 | 724 | 51269 | 76985 | 24262 |
| 河南 | 99417 | 37 | 1334 | 40270 | 51626 | 6150 |
| 湖北 | 82029 | 76 | 1670 | 29933 | 27920 | 22430 |
| 湖南 | 83495 | 51 | 1807 | 35561 | 29224 | 16852 |
| 广东 | 160261 | 150 | 1733 | 67940 | 26586 | 63852 |
| 广西 | 56660 | 34 | 513 | 25935 | 16284 | 13894 |
| 海南 | 13230 | 9 | 36 | 7287 | 3152 | 2746 |
| 重庆 | 37002 | 149 | 565 | 17343 | 11159 | 7786 |
| 四川 | 122604 | 218 | 2293 | 43835 | 53006 | 23252 |
| 贵州 | 55040 | 73 | 1036 | 13413 | 17484 | 23034 |
| 云南 | 44059 | 29 | 676 | 23723 | 14416 | 5215 |
| 西藏 | 6205 | | 15 | 612 | 5494 | 84 |
| 陕西 | 58401 | 39 | 584 | 28410 | 19859 | 9509 |
| 甘肃 | 55572 | 30 | 262 | 27028 | 17454 | 10798 |
| 青海 | 12475 | 11 | 48 | 6028 | 4622 | 1766 |
| 宁夏 | 11825 | 14 | 82 | 6300 | 2800 | 2629 |
| 新疆 | 23810 | 9 | 453 | 9071 | 12342 | 1935 |

# 的机构和设施总表

单位：个、人

| 按行业分类分 | | | | 年末职工人数 | #女性 | 受教育程度 | |
|---|---|---|---|---|---|---|---|
| *社会工作 | *成员组织 | *其他社会服务 | 其他事业单位 | | | 大学专科人数 | 大学本科及以上人数 |
| **459419** | **1467248** | **5157** | **1658** | **14699933** | **5032674** | **2633017** | **2008553** |
| 2 | 2300 | | 17 | 72294 | 32368 | 5749 | 57792 |
| 12486 | 19654 | 63 | 63 | 336247 | 195095 | 139275 | 128054 |
| 3197 | 10361 | 36 | 20 | 131645 | 47711 | 24460 | 26888 |
| 37604 | 79384 | 208 | 26 | 697619 | 223445 | 93099 | 65931 |
| 7065 | 44751 | 80 | 56 | 341990 | 119084 | 40268 | 22209 |
| 5322 | 30167 | 152 | 24 | 254210 | 89353 | 59296 | 34158 |
| 9668 | 39312 | 555 | 95 | 382818 | 181808 | 90838 | 75519 |
| 3356 | 24288 | 186 | 5 | 161320 | 52807 | 34575 | 15674 |
| 4686 | 30247 | 176 | 22 | 199660 | 72071 | 30481 | 15375 |
| 7147 | 22196 | 89 | 39 | 358820 | 97014 | 134910 | 33984 |
| 45852 | 114801 | 308 | 69 | 1155878 | 304163 | 160251 | 132015 |
| 37379 | 84689 | 258 | 139 | 829304 | 310915 | 151058 | 122802 |
| 9807 | 48728 | 173 | 22 | 561765 | 172078 | 138511 | 96199 |
| 10383 | 46391 | 158 | 46 | 359577 | 123558 | 43731 | 48267 |
| 5666 | 45608 | 141 | 326 | 452043 | 135388 | 44256 | 37315 |
| 28452 | 128254 | 267 | 56 | 1305510 | 564528 | 314497 | 297455 |
| 7874 | 91896 | 276 | 110 | 735767 | 247961 | 122527 | 62522 |
| 24672 | 57853 | 230 | 67 | 524114 | 191891 | 83636 | 64812 |
| 18982 | 64785 | 216 | 95 | 590736 | 171574 | 89987 | 52629 |
| 66770 | 94526 | 292 | 31 | 1277978 | 466868 | 266316 | 211646 |
| 14562 | 42219 | 143 | 45 | 377914 | 133153 | 52471 | 32445 |
| 2958 | 10439 | 15 | 7 | 101041 | 33953 | 15367 | 11403 |
| 9234 | 28502 | 147 | 18 | 306648 | 143171 | 78680 | 64764 |
| 27236 | 96841 | 314 | 133 | 875079 | 321734 | 126856 | 115478 |
| 24275 | 30897 | 139 | 38 | 456420 | 121977 | 64338 | 42611 |
| 5902 | 38139 | 177 | 23 | 510412 | 118614 | 66168 | 45866 |
| 100 | 6106 | 2 | | 43472 | 10837 | 2938 | 3628 |
| 10307 | 48269 | 140 | 28 | 546825 | 147987 | 67506 | 40633 |
| 11172 | 44482 | 74 | 16 | 357327 | 66400 | 39178 | 20391 |
| 1828 | 10650 | 16 | 3 | 78627 | 22682 | 10794 | 6349 |
| 2831 | 9100 | 36 | 3 | 76788 | 28444 | 10777 | 6312 |
| 2644 | 21413 | 90 | 16 | 240085 | 84042 | 30223 | 17427 |

*注：“成员组织”中的一些机构，也隶属于行业分类中的“社会工作”类和“其他社会服务”类行业，在计算“机构和设施数”时，对其进行了剔重处理。

## C-1-5续表1

| 地 区 | 按登记类型分 | | | | 职业资格水平 | |
|---|---|---|---|---|---|---|
| | 市场监管部门登记 | 编制部门登记 | 民政部门登记 | 设施和多牌子机构 | 助理社会工作师人数 | 社会工作师人数 |
| **全 国** | **47435** | **294108** | **10244009** | **4114381** | **164168** | **122180** |
| 中央级 | | 1385 | 70909 | | 651 | 13425 |
| 北 京 | 2210 | 10285 | 245591 | 78161 | 7203 | 3088 |
| 天 津 | 399 | 2055 | 90709 | 38482 | 3287 | 1326 |
| 河 北 | 489 | 10645 | 422665 | 263820 | 4409 | 3947 |
| 山 西 | 559 | 6458 | 197373 | 137600 | 2542 | 2072 |
| 内蒙古 | 543 | 6873 | 173345 | 73449 | 2039 | 1204 |
| 辽 宁 | 1298 | 10797 | 252342 | 118381 | 16452 | 4019 |
| 吉 林 | 1999 | 11403 | 97274 | 50644 | 2479 | 3298 |
| 黑龙江 | 920 | 9804 | 114759 | 74177 | 2571 | 1387 |
| 上 海 | 3740 | 8352 | 303985 | 42743 | 2501 | 3647 |
| 江 苏 | 3760 | 21971 | 925801 | 204346 | 15022 | 7086 |
| 浙 江 | 2733 | 13722 | 605243 | 207606 | 12353 | 6414 |
| 安 徽 | 1201 | 6756 | 435805 | 118003 | 6514 | 2789 |
| 福 建 | 1433 | 4955 | 257074 | 96115 | 2178 | 1701 |
| 江 西 | 276 | 11373 | 337143 | 103251 | 1614 | 672 |
| 山 东 | 1900 | 11582 | 899615 | 392413 | 23318 | 33430 |
| 河 南 | 742 | 16719 | 462196 | 256110 | 3182 | 3206 |
| 湖 北 | 1589 | 17674 | 327047 | 177804 | 2328 | 1635 |
| 湖 南 | 1237 | 16666 | 410219 | 162614 | 3999 | 1986 |
| 广 东 | 5903 | 24940 | 882061 | 365074 | 23426 | 8729 |
| 广 西 | 838 | 8195 | 259929 | 108952 | 1656 | 1059 |
| 海 南 | 490 | 639 | 69532 | 30380 | 1543 | 207 |
| 重 庆 | 2872 | 5737 | 213673 | 84366 | 5333 | 3509 |
| 四 川 | 4109 | 20452 | 571611 | 278907 | 6162 | 3020 |
| 贵 州 | 2926 | 10174 | 260826 | 182494 | 2935 | 1177 |
| 云 南 | 780 | 5297 | 409180 | 95155 | 1167 | 1508 |
| 西 藏 | | 277 | 14322 | 28873 | 69 | 91 |
| 陕 西 | 1243 | 8022 | 419001 | 118559 | 2826 | 2730 |
| 甘 肃 | 578 | 3645 | 258022 | 95082 | 2383 | 1399 |
| 青 海 | 134 | 811 | 50849 | 26833 | 624 | 1015 |
| 宁 夏 | 167 | 1619 | 52134 | 22868 | 479 | 192 |
| 新 疆 | 367 | 4825 | 153774 | 81119 | 923 | 1212 |

单位：人、人次、时

| 年龄结构 | | | | 志愿服务 | |
|---|---|---|---|---|---|
| 35岁及以下人数 | 36岁至45岁人数 | 46岁至55岁人数 | 56岁及以上人数 | 志愿者服务人次数 | 志愿服务时间 |
| **4988840** | **5126289** | **3307801** | **1276620** | **10719521** | **23886531** |
| 16975 | 24471 | 19064 | 11784 | | |
| | | | | | |
| 126070 | 70575 | 117673 | 21929 | 5871385 | 11719981 |
| 32316 | 47869 | 41870 | 9590 | 22803 | 137798 |
| 228160 | 239271 | 165047 | 65141 | 93612 | 271968 |
| 110968 | 114354 | 80250 | 36255 | 1748 | 4238 |
| 85578 | 89052 | 58230 | 21287 | 33229 | 79730 |
| | | | | | |
| 128705 | 132874 | 85413 | 35826 | 89422 | 185632 |
| 39056 | 78621 | 33063 | 10580 | 2558 | 3470 |
| 55115 | 86547 | 43748 | 14250 | 17701 | 34596 |
| | | | | | |
| 102385 | 129869 | 86951 | 39615 | 108281 | 233046 |
| 378325 | 443034 | 250221 | 84298 | 626765 | 1420237 |
| 260772 | 268155 | 200645 | 99732 | 637466 | 1565902 |
| 191410 | 218333 | 118087 | 33935 | 133316 | 380064 |
| 126794 | 126242 | 78638 | 27814 | 63764 | 264836 |
| 184002 | 182045 | 64689 | 21307 | 36637 | 91270 |
| 444050 | 418356 | 312166 | 130938 | 531781 | 1302304 |
| | | | | | |
| 257990 | 244949 | 138808 | 94020 | 37522 | 76962 |
| 161841 | 184636 | 139557 | 38080 | 327578 | 525547 |
| 217873 | 221399 | 107224 | 44220 | 182093 | 490213 |
| 587491 | 365443 | 232642 | 92402 | 340495 | 1379524 |
| 111758 | 126441 | 94455 | 45260 | 37904 | 60218 |
| 34028 | 40968 | 19904 | 6141 | 1985 | 5060 |
| | | | | | |
| 117216 | 95930 | 68363 | 25139 | 561595 | 1269565 |
| 289475 | 337395 | 163324 | 84885 | 80702 | 142205 |
| 164114 | 162394 | 97254 | 32658 | 441263 | 1117720 |
| 144356 | 176158 | 131935 | 57922 | 56595 | 84794 |
| 12297 | 14964 | 11578 | 4633 | 6 | |
| | | | | | |
| 155159 | 167739 | 175453 | 48474 | 253533 | 758179 |
| 105583 | 152783 | 78752 | 20209 | 80036 | 145578 |
| 23634 | 31798 | 16317 | 6871 | 89 | 108 |
| 24945 | 31928 | 15693 | 4222 | 2506 | 7931 |
| 70399 | 101696 | 60787 | 7203 | 45151 | 127857 |

C-1-5续表2

| 地 区 | 企业会计制度财务指标 | | | |
|---|---|---|---|---|
| | 固定资产原价 | 营业收入 | 费用合计 | 营业利润 |
| **全 国** | **2289399.8** | **1372664.2** | **386680.7** | **207930.1** |
| 中央级 | 7660.0 | 16233.3 | 6905.2 | -348.3 |
| 北 京 | 103871.3 | 81230.9 | 30972.7 | 13932.8 |
| 天 津 | 117642.2 | 6135.1 | 3658.8 | 916.7 |
| 河 北 | 10162.0 | 9455.3 | 5943.0 | -777.3 |
| 山 西 | 30837.1 | 15333.3 | 13127.4 | 1036.8 |
| 内蒙古 | 16519.2 | 10737.4 | 5215.6 | 1039.3 |
| 辽 宁 | 64902.4 | 27453.6 | 17039.5 | 591.7 |
| 吉 林 | 23869.9 | 3977.9 | 1068.1 | 86.8 |
| 黑龙江 | 26995.8 | 10105.8 | 5882.9 | 533.3 |
| 上 海 | 255952.9 | 506489.1 | 68239.6 | 103110.2 |
| 江 苏 | 247404.9 | 83470.3 | 18951.9 | 43924.9 |
| 浙 江 | 98168.6 | 62105.8 | 19966.2 | 10682.0 |
| 安 徽 | 40877.0 | 17330.8 | 5895.7 | 3975.1 |
| 福 建 | 114211.7 | 24906.0 | 11640.4 | 1344.8 |
| 江 西 | 15661.1 | 5883.1 | 3264.3 | -85.5 |
| 山 东 | 156198.1 | 10499.5 | 5970.3 | -1433.5 |
| 河 南 | 27425.4 | 10439.5 | 4110.9 | 2113.0 |
| 湖 北 | 78629.0 | 24435.7 | 8642.6 | 3642.3 |
| 湖 南 | 50145.3 | 11264.1 | 5113.7 | 1016.7 |
| 广 东 | 251695.4 | 105769.2 | 41251.5 | 4531.9 |
| 广 西 | 46499.3 | 103826.0 | 15296.2 | 7374.2 |
| 海 南 | 23349.3 | 8320.5 | 4124.3 | -100.7 |
| 重 庆 | 88133.4 | 48536.7 | 17722.7 | 1643.4 |
| 四 川 | 154810.1 | 52828.4 | 25852.0 | 690.0 |
| 贵 州 | 108250.2 | 60097.5 | 23446.9 | 6405.4 |
| 云 南 | 27751.7 | 3110.2 | 1131.2 | 571.6 |
| 西 藏 | 2652.2 | | | |
| 陕 西 | 27135.3 | 29635.2 | 13888.0 | 1048.7 |
| 甘 肃 | 12058.6 | 21827.4 | 1247.7 | 465.6 |
| 青 海 | 2591.0 | 30.0 | 30.0 | |
| 宁 夏 | 11983.5 | 919.1 | 272.6 | -1.8 |
| 新 疆 | 45355.9 | 277.5 | 808.8 | |

单位：万元

| 事业单位会计制度财务指标 | | | 民间非营利组织会计制度财务指标 | | |
| --- | --- | --- | --- | --- | --- |
| 固定资产原价 | 本年收入合计 | 本年支出合计 | 固定资产原价 | 本年收入合计 | 本年费用合计 |
| **9998366.7** | **6258242.1** | **6000970.6** | **45074476.6** | **37777150.5** | **34191558.3** |
| 283491.2 | 228317.2 | 197921.9 | 2280116.3 | 5520648.4 | 4553710.4 |
| 403586.3 | 452525.0 | 418638.0 | 2364068.5 | 4256839.2 | 3729222.9 |
| 113011.4 | 101777.2 | 108362.7 | 226140.0 | 282699.2 | 254622.6 |
| 359187.0 | 191888.2 | 184773.8 | 1881522.2 | 1215063.9 | 1165221.5 |
| 218068.5 | 116692.9 | 111685.9 | 497364.0 | 177085.2 | 176926.5 |
| 217342.1 | 120246.8 | 109666.1 | 248899.5 | 86860.0 | 89296.9 |
| 373470.3 | 212210.5 | 210752.0 | 1159052.1 | 741889.3 | 692783.5 |
| 270736.1 | 124769.3 | 118414.5 | 69889.8 | 26501.0 | 27531.5 |
| 351530.0 | 123848.1 | 117799.6 | 334194.1 | 202374.7 | 71662.0 |
| 208874.3 | 264203.2 | 256067.1 | 1246900.1 | 2841126.0 | 2561125.5 |
| 931628.4 | 497080.8 | 465069.9 | 3569555.4 | 2155029.1 | 2520515.9 |
| 422539.6 | 400539.2 | 385920.7 | 2065675.5 | 2573808.0 | 2598838.7 |
| 210528.6 | 137151.4 | 130978.5 | 1933404.6 | 663328.0 | 716064.8 |
| 140191.9 | 120544.0 | 116062.9 | 390638.8 | 302249.1 | 305557.8 |
| 247955.6 | 108125.5 | 108393.4 | 438956.5 | 322121.6 | 378387.7 |
| 501739.7 | 272569.3 | 267611.1 | 6753579.0 | 472825.6 | 3852665.9 |
| 213811.8 | 134064.7 | 137040.3 | 1131246.7 | 626107.8 | 546091.7 |
| 550175.6 | 313404.3 | 287167.3 | 677824.5 | 863054.2 | 907965.2 |
| 466972.3 | 250987.9 | 249596.9 | 710835.4 | 960085.3 | 779233.5 |
| 1097382.6 | 886952.0 | 829611.3 | 8383157.6 | 5874114.7 | 4356046.0 |
| 192970.7 | 152994.1 | 147647.3 | 366348.4 | 116457.0 | 116270.7 |
| 32492.6 | 36666.3 | 43222.5 | 77643.0 | 17736.8 | 27423.2 |
| 200608.2 | 165184.5 | 159718.8 | 978932.1 | 929007.7 | 771835.6 |
| 654195.4 | 277877.5 | 283291.5 | 3874750.2 | 5026090.6 | 1815526.5 |
| 254336.8 | 118202.1 | 119177.9 | 522827.0 | 383611.3 | 337147.3 |
| 261193.9 | 80544.3 | 84431.5 | 681042.8 | 683810.5 | 305972.3 |
| 24868.3 | 16191.6 | 13889.7 | 183264.1 | 4773.8 | 10667.8 |
| 361737.1 | 159231.8 | 153465.0 | 1309508.6 | 276335.4 | 338421.4 |
| 140999.9 | 67091.8 | 60076.1 | 176116.4 | 44296.5 | 44432.0 |
| 31585.6 | 10609.4 | 11181.4 | 261401.2 | 35199.8 | 35443.7 |
| 59906.5 | 28844.5 | 30593.2 | 114762.7 | 43409.8 | 47240.0 |
| 201248.4 | 86906.7 | 82741.8 | 164859.5 | 52611.0 | 57707.3 |

# C-1-6 分省份民政事业

| 地 区 | 人均民政事业费支出（万元/百人） | 民政事业费占财政支出比重（%） | 每万人拥有民政服务机构和设施（个/万人） | 每万人拥有民政服务机构和设施职工（人/万人） |
|---|---|---|---|---|
| **全 国** | **2.9** | **1.8** | **3.3** | **15.0** |
| 北 京 | 6.5 | 1.9 | 5.8 | 32.0 |
| 天 津 | 4.6 | 2.3 | 2.1 | 15.0 |
| 河 北 | 1.7 | 1.6 | 5.0 | 13.3 |
| 山 西 | 2.6 | 2.3 | 1.9 | 9.2 |
| 内蒙古 | 4.9 | 2.6 | 2.2 | 12.0 |
| 辽 宁 | 3.1 | 2.5 | 2.3 | 16.0 |
| 吉 林 | 3.1 | 2.2 | 1.3 | 14.0 |
| 黑龙江 | 2.7 | 2.2 | 1.3 | 10.5 |
| 上 海 | 5.9 | 1.7 | 3.0 | 31.0 |
| 江 苏 | 3.2 | 2.2 | 5.7 | 30.3 |
| 浙 江 | 2.5 | 1.6 | 6.6 | 21.8 |
| 安 徽 | 2.6 | 2.5 | 1.6 | 9.2 |
| 福 建 | 2.1 | 1.7 | 2.7 | 9.1 |
| 江 西 | 3.1 | 2.5 | 1.2 | 6.3 |
| 山 东 | 1.6 | 1.6 | 2.9 | 14.8 |
| 河 南 | 1.8 | 1.9 | 0.8 | 6.3 |
| 湖 北 | 3.0 | 2.4 | 4.2 | 15.0 |
| 湖 南 | 2.5 | 2.3 | 2.8 | 10.9 |
| 广 东 | 2.3 | 1.7 | 5.9 | 24.5 |
| 广 西 | 2.6 | 2.5 | 3.0 | 8.0 |
| 海 南 | 3.2 | 1.8 | 3.2 | 14.4 |
| 重 庆 | 3.5 | 2.4 | 3.0 | 13.7 |
| 四 川 | 3.0 | 2.6 | 3.3 | 12.8 |
| 贵 州 | 3.8 | 2.7 | 6.8 | 31.2 |
| 云 南 | 3.7 | 3.0 | 1.3 | 6.0 |
| 西 藏 | 6.4 | 1.1 | 0.3 | 2.8 |
| 陕 西 | 3.6 | 2.6 | 2.7 | 12.6 |
| 甘 肃 | 4.8 | 3.3 | 4.3 | 11.2 |
| 青 海 | 6.7 | 2.5 | 3.1 | 11.4 |
| 宁 夏 | 5.5 | 2.6 | 4.2 | 17.5 |
| 新 疆 | 4.4 | 2.2 | 1.1 | 8.6 |

| 孤儿集中养育标准占当地人均消费支出比重（%） | 孤儿社会散居标准占当地人均消费支出比重（%） | 城市低保标准占当地城镇居民人均消费支出比重（%） | 农村低保标准占当地农村居民人均消费支出比重（%） |
|---|---|---|---|
| **81.2** | **55.9** | **26.6** | **39.9** |
| | | | |
| 60.2 | 54.2 | 28.0 | 59.4 |
| 79.9 | 99.5 | 33.8 | 65.5 |
| 84.0 | 54.5 | 32.6 | 38.0 |
| 83.7 | 53.3 | 30.1 | 44.4 |
| 101.7 | 81.6 | 31.5 | 43.1 |
| | | | |
| 87.5 | 62.6 | 26.8 | 40.4 |
| 90.8 | 63.8 | 27.2 | 35.8 |
| 79.1 | 53.9 | 32.2 | 34.8 |
| | | | |
| 55.4 | 50.0 | 27.9 | 64.3 |
| 98.3 | 69.2 | 27.8 | 46.9 |
| 67.2 | 50.4 | 26.5 | 46.1 |
| 93.4 | 63.0 | 31.8 | 46.2 |
| 79.4 | 50.5 | 25.8 | 47.7 |
| 88.5 | 61.0 | 33.4 | 37.8 |
| 81.5 | 51.7 | 25.8 | 39.8 |
| | | | |
| 90.0 | 58.8 | 28.2 | 34.8 |
| 120.2 | 74.8 | 30.3 | 37.8 |
| 79.6 | 52.5 | 22.4 | 32.2 |
| 79.8 | 56.3 | 29.1 | 46.2 |
| 84.3 | 51.7 | 35.1 | 35.9 |
| 85.4 | 59.7 | 25.4 | 39.3 |
| | | | |
| 82.7 | 71.4 | 27.1 | 41.6 |
| 89.3 | 56.8 | 25.9 | 31.5 |
| 102.7 | 66.7 | 34.2 | 45.7 |
| 148.1 | 91.1 | 31.5 | 40.0 |
| 127.1 | 102.6 | 41.9 | 53.8 |
| | | | |
| 74.3 | 60.1 | 31.0 | 41.9 |
| 78.3 | 56.3 | 26.0 | 43.9 |
| 75.6 | 47.9 | 26.3 | 35.9 |
| 63.6 | 53.1 | 31.1 | 36.8 |
| 67.8 | 46.4 | 21.5 | 40.8 |

*注：人口数、居民人均消费支出数据使用国家统计局发布数据。

C-1-6续表

| 地　区 | 每千名老年人拥有养老床位数（张/千人） | 老龄补贴人数占老年人比例（%） | 城市社区综合服务设施覆盖率（%） | 农村社区综合服务设施覆盖率（%） |
|---|---|---|---|---|
| **全　国** | **29.1** | **14.3** | **78.7** | **45.3** |
| 北　京 | 31.1 | 16.9 | 92.6 | 131.0 |
| 天　津 | 22.2 | 2.7 | 87.3 | 30.8 |
| 河　北 | 30.1 | 10.9 | 47.7 | 66.7 |
| 山　西 | 20.2 | 4.3 | 42.0 | 16.7 |
| 内蒙古 | 54.7 | 12.8 | 75.6 | 13.0 |
| 辽　宁 | 19.4 | 4.3 | 85.5 | 22.4 |
| 吉　林 | 23.7 | 1.7 | 61.7 | 6.3 |
| 黑龙江 | 27.4 | 5.4 | 68.7 | 6.4 |
| 上　海 | 27.9 | 61.4 | 58.2 | 25.4 |
| 江　苏 | 39.5 | 21.7 | 117.9 | 123.9 |
| 浙　江 | 54.2 | 11.8 | 98.6 | 96.3 |
| 安　徽 | 34.8 | 17.9 | 79.0 | 22.5 |
| 福　建 | 26.4 | 14.4 | 91.1 | 38.1 |
| 江　西 | 26.8 | 12.3 | 43.3 | 3.2 |
| 山　东 | 27.5 | 4.7 | 60.5 | 23.0 |
| 河　南 | 21.4 | 5.3 | 34.5 | 5.7 |
| 湖　北 | 32.8 | 11.5 | 79.8 | 60.7 |
| 湖　南 | 23.9 | 6.4 | 65.0 | 44.7 |
| 广　东 | 31.0 | 22.5 | 117.1 | 175.3 |
| 广　西 | 24.0 | 17.3 | 77.3 | 81.5 |
| 海　南 | 11.9 | 20.0 | 86.9 | 92.8 |
| 重　庆 | 25.1 | 6.8 | 77.7 | 50.2 |
| 四　川 | 28.4 | 23.5 | 89.7 | 25.9 |
| 贵　州 | 30.4 | 15.3 | 115.7 | 131.7 |
| 云　南 | 15.0 | 14.0 | 79.4 | 21.2 |
| 西　藏 | 8.2 | 8.1 | 6.6 | 0.7 |
| 陕　西 | 23.3 | 43.7 | 81.8 | 37.4 |
| 甘　肃 | 30.4 | 6.1 | 109.1 | 51.3 |
| 青　海 | 30.6 | 55.8 | 85.4 | 26.6 |
| 宁　夏 | 24.5 | 3.9 | 113.8 | 82.1 |
| 新　疆 | 16.5 | 23.3 | 55.4 | 0.6 |

| 残疾人两项补贴对象人数占持证残疾人数比例（%） | 人均福利彩票销售额（元/人） | 每万人口拥有持证社会工作者（人/万人） | 火化率（%） |
|---|---|---|---|
| **64.6** | **160.9** | **3.1** | **50.5** |
| | | | |
| 63.5 | 219.7 | 15.0 | 84.3 |
| 52.7 | 247.0 | 5.8 | 95.5 |
| 51.2 | 77.9 | 0.9 | 38.5 |
| 45.8 | 109.5 | 1.4 | 13.9 |
| 64.2 | 252.9 | 1.6 | 48.1 |
| | | | |
| 63.4 | 241.0 | 3.8 | 100.0 |
| 67.5 | 146.6 | 3.4 | 63.5 |
| 64.1 | 122.0 | 1.8 | 71.4 |
| | | | |
| 51.4 | 211.4 | 9.3 | 96.8 |
| 65.9 | 198.5 | 6.9 | 94.6 |
| 70.7 | 292.5 | 8.4 | 100.0 |
| 92.9 | 119.9 | 1.7 | 77.1 |
| 76.4 | 127.2 | 3.4 | 83.2 |
| 68.5 | 110.2 | 0.9 | 48.5 |
| 59.0 | 152.2 | 2.1 | 91.7 |
| | | | |
| 71.0 | 73.0 | 0.9 | 20.1 |
| 72.0 | 176.8 | 2.2 | 56.7 |
| 71.2 | 132.9 | 1.4 | 19.7 |
| 77.6 | 213.9 | 7.2 | 92.3 |
| 48.7 | 112.1 | 0.9 | 30.6 |
| 77.6 | 151.8 | 0.7 | 8.0 |
| | | | |
| 53.1 | 187.9 | 5.5 | 31.3 |
| 62.4 | 110.7 | 0.2 | 38.4 |
| 37.5 | 78.7 | 1.1 | 43.6 |
| 63.5 | 168.5 | — | 34.2 |
| 124.1 | 697.2 | 26.7 | 6.4 |
| | | | |
| 66.7 | 255.8 | 3.9 | 26.0 |
| 49.6 | 180.8 | 1.1 | 11.7 |
| 104.8 | 268.6 | 0.9 | 15.7 |
| 85.2 | 270.5 | 2.5 | 8.9 |
| 58.9 | 210.0 | 1.3 | 23.5 |

*注：1.残疾人两项补贴人数占比、老龄补贴人数占比均采用简单加总数据计算，暂无法区分1人同时享受2种或多种补贴情况，数据仅供参考分析。

2.持证残疾人数为残联发布的2017年度数据。

# C-1-7 社会工作师、

| 地　区 | 社会工作师和助理社会工作师累计合格人数 | 社会工作师 | | | |
|---|---|---|---|---|---|
| | | 累计合格人数 | 当年考试通过人数 | 当年报考人数 | 当年实考人数 |
| **全　国** | **439266** | **106932** | **23843** | **130428** | **101762** |
| 北　京 | 32296 | 8330 | 1333 | 6673 | 5525 |
| 天　津 | 9104 | 2076 | 365 | 1933 | 1609 |
| 河　北 | 6537 | 2321 | 431 | 2187 | 1822 |
| 山　西 | 5161 | 1748 | 335 | 2066 | 1718 |
| 内蒙古 | 3975 | 1597 | 634 | 4998 | 3882 |
| 辽　宁 | 16534 | 4409 | 1064 | 4327 | 3839 |
| 吉　林 | 9137 | 1895 | 410 | 2717 | 2305 |
| 黑龙江 | 6718 | 1733 | 360 | 2343 | 1935 |
| 上　海 | 22605 | 6055 | 1442 | 8883 | 6060 |
| 江　苏 | 55683 | 12812 | 2736 | 11637 | 9429 |
| 浙　江 | 48276 | 12307 | 3885 | 25405 | 18208 |
| 安　徽 | 10779 | 2788 | 553 | 2696 | 2167 |
| 福　建 | 13512 | 4038 | 889 | 3845 | 3076 |
| 江　西 | 4292 | 1028 | 162 | 1022 | 780 |
| 山　东 | 21227 | 7555 | 1820 | 8334 | 6352 |
| 河　南 | 8343 | 2361 | 429 | 2641 | 2067 |
| 湖　北 | 12922 | 2564 | 706 | 3196 | 2713 |
| 湖　南 | 9548 | 2376 | 513 | 2928 | 2243 |
| 广　东 | 81533 | 15396 | 2602 | 15571 | 12601 |
| 广　西 | 4665 | 1006 | 157 | 1066 | 874 |
| 海　南 | 692 | 124 | 23 | 161 | 138 |
| 重　庆 | 16054 | 2205 | 457 | 2582 | 1981 |
| 四　川 | 4954 | 3271 | 801 | 4189 | 3514 |
| 贵　州 | 3498 | 326 | 78 | 756 | 510 |
| 云　南 | 1004 | 966 | 200 | 1287 | 966 |
| 西　藏 | 6973 | 8 | 1 | 19 | 15 |
| 陕　西 | 15056 | 3582 | 1020 | 3253 | 2644 |
| 甘　肃 | 2806 | 616 | 194 | 1469 | 1094 |
| 青　海 | 537 | 104 | 18 | 253 | 208 |
| 宁　夏 | 1726 | 411 | 129 | 910 | 766 |
| 新　疆 | 3119 | 924 | 96 | 1081 | 721 |

# 助理社会工作师

单位：人

| 助理社会工作师 | | | |
|---|---|---|---|
| 累计合格人数 | 当年考试通过人数 | 当年报考人数 | 当年实考人数 |
| **332334** | **89087** | **293789** | **235451** |
| 23966 | 4122 | 13633 | 11562 |
| 7028 | 1499 | 4269 | 3491 |
| 4216 | 1062 | 3251 | 2793 |
| 3413 | 1111 | 3476 | 2903 |
| 2378 | 808 | 3377 | 2557 |
| 12125 | 3037 | 9980 | 8477 |
| 7242 | 2370 | 10955 | 9736 |
| 4985 | 1332 | 4572 | 3851 |
| 16550 | 4251 | 16062 | 11235 |
| 42871 | 10291 | 30242 | 24637 |
| 35969 | 17977 | 58747 | 45722 |
| 7991 | 1763 | 5392 | 4341 |
| 9474 | 2265 | 6253 | 5029 |
| 3264 | 639 | 2135 | 1662 |
| 13672 | 4014 | 11554 | 8928 |
| 5982 | 1455 | 3920 | 3192 |
| 10358 | 2832 | 9276 | 7794 |
| 7172 | 1984 | 7928 | 6174 |
| 66137 | 14283 | 45527 | 36983 |
| 3659 | 619 | 2144 | 1762 |
| 568 | 201 | 762 | 635 |
| 13849 | 4469 | 14099 | 12010 |
| 1683 | 597 | 2724 | 2047 |
| 3172 | 799 | 2713 | 2199 |
| 38 | 13 | 118 | 91 |
| 6965 | 2300 | 8974 | 7012 |
| 11474 | 1256 | 3387 | 2309 |
| 2190 | 829 | 2857 | 2249 |
| 433 | 118 | 639 | 537 |
| 1315 | 447 | 1975 | 1712 |
| 2195 | 344 | 2848 | 1821 |

# C-1-8 民政职业

| 地区 | 累计鉴定合格人数 | 2018年鉴定合格人数 | 养老护理员 | |
|---|---|---|---|---|
| | | | 累计鉴定合格人数 | 2018年鉴定合格人数 |
| **全国** | **163098** | **1956** | **44224** | **122** |
| 中央级 | 12002 | 443 | 5164 | |
| 北京 | 12872 | 27 | 238 | |
| 天津 | 772 | 21 | 144 | |
| 河北 | 1423 | | 929 | |
| 山西 | 4076 | 53 | 2093 | |
| 内蒙古 | 3581 | 23 | 1404 | |
| 辽宁 | 2983 | 62 | 509 | 11 |
| 吉林 | 3452 | | 613 | |
| 黑龙江 | 3881 | | 981 | |
| 上海 | 2982 | 68 | 85 | |
| 江苏 | 3804 | | 217 | |
| 浙江 | 32106 | 68 | 331 | |
| 安徽 | 2506 | 5 | 182 | |
| 福建 | 3146 | 49 | 1587 | 15 |
| 江西 | 2750 | | 69 | |
| 山东 | 11063 | 121 | 5992 | 75 |
| 河南 | 7798 | 482 | 3688 | |
| 湖北 | 2771 | 46 | 360 | |
| 湖南 | 6126 | 36 | 124 | |
| 广东 | 11899 | 99 | 7621 | |
| 广西 | 4181 | 157 | 2405 | 21 |
| 海南 | 509 | 14 | 360 | |
| 重庆 | 5210 | 6 | 810 | |
| 四川 | 7265 | | 5236 | |
| 贵州 | 2673 | | 383 | |
| 云南 | 3152 | 15 | 297 | |
| 西藏 | 320 | 44 | 199 | |
| 陕西 | 671 | | 73 | |
| 甘肃 | 1219 | 33 | 201 | |
| 青海 | 495 | | 361 | |
| 宁夏 | 3900 | 20 | 840 | |
| 新疆 | 1510 | 64 | 728 | |

说明：1.以上数据为民政部职业技能鉴定指导中心及分布在全国31个省、自治区、直辖市76个鉴定站鉴定人数和竞赛晋级人数（不含地方自行组织的鉴定人数）。

2.殡葬类职业包括：殡仪服务员（初、中、高、技师4个级别）、遗体接运工（初、中、高3个级别）、遗体防腐师（初、中、高、技师、高级技师5个级别）、遗体整容师（初、中、高、技师、高级技师5个级别）、遗体火化师（初、中、高、技师、高级技师5个级别）、墓地管理员（初、中、高、技师4个级别）。

# 技能人员

单位：人

| 假肢类技能人员 | | 孤残儿童护理员 | | 殡葬类技能人员 | |
|---|---|---|---|---|---|
| 累计鉴定合格人数 | 2018年鉴定合格人数 | 累计鉴定合格人数 | 2018年鉴定合格人数 | 累计鉴定合格人数 | 2018年鉴定合格人数 |
| **3288** | **452** | **13674** | **1333** | **19966** | **49** |
| 1226 | 169 | 1872 | 259 | 2735 | 15 |
| | | | | | |
| 58 | | 317 | 27 | 1608 | |
| 2 | | 150 | 21 | 230 | |
| 10 | | 346 | | 127 | |
| | | 490 | 53 | | |
| 58 | 23 | 548 | | 426 | |
| | | | | | |
| 179 | 51 | 219 | | 503 | |
| 5 | | 168 | | | |
| 4 | | 237 | | 219 | |
| | | | | | |
| 340 | 68 | 126 | | 11 | |
| 270 | | 499 | | 949 | |
| 141 | 26 | 405 | 42 | 558 | |
| 24 | | 176 | | 626 | 5 |
| 11 | 2 | 148 | 32 | 4 | |
| 42 | | 511 | | 288 | |
| 203 | 45 | 454 | | 1362 | 1 |
| | | | | | |
| 117 | 31 | 1739 | 451 | 213 | |
| 27 | 4 | 437 | 42 | 256 | |
| 31 | 3 | 429 | 33 | 3385 | |
| 236 | 9 | 1038 | 90 | 1766 | |
| 123 | | 610 | 108 | 866 | 28 |
| | | 111 | 14 | 8 | |
| | | | | | |
| 45 | 6 | 174 | | 1123 | |
| 2 | | 413 | | 369 | |
| 8 | | 359 | | 320 | |
| 38 | 15 | 296 | | 1004 | |
| | | 93 | 44 | 28 | |
| | | | | | |
| | | 591 | | | |
| 74 | | 195 | 33 | 270 | |
| | | 129 | | | |
| | | 148 | 20 | 301 | |
| 14 | | 246 | 64 | 411 | |

3.假肢类职业包括：假肢师（初、中、高、技师、高级技师5个级别）、矫形器师（初、中、高、技师、高级技师5个级别）。

4.2017年10月8日，《人力资源社会保障部关于公布国家职业资格目录的通知》（人社部发〔2017〕68号）公布，殡葬类、养老护理员职业未进入目录清单，2018年度该两类职业开展补考。

# C-1-9 1952 — 2018年民政

| 地 区 | 1952年 | 1953年 | 1954年 | 1955年 | 1956年 | 1957年 | 1958年 |
|---|---|---|---|---|---|---|---|
| **全 国** | **28265** | **35484** | **60390** | **49842** | **56906** | **53119** | **32693** |
| 中央级 | 6 | 443 | 20619 | 8736 | 270 | 85 | 82 |
| 北 京 | 198 | 237 | 276 | 247 | 584 | 302 | 376 |
| 天 津 | 208 | 315 | 131 | 157 | 217 | 240 | 194 |
| 河 北 | 2849 | 4558 | 4764 | 4526 | 9681 | 6640 | 2494 |
| 山 西 | 1253 | 1398 | 1531 | 1373 | 2096 | 1953 | 2279 |
| 内蒙古 | 912 | 370 | 306 | 364 | 625 | 417 | 505 |
| 辽 宁 | 611 | 1434 | 1392 | 1298 | 1638 | 1339 | 1098 |
| 吉 林 | 346 | 595 | 880 | 856 | 1331 | 1610 | 1126 |
| 黑龙江 | 640 | 831 | 912 | 952 | 1442 | 1336 | 948 |
| 上 海 | 550 | 306 | 411 | 729 | 1121 | 1073 | 464 |
| 江 苏 | 1980 | 1993 | 2051 | 3003 | 4052 | 5051 | 2617 |
| 浙 江 | 398 | 426 | 505 | 757 | 1430 | 988 | 672 |
| 安 徽 | 2051 | 4061 | 3382 | 3453 | 4748 | 4306 | 1642 |
| 福 建 | 828 | 732 | 789 | 933 | 1473 | 866 | 823 |
| 江 西 | 1519 | 1040 | 1368 | 2253 | 1889 | 1802 | 1717 |
| 山 东 | 2624 | 3993 | 5082 | 3975 | 3664 | 5261 | 3795 |
| 河 南 | 1440 | 2745 | 2307 | 2494 | 4360 | 5539 | 2990 |
| 湖 北 | 2719 | 1058 | 2765 | 2664 | 1306 | 1505 | 1210 |
| 湖 南 | 1255 | 1089 | 3381 | 2205 | 2259 | 2177 | 1344 |
| 广 东 | 1762 | 1454 | 1270 | 1407 | 2725 | 2729 | 1223 |
| 广 西 | 516 | 645 | 735 | 700 | 1414 | 1589 | 582 |
| 海 南 | | | | | | | |
| 重 庆 | | | | | | | |
| 四 川 | 1583 | 2035 | 2052 | 2646 | 3570 | 2606 | 1982 |
| 贵 州 | 368 | 686 | 633 | 567 | 618 | 494 | 331 |
| 云 南 | 630 | 695 | 875 | 740 | 908 | 599 | 514 |
| 西 藏 | | | 43 | 207 | 91 | | 2 |
| 陕 西 | 519 | 1023 | 984 | 1135 | 1794 | 1250 | 588 |
| 甘 肃 | 390 | 1074 | 675 | 1171 | 1083 | 871 | 539 |
| 青 海 | 52 | 134 | 140 | 154 | 281 | 237 | 164 |
| 宁 夏 | | | | | | | 92 |
| 新 疆 | 58 | 114 | 131 | 140 | 236 | 254 | 300 |

# 事业费支出情况

单位：万元

| 1959年 | 1960年 | 1961年 | 1962年 | 1963年 | 1964年 | 1965年 |
|---|---|---|---|---|---|---|
| **44786** | **72444** | **98912** | **74475** | **87533** | **161510** | **107869** |
| 192 | 262 | 39 | | | 31 | 2325 |
| | | | | | | |
| 751 | 824 | 658 | 542 | 638 | 816 | 1047 |
| | | | | | | |
| 4148 | 5070 | 10807 | 5780 | 15681 | 31433 | 18545 |
| 1656 | 2659 | 2896 | 2556 | 2640 | 2361 | 2899 |
| 873 | 525 | 785 | 1468 | 1124 | 1360 | 1440 |
| | | | | | | |
| 1249 | 4475 | 4392 | 3933 | 3467 | 3382 | 2942 |
| 764 | 1055 | 1271 | 1660 | 2138 | 2235 | 1798 |
| 782 | 991 | 1485 | 2151 | 2362 | 2796 | 2611 |
| | | | | | | |
| 475 | 471 | 422 | 539 | 874 | 1074 | 1220 |
| 2956 | 4843 | 4107 | 4873 | 7282 | 11070 | 5506 |
| 874 | 857 | 1414 | 1597 | 1166 | 1152 | 1351 |
| 3169 | 3161 | 4704 | 3530 | 5431 | 10567 | 3347 |
| 4141 | 2823 | 2798 | 1493 | 1687 | 1394 | 1463 |
| 1691 | 2179 | 3224 | 3168 | 2273 | 3081 | 1989 |
| 4494 | 8141 | 11332 | 6963 | 7201 | 11079 | 15807 |
| | | | | | | |
| 2672 | 10271 | 11417 | 8107 | 10099 | 48554 | 17841 |
| 2466 | 4428 | 4569 | 3767 | 3468 | 3319 | 2790 |
| 967 | 1690 | 4299 | 2697 | 2834 | 4522 | 2482 |
| 2982 | 4608 | 3475 | 2830 | 3146 | 3056 | 2664 |
| 903 | 997 | 2687 | 1505 | 2125 | 4006 | 1983 |
| | | | | | | |
| | | | | | | |
| | | | | | | |
| 2583 | 6315 | 9758 | 5918 | 4227 | 4495 | 5179 |
| 613 | 750 | 2390 | 1429 | 1792 | 1808 | 1726 |
| 675 | 880 | 1692 | 773 | 1250 | 1494 | 1596 |
| 1 | 25 | 48 | 117 | | 133 | 192 |
| | | | | | | |
| 1109 | 1113 | 1530 | 1422 | 1640 | 1918 | 3137 |
| 681 | 1778 | 4522 | 2464 | 2988 | 2310 | 1611 |
| 447 | 576 | 1028 | 1005 | | 465 | 695 |
| 239 | 428 | 303 | 365 | | 378 | 284 |
| 233 | 249 | 860 | 1823 | | 1212 | 1399 |

C-1-9续表1

| 地　区 | 1966年 | 1967年 | 1968年 | 1969年 | 1970年 | 1971年 | 1972年 |
|---|---|---|---|---|---|---|---|
| **全　国** | **88112** | **81887** | **56154** | **66683** | **65349** | **68269** | **81549** |
| 中央级 | 454 | 534 | 308 | 11 | | | |
| 北　京 | 914 | 939 | 868 | 820 | 895 | 974 | 1192 |
| 天　津 | | 473 | 439 | 572 | 405 | 407 | 546 |
| 河　北 | 12395 | 6983 | 4443 | 5333 | 2054 | 3591 | 5482 |
| 山　西 | 4447 | 2692 | 2478 | 2579 | 4777 | 4563 | 4025 |
| 内蒙古 | 2182 | 2401 | 1194 | 842 | 891 | 649 | 1020 |
| 辽　宁 | 2572 | 2781 | 2473 | 3542 | 2867 | 3922 | 4574 |
| 吉　林 | 1704 | 1745 | 1579 | 1890 | 1837 | 1968 | 1753 |
| 黑龙江 | 2548 | 2169 | 1775 | 2355 | 2247 | 2317 | 2768 |
| 上　海 | 1472 | 1654 | 1410 | 1359 | 1442 | 1554 | 1676 |
| 江　苏 | 7298 | 5400 | 3756 | 3839 | 4191 | 4969 | 7368 |
| 浙　江 | 1142 | 1366 | 1486 | 1481 | 1496 | 1517 | 2399 |
| 安　徽 | 4119 | 6861 | 4025 | 4246 | 5547 | 3365 | 4639 |
| 福　建 | 1673 | 1738 | 1727 | 1922 | 1463 | 1481 | 1721 |
| 江　西 | 2145 | 2318 | 1637 | 1924 | 2047 | 2357 | 2357 |
| 山　东 | 9458 | 9844 | 5878 | 7622 | 6442 | 9034 | 8801 |
| 河　南 | 9303 | 8611 | 4105 | 6983 | 4947 | 4699 | 4799 |
| 湖　北 | 2579 | 3177 | 2651 | 3509 | 4197 | 3116 | 3462 |
| 湖　南 | 2141 | 2562 | 1848 | 2019 | 1668 | 1602 | 2272 |
| 广　东 | 2454 | 2644 | 2046 | 2639 | 2734 | 2410 | 2800 |
| 广　西 | 1997 | 2541 | 1641 | 1607 | 1555 | 1827 | 1713 |
| 海　南 | | | | | | | |
| 重　庆 | | | | | | | |
| 四　川 | 4774 | 4067 | 3374 | 3439 | 3678 | 4518 | 5615 |
| 贵　州 | 1730 | 1926 | 1224 | 1314 | 1646 | 1535 | 2116 |
| 云　南 | 1772 | 1412 | 807 | 1018 | 2460 | 1454 | 1746 |
| 西　藏 | 374 | | | 96 | 100 | 104 | 173 |
| 陕　西 | 3623 | 1874 | 1477 | 1733 | 1778 | 2099 | 2415 |
| 甘　肃 | 1161 | 1963 | 671 | 989 | 952 | 968 | 2206 |
| 青　海 | 409 | 185 | 190 | 246 | 207 | 291 | 366 |
| 宁　夏 | 272 | 287 | 200 | 238 | 242 | 354 | 810 |
| 新　疆 | 1000 | 740 | 444 | 516 | 584 | 651 | 727 |

单位：万元

| 1973年 | 1974年 | 1975年 | 1976年 | 1977年 | 1978年 | 1979年 |
|---|---|---|---|---|---|---|
| **99675** | **90406** | **127082** | **161690** | **185288** | **137135** | **183279** |
| 8 | 10 | | | | 11 | 44 |
| 1506 | 1284 | 1461 | 1742 | 3068 | 1990 | 2238 |
| 762 | 937 | 881 | 933 | 13670 | 1061 | 1482 |
| 8727 | 5925 | 5960 | 7041 | 36568 | 11605 | 9140 |
| 4696 | 3587 | 3420 | 4111 | 4813 | 5437 | 8154 |
| 1914 | 1575 | 1559 | 2502 | 1873 | 2040 | 5922 |
| 5590 | 3902 | 18731 | 14705 | 7427 | 6103 | 5607 |
| 2174 | 2500 | 2448 | 2834 | 3677 | 3869 | 3477 |
| 3701 | 3884 | 3701 | 4176 | 5463 | 5545 | 5149 |
| 1885 | 2088 | 2263 | 2469 | 2581 | 2777 | 3290 |
| 6988 | 7258 | 8001 | 7719 | 8031 | 9208 | 10019 |
| 2103 | 1973 | 1984 | 2424 | 2641 | 2853 | 3475 |
| 4625 | 3981 | 5828 | 15690 | 6300 | 6756 | 13263 |
| 2142 | 2150 | 1991 | 2432 | 2826 | 2730 | 3272 |
| 4039 | 3220 | 2964 | 3606 | 3981 | 3953 | 8610 |
| 8110 | 8601 | 10417 | 9746 | 10599 | 12292 | 15169 |
| 5474 | 4190 | 24152 | 40056 | 21437 | 14140 | 19495 |
| 4747 | 3487 | 4471 | 5463 | 5160 | 6149 | 9597 |
| 3321 | 2580 | 2942 | 3442 | 3550 | 4380 | 6747 |
| 4041 | 5051 | 3836 | 4884 | 5546 | 5435 | 8146 |
| 1597 | 1669 | 1653 | 1963 | 2355 | 2073 | 4019 |
| 6780 | 5936 | 6061 | 9037 | 12602 | 8511 | 12722 |
| 3574 | 1955 | 2352 | 2748 | 3296 | 2740 | 4767 |
| 1509 | 2245 | 2242 | 3428 | 3783 | 2948 | 3478 |
| 228 | 195 | 206 | 289 | 270 | 379 | 1366 |
| 3435 | 2986 | 2579 | 3174 | 4575 | 4834 | 5780 |
| 3421 | 4183 | 2603 | 2240 | 5485 | 4030 | 5204 |
| 311 | 342 | 521 | 407 | 514 | 696 | 853 |
| 1369 | 1813 | 600 | 1150 | 1780 | 1090 | 1040 |
| 896 | 909 | 1255 | 1279 | 1417 | 1500 | 1754 |

## C-1-9续表2

| 地区 | 1980年 | 1981年 | 1982年 | 1983年 | 1984年 | 1985年 | 1986年 |
|---|---|---|---|---|---|---|---|
| **全国** | **174769** | **192267** | **191874** | **216116** | **242371** | **295841** | **344064** |
| 中央级 | 103 | 138 | 78 | 163 | 286 | 443 | 2526 |
| 北京 | 2802 | 3167 | 3416 | 4063 | 4904 | 5719 | 7287 |
| 天津 | 1474 | 1670 | 1669 | 2194 | 3101 | 3583 | 4113 |
| 河北 | 11165 | 13597 | 10179 | 9692 | 12427 | 16654 | 16581 |
| 山西 | 6749 | 7893 | 7854 | 7015 | 7924 | 10683 | 10193 |
| 内蒙古 | 5714 | 6218 | 5135 | 7379 | 7909 | 9030 | 11684 |
| 辽宁 | 6671 | 8073 | 10591 | 11727 | 11741 | 18341 | 22112 |
| 吉林 | 4482 | 4970 | 4951 | 6300 | 5952 | 8391 | 13570 |
| 黑龙江 | 5370 | 6562 | 8005 | 9546 | 8782 | 10119 | 13791 |
| 上海 | 3375 | 3381 | 3215 | 3170 | 3540 | 4467 | 5503 |
| 江苏 | 11269 | 12914 | 11991 | 14750 | 16403 | 16254 | 20586 |
| 浙江 | 3703 | 3897 | 4070 | 4808 | 6480 | 8174 | 10211 |
| 安徽 | 9385 | 9550 | 7521 | 12093 | 14059 | 14340 | 13524 |
| 福建 | 3625 | 4268 | 4773 | 5506 | 5601 | 8298 | 7657 |
| 江西 | 6289 | 5309 | 6183 | 7093 | 8360 | 8364 | 9768 |
| 山东 | 16327 | 14126 | 18998 | 17811 | 17413 | 22757 | 22496 |
| 河南 | 12007 | 10921 | 12862 | 15216 | 13710 | 18456 | 20939 |
| 湖北 | 9265 | 12458 | 7956 | 10798 | 10760 | 11860 | 14581 |
| 湖南 | 7026 | 8924 | 7546 | 10428 | 10373 | 12357 | 15013 |
| 广东 | 8337 | 7767 | 9550 | 9035 | 12337 | 14516 | 15526 |
| 广西 | 3213 | 3674 | 3897 | 4779 | 6382 | 9438 | 9634 |
| 海南 | | | | | | | |
| 重庆 | | | | | | | |
| 四川 | 12063 | 15429 | 14542 | 13943 | 17823 | 20667 | 24973 |
| 贵州 | 4123 | 4718 | 4354 | 5211 | 5833 | 9182 | 8657 |
| 云南 | 4172 | 4599 | 4231 | 5251 | 7025 | 10137 | 13752 |
| 西藏 | 1704 | 1208 | 1151 | 1357 | 1821 | 1391 | 1789 |
| 陕西 | 5390 | 8198 | 6271 | 5820 | 6313 | 7545 | 8586 |
| 甘肃 | 4801 | 4338 | 5778 | 4902 | 8983 | 6541 | 7655 |
| 青海 | 862 | 915 | 1068 | 1270 | 1674 | 1918 | 2134 |
| 宁夏 | 1385 | 1118 | 1819 | 2329 | 1497 | 1826 | 1990 |
| 新疆 | 1918 | 2267 | 2220 | 2467 | 2958 | 4395 | 4768 |

单位：万元

| 1987年 | 1988年 | 1989年 | 1990年 | 1991年 | 1992年 | 1993年 |
|---|---|---|---|---|---|---|
| **359278** | **395646** | **466492** | **519383** | **625359** | **637097** | **698708** |
| 2742 | 1297 | 1185 | 1517 | 1792 | 3217 | 3108 |
| 8906 | 11355 | 12805 | 14738 | 16249 | 19073 | 26105 |
| 4531 | 5209 | 5861 | 6585 | 7176 | 8173 | 9218 |
| 20578 | 24272 | 26484 | 32162 | 30785 | 33344 | 38161 |
| 11833 | 13977 | 15845 | 15976 | 17378 | 19264 | 19515 |
| 10867 | 11254 | 10975 | 13510 | 13449 | 14250 | 15314 |
| 18104 | 19595 | 22233 | 26318 | 26380 | 29561 | 32903 |
| 14016 | 10692 | 11439 | 14155 | 14619 | 16553 | 18461 |
| 13686 | 14205 | 15127 | 15982 | 18411 | 19734 | 19377 |
| 5603 | 3965 | 4741 | 5364 | 6270 | 7742 | 10368 |
| 21208 | 23816 | 27647 | 33150 | 50604 | 48290 | 47590 |
| 12353 | 16113 | 18710 | 21111 | 22094 | 22124 | 26924 |
| 12942 | 14854 | 16444 | 19755 | 80611 | 39002 | 26982 |
| 9238 | 10332 | 11213 | 13935 | 15070 | 18423 | 20141 |
| 11546 | 13240 | 15076 | 15791 | 16915 | 21249 | 21410 |
| 29017 | 31890 | 39382 | 44965 | 46744 | 52525 | 62616 |
| 2260 | 21784 | 26566 | 24275 | 27675 | 31304 | 34498 |
| 14846 | 17804 | 20704 | 21092 | 23318 | 23677 | 28918 |
| 15167 | 19110 | 22384 | 24981 | 23436 | 24712 | 29096 |
| 17076 | 16675 | 20206 | 21863 | 25022 | 29602 | 43983 |
| 9054 | 9757 | 11955 | 11313 | 12728 | 14317 | 16760 |
|  | 2338 | 3659 | 3366 | 3843 | 4270 | 4630 |
| 25524 | 28123 | 32186 | 36228 | 39004 | 42563 | 49037 |
| 9092 | 9408 | 11568 | 12079 | 11043 | 11761 | 15154 |
| 12712 | 14934 | 31640 | 33901 | 38725 | 41026 | 30502 |
| 1828 | 1795 | 2116 | 2909 | 3499 | 2647 | 2598 |
| 9299 | 10602 | 12277 | 13688 | 13412 | 16805 | 20107 |
| 7238 | 8346 | 7681 | 8813 | 9124 | 11256 | 12186 |
| 1837 | 1750 | 1802 | 2086 | 2036 | 2387 | 2965 |
| 1780 | 2609 | 1805 | 2000 | 2206 | 2456 | 2464 |
| 4896 | 4549 | 4776 | 5775 | 5741 | 5790 | 7617 |

C-1-9续表3

| 地　区 | 1994年 | 1995年 | 1996年 | 1997年 | 1998年 | 1999年 |
|---|---|---|---|---|---|---|
| **全　国** | **870194** | **1034502** | **1211500** | **1335202** | **1618445** | **1946843** |
| 中央级 | 4077 | 3703 | 6371 | 5954 | 50783 | 11856 |
| 北　京 | 36146 | 44073 | 54012 | 61184 | 74406 | 97748 |
| 天　津 | 11970 | 15023 | 17254 | 19738 | 20952 | 20611 |
| 河　北 | 48303 | 58804 | 74364 | 71151 | 79064 | 88202 |
| 山　西 | 22995 | 31008 | 37882 | 37150 | 39519 | 45466 |
| 内蒙古 | 18378 | 20470 | 26012 | 26773 | 35484 | 35659 |
| 辽　宁 | 44239 | 60067 | 59580 | 65370 | 74946 | 85394 |
| 吉　林 | 24648 | 30876 | 31416 | 33928 | 52337 | 53311 |
| 黑龙江 | 26195 | 28798 | 30459 | 33020 | 55977 | 60566 |
| 上　海 | 15557 | 19773 | 23984 | 30860 | 37336 | 54151 |
| 江　苏 | 59349 | 69907 | 80163 | 93383 | 108862 | 121349 |
| 浙　江 | 40044 | 43610 | 50852 | 60657 | 65733 | 88269 |
| 安　徽 | 26883 | 37348 | 43979 | 50559 | 56473 | 72895 |
| 福　建 | 25502 | 31904 | 34498 | 46134 | 49421 | 50996 |
| 江　西 | 23815 | 30354 | 33883 | 35962 | 47177 | 45334 |
| 山　东 | 71995 | 76826 | 88009 | 101613 | 112960 | 131746 |
| 河　南 | 44163 | 52458 | 59353 | 64155 | 68311 | 80338 |
| 湖　北 | 39148 | 40291 | 50385 | 58511 | 85285 | 75622 |
| 湖　南 | 35093 | 42680 | 53778 | 48234 | 54533 | 73272 |
| 广　东 | 53653 | 64806 | 75354 | 88748 | 96993 | 112133 |
| 广　西 | 30480 | 28730 | 36280 | 28944 | 30995 | 31950 |
| 海　南 | 6163 | 7210 | 8828 | 8274 | 9472 | 10818 |
| 重　庆 | | | | 25048 | 35054 | 51123 |
| 四　川 | 59629 | 70257 | 77059 | 63016 | 72283 | 89492 |
| 贵　州 | 15641 | 20528 | 26419 | 27866 | 27126 | 30834 |
| 云　南 | 31529 | 36916 | 46048 | 52043 | 53384 | 63169 |
| 西　藏 | 5304 | 4466 | 5228 | 6987 | 11749 | 6824 |
| 陕　西 | 20404 | 26336 | 32108 | 31702 | 25791 | 43230 |
| 甘　肃 | 13897 | 17748 | 21484 | 20366 | 20554 | 26371 |
| 青　海 | 3454 | 4342 | 6473 | 8088 | 8669 | 23784 |
| 宁　夏 | 3244 | 3458 | 4279 | 4397 | 5442 | 8651 |
| 新　疆 | 8297 | 11732 | 15706 | 25387 | 22690 | 55676 |

单位：万元

| 2000年 | 2001年 | 2002年 | 2003年 | 2004年 | 2005年 | 2006年 |
|---|---|---|---|---|---|---|
| **2296954** | **2847548** | **3922695** | **4989171.8** | **5773906.5** | **7184146** | **9153527** |
| 29338 | 13965 | 18467 | 18027.2 | 39289.8 | 37423 | 27907 |
| | | | | | | |
| 150746 | 196540 | 233429 | 303795.3 | 327957.0 | 370918 | 450229 |
| 30547 | 41580 | 58202 | 62682.2 | 71091.4 | 92462 | 121917 |
| 113381 | 125698 | 153525 | 185640.8 | 216769.6 | 283480 | 356510 |
| 56815 | 71776 | 105897 | 124002.5 | 147569.6 | 192257 | 236469 |
| 44674 | 55328 | 70606 | 99367.7 | 126236.7 | 141727 | 187147 |
| | | | | | | |
| 131675 | 180547 | 227704 | 279736.9 | 304551.2 | 368476 | 437608 |
| 51153 | 76026 | 118392 | 166702.2 | 182133.4 | 218688 | 284676 |
| 61753 | 80658 | 177852 | 167487.2 | 193823.3 | 222865 | 376619 |
| | | | | | | |
| 87021 | 121538 | 167719 | 222539.6 | 228764.3 | 282196 | 316864 |
| 159691 | 170800 | 205763 | 256062.6 | 309196.0 | 419996 | 502744 |
| 97755 | 124023 | 159432 | 189645.4 | 294720.4 | 354320 | 415110 |
| 72568 | 89476 | 138918 | 208605.9 | 195411.9 | 250782 | 312519 |
| 67797 | 68897 | 85353 | 94060.8 | 139539.3 | 157015 | 226313 |
| 49521 | 57966 | 92013 | 149217.2 | 176371.5 | 225667 | 340990 |
| 159315 | 180470 | 233918 | 283989.3 | 311522.3 | 408419 | 526836 |
| | | | | | | |
| 102698 | 117574 | 159157 | 221712.8 | 251438.9 | 337872 | 425038 |
| 113381 | 122382 | 167653 | 229233.9 | 270653.4 | 345556 | 440298 |
| 80343 | 104818 | 158443 | 210815.4 | 252891.5 | 326694 | 422998 |
| 144461 | 198362 | 278022 | 341821.0 | 386221.4 | 483430 | 635940 |
| 35135 | 49819 | 82929 | 109901.0 | 113722.5 | 156841 | 175928 |
| 13568 | 15372 | 18032 | 24304.1 | 27949.8 | 38103 | 49003 |
| | | | | | | |
| 55934 | 70571 | 117114 | 125112.4 | 145713.0 | 174682 | 216847 |
| 105249 | 139493 | 194774 | 244374.4 | 302566.3 | 376043 | 500440 |
| 36085 | 51264 | 67973 | 82093.5 | 102696.6 | 151257 | 181266 |
| 78944 | 98782 | 115945 | 150814.0 | 183854.7 | 202346 | 228950 |
| 9920 | 14979 | 15358 | 17912.7 | 23199.7 | 22574 | 30224 |
| | | | | | | |
| 54365 | 72136 | 103474 | 147038.8 | 149120.1 | 186935 | 244342 |
| 35251 | 42851 | 58315 | 75346.0 | 91876.1 | 111530 | 149598 |
| 16159 | 19790 | 24812 | 36616.0 | 39139.1 | 47402 | 51844 |
| 13775 | 21289 | 28724 | 30448.1 | 34071.3 | 35346 | 57593 |
| 56940 | 52768 | 104762 | 130065.0 | 133844.4 | 160847 | 222762 |

C-1-9续表4

| 地　区 | 2007年 | 2008年 | 2009年 | 2010年 | 2011年 | 2012年 |
|---|---|---|---|---|---|---|
| **全　国** | **12154874** | **21464484** | **21819430.2** | **26975149.0** | **32291356.0** | **36837379.4** |
| 中央级 | 32841 | 263213 | 55240.2 | 488035.9 | 93505.4 | 100110.8 |
| 北　京 | 575756 | 575302 | 745435.4 | 982144.3 | 1031493.0 | 1260515.9 |
| 天　津 | 149046 | 196893 | 244982.6 | 313824.7 | 375011.5 | 444250.9 |
| 河　北 | 488387 | 678036 | 843485.2 | 969269.1 | 1244217.3 | 1438698.1 |
| 山　西 | 339210 | 457567 | 562518.4 | 634004.6 | 876097.5 | 936468.5 |
| 内蒙古 | 283105 | 420111 | 575897.9 | 768526.2 | 968084.5 | 1127395.6 |
| 辽　宁 | 575209 | 724799 | 887386.5 | 1066504.6 | 1347428.2 | 1567755.2 |
| 吉　林 | 341920 | 470519 | 642777.6 | 750632.3 | 801698.3 | 765275 |
| 黑龙江 | 478896 | 643011 | 800947.6 | 854398.8 | 1050480.9 | 1152380.1 |
| 上　海 | 406118 | 515828 | 557187.9 | 572521.7 | 662862.5 | 727872.8 |
| 江　苏 | 632560 | 811832 | 996449.2 | 1265312.3 | 1711513.8 | 1970955.5 |
| 浙　江 | 508925 | 610800 | 704117.9 | 884859.5 | 1061597.3 | 1253870.2 |
| 安　徽 | 490974 | 659432 | 804010.6 | 971558.4 | 1263090.4 | 1421837.3 |
| 福　建 | 247500 | 282403 | 322487.9 | 422187.8 | 503195.6 | 614533.8 |
| 江　西 | 434664 | 596019 | 693704.1 | 847650.9 | 986614.7 | 1075144.7 |
| 山　东 | 715079 | 885720 | 1122739.0 | 1437374.8 | 1691804.7 | 2183629.3 |
| 河　南 | 598726 | 785189 | 1035342.8 | 1230796.6 | 1586875.1 | 1740800.2 |
| 湖　北 | 514067 | 748412 | 897367.7 | 1082788.8 | 1408483.1 | 1531263.7 |
| 湖　南 | 521304 | 771404 | 997685.9 | 1165255.4 | 1545645.5 | 2003252.4 |
| 广　东 | 720130 | 834465 | 1021108.9 | 1154286.9 | 1480652.6 | 1668953.2 |
| 广　西 | 247212 | 410162 | 492763.3 | 731162.4 | 971372.9 | 1173997.1 |
| 海　南 | 65929 | 96527 | 142315.6 | 190264.1 | 223849.3 | 240254.6 |
| 重　庆 | 307697 | 435014 | 514479.6 | 674873.3 | 783120.4 | 907587.4 |
| 四　川 | 734868 | 4848630 | 2289514.1 | 2408738.2 | 2168767.6 | 2375722.4 |
| 贵　州 | 264299 | 443051 | 560108.4 | 728242.8 | 1116447.6 | 1248670.9 |
| 云　南 | 420914 | 687354 | 930167.6 | 1224026.2 | 1432131.1 | 1730472.3 |
| 西　藏 | 38363 | 69982 | 82169.4 | 85017.8 | 130279.7 | 155073.7 |
| 陕　西 | 365358 | 849627 | 867024.3 | 1139380.6 | 1356364.3 | 1424205.1 |
| 甘　肃 | 226791 | 1063855 | 577204.8 | 740624.8 | 1000902.5 | 1051754.7 |
| 青　海 | 81455 | 123508 | 189659.7 | 330701.5 | 359785.5 | 341516.9 |
| 宁　夏 | 79705 | 110375 | 143479.2 | 161335.6 | 195226.4 | 220055.6 |
| 新　疆 | 267867 | 395446 | 519670.9 | 698848.1 | 862756.8 | 983105.5 |

单位：万元

| 2013年 | 2014年 | 2015年 | 2016年 | 2017年 | 2018年 |
| --- | --- | --- | --- | --- | --- |
| **42765370.8** | **44041244.2** | **49264448.4** | **54401503.4** | **59326813.1** | **40769320.0** |
| 137419.9 | 128646.0 | 155949.2 | 165749.1 | 269330.6 | 128747.8 |
| | | | | | |
| 1555734.8 | 1600353.6 | 2220633.5 | 2558934.6 | 2830370.7 | 1410839.6 |
| 552118.0 | 591814.0 | 769084.9 | 895069.9 | 976094.3 | 723647.0 |
| 1672465.7 | 1653297.9 | 1805161.2 | 2115331.3 | 2491031.8 | 1267321.2 |
| 1130400.3 | 1144649.5 | 1201392.7 | 1291517.7 | 1427974.2 | 965414.8 |
| 1236610.0 | 1409253.2 | 1410121.9 | 1400524.5 | 1530138.7 | 1229044.8 |
| | | | | | |
| 1672890.8 | 1694087.8 | 1844543.3 | 1845473.1 | 2000385.4 | 1345926.0 |
| 986245.5 | 942015.8 | 1057440.4 | 1041251.7 | 1229440.2 | 833078.7 |
| 1589618.1 | 1373441.2 | 1504605.0 | 1526756.7 | 1621673.2 | 1016669.9 |
| | | | | | |
| 832211.6 | 857287.8 | 966471.0 | 1532275.2 | 1774025.0 | 1440387.9 |
| 2335259.9 | 2460508.3 | 2605552.1 | 2872252.8 | 3252262.8 | 2541719.9 |
| 1428845.7 | 1502557.1 | 1674651.1 | 1899440.0 | 2100207.6 | 1423390.2 |
| 1601142.2 | 1699609.2 | 1812233.9 | 1970515.8 | 2205766.4 | 1654232.3 |
| 729824.6 | 775607.4 | 903162.9 | 1041706.7 | 1038592.5 | 812950.4 |
| 1224409.1 | 1472214.2 | 1571857.7 | 1717261.4 | 1868755.5 | 1436320.2 |
| 2502270.9 | 2706751.9 | 2871388.9 | 3048812.9 | 3394553.1 | 1570595.4 |
| | | | | | |
| 2097496.0 | 2054924.0 | 2292633.2 | 2469598.6 | 2606924.3 | 1762338.9 |
| 1849392.5 | 1852790.6 | 2269799.1 | 2423266.1 | 2564107.9 | 1776866.8 |
| 1996276.3 | 2085354.4 | 2305544.2 | 2716411.4 | 2759086.8 | 1707022.3 |
| 1981669.0 | 2237116.3 | 2595187.3 | 3056715.3 | 3723480.8 | 2631089.6 |
| 1292515.6 | 1391271.4 | 1492923.0 | 1577969.5 | 1785362.3 | 1301233.1 |
| 254400.4 | 287775.5 | 296623.7 | 300733.3 | 299638.3 | 299986.6 |
| | | | | | |
| 999446.7 | 1027739.5 | 1146517.8 | 1299701.7 | 1563300.9 | 1091804.0 |
| 2880631.2 | 2917857.6 | 3152459.5 | 3486433.8 | 3663630.9 | 2489797.5 |
| 1341494.8 | 1391678.3 | 1472311.4 | 1602657.5 | 1734040.9 | 1363187.2 |
| 1845730.7 | 1979476.0 | 2310934.8 | 2348845.7 | 2404442.3 | 1799879.2 |
| 156074.8 | 136789.5 | 175034.3 | 235821.1 | 273337.7 | 221186.6 |
| | | | | | |
| 1838401.7 | 1679000.3 | 1847868.8 | 2020674.1 | 2099088.3 | 1385599.4 |
| 1299304.5 | 1214834.5 | 1367615.6 | 1631306.1 | 1490098.4 | 1254450.3 |
| 377594.3 | 381598.0 | 462567.9 | 492304.9 | 577580.9 | 404933.9 |
| 266258.2 | 264662.5 | 409809.1 | 420877.6 | 426405.6 | 375733.0 |
| 1101217.0 | 1126280.9 | 1292369.0 | 1395313.3 | 1345684.8 | 1103925.5 |

# C-1-10 民政事业费中央

| 地 区 | 合计 | 困难群众救助补助资金 | 部本级公益金补助地方 |
|---|---|---|---|
| **全 国** | **14856399** | **13994625** | **389748** |
| 中央级 | | | |
| 北 京 | 27058 | 18803 | 7881 |
| 天 津 | 67430 | 63935 | 3133 |
| 河 北 | 669088 | 630020 | 13037 |
| 山 西 | 581583 | 556782 | 14454 |
| 内蒙古 | 531609 | 503375 | 7353 |
| 辽 宁 | 496097 | 470037 | 14179 |
| 吉 林 | 501552 | 473827 | 14297 |
| 黑龙江 | 608570 | 579351 | 11788 |
| 上 海 | 29727 | 19506 | 9826 |
| 江 苏 | 185099 | 169338 | 12993 |
| 浙 江 | 95410 | 81278 | 6184 |
| 安 徽 | 648101 | 617933 | 18419 |
| 福 建 | 168545 | 146558 | 11613 |
| 江 西 | 650578 | 602445 | 18528 |
| 山 东 | 483958 | 458823 | 16771 |
| 河 南 | 826243 | 784036 | 21028 |
| 湖 北 | 650231 | 612572 | 15774 |
| 湖 南 | 836306 | 794655 | 17859 |
| 广 东 | 224175 | 212609 | 9214 |
| 广 西 | 721722 | 683187 | 13632 |
| 海 南 | 145944 | 138127 | 5893 |
| 重 庆 | 425525 | 393615 | 13028 |
| 四 川 | 964435 | 913132 | 19828 |
| 贵 州 | 758370 | 716360 | 14784 |
| 云 南 | 876253 | 835569 | 9213 |
| 西 藏 | 119630 | 104771 | 7288 |
| 陕 西 | 602549 | 563872 | 17290 |
| 甘 肃 | 787748 | 756651 | 11490 |
| 青 海 | 263900 | 249934 | 7168 |
| 宁 夏 | 196754 | 180819 | 7085 |
| 新 疆 | 665219 | 631459 | 11183 |
| 兵 团 | 38781 | 31246 | 7535 |

# 专项拨款对账单简表

单位：万元

| 地名普查 | 中央预算内投资 | |
|---|---|---|
| | 养老专项 | 社会福利专项 |
| **42026** | **310000** | **120000** |
| 374 | | |
| 362 | | |
| 1938 | 18523 | 5570 |
| 1656 | 6951 | 1740 |
| 1770 | 13342 | 5769 |
| 1133 | 9631 | 1117 |
| 1007 | 9623 | 2798 |
| 1817 | 9514 | 6100 |
| 395 | | |
| 952 | 1216 | 600 |
| 863 | 6135 | 950 |
| 1360 | 7249 | 3140 |
| 1058 | 6546 | 2770 |
| 1493 | 22266 | 5846 |
| 1229 | 5740 | 1395 |
| 1801 | 13568 | 5810 |
| 1375 | 15183 | 5327 |
| 1697 | 15095 | 7000 |
| 972 | 530 | 850 |
| 1708 | 16835 | 6360 |
| 704 | 1220 | |
| 834 | 16728 | 1320 |
| 2447 | 20134 | 8894 |
| 1602 | 19800 | 5824 |
| 2024 | 19702 | 9745 |
| 1781 | | 5790 |
| 1707 | 13904 | 5776 |
| 1850 | 11608 | 6149 |
| 1548 | 3650 | 1600 |
| 826 | 5144 | 2880 |
| 1743 | 13754 | 7080 |
| | 6409 | 1800 |

# C-1-11 民政事业费中央

| 地 区 | 困难群众救助补助资金合计 | 财社〔2017〕204号 下达2018年中央财政困难群众救助补助预算指标 | 财社〔2017〕205号 下达新疆生产建设兵团中央财政困难群众救助补助资金2018年预算指标 | 财社〔2018〕73号 下达2018年中央财政困难群众救助补助预算指标 |
|---|---|---|---|---|
| **全 国** | **13994625** | **9286407** | **31246** | **4676972** |
| 北 京 | 18803 | 12500 | | 6303 |
| 天 津 | 63935 | 42502 | | 21433 |
| 河 北 | 630020 | 401290 | | 228730 |
| 山 西 | 556782 | 338911 | | 217871 |
| 内蒙古 | 503375 | 346495 | | 156880 |
| 辽 宁 | 470037 | 312465 | | 157572 |
| 吉 林 | 473827 | 331679 | | 142148 |
| 黑龙江 | 579351 | 405546 | | 173805 |
| 上 海 | 19506 | 12967 | | 6539 |
| 江 苏 | 169338 | 112571 | | 56767 |
| 浙 江 | 81278 | 54031 | | 27247 |
| 安 徽 | 617933 | 432553 | | 185380 |
| 福 建 | 146558 | 97427 | | 49131 |
| 江 西 | 602445 | 415413 | | 187032 |
| 山 东 | 458823 | 305010 | | 153813 |
| 河 南 | 784036 | 548825 | | 235211 |
| 湖 北 | 612572 | 426710 | | 185862 |
| 湖 南 | 794655 | 556259 | | 238396 |
| 广 东 | 212609 | 141336 | | 71273 |
| 广 西 | 683187 | 449350 | | 233837 |
| 海 南 | 138127 | 84077 | | 54050 |
| 重 庆 | 393615 | 239592 | | 154023 |
| 四 川 | 913132 | 615699 | | 297433 |
| 贵 州 | 716360 | 501452 | | 214908 |
| 云 南 | 835569 | 540138 | | 295431 |
| 西 藏 | 104771 | 63774 | | 40997 |
| 陕 西 | 563872 | 360688 | | 203184 |
| 甘 肃 | 756651 | 490582 | | 266069 |
| 青 海 | 249934 | 152134 | | 97800 |
| 宁 夏 | 180819 | 110064 | | 70755 |
| 新 疆 | 631459 | 384367 | | 247092 |
| 兵 团 | 31246 | | 31246 | |

# 专项拨款对账单明细表

单位：万元

| 2018年中央补助地方专项彩票公益金 | 财社〔2018〕62号<br>下达第三批居家养老和社区养老服务改革试点补助资金 | 财社〔2018〕63号<br>下达新疆兵团居家和社区养老服务改革试点补助资金 | 财社〔2018〕84号<br>下达2018年用于社会福利的彩票公益金 | |
|---|---|---|---|---|
| | | | 合计 | 老年人福利类项目 |
| **389748** | **95974** | **3026** | **285239** | **146368** |
| | | | | |
| 7881 | 1896 | | 5985 | 3742 |
| 3133 | | | 3133 | 1580 |
| 13037 | 2732 | | 10305 | 5549 |
| 14454 | 5829 | | 8625 | 4160 |
| 7353 | | | 7353 | 3596 |
| | | | | |
| 14179 | 5572 | | 8607 | 4441 |
| 14297 | 6264 | | 8033 | 4097 |
| 11788 | 3001 | | 8787 | 4636 |
| | | | | |
| 9826 | 4302 | | 5399 | 3992 |
| 12993 | 4373 | | 8370 | 4657 |
| 6184 | | | 6059 | 3069 |
| 18419 | 5862 | | 12307 | 6093 |
| 11613 | 5262 | | 6351 | 3215 |
| 18528 | 5529 | | 12999 | 7250 |
| 16771 | 5165 | | 11481 | 6275 |
| | | | | |
| 21028 | 2893 | | 18135 | 9678 |
| 15774 | 5509 | | 10265 | 5275 |
| 17859 | 5713 | | 12146 | 6537 |
| 9214 | | | 9214 | 4505 |
| 13632 | 3124 | | 10508 | 4971 |
| 5893 | | | 5893 | 3048 |
| | | | | |
| 13028 | 5837 | | 7191 | 3908 |
| 19828 | 2833 | | 16995 | 9803 |
| 14784 | 5675 | | 9109 | 3923 |
| 9213 | | | 9213 | 4082 |
| 7288 | | | 7288 | 3233 |
| | | | | |
| 17290 | 5503 | | 11787 | 6666 |
| 11490 | 3100 | | 8390 | 4135 |
| 7168 | | | 7043 | 3495 |
| 7085 | | | 7085 | 3417 |
| 11183 | | | 11183 | 3340 |
| 7535 | | 3026 | | |

## C-1-11续表1

| 地区 | 财社〔2018〕84号<br>下达2018年用于社会福利的彩票公益金<br>残疾人福利类项目 | 儿童福利服务体系建设项目 | 残疾孤儿手术康复明天计划项目 | 未成年人救助保护中心功能建设及购买服务项目 | 殡葬基础设施设备建设更新改造项目 | 社会工作和志愿服务项目 |
|---|---|---|---|---|---|---|
| **全国** | **54501** | **41840** | **13000** | **12132** | **12535** | **4863** |
| 北京 | 682 | 478 | 825 | 206 | 0 | 52 |
| 天津 | 671 | 424 | 260 | 137 | 0 | 61 |
| 河北 | 2226 | 1175 | 240 | 393 | 525 | 197 |
| 山西 | 1635 | 1295 | 500 | 449 | 425 | 161 |
| 内蒙古 | 1562 | 919 | 280 | 361 | 503 | 132 |
| 辽宁 | 1643 | 1238 | 200 | 336 | 623 | 126 |
| 吉林 | 1648 | 1068 | 200 | 355 | 536 | 129 |
| 黑龙江 | 1920 | 1039 | 50 | 386 | 623 | 133 |
| 上海 | 699 | 521 | 5 | 126 | 0 | 56 |
| 江苏 | 1785 | 1039 | 500 | 299 | 0 | 90 |
| 浙江 | 1554 | 827 | 280 | 243 | 0 | 86 |
| 安徽 | 2489 | 1419 | 1000 | 498 | 603 | 205 |
| 福建 | 1507 | 895 | 120 | 262 | 246 | 106 |
| 江西 | 1858 | 1724 | 930 | 498 | 577 | 162 |
| 山东 | 2472 | 1211 | 700 | 374 | 294 | 155 |
| 河南 | 2953 | 3030 | 1100 | 573 | 555 | 246 |
| 湖北 | 2100 | 1155 | 430 | 511 | 582 | 212 |
| 湖南 | 2397 | 1741 | 100 | 580 | 548 | 243 |
| 广东 | 1860 | 2012 | 370 | 355 | 0 | 112 |
| 广西 | 1998 | 1894 | 350 | 542 | 521 | 232 |
| 海南 | 1154 | 834 | 10 | 336 | 391 | 120 |
| 重庆 | 1419 | 903 | 0 | 343 | 488 | 130 |
| 四川 | 3103 | 2218 | 400 | 598 | 641 | 232 |
| 贵州 | 1885 | 1452 | 500 | 567 | 535 | 247 |
| 云南 | 1943 | 1901 | 30 | 474 | 544 | 239 |
| 西藏 | 1246 | 1700 | 230 | 312 | 438 | 129 |
| 陕西 | 2072 | 1165 | 720 | 442 | 522 | 200 |
| 甘肃 | 1637 | 1309 | 180 | 424 | 484 | 221 |
| 青海 | 1402 | 1231 | 0 | 336 | 438 | 141 |
| 宁夏 | 1391 | 1001 | 290 | 411 | 435 | 140 |
| 新疆 | 1590 | 3022 | 2200 | 405 | 458 | 168 |
| 兵团 | | | | | | |

单位：万元

| 财社〔2018〕85号 | | | | |
|---|---|---|---|---|
| 下达新疆兵团2018年用于社会福利的彩票公益金 | | | | |
| 合计 | 老年人福利 | 残疾人福利 | 儿童福利 | 社会公益 |
| **4509** | **2000** | **1389** | **1050** | **70** |
| 4509 | 2000 | 1389 | 1050 | 70 |

C-1-11续表2

| 地区 | 财社〔2018〕218号<br>下达第二批居家和社区养老服务改革试点考核优秀地区奖励资金 | 地名普查合计 | 财社〔2018〕28号<br>下达第二次全国地名普查补助资金 |
|---|---|---|---|
| **全国** | **1000** | **42026** | **42026** |
| 中央级 | | | |
| 北京 | | 374 | 374 |
| 天津 | | 362 | 362 |
| 河北 | | 1938 | 1938 |
| 山西 | | 1656 | 1656 |
| 内蒙古 | | 1770 | 1770 |
| 辽宁 | | 1133 | 1133 |
| 吉林 | | 1007 | 1007 |
| 黑龙江 | | 1817 | 1817 |
| 上海 | 125 | 395 | 395 |
| 江苏 | 250 | 952 | 952 |
| 浙江 | 125 | 863 | 863 |
| 安徽 | 250 | 1360 | 1360 |
| 福建 | | 1058 | 1058 |
| 江西 | | 1493 | 1493 |
| 山东 | 125 | 1229 | 1229 |
| 河南 | | 1801 | 1801 |
| 湖北 | | 1375 | 1375 |
| 湖南 | | 1697 | 1697 |
| 广东 | | 972 | 972 |
| 广西 | | 1708 | 1708 |
| 海南 | | 704 | 704 |
| 重庆 | | 834 | 834 |
| 四川 | | 2447 | 2447 |
| 贵州 | | 1602 | 1602 |
| 云南 | | 2024 | 2024 |
| 西藏 | | 1781 | 1781 |
| 陕西 | | 1707 | 1707 |
| 甘肃 | | 1850 | 1850 |
| 青海 | 125 | 1548 | 1548 |
| 宁夏 | | 826 | 826 |
| 新疆 | | 1743 | 1743 |
| 兵团 | | | |

单位：万元

| 养老专项合计 | 发改投资〔2018〕35号 下达社会服务兜底工程2018年中央预算内投资计划 | 社会福利专项合计 | 发改投资〔2018〕35号 下达社会服务兜底工程2018年中央预算内投资计划 |
|---|---|---|---|
| **310000** | **310000** | **120000** | **120000** |
| | | | |
| | | | |
| | | | |
| | | | |
| 18523 | 18523 | 5570 | 5570 |
| 6951 | 6951 | 1740 | 1740 |
| 13342 | 13342 | 5769 | 5769 |
| | | | |
| 9631 | 9631 | 1117 | 1117 |
| 9623 | 9623 | 2798 | 2798 |
| 9514 | 9514 | 6100 | 6100 |
| | | | |
| | | | |
| 1216 | 1216 | 600 | 600 |
| 6135 | 6135 | 950 | 950 |
| 7249 | 7249 | 3140 | 3140 |
| 6546 | 6546 | 2770 | 2770 |
| 22266 | 22266 | 5846 | 5846 |
| 5740 | 5740 | 1395 | 1395 |
| | | | |
| 13568 | 13568 | 5810 | 5810 |
| 15183 | 15183 | 5327 | 5327 |
| 15095 | 15095 | 7000 | 7000 |
| 530 | 530 | 850 | 850 |
| 16835 | 16835 | 6360 | 6360 |
| 1220 | 1220 | | |
| | | | |
| 16728 | 16728 | 1320 | 1320 |
| 20134 | 20134 | 8894 | 8894 |
| 19800 | 19800 | 5824 | 5824 |
| 19702 | 19702 | 9745 | 9745 |
| | | 5790 | 5790 |
| | | | |
| 13904 | 13904 | 5776 | 5776 |
| 11608 | 11608 | 6149 | 6149 |
| 3650 | 3650 | 1600 | 1600 |
| 5144 | 5144 | 2880 | 2880 |
| 13754 | 13754 | 7080 | 7080 |
| 6409 | 6409 | 1800 | 1800 |

# C-1-12 民政事业费

| 地　区 | 本年预算指标合计 | 上年结转预算指标 | 本级财政安排预算指标 | 本年上级下达预算指标 |
|---|---|---|---|---|
| **全　国** | **42589292.0** | **2262695.0** | **40326597.0** | **52872199.2** |
| 中央级 | 133680.0 | | 15015224.9 | |
| 北　京 | 1307975.7 | 43236.3 | 1238055.4 | 179718.4 |
| 天　津 | 711869.9 | 12900.0 | 631539.9 | 133140.6 |
| 河　北 | 1406210.7 | 65544.9 | 671577.8 | 2310808.4 |
| 山　西 | 1174286.8 | 126081.6 | 466622.2 | 2094322.6 |
| 内蒙古 | 1339573.6 | 151540.9 | 656423.7 | 2188844.8 |
| 辽　宁 | 1457000.9 | 84710.1 | 876193.8 | 1815091.0 |
| 吉　林 | 915709.4 | | 414157.4 | 1235244.5 |
| 黑龙江 | 1040783.6 | 5616.6 | 426597.0 | 1917542.5 |
| 上　海 | 1472047.1 | 23353.6 | 1419361.5 | 52708.8 |
| 江　苏 | 2540927.7 | 51629.5 | 2304199.2 | 1278268.3 |
| 浙　江 | 1532830.3 | 58614.5 | 1378805.8 | 443207.3 |
| 安　徽 | 1657499.6 | 25322.5 | 984076.1 | 1616247.4 |
| 福　建 | 822514.6 | 36364.1 | 617605.5 | 814665.0 |
| 江　西 | 1413101.5 | 4299.3 | 758224.2 | 2526879.6 |
| 山　东 | 1699810.0 | 141044.8 | 1074807.2 | 2212529.5 |
| 河　南 | 1776085.6 | 47405.5 | 902436.7 | 3114423.6 |
| 湖　北 | 2013763.9 | 272556.9 | 1090976.0 | 1886026.1 |
| 湖　南 | 1643085.4 | 13407.5 | 793371.9 | 3108705.0 |
| 广　东 | 2682588.1 | 64456.6 | 2393956.5 | 2309738.2 |
| 广　西 | 1472418.1 | 173008.5 | 577687.1 | 1987354.5 |
| 海　南 | 477631.8 | 120963.4 | 210724.4 | 324391.9 |
| 重　庆 | 1333369.2 | 258700.6 | 651302.6 | 1150024.0 |
| 四　川 | 2377848.6 | 64101.5 | 1349312.1 | 3616752.6 |
| 贵　州 | 1365857.9 | 140295.7 | 467192.2 | 2528087.9 |
| 云　南 | 1802702.0 | 21249.8 | 905199.2 | 3364671.9 |
| 西　藏 | 237603.3 | 18055.8 | 99917.5 | 303017.9 |
| 陕　西 | 1524223.2 | 109809.7 | 811864.5 | 2595583.6 |
| 甘　肃 | 1235893.7 | 41026.5 | 407119.2 | 1878482.5 |
| 青　海 | 514269.0 | 34759.3 | 215609.7 | 906370.7 |
| 宁　夏 | 385582.0 | 34086.8 | 154741.2 | 493159.0 |
| 新　疆 | 1120548.8 | 18552.2 | 361714.6 | 2486191.1 |

# 预算指标来源情况表

单位：万元

| 本年下达所属地方预算指标 | 专项补助资金预算指标 | 上年结转预算指标 | 本级财政安排预算指标 |
|---:|---:|---:|---:|
| **52872199.2** | **33189935.1** | **1758047.3** | **31586152.5** |
| 14881544.9 | | | 13994625.0 |
| | | | |
| 153034.4 | 775072.8 | 26235.2 | 730034.6 |
| 65710.6 | 516717.8 | 7765.6 | 455626.2 |
| 1641720.4 | 1132437.1 | 54478.3 | 465634.1 |
| 1512739.6 | 933736.7 | 104634.8 | 270663.9 |
| 1657235.8 | 1094347.1 | 87171.9 | 503800.2 |
| | | | |
| 1318994.0 | 1018949.1 | 73477.4 | 551500.1 |
| 733692.5 | 687462.6 | | 212807.2 |
| 1308972.5 | 888018.3 | 3712.0 | 300358.0 |
| | | | |
| 23376.8 | 1243663.6 | 9304.9 | 1214852.7 |
| 1093169.3 | 1854302.4 | 16034.7 | 1671509.1 |
| 347797.3 | 953323.6 | 13853.6 | 868802.7 |
| 968146.4 | 1460874.5 | 12663.6 | 828918.2 |
| 646120.0 | 408141.2 | 17910.5 | 245071.9 |
| 1876301.6 | 1267074.6 | 3383.8 | 662915.8 |
| 1728571.5 | 1354929.3 | 122216.5 | 789616.4 |
| | | | |
| 2288180.2 | 1431409.2 | 29296.8 | 616319.6 |
| 1235795.1 | 1584530.0 | 271103.1 | 718118.0 |
| 2272399.0 | 1360524.8 | 7658.8 | 564735.6 |
| 2085563.2 | 1582694.9 | 52094.2 | 1317745.0 |
| 1265632.0 | 1141431.9 | 109953.3 | 348291.5 |
| 178447.9 | 401563.9 | 108648.8 | 161708.8 |
| | | | |
| 726658.0 | 1123096.7 | 244502.3 | 484145.4 |
| 2652317.6 | 2037283.9 | 42400.3 | 1088866.8 |
| 1769717.9 | 1156122.4 | 115418.5 | 322741.9 |
| 2488418.9 | 1457174.6 | 15948.9 | 603632.7 |
| 183387.9 | 194066.5 | 16253.1 | 71261.4 |
| | | | |
| 1993034.6 | 1307408.6 | 89985.3 | 652514.5 |
| 1090734.5 | 1105243.8 | 37527.9 | 309214.9 |
| 642470.7 | 445974.3 | 33589.8 | 162971.6 |
| 296405.0 | 316775.9 | 15729.8 | 122157.2 |
| 1745909.1 | 955583.0 | 15093.6 | 274991.5 |

C-1-12续表1

| 地　区 | 本年上级下达预算指标 | 本年下达所属地方预算指标 | 彩票公益金预算指标 |
|---|---|---|---|
| **全　国** | **48071282.3** | **48225547.0** | **3167879.2** |
| 中央级 | | 13994625.0 | 8952.0 |
| | | | |
| 北　京 | 99118.5 | 80315.5 | 123562.6 |
| 天　津 | 117261.0 | 63935.0 | 46383.0 |
| 河　北 | 2140640.9 | 1528316.2 | 80225.0 |
| 山　西 | 1954634.6 | 1396196.6 | 125813.3 |
| 内蒙古 | 1965906.2 | 1462531.2 | 156575.7 |
| | | | |
| 辽　宁 | 1550516.5 | 1156544.9 | 101890.9 |
| 吉　林 | 1169647.9 | 694992.5 | 41823.7 |
| 黑龙江 | 1832801.7 | 1248853.4 | 38608.4 |
| | | | |
| 上　海 | 31251.6 | 11745.6 | 101468.5 |
| 江　苏 | 1150058.0 | 983299.4 | 156602.8 |
| 浙　江 | 338335.6 | 267668.3 | 241171.8 |
| 安　徽 | 1503865.2 | 884572.5 | 106851.2 |
| 福　建 | 515853.0 | 370694.2 | 83315.4 |
| 江　西 | 2341594.4 | 1740819.4 | 60841.6 |
| 山　东 | 2028531.5 | 1585435.1 | 121721.7 |
| | | | |
| 河　南 | 2791503.4 | 2005710.6 | 170228.8 |
| 湖　北 | 1683889.5 | 1088580.6 | 118768.1 |
| 湖　南 | 2820479.2 | 2032348.8 | 115069.2 |
| 广　东 | 2056240.3 | 1843384.6 | 211173.2 |
| 广　西 | 1791936.1 | 1108749.0 | 147210.9 |
| 海　南 | 294637.2 | 163430.9 | 30622.8 |
| | | | |
| 重　庆 | 1083552.0 | 689103.0 | 97368.9 |
| 四　川 | 3405448.3 | 2499431.5 | 113360.4 |
| 贵　州 | 2375527.3 | 1657565.3 | 81315.2 |
| 云　南 | 3116949.8 | 2279356.8 | 79836.3 |
| 西　藏 | 275305.9 | 168753.9 | 27361.0 |
| | | | |
| 陕　西 | 2329152.2 | 1764243.4 | 128019.5 |
| 甘　肃 | 1782493.0 | 1023992.0 | 78144.6 |
| 青　海 | 842955.4 | 593542.5 | 27138.3 |
| 宁　夏 | 439776.1 | 260887.2 | 48236.5 |
| 新　疆 | 2241420.0 | 1575922.1 | 98217.9 |

单位：万元

| 上年结转<br>预算指标 | 本级财政安排<br>预算指标 | 本年上级下达<br>预算指标 | 本年下达所属地方<br>预算指标 |
|---:|---:|---:|---:|
| **416881.5** | **2707403.5** | **2831072.5** | **2787478.3** |
| | 432054.9 | | 423102.9 |
| | | | |
| 15020.2 | 100661.4 | 80599.9 | 72718.9 |
| 5134.4 | 38115.6 | 4908.6 | 1775.6 |
| 6893.1 | 38744.8 | 90540.3 | 55953.2 |
| 20043.7 | 91315.6 | 98731.2 | 84277.2 |
| 58934.8 | 90287.9 | 153327.2 | 145974.2 |
| | | | |
| 4534.1 | 74465.6 | 109701.6 | 86810.4 |
| | 27526.7 | 39890.0 | 25593.0 |
| 771.2 | 26075.7 | 40194.8 | 28433.3 |
| | | | |
| 13134.6 | 78507.9 | 21457.2 | 11631.2 |
| 24669.4 | 118186.7 | 88918.4 | 75171.7 |
| 42888.0 | 192099.8 | 77245.0 | 71061.0 |
| 9977.1 | 78454.8 | 85603.5 | 67184.2 |
| 13742.4 | 57960.0 | 108859.1 | 97246.1 |
| 318.2 | 41835.3 | 89120.2 | 70432.1 |
| 12356.3 | 77381.8 | 119730.0 | 87746.4 |
| | | | |
| 17979.4 | 131221.1 | 267424.6 | 246396.3 |
| 643.9 | 101490.2 | 75634.6 | 59000.6 |
| 5189.3 | 97022.3 | 197242.4 | 184384.8 |
| 10085.5 | 191736.5 | 109417.5 | 100066.3 |
| 48492.9 | 85085.6 | 119803.1 | 106170.7 |
| 7729.0 | 15483.7 | 20653.1 | 13243.0 |
| | | | |
| 14198.3 | 70142.6 | 34694.0 | 21666.0 |
| 18101.9 | 75192.8 | 117068.7 | 97003.0 |
| 23224.8 | 43306.4 | 79288.6 | 64504.6 |
| 2776.6 | 67846.7 | 103749.4 | 94536.4 |
| 1605.6 | 18467.4 | 15842.0 | 8554.0 |
| | | | |
| 13640.7 | 96126.6 | 175208.9 | 156956.7 |
| 3183.1 | 63471.5 | 59084.0 | 47594.0 |
| 712.5 | 23660.8 | 26921.7 | 24156.7 |
| 17453.4 | 23698.0 | 33752.9 | 26667.8 |
| 3447.1 | 39776.8 | 186460.0 | 131466.0 |

## C-1-12续表2

| 地　区 | 预算内投资资金预算指标 | 上年结转预算指标 | 本级财政安排预算指标 | 本年上级下达预算指标 | 本年下达所属地方预算指标 |
|---|---|---|---|---|---|
| **全　国** | 989975.7 | 13521.9 | 931728.9 | 1179245.1 | 1134520.2 |
| 中央级 | 45963.0 | | 467754.0 | | 421791.0 |
| 北　京 | 7106.2 | 3.5 | 7102.7 | | |
| 天　津 | | | | | |
| 河　北 | 27138.2 | 3307.9 | 2151.3 | 64920.0 | 43241.0 |
| 山　西 | 19293.1 | 29.7 | 10572.4 | 31441.2 | 22750.2 |
| 内蒙古 | 23439.5 | 1372.0 | 2956.5 | 49955.0 | 30844.0 |
| 辽　宁 | 90155.3 | 974.0 | 46393.2 | 63032.1 | 20244.0 |
| 吉　林 | 14361.0 | | 1940.0 | 25528.0 | 13107.0 |
| 黑龙江 | 29596.9 | 996.0 | 16046.9 | 43230.0 | 30676.0 |
| 上　海 | 22691.6 | 14.1 | 22677.5 | | |
| 江　苏 | 182852.5 | 2024.1 | 176662.3 | 9522.2 | 5356.1 |
| 浙　江 | 10152.5 | | 3067.5 | 15330.0 | 8245.0 |
| 安　徽 | 17650.9 | 514.0 | 6747.9 | 23616.0 | 13227.0 |
| 福　建 | 17021.6 | | 7705.6 | 34836.0 | 25520.0 |
| 江　西 | 44395.9 | | 16283.9 | 92890.0 | 64778.0 |
| 山　东 | 11088.5 | | 3653.5 | 22005.0 | 14570.0 |
| 河　南 | 35433.0 | | 16055.0 | 54496.0 | 35118.0 |
| 湖　北 | 35853.5 | | 17641.5 | 38722.0 | 20510.0 |
| 湖　南 | 55866.1 | 380.6 | 25396.3 | 64597.2 | 34508.0 |
| 广　东 | 37018.8 | | 35638.8 | 4140.0 | 2760.0 |
| 广　西 | 26057.1 | | 2862.1 | 54241.1 | 31046.1 |
| 海　南 | 7455.4 | 1379.3 | 6076.1 | 1220.0 | 1220.0 |
| 重　庆 | 15889.0 | | | 31778.0 | 15889.0 |
| 四　川 | 47076.4 | | 9995.8 | 89834.6 | 52754.0 |
| 贵　州 | 26164.0 | | 540.0 | 73272.0 | 47648.0 |
| 云　南 | 37789.5 | | 8342.5 | 88341.0 | 58894.0 |
| 西　藏 | 5790.0 | | | 11870.0 | 6080.0 |
| 陕　西 | 31394.9 | 2526.7 | 9188.2 | 58744.8 | 39064.8 |
| 甘　肃 | 19928.0 | | 2171.0 | 35514.0 | 17757.0 |
| 青　海 | 16014.4 | | 4545.5 | 21918.9 | 10450.0 |
| 宁　夏 | 9390.2 | | 1366.2 | 16048.0 | 8024.0 |
| 新　疆 | 19948.7 | | 194.7 | 58202.0 | 38448.0 |

单位：万元

| 其他民政事业费预算指标 | 上年结转预算指标 | 本级财政安排预算指标 | 本年上级下达预算指标 | 本年下达所属地方预算指标 |
|---|---|---|---|---|
| **5241502.0** | **74244.3** | **5101312.1** | **790599.3** | **724653.7** |
| 78765.0 | | 120791.0 | | 42026.0 |
| | | | | |
| 402234.1 | 1977.4 | 400256.7 | | |
| 148769.1 | | 137798.1 | 10971.0 | |
| 166410.4 | 865.6 | 165047.6 | 14707.2 | 14210.0 |
| 95443.7 | 1373.4 | 94070.3 | 9515.6 | 9515.6 |
| 65211.3 | 4062.2 | 59379.1 | 19656.4 | 17886.4 |
| | | | | |
| 246005.6 | 5724.6 | 203834.9 | 91840.8 | 55394.7 |
| 172062.1 | | 171883.5 | 178.6 | |
| 84560.0 | 137.4 | 84116.4 | 1316.0 | 1009.8 |
| | | | | |
| 104223.4 | 900.0 | 103323.4 | | |
| 347170.0 | 8901.3 | 337841.1 | 29769.7 | 29342.1 |
| 328182.4 | 1872.9 | 314835.8 | 12296.7 | 823.0 |
| 72123.0 | 2167.8 | 69955.2 | 3162.7 | 3162.7 |
| 314036.4 | 4711.2 | 306868.0 | 155116.9 | 152659.7 |
| 40789.4 | 597.3 | 37189.2 | 3275.0 | 272.1 |
| 212070.5 | 6472.0 | 204155.5 | 42263.0 | 40820.0 |
| | | | | |
| 139014.6 | 129.3 | 138841.0 | 999.6 | 955.3 |
| 274612.3 | 809.9 | 253726.3 | 87780.0 | 67703.9 |
| 111625.3 | 178.8 | 106217.7 | 26386.2 | 21157.4 |
| 851701.2 | 2276.9 | 848836.2 | 139940.4 | 139352.3 |
| 157718.2 | 14562.3 | 141447.9 | 21374.2 | 19666.2 |
| 37989.7 | 3206.3 | 27455.8 | 7881.6 | 554.0 |
| | | | | |
| 97014.6 | | 97014.6 | | |
| 180127.9 | 3599.3 | 175256.7 | 4401.0 | 3129.1 |
| 102256.3 | 1652.4 | 100603.9 | | |
| 227901.6 | 2524.3 | 225377.3 | 55631.7 | 55631.7 |
| 10385.8 | 197.1 | 10188.7 | | |
| | | | | |
| 57400.2 | 3657.0 | 54035.2 | 32477.7 | 32769.7 |
| 32577.3 | 315.5 | 32261.8 | 1391.5 | 1391.5 |
| 25142.0 | 457.0 | 24431.8 | 14574.7 | 14321.5 |
| 11179.4 | 903.6 | 7519.8 | 3582.0 | 826.0 |
| 46799.2 | 11.5 | 46751.6 | 109.1 | 73.0 |

# C-1-13 民政事业费预

| 地　区 | 预算指标合计 | | | |
|---|---|---|---|---|
| | 2018年 | 2017年 | 增长% | 2018年 |
| **全　国** | **40270030.0** | **58797051.8** | **5.8** | **15015224.0** |
| 中央级 | 133680.0 | 172167.6 | -9.9 | 133680.0 |
| 北　京 | 1264739.4 | 2535333.4 | 14.3 | 26684.0 |
| 天　津 | 698969.9 | 948823.9 | 6.2 | 67430.0 |
| 河　北 | 1340493.8 | 2483176.9 | 2.9 | 669088.0 |
| 山　西 | 1048205.2 | 1473024.1 | 10.3 | 581583.0 |
| 内蒙古 | 1188032.7 | 1517927.3 | 2.5 | 531609.0 |
| 辽　宁 | 1372290.8 | 2105206.0 | 20.3 | 496097.0 |
| 吉　林 | 915709.4 | 1377504.1 | 2.2 | 501552.0 |
| 黑龙江 | 1035167.0 | 1624912.8 | -5.7 | 608570.0 |
| 上　海 | 1448693.5 | 1703965.5 | 12.4 | 29332.0 |
| 江　苏 | 2471798.7 | 3206467.7 | 20.4 | 185099.0 |
| 浙　江 | 1474215.8 | 2024489.5 | 9.7 | 95410.0 |
| 安　徽 | 1632177.1 | 2201599.2 | 14.4 | 648101.0 |
| 福　建 | 784353.8 | 1019324.4 | 21.9 | 168545.0 |
| 江　西 | 1408802.2 | 1883642.7 | 9.9 | 650578.0 |
| 山　东 | 1564133.0 | 3422142.8 | -5.6 | 483958.0 |
| 河　南 | 1728237.5 | 2604995.7 | 5.2 | 826243.0 |
| 湖　北 | 1741207.0 | 2676232.4 | -4.3 | 650231.0 |
| 湖　南 | 1629677.9 | 2636029.9 | -3.3 | 836306.0 |
| 广　东 | 2617172.5 | 3618484.0 | 5.8 | 224175.0 |
| 广　西 | 1298365.2 | 1765577.0 | -0.8 | 721722.0 |
| 海　南 | 337583.4 | 393149.3 | 25.5 | 145944.0 |
| 重　庆 | 1074668.6 | 1447379.4 | 12.0 | 423366.0 |
| 四　川 | 2292811.5 | 3601916.2 | -0.6 | 964435.0 |
| 贵　州 | 1225562.2 | 1608927.2 | 2.9 | 758370.0 |
| 云　南 | 1781452.2 | 2354479.1 | 2.1 | 876253.0 |
| 西　藏 | 219547.5 | 272666.3 | 29.3 | 119630.0 |
| 陕　西 | 1414413.5 | 2142643.8 | 5.3 | 602549.0 |
| 甘　肃 | 1194867.2 | 1527973.7 | 1.6 | 787748.0 |
| 青　海 | 479509.7 | 575227.7 | 10.4 | 263900.0 |
| 宁　夏 | 351495.2 | 465780.3 | -6.9 | 196754.0 |
| 新　疆 | 1101996.6 | 1405881.9 | 7.7 | 740282.0 |

## 算与上年比较

单位：万元

| 中央安排预算指标 | | 地方安排预算指标 | | |
|---|---|---|---|---|
| 2017年 | 增长% | 2018年 | 2017年 | 增长% |
| **25094736.6** | **7.9** | **25254806.0** | **33702315.2** | **4.5** |
| 172167.6 | -9.9 | | | |
| | | | | |
| 991251.0 | 5.1 | 1238055.4 | 1544082.4 | 14.6 |
| 203974.0 | -1.1 | 631539.9 | 744849.9 | 7.1 |
| 1173400.0 | 14.3 | 671405.8 | 1309776.9 | -6.3 |
| 760347.0 | 19.3 | 466622.2 | 712677.1 | 0.9 |
| 689931.0 | 5.5 | 656423.7 | 827996.3 | 0.3 |
| | | | | |
| 1023074.0 | 7.2 | 876193.8 | 1082132.0 | 29.3 |
| 777846.0 | -2.7 | 414157.4 | 599658.1 | 8.7 |
| 826373.0 | 2.9 | 426597.0 | 798539.8 | -15.8 |
| | | | | |
| 207295.0 | 5.8 | 1419361.5 | 1496670.5 | 12.5 |
| 641931.0 | 3.3 | 2286699.7 | 2564536.7 | 22.0 |
| 302499.0 | 5.3 | 1378805.8 | 1721990.5 | 10.0 |
| 1016287.0 | 1.3 | 984076.1 | 1185312.2 | 25.1 |
| 307867.0 | 10.0 | 615808.8 | 711457.4 | 25.6 |
| 959642.0 | 6.3 | 758224.2 | 924000.7 | 13.1 |
| 1246945.0 | 3.3 | 1080175.0 | 2175197.8 | -9.1 |
| | | | | |
| 1397859.0 | 2.1 | 901994.5 | 1207136.7 | 8.3 |
| 1130437.0 | 3.3 | 1090976.0 | 1545795.4 | -8.4 |
| 1486474.0 | 2.5 | 793371.9 | 1149555.9 | -8.7 |
| 560850.0 | 5.6 | 2392997.5 | 3057634.0 | 5.9 |
| 919399.0 | 10.3 | 576643.2 | 846178.0 | -11.9 |
| 200633.0 | 12.5 | 191639.4 | 192516.3 | 37.6 |
| | | | | |
| 633594.0 | 19.1 | 651302.6 | 813785.4 | 7.8 |
| 1751672.0 | 6.7 | 1328376.5 | 1850244.2 | -5.3 |
| 1004417.0 | 4.3 | 467192.2 | 604510.2 | 0.7 |
| 1172520.0 | 11.8 | 905199.2 | 1181959.1 | -5.9 |
| 160597.0 | 19.3 | 99917.5 | 112069.3 | 43.8 |
| | | | | |
| 979658.0 | 14.2 | 811864.5 | 1162985.8 | -0.5 |
| 978583.0 | 10.7 | 407119.2 | 549390.7 | -12.5 |
| 332098.0 | 14.7 | 215609.7 | 243129.7 | 5.6 |
| 235456.0 | 15.8 | 154741.2 | 230324.3 | -25.5 |
| 849660.0 | 25.5 | 361714.6 | 556221.9 | -16.6 |

# C-1-14 民政事业费预算

| 地区 | 全国预算安排合计 | 中央安排合计 | 全省安排合计 | 省级 | 市级 |
|---|---|---|---|---|---|
| **全国** | **40270030.0** | **15015224.0** | **25254806.0** | **7426707.8** | **4198333.5** |
| 中央级 | 133680.0 | 133680.0 | | | |
| 北京 | 1264739.4 | 26684.0 | 1238055.4 | 322692.2 | |
| 天津 | 698969.9 | 67430.0 | 631539.9 | 69257.0 | |
| 河北 | 1340493.8 | 669088.0 | 671405.8 | 144336.2 | 153601.3 |
| 山西 | 1048205.2 | 581583.0 | 466622.2 | 203136.3 | 132669.1 |
| 内蒙古 | 1188032.7 | 531609.0 | 656423.7 | 286817.5 | 98988.4 |
| 辽宁 | 1372290.8 | 496097.0 | 876193.8 | 145505.7 | 440496.7 |
| 吉林 | 915709.4 | 501552.0 | 414157.4 | 88968.0 | 95994.4 |
| 黑龙江 | 1035167.0 | 608570.0 | 426597.0 | 104242.1 | 62879.7 |
| 上海 | 1448693.5 | 29332.0 | 1419361.5 | 133831.2 | |
| 江苏 | 2471798.7 | 185099.0 | 2286699.7 | 447861.7 | 275295.8 |
| 浙江 | 1474215.8 | 95410.0 | 1378805.8 | 264063.3 | 148078.7 |
| 安徽 | 1632177.1 | 648101.0 | 984076.1 | 156252.0 | 158577.3 |
| 福建 | 784353.8 | 168545.0 | 615808.8 | 129647.9 | 140177.4 |
| 江西 | 1408802.2 | 650578.0 | 758224.2 | 302414.6 | 40580.3 |
| 山东 | 1564133.0 | 483958.0 | 1080175.0 | 298093.5 | 302600.4 |
| 河南 | 1728237.5 | 826243.0 | 901994.5 | 340026.4 | 132663.9 |
| 湖北 | 1741207.0 | 650231.0 | 1090976.0 | 491867.3 | 197916.6 |
| 湖南 | 1629677.9 | 836306.0 | 793371.9 | 295497.9 | 136107.4 |
| 广东 | 2617172.5 | 224175.0 | 2392997.5 | 736600.7 | 666125.8 |
| 广西 | 1298365.2 | 721722.0 | 576643.2 | 252449.3 | 94441.3 |
| 海南 | 337583.4 | 145944.0 | 191639.4 | 39069.1 | 56948.0 |
| 重庆 | 1074668.6 | 423366.0 | 651302.6 | 387184.3 | |
| 四川 | 2292811.5 | 964435.0 | 1328376.5 | 342841.4 | 219823.8 |
| 贵州 | 1225562.2 | 758370.0 | 467192.2 | 133638.6 | 97708.7 |
| 云南 | 1781452.2 | 876253.0 | 905199.2 | 323699.7 | 183847.2 |
| 西藏 | 219547.5 | 119630.0 | 99917.5 | 9316.0 | 39972.5 |
| 陕西 | 1414413.5 | 602549.0 | 811864.5 | 334508.6 | 230828.5 |
| 甘肃 | 1194867.2 | 787748.0 | 407119.2 | 305882.5 | 34533.9 |
| 青海 | 479509.7 | 263900.0 | 215609.7 | 72603.7 | 15421.5 |
| 宁夏 | 351495.2 | 196754.0 | 154741.2 | 114613.9 | 5778.1 |
| 新疆 | 1101996.6 | 740282.0 | 361714.6 | 149789.2 | 36276.8 |

# 指标各级安排情况表

单位：万元

| 县级及以下 | 专项补助资金 | 中央安排 | 全省安排 | 省级 |
|---|---|---|---|---|
| **13629764.7** | **31571456.8** | **14019235.0** | **17552221.8** | **5743595.7** |
| 915363.2 | 748837.6 | 18803.0 | 730034.6 | 233488.1 |
| 562282.9 | 519923.2 | 64297.0 | 455626.2 | 53006.4 |
| 373468.3 | 1098214.1 | 632752.0 | 465462.1 | 130238.0 |
| 130816.8 | 829101.9 | 558438.0 | 270663.9 | 120820.5 |
| 270617.8 | 1007175.2 | 503375.0 | 503800.2 | 190666.0 |
| 290191.4 | 1021537.1 | 470037.0 | 551500.1 | 94720.1 |
| 229195.0 | 687641.2 | 474834.0 | 212807.2 | 56973.0 |
| 259475.2 | 881526.0 | 581168.0 | 300358.0 | 50526.9 |
| 1285530.3 | 1234358.7 | 19506.0 | 1214852.7 | 80972.0 |
| 1563542.2 | 1828897.1 | 169338.0 | 1659559.1 | 358361.9 |
| 966663.8 | 950080.7 | 81278.0 | 868802.7 | 177524.5 |
| 669246.8 | 1446851.2 | 617933.0 | 828918.2 | 123135.0 |
| 345983.5 | 391509.9 | 146558.0 | 244951.9 | 33421.2 |
| 415229.3 | 1266853.8 | 603938.0 | 662915.8 | 266796.0 |
| 479481.1 | 1251443.5 | 460052.0 | 791391.5 | 297293.5 |
| 429304.2 | 1401730.1 | 785837.0 | 615893.1 | 200462.0 |
| 401192.1 | 1330690.0 | 612572.0 | 718118.0 | 430321.3 |
| 361766.6 | 1359390.6 | 794655.0 | 564735.6 | 204507.2 |
| 990271.0 | 1530549.0 | 213581.0 | 1316968.0 | 703174.4 |
| 229752.6 | 1030655.9 | 683187.0 | 347468.9 | 157789.0 |
| 95622.3 | 291538.1 | 138127.0 | 153411.1 | 25798.2 |
| 264118.3 | 878594.4 | 394449.0 | 484145.4 | 327760.3 |
| 765711.3 | 1983483.8 | 913132.0 | 1070351.8 | 293717.0 |
| 235844.9 | 1040703.9 | 717962.0 | 322741.9 | 86030.9 |
| 397652.3 | 1441225.7 | 837593.0 | 603632.7 | 255395.0 |
| 50629.0 | 177813.4 | 106552.0 | 71261.4 | |
| 246527.4 | 1218093.5 | 565579.0 | 652514.5 | 255154.7 |
| 66702.8 | 1067715.9 | 758501.0 | 309214.9 | 265491.0 |
| 127584.5 | 412905.6 | 249934.0 | 162971.6 | 50927.8 |
| 34349.2 | 302976.2 | 180819.0 | 122157.2 | 92491.8 |
| 175648.6 | 939439.5 | 664448.0 | 274991.5 | 126632.0 |

C-1-14续表1

| 地区 | 市级 | 县级及以下 | 彩票公益金 | 中央安排 | 全省安排 |
|---|---|---|---|---|---|
| **全国** | **2084974.1** | **9723652.0** | **2704651.1** | **432250.0** | **2272401.1** |
| 中央级 | | | 8952.0 | 8952.0 | |
| 北京 | | 496546.5 | 108542.4 | 7881.0 | 100661.4 |
| 天津 | | 402619.8 | 41248.6 | 3133.0 | 38115.6 |
| 河北 | 95605.5 | 239618.6 | 49049.8 | 10305.0 | 38744.8 |
| 山西 | 77728.8 | 72114.6 | 105769.6 | 14454.0 | 91315.6 |
| 内蒙古 | 88540.8 | 224593.4 | 97640.9 | 7353.0 | 90287.9 |
| 辽宁 | 297201.3 | 159578.7 | 88644.6 | 14179.0 | 74465.6 |
| 吉林 | 29525.7 | 126308.5 | 41823.7 | 14297.0 | 27526.7 |
| 黑龙江 | 42132.4 | 207698.7 | 37863.7 | 11788.0 | 26075.7 |
| 上海 | | 1133880.7 | 88333.9 | 9826.0 | 78507.9 |
| 江苏 | 110998.3 | 1190198.9 | 129549.5 | 12993.0 | 116556.5 |
| 浙江 | 51649.9 | 639628.3 | 198283.8 | 6184.0 | 192099.8 |
| 安徽 | 102176.1 | 603607.1 | 96873.8 | 18419.0 | 78454.8 |
| 福建 | 25907.7 | 185623.0 | 69573.0 | 11613.0 | 57960.0 |
| 江西 | 30331.2 | 365788.6 | 60363.3 | 18528.0 | 41835.3 |
| 山东 | 163734.5 | 330363.5 | 95241.3 | 16771.0 | 78470.3 |
| 河南 | 85474.1 | 329957.0 | 152249.1 | 21028.0 | 131221.1 |
| 湖北 | 64427.8 | 223368.9 | 117264.2 | 15774.0 | 101490.2 |
| 湖南 | 99014.4 | 261214.0 | 114881.3 | 17859.0 | 97022.3 |
| 广东 | 107053.2 | 506740.4 | 200950.5 | 9214.0 | 191736.5 |
| 广西 | 24532.5 | 165147.4 | 98717.6 | 13632.0 | 85085.6 |
| 海南 | 45854.0 | 81758.9 | 19303.6 | 5893.0 | 13410.6 |
| 重庆 | | 156385.1 | 83170.6 | 13028.0 | 70142.6 |
| 四川 | 131937.5 | 644697.3 | 94688.1 | 19828.0 | 74860.1 |
| 贵州 | 71760.5 | 164950.5 | 58090.4 | 14784.0 | 43306.4 |
| 云南 | 105905.6 | 242332.1 | 77059.7 | 9213.0 | 67846.7 |
| 西藏 | 22005.1 | 49256.3 | 25755.4 | 7288.0 | 18467.4 |
| 陕西 | 184357.2 | 213002.6 | 113416.6 | 17290.0 | 96126.6 |
| 甘肃 | 5722.8 | 38001.1 | 74961.5 | 11490.0 | 63471.5 |
| 青海 | 4254.2 | 107789.6 | 30828.8 | 7168.0 | 23660.8 |
| 宁夏 | 4425.2 | 25240.2 | 30783.0 | 7085.0 | 23698.0 |
| 新疆 | 12717.8 | 135641.7 | 94776.8 | 55000.0 | 39776.8 |

单位：万元

| 省级 | 市级 | 县级及以下 | 预算内投资资金 | 中央安排 |
|---|---|---|---|---|
| **1203004.0** | **627013.5** | **442383.6** | **922512.5** | **465595.0** |
| | | | 45963.0 | 45963.0 |
| 89204.1 | | 11457.3 | 7102.7 | |
| 16250.6 | | 21865.0 | | |
| 3978.0 | 20488.1 | 14278.7 | 26244.3 | 24093.0 |
| 63368.3 | 23976.2 | 3971.1 | 19263.4 | 8691.0 |
| 88936.5 | 975.6 | 375.8 | 22067.5 | 19111.0 |
| 36602.9 | 33675.4 | 4187.3 | 57141.2 | 10748.0 |
| 12231.0 | 8276.1 | 7019.6 | 14361.0 | 12421.0 |
| 14333.0 | 4367.6 | 7375.1 | 31660.9 | 15614.0 |
| 15302.1 | | 63205.8 | 22677.5 | |
| 43110.8 | 39375.2 | 34070.5 | 178478.3 | 1816.0 |
| 70000.0 | 39631.2 | 82468.6 | 10152.5 | 7085.0 |
| 26305.4 | 37458.9 | 14690.5 | 17136.9 | 10389.0 |
| 27147.4 | 23496.1 | 7316.5 | 17021.6 | 9316.0 |
| 31341.6 | 5637.6 | 4856.1 | 44395.9 | 28112.0 |
| 800.0 | 65925.8 | 11744.5 | 10788.5 | 7135.0 |
| 125164.4 | 3952.6 | 2104.1 | 35433.0 | 19378.0 |
| 61546.0 | 27107.6 | 12836.6 | 38151.5 | 20510.0 |
| 90990.7 | 3414.6 | 2617.0 | 47491.3 | 22095.0 |
| 15039.5 | 136902.6 | 39794.4 | 37018.8 | 1380.0 |
| 74862.1 | 1370.1 | 8853.4 | 26057.1 | 23195.0 |
| 7350.0 | 2936.7 | 3123.9 | 1220.0 | 1220.0 |
| 25080.0 | | 45062.6 | 15889.0 | 15889.0 |
| 33388.3 | 36035.7 | 5436.1 | 38042.5 | 29028.0 |
| 42884.8 | 133.9 | 287.7 | 26164.0 | 25624.0 |
| 34322.0 | 25803.1 | 7721.6 | 37789.5 | 29447.0 |
| | 17967.4 | 500.0 | 5790.0 | 5790.0 |
| 55498.4 | 33876.9 | 6751.3 | 28868.2 | 19680.0 |
| 39000.0 | 17007.0 | 7464.5 | 19928.0 | 17757.0 |
| 14444.0 | 3288.0 | 5928.8 | 9795.5 | 5250.0 |
| 22122.1 | 57.7 | 1518.2 | 9390.2 | 8024.0 |
| 22400.0 | 13875.8 | 3501.0 | 21028.7 | 20834.0 |

## C-1-14续表2

| 地　区 | 全省安排 | 省级 | 市级 | 县级及以下 | 其他民政事业费支出 |
|---|---|---|---|---|---|
| **全　国** | **456917.5** | **16395.1** | **130337.1** | **310185.3** | **5071409.6** |
| 中央级 | | | | | 78765.0 |
| 北　京 | 7102.7 | | | 7102.7 | 400256.7 |
| 天　津 | | | | | 137798.1 |
| 河　北 | 2151.3 | | | 2151.3 | 166985.6 |
| 山　西 | 10572.4 | 2689.1 | | 7883.3 | 94070.3 |
| 内蒙古 | 2956.5 | | | 2956.5 | 61149.1 |
| 辽　宁 | 46393.2 | 2485.0 | 3058.0 | 40850.2 | 204967.9 |
| 吉　林 | 1940.0 | | 476.0 | 1464.0 | 171883.5 |
| 黑龙江 | 16046.9 | | 3323.0 | 12723.9 | 84116.4 |
| 上　海 | 22677.5 | | | 22677.5 | 103323.4 |
| 江　苏 | 176662.3 | | 72248.7 | 104413.6 | 334873.8 |
| 浙　江 | 3067.5 | | 1629.0 | 1438.5 | 315698.8 |
| 安　徽 | 6747.9 | 1998.0 | | 4749.9 | 71315.2 |
| 福　建 | 7705.6 | 3444.0 | | 4261.6 | 306249.3 |
| 江　西 | 16283.9 | 4277.0 | | 12006.9 | 37189.2 |
| 山　东 | 3653.5 | | | 3653.5 | 206659.7 |
| 河　南 | 16055.0 | | 8590.0 | 7465.0 | 138825.3 |
| 湖　北 | 17641.5 | | | 17641.5 | 255101.3 |
| 湖　南 | 25396.3 | | 1995.5 | 23400.8 | 107914.7 |
| 广　东 | 35638.8 | | 27434.7 | 8204.1 | 848654.2 |
| 广　西 | 2862.1 | | 527.1 | 2335.0 | 142934.6 |
| 海　南 | | | | | 25521.7 |
| 重　庆 | | | | | 97014.6 |
| 四　川 | 9014.5 | | 42.8 | 8971.7 | 176597.1 |
| 贵　州 | 540.0 | | | 540.0 | 100603.9 |
| 云　南 | 8342.5 | | | 8342.5 | 225377.3 |
| 西　藏 | | | | | 10188.7 |
| 陕　西 | 9188.2 | 1502.0 | 6356.8 | 1329.4 | 54035.2 |
| 甘　肃 | 2171.0 | | 110.0 | 2061.0 | 32261.8 |
| 青　海 | 4545.5 | | 4545.5 | | 25979.8 |
| 宁　夏 | 1366.2 | | | 1366.2 | 8345.8 |
| 新　疆 | 194.7 | | | 194.7 | 46751.6 |

单位：万元

| 中央安排 | 全省安排 | 省级 | 市级 | 县级及以下 |
|---|---|---|---|---|
| **98144.0** | **4973265.6** | **463713.0** | **1356008.8** | **3153543.8** |
| 78765.0 | | | | |
| | | | | |
| | 400256.7 | | | 400256.7 |
| | 137798.1 | | | 137798.1 |
| 1938.0 | 165047.6 | 10120.2 | 37507.7 | 117419.7 |
| | 94070.3 | 16258.4 | 30964.1 | 46847.8 |
| 1770.0 | 59379.1 | 7215.0 | 9472.0 | 42692.1 |
| | | | | |
| 1133.0 | 203834.9 | 11697.7 | 106562.0 | 85575.2 |
| | 171883.5 | 19764.0 | 57716.6 | 94402.9 |
| | 84116.4 | 39382.2 | 13056.7 | 31677.5 |
| | | | | |
| | 103323.4 | 37557.1 | | 65766.3 |
| 952.0 | 333921.8 | 46389.0 | 52673.6 | 234859.2 |
| 863.0 | 314835.8 | 16538.8 | 55168.6 | 243128.4 |
| 1360.0 | 69955.2 | 4813.6 | 18942.3 | 46199.3 |
| 1058.0 | 305191.3 | 65635.3 | 90773.6 | 148782.4 |
| | 37189.2 | | 4611.5 | 32577.7 |
| | 206659.7 | | 72940.1 | 133719.6 |
| | | | | |
| | 138825.3 | 14400.0 | 34647.2 | 89778.1 |
| 1375.0 | 253726.3 | | 106381.2 | 147345.1 |
| 1697.0 | 106217.7 | | 31682.9 | 74534.8 |
| | 848654.2 | 18386.8 | 394735.3 | 435532.1 |
| 1708.0 | 141226.6 | 19798.2 | 68011.6 | 53416.8 |
| 704.0 | 24817.7 | 5920.9 | 8157.3 | 10739.5 |
| | | | | |
| | 97014.6 | 34344.0 | | 62670.6 |
| 2447.0 | 174150.1 | 15736.1 | 51807.8 | 106606.2 |
| | 100603.9 | 4722.9 | 25814.3 | 70066.7 |
| | 225377.3 | 33982.7 | 52138.5 | 139256.1 |
| | 10188.7 | 9316.0 | | 872.7 |
| | | | | |
| | 54035.2 | 22353.5 | 6237.6 | 25444.1 |
| | 32261.8 | 1391.5 | 11694.1 | 19176.2 |
| 1548.0 | 24431.8 | 7231.9 | 3333.8 | 13866.1 |
| 826.0 | 7519.8 | | 1295.2 | 6224.6 |
| | 46751.6 | 757.2 | 9683.2 | 36311.2 |

# C-1-15 民政事业费

| 地区 | 民政事业费支出 | 社会福利 | 儿童福利 | 集中养育孤儿生活补助 | 社会散居孤儿生活补助 | 其他儿童福利 |
|---|---|---|---|---|---|---|
| **全 国** | **40769320.0** | **10647787.1** | **495578.5** | **147680.2** | **247199.5** | **100698.8** |
| 中央级 | 128747.8 | | | | | |
| 北 京 | 1410839.6 | 575216.2 | 7664.5 | 3723.6 | 1259.4 | 2681.5 |
| 天 津 | 723647.0 | 180628.8 | 7232.1 | 976.0 | 527.2 | 5728.9 |
| 河 北 | 1267321.2 | 324690.2 | 18186.7 | 5013.4 | 12291.5 | 881.8 |
| 山 西 | 965414.8 | 152882.8 | 8883.8 | 3275.8 | 5341.6 | 266.4 |
| 内蒙古 | 1229044.8 | 280483.5 | 9752.5 | 2336.6 | 5463.3 | 1952.6 |
| 辽 宁 | 1345926.0 | 210863.1 | 16007.6 | 2127.5 | 4109.3 | 9770.8 |
| 吉 林 | 833078.7 | 163574.2 | 4117.6 | 1060.8 | 2930.1 | 126.7 |
| 黑龙江 | 1016669.9 | 183518.3 | 5636.6 | 1624.5 | 3267.6 | 744.5 |
| 上 海 | 1440387.9 | 859541.7 | 6524.6 | 4666.2 | 206.9 | 1651.5 |
| 江 苏 | 2541719.9 | 1086920.0 | 26153.4 | 5450.4 | 11908.3 | 8794.7 |
| 浙 江 | 1423390.2 | 522307.6 | 13368.5 | 5733.7 | 2843.9 | 4790.9 |
| 安 徽 | 1654232.3 | 344614.1 | 29849.3 | 6729.9 | 20842.9 | 2276.5 |
| 福 建 | 812950.4 | 288464.5 | 6900.3 | 3729.2 | 2658.0 | 513.1 |
| 江 西 | 1436320.2 | 262032.6 | 17454.5 | 5278.8 | 9850.2 | 2325.5 |
| 山 东 | 1570595.4 | 488357.8 | 21028.5 | 6472.9 | 9774.9 | 4780.7 |
| 河 南 | 1762338.9 | 443011.5 | 20678.4 | 7055.7 | 12449.3 | 1173.4 |
| 湖 北 | 1776866.8 | 391675.6 | 16898.8 | 4373.5 | 9735.2 | 2790.1 |
| 湖 南 | 1707022.3 | 390873.4 | 29243.9 | 7683.4 | 17687.0 | 3873.5 |
| 广 东 | 2631089.6 | 892457.6 | 57845.6 | 25488.2 | 21307.6 | 11049.8 |
| 广 西 | 1301233.1 | 280795.3 | 19386.5 | 4056.0 | 10807.7 | 4522.8 |
| 海 南 | 299986.6 | 59903.3 | 3555.2 | 895.9 | 1036.4 | 1622.9 |
| 重 庆 | 1091804.0 | 223612.9 | 7188.2 | 1765.0 | 4141.8 | 1281.4 |
| 四 川 | 2489797.5 | 613539.0 | 33474.1 | 6185.6 | 21331.7 | 5956.8 |
| 贵 州 | 1363187.2 | 198747.7 | 20140.1 | 3994.4 | 11106.9 | 5038.8 |
| 云 南 | 1799879.2 | 246844.9 | 32265.3 | 4851.4 | 24001.0 | 3412.9 |
| 西 藏 | 221186.6 | 45449.7 | 8725.9 | 8172.1 | 440.8 | 113.0 |
| 陕 西 | 1385599.4 | 417590.0 | 12008.8 | 3004.3 | 4880.3 | 4124.2 |
| 甘 肃 | 1254450.3 | 155594.9 | 10332.8 | 2398.4 | 6090.6 | 1843.8 |
| 青 海 | 404933.9 | 95950.8 | 6805.7 | 2131.6 | 3472.6 | 1201.5 |
| 宁 夏 | 375733.0 | 63328.7 | 5294.4 | 872.2 | 3677.5 | 744.7 |
| 新 疆 | 1103925.5 | 204316.4 | 12974.3 | 6553.2 | 1758.0 | 4663.1 |

## 支出情况

单位：万元

| 老年人福利 | 高龄补贴 | 护理补贴 | 养老服务补贴 | 综合补贴 | 其他老年人福利 |
|---|---|---|---|---|---|
| **3700700.2** | **2011892.1** | **69154.4** | **439842.3** | **51377.5** | **1128433.9** |
| | | | | | |
| 164670.4 | 9699.0 | 73.8 | 59021.4 | 13118.1 | 82758.1 |
| 47918.0 | 12508.0 | | | 12546.4 | 22863.6 |
| 115465.3 | 61678.1 | 2995.6 | 13936.6 | 4230.7 | 32624.3 |
| 49287.1 | 6810.1 | 478.1 | 5485.0 | 287.5 | 36226.4 |
| 89454.0 | 67215.3 | | | | 22238.7 |
| | | | | | |
| 57283.7 | 21489.7 | 1002.8 | 9428.5 | 657.9 | 24704.8 |
| 24203.3 | 5681.5 | 1075.6 | 6743.2 | 1112.6 | 9590.4 |
| 45059.7 | 20665.3 | 3959.3 | 4111.6 | 1.0 | 16322.5 |
| | | | | | |
| 684129.0 | 538975.8 | 1353.1 | 47793.6 | | 96006.5 |
| 310698.8 | 166663.0 | 13258.2 | 54413.7 | | 76363.9 |
| 195292.1 | 37542.9 | 1764.1 | 45860.4 | | 110124.7 |
| 109009.4 | 54335.0 | 6558.6 | 23749.6 | | 24366.2 |
| 75807.5 | 23953.1 | 1562.3 | 6578.1 | 912.4 | 42801.6 |
| 97706.7 | 52408.0 | 1429.0 | 899.5 | 20.0 | 42950.2 |
| 169697.5 | 43840.1 | 4738.4 | 31124.2 | 1786.5 | 88208.3 |
| | | | | | |
| 123504.1 | 54559.1 | 1419.5 | 15136.1 | | 52389.4 |
| 123780.7 | 80251.1 | 6029.7 | 3253.8 | 873.0 | 33373.1 |
| 103887.7 | 38950.3 | 1627.9 | 12265.4 | 17.9 | 51026.2 |
| 241429.1 | 183956.9 | 4284.2 | 17261.8 | 1288.0 | 34638.2 |
| 106781.2 | 64356.0 | 577.3 | 858.4 | 4469.7 | 36519.8 |
| 25310.3 | 18492.3 | 22.3 | 71.6 | 2414.3 | 4309.8 |
| | | | | | |
| 52754.3 | 17110.0 | 4982.1 | 11186.0 | | 19476.2 |
| 189137.2 | 97155.0 | 4581.3 | 42631.8 | 1178.8 | 43590.3 |
| 48693.5 | 23690.0 | 767.4 | 877.5 | | 23358.6 |
| 72774.2 | 47211.9 | 73.0 | 2558.4 | 169.8 | 22761.1 |
| 7631.9 | 578.6 | 299.2 | | | 6754.1 |
| | | | | | |
| 209613.9 | 182331.3 | 905.9 | 1034.3 | 1433.7 | 23908.7 |
| 41276.1 | 2361.1 | 1096.0 | 8346.0 | 3983.1 | 25489.9 |
| 56462.0 | 37386.9 | 454.2 | 13400.9 | | 5220.0 |
| 25974.0 | 13765.1 | 134.4 | 33.0 | | 12041.5 |
| 36007.5 | 26271.6 | 1651.1 | 1781.9 | 876.1 | 5426.8 |

C-1-15续表1

| 地 区 | 残疾人福利 | 困难残疾人生活补贴 | 重度残疾人护理补贴 | 假肢厂(站)专项拨款 | 其他残疾人福利经费 | 殡葬 |
|---|---|---|---|---|---|---|
| **全 国** | **2379117.6** | **1190302.3** | **1070333.5** | **13092.2** | **105389.6** | **1024444.5** |
| 中央级 | | | | | | |
| 北 京 | 126823.1 | 87060.4 | 31744.0 | 1148.4 | 6870.3 | 37437.3 |
| 天 津 | 48069.7 | 16892.9 | 27858.5 | 1521.8 | 1796.5 | 40756.1 |
| 河 北 | 74994.1 | 33404.6 | 40987.0 | 320.2 | 282.3 | 52644.3 |
| 山 西 | 12547.9 | 10592.9 | 1669.9 | | 285.1 | 16218.9 |
| 内蒙古 | 57884.1 | 26001.9 | 31546.8 | | 335.4 | 22240.7 |
| 辽 宁 | 51901.4 | 24428.7 | 23662.1 | | 3810.6 | 35934.0 |
| 吉 林 | 53264.3 | 27178.3 | 25572.4 | 227.6 | 286.0 | 27719.2 |
| 黑龙江 | 58524.1 | 24546.5 | 32955.3 | | 1022.3 | 10659.2 |
| 上 海 | 11742.2 | | | | 11742.2 | 15000.0 |
| 江 苏 | 392835.5 | 315099.6 | 65932.6 | 444.9 | 11358.4 | 79708.4 |
| 浙 江 | 15148.0 | | | | 15148.0 | 101186.9 |
| 安 徽 | 104160.6 | 54046.4 | 48577.8 | | 1536.4 | 35488.5 |
| 福 建 | 84837.1 | 40439.8 | 42619.2 | | 1778.1 | 20794.6 |
| 江 西 | 46898.6 | 25647.0 | 20757.5 | 273.2 | 220.9 | 37505.9 |
| 山 东 | 129586.1 | 45668.8 | 80603.8 | | 3313.5 | 38442.8 |
| 河 南 | 132677.7 | 56267.6 | 72132.5 | 264.1 | 4013.5 | 30383.1 |
| 湖 北 | 70169.7 | 21221.7 | 46313.2 | 197.7 | 2437.1 | 49568.2 |
| 湖 南 | 100068.6 | 39627.5 | 52596.8 | 439.5 | 7404.8 | 40280.3 |
| 广 东 | 271225.2 | 83699.6 | 171320.9 | | 16204.7 | 98003.8 |
| 广 西 | 42720.9 | 14962.9 | 23751.6 | 2242.3 | 1764.1 | 27612.1 |
| 海 南 | 23692.0 | 9167.6 | 13486.7 | | 1037.7 | 1446.8 |
| 重 庆 | 34206.2 | 12992.8 | 16845.1 | 2253.7 | 2114.6 | 46037.8 |
| 四 川 | 151372.1 | 75590.6 | 72547.9 | 2353.0 | 880.6 | 45704.8 |
| 贵 州 | 17156.7 | 1561.1 | 14392.0 | 124.5 | 1079.1 | 23017.2 |
| 云 南 | 49333.9 | 25086.6 | 23649.1 | | 598.2 | 26973.6 |
| 西 藏 | 15500.9 | 9277.6 | 5978.9 | | 244.4 | 2800.0 |
| 陕 西 | 74293.4 | 44165.1 | 27666.8 | | 2461.5 | 31085.9 |
| 甘 肃 | 41482.0 | 22036.4 | 17521.5 | 221.9 | 1702.2 | 13030.6 |
| 青 海 | 22561.4 | 10897.3 | 10870.7 | 269.4 | 524.0 | 517.7 |
| 宁 夏 | 22135.3 | 12161.8 | 9517.4 | | 456.1 | 454.4 |
| 新 疆 | 41304.8 | 20578.3 | 17255.5 | 790.0 | 2681.0 | 15791.4 |

单位：万元

| 补贴火化场经费 | 补贴殡葬类单位经费 | 社会福利事业单位 | 社会福利院经费 | 儿童福利院经费 | 社会福利医院经费 |
|---|---|---|---|---|---|
| **415309.2** | **609135.3** | **2111309.1** | **719143.6** | **248200.0** | **320217.3** |
| 9301.0 | 28136.3 | 66716.5 | 19262.3 | 20468.5 | 13219.2 |
| 10070.8 | 30685.3 | 32299.1 | 2405.4 | 5118.9 | 5696.8 |
| 31403.2 | 21241.1 | 53713.3 | 19207.4 | 1028.8 | 3552.1 |
| 10382.6 | 5836.3 | 38983.2 | 15888.2 | 4033.0 | 2591.7 |
| 12218.6 | 10022.1 | 66506.9 | 15518.2 | 6057.9 | 12580.9 |
| 16846.1 | 19087.9 | 37775.4 | 22443.6 | 3311.6 | 1.0 |
| 19360.4 | 8358.8 | 45111.9 | 17024.8 | 2567.2 | 9826.5 |
| 4255.9 | 6403.3 | 62169.2 | 16495.4 | 5850.9 | 3391.7 |
| 15000.0 |  | 124122.6 | 47218.2 | 12467.0 | 24112.5 |
| 45977.4 | 33731.0 | 178524.1 | 69012.7 | 18292.4 | 54148.2 |
| 34329.8 | 66857.1 | 142482.3 | 61531.2 | 11181.5 | 10630.6 |
| 17610.7 | 17877.8 | 50336.8 | 10429.2 | 9493.0 | 76.2 |
| 8716.6 | 12078.0 | 55982.7 | 20965.7 | 3673.0 | 16523.0 |
| 7126.7 | 30379.2 | 38331.3 | 21679.6 | 3502.3 | 6069.0 |
| 13839.4 | 24603.4 | 69106.3 | 17160.4 | 8854.8 |  |
| 14069.5 | 16313.6 | 100099.6 | 25108.1 | 7911.1 | 21541.0 |
| 3437.2 | 46131.0 | 109691.8 | 45272.5 | 10544.8 | 2330.9 |
| 4357.7 | 35922.6 | 69732.3 | 22456.4 | 11479.9 | 14374.7 |
| 28416.4 | 69587.4 | 171983.3 | 80678.3 | 18270.0 | 27540.8 |
| 8885.2 | 18726.9 | 69178.8 | 18185.1 | 4155.6 | 19400.3 |
| 3.6 | 1443.2 | 525.5 | 430.0 |  |  |
| 36307.4 | 9730.4 | 66418.0 | 22516.3 | 11091.5 | 17603.1 |
| 8357.4 | 37347.4 | 150359.8 | 38368.4 | 13113.8 | 23542.4 |
| 15454.9 | 7562.3 | 76503.5 | 9111.8 | 5454.0 | 8501.3 |
| 11176.5 | 15797.1 | 41845.9 | 10580.3 | 2187.6 | 5197.2 |
|  | 2800.0 | 10763.0 | 3327.6 | 5843.4 | 1246.0 |
| 25778.0 | 5307.9 | 53007.4 | 20332.5 | 12445.6 | 935.9 |
| 1829.5 | 11201.1 | 30139.8 | 13532.6 | 2753.1 | 2430.8 |
| 336.0 | 181.7 | 2928.9 | 1335.4 | 745.5 |  |
| 234.9 | 219.5 | 8473.7 | 385.8 | 2772.0 | 2415.1 |
| 225.8 | 15565.6 | 87496.2 | 31280.2 | 23531.3 | 10738.4 |

## C-1-15续表2

| 地　区 | 补贴安置农场经费 | 其他社会福利单位 | 其他社会福利支出 | 社会救助 | 最低生活保障 |
|---|---|---|---|---|---|
| **全　国** | **13561.7** | **810186.5** | **936637.2** | **22240336.5** | **16321000.8** |
| 中央级 | | | | | |
| 北　京 | | 13766.5 | 171904.4 | 215229.8 | 126609.3 |
| 天　津 | | 19078.0 | 4353.8 | 236736.1 | 178096.9 |
| 河　北 | 191.8 | 29733.2 | 9686.5 | 709405.7 | 482119.1 |
| 山　西 | | 16470.3 | 26961.9 | 659582.1 | 509447.0 |
| 内蒙古 | | 32349.9 | 34645.3 | 794962.9 | 639789.9 |
| 辽　宁 | | 12019.2 | 11961.0 | 663171.3 | 535566.7 |
| 吉　林 | | 15693.4 | 9157.9 | 534430.1 | 451538.6 |
| 黑龙江 | 3292.1 | 33139.1 | 1469.5 | 725261.3 | 619320.4 |
| 上　海 | | 40324.9 | 18023.3 | 425311.0 | 214641.4 |
| 江　苏 | 1536.9 | 35533.9 | 98999.8 | 827418.4 | 497473.2 |
| 浙　江 | 703.0 | 58436.0 | 54829.8 | 580884.1 | 457098.2 |
| 安　徽 | | 30338.4 | 15769.5 | 1130117.1 | 862334.4 |
| 福　建 | 761.4 | 14059.6 | 44142.3 | 339858.9 | 212928.5 |
| 江　西 | 274.8 | 6805.6 | 24135.6 | 1059925.0 | 894507.3 |
| 山　东 | | 43091.1 | 60496.6 | 736154.6 | 508684.1 |
| 河　南 | | 45539.4 | 35668.6 | 1080455.9 | 768257.5 |
| 湖　北 | | 51543.6 | 21566.4 | 1028622.2 | 683975.7 |
| 湖　南 | 46.4 | 21374.9 | 47660.6 | 1045265.9 | 615747.0 |
| 广　东 | 179.0 | 45315.2 | 51970.6 | 1024694.5 | 623506.2 |
| 广　西 | 283.9 | 27153.9 | 15115.8 | 799442.8 | 561493.3 |
| 海　南 | | 95.5 | 5373.5 | 112360.0 | 81252.4 |
| 重　庆 | | 15207.1 | 17008.4 | 720712.3 | 453591.4 |
| 四　川 | 473.8 | 74861.4 | 43491.0 | 1513000.3 | 1136254.7 |
| 贵　州 | 3714.7 | 49721.7 | 13236.7 | 1027167.4 | 840992.6 |
| 云　南 | 1821.8 | 22059.0 | 23652.0 | 1187202.4 | 970506.9 |
| 西　藏 | | 346.0 | 28.0 | 99966.8 | 73228.1 |
| 陕　西 | 50.0 | 19243.4 | 37580.6 | 722895.4 | 511124.5 |
| 甘　肃 | 174.1 | 11249.2 | 19333.6 | 935789.4 | 704488.5 |
| 青　海 | | 848.0 | 6675.1 | 231407.4 | 160722.5 |
| 宁　夏 | | 2900.8 | 996.9 | 241635.7 | 207648.5 |
| 新　疆 | 58.0 | 21888.3 | 10742.2 | 831269.7 | 738056.0 |

单位：万元

| 城市最低生活保障 | | | 农村最低生活保障 | | |
|---|---|---|---|---|---|
| | 城市最低生活保障金 | 城市最低生活保障对象临时补助 | | 农村最低生活保障金 | 农村最低生活保障对象临时补助 |
| **5752472.9** | **5559888.2** | **192584.7** | **10568527.9** | **10306034.3** | **262493.6** |
| 87076.0 | 85976.0 | 1100.0 | 39533.3 | 39514.7 | 18.6 |
| 112217.4 | 102574.6 | 9642.8 | 65879.5 | 60537.9 | 5341.6 |
| 130988.4 | 127305.9 | 3682.5 | 351130.7 | 339051.5 | 12079.2 |
| 178811.3 | 175802.1 | 3009.2 | 330635.7 | 323330.6 | 7305.1 |
| 245194.3 | 244094.5 | 1099.8 | 394595.6 | 391806.1 | 2789.5 |
| 318704.4 | 295160.1 | 23544.3 | 216862.3 | 201591.7 | 15270.6 |
| 298686.6 | 285799.0 | 12887.6 | 152852.0 | 145801.1 | 7050.9 |
| 406893.8 | 391252.1 | 15641.7 | 212426.6 | 209418.6 | 3008.0 |
| 184359.3 | 177208.9 | 7150.4 | 30282.1 | 28958.4 | 1323.7 |
| 114143.4 | 101803.5 | 12339.9 | 383329.8 | 362136.6 | 21193.2 |
| 145540.2 | 140162.3 | 5377.9 | 311558.0 | 304736.9 | 6821.1 |
| 238542.4 | 234973.2 | 3569.2 | 623792.0 | 617718.6 | 6073.4 |
| 36884.4 | 35146.3 | 1738.1 | 176044.1 | 170831.8 | 5212.3 |
| 358778.7 | 356848.0 | 1930.7 | 535728.6 | 533903.5 | 1825.1 |
| 94895.2 | 85278.2 | 9617.0 | 413788.9 | 391822.8 | 21966.1 |
| 200444.9 | 198062.3 | 2382.6 | 567812.6 | 559702.4 | 8110.2 |
| 216349.4 | 202322.4 | 14027.0 | 467626.3 | 446193.1 | 21433.2 |
| 293995.0 | 283631.9 | 10363.1 | 321752.0 | 316298.7 | 5453.3 |
| 145314.9 | 140172.3 | 5142.6 | 478191.3 | 471403.5 | 6787.8 |
| 66924.3 | 66650.6 | 273.7 | 494569.0 | 492990.8 | 1578.2 |
| 28487.0 | 28465.0 | 22.0 | 52765.4 | 52345.8 | 419.6 |
| 192341.0 | 185069.9 | 7271.1 | 261250.4 | 251900.4 | 9350.0 |
| 387296.4 | 385933.2 | 1363.2 | 748958.3 | 745280.3 | 3678.0 |
| 173793.5 | 167201.3 | 6592.2 | 667199.1 | 654441.2 | 12757.9 |
| 292477.8 | 292107.5 | 370.3 | 678029.1 | 675003.7 | 3025.4 |
| 22193.9 | 22193.9 | 0.0 | 51034.2 | 51034.2 | 0.0 |
| 174997.2 | 158891.0 | 16106.2 | 336127.3 | 306199.9 | 29927.4 |
| 260246.2 | 260246.2 | 0.0 | 444242.3 | 444242.3 | 0.0 |
| 55752.7 | 51696.5 | 4056.2 | 104969.8 | 93682.3 | 11287.5 |
| 58653.4 | 56976.1 | 1677.3 | 148995.1 | 144894.0 | 4101.1 |
| 231489.5 | 220883.4 | 10606.1 | 506566.5 | 479260.9 | 27305.6 |

C-1-15续表3

| 地区 | 临时救助合计 | 临时救助 | 流浪乞讨人员救助 | 特困人员供养 | 城市特困人员救助供养 | 临时补助 |
|---|---|---|---|---|---|---|
| **全国** | **1649433.1** | **1306069.7** | **343363.4** | **3363674.5** | **295054.0** | **9450.2** |
| 中央级 | | | | | | |
| 北京 | 36842.1 | 15254.0 | 21588.1 | 16180.7 | 3365.6 | 212.4 |
| 天津 | 22330.5 | 18486.5 | 3844.0 | 23840.8 | 3824.1 | 62.9 |
| 河北 | 58189.7 | 46128.3 | 12061.4 | 151338.6 | 3342.0 | 34.7 |
| 山西 | 53502.5 | 44672.7 | 8829.8 | 88779.0 | 978.7 | 100.2 |
| 内蒙古 | 38763.1 | 35555.2 | 3207.9 | 88500.7 | 18343.4 | 112.7 |
| 辽宁 | 24995.3 | 15751.6 | 9243.7 | 83427.0 | 8121.3 | 1229.2 |
| 吉林 | 19956.6 | 15507.6 | 4449.0 | 53623.4 | 4475.1 | 17.9 |
| 黑龙江 | 24740.5 | 21255.0 | 3485.5 | 79569.3 | 14057.5 | 205.6 |
| 上海 | 16636.7 | 11989.9 | 4646.8 | 8235.9 | 3907.6 | 362.3 |
| 江苏 | 60847.7 | 35245.5 | 25602.2 | 178848.2 | 8175.2 | 100.8 |
| 浙江 | 45713.7 | 32034.2 | 13679.5 | 33671.0 | 3470.2 | 61.8 |
| 安徽 | 42919.1 | 26686.2 | 16232.9 | 210155.3 | 1890.4 | 14.6 |
| 福建 | 30102.5 | 24268.3 | 5834.2 | 88107.7 | 5494.5 | 81.7 |
| 江西 | 34140.7 | 24512.2 | 9628.5 | 94040.6 | 9218.5 | 92.5 |
| 山东 | 48782.4 | 33768.0 | 15014.4 | 151658.5 | 4281.1 | 36.5 |
| 河南 | 40388.9 | 27254.2 | 13134.7 | 255880.2 | 4453.9 | 46.4 |
| 湖北 | 72956.7 | 55437.2 | 17519.5 | 246397.4 | 11820.6 | 331.0 |
| 湖南 | 130554.8 | 107804.9 | 22749.9 | 246734.9 | 17934.3 | 521.1 |
| 广东 | 110370.2 | 55269.8 | 55100.4 | 244421.7 | 12074.2 | 132.9 |
| 广西 | 32569.4 | 20024.0 | 12545.4 | 149308.1 | 10060.7 | 3053.6 |
| 海南 | 9963.7 | 5929.9 | 4033.8 | 20606.8 | 1139.8 | 0.0 |
| 重庆 | 58925.6 | 51433.3 | 7492.3 | 164675.0 | 79610.4 | 926.4 |
| 四川 | 61637.0 | 40847.1 | 20789.9 | 273372.7 | 30504.5 | 158.0 |
| 贵州 | 78944.0 | 72798.7 | 6145.3 | 97932.2 | 7081.5 | 114.2 |
| 云南 | 95902.4 | 89885.1 | 6017.3 | 95818.1 | 14178.8 | 132.8 |
| 西藏 | 8275.0 | 7972.4 | 302.6 | 17339.4 | 43.3 | 0.0 |
| 陕西 | 100616.1 | 89947.8 | 10668.3 | 87311.3 | 3329.1 | 312.3 |
| 甘肃 | 154590.1 | 149854.7 | 4735.4 | 62636.6 | 3319.4 | 679.4 |
| 青海 | 40123.0 | 39380.7 | 742.3 | 25481.9 | 1439.2 | 15.5 |
| 宁夏 | 25099.1 | 24180.8 | 918.3 | 8525.0 | 828.7 | 114.0 |
| 新疆 | 70054.0 | 66933.9 | 3120.1 | 17256.5 | 4290.4 | 186.8 |

单位：万元

| 农村特困人员救助供养 | 临时补助 | 其他社会救助 | 其他城市生活救助（含传统救济） | 其他农村生活救助（含传统救济） |
|---|---|---|---|---|
| **3068620.5** | **66608.1** | **906228.1** | **475208.2** | **431019.9** |
| | | | | |
| 12815.1 | 316.4 | 35597.7 | 30859.6 | 4738.1 |
| 20016.7 | 1140.3 | 12467.9 | 6854.1 | 5613.8 |
| 147996.6 | 2818.3 | 17758.3 | 6506.7 | 11251.6 |
| 87800.3 | 2410.0 | 7853.6 | 2945.5 | 4908.1 |
| | | | | |
| 70157.3 | 295.7 | 27909.2 | 7810.4 | 20098.8 |
| 75305.7 | 4301.3 | 19182.3 | 12803.4 | 6378.9 |
| 49148.3 | 294.6 | 9311.5 | 7773.4 | 1538.1 |
| | | | | |
| 65511.8 | 492.6 | 1631.1 | 532.0 | 1099.1 |
| 4328.3 | 633.6 | 185797.0 | 179975.4 | 5821.6 |
| 170673.0 | 2951.8 | 90249.3 | 36894.7 | 53354.6 |
| 30200.8 | 390.8 | 44401.2 | 11976.4 | 32424.8 |
| 208264.9 | 1799.2 | 14708.3 | 4941.3 | 9767.0 |
| 82613.2 | 500.4 | 8720.2 | 1497.5 | 7222.7 |
| 84822.1 | 234.0 | 37236.4 | 23339.4 | 13897.0 |
| | | | | |
| 147377.4 | 4840.8 | 27029.6 | 10943.3 | 16086.3 |
| 251426.3 | 2007.1 | 15929.3 | 6050.0 | 9879.3 |
| 234576.8 | 8789.3 | 25292.4 | 14915.1 | 10377.3 |
| 228800.6 | 4501.9 | 52229.2 | 37433.8 | 14795.4 |
| 232347.5 | 2542.1 | 46396.4 | 23041.6 | 23354.8 |
| 139247.4 | 10407.7 | 56072.0 | 2419.1 | 53652.9 |
| | | | | |
| 19467.0 | 515.9 | 537.1 | 348.9 | 188.2 |
| 85064.6 | 1161.7 | 43520.3 | 20796.2 | 22724.1 |
| 242868.2 | 1838.6 | 41735.9 | 6513.1 | 35222.8 |
| 90850.7 | 3984.3 | 9298.6 | 1099.0 | 8199.6 |
| 81639.3 | 500.3 | 24975.0 | 3886.6 | 21088.4 |
| | | | | |
| 17296.1 | 44.0 | 1124.3 | 557.0 | 567.3 |
| 83982.2 | 5952.0 | 23843.5 | 4294.6 | 19548.9 |
| 59317.2 | 163.7 | 14074.2 | 4675.2 | 9399.0 |
| 24042.7 | 362.9 | 5080.0 | 1235.1 | 3844.9 |
| 7696.3 | 145.2 | 363.1 | 205.8 | 157.3 |
| 12966.1 | 271.6 | 5903.2 | 2084.0 | 3819.2 |

## C-1-15续表4

| 地　区 | 民政管理事务 | 行政运行 | 一般行政管理事务 | 机关服务 | 社会组织管理 |
|---|---|---|---|---|---|
| **全　国** | **5003329.6** | **1422229.5** | **279364.5** | **40579.7** | **110852.9** |
| 中央级 | 66406.3 | 9018.2 | 18161.2 | 2492.2 | 19578.4 |
| 北　京 | 340690.7 | 51242.3 | 10679.6 | 3790.6 | 4142.9 |
| 天　津 | 271798.4 | 27620.1 | 3930.0 | 111.4 | 2067.6 |
| 河　北 | 166215.5 | 80716.0 | 8138.8 | 894.8 | 586.0 |
| 山　西 | 102078.0 | 26265.8 | 4355.1 | 788.2 | 272.4 |
| 内蒙古 | 73573.0 | 34677.8 | 1990.2 | 1489.8 | 181.6 |
| 辽　宁 | 257189.2 | 28676.7 | 9078.9 | 563.2 | 460.1 |
| 吉　林 | 96600.3 | 34730.9 | 2727.5 | 1136.0 | 308.8 |
| 黑龙江 | 77890.7 | 26866.1 | 11551.8 | 447.6 | 202.8 |
| 上　海 | 107071.5 | 24561.7 | 183.5 |  | 9586.7 |
| 江　苏 | 299766.7 | 87451.9 | 10725.9 | 1695.0 | 9177.6 |
| 浙　江 | 263885.3 | 79897.8 | 9248.8 | 1682.1 | 12144.1 |
| 安　徽 | 113221.0 | 33774.3 | 11347.2 | 756.6 | 1665.4 |
| 福　建 | 116020.0 | 34767.8 | 3554.4 | 272.5 | 1276.5 |
| 江　西 | 78646.9 | 25151.1 | 4714.5 | 2010.7 | 645.8 |
| 山　东 | 243536.5 | 80749.2 | 13431.0 | 756.1 | 4256.9 |
| 河　南 | 158412.1 | 64215.6 | 8966.5 | 5024.8 | 1234.4 |
| 湖　北 | 205129.9 | 60908.6 | 14969.1 | 552.3 | 2118.8 |
| 湖　南 | 197023.1 | 65328.3 | 16162.9 | 871.4 | 6099.0 |
| 广　东 | 488401.8 | 111442.5 | 28437.1 | 4324.2 | 21371.0 |
| 广　西 | 125349.8 | 38118.7 | 8827.5 | 647.8 | 461.6 |
| 海　南 | 42524.6 | 7766.1 | 1393.1 | 783.6 | 146.8 |
| 重　庆 | 124578.3 | 28930.5 | 4106.4 | 1010.9 | 6687.5 |
| 四　川 | 207488.1 | 84868.2 | 15541.9 | 3425.8 | 2904.6 |
| 贵　州 | 126803.4 | 59197.8 | 5503.4 | 114.7 | 161.1 |
| 云　南 | 194388.8 | 77124.0 | 12564.3 | 3243.4 | 801.5 |
| 西　藏 | 73843.4 | 29056.2 | 13637.6 | 0.5 | 13.8 |
| 陕　西 | 187101.0 | 36371.5 | 6001.1 | 376.1 | 1283.9 |
| 甘　肃 | 55477.4 | 27434.4 | 3467.5 | 625.3 | 573.4 |
| 青　海 | 41728.9 | 6958.6 | 4042.8 | 23.6 | 58.9 |
| 宁　夏 | 34208.1 | 11479.2 | 2334.7 | 151.8 | 338.7 |
| 新　疆 | 66280.9 | 26861.6 | 9590.2 | 516.7 | 44.3 |

单位：万元

| 行政区划和地名管理 | 基层政权和社区建设 | 其他民政管理事务支出 | 行政事业单位离退休 | 其他 |
|---|---|---|---|---|
| **125355.6** | **1486829.7** | **1538117.7** | **381586.3** | **2496280.5** |
| 3906.6 | 370.9 | 12878.8 | 4265.4 | 58076.1 |
| 7287.3 | 164995.7 | 98552.3 | 69140.7 | 210562.2 |
| 376.2 | 210951.9 | 26741.2 | 8427.5 | 26056.2 |
| 5832.7 | 20915.6 | 49131.6 | 18240.2 | 48769.6 |
| 2944.3 | 32940.6 | 34511.6 | 6036.0 | 44835.9 |
| 2175.6 | 4835.7 | 28222.3 | 14913.9 | 65111.5 |
| 2734.0 | 161071.9 | 54604.4 | 13871.0 | 200831.4 |
| 1912.5 | 26652.3 | 29132.3 | 7717.1 | 30757.0 |
| 1875.1 | 12242.2 | 24705.1 | 7601.7 | 22397.9 |
| 322.1 | 8073.0 | 64344.5 | 7217.8 | 41245.9 |
| 4927.7 | 88142.6 | 97646.0 | 27294.2 | 300320.6 |
| 5965.9 | 66872.8 | 88073.8 | 14686.8 | 41626.4 |
| 4096.9 | 21259.8 | 40320.8 | 9993.7 | 56286.4 |
| 5810.8 | 19825.1 | 50512.9 | 14956.0 | 53651.0 |
| 3860.8 | 20995.9 | 21268.1 | 5911.1 | 29804.6 |
| 4450.7 | 92481.9 | 47410.7 | 13047.6 | 89498.9 |
| 6806.2 | 33730.4 | 38434.2 | 14808.1 | 65651.3 |
| 6157.9 | 75520.1 | 44903.1 | 11475.3 | 139963.8 |
| 9760.4 | 54693.1 | 44108.0 | 5845.5 | 68014.4 |
| 6378.9 | 95104.9 | 221343.2 | 43520.8 | 182014.9 |
| 5512.5 | 26182.0 | 45599.7 | 8780.1 | 86865.1 |
| 508.9 | 3254.7 | 28671.4 | 1329.2 | 83869.5 |
| 3235.6 | 45962.6 | 34644.8 | 8292.1 | 14608.4 |
| 7891.5 | 32929.4 | 59926.7 | 17428.0 | 138342.1 |
| 3626.0 | 21513.7 | 36686.7 | 2234.5 | 8234.2 |
| 3538.3 | 20291.1 | 76826.2 | 12534.6 | 158908.5 |
| 936.9 | 93.1 | 30105.3 | 415.3 | 1511.4 |
| 4164.4 | 91264.5 | 47639.5 | 3555.5 | 54457.5 |
| 1787.6 | 2572.2 | 19017.0 | 4135.3 | 103453.3 |
| 2650.8 | 18341.0 | 9653.2 | 738.9 | 35107.9 |
| 1313.9 | 7071.4 | 11518.4 | 1921.8 | 34638.7 |
| 2606.6 | 5677.6 | 20983.9 | 1250.6 | 807.9 |

# C-1-16 民政事业费

| 地 区 | 集中养育孤儿支出水平 | 社会散居孤儿支出水平 | 困难残疾人生活补贴支出水平 | 重度残疾人护理补贴支出水平 |
|---|---|---|---|---|
| **全 国** | **22218.9** | **10503.5** | **1183.4** | **897.2** |
| 中央级 | | | | |
| 北 京 | 25279.0 | 18938.4 | 7005.6 | 1570.3 |
| 天 津 | 19877.8 | 26898.0 | 3408.4 | 2097.4 |
| 河 北 | 27622.0 | 8578.1 | 979.2 | 700.7 |
| 山 西 | 10861.4 | 7428.2 | 293.9 | 263.1 |
| 内蒙古 | 22147.9 | 17505.0 | 1020.3 | 1211.6 |
| 辽 宁 | 7433.6 | 11546.2 | 847.3 | 664.6 |
| 吉 林 | 6782.6 | 10900.7 | 992.1 | 906.7 |
| 黑龙江 | 14876.4 | 8683.5 | 716.4 | 922.4 |
| 上 海 | 31274.8 | 22988.9 | | |
| 江 苏 | 21166.6 | 17009.4 | 5231.1 | 1547.8 |
| 浙 江 | 32248.0 | 18921.5 | | |
| 安 徽 | 29273.2 | 8867.1 | 685.6 | 648.4 |
| 福 建 | 26637.1 | 11501.5 | 1241.4 | 1152.6 |
| 江 西 | 27379.7 | 14005.7 | 631.5 | 658.9 |
| 山 东 | 30332.2 | 11368.8 | 1100.3 | 932.2 |
| 河 南 | 18138.1 | 8608.9 | 771.5 | 716.5 |
| 湖 北 | 26684.0 | 15235.1 | 495.4 | 737.7 |
| 湖 南 | 33391.6 | 9107.2 | 797.6 | 749.0 |
| 广 东 | 34687.3 | 12857.6 | 2221.6 | 2303.8 |
| 广 西 | 20515.9 | 8116.3 | 669.6 | 545.6 |
| 海 南 | 41285.7 | 14700.7 | 2539.2 | 1413.8 |
| 重 庆 | 19164.0 | 15471.8 | 723.5 | 611.1 |
| 四 川 | 21880.4 | 10408.3 | 1044.7 | 778.5 |
| 贵 州 | 20431.7 | 10725.1 | 108.0 | 492.2 |
| 云 南 | 96834.3 | 11266.5 | 578.6 | 599.3 |
| 西 藏 | 16536.0 | 10396.2 | 1080.0 | 1752.4 |
| 陕 西 | 14374.6 | 9513.3 | 762.3 | 965.8 |
| 甘 肃 | 15189.4 | 8000.3 | 954.7 | 1239.6 |
| 青 海 | 14239.1 | 9935.9 | 1097.6 | 1316.4 |
| 宁 夏 | 22772.9 | 6921.7 | 1254.7 | 935.2 |
| 新 疆 | 12079.6 | 8272.9 | 1203.8 | 1038.6 |

注：表中支出水平是按照民政事业费支出项目与民政对象、民政机构简单算术平均计算。

# 支出水平

单位：元/人·年、元/个·年

| 康复辅具机构（站）补助水平 | 补贴火化人员水平 | 殡葬类单位补助水平 | 社会福利院补助水平 | 儿童福利院补助水平 |
|---|---|---|---|---|
| **6234381.0** | **827.8** | **1506641.9** | **4797489.0** | **5225263.2** |
| | | | | |
| 11484000.0 | 914.6 | 5308735.9 | 19262300.0 | 20468500.0 |
| 15218000.0 | 1249.0 | 9025088.2 | 12027000.0 | 25594500.0 |
| 3202000.0 | 1697.1 | 1234947.7 | 6195935.5 | 1469714.3 |
| | 3782.4 | 956770.5 | 7221909.1 | 4033000.0 |
| | 1687.3 | 808233.9 | 3166979.6 | 6731000.0 |
| | | | | |
| | 507.5 | 411377.2 | 4488720.0 | 3311600.0 |
| | 1797.2 | 679577.2 | 3404960.0 | 2567200.0 |
| | 236.5 | 477858.2 | 3927476.2 | 4179214.3 |
| | | | | |
| | 1185.0 | | 23609100.0 | 41556666.7 |
| 4449000.0 | 859.8 | 1466565.2 | 11131080.7 | 14071076.9 |
| | 1057.9 | 3109632.6 | 7596444.4 | 6577352.9 |
| | 609.1 | 1267929.1 | 1931333.3 | 3390357.1 |
| | 430.2 | 908120.3 | 3381564.5 | 3339090.9 |
| 2732000.0 | 523.1 | 2787082.6 | 2463590.9 | 2918583.3 |
| | 209.7 | 1374491.6 | 6355703.7 | 6324857.1 |
| | | | | |
| 2641000.0 | 1073.9 | 691254.2 | 4328982.8 | 4163736.8 |
| 1977000.0 | 146.5 | 3159657.5 | 3680691.1 | 5272400.0 |
| 4395000.0 | 453.1 | 2547702.1 | 2738585.4 | 4991260.9 |
| | 601.2 | 2948618.6 | 7401678.9 | 4152272.7 |
| 22423000.0 | 994.4 | 2080766.7 | 2139423.5 | 2597250.0 |
| | 8.1 | 1110153.9 | 1075000.0 | |
| | | | | |
| | 4976.2 | 944699.0 | 8339370.4 | 18485833.3 |
| | 372.7 | 1499895.6 | 3021133.9 | 2732041.7 |
| 1245000.0 | 1441.7 | 619860.7 | 1493737.7 | 3030000.0 |
| | 1075.1 | 1025785.7 | 2519119.1 | 911500.0 |
| | | 14000000.0 | 16638000.0 | 9739000.0 |
| | | | | |
| | 4121.4 | 465605.3 | 6777500.0 | 8297066.7 |
| 2219000.0 | 894.3 | 1697136.4 | 3657459.5 | 2117769.2 |
| 2694000.0 | 569.3 | 113562.5 | 1669250.0 | 1242500.0 |
| | 696.4 | 62714.3 | 428666.7 | 6930000.0 |
| 7900000.0 | 85.5 | 2048105.3 | 6951155.6 | 5602690.5 |

C-1-16续表

| 地　区 | 社会福利医院补助水平 | 城市居民最低生活保障支出水平（不含春节补助） | 农村最低生活保障支出水平（不含春节补助） | 城市特困人员救助供养支出水平 |
|---|---|---|---|---|
| **全　国** | **22083951.7** | **5521.2** | **2928.6** | **10657.0** |
| 中央级 | | | | |
| 北　京 | 132192000.0 | 12770.3 | 10483.9 | 32486.5 |
| 天　津 | 56968000.0 | 12762.3 | 9736.2 | 25142.0 |
| 河　北 | 35521000.0 | 5381.8 | 2775.4 | 12219.4 |
| 山　西 | 6479250.0 | 4910.7 | 3215.8 | 8115.3 |
| 内蒙古 | 31452250.0 | 6284.3 | 3130.6 | 16133.2 |
| 辽　宁 | | 6483.0 | 3363.0 | 14779.4 |
| 吉　林 | 14037857.1 | 5611.4 | 2454.9 | 9228.9 |
| 黑龙江 | 4845285.7 | 5282.1 | 2345.2 | 14713.7 |
| 上　海 | 80375000.0 | 11498.0 | 8271.0 | 35718.5 |
| 江　苏 | 54148200.0 | 7033.7 | 4840.9 | 10961.7 |
| 浙　江 | 53153000.0 | 6377.7 | 6021.1 | 11136.7 |
| 安　徽 | 254000.0 | 5505.1 | 3419.7 | 4308.1 |
| 福　建 | 12710000.0 | 5775.8 | 4518.3 | 12256.3 |
| 江　西 | 30345000.0 | 5175.0 | 3182.0 | 11320.8 |
| 山　东 | | 5359.4 | 3345.1 | 16046.1 |
| 河　南 | 35901666.7 | 3956.2 | 2171.1 | 7713.7 |
| 湖　北 | 7769666.7 | 5351.6 | 3335.8 | 14077.2 |
| 湖　南 | 13067909.1 | 4753.2 | 2495.3 | 11961.8 |
| 广　东 | 275408000.0 | 8083.0 | 3809.3 | 13751.9 |
| 广　西 | 48500750.0 | 5558.8 | 2705.7 | 12847.3 |
| 海　南 | | 5887.9 | 3568.1 | 10622.6 |
| 重　庆 | 29338500.0 | 5943.2 | 4336.2 | 9017.4 |
| 四　川 | 11210666.7 | 4118.5 | 2192.6 | 7511.0 |
| 贵　州 | 4474368.4 | 4904.4 | 2886.0 | 11737.9 |
| 云　南 | 12993000.0 | 6042.4 | 2647.6 | 14084.4 |
| 西　藏 | | 7655.4 | 2943.8 | 3382.8 |
| 陕　西 | 9359000.0 | 6125.6 | 3574.4 | 9890.4 |
| 甘　肃 | 12154000.0 | 5239.5 | 1901.4 | 10080.2 |
| 青　海 | | 6751.4 | 3032.7 | 9468.4 |
| 宁　夏 | 24151000.0 | 5850.7 | 3963.9 | 9569.3 |
| 新　疆 | 15340571.4 | 4165.9 | 2425.8 | 6376.9 |

单位：元/人·年、元/个·年

| 农村特困人员救助供养支出水平 | 流浪乞讨人员救助单位补助水平 | 流浪乞讨人员救助支出水平 | 临时救助支出水平 |
|---|---|---|---|
| **6744.7** | **2007973.1** | **2492.7** | **1178.8** |
| | | | |
| 27865.0 | 11362157.9 | 2248.0 | 7272.8 |
| 20095.1 | 3203333.3 | 6036.4 | 1801.2 |
| 5908.2 | 3350388.9 | 1895.7 | 1040.3 |
| 6410.2 | 1765960.0 | 1356.8 | 1072.1 |
| 8515.3 | 891083.3 | 1307.4 | 1191.0 |
| 5951.5 | 1422107.7 | 2138.9 | 833.1 |
| 4659.3 | 907959.2 | 1864.6 | 1068.8 |
| 6376.1 | 600948.3 | 1404.6 | 970.5 |
| 18983.8 | 2445684.2 | 3452.3 | 1502.2 |
| 8466.2 | 2876651.7 | 5580.3 | 1347.3 |
| 11549.5 | 2735900.0 | 3400.8 | 1204.1 |
| 5525.1 | 3182921.6 | 3166.8 | 2260.4 |
| 12693.5 | 1356790.7 | 1686.5 | 1810.3 |
| 4178.5 | 1578442.6 | 2626.9 | 1552.3 |
| 6588.8 | 2544813.6 | 4497.5 | 1980.6 |
| 5065.2 | 1412333.3 | 2552.6 | 932.1 |
| 9602.2 | 1652783.0 | 3244.5 | 1552.8 |
| 6188.6 | 1895825.0 | 1384.3 | 996.4 |
| 10551.6 | 6719561.0 | 5189.9 | 4129.3 |
| 5828.5 | 1458767.4 | 3060.1 | 1559.7 |
| 8061.5 | 8067600.0 | 4673.1 | 1032.2 |
| 8762.7 | 2024946.0 | 2601.0 | 2640.3 |
| 5453.2 | 1105845.7 | 1650.8 | 968.6 |
| 11217.9 | 1254142.9 | 1535.6 | 1364.7 |
| 6939.8 | 835736.1 | 1202.9 | 956.2 |
| 9054.6 | 3026000.0 | 3165.3 | 5353.8 |
| 6942.8 | 1301012.2 | 2029.2 | 1445.6 |
| 5899.1 | 1392764.7 | 1760.2 | 924.3 |
| 13412.9 | 927875.0 | 3591.2 | 3585.2 |
| 7728.8 | 765250.0 | 1134.1 | 929.9 |
| 4537.7 | 821079.0 | 2309.8 | 520.0 |

# C-1-17 民政事业费

| 地区 | 收入合计 | 上年结余 | 本年收入合计 | 本年实际支出 |
|---|---|---|---|---|
| **全国** | **44405030.5** | **2831980.7** | **41573049.8** | **40769320.0** |
| 中央级 | 217462.5 | 56124.9 | 161337.6 | 128747.8 |
| 北京 | 1519070.9 | 88547.8 | 1430523.1 | 1410839.6 |
| 天津 | 815464.3 | 78054.7 | 737409.6 | 723647.0 |
| 河北 | 1431721.6 | 86076.8 | 1345644.8 | 1267321.2 |
| 山西 | 1282002.3 | 206558.8 | 1075443.5 | 965414.8 |
| 内蒙古 | 1344001.0 | 85527.5 | 1258473.5 | 1229044.8 |
| 辽宁 | 1457070.6 | 85518.7 | 1371551.9 | 1345926.0 |
| 吉林 | 833078.7 | | 833078.7 | 833078.7 |
| 黑龙江 | 1031159.9 | 13409.0 | 1017750.9 | 1016669.9 |
| 上海 | 1592479.0 | 103214.9 | 1489264.1 | 1440387.9 |
| 江苏 | 2623651.9 | 90175.0 | 2533476.9 | 2541719.9 |
| 浙江 | 1515622.8 | 70835.7 | 1444787.1 | 1423390.2 |
| 安徽 | 1667691.7 | 10122.0 | 1657569.7 | 1654232.3 |
| 福建 | 905817.5 | 71324.1 | 834493.4 | 812950.4 |
| 江西 | 1469007.2 | 11717.4 | 1457289.8 | 1436320.2 |
| 山东 | 1718966.7 | 70834.8 | 1648131.9 | 1570595.4 |
| 河南 | 1859552.0 | 70915.8 | 1788636.2 | 1762338.9 |
| 湖北 | 2150615.2 | 303832.0 | 1846783.2 | 1776866.8 |
| 湖南 | 1735101.1 | 21360.5 | 1713740.6 | 1707022.3 |
| 广东 | 2744757.5 | 87847.1 | 2656910.4 | 2631089.6 |
| 广西 | 1524752.6 | 177176.1 | 1347576.5 | 1301233.1 |
| 海南 | 431937.3 | 91280.9 | 340656.4 | 299986.6 |
| 重庆 | 1195950.6 | 78294.7 | 1117655.9 | 1091804.0 |
| 四川 | 2612844.2 | 123847.0 | 2488997.2 | 2489797.5 |
| 贵州 | 1611934.4 | 323128.7 | 1288805.7 | 1363187.2 |
| 云南 | 1966232.3 | 89144.3 | 1877088.0 | 1799879.2 |
| 西藏 | 247339.1 | 14578.6 | 232760.5 | 221186.6 |
| 陕西 | 1445745.2 | 65965.7 | 1379779.5 | 1385599.4 |
| 甘肃 | 1350056.5 | 80423.4 | 1269633.1 | 1254450.3 |
| 青海 | 450394.0 | 26132.5 | 424261.5 | 404933.9 |
| 宁夏 | 524441.2 | 124129.5 | 400311.7 | 375733.0 |
| 新疆 | 1129108.7 | 25881.8 | 1103226.9 | 1103925.5 |

# 收支简表

单位：万元

| 收支结余 | 用事业基金弥补收支差额 | 结余分配 | 年末净结余 | 行政事业性收费 |
|---|---|---|---|---|
| **3635710.5** | **6958** | **65206.2** | **3577462.3** | **314417.9** |
| 88714.7 | 106.5 | 3065 | 85756.2 | |
| | | | | |
| 108231.3 | 2704.6 | 5710.4 | 105225.5 | 11810.5 |
| 91817.3 | 153.7 | 6566.1 | 85404.9 | 5416.6 |
| 164400.4 | 12.3 | 4580.9 | 159831.8 | 14795.8 |
| 316587.5 | 104.9 | 695 | 315997.4 | 4884.4 |
| 114956.2 | | 2696.3 | 112259.9 | 6805.7 |
| | | | | |
| 111144.6 | | 803.3 | 110341.3 | 17693.1 |
| | | | | 3382.1 |
| 14490 | | | 14490 | 21997.4 |
| | | | | |
| 152091.1 | 46.7 | 5969.7 | 146168.1 | |
| 81932 | | 3058.3 | 78873.7 | 23045.3 |
| 92232.6 | 8.8 | 6244.9 | 85996.5 | |
| 13459.4 | 123.8 | 1313.2 | 12270 | 21797.8 |
| 92867.1 | 139.7 | 579.4 | 92427.4 | 14712.8 |
| 32687 | | | 32687 | |
| 148371.3 | | | 148371.3 | 9400.5 |
| | | | | |
| 97213.1 | | | 97213.1 | 2683 |
| 373748.4 | | 6045.7 | 367702.7 | 44724.2 |
| 28078.8 | | 410.2 | 27668.6 | 13799.9 |
| 113667.9 | 2983.1 | 5596.8 | 111054.2 | 11110.7 |
| 223519.5 | | 799.2 | 222720.3 | 19611 |
| 131950.7 | | | 131950.7 | |
| | | | | |
| 104146.6 | 70.9 | 5564.2 | 98653.3 | |
| 123046.7 | 86.4 | 4527.1 | 118606 | 28762.1 |
| 248747.2 | 121.6 | 255.4 | 248613.4 | 45 |
| 166353.1 | 11.4 | 96.1 | 166268.4 | |
| 26152.5 | | | 26152.5 | |
| | | | | |
| 60145.8 | 283.6 | 629 | 59800.4 | 14675.1 |
| 95606.2 | | | 95606.2 | 461.8 |
| 45460.1 | | | 45460.1 | |
| 148708.2 | | | 148708.2 | 36 |
| 25183.2 | | | 25183.2 | 22767.1 |

# C-1-18 民政事业费

| 地　区 | 上年结余合计 | 社会福利 | 社会救助 | 民政管理事务 | 行政事业单位离退休 | 其他款项用于民政支出 |
|---|---|---|---|---|---|---|
| **全　国** | **2831980.7** | **733823.6** | **1438423.0** | **300052.4** | **6754.4** | **352927.3** |
| 中央级 | 56124.9 | | | 18722.0 | 126.5 | 37276.4 |
| 北　京 | 88547.8 | 36534.9 | 11670.3 | 23631.1 | 873.1 | 15838.4 |
| 天　津 | 78054.7 | 25697.4 | 12843.5 | 34471.3 | 374.9 | 4667.6 |
| 河　北 | 86076.8 | 28130.5 | 43665.8 | 5360.5 | 266.5 | 8653.5 |
| 山　西 | 206558.8 | 31628.0 | 162600.5 | 5646.4 | 345.7 | 6338.2 |
| 内蒙古 | 85527.5 | 30574.7 | 33503.9 | 9102.4 | 98.9 | 12247.6 |
| 辽　宁 | 85518.7 | 24616.2 | 49482.0 | 4728.1 | 200.3 | 6492.1 |
| 吉　林 | | | | | | |
| 黑龙江 | 13409.0 | 5931.5 | 6325.0 | 398.2 | | 754.3 |
| 上　海 | 103214.9 | 55034.4 | 20137.9 | 10151.9 | 111.8 | 17778.9 |
| 江　苏 | 90175.0 | 53272.8 | 20979.0 | 6402.2 | 241.9 | 9279.1 |
| 浙　江 | 70835.7 | 39673.3 | 18015.6 | 10308.7 | 799.0 | 2039.1 |
| 安　徽 | 10122.0 | 250.7 | 6316.4 | 436.8 | | 3118.1 |
| 福　建 | 71324.1 | 21382.6 | 28267.3 | 14252.7 | 1133.6 | 6287.9 |
| 江　西 | 11717.4 | 4600.4 | 2801.8 | 2940.5 | 16.0 | 1358.7 |
| 山　东 | 70834.8 | 25035.6 | 31030.1 | 7552.4 | 17.0 | 7199.7 |
| 河　南 | 70915.8 | 16382.5 | 50559.0 | 1316.4 | 70.0 | 2587.9 |
| 湖　北 | 303832.0 | 15959.0 | 264839.8 | 3523.9 | 4.0 | 19505.3 |
| 湖　南 | 21360.5 | 1981.0 | 8245.9 | 8045.9 | | 3087.7 |
| 广　东 | 87847.1 | 29413.1 | 37120.5 | 9622.6 | 267.9 | 11423.0 |
| 广　西 | 177176.1 | 49496.6 | 83792.9 | 23552.5 | 456.8 | 19877.3 |
| 海　南 | 91280.9 | 14692.6 | 40501.6 | 7282.2 | 54.4 | 28750.1 |
| 重　庆 | 78294.7 | 14178.4 | 47630.4 | 15566.3 | 377.0 | 542.6 |
| 四　川 | 123847.0 | 44529.4 | 44512.2 | 11855.0 | 123.4 | 22827.0 |
| 贵　州 | 323128.7 | 78092.3 | 212025.7 | 27537.6 | 256.5 | 5216.6 |
| 云　南 | 89144.3 | 17569.4 | 24056.4 | 13549.5 | 111.6 | 33857.4 |
| 西　藏 | 14578.6 | 4303.1 | 6114.8 | 3166.3 | | 994.4 |
| 陕　西 | 65965.7 | 8404.9 | 49774.5 | 3073.9 | 18.2 | 4694.2 |
| 甘　肃 | 80423.4 | 16178.8 | 49601.2 | 3610.3 | 14.0 | 11019.1 |
| 青　海 | 26132.5 | 7047.9 | 18263.6 | 55.3 | | 765.7 |
| 宁　夏 | 124129.5 | 17930.5 | 46183.7 | 12161.8 | 395.4 | 47458.1 |
| 新　疆 | 25881.8 | 15301.1 | 7561.7 | 2027.7 | | 991.3 |

# 收支明细表

单位：万元

| 本年收入合计 | 社会福利 | 社会救助 | 民政管理事务 | 行政事业单位离退休 | 其他款项用于民政支出 |
|---|---|---|---|---|---|
| **41573049.8** | **10922420.9** | **22606104.6** | **4991391.5** | **391146.4** | **2661986.4** |
| 161337.6 | | | 93035.7 | 7570.3 | 60731.6 |
| 1430523.1 | 566783.9 | 224020.4 | 345396.9 | 71115.1 | 223206.8 |
| 737409.6 | 181649.9 | 243231.2 | 274964.0 | 8623.4 | 28941.1 |
| 1345644.8 | 337378.3 | 766632.1 | 168083.0 | 19195.8 | 54355.6 |
| 1075443.5 | 166625.4 | 729914.4 | 104326.9 | 5712.2 | 68864.6 |
| 1258473.5 | 299471.5 | 796011.8 | 78643.1 | 15245.0 | 69102.1 |
| 1371551.9 | 355895.4 | 666749.8 | 244242.4 | 13630.3 | 91034.0 |
| 833078.7 | 159374.7 | 535921.5 | 96406.0 | 7717.1 | 33659.4 |
| 1017750.9 | 186539.7 | 721901.5 | 78676.8 | 7709.6 | 22923.3 |
| 1489264.1 | 890295.4 | 425800.1 | 118191.3 | 7244.5 | 47732.8 |
| 2533476.9 | 1080431.7 | 817270.9 | 296371.8 | 28911.7 | 310490.8 |
| 1444787.1 | 531135.7 | 575946.9 | 272790.8 | 15604.8 | 49308.9 |
| 1657569.7 | 345351.8 | 1129404.7 | 114338.5 | 10251.1 | 58223.6 |
| 834493.4 | 297205.8 | 346712.6 | 117908.5 | 13373.8 | 59292.7 |
| 1457289.8 | 277045.5 | 1056689.9 | 84558.9 | 5996.7 | 32998.8 |
| 1648131.9 | 499546.5 | 806112.6 | 249455.6 | 12907.2 | 80110.0 |
| 1788636.2 | 463616.7 | 1083677.9 | 164483.9 | 14099.9 | 62757.8 |
| 1846783.2 | 383705.6 | 1087486.0 | 212540.7 | 11609.1 | 151441.8 |
| 1713740.6 | 365581.0 | 1066533.5 | 194144.3 | 7455.3 | 80026.5 |
| 2656910.4 | 885668.5 | 1018481.0 | 392936.9 | 44344.8 | 315479.2 |
| 1347576.5 | 261913.1 | 848769.0 | 128536.3 | 8888.3 | 99469.8 |
| 340656.4 | 72573.0 | 132397.4 | 50757.6 | 1825.8 | 83102.6 |
| 1117655.9 | 227547.6 | 743295.6 | 124292.0 | 7852.4 | 14668.3 |
| 2488997.2 | 629980.8 | 1490572.6 | 207846.0 | 16894.7 | 143703.1 |
| 1288805.7 | 215981.5 | 929383.9 | 124225.8 | 2335.9 | 16878.6 |
| 1877088.0 | 244767.7 | 1229792.3 | 204348.4 | 12648.0 | 185531.6 |
| 232760.5 | 46401.8 | 108824.7 | 73493.4 | 415.3 | 3625.3 |
| 1379779.5 | 428184.6 | 728371.6 | 179068.0 | 3539.8 | 40615.5 |
| 1269633.1 | 137613.6 | 996157.7 | 51667.4 | 4005.2 | 80189.2 |
| 424261.5 | 97737.1 | 249838.2 | 40151.8 | 1289.0 | 35245.4 |
| 400311.7 | 61110.1 | 240287.4 | 41164.8 | 2004.8 | 55744.6 |
| 1103226.9 | 225307.0 | 809915.4 | 64344.0 | 1129.5 | 2531.0 |

C-1-18续表

| 地　区 | 本年支出合计 | 社会福利 | 社会救助 | 民政管理事务 | 行政事业单位离退休 | 其他款项用于民政支出 |
|---|---|---|---|---|---|---|
| **全　国** | **40769320.0** | **10647787.1** | **22240336.5** | **5003329.6** | **381586.3** | **2496280.5** |
| 中央级 | 128747.8 | | | 66406.3 | 4265.4 | 58076.1 |
| 北　京 | 1410839.6 | 575216.2 | 215229.8 | 340690.7 | 69140.7 | 210562.2 |
| 天　津 | 723647.0 | 180628.8 | 236736.1 | 271798.4 | 8427.5 | 26056.2 |
| 河　北 | 1267321.2 | 324690.2 | 709405.7 | 166215.5 | 18240.2 | 48769.6 |
| 山　西 | 965414.8 | 152882.8 | 659582.1 | 102078.0 | 6036.0 | 44835.9 |
| 内蒙古 | 1229044.8 | 280483.5 | 794962.9 | 73573.0 | 14913.9 | 65111.5 |
| 辽　宁 | 1345926.0 | 210863.1 | 663171.3 | 257189.2 | 13871.0 | 200831.4 |
| 吉　林 | 833078.7 | 163574.2 | 534430.1 | 96600.3 | 7717.1 | 30757.0 |
| 黑龙江 | 1016669.9 | 183518.3 | 725261.3 | 77890.7 | 7601.7 | 22397.9 |
| 上　海 | 1440387.9 | 859541.7 | 425311.0 | 107071.5 | 7217.8 | 41245.9 |
| 江　苏 | 2541719.9 | 1086920.0 | 827418.4 | 299766.7 | 27294.2 | 300320.6 |
| 浙　江 | 1423390.2 | 522307.6 | 580884.1 | 263885.3 | 14686.8 | 41626.4 |
| 安　徽 | 1654232.3 | 344614.1 | 1130117.1 | 113221.0 | 9993.7 | 56286.4 |
| 福　建 | 812950.4 | 288464.5 | 339858.9 | 116020.0 | 14956.0 | 53651.0 |
| 江　西 | 1436320.2 | 262032.6 | 1059925.0 | 78646.9 | 5911.1 | 29804.6 |
| 山　东 | 1570595.4 | 488357.8 | 736154.6 | 243536.5 | 13047.6 | 89498.9 |
| 河　南 | 1762338.9 | 443011.5 | 1080455.9 | 158412.1 | 14808.1 | 65651.3 |
| 湖　北 | 1776866.8 | 391675.6 | 1028622.2 | 205129.9 | 11475.3 | 139963.8 |
| 湖　南 | 1707022.3 | 390873.4 | 1045265.9 | 197023.1 | 5845.5 | 68014.4 |
| 广　东 | 2631089.6 | 892457.6 | 1024694.5 | 488401.8 | 43520.8 | 182014.9 |
| 广　西 | 1301233.1 | 280795.3 | 799442.8 | 125349.8 | 8780.1 | 86865.1 |
| 海　南 | 299986.6 | 59903.3 | 112360.0 | 42524.6 | 1329.2 | 83869.5 |
| 重　庆 | 1091804.0 | 223612.9 | 720712.3 | 124578.3 | 8292.1 | 14608.4 |
| 四　川 | 2489797.5 | 613539.0 | 1513000.3 | 207488.1 | 17428.0 | 138342.1 |
| 贵　州 | 1363187.2 | 198747.7 | 1027167.4 | 126803.4 | 2234.5 | 8234.2 |
| 云　南 | 1799879.2 | 246844.9 | 1187202.4 | 194388.8 | 12534.6 | 158908.5 |
| 西　藏 | 221186.6 | 45449.7 | 99966.8 | 73843.4 | 415.3 | 1511.4 |
| 陕　西 | 1385599.4 | 417590.0 | 722895.4 | 187101.0 | 3555.5 | 54457.5 |
| 甘　肃 | 1254450.3 | 155594.9 | 935789.4 | 55477.4 | 4135.3 | 103453.3 |
| 青　海 | 404933.9 | 95950.8 | 231407.4 | 41728.9 | 738.9 | 35107.9 |
| 宁　夏 | 375733.0 | 63328.7 | 241635.7 | 34208.1 | 1921.8 | 34638.7 |
| 新　疆 | 1103925.5 | 204316.4 | 831269.7 | 66280.9 | 1250.6 | 807.9 |

单位：万元

| 年末结余合计 | 社会福利 | 社会救助 | 民政管理事务 | 行政事业单位离退休 | 其他款项用于民政支出 |
|---|---|---|---|---|---|
| **3577462.3** | **978625.6** | **1673285.1** | **382708.2** | **11715.5** | **531127.9** |
| 85756.2 | | | 44528.7 | 3195.0 | 38032.5 |
| 105225.5 | 26061.0 | 13599.7 | 28749.2 | 1331.3 | 35484.3 |
| 85404.9 | 26503.0 | 18200.0 | 34123.9 | 585.9 | 5992.1 |
| 159831.8 | 51250.9 | 92245.4 | 9367.2 | 102.1 | 6866.2 |
| 315997.4 | 45433.6 | 232995.9 | 7895.0 | 21.9 | 29651.0 |
| 112259.9 | 49458.9 | 33359.5 | 12066.1 | 240.4 | 17135.0 |
| 110341.3 | 47522.8 | 52236.4 | 3047.3 | 131.0 | 7403.8 |
| 14490.0 | 7769.8 | 5422.8 | 538.9 | | 758.5 |
| 146168.1 | 94792.3 | 16440.3 | 16355.1 | 366.9 | 18213.5 |
| 78873.7 | 44215.4 | 3806.7 | 3411.4 | 14.9 | 27425.3 |
| 85996.5 | 48017.9 | 15788.9 | 19473.9 | 709.7 | 2006.1 |
| 12270.0 | 5423.5 | 4074.1 | 1504.4 | | 1268.0 |
| 92427.4 | 37201.7 | 31847.4 | 15416.5 | 1192.4 | 6769.4 |
| 32687.0 | 9601.1 | 6425.2 | 11841.0 | 175.3 | 4644.4 |
| 148371.3 | 47667.1 | 85349.9 | 12452.0 | 2.2 | 2900.1 |
| 97213.1 | 41231.3 | 43390.3 | 5434.1 | 128.7 | 7028.7 |
| 367702.7 | 5394.5 | 323409.1 | 5269.9 | | 33629.2 |
| 27668.6 | 3872.9 | 11255.0 | 754.3 | 0.1 | 11786.3 |
| 111054.2 | 31882.7 | 29759.9 | 10813.5 | 617.7 | 37980.4 |
| 222720.3 | 55062.4 | 121259.4 | 18852.3 | 1156.0 | 26390.2 |
| 131950.7 | 26037.4 | 57163.7 | 11812.2 | 42.3 | 36895.1 |
| 98653.3 | 16270.8 | 66957.1 | 15174.6 | 146.5 | 104.3 |
| 118606.0 | 47023.7 | 37828.8 | 11893.1 | 558.9 | 21301.5 |
| 248613.4 | 95192.3 | 114242.2 | 24960.0 | 357.9 | 13861.0 |
| 166268.4 | 24827.1 | 68479.1 | 23214.1 | 142.5 | 49605.6 |
| 26152.5 | 6429.4 | 12057.1 | 3782.4 | | 3883.6 |
| 59800.4 | 16998.2 | 36017.2 | 6467.9 | 2.5 | 314.6 |
| 95606.2 | 23901.8 | 56112.3 | 3264.8 | 30.5 | 12296.8 |
| 45460.1 | 8430.8 | 33937.9 | 330.9 | | 2760.5 |
| 148708.2 | 18932.9 | 41635.8 | 19452.8 | 462.9 | 68223.8 |
| 25183.2 | 16218.4 | 7988.0 | 460.7 | | 516.1 |

# C-1-19 民政事业基本

| 地　区 | 在建项目规模 | 使用彩票公益金项目规模 | 在建项目总投资 | 开工累计完成投资 | 本年计划投资 | 本年实际完成投资 |
|---|---|---|---|---|---|---|
| **全　国** | **20293214** | **6000136** | **6752886.1** | **3629838.5** | **1578515.2** | **1879871.1** |
| 中央级 | 250908 | 141888 | 151686.0 | 48881.0 | 10563.0 | 2850.3 |
| 北　京 | 401582 | 28452 | 203512.0 | 162452.3 | 20971.2 | 37643.5 |
| 天　津 | 135210 | 135210 | 114488.1 | 69723.9 | 12122.0 | 12144.4 |
| 河　北 | 697762 | 126093 | 118704.7 | 55927.5 | 29291.3 | 32366.2 |
| 山　西 | 424284 | 76820 | 201388.7 | 83008.5 | 47851.7 | 43434.8 |
| 内蒙古 | 458162 | 182280 | 206421.0 | 106098.4 | 34219.0 | 106098.4 |
| 辽　宁 | 264805 | 104631 | 90632.7 | 62574.9 | 21546.1 | 17259.8 |
| 吉　林 | 30262 | 18446 | 6516.4 | 3272.0 | 4136.4 | 3272.0 |
| 黑龙江 | 196628 | 8969 | 30620.0 | 23364.2 | 18665.2 | 23364.2 |
| 上　海 | 97885 | 3200 | 117852.7 | 57554.2 | 11882.9 | 23169.7 |
| 江　苏 | 688444 | 78310 | 303580.5 | 191539.8 | 93095.4 | 89709.3 |
| 浙　江 | 798956 | 299632 | 426701.3 | 256446.6 | 67288.4 | 76804.2 |
| 安　徽 | 285417 | 6798 | 96495.8 | 52168.9 | 35933.5 | 42446.1 |
| 福　建 | 610435 | 106440 | 182943.9 | 108752.4 | 63732.3 | 60426.9 |
| 江　西 | 788899 | 133988 | 227925.3 | 152252.4 | 75706.1 | 140515.4 |
| 山　东 | 933194 | 253604 | 277358.9 | 149696.1 | 53446.6 | 57604.4 |
| 河　南 | 509972 | 130392 | 142534.9 | 78259.7 | 29278.9 | 33954.4 |
| 湖　北 | 945793 | 223870 | 310162.3 | 199129.3 | 84001.6 | 127510.2 |
| 湖　南 | 2116803 | 460184 | 378768.9 | 159300.1 | 109822.2 | 105760.0 |
| 广　东 | 1901061 | 985153 | 971627.6 | 417332.0 | 147602.7 | 128236.9 |
| 广　西 | 1103246 | 647041 | 222024.9 | 115381.1 | 49649.7 | 58858.9 |
| 海　南 | 393432 | 16000 | 33875.2 | 20476.1 | 8168.4 | 8473.1 |
| 重　庆 | 1033550 | 419948 | 272405.8 | 160149.2 | 73310.1 | 82447.2 |
| 四　川 | 641206 | 170315 | 240493.8 | 106313.6 | 63488.1 | 65382.8 |
| 贵　州 | 1273376 | 267819 | 380446.1 | 194685.6 | 135568.9 | 167589.5 |
| 云　南 | 834262 | 239810 | 198907.7 | 124408.8 | 75450.6 | 90945.0 |
| 西　藏 | 41399 | 132 | 10650.8 | 8193.2 | 10186.8 | 8143.2 |
| 陕　西 | 1248855 | 289872 | 462529.8 | 243319.1 | 70028.5 | 89977.7 |
| 甘　肃 | 136174 | 62343 | 44200.8 | 23505.8 | 13379.9 | 15631.6 |
| 青　海 | 288273 | 103592 | 101058.5 | 63243.9 | 43720.1 | 61054.9 |
| 宁　夏 | 194123 | 60160 | 72376.4 | 38695.6 | 16802.7 | 22049.9 |
| 新　疆 | 568856 | 218744 | 153994.6 | 93732.3 | 47604.9 | 44746.2 |

# 建设投资情况总表

单位：平方米、万元、张

| 国家预算内投资 | 国内贷款 | 利用外资 | 彩票公益金 | 其他 | 本年完工项目规模 | 未投入使用项目建设床位数 |
|---|---|---|---|---|---|---|
| **719455.6** | **26581.1** | **3177.0** | **479982.1** | **650675.3** | **6692968** | **249079** |
| 2850.3 | | | | | | |
| | | | | | | |
| 26104.6 | | | 2341.4 | 9197.5 | 87730 | 4493 |
| 1978.6 | | | 10165.8 | | 20976 | 500 |
| 20298.6 | | | 8264.4 | 3803.2 | 265548 | 6692 |
| 1873.7 | 1400.0 | | 33817.6 | 6343.5 | 40130 | 7641 |
| 8765.9 | 609.5 | | 54373.4 | 42349.6 | 157008 | 8383 |
| | | | | | | |
| 7626.3 | 812.0 | | 5472.5 | 3349.0 | 151828 | 2336 |
| 2050.0 | | | 866.0 | 356.0 | 3184 | 300 |
| 17471.6 | | | 2815.0 | 3077.6 | 74656 | 1470 |
| | | | | | | |
| 16257.3 | | | 281.2 | 6631.2 | 54300 | 2658 |
| 24814.6 | | | 7799.6 | 57095.1 | 301853 | 9040 |
| 46766.5 | 2400.0 | | 21891.7 | 5746.0 | 219138 | 6843 |
| 22000.3 | | | 3052.7 | 17393.1 | 129765 | 5655 |
| 20062.5 | 5824.7 | | 10721.5 | 23818.2 | 230614 | 4802 |
| 34807.3 | 3000.0 | | 50515.7 | 52192.4 | 449228 | 14862 |
| 40629.2 | | | 5410.6 | 11564.6 | 393738 | 16923 |
| | | | | | | |
| 14818.3 | | | 8005.2 | 11130.9 | 114895 | 7804 |
| 54481.4 | 3917.0 | | 18944.5 | 50167.3 | 392771 | 11346 |
| 29519.9 | | | 25274.2 | 50965.9 | 300446 | 13758 |
| 67244.6 | | | 25173.6 | 35818.7 | 295852 | 31185 |
| 23862.2 | | 950.0 | 25379.3 | 8667.4 | 318940 | 10672 |
| 2176.0 | | | 1000.0 | 5297.1 | 29632 | 570 |
| | | | | | | |
| 40990.1 | 217.9 | | 29898.2 | 11341.0 | 449530 | 5860 |
| 38102.3 | 1000.0 | 20.0 | 5774.7 | 20485.8 | 274903 | 13081 |
| 33715.8 | 6700.0 | 2207.0 | 21693.4 | 103273.3 | 635057 | 15579 |
| 31210.8 | 700.0 | | 32347.6 | 26686.6 | 396493 | 13800 |
| 7831.2 | | | 312.0 | | 6992 | 668 |
| | | | | | | |
| 21067.0 | | | 14374.6 | 54536.1 | 347596 | 13578 |
| 9704.9 | | | 4804.0 | 1122.7 | 63495 | 2475 |
| 11511.0 | | | 28651.0 | 20892.9 | 114516 | 4734 |
| 15365.7 | | | 5589.9 | 1094.3 | 151259 | 2446 |
| 23497.1 | | | 14970.8 | 6278.3 | 220895 | 8925 |

# C-1-20 提供住宿的民政服务

| 地 区 | 在建项目规模 | 使用彩票公益金项目规模 | 在建项目总投资 | 开工累计完成投资 | 本年计划投资 | 本年实际完成投资 |
|---|---|---|---|---|---|---|
| **全 国** | **12055888** | **3926160** | **4610851.1** | **2487117.4** | **1126065.6** | **1340327.3** |
| 中央级 | | | | | | |
| 北 京 | 169669 | 28452 | 93255.1 | 83353.0 | 12652.2 | 27634.7 |
| 天 津 | 21368 | 21368 | 12117.0 | 9533.7 | 1970.0 | 1978.6 |
| 河 北 | 255149 | 35693 | 58078.8 | 32852.3 | 17649.0 | 20240.9 |
| 山 西 | 371921 | 64496 | 169272.0 | 77144.1 | 47120.7 | 41978.2 |
| 内蒙古 | 341782 | 156300 | 120029.4 | 71972.2 | 25495.1 | 71972.2 |
| 辽 宁 | 190130 | 90151 | 63785.5 | 47627.2 | 16596.3 | 15025.0 |
| 吉 林 | 9846 | 2446 | 2950.4 | 1651.0 | 2076.4 | 1651.0 |
| 黑龙江 | 58303 | 8519 | 18561.0 | 14074.0 | 9959.0 | 14074.0 |
| 上 海 | 92536 | 3200 | 116976.0 | 56694.6 | 11882.9 | 22662.6 |
| 江 苏 | 497116 | 76360 | 194267.4 | 102636.1 | 59480.7 | 57873.6 |
| 浙 江 | 591819 | 241748 | 341915.3 | 210587.2 | 54000.3 | 65282.8 |
| 安 徽 | 209810 | 6218 | 57414.2 | 30695.3 | 25691.6 | 30318.2 |
| 福 建 | 291929 | 27182 | 117882.2 | 67184.9 | 36193.7 | 27502.3 |
| 江 西 | 633103 | 116436 | 209028.8 | 137818.4 | 67188.1 | 126088.4 |
| 山 东 | 737919 | 226449 | 243098.1 | 128508.7 | 39608.8 | 40520.5 |
| 河 南 | 404572 | 87296 | 114317.4 | 69550.6 | 24349.3 | 29293.2 |
| 湖 北 | 583804 | 142043 | 172337.0 | 138550.3 | 48954.5 | 86063.4 |
| 湖 南 | 768694 | 216871 | 277252.6 | 122072.8 | 84796.8 | 75254.1 |
| 广 东 | 1768697 | 981108 | 769933.2 | 303600.4 | 132444.2 | 113788.4 |
| 广 西 | 576263 | 283389 | 161974.0 | 79149.1 | 35261.7 | 40538.1 |
| 海 南 | 31732 | 16000 | 10713.2 | 6781.0 | 3277.4 | 3488.0 |
| 重 庆 | 525519 | 209781 | 147581.1 | 97893.4 | 37064.7 | 38517.7 |
| 四 川 | 405577 | 47535 | 210757.4 | 90777.5 | 54698.9 | 54477.3 |
| 贵 州 | 623054 | 188852 | 302377.8 | 158251.4 | 110711.7 | 131641.3 |
| 云 南 | 416651 | 110210 | 104788.6 | 70455.0 | 46784.7 | 53734.4 |
| 西 藏 | 7303 | 132 | 2988.5 | 2108.6 | 2824.5 | 2108.6 |
| 陕 西 | 545650 | 144285 | 230301.2 | 117223.0 | 32016.9 | 44670.1 |
| 甘 肃 | 113920 | 53091 | 36852.9 | 17288.5 | 11776.9 | 12063.3 |
| 青 海 | 218402 | 76271 | 76401.2 | 40572.2 | 24793.2 | 38383.2 |
| 宁 夏 | 152270 | 55160 | 51978.0 | 31176.2 | 11847.9 | 16828.2 |
| 新 疆 | 441380 | 209118 | 121665.8 | 69334.7 | 36897.5 | 34675.0 |

# 机构基本建设投资情况

单位：平方米、万元、张

| 国家预算内投资 | 国内贷款 | 利用外资 | 彩票公益金 | 其他 | 本年完工项目规模 | 未投入使用项目建设床位数 |
|---|---|---|---|---|---|---|
| **536928.7** | **8629.1** | **1157.0** | **381823.9** | **411788.6** | **4535925** | **245324** |
| | | | | | | |
| 23901.0 | | | 2341.4 | 1392.3 | 87730 | 4493 |
| 1978.6 | | | | | 20000 | 500 |
| 13395.9 | | | 3738.8 | 3106.2 | 98811 | 6680 |
| 1363.7 | 1400.0 | | 33285.2 | 5929.3 | 36559 | 7631 |
| 6148.6 | 609.5 | | 52216.1 | 12998.0 | 124750 | 8285 |
| | | | | | | |
| 6926.3 | | | 4979.7 | 3119.0 | 100748 | 2316 |
| 820.0 | | | 583.0 | 248.0 | 2368 | 300 |
| 9335.0 | | | 2585.0 | 2154.0 | 51331 | 1470 |
| | | | | | | |
| 15750.2 | | | 281.2 | 6631.2 | 48951 | 2658 |
| 16648.0 | | | 7223.8 | 34001.8 | 149395 | 8920 |
| 41226.5 | 2400.0 | | 17914.6 | 3741.7 | 217138 | 6843 |
| 16936.3 | | | 2526.1 | 10855.8 | 107677 | 5655 |
| 15958.4 | 31.7 | | 4192.1 | 7320.1 | 68513 | 4309 |
| 29698.3 | | | 48746.1 | 47644.0 | 375170 | 14726 |
| 26066.0 | | | 4293.1 | 10161.4 | 283252 | 16773 |
| | | | | | | |
| 11995.0 | | | 7607.3 | 9690.9 | 93086 | 7744 |
| 48987.7 | 2770.0 | | 11770.5 | 22535.2 | 327442 | 11015 |
| 16279.9 | | | 20003.6 | 38970.6 | 216952 | 13727 |
| 55192.5 | | | 23421.6 | 35174.3 | 272197 | 31185 |
| 20133.8 | | 950.0 | 16712.3 | 2742.0 | 243232 | 10472 |
| 1298.0 | | | 1000.0 | 1190.0 | 22200 | 570 |
| | | | | | | |
| 15033.8 | 217.9 | | 21110.4 | 2155.6 | 165739 | 5718 |
| 30687.0 | | | 4841.0 | 18949.3 | 201777 | 12981 |
| 32265.8 | 1200.0 | 207.0 | 16182.2 | 81786.3 | 384190 | 15047 |
| 14213.0 | | | 22046.8 | 17474.6 | 231319 | 13150 |
| 1796.6 | | | 312.0 | | 6992 | 668 |
| | | | | | | |
| 14523.6 | | | 10514.2 | 19632.3 | 144053 | 13530 |
| 7360.0 | | | 3798.3 | 905.0 | 53499 | 2475 |
| 10473.0 | | | 20754.0 | 7156.2 | 82579 | 4168 |
| 13080.3 | | | 2742.7 | 1005.2 | 130021 | 2420 |
| 17455.9 | | | 14100.8 | 3118.3 | 188254 | 8895 |

# C-1-21 不提供住宿的民政服务

| 地区 | 在建项目规模 | 使用彩票公益金项目规模 | 在建项目总投资 | 开工累计完成投资 | 本年计划投资 | 本年实际完成投资 |
|---|---|---|---|---|---|---|
| **全国** | **468927** | **161070** | **102906.8** | **87263.9** | **68325.9** | **79362.0** |
| 中央级 | | | | | | |
| 北京 | | | | | | |
| 天津 | | | | | | |
| 河北 | 6610 | 1465 | 702.1 | 702.1 | 210.1 | 691.6 |
| 山西 | 4142 | 3437 | 887.0 | 887.0 | | 44.0 |
| 内蒙古 | 2677 | 2280 | 891.3 | 359.0 | 70.0 | 359.0 |
| 辽宁 | 3822 | 1958 | 499.2 | 90.0 | 365.0 | 90.0 |
| 吉林 | | | | | | |
| 黑龙江 | | | | | | |
| 上海 | | | 534.3 | 521.5 | | 169.0 |
| 江苏 | 33661 | | 14874.0 | 7317.0 | 5674.0 | 5144.0 |
| 浙江 | | | | | | |
| 安徽 | 2100 | 380 | 803.6 | 803.6 | 723.6 | 803.6 |
| 福建 | 39541 | 23773 | 5667.2 | 4972.7 | 4982.6 | 4972.7 |
| 江西 | 7957 | 4056 | 1439.0 | 1386.5 | 1171.5 | 1386.5 |
| 山东 | 60650 | 18860 | 11632.0 | 11632.0 | 8806.1 | 8893.5 |
| 河南 | 6200 | | 320.0 | 320.0 | 20.0 | 200.0 |
| 湖北 | 19230 | 100 | 3169.0 | 3384.0 | 2360.0 | 3314.0 |
| 湖南 | 8990 | 1200 | 2767.0 | 267.0 | 178.0 | 267.0 |
| 广东 | 200 | 200 | 215.0 | 215.0 | 215.0 | 215.0 |
| 广西 | 17277 | 8799 | 3186.8 | 3298.2 | 2406.4 | 3174.3 |
| 海南 | 1200 | | 603.0 | 184.1 | | 184.1 |
| 重庆 | 133170 | 53888 | 17998.0 | 17151.6 | 16918.0 | 17051.6 |
| 四川 | 6700 | | 2549.0 | 2349.0 | 1973.0 | 2349.0 |
| 贵州 | 12546 | 5886 | 2957.2 | 2529.7 | 1325.7 | 2449.7 |
| 云南 | 32141 | 14148 | 5791.1 | 3756.9 | 2627.9 | 2836.4 |
| 西藏 | | | | | | |
| 陕西 | 20710 | 12490 | 3698.0 | 3763.0 | 1818.0 | 3393.0 |
| 甘肃 | | | | | | |
| 青海 | 29783 | 750 | 16853.0 | 16914.0 | 12211.0 | 16914.0 |
| 宁夏 | 7420 | | 1840.0 | 1930.0 | 1740.0 | 1930.0 |
| 新疆 | 12200 | 7400 | 3030.0 | 2530.0 | 2530.0 | 2530.0 |

# 机构基本建设投资情况

单位：平方米、万元、张

| 国家预算内投资 | 国内贷款 | 利用外资 | 彩票公益金 | 其他 | 本年完工项目规模 | 未投入使用项目建设床位数 |
|---|---|---|---|---|---|---|
| **32521.6** | | **20.0** | **19099.8** | **27720.6** | **443157** | **3755** |
| | | | | | | |
| | | | | | | |
| | | | | | | |
| | | | | | | |
| 60.0 | | | 538.5 | 93.1 | 6340 | 12 |
| | | | 44.0 | | | 10 |
| | | | 260.0 | 99.0 | | 98 |
| | | | | | | |
| | | | 90.0 | | 1958 | 20 |
| | | | | | | |
| | | | | | | |
| | | | | | | |
| 169.0 | | | | | | |
| 3770.0 | | | | 1374.0 | 34053 | 120 |
| | | | | | | |
| 70.0 | | | 491.6 | 242.0 | 2100 | |
| 828.2 | | | 2906.4 | 1238.1 | 38817 | 493 |
| 270.0 | | | 502.5 | 614.0 | 5978 | 136 |
| 8180.1 | | | 373.4 | 340.0 | 59350 | 150 |
| | | | | | | |
| | | | 180.0 | 20.0 | 1300 | 60 |
| 569.0 | | | 30.0 | 2715.0 | 25430 | 331 |
| | | | 207.0 | 60.0 | 8600 | 31 |
| | | | 215.0 | | 200 | |
| 1116.7 | | | 1233.3 | 824.3 | 14609 | 200 |
| | | | | 184.1 | 1200 | |
| | | | | | | |
| 9460.1 | | | 4861.5 | 2730.0 | 129928 | 142 |
| 1118.0 | | 20.0 | 126.0 | 1085.0 | 6500 | 100 |
| 354.0 | | | 435.7 | 1660.0 | 10561 | 532 |
| 1360.5 | | | 1435.9 | 40.0 | 16575 | 650 |
| | | | | | | |
| | | | | | | |
| 310.0 | | | 2126.0 | 957.0 | 18910 | 48 |
| | | | | | | |
| 852.0 | | | 2813.0 | 13249.0 | 27310 | 566 |
| 1930.0 | | | | | 21238 | 26 |
| 2104.0 | | | 230.0 | 196.0 | 12200 | 30 |

# C-1-22 其他社会服务机构

| 地区 | 在建项目规模 | 使用彩票公益金项目规模 | 在建项目总投资 | 开工累计完成投资 | 本年计划投资 | 本年实际完成投资 |
|---|---|---|---|---|---|---|
| **全国** | **6256513** | **1381751** | **1532754.3** | **781309.1** | **281077.5** | **348254.7** |
| 中央级 | | | | | | |
| 北京 | 11200 | | 18272.5 | 14741.2 | 319.0 | 319.0 |
| 天津 | 113842 | 113842 | 102371.1 | 60190.2 | 10152.0 | 10165.8 |
| 河北 | 317787 | 13552 | 37864.5 | 17242.9 | 5022.7 | 8518.9 |
| 山西 | 34428 | 2220 | 26554.1 | 1063.7 | 280.0 | 359.0 |
| 内蒙古 | 90523 | 6700 | 73315.2 | 23656.6 | 7434.9 | 23656.6 |
| 辽宁 | 62778 | 10122 | 25098.0 | 14427.7 | 3364.8 | 1714.8 |
| 吉林 | 19600 | 16000 | 2149.0 | 805.0 | 2060.0 | 805.0 |
| 黑龙江 | 124525 | 450 | 7220.5 | 4549.5 | 3965.5 | 4549.5 |
| 上海 | | | | | | |
| 江苏 | 143977 | | 92929.1 | 80762.1 | 27466.1 | 26217.1 |
| 浙江 | 134793 | 5629 | 52124.0 | 25784.5 | 7404.3 | 7633.3 |
| 安徽 | 64493 | | 32673.0 | 20306.0 | 8302.3 | 10960.3 |
| 福建 | 143671 | | 37169.5 | 19798.8 | 11525.0 | 15112.9 |
| 江西 | 138696 | 11621 | 14031.0 | 10741.0 | 5479.0 | 10734.0 |
| 山东 | 127375 | 6500 | 21284.0 | 8253.0 | 4721.9 | 7583.0 |
| 河南 | 83151 | 41796 | 21451.6 | 3237.1 | 1754.7 | 1845.7 |
| 湖北 | 182402 | 40343 | 89577.3 | 33637.0 | 29298.1 | 25044.8 |
| 湖南 | 1206723 | 239103 | 86493.2 | 32658.2 | 19795.4 | 25936.8 |
| 广东 | 130892 | 3073 | 201157.4 | 113194.6 | 14621.5 | 13911.5 |
| 广西 | 401993 | 273073 | 32450.6 | 16149.1 | 3073.9 | 6215.1 |
| 海南 | 356935 | | 20983.0 | 12723.0 | 4103.0 | 4223.0 |
| 重庆 | 337102 | 143399 | 97691.7 | 40314.4 | 17061.4 | 25019.4 |
| 四川 | 190727 | 106700 | 21768.2 | 8183.4 | 5012.3 | 5699.0 |
| 贵州 | 633126 | 70996 | 74192.6 | 32986.0 | 22615.0 | 32580.0 |
| 云南 | 379070 | 111902 | 87254.3 | 49448.2 | 24964.3 | 33625.5 |
| 西藏 | | | | | | |
| 陕西 | 655605 | 133097 | 211300.5 | 108068.4 | 27432.4 | 33153.4 |
| 甘肃 | 11523 | 521 | 2503.5 | 2291.6 | 1453.0 | 1861.6 |
| 青海 | 31206 | 23886 | 2355.2 | 932.2 | 1858.2 | 932.2 |
| 宁夏 | 16549 | 5000 | 11816.9 | 3736.3 | 2359.4 | 2436.3 |
| 新疆 | 111821 | 2226 | 28702.8 | 21427.4 | 8177.4 | 7441.2 |

# 基本建设投资情况

单位：平方米、万元

| 国家预算内投资 | 国内贷款 | 利用外资 | 彩票公益金 | 其他 | 本年完工项目规模 |
|---|---|---|---|---|---|
| **116694.6** | **16805** | **2000** | **50119.4** | **162635.7** | **1369634** |
| | | | | | |
| | | | | | |
| 319.0 | | | | | |
| | | | 10165.8 | | 976 |
| 6175.9 | | | 1935.1 | 407.9 | 155842 |
| 30.0 | | | 177.4 | 151.6 | |
| 2374.9 | | | 920.0 | 20361.7 | 9078 |
| | | | | | |
| 300.0 | 812 | | 372.8 | 230.0 | 49122 |
| 522.0 | | | 283.0 | | |
| 3420.0 | | | 230.0 | 899.5 | 10325 |
| | | | | | |
| | | | | | |
| 4296.6 | | | 500.0 | 21420.5 | 106275 |
| 4229.0 | | | 1400.0 | 2004.3 | 2000 |
| 4826.0 | | | | 6134.3 | 15688 |
| 3275.9 | 5793 | | 44.0 | 6000.0 | 16540 |
| 3532.0 | 3000 | | 516.6 | 3685.4 | 59918 |
| 6123.3 | | | 465.5 | 994.2 | 43956 |
| | | | | | |
| 1845.7 | | | | | 5540 |
| 4288.7 | | | 2666.0 | 18090.1 | 24449 |
| 13224.0 | | | 3914.9 | 8797.9 | 72364 |
| 11992.1 | | | 1361.0 | 558.4 | 22683 |
| 814.9 | | | 2449.8 | 2950.4 | 2880 |
| 300.0 | | | | 3923.0 | 2667 |
| | | | | | |
| 15399.5 | | | 3216.7 | 6403.2 | 139318 |
| 4036.5 | 1000 | | 253.0 | 409.5 | 52546 |
| 770.0 | 5500 | 2000 | 4864.0 | 19446.0 | 235656 |
| 15618.3 | 700 | | 8255.2 | 9052.0 | 143939 |
| | | | | | |
| | | | | | |
| 3972.2 | | | 1734.4 | 27446.8 | 171633 |
| 1020.9 | | | 623.0 | 217.7 | 8523 |
| 50.0 | | | 784.0 | 98.2 | 730 |
| | | | 2347.2 | 89.1 | |
| 3937.2 | | | 640.0 | 2864.0 | 16986 |

# C-1-23 其他基本

| 地　区 | 在建项目规模 | 使用彩票公益金项目规模 | 在建项目总投资 | 开工累计完成投资 | 本年计划投资 | 本年实际完成投资 |
|---|---|---|---|---|---|---|
| **全　国** | **1511886.0** | **531155.0** | **506373.9** | **274148.1** | **103046.2** | **111927.1** |
| 中央级 | 250908.0 | 141888.0 | 151686.0 | 48881.0 | 10563.0 | 2850.3 |
| 北　京 | 220713.0 | | 91984.4 | 64358.1 | 8000.0 | 9689.8 |
| 天　津 | | | | | | |
| 河　北 | 118216.0 | 75383.0 | 22059.3 | 5130.2 | 6409.5 | 2914.8 |
| 山　西 | 13793.0 | 6667.0 | 4675.6 | 3913.7 | 451.0 | 1053.6 |
| 内蒙古 | 23180.0 | 17000.0 | 12185.1 | 10110.6 | 1219.0 | 10110.6 |
| 辽　宁 | 8075.0 | 2400.0 | 1250.0 | 430.0 | 1220.0 | 430.0 |
| 吉　林 | 816.0 | | 1417.0 | 816.0 | | 816.0 |
| 黑龙江 | 13800.0 | | 4838.5 | 4740.7 | 4740.7 | 4740.7 |
| 上　海 | 5349.0 | | 342.4 | 338.1 | | 338.1 |
| 江　苏 | 13690.0 | 1950.0 | 1510.0 | 824.6 | 474.6 | 474.6 |
| 浙　江 | 72344.0 | 52255.0 | 32662.0 | 20074.9 | 5883.8 | 3888.1 |
| 安　徽 | 9014.0 | 200.0 | 5605.0 | 364.0 | 1216.0 | 364.0 |
| 福　建 | 135294.0 | 55485.0 | 22225.0 | 16796.0 | 11031.0 | 12839.0 |
| 江　西 | 9143.0 | 1875.0 | 3426.5 | 2306.5 | 1867.5 | 2306.5 |
| 山　东 | 7250.0 | 1795.0 | 1344.8 | 1302.4 | 309.8 | 607.4 |
| 河　南 | 16049.0 | 1300.0 | 6445.9 | 5152.0 | 3154.9 | 2615.5 |
| 湖　北 | 160357.0 | 41384.0 | 45079.0 | 23558.0 | 3389.0 | 13088.0 |
| 湖　南 | 132396.0 | 3010.0 | 12256.1 | 4302.1 | 5052.0 | 4302.1 |
| 广　东 | 1272.0 | 772.0 | 322.0 | 322.0 | 322.0 | 322.0 |
| 广　西 | 107713.0 | 81780.0 | 24413.5 | 16784.7 | 8907.7 | 8931.4 |
| 海　南 | 3565.0 | | 1576.0 | 788.0 | 788.0 | 578.0 |
| 重　庆 | 37759.0 | 12880.0 | 9135.0 | 4789.8 | 2266.0 | 1858.5 |
| 四　川 | 38202.0 | 16080.0 | 5419.2 | 5003.7 | 1803.9 | 2857.5 |
| 贵　州 | 4650.0 | 2085.0 | 918.5 | 918.5 | 916.5 | 918.5 |
| 云　南 | 6400.0 | 3550.0 | 1073.7 | 748.7 | 1073.7 | 748.7 |
| 西　藏 | 34096.0 | | 7662.3 | 6084.6 | 7362.3 | 6034.6 |
| 陕　西 | 26890.0 | | 17230.1 | 14264.7 | 8761.2 | 8761.2 |
| 甘　肃 | 10731.0 | 8731.0 | 4844.4 | 3925.7 | 150.0 | 1706.7 |
| 青　海 | 8882.0 | 2685.0 | 5449.1 | 4825.5 | 4857.7 | 4825.5 |
| 宁　夏 | 17884.0 | | 6741.5 | 1853.1 | 855.4 | 855.4 |
| 新　疆 | 3455.0 | | 596.0 | 440.2 | | 100.0 |

# 建设投资情况

单位：平方米、万元

| 国家预算内投资 | 国内贷款 | 利用外资 | 彩票公益金 | 其他 | 本年完工项目规模 |
| --- | --- | --- | --- | --- | --- |
| **33310.7** | **1147.0** | | **28939.0** | **48530.4** | **344252.0** |
| 2850.3 | | | | | |
| | | | | | |
| 1884.6 | | | | 7805.2 | |
| | | | | | |
| 666.8 | | | 2052.0 | 196.0 | 4555.0 |
| 480.0 | | | 311.0 | 262.6 | 3571.0 |
| 242.4 | | | 977.3 | 8890.9 | 23180.0 |
| | | | | | |
| 400.0 | | | 30.0 | | |
| 708.0 | | | | 108.0 | 816.0 |
| 4716.6 | | | | 24.1 | 13000.0 |
| | | | | | |
| 338.1 | | | | | 5349.0 |
| 100.0 | | | 75.8 | 298.8 | 12130.0 |
| 1311.0 | | | 2577.1 | | |
| 168.0 | | | 35.0 | 161.0 | 4300.0 |
| | | | 3579.0 | 9260.0 | 106744.0 |
| 1307.0 | | | 750.5 | 249.0 | 8162.0 |
| 259.8 | | | 278.6 | 69.0 | 7180.0 |
| | | | | | |
| 977.6 | | | 217.9 | 1420.0 | 14969.0 |
| 636.0 | 1147.0 | | 4478.0 | 6827.0 | 15450.0 |
| 16.0 | | | 1148.7 | 3137.4 | 2530.0 |
| 60.0 | | | 176.0 | 86.0 | 772.0 |
| 1796.8 | | | 4983.9 | 2150.7 | 58219.0 |
| 578.0 | | | | | 3565.0 |
| | | | | | |
| 1096.7 | | | 709.6 | 52.2 | 14545.0 |
| 2260.8 | | | 554.7 | 42.0 | 14080.0 |
| 326.0 | | | 211.5 | 381.0 | 4650.0 |
| 19.0 | | | 609.7 | 120.0 | 4660.0 |
| 6034.6 | | | | | |
| | | | | | |
| 2261.2 | | | | 6500.0 | 13000.0 |
| 1324.0 | | | 382.7 | | 1473.0 |
| 136.0 | | | 4300.0 | 389.5 | 3897.0 |
| 355.4 | | | 500.0 | | |
| | | | | 100.0 | 3455.0 |

| 地区 | 机构和设施数 | 市场监管部门登记 | 编制部门登记 | 民政部门登记 | 设施及多牌子机构 |
|---|---|---|---|---|---|
| **全国** | **459419** | **857** | **18035** | **56676** | **383851** |
| 中央级 | 2 | | 2 | | |
| 北京 | 12486 | 38 | 451 | 1387 | 10610 |
| 天津 | 3197 | 3 | 47 | 353 | 2794 |
| 河北 | 37604 | 12 | 382 | 1170 | 36040 |
| 山西 | 7065 | 1 | 343 | 409 | 6312 |
| 内蒙古 | 5322 | 4 | 425 | 541 | 4352 |
| 辽宁 | 9668 | 8 | 336 | 1563 | 7761 |
| 吉林 | 3356 | 29 | 797 | 892 | 1638 |
| 黑龙江 | 4686 | 9 | 249 | 1516 | 2912 |
| 上海 | 7147 | 11 | 173 | 4068 | 2895 |
| 江苏 | 45852 | 89 | 1197 | 25734 | 18832 |
| 浙江 | 37379 | 83 | 724 | 4624 | 31948 |
| 安徽 | 9807 | 27 | 229 | 1739 | 7812 |
| 福建 | 10383 | 2 | 241 | 382 | 9758 |
| 江西 | 5666 | 2 | 1277 | 394 | 3993 |
| 山东 | 28452 | 49 | 436 | 3705 | 24262 |
| 河南 | 7874 | 3 | 982 | 739 | 6150 |
| 湖北 | 24672 | 52 | 1405 | 785 | 22430 |
| 湖南 | 18982 | 14 | 1533 | 583 | 16852 |
| 广东 | 66770 | 98 | 1480 | 1340 | 63852 |
| 广西 | 14562 | 7 | 353 | 308 | 13894 |
| 海南 | 2958 | 3 | 21 | 188 | 2746 |
| 重庆 | 9234 | 113 | 455 | 880 | 7786 |
| 四川 | 27236 | 168 | 1910 | 1906 | 23252 |
| 贵州 | 24275 | 7 | 930 | 304 | 23034 |
| 云南 | 5902 | 16 | 495 | 176 | 5215 |
| 西藏 | 100 | | 13 | 3 | 84 |
| 陕西 | 10307 | 3 | 461 | 334 | 9509 |
| 甘肃 | 11172 | 5 | 208 | 161 | 10798 |
| 青海 | 1828 | | 40 | 22 | 1766 |
| 宁夏 | 2831 | | 67 | 135 | 2629 |
| 新疆 | 2644 | 1 | 373 | 335 | 1935 |

# 工作总表

单位：个、人

| 年末职工人数 | #女性 | 按登记类型分 | | | |
|---|---|---|---|---|---|
| | | 市场监管部门登记 | 编制部门登记 | 民政部门登记 | 设施及多牌子机构 |
| **2000675** | **941401** | **22856** | **209121** | **436656** | **1318120** |
| 366 | 211 | | 366 | | |
| 67316 | 40379 | 2002 | 7592 | 17680 | 39500 |
| 22531 | 15405 | 278 | 1262 | 5862 | 15094 |
| 97255 | 39941 | 289 | 7119 | 17550 | 72180 |
| 32996 | 13335 | 7 | 5242 | 4467 | 23226 |
| 28452 | 15274 | 85 | 4840 | 5461 | 17713 |
| 63664 | 41522 | 129 | 5988 | 14474 | 42820 |
| 33456 | 13918 | 251 | 8352 | 13842 | 10650 |
| 36390 | 19659 | 477 | 6524 | 10502 | 18329 |
| 71395 | 39185 | 828 | 6843 | 49283 | 14163 |
| 239180 | 88864 | 2895 | 17150 | 129783 | 88678 |
| 121569 | 64591 | 1600 | 9995 | 26289 | 83117 |
| 54921 | 25467 | 749 | 3304 | 14674 | 35021 |
| 33181 | 14730 | 23 | 3198 | 4595 | 25248 |
| 27387 | 12325 | 16 | 8746 | 4130 | 14238 |
| 144314 | 68341 | 1528 | 6566 | 32649 | 102259 |
| 54986 | 27602 | 20 | 9586 | 9120 | 35249 |
| 84991 | 43145 | 1192 | 13247 | 8105 | 62066 |
| 71921 | 29278 | 380 | 13183 | 4860 | 53028 |
| 271087 | 147526 | 4474 | 17667 | 15926 | 231802 |
| 37298 | 17171 | 123 | 5490 | 6406 | 24656 |
| 13164 | 4740 | 276 | 473 | 1046 | 11369 |
| 40385 | 20986 | 1937 | 4406 | 7550 | 26206 |
| 102336 | 43071 | 2519 | 15685 | 15107 | 68111 |
| 108380 | 29688 | 138 | 8514 | 3008 | 96463 |
| 27368 | 11846 | 444 | 3722 | 2082 | 20882 |
| 940 | 687 | | 141 | 30 | 663 |
| 46045 | 21550 | 143 | 5911 | 5867 | 33715 |
| 28525 | 11194 | 43 | 2544 | 920 | 24621 |
| 6713 | 3093 | | 659 | 185 | 5788 |
| 11704 | 6129 | | 1258 | 703 | 9472 |
| 20459 | 10548 | 10 | 3548 | 4500 | 11793 |

C-2-1续表1

| 地区 | 受教育程度 | | 职业资格水平 | |
| --- | --- | --- | --- | --- |
| | 大学专科人数 | 大学本科及以上人数 | 助理社会工作师人数 | 社会工作师人数 |
| **全　国** | **398679** | **225441** | **57447** | **23582** |
| 中央级 | 84 | 282 | | 2 |
| 北　京 | 15778 | 15988 | 4105 | 1590 |
| 天　津 | 5712 | 5974 | 2153 | 672 |
| 河　北 | 8429 | 4208 | 933 | 495 |
| 山　西 | 5147 | 2844 | 818 | 404 |
| 内蒙古 | 7422 | 4835 | 829 | 282 |
| 辽　宁 | 17605 | 11059 | 2463 | 1342 |
| 吉　林 | 6725 | 3826 | 882 | 492 |
| 黑龙江 | 8842 | 4081 | 681 | 463 |
| 上　海 | 14263 | 6418 | 627 | 787 |
| 江　苏 | 40230 | 22263 | 3812 | 1807 |
| 浙　江 | 20229 | 12295 | 2800 | 1966 |
| 安　徽 | 11996 | 4298 | 1686 | 835 |
| 福　建 | 3535 | 2241 | 693 | 559 |
| 江　西 | 3082 | 1311 | 452 | 103 |
| 山　东 | 38765 | 19996 | 1905 | 898 |
| 河　南 | 9728 | 4939 | 744 | 523 |
| 湖　北 | 15236 | 5746 | 785 | 546 |
| 湖　南 | 14446 | 7472 | 1020 | 567 |
| 广　东 | 58722 | 39941 | 22666 | 4294 |
| 广　西 | 5605 | 4084 | 427 | 455 |
| 海　南 | 1312 | 546 | 45 | 23 |
| 重　庆 | 10086 | 5918 | 1618 | 891 |
| 四　川 | 24255 | 9484 | 2391 | 1295 |
| 贵　州 | 20205 | 8360 | 400 | 235 |
| 云　南 | 5629 | 3038 | 406 | 276 |
| 西　藏 | 234 | 142 | 52 | |
| 陕　西 | 9634 | 5194 | 1070 | 602 |
| 甘　肃 | 5581 | 3470 | 258 | 228 |
| 青　海 | 1997 | 798 | 40 | 39 |
| 宁　夏 | 2377 | 897 | 316 | 76 |
| 新　疆 | 5788 | 3493 | 370 | 835 |

单位：人、人次、时

| 年龄结构 | | | | 志愿服务 | |
|---|---|---|---|---|---|
| 35岁及以下人数 | 36岁至45岁人数 | 46岁至55岁人数 | 56岁及以上人数 | 志愿者服务人次数 | 志愿服务时间 |
| **561675** | **744688** | **527316** | **166613** | **8085949** | **17124079** |
| 196 | 98 | 47 | 25 | | |
| 17749 | 20879 | 21465 | 7223 | 5793950 | 11522805 |
| 8192 | 7674 | 5260 | 1405 | 14484 | 115872 |
| 22347 | 35607 | 29823 | 9478 | 24685 | 69783 |
| 8174 | 11069 | 8175 | 5415 | 1305 | 3331 |
| 8529 | 10951 | 6875 | 2034 | 14736 | 29110 |
| 16118 | 23911 | 18146 | 5489 | 87995 | 183190 |
| 6515 | 13028 | 12688 | 1225 | 2528 | 3410 |
| 9685 | 14905 | 8316 | 3484 | 11396 | 30482 |
| 16319 | 23780 | 22993 | 8303 | 32805 | 101454 |
| 62572 | 89611 | 67297 | 19700 | 336390 | 735669 |
| 28880 | 44554 | 35221 | 12914 | 305060 | 702717 |
| 14681 | 21455 | 14507 | 4278 | 44229 | 149283 |
| 8245 | 12218 | 8826 | 3803 | 56506 | 247579 |
| 7072 | 10515 | 7031 | 2769 | 22323 | 61751 |
| 48308 | 52850 | 33055 | 10101 | 397287 | 993454 |
| 14482 | 22106 | 13594 | 4804 | 27769 | 53067 |
| 20490 | 34536 | 22363 | 7602 | 96154 | 155909 |
| 17922 | 27735 | 19580 | 6664 | 59976 | 195486 |
| 91037 | 100961 | 61016 | 18073 | 110936 | 240608 |
| 10846 | 12921 | 10441 | 3090 | 7946 | 20791 |
| 3455 | 5215 | 3574 | 920 | 1980 | 5060 |
| 11162 | 14344 | 11492 | 3387 | 247711 | 604450 |
| 29727 | 38606 | 25600 | 8403 | 41438 | 64187 |
| 34515 | 41117 | 26169 | 6579 | 222031 | 522666 |
| 8254 | 11137 | 6165 | 1771 | 1699 | 5873 |
| 627 | 271 | 34 | 8 | 5 | |
| 12496 | 16191 | 13575 | 3783 | 64185 | 173671 |
| 10600 | 10270 | 6223 | 1432 | 37177 | 71588 |
| 2121 | 3202 | 886 | 497 | 10 | 40 |
| 2982 | 5022 | 2910 | 790 | 2504 | 8147 |
| 7377 | 7949 | 3969 | 1164 | 18749 | 52649 |

C-2-1续表2

| 地　区 | 企业会计制度财务指标 | | | |
|---|---|---|---|---|
| | 固定资产原价 | 营业收入 | 费用合计 | 营业利润 |
| **全　国** | **905937.5** | **124175.9** | **57123.7** | **-29280.0** |
| 中央级 | | | | |
| 北　京 | 69220.4 | 21941.0 | 8481.5 | -6942.7 |
| 天　津 | 106.0 | 2983.9 | 1975.8 | 596.9 |
| 河　北 | 641.0 | 1443.3 | 962.5 | -130.5 |
| 山　西 | 17.0 | 1.0 | | |
| 内蒙古 | 2657.0 | 764.0 | 34.0 | 159.0 |
| 辽　宁 | 1301.4 | 100.9 | 159.8 | -409.9 |
| 吉　林 | 1820.0 | 20.0 | 98.4 | |
| 黑龙江 | 6301.8 | 308.0 | 88.5 | |
| 上　海 | 4065.1 | 5295.5 | 368.6 | -441.3 |
| 江　苏 | 112368.4 | 5791.5 | 5566.3 | -1959.8 |
| 浙　江 | 73256.0 | 9713.9 | 4007.9 | -1282.6 |
| 安　徽 | 23029.0 | 1134.9 | 552.5 | 21.8 |
| 福　建 | 1256.0 | 60.0 | 63.0 | |
| 江　西 | 591.0 | 200.0 | 200.0 | |
| 山　东 | 133487.4 | 5318.0 | 3076.3 | -2955.0 |
| 河　南 | 578.0 | | | |
| 湖　北 | 57527.8 | 2375.7 | 1070.3 | -148.7 |
| 湖　南 | 20087.9 | 727.0 | 664.0 | 58.0 |
| 广　东 | 197769.2 | 38053.9 | 19869.9 | -10675.6 |
| 广　西 | 9184.3 | 1268.3 | 144.0 | -377.0 |
| 海　南 | 22428.5 | 3402.9 | 689.0 | -523.9 |
| 重　庆 | 53982.0 | 11259.7 | 3043.4 | -778.2 |
| 四　川 | 83309.3 | 7587.1 | 5307.6 | -2868.0 |
| 贵　州 | 4143.6 | 813.1 | 29.6 | 3.1 |
| 云　南 | 13639.2 | 66.8 | 331.0 | -118.6 |
| 西　藏 | | | | |
| 陕　西 | 3415.2 | 3544.5 | 335.3 | -507.0 |
| 甘　肃 | 2192.0 | 1.0 | 1.5 | |
| 青　海 | | | | |
| 宁　夏 | 7457.0 | | 3.0 | |
| 新　疆 | 106.0 | | | |

单位：万元

| 事业单位会计制度财务指标 | | | 民间非营利组织会计制度财务指标 | | |
|---|---|---|---|---|---|
| 固定资产原价 | 本年收入合计 | 本年支出合计 | 固定资产原价 | 本年收入合计 | 本年费用合计 |
| **6916387.4** | **4546127.0** | **4343712.7** | **4243305.9** | **1827760.6** | **1614923.3** |
| 180607.7 | 154660.8 | 139551.0 | | | |
| 210136.1 | 272883.8 | 252705.7 | 242289.6 | 111518.6 | 140773.7 |
| 60183.3 | 52378.6 | 52670.1 | 25822.9 | 34163.0 | 43560.4 |
| 268207.9 | 141759.1 | 132940.4 | 344749.4 | 51986.9 | 61644.4 |
| 150870.8 | 93132.8 | 85082.6 | 68634.1 | 10322.6 | 18182.2 |
| 177277.4 | 100731.9 | 91562.9 | 94637.7 | 18720.3 | 16543.5 |
| 245664.1 | 111788.1 | 116823.8 | 150873.5 | 43395.9 | 26537.7 |
| 189226.4 | 115189.7 | 112777.9 | 33901.7 | 8302.7 | 8671.1 |
| 266457.3 | 101259.4 | 96948.4 | 220428.3 | 177032.4 | 14133.5 |
| 168917.6 | 243102.5 | 231768.1 | 254121.9 | 466844.8 | 486553.6 |
| 599362.1 | 362835.2 | 342243.7 | 712930.7 | 301157.7 | 253141.7 |
| 295554.1 | 261226.9 | 251930.1 | 210316.8 | 104807.2 | 89236.1 |
| 132555.7 | 82349.2 | 78429.2 | 263824.4 | 51108.3 | 47287.4 |
| 92080.4 | 122258.2 | 102242.8 | 38210.2 | 7029.5 | 9715.4 |
| 209663.6 | 74135.4 | 72182.2 | 47905.6 | 9086.1 | 8700.4 |
| 352947.2 | 158695.1 | 156605.2 | 633167.5 | 137307.0 | 145563.6 |
| 150541.4 | 109544.8 | 108736.4 | 104593.8 | 16306.4 | 15288.2 |
| 401629.2 | 202416.1 | 191528.1 | 57174.0 | 19224.9 | 17924.6 |
| 369175.8 | 211567.6 | 207810.6 | 45832.3 | 43531.9 | 12569.3 |
| 541049.3 | 468121.9 | 450519.8 | 100117.1 | 73333.8 | 66516.5 |
| 107565.3 | 124750.6 | 124101.9 | 32479.5 | 16926.8 | 15420.6 |
| 18284.2 | 17014.8 | 15908.8 | 6326.3 | 1082.5 | 1280.1 |
| 156677.5 | 137361.8 | 137897.6 | 97486.6 | 31524.1 | 29777.3 |
| 498762.0 | 308521.3 | 281498.3 | 152778.5 | 40516.0 | 39395.4 |
| 207456.5 | 119881.4 | 118560.5 | 44853.9 | 6384.1 | 7692.4 |
| 169362.0 | 69118.0 | 75841.1 | 33030.0 | 2805.6 | 4113.8 |
| 22559.7 | 14289.7 | 13278.3 | | 100.0 | |
| 323256.2 | 121961.5 | 118021.1 | 125139.4 | 26671.3 | 23226.6 |
| 105065.9 | 53366.2 | 47848.4 | 21030.4 | 1106.7 | 1084.1 |
| 29867.3 | 13380.2 | 15570.0 | 1932.0 | 863.5 | 159.5 |
| 51731.5 | 27239.9 | 28926.8 | 20208.0 | 4267.5 | 655.1 |
| 163691.9 | 99204.5 | 91200.9 | 58509.8 | 10332.5 | 9575.1 |

# C-2-2 提供住宿的民政

| 地区 | 单位数 | 按登记类型分 | | | | 按床位 | |
|---|---|---|---|---|---|---|---|
| | | 市场监管部门登记 | 编制部门登记 | 民政部门登记 | 一个机构多块牌子 | 0～99张 | 100～299张 |
| **全国** | **31291** | **831** | **15583** | **14388** | **489** | **16823** | **11681** |
| 中央级 | 1 | | 1 | | | | 1 |
| 北京 | 563 | 35 | 224 | 304 | | 220 | 248 |
| 天津 | 321 | 2 | 34 | 285 | | 141 | 143 |
| 河北 | 1288 | 12 | 360 | 915 | 1 | 681 | 453 |
| 山西 | 570 | 1 | 260 | 300 | 9 | 368 | 171 |
| 内蒙古 | 747 | 3 | 346 | 387 | 11 | 413 | 273 |
| 辽宁 | 1678 | 8 | 299 | 1351 | 20 | 1164 | 421 |
| 吉林 | 1347 | 27 | 677 | 630 | 13 | 947 | 339 |
| 黑龙江 | 1290 | 7 | 201 | 1079 | 3 | 865 | 313 |
| 上海 | 697 | 10 | 51 | 634 | 2 | 212 | 352 |
| 江苏 | 2308 | 87 | 1095 | 1098 | 28 | 784 | 1170 |
| 浙江 | 1538 | 81 | 647 | 807 | 3 | 620 | 662 |
| 安徽 | 1680 | 25 | 165 | 1476 | 14 | 716 | 834 |
| 福建 | 363 | 2 | 208 | 137 | 16 | 197 | 107 |
| 江西 | 1472 | 2 | 1209 | 261 | | 896 | 513 |
| 山东 | 1761 | 47 | 372 | 1333 | 9 | 643 | 885 |
| 河南 | 1525 | 3 | 877 | 638 | 7 | 942 | 520 |
| 湖北 | 1715 | 50 | 1276 | 343 | 46 | 698 | 893 |
| 湖南 | 1679 | 13 | 1394 | 238 | 34 | 1237 | 381 |
| 广东 | 1711 | 97 | 1314 | 280 | 20 | 1103 | 448 |
| 广西 | 484 | 7 | 206 | 231 | 40 | 293 | 152 |
| 海南 | 29 | 3 | 15 | 11 | | 12 | 12 |
| 重庆 | 810 | 113 | 412 | 285 | | 474 | 286 |
| 四川 | 2572 | 167 | 1824 | 435 | 146 | 1344 | 1049 |
| 贵州 | 1005 | 6 | 766 | 207 | 26 | 694 | 287 |
| 云南 | 623 | 16 | 449 | 157 | 1 | 377 | 214 |
| 西藏 | 12 | | 12 | | | 1 | 5 |
| 陕西 | 622 | 3 | 390 | 215 | 14 | 284 | 240 |
| 甘肃 | 264 | 4 | 150 | 102 | 8 | 175 | 72 |
| 青海 | 56 | | 34 | 21 | 1 | 32 | 18 |
| 宁夏 | 116 | | 58 | 50 | 8 | 59 | 41 |
| 新疆 | 444 | | 257 | 178 | 9 | 231 | 178 |

# 服务机构总表

单位：个、人

| 数分 | | 年末职工人数 | #女性 | 按登记类型分 | | | |
|---|---|---|---|---|---|---|---|
| 300～499张 | 500张以上 | | | 市场监管部门登记 | 编制部门登记 | 民政部门登记 | 一个机构多块牌子 |
| **1828** | **959** | **432539** | **250611** | **22374** | **184244** | **221303** | **4618** |
| | | 241 | 161 | | 241 | | |
| | | | | | | | |
| 51 | 44 | 17855 | 11496 | 1903 | 5520 | 10432 | |
| 15 | 22 | 6669 | 4418 | 273 | 1161 | 5235 | |
| 106 | 48 | 21135 | 13127 | 289 | 6658 | 14172 | 16 |
| 25 | 6 | 8301 | 3770 | 7 | 4460 | 3708 | 126 |
| 41 | 20 | 8363 | 4635 | 40 | 3738 | 4538 | 47 |
| | | | | | | | |
| 64 | 29 | 19040 | 12382 | 129 | 5637 | 12973 | 301 |
| 38 | 23 | 17906 | 4891 | 239 | 6654 | 10749 | 264 |
| 69 | 43 | 15048 | 7763 | 426 | 6382 | 8208 | 32 |
| | | | | | | | |
| 90 | 43 | 28192 | 21014 | 782 | 3325 | 24063 | 22 |
| 247 | 107 | 39260 | 22251 | 2881 | 16338 | 19723 | 318 |
| 161 | 95 | 25057 | 15513 | 1592 | 9652 | 13800 | 13 |
| 102 | 28 | 16841 | 8407 | 710 | 2817 | 13166 | 148 |
| 43 | 16 | 6394 | 3441 | 23 | 2880 | 3432 | 59 |
| 50 | 13 | 11460 | 4790 | 16 | 8309 | 3135 | |
| 159 | 74 | 26914 | 16069 | 1506 | 5498 | 19735 | 175 |
| | | | | | | | |
| 40 | 23 | 17903 | 10332 | 20 | 9519 | 8249 | 115 |
| 78 | 46 | 18545 | 10725 | 1180 | 12205 | 4744 | 416 |
| 36 | 25 | 16365 | 9016 | 376 | 12139 | 3098 | 752 |
| 91 | 69 | 29308 | 18630 | 4446 | 16187 | 8494 | 181 |
| 24 | 15 | 10854 | 7871 | 123 | 4487 | 5943 | 301 |
| 2 | 3 | 844 | 553 | 276 | 408 | 160 | |
| | | | | | | | |
| 25 | 25 | 10036 | 5917 | 1937 | 4135 | 3964 | |
| 116 | 63 | 24699 | 13428 | 2470 | 15222 | 6123 | 884 |
| 17 | 7 | 7043 | 3574 | 102 | 4323 | 2522 | 96 |
| 19 | 13 | 5888 | 3393 | 444 | 3523 | 1918 | 3 |
| 3 | 3 | 206 | 130 | | 206 | | |
| | | | | | | | |
| 72 | 26 | 10393 | 5900 | 143 | 5136 | 4886 | 228 |
| 10 | 7 | 3124 | 1595 | 41 | 2327 | 719 | 37 |
| | 6 | 812 | 429 | | 622 | 185 | 5 |
| 10 | 6 | 1719 | 1114 | | 1170 | 492 | 57 |
| 24 | 11 | 6124 | 3876 | | 3365 | 2737 | 22 |

C-2-2续表1

| 地区 | 受教育程度 | | 职业资格水平 | | |
| --- | --- | --- | --- | --- | --- |
| | 大学专科人数 | 大学本科及以上人数 | 助理社会工作师人数 | 社会工作师人数 | 35岁及以下人数 |
| **全 国** | **76170** | **48009** | **7615** | **5977** | **106402** |
| 中央级 | 75 | 166 | | 2 | 153 |
| 北 京 | 2609 | 2146 | 172 | 119 | 3642 |
| 天 津 | 1135 | 837 | 190 | 57 | 1439 |
| 河 北 | 2966 | 1545 | 268 | 222 | 5405 |
| 山 西 | 1478 | 969 | 225 | 105 | 2951 |
| 内蒙古 | 1856 | 988 | 97 | 58 | 1795 |
| 辽 宁 | 2846 | 1876 | 125 | 244 | 3254 |
| 吉 林 | 1170 | 1045 | 111 | 168 | 2151 |
| 黑龙江 | 3498 | 1737 | 258 | 226 | 3776 |
| 上 海 | 4065 | 1843 | 169 | 58 | 4721 |
| 江 苏 | 6393 | 5057 | 726 | 518 | 9389 |
| 浙 江 | 3086 | 2065 | 429 | 458 | 4832 |
| 安 徽 | 2165 | 1153 | 454 | 304 | 3699 |
| 福 建 | 903 | 913 | 139 | 190 | 1899 |
| 江 西 | 1200 | 483 | 113 | 53 | 3065 |
| 山 东 | 6279 | 3308 | 667 | 431 | 8214 |
| 河 南 | 3245 | 1683 | 256 | 313 | 5308 |
| 湖 北 | 3379 | 1424 | 166 | 137 | 3518 |
| 湖 南 | 3435 | 2295 | 323 | 213 | 4517 |
| 广 东 | 4972 | 3709 | 1124 | 525 | 6672 |
| 广 西 | 2711 | 2234 | 169 | 263 | 3995 |
| 海 南 | 162 | 111 | 20 | 5 | 350 |
| 重 庆 | 1780 | 1256 | 162 | 202 | 1928 |
| 四 川 | 5987 | 3480 | 467 | 403 | 8136 |
| 贵 州 | 1825 | 1101 | 182 | 149 | 2404 |
| 云 南 | 1379 | 1183 | 86 | 151 | 1943 |
| 西 藏 | 52 | 56 | 49 | | 130 |
| 陕 西 | 2378 | 1270 | 142 | 124 | 3492 |
| 甘 肃 | 836 | 506 | 110 | 105 | 1026 |
| 青 海 | 214 | 164 | 5 | 6 | 239 |
| 宁 夏 | 462 | 411 | 37 | 59 | 541 |
| 新 疆 | 1629 | 995 | 174 | 109 | 1818 |

单位：人、人次、时

| 年龄结构 | | | 人员性质 | | 志愿服务 | |
|---|---|---|---|---|---|---|
| 36岁至45岁人数 | 46岁至55岁人数 | 56岁及以上人数 | 管理人员 | 专业技术技能人员 | 志愿者服务人次数 | 志愿服务时间 |
| **144402** | **137998** | **43737** | **131214** | **301325** | **639969** | **1560519** |
| 55 | 22 | 11 | 41 | 200 | | |
| | | | | | | |
| 4140 | 7801 | 2272 | 3128 | 14727 | 11250 | 33771 |
| 2429 | 2055 | 746 | 1489 | 5180 | | |
| 7244 | 6528 | 1958 | 4813 | 16322 | 9077 | 27188 |
| 2742 | 1929 | 679 | 2595 | 5706 | 1093 | 2779 |
| 2831 | 2784 | 953 | 2952 | 5411 | 5246 | 10259 |
| | | | | | | |
| 6248 | 6894 | 2644 | 6920 | 12120 | 16959 | 48697 |
| 4456 | 10328 | 971 | 6574 | 11332 | 260 | 580 |
| 5659 | 4223 | 1390 | 5655 | 9393 | 9263 | 22304 |
| | | | | | | |
| 8798 | 10314 | 4359 | 9254 | 18938 | 8832 | 23442 |
| 11717 | 13311 | 4843 | 8567 | 30693 | 87614 | 211726 |
| 7471 | 8658 | 4096 | 6953 | 18104 | 77396 | 153546 |
| 5794 | 5374 | 1974 | 6159 | 10682 | 14762 | 51103 |
| 2339 | 1494 | 662 | 1906 | 4488 | 29776 | 45332 |
| 4577 | 3228 | 590 | 4155 | 7305 | 17839 | 50817 |
| 9754 | 6877 | 2069 | 6738 | 20176 | 75691 | 196101 |
| | | | | | | |
| 6278 | 4577 | 1740 | 6419 | 11484 | 15789 | 41044 |
| 7156 | 5990 | 1881 | 6577 | 11968 | 32436 | 74328 |
| 6412 | 4472 | 964 | 4607 | 11758 | 40616 | 136588 |
| 10456 | 9757 | 2423 | 8413 | 20895 | 77004 | 179067 |
| 3553 | 2588 | 718 | 2404 | 8450 | 6126 | 15851 |
| 247 | 201 | 46 | 157 | 687 | 80 | 260 |
| | | | | | | |
| 2772 | 3838 | 1498 | 2907 | 7129 | 20948 | 58647 |
| 8076 | 6439 | 2048 | 10553 | 14146 | 35109 | 43561 |
| 2517 | 1624 | 498 | 3096 | 3947 | 20570 | 63399 |
| 2285 | 1342 | 318 | 1850 | 4038 | 1031 | 3435 |
| 57 | 19 | | 60 | 146 | | |
| | | | | | | |
| 3389 | 2673 | 839 | 3263 | 7130 | 17770 | 43498 |
| 1115 | 802 | 181 | 1086 | 2038 | 2566 | 6921 |
| 375 | 169 | 29 | 234 | 578 | 8 | 32 |
| 743 | 367 | 68 | 435 | 1284 | 1344 | 5256 |
| 2717 | 1320 | 269 | 1254 | 4870 | 3514 | 10987 |

## C-2-2续表2

| 地　区 | 年末床位数 | | | | | 年末收养人数 | |
| --- | --- | --- | --- | --- | --- | --- | --- |
| | | 市场监管部门登记 | 编制部门登记 | 民政部门登记 | 一个机构多块牌子 | | #女性 |
| **全　国** | **4081430** | **177120** | **1962823** | **1903353** | **38134** | **2119096** | **626501** |
| 中央级 | 150 | | 150 | | | 149 | 78 |
| 北　京 | 113788 | 8094 | 41820 | 63874 | | 48104 | 24166 |
| 天　津 | 50637 | 2951 | 6117 | 41569 | | 26049 | 11161 |
| 河　北 | 173591 | 2423 | 58219 | 112947 | 2 | 78240 | 19836 |
| 山　西 | 51364 | 77 | 22805 | 27886 | 596 | 27553 | 4395 |
| 内蒙古 | 90812 | 414 | 39814 | 49783 | 801 | 44940 | 10564 |
| 辽　宁 | 155434 | 2296 | 45713 | 104607 | 2818 | 85595 | 25979 |
| 吉　林 | 131562 | 1893 | 64300 | 64269 | 1100 | 75011 | 15027 |
| 黑龙江 | 148954 | 2816 | 51117 | 94619 | 402 | 87924 | 23670 |
| 上　海 | 138829 | 2955 | 14726 | 120348 | 800 | 87593 | 53655 |
| 江　苏 | 412652 | 21040 | 203024 | 186031 | 2557 | 196208 | 55532 |
| 浙　江 | 296294 | 17365 | 127705 | 150984 | 240 | 127793 | 42792 |
| 安　徽 | 225930 | 4772 | 24190 | 195234 | 1734 | 111718 | 25665 |
| 福　建 | 53646 | 390 | 25161 | 27407 | 688 | 22723 | 6881 |
| 江　西 | 153021 | 312 | 134331 | 18378 | | 117124 | 34140 |
| 山　东 | 293764 | 14944 | 63440 | 213884 | 1496 | 137250 | 44333 |
| 河　南 | 151947 | 159 | 86047 | 65453 | 288 | 88357 | 22478 |
| 湖　北 | 240123 | 18752 | 171615 | 45613 | 4143 | 126010 | 37104 |
| 湖　南 | 148139 | 2597 | 110683 | 32534 | 2325 | 88233 | 22907 |
| 广　东 | 220919 | 28917 | 133310 | 57166 | 1526 | 91238 | 40649 |
| 广　西 | 60734 | 2395 | 24505 | 31671 | 2163 | 27168 | 10429 |
| 海　南 | 4438 | 443 | 2290 | 1705 | | 1686 | 788 |
| 重　庆 | 93561 | 12088 | 48249 | 33224 | | 51131 | 16108 |
| 四　川 | 319579 | 24454 | 225454 | 59175 | 10496 | 192087 | 34557 |
| 贵　州 | 82751 | 700 | 60699 | 19944 | 1408 | 42449 | 8926 |
| 云　南 | 63929 | 2303 | 44073 | 17533 | 20 | 26871 | 5821 |
| 西　藏 | 10906 | | 10335 | 571 | | 4576 | 561 |
| 陕　西 | 92205 | 1084 | 55489 | 34032 | 1600 | 49019 | 11320 |
| 甘　肃 | 26927 | 486 | 19498 | 6764 | 179 | 12715 | 2589 |
| 青　海 | 7931 | | 4878 | 2993 | 60 | 3443 | 553 |
| 宁　夏 | 16515 | | 10017 | 5996 | 502 | 7137 | 1886 |
| 新　疆 | 50398 | | 33049 | 17159 | 190 | 33002 | 11951 |

单位：张、人天、人、人次

| 按登记类型分 | | | | 按年龄分 | | | 年在院（站）人天数 |
| --- | --- | --- | --- | --- | --- | --- | --- |
| 市场监管部门登记 | 编制部门登记 | 民政部门登记 | 一个机构多块牌子 | 老年人 | 青壮年 | 少年儿童 | |
| **61239** | **1089494** | **954297** | **14066** | **1901680** | **110197** | **82044** | **567445820** |
| | 149 | | | 57 | 28 | 64 | 47998 |
| 3521 | 16442 | 28141 | | 42741 | 1782 | 1292 | 18921667 |
| 183 | 3869 | 21997 | | 24498 | 1047 | 163 | 6206997 |
| 741 | 23967 | 53532 | | 73449 | 2496 | 1688 | 22615392 |
| 50 | 13544 | 13590 | 369 | 22323 | 2058 | 2403 | 6294828 |
| 217 | 18240 | 26297 | 186 | 39908 | 3330 | 1452 | 12469098 |
| 809 | 23583 | 60221 | 982 | 79432 | 4376 | 1207 | 18268622 |
| 939 | 38781 | 34617 | 674 | 66877 | 5754 | 2314 | 17195317 |
| 962 | 29184 | 57500 | 278 | 79635 | 6453 | 1553 | 19563472 |
| 987 | 9879 | 76378 | 349 | 81221 | 3822 | 1777 | 28297001 |
| 8104 | 104823 | 82491 | 790 | 184196 | 6703 | 4169 | 54443352 |
| 4554 | 54969 | 68219 | 51 | 120479 | 4058 | 2409 | 31289929 |
| 2359 | 9940 | 98994 | 425 | 104979 | 1980 | 3523 | 30079913 |
| 66 | 10125 | 12369 | 163 | 17602 | 3459 | 1546 | 7297113 |
| 150 | 106132 | 10842 | | 107017 | 4547 | 4157 | 27266359 |
| 3556 | 32059 | 101271 | 364 | 131445 | 2619 | 2219 | 39357523 |
| 61 | 55368 | 32810 | 118 | 76815 | 4068 | 5328 | 20103229 |
| 3750 | 97828 | 22326 | 2106 | 114289 | 6660 | 2752 | 37267822 |
| 825 | 73236 | 12984 | 1188 | 76244 | 5905 | 4595 | 24382385 |
| 13070 | 51903 | 25858 | 407 | 76389 | 3322 | 8598 | 27418504 |
| 454 | 9671 | 16650 | 393 | 21574 | 2687 | 2397 | 7584380 |
| 416 | 872 | 398 | | 1255 | 94 | 264 | 437000 |
| 6544 | 25866 | 18721 | | 47151 | 2650 | 1070 | 15777870 |
| 7640 | 153171 | 27642 | 3634 | 172828 | 13085 | 4694 | 51413892 |
| 359 | 33242 | 8248 | 600 | 35711 | 3420 | 2730 | 11087771 |
| 543 | 18169 | 8159 | | 21927 | 2686 | 2074 | 5956846 |
| | 4226 | 350 | | 518 | 7 | 3751 | 601928 |
| 278 | 32254 | 15830 | 657 | 42299 | 3680 | 2375 | 13451095 |
| 101 | 8853 | 3674 | 87 | 9899 | 1033 | 1601 | 2582167 |
| | 2279 | 1164 | | 2077 | 125 | 1241 | 720432 |
| | 4806 | 2165 | 166 | 5693 | 860 | 526 | 1782195 |
| | 22064 | 10859 | 79 | 21152 | 5403 | 6112 | 7263723 |

## C-2-2续表3

| 地区 | 企业会计制度财务指标 | | | |
| --- | --- | --- | --- | --- |
| | 固定资产原价 | 营业收入 | 费用合计 | 营业利润 |
| **全　国** | **880572.4** | **105644.9** | **56778.1** | **-26132.7** |
| 中央级 | | | | |
| 北　京 | 64664.5 | 18960.9 | 8481.5 | -5559.7 |
| 天　津 | 20.0 | 2926.9 | 1975.8 | 604.9 |
| 河　北 | 641.0 | 1443.3 | 962.5 | -130.5 |
| 山　西 | 2.0 | 1.0 | | |
| 内蒙古 | 1860.0 | 199.0 | 33.0 | |
| 辽　宁 | 1301.4 | 100.9 | 159.8 | -409.9 |
| 吉　林 | 1260.0 | | 98.4 | |
| 黑龙江 | 4401.0 | 302.0 | 87.0 | |
| 上　海 | 1411.0 | 2362.1 | 368.6 | -756.6 |
| 江　苏 | 112336.7 | 5705.6 | 5435.8 | -1965.9 |
| 浙　江 | 72703.0 | 9301.9 | 4007.9 | -1282.6 |
| 安　徽 | 22632.2 | 490.0 | 552.5 | 113.7 |
| 福　建 | 1250.0 | 60.0 | 63.0 | |
| 江　西 | 580.0 | 200.0 | 200.0 | |
| 山　东 | 128663.4 | 2475.0 | 3050.1 | -2294.9 |
| 河　南 | 578.0 | | | |
| 湖　北 | 57474.8 | 2355.7 | 1062.8 | -158.4 |
| 湖　南 | 20047.9 | 727.0 | 664.0 | 58.0 |
| 广　东 | 196385.9 | 35196.6 | 19836.6 | -10197.9 |
| 广　西 | 5445.0 | 146.0 | 144.0 | 2.0 |
| 海　南 | 22428.5 | 3402.9 | 689.0 | -523.9 |
| 重　庆 | 53982.0 | 11259.7 | 3043.4 | -778.2 |
| 四　川 | 83107.1 | 7185.0 | 5162.5 | -2737.3 |
| 贵　州 | 3843.6 | 513.1 | 29.6 | 3.1 |
| 云　南 | 13639.2 | 66.8 | 331.0 | -118.6 |
| 西　藏 | | | | |
| 陕　西 | 174.2 | 263.5 | 335.3 | |
| 甘　肃 | 2182.0 | | 1.0 | |
| 青　海 | | | | |
| 宁　夏 | 7457.0 | | 3.0 | |
| 新　疆 | 101.0 | | | |

单位：万元

| 事业单位会计制度财务指标 | | | 民间非营利组织会计制度财务指标 | | |
|---|---|---|---|---|---|
| 固定资产原价 | 本年收入合计 | 本年支出合计 | 固定资产原价 | 本年收入合计 | 本年费用合计 |
| **5485064.5** | **2398451.4** | **2315444.7** | **3630560.3** | **1119063.1** | **966608.4** |
| 7789.7 | 12449.4 | 11105.5 | | | |
| | | | | | |
| 151376.4 | 111218.8 | 107908.4 | 227557.4 | 83687.9 | 117026.8 |
| 40244.5 | 31821.8 | 32203.8 | 25070.1 | 33102.3 | 42483.1 |
| 229470.2 | 58173.0 | 56645.6 | 341686.4 | 50409.2 | 58657.2 |
| 119960.6 | 60123.0 | 55046.1 | 63237.8 | 4211.7 | 12245.5 |
| 130520.1 | 53057.1 | 53109.7 | 92834.9 | 17795.4 | 15443.8 |
| | | | | | |
| 148164.3 | 59028.0 | 67738.6 | 147270.8 | 41696.5 | 23922.5 |
| 168698.7 | 54530.3 | 56038.4 | 33701.1 | 8020.7 | 8406.2 |
| 216760.2 | 74198.1 | 69597.0 | 216314.5 | 176148.9 | 12966.3 |
| | | | | | |
| 148557.7 | 104450.7 | 97397.3 | 180867.6 | 210074.5 | 199381.7 |
| 487246.5 | 241392.5 | 232637.0 | 431546.1 | 81096.3 | 79289.7 |
| 234708.5 | 140672.4 | 136356.4 | 186722.5 | 63291.3 | 51896.7 |
| 79667.8 | 33246.9 | 30172.9 | 258108.2 | 46447.2 | 44199.8 |
| 84110.1 | 85885.9 | 70292.2 | 36747.6 | 5518.9 | 8118.5 |
| 183178.0 | 44029.3 | 44420.3 | 46075.7 | 6571.1 | 6118.8 |
| 182587.0 | 60174.7 | 57213.9 | 576644.4 | 100104.3 | 107732.9 |
| | | | | | |
| 134161.2 | 69355.7 | 68754.6 | 103430.8 | 15376.6 | 14784.8 |
| 337208.2 | 102918.2 | 96408.3 | 47730.4 | 13840.5 | 11989.2 |
| 322595.3 | 133614.2 | 132301.0 | 42298.6 | 10488.8 | 9512.6 |
| 482187.6 | 246981.3 | 253570.3 | 72277.7 | 39213.4 | 38623.2 |
| 85558.7 | 64658.0 | 63985.0 | 31647.3 | 16594.4 | 15003.7 |
| 15660.6 | 4398.8 | 4047.5 | 5676.3 | 151.5 | 319.1 |
| | | | | | |
| 135197.3 | 84281.7 | 87600.2 | 93882.5 | 24661.7 | 23129.2 |
| 495792.7 | 218566.9 | 189170.6 | 83956.8 | 24190.2 | 22309.9 |
| 167316.1 | 38032.8 | 39950.4 | 36961.6 | 6217.0 | 7354.5 |
| 128170.3 | 32686.1 | 27847.4 | 32971.1 | 2758.0 | 4041.8 |
| 22042.3 | 4476.6 | 3470.3 | | | |
| | | | | | |
| 261581.7 | 58966.8 | 57835.3 | 120939.0 | 25237.1 | 21369.9 |
| 85362.4 | 26527.3 | 25760.9 | 16963.4 | 735.6 | 949.8 |
| 22164.2 | 6027.6 | 8042.4 | 1925.0 | 237.9 | 154.4 |
| 41832.8 | 16553.5 | 19774.7 | 18967.0 | 937.2 | 604.7 |
| 135192.8 | 65954.0 | 59042.7 | 56547.7 | 10247.0 | 8572.1 |

# C-2-3 养老

| 地 区 | 单位数 | 按登记类型分 | | | | 按床位 | |
|---|---|---|---|---|---|---|---|
| | | 市场监管部门登记 | 编制部门登记 | 民政部门登记 | 一个机构多块牌子 | 0～99张 | 100～299张 |
| **全 国** | **28671** | **831** | **13555** | **14109** | **176** | **15021** | **11106** |
| 中央级 | | | | | | | |
| 北 京 | 533 | 35 | 195 | 303 | | 205 | 239 |
| 天 津 | 306 | 2 | 20 | 284 | | 131 | 140 |
| 河 北 | 1224 | 12 | 313 | 899 | | 633 | 439 |
| 山 西 | 496 | 1 | 204 | 289 | 2 | 312 | 157 |
| 内蒙古 | 693 | 3 | 297 | 383 | 10 | 377 | 262 |
| 辽 宁 | 1581 | 8 | 227 | 1330 | 16 | 1093 | 399 |
| 吉 林 | 1281 | 27 | 613 | 630 | 11 | 901 | 328 |
| 黑龙江 | 1201 | 7 | 123 | 1069 | 2 | 804 | 297 |
| 上 海 | 669 | 10 | 24 | 633 | 2 | 195 | 347 |
| 江 苏 | 2191 | 87 | 1004 | 1097 | 3 | 709 | 1141 |
| 浙 江 | 1464 | 81 | 580 | 803 | | 568 | 647 |
| 安 徽 | 1585 | 25 | 93 | 1466 | 1 | 660 | 804 |
| 福 建 | 290 | 2 | 144 | 134 | 10 | 149 | 91 |
| 江 西 | 1386 | 2 | 1142 | 242 | | 831 | 498 |
| 山 东 | 1688 | 47 | 306 | 1333 | 2 | 594 | 870 |
| 河 南 | 1394 | 3 | 762 | 627 | 2 | 849 | 493 |
| 湖 北 | 1577 | 50 | 1184 | 334 | 9 | 597 | 865 |
| 湖 南 | 1510 | 13 | 1264 | 222 | 11 | 1112 | 347 |
| 广 东 | 1571 | 97 | 1212 | 255 | 7 | 1025 | 400 |
| 广 西 | 375 | 7 | 136 | 227 | 5 | 206 | 135 |
| 海 南 | 22 | 3 | 10 | 9 | | 9 | 8 |
| 重 庆 | 756 | 113 | 360 | 283 | | 433 | 279 |
| 四 川 | 2248 | 167 | 1640 | 387 | 54 | 1124 | 974 |
| 贵 州 | 885 | 6 | 692 | 173 | 14 | 611 | 261 |
| 云 南 | 518 | 16 | 351 | 151 | | 298 | 192 |
| 西 藏 | 5 | | 5 | | | 1 | 4 |
| 陕 西 | 522 | 3 | 302 | 211 | 6 | 202 | 229 |
| 甘 肃 | 212 | 4 | 108 | 97 | 3 | 137 | 63 |
| 青 海 | 40 | | 22 | 18 | | 23 | 13 |
| 宁 夏 | 91 | | 45 | 43 | 3 | 42 | 36 |
| 新 疆 | 357 | | 177 | 177 | 3 | 190 | 148 |

# 机构总表

单位：个、人

| 数量分 | | 年末职工人数 | #女性 | 按登记类型分 | | | |
| --- | --- | --- | --- | --- | --- | --- | --- |
| 300～499张 | 500张以上 | | | 市场监管部门登记 | 编制部门登记 | 民政部门登记 | 一个机构多块牌子 |
| **1696** | **848** | **375857** | **220379** | **22374** | **133851** | **217504** | **2128** |
| | | | | | | | |
| 50 | 39 | 16784 | 10894 | 1903 | 4485 | 10396 | |
| 15 | 20 | 6184 | 4196 | 273 | 710 | 5201 | |
| 105 | 47 | 20155 | 12640 | 289 | 5872 | 13994 | |
| 22 | 5 | 5793 | 2984 | 7 | 2131 | 3651 | 4 |
| 37 | 17 | 7285 | 4135 | 40 | 2676 | 4527 | 42 |
| | | | | | | | |
| 63 | 26 | 17749 | 11834 | 129 | 4603 | 12814 | 203 |
| 37 | 15 | 16030 | 3967 | 239 | 4837 | 10749 | 205 |
| 63 | 37 | 11911 | 6617 | 426 | 3317 | 8139 | 29 |
| | | | | | | | |
| 89 | 38 | 26519 | 19892 | 782 | 1699 | 24016 | 22 |
| 238 | 103 | 36330 | 20528 | 2881 | 13542 | 19719 | 188 |
| 156 | 93 | 23688 | 14718 | 1592 | 8388 | 13708 | |
| 95 | 26 | 15197 | 7490 | 710 | 1382 | 13099 | 6 |
| 35 | 15 | 4677 | 2459 | 23 | 1226 | 3409 | 19 |
| 44 | 13 | 10582 | 4340 | 16 | 7586 | 2980 | |
| 153 | 71 | 25994 | 15636 | 1506 | 4640 | 19735 | 113 |
| | | | | | | | |
| 32 | 20 | 14532 | 8518 | 20 | 6365 | 8092 | 55 |
| 73 | 42 | 16427 | 9684 | 1180 | 10537 | 4615 | 95 |
| 30 | 21 | 12966 | 7192 | 376 | 9083 | 2984 | 523 |
| 83 | 63 | 24834 | 16177 | 4446 | 12618 | 7682 | 88 |
| 21 | 13 | 8182 | 6097 | 123 | 2136 | 5904 | 19 |
| 2 | 3 | 740 | 514 | 276 | 326 | 138 | |
| | | | | | | | |
| 24 | 20 | 8867 | 5288 | 1937 | 2999 | 3931 | |
| 101 | 49 | 17060 | 8788 | 2470 | 9258 | 4983 | 349 |
| 12 | 1 | 5457 | 2746 | 102 | 2988 | 2338 | 29 |
| 18 | 10 | 4592 | 2723 | 444 | 2321 | 1827 | |
| | | 82 | 63 | | 82 | | |
| | | | | | | | |
| 68 | 23 | 8851 | 5223 | 143 | 3755 | 4859 | 94 |
| 7 | 5 | 2169 | 1080 | 41 | 1437 | 684 | 7 |
| | 4 | 410 | 236 | | 272 | 138 | |
| 7 | 6 | 1223 | 773 | | 733 | 460 | 30 |
| 16 | 3 | 4587 | 2947 | | 1847 | 2732 | 8 |

C-2-3续表1

| 地区 | 受教育程度 | | 职业资格水平 | | |
|---|---|---|---|---|---|
| | 大学专科人数 | 大学本科及以上人数 | 助理社会工作师人数 | 社会工作师人数 | 35岁及以下人数 |
| **全 国** | **58205** | **29829** | **5928** | **4205** | **83931** |
| 中央级 | | | | | |
| 北 京 | 2362 | 1529 | 127 | 90 | 3306 |
| 天 津 | 984 | 625 | 188 | 45 | 1262 |
| 河 北 | 2681 | 1313 | 245 | 191 | 5120 |
| 山 西 | 987 | 476 | 171 | 82 | 1419 |
| 内蒙古 | 1444 | 601 | 74 | 38 | 1419 |
| 辽 宁 | 2416 | 1427 | 96 | 198 | 2933 |
| 吉 林 | 760 | 556 | 96 | 154 | 1663 |
| 黑龙江 | 2085 | 843 | 199 | 158 | 2526 |
| 上 海 | 3593 | 1190 | 75 | 41 | 4046 |
| 江 苏 | 5629 | 3722 | 562 | 368 | 8261 |
| 浙 江 | 2724 | 1464 | 387 | 399 | 4304 |
| 安 徽 | 1741 | 768 | 394 | 236 | 3156 |
| 福 建 | 414 | 368 | 86 | 92 | 1125 |
| 江 西 | 946 | 292 | 96 | 45 | 2814 |
| 山 东 | 5992 | 2846 | 605 | 319 | 7900 |
| 河 南 | 2132 | 870 | 147 | 165 | 3897 |
| 湖 北 | 2656 | 905 | 110 | 95 | 2924 |
| 湖 南 | 2252 | 1452 | 238 | 151 | 3280 |
| 广 东 | 3666 | 2283 | 903 | 361 | 5206 |
| 广 西 | 2012 | 1243 | 115 | 201 | 2779 |
| 海 南 | 137 | 76 | 17 | 1 | 324 |
| 重 庆 | 1408 | 639 | 100 | 101 | 1442 |
| 四 川 | 3243 | 1172 | 348 | 227 | 4275 |
| 贵 州 | 1179 | 626 | 145 | 130 | 1753 |
| 云 南 | 992 | 626 | 53 | 61 | 1457 |
| 西 藏 | 7 | 9 | | | 61 |
| 陕 西 | 1840 | 816 | 100 | 80 | 2922 |
| 甘 肃 | 589 | 261 | 81 | 75 | 706 |
| 青 海 | 69 | 46 | 5 | 4 | 79 |
| 宁 夏 | 300 | 242 | 15 | 25 | 340 |
| 新 疆 | 965 | 543 | 150 | 72 | 1232 |

单位：人、人次、时

| | | | | | 志愿服务 | |
|---|---|---|---|---|---|---|
| 年龄结构 | | | 按人员性质分 | | 志愿者服务人次数 | 志愿服务时间 |
| 36岁至45岁人数 | 46岁至55岁人数 | 56岁及以上人数 | 管理人员 | 专业技术技能人员 | | |
| **125956** | **125344** | **40626** | **112304** | **263553** | **545314** | **1295428** |
| 3769 | 7485 | 2224 | 2659 | 14125 | 10916 | 32088 |
| 2265 | 1943 | 714 | 1334 | 4850 | | |
| 6883 | 6272 | 1880 | 4573 | 15582 | 8844 | 26366 |
| 2262 | 1534 | 578 | 2202 | 3591 | 1067 | 2719 |
| 2564 | 2439 | 863 | 2561 | 4724 | 4460 | 8747 |
| 5807 | 6456 | 2553 | 6153 | 11596 | 12778 | 31726 |
| 3637 | 9867 | 863 | 5861 | 10169 | 260 | 580 |
| 4795 | 3452 | 1138 | 4745 | 7166 | 8444 | 20096 |
| 8247 | 9998 | 4228 | 8758 | 17761 | 7210 | 17311 |
| 10791 | 12579 | 4699 | 7949 | 28381 | 81492 | 194481 |
| 7007 | 8342 | 4035 | 6411 | 17277 | 69676 | 139154 |
| 5204 | 4958 | 1879 | 5407 | 9790 | 11851 | 41122 |
| 1852 | 1150 | 550 | 1383 | 3294 | 27520 | 38830 |
| 4247 | 2980 | 541 | 3716 | 6866 | 10922 | 31916 |
| 9419 | 6655 | 2020 | 6289 | 19705 | 61646 | 159470 |
| 5071 | 3958 | 1606 | 5264 | 9268 | 11003 | 20471 |
| 6325 | 5485 | 1693 | 5827 | 10600 | 27828 | 64280 |
| 5131 | 3740 | 815 | 3551 | 9415 | 35548 | 119167 |
| 8822 | 8572 | 2234 | 6632 | 18202 | 68808 | 167076 |
| 2727 | 2053 | 623 | 1764 | 6418 | 5512 | 11900 |
| 213 | 166 | 37 | 120 | 620 | 60 | 180 |
| 2404 | 3574 | 1447 | 2415 | 6452 | 9387 | 27799 |
| 6119 | 5069 | 1597 | 8232 | 8828 | 34581 | 42116 |
| 2034 | 1277 | 393 | 2452 | 3005 | 12259 | 36954 |
| 1808 | 1095 | 232 | 1364 | 3228 | 881 | 2655 |
| 16 | 5 | | 23 | 59 | | |
| 2845 | 2333 | 751 | 2508 | 6343 | 15882 | 38205 |
| 816 | 506 | 141 | 791 | 1378 | 1897 | 5403 |
| 235 | 87 | 9 | 158 | 252 | 4 | 16 |
| 539 | 288 | 56 | 358 | 865 | 1064 | 3614 |
| 2102 | 1026 | 227 | 844 | 3743 | 3514 | 10987 |

## C-2-3续表2

| 地 区 | 年末床位数 | 市场监管部门登记 | 编制部门登记 | 民政部门登记 | 一个机构多块牌子 |
|---|---|---|---|---|---|
| **全 国** | **3793724** | **177120** | **1715806** | **1879670** | **21128** |
| 中央级 | | | | | |
| 北 京 | 105145 | 8094 | 33377 | 63674 | |
| 天 津 | 48939 | 2951 | 4564 | 41424 | |
| 河 北 | 168571 | 2423 | 55073 | 111075 | |
| 山 西 | 46057 | 77 | 18560 | 27380 | 40 |
| 内蒙古 | 85142 | 414 | 34364 | 49619 | 745 |
| 辽 宁 | 146879 | 2296 | 38611 | 103448 | 2524 |
| 吉 林 | 121608 | 1893 | 54663 | 64269 | 783 |
| 黑龙江 | 137544 | 2816 | 40976 | 93362 | 390 |
| 上 海 | 131919 | 2955 | 7886 | 120278 | 800 |
| 江 苏 | 398617 | 21040 | 190616 | 185881 | 1080 |
| 浙 江 | 288828 | 17365 | 120663 | 150800 | |
| 安 徽 | 214177 | 4772 | 14306 | 194959 | 140 |
| 福 建 | 46346 | 390 | 18327 | 27204 | 425 |
| 江 西 | 146638 | 312 | 129220 | 17106 | |
| 山 东 | 285723 | 14944 | 56175 | 213884 | 720 |
| 河 南 | 139339 | 159 | 74119 | 64991 | 70 |
| 湖 北 | 228648 | 18752 | 162950 | 44749 | 2197 |
| 湖 南 | 134294 | 2597 | 98983 | 31357 | 1357 |
| 广 东 | 203142 | 28917 | 119829 | 54045 | 351 |
| 广 西 | 52410 | 2395 | 18448 | 31395 | 172 |
| 海 南 | 3745 | 443 | 1812 | 1490 | |
| 重 庆 | 86272 | 12088 | 41109 | 33075 | |
| 四 川 | 282667 | 24454 | 198744 | 52623 | 6846 |
| 贵 州 | 72108 | 700 | 51101 | 19644 | 663 |
| 云 南 | 55831 | 2303 | 36550 | 16978 | |
| 西 藏 | 773 | | 773 | | |
| 陕 西 | 85096 | 1084 | 48636 | 33956 | 1420 |
| 甘 肃 | 20465 | 486 | 13516 | 6374 | 89 |
| 青 海 | 5649 | | 3549 | 2100 | |
| 宁 夏 | 13980 | | 8387 | 5391 | 202 |
| 新 疆 | 37172 | | 19919 | 17139 | 114 |

单位：张、人天、人

| 年在院总人天数 | 年末在院人数 | | | | | |
|---|---|---|---|---|---|---|
| | | #女性 | 按登记类型分 | | | |
| | | | 市场监管部门登记 | 编制部门登记 | 民政部门登记 | 一个机构多块牌子 |
| **524711566** | **1975728** | **582393** | **61239** | **964028** | **940180** | **10281** |
| | | | | | | |
| 17827276 | 44744 | 23022 | 3521 | 13173 | 28050 | |
| 5892894 | 24929 | 10827 | 183 | 2892 | 21854 | |
| 22000842 | 75866 | 19144 | 741 | 22592 | 52533 | |
| 5224165 | 24441 | 3403 | 50 | 11090 | 13271 | 30 |
| 11569389 | 42286 | 9920 | 217 | 15680 | 26208 | 181 |
| | | | | | | |
| 17761817 | 83694 | 25550 | 809 | 22346 | 59653 | 886 |
| 15632846 | 70554 | 14245 | 939 | 34565 | 34617 | 433 |
| 17367067 | 80855 | 20925 | 962 | 23342 | 56273 | 278 |
| | | | | | | |
| 26610514 | 82532 | 51857 | 987 | 4888 | 76308 | 349 |
| 52383996 | 188823 | 53295 | 8104 | 97738 | 82456 | 525 |
| 30196293 | 124432 | 41528 | 4554 | 51779 | 68099 | |
| 28764441 | 107192 | 24037 | 2359 | 5901 | 98888 | 44 |
| 5676737 | 18364 | 5637 | 66 | 5938 | 12251 | 109 |
| 26587178 | 113966 | 33775 | 150 | 103933 | 9883 | |
| 38393889 | 134457 | 43320 | 3556 | 29419 | 101271 | 211 |
| | | | | | | |
| 17975882 | 81147 | 19214 | 61 | 48703 | 32333 | 50 |
| 35478603 | 120330 | 35690 | 3750 | 93407 | 21649 | 1524 |
| 22477914 | 81114 | 20791 | 825 | 66818 | 12552 | 919 |
| 24571078 | 82774 | 38095 | 13070 | 44963 | 24575 | 166 |
| 6383313 | 23147 | 8933 | 454 | 6146 | 16486 | 61 |
| 405651 | 1612 | 782 | 416 | 799 | 397 | |
| | | | | | | |
| 14526791 | 47735 | 14990 | 6544 | 22550 | 18641 | |
| 44791723 | 170733 | 27557 | 7640 | 136583 | 23356 | 3154 |
| 9708372 | 37495 | 7391 | 359 | 28580 | 8132 | 424 |
| 5033000 | 22939 | 4880 | 543 | 14521 | 7875 | |
| 145910 | 545 | 134 | | 545 | | |
| | | | | | | |
| 12548055 | 46037 | 10387 | 278 | 29332 | 15778 | 649 |
| 2016850 | 10751 | 2070 | 101 | 7177 | 3388 | 85 |
| 393598 | 2063 | 418 | | 1399 | 664 | |
| 1513536 | 6044 | 1488 | | 4010 | 1900 | 134 |
| 4851946 | 24127 | 9088 | | 13219 | 10839 | 69 |

## C-2-3续表3

| 地区 | 按人员性质分 | | | 按年龄分 | | |
| --- | --- | --- | --- | --- | --- | --- |
| | 特困人员 | 自费人员 | 其他 | 老人 | 青壮年 | 少年儿童 |
| **全 国** | **895766** | **1032658** | **47304** | **1873193** | **70928** | **31607** |
| 中央级 | | | | | | |
| 北 京 | 3356 | 41153 | 235 | 42731 | 1782 | 231 |
| 天 津 | 840 | 24044 | 45 | 24275 | 650 | 4 |
| 河 北 | 22090 | 52450 | 1326 | 72395 | 2132 | 1339 |
| 山 西 | 12033 | 11662 | 746 | 21558 | 1241 | 1642 |
| 内蒙古 | 13299 | 28092 | 895 | 39687 | 2264 | 335 |
| 辽 宁 | 17917 | 64473 | 1304 | 78745 | 4291 | 658 |
| 吉 林 | 26054 | 40865 | 3635 | 66197 | 3708 | 649 |
| 黑龙江 | 18642 | 61176 | 1037 | 77000 | 3765 | 90 |
| 上 海 | 2181 | 80120 | 231 | 80449 | 1927 | 156 |
| 江 苏 | 80644 | 103606 | 4573 | 182052 | 4520 | 2251 |
| 浙 江 | 28027 | 94973 | 1432 | 119643 | 3697 | 1092 |
| 安 徽 | 75572 | 29873 | 1747 | 104644 | 1784 | 764 |
| 福 建 | 3401 | 14753 | 210 | 16790 | 732 | 842 |
| 江 西 | 84978 | 20732 | 8256 | 106647 | 4336 | 2983 |
| 山 东 | 56847 | 76545 | 1065 | 131445 | 2619 | 393 |
| 河 南 | 46887 | 29974 | 4286 | 76093 | 2871 | 2183 |
| 湖 北 | 73279 | 41427 | 5624 | 113127 | 6095 | 1108 |
| 湖 南 | 54889 | 22065 | 4160 | 74668 | 3913 | 2533 |
| 广 东 | 22556 | 58992 | 1226 | 75562 | 2181 | 5031 |
| 广 西 | 4397 | 18409 | 341 | 20902 | 1018 | 1227 |
| 海 南 | 416 | 1160 | 36 | 1255 | 94 | 263 |
| 重 庆 | 16903 | 30768 | 64 | 46190 | 1325 | 220 |
| 四 川 | 130561 | 37403 | 2769 | 163904 | 5241 | 1588 |
| 贵 州 | 27791 | 9268 | 436 | 35070 | 837 | 1588 |
| 云 南 | 18115 | 4677 | 147 | 21633 | 890 | 416 |
| 西 藏 | 508 | 17 | 20 | 518 | 7 | 20 |
| 陕 西 | 28860 | 16597 | 580 | 42203 | 3341 | 493 |
| 甘 肃 | 7933 | 2634 | 184 | 9696 | 686 | 369 |
| 青 海 | 1841 | 206 | 16 | 1949 | 80 | 34 |
| 宁 夏 | 3494 | 2468 | 82 | 5282 | 603 | 159 |
| 新 疆 | 11455 | 12076 | 596 | 20883 | 2298 | 946 |

单位：张、人、人次、平方米

| 按护理类型分 | | | 康复和医疗门诊人次数 | 机构建筑面积 |
|---|---|---|---|---|
| 自理（完全自理） | 介助（半自理） | 介护（不能自理） | | |
| **1180673** | **460466** | **334589** | **5423974** | **92737658** |
| 12556 | 15912 | 16276 | 764992 | 3098866 |
| 8870 | 5961 | 10098 | 89319 | 1161150 |
| 36671 | 19376 | 19819 | 116686 | 4587769 |
| 17044 | 3849 | 3548 | 16446 | 1465734 |
| 26107 | 9607 | 6572 | 92723 | 2087424 |
| 43877 | 23067 | 16750 | 121716 | 3269212 |
| 49760 | 10896 | 9898 | 72116 | 2702888 |
| 62749 | 10481 | 7625 | 38310 | 2596659 |
| 21390 | 32606 | 28536 | 136889 | 3702827 |
| 105446 | 46787 | 36590 | 564339 | 9703557 |
| 74233 | 29507 | 20692 | 278985 | 6244129 |
| 74161 | 23416 | 9615 | 56678 | 4174314 |
| 6877 | 5598 | 5889 | 93218 | 1603723 |
| 87548 | 21923 | 4495 | 6054 | 3470381 |
| 79093 | 32499 | 22865 | 358702 | 9108276 |
| 57818 | 14828 | 8501 | 125642 | 3387641 |
| 76142 | 28453 | 15735 | 353560 | 5112903 |
| 47949 | 22359 | 10806 | 205267 | 3728531 |
| 30632 | 21543 | 30599 | 796040 | 4891781 |
| 6646 | 6147 | 10354 | 227039 | 1267021 |
| 679 | 335 | 598 | 97160 | 99894 |
| 32216 | 7649 | 7870 | 231586 | 2216709 |
| 126948 | 31680 | 12105 | 249869 | 5325560 |
| 28888 | 6031 | 2576 | 61013 | 1613090 |
| 13265 | 6349 | 3325 | 28149 | 1355871 |
| 320 | 74 | 151 | | 19882 |
| 26498 | 12106 | 7433 | 143916 | 2184176 |
| 7243 | 2341 | 1167 | 46751 | 703413 |
| 883 | 1027 | 153 | 556 | 172086 |
| 2961 | 2257 | 826 | 12922 | 501304 |
| 15203 | 5802 | 3122 | 37331 | 1180886 |

## C-2-3续表4

| 地区 | 企业会计制度财务指标 | | | |
|---|---|---|---|---|
| | 固定资产原价 | 营业收入 | 费用合计 | 营业利润 |
| **全　国** | **880572.4** | **105644.9** | **56778.1** | **-26132.7** |
| 中央级 | | | | |
| 北　京 | 64664.5 | 18960.9 | 8481.5 | -5559.7 |
| 天　津 | 20.0 | 2926.9 | 1975.8 | 604.9 |
| 河　北 | 641.0 | 1443.3 | 962.5 | -130.5 |
| 山　西 | 2.0 | 1.0 | | |
| 内蒙古 | 1860.0 | 199.0 | 33.0 | |
| 辽　宁 | 1301.4 | 100.9 | 159.8 | -409.9 |
| 吉　林 | 1260.0 | | 98.4 | |
| 黑龙江 | 4401.0 | 302.0 | 87.0 | |
| 上　海 | 1411.0 | 2362.1 | 368.6 | -756.6 |
| 江　苏 | 112336.7 | 5705.6 | 5435.8 | -1965.9 |
| 浙　江 | 72703.0 | 9301.9 | 4007.9 | -1282.6 |
| 安　徽 | 22632.2 | 490.0 | 552.5 | 113.7 |
| 福　建 | 1250.0 | 60.0 | 63.0 | |
| 江　西 | 580.0 | 200.0 | 200.0 | |
| 山　东 | 128663.4 | 2475.0 | 3050.1 | -2294.9 |
| 河　南 | 578.0 | | | |
| 湖　北 | 57474.8 | 2355.7 | 1062.8 | -158.4 |
| 湖　南 | 20047.9 | 727.0 | 664.0 | 58.0 |
| 广　东 | 196385.9 | 35196.6 | 19836.6 | -10197.9 |
| 广　西 | 5445.0 | 146.0 | 144.0 | 2.0 |
| 海　南 | 22428.5 | 3402.9 | 689.0 | -523.9 |
| 重　庆 | 53982.0 | 11259.7 | 3043.4 | -778.2 |
| 四　川 | 83107.1 | 7185.0 | 5162.5 | -2737.3 |
| 贵　州 | 3843.6 | 513.1 | 29.6 | 3.1 |
| 云　南 | 13639.2 | 66.8 | 331.0 | -118.6 |
| 西　藏 | | | | |
| 陕　西 | 174.2 | 263.5 | 335.3 | |
| 甘　肃 | 2182.0 | | 1.0 | |
| 青　海 | | | | |
| 宁　夏 | 7457.0 | | 3.0 | |
| 新　疆 | 101.0 | | | |

单位：万元

| 事业单位会计制度财务指标 | | | 民间非营利组织会计制度财务指标 | | |
| --- | --- | --- | --- | --- | --- |
| 固定资产原价 | 本年收入合计 | 本年支出合计 | 固定资产原价 | 本年收入合计 | 本年费用合计 |
| **4090464.3** | **1414672.3** | **1399663.5** | **3586265.0** | **1106736.4** | **956611.5** |
| | | | | | |
| 117210.2 | 73789.6 | 72119.7 | 227457.4 | 83687.9 | 117026.8 |
| 35094.5 | 20210.4 | 21224.7 | 25020.1 | 33102.3 | 42483.1 |
| 200751.7 | 48132.5 | 46283.9 | 338607.3 | 50137.2 | 58116.8 |
| 79880.7 | 36277.5 | 34294.7 | 62986.8 | 4205.5 | 12236.9 |
| 101401.2 | 29337.1 | 27805.6 | 92541.9 | 17773.4 | 15421.8 |
| | | | | | |
| 125503.1 | 54308.4 | 63186.0 | 145507.7 | 41224.4 | 23615.7 |
| 122411.0 | 32030.8 | 31412.1 | 33701.1 | 8020.7 | 8406.2 |
| 138653.3 | 36542.3 | 31231.0 | 207216.5 | 176148.9 | 12825.1 |
| | | | | | |
| 83035.8 | 48809.8 | 45624.6 | 180821.8 | 210074.5 | 199381.7 |
| 402132.4 | 156167.4 | 149964.1 | 431536.1 | 81096.3 | 79283.7 |
| 190235.9 | 95984.6 | 94154.3 | 186504.5 | 63291.3 | 51892.7 |
| 43397.5 | 16907.8 | 16840.3 | 256522.2 | 46395.2 | 43902.3 |
| 50280.7 | 35673.7 | 31605.0 | 36264.4 | 5518.9 | 8118.5 |
| 169083.0 | 38506.5 | 38459.1 | 44898.7 | 6436.1 | 5987.5 |
| 144083.5 | 42702.2 | 40783.5 | 576644.4 | 100104.3 | 107732.9 |
| | | | | | |
| 89940.5 | 34681.4 | 34509.5 | 102240.4 | 14590.9 | 14727.2 |
| 288564.9 | 88880.0 | 82541.5 | 46556.4 | 13514.3 | 11770.3 |
| 254186.7 | 88406.0 | 88324.3 | 41355.5 | 10194.6 | 9326.5 |
| 365562.6 | 184332.6 | 190171.8 | 65707.0 | 36434.1 | 35385.7 |
| 47751.1 | 31301.6 | 29073.2 | 31244.3 | 16581.1 | 14986.6 |
| 13930.6 | 4398.8 | 4047.5 | 376.3 | 151.5 | 319.1 |
| | | | | | |
| 104554.0 | 44493.5 | 43665.6 | 93812.5 | 24611.7 | 23079.2 |
| 312638.6 | 57967.4 | 67945.3 | 76881.5 | 17297.9 | 17653.3 |
| 136694.7 | 15963.8 | 16847.9 | 35593.6 | 6190.0 | 7322.9 |
| 79861.9 | 12680.6 | 10928.9 | 31988.1 | 2740.8 | 4012.4 |
| 7446.3 | 223.9 | 223.9 | | | |
| | | | | | |
| 212481.7 | 40195.5 | 38741.9 | 120803.0 | 25224.9 | 21368.1 |
| 56449.0 | 17261.6 | 15102.5 | 16435.8 | 715.6 | 947.4 |
| 14181.5 | 2268.4 | 2359.9 | 1795.0 | 237.9 | 154.3 |
| 29697.8 | 9141.6 | 14207.5 | 18707.0 | 787.2 | 554.7 |
| 73367.9 | 17095.0 | 15983.7 | 56537.7 | 10247.0 | 8572.1 |

| 地 区 | 单位数 | 0～99张 | 100～299张 | 300～499张 | 500张以上 | 年末职工人数 | #女性 |
|---|---|---|---|---|---|---|---|
| **全 国** | **1499** | **447** | **635** | **233** | **184** | **43460** | **27247** |
| 中央级 | | | | | | | |
| 北 京 | 10 | | 3 | 3 | 4 | 1019 | 745 |
| 天 津 | 2 | | 2 | | | 100 | 50 |
| 河 北 | 31 | 9 | 17 | 4 | 1 | 1002 | 601 |
| 山 西 | 22 | 9 | 7 | 4 | 2 | 552 | 319 |
| 内蒙古 | 49 | 15 | 27 | 3 | 4 | 922 | 483 |
| 辽 宁 | 50 | 12 | 22 | 12 | 4 | 2038 | 1186 |
| 吉 林 | 50 | 9 | 25 | 11 | 5 | 1493 | 459 |
| 黑龙江 | 42 | 7 | 15 | 11 | 9 | 1348 | 740 |
| 上 海 | 20 | | 12 | 4 | 4 | 1510 | 1158 |
| 江 苏 | 62 | 12 | 19 | 13 | 18 | 2939 | 1997 |
| 浙 江 | 81 | 10 | 28 | 21 | 22 | 2736 | 1928 |
| 安 徽 | 54 | 21 | 27 | 1 | 5 | 1140 | 757 |
| 福 建 | 62 | 22 | 24 | 11 | 5 | 1068 | 631 |
| 江 西 | 88 | 30 | 42 | 10 | 6 | 2111 | 894 |
| 山 东 | 27 | 7 | 8 | 8 | 4 | 1006 | 613 |
| 河 南 | 58 | 25 | 25 | 3 | 5 | 1202 | 690 |
| 湖 北 | 123 | 17 | 57 | 28 | 21 | 3255 | 2121 |
| 湖 南 | 82 | 29 | 33 | 13 | 7 | 3462 | 2437 |
| 广 东 | 109 | 31 | 44 | 14 | 20 | 4627 | 3408 |
| 广 西 | 85 | 46 | 34 | 3 | 2 | 2015 | 1530 |
| 海 南 | 4 | 2 | 1 | | 1 | 190 | 140 |
| 重 庆 | 27 | | 11 | 6 | 10 | 1108 | 666 |
| 四 川 | 127 | 32 | 62 | 18 | 15 | 2582 | 1534 |
| 贵 州 | 61 | 27 | 29 | 4 | 1 | 695 | 377 |
| 云 南 | 42 | 20 | 16 | 4 | 2 | 574 | 335 |
| 西 藏 | 2 | 1 | 1 | | | 25 | 16 |
| 陕 西 | 30 | 11 | 6 | 10 | 3 | 848 | 414 |
| 甘 肃 | 37 | 17 | 18 | 1 | 1 | 549 | 280 |
| 青 海 | 8 | 4 | 3 | | 1 | 117 | 47 |
| 宁 夏 | 9 | 5 | 2 | 1 | 1 | 380 | 213 |
| 新 疆 | 45 | 17 | 15 | 12 | 1 | 847 | 478 |

# 福利院

单位：个、人

| 受教育程度 | | 职业资格水平 | | 按人员性质分 | |
|---|---|---|---|---|---|
| 大学专科人数 | 大学本科及以上人数 | 助理社会工作师人数 | 社会工作师人数 | 管理人员 | 专业技术技能人员 |
| **10081** | **9235** | **1520** | **1418** | **12260** | **31200** |
| 227 | 455 | 26 | 17 | 206 | 813 |
| 31 | 47 | 8 | 3 | 27 | 73 |
| 239 | 245 | 28 | 63 | 196 | 806 |
| 160 | 140 | 25 | 13 | 238 | 314 |
| 314 | 241 | 38 | 15 | 297 | 625 |
| 508 | 530 | 44 | 55 | 723 | 1315 |
| 186 | 270 | 10 | 11 | 571 | 922 |
| 271 | 308 | 11 | 27 | 635 | 713 |
| 334 | 314 | 19 | 9 | 244 | 1266 |
| 608 | 1009 | 192 | 183 | 459 | 2480 |
| 423 | 417 | 73 | 96 | 671 | 2065 |
| 248 | 258 | 64 | 58 | 398 | 742 |
| 151 | 248 | 66 | 70 | 333 | 735 |
| 290 | 163 | 13 | 8 | 508 | 1603 |
| 297 | 350 | 89 | 90 | 244 | 762 |
| 336 | 238 | 58 | 53 | 364 | 838 |
| 885 | 441 | 71 | 48 | 876 | 2379 |
| 945 | 777 | 136 | 98 | 588 | 2874 |
| 974 | 824 | 265 | 162 | 1397 | 3230 |
| 504 | 328 | 59 | 81 | 496 | 1519 |
| 45 | 22 | 6 | 1 | 27 | 163 |
| 260 | 259 | 49 | 51 | 333 | 775 |
| 655 | 435 | 77 | 90 | 1017 | 1565 |
| 230 | 158 | 14 | 18 | 350 | 345 |
| 171 | 159 | 8 | 24 | 228 | 346 |
| 6 | 4 | | | 10 | 15 |
| 248 | 224 | 17 | 29 | 250 | 598 |
| 148 | 116 | 31 | 23 | 230 | 319 |
| 19 | 14 | 4 | 2 | 47 | 70 |
| 142 | 122 | 11 | 11 | 100 | 280 |
| 226 | 119 | 8 | 9 | 197 | 650 |

C-2-4续表1

| 地 区 | 年龄结构 | | | | 志愿服务 | |
|---|---|---|---|---|---|---|
| | 35岁及以下人数 | 36岁至45岁人数 | 46岁至55岁人数 | 56岁及以上人数 | 志愿者服务人次数 | 志愿服务时间 |
| **全 国** | **12395** | **15658** | **12842** | **2565** | **142716** | **336343** |
| 中央级 | | | | | | |
| 北 京 | 380 | 299 | 309 | 31 | 184 | 484 |
| 天 津 | 42 | 29 | 22 | 7 | | |
| 河 北 | 334 | 343 | 273 | 52 | 22 | 88 |
| 山 西 | 134 | 254 | 134 | 30 | 240 | 696 |
| 内蒙古 | 248 | 333 | 296 | 45 | 503 | 997 |
| 辽 宁 | 479 | 759 | 661 | 139 | 1318 | 2027 |
| 吉 林 | 394 | 682 | 362 | 55 | | |
| 黑龙江 | 286 | 573 | 387 | 102 | 1639 | 3692 |
| 上 海 | 321 | 459 | 512 | 218 | 369 | 1098 |
| 江 苏 | 953 | 936 | 847 | 203 | 16503 | 44309 |
| 浙 江 | 527 | 859 | 1037 | 313 | 32303 | 64163 |
| 安 徽 | 304 | 441 | 349 | 46 | 2948 | 9012 |
| 福 建 | 219 | 339 | 320 | 190 | 21926 | 26559 |
| 江 西 | 518 | 948 | 622 | 23 | 1890 | 4830 |
| 山 东 | 383 | 306 | 245 | 72 | 5692 | 13598 |
| 河 南 | 487 | 407 | 250 | 58 | 3963 | 7841 |
| 湖 北 | 838 | 1295 | 949 | 173 | 7304 | 25555 |
| 湖 南 | 1312 | 986 | 1058 | 106 | 4626 | 15942 |
| 广 东 | 1088 | 1845 | 1527 | 167 | 26585 | 76294 |
| 广 西 | 599 | 769 | 566 | 81 | 1712 | 3422 |
| 海 南 | 42 | 76 | 67 | 5 | | |
| 重 庆 | 253 | 327 | 420 | 108 | 2808 | 8408 |
| 四 川 | 888 | 888 | 666 | 140 | 1258 | 3056 |
| 贵 州 | 235 | 266 | 181 | 13 | 6213 | 17571 |
| 云 南 | 211 | 204 | 148 | 11 | 14 | 44 |
| 西 藏 | 13 | 7 | 5 | | | |
| 陕 西 | 295 | 268 | 206 | 79 | 1305 | 2471 |
| 甘 肃 | 182 | 229 | 108 | 30 | 687 | 1863 |
| 青 海 | 21 | 50 | 43 | 3 | | |
| 宁 夏 | 145 | 125 | 90 | 20 | 320 | 1000 |
| 新 疆 | 264 | 356 | 182 | 45 | 384 | 1324 |

单位：人、人次、时、张、人天

| 年末床位数 | 年在院总人天数 | 年末在院人数 | | | | |
| --- | --- | --- | --- | --- | --- | --- |
| | | | #女性 | 按人员性质分 | | |
| | | | | 特困人员 | 自费人员 | 其他 |
| **368444** | **56245898** | **189400** | **68691** | **89528** | **94240** | **5632** |
| | | | | | | |
| 4897 | 972238 | 2832 | 1419 | 963 | 1834 | 35 |
| 440 | 112785 | 309 | 72 | 283 | 26 | |
| 5766 | 1047121 | 3232 | 714 | 2115 | 983 | 134 |
| 4109 | 795094 | 2620 | 830 | 1387 | 1182 | 51 |
| 9852 | 1392584 | 4303 | 1158 | 2728 | 1497 | 78 |
| | | | | | | |
| 12136 | 2383747 | 7338 | 2539 | 3664 | 3431 | 243 |
| 13284 | 1756787 | 6937 | 1599 | 2355 | 4410 | 172 |
| 13615 | 2412992 | 8653 | 2806 | 3565 | 4837 | 251 |
| | | | | | | |
| 6993 | 1418642 | 3980 | 2523 | 116 | 3739 | 125 |
| 26132 | 4059374 | 11618 | 4235 | 4249 | 6868 | 501 |
| 33830 | 4339661 | 14980 | 6662 | 2685 | 12214 | 81 |
| 8663 | 1343007 | 4039 | 1567 | 2240 | 1676 | 123 |
| 12416 | 1348924 | 3936 | 1455 | 2440 | 1386 | 110 |
| 17595 | 2686633 | 11493 | 3036 | 7845 | 3269 | 379 |
| 7927 | 1313053 | 4355 | 1683 | 3091 | 1239 | 25 |
| | | | | | | |
| 10011 | 1714472 | 4955 | 1279 | 4250 | 344 | 361 |
| 37354 | 4729746 | 18829 | 6644 | 7623 | 10085 | 1121 |
| 19679 | 3265397 | 10971 | 4415 | 4812 | 5437 | 722 |
| 31826 | 5443039 | 15813 | 8004 | 5365 | 10244 | 204 |
| 10060 | 1687681 | 5386 | 2439 | 2370 | 2933 | 83 |
| 680 | 112415 | 391 | 164 | 391 | | |
| | | | | | | |
| 13327 | 1836847 | 6383 | 2954 | 1770 | 4597 | 16 |
| 28507 | 4456437 | 15228 | 4726 | 8443 | 6525 | 260 |
| 7696 | 1165000 | 3685 | 1119 | 2315 | 1149 | 221 |
| 6242 | 675208 | 2932 | 941 | 2202 | 729 | 1 |
| 304 | 41155 | 209 | 79 | 172 | 17 | 20 |
| | | | | | | |
| 7150 | 1537919 | 4020 | 920 | 3592 | 415 | 13 |
| 5351 | 453005 | 2646 | 525 | 2130 | 459 | 57 |
| 1631 | 120375 | 505 | 128 | 471 | 19 | 15 |
| 1816 | 220190 | 887 | 304 | 487 | 354 | 46 |
| 9155 | 1404370 | 5935 | 1752 | 3409 | 2342 | 184 |

C-2-4续表2

| 地区 | 按年龄分 | | | 按护理类型分 | | | 康复和医疗门诊人次数 |
|---|---|---|---|---|---|---|---|
| | 老人 | 青壮年 | 少年儿童 | 自理（完全自理） | 介助（半自理） | 介护（不能自理） | |
| **全国** | **140805** | **24971** | **23624** | **83116** | **49808** | **56476** | **1781733** |
| 中央级 | | | | | | | |
| 北京 | 1910 | 708 | 214 | 747 | 1047 | 1038 | 123142 |
| 天津 | 89 | 220 | | 83 | 105 | 121 | 1342 |
| 河北 | 1680 | 462 | 1090 | 1132 | 828 | 1272 | 18712 |
| 山西 | 815 | 276 | 1529 | 668 | 524 | 1428 | 2371 |
| 内蒙古 | 3348 | 645 | 310 | 2069 | 1133 | 1101 | 7492 |
| 辽宁 | 4929 | 1971 | 438 | 2857 | 1857 | 2624 | 75342 |
| 吉林 | 5816 | 810 | 311 | 4880 | 1243 | 814 | 28723 |
| 黑龙江 | 7790 | 840 | 23 | 6223 | 1229 | 1201 | 25498 |
| 上海 | 3804 | 176 | | 765 | 1035 | 2180 | 27221 |
| 江苏 | 7722 | 2276 | 1620 | 3662 | 2532 | 5424 | 114444 |
| 浙江 | 13363 | 1020 | 597 | 6707 | 3975 | 4298 | 80641 |
| 安徽 | 2822 | 732 | 485 | 1945 | 973 | 1121 | 15427 |
| 福建 | 2513 | 615 | 808 | 1690 | 815 | 1431 | 76552 |
| 江西 | 8748 | 795 | 1950 | 7008 | 2871 | 1614 | 2410 |
| 山东 | 3101 | 1038 | 216 | 1437 | 1720 | 1198 | 67441 |
| 河南 | 2221 | 1045 | 1689 | 1934 | 1533 | 1488 | 36901 |
| 湖北 | 16698 | 1704 | 427 | 9189 | 5393 | 4247 | 78870 |
| 湖南 | 6730 | 1999 | 2242 | 3593 | 3363 | 4015 | 90076 |
| 广东 | 9536 | 1443 | 4834 | 3381 | 4320 | 8112 | 410581 |
| 广西 | 3563 | 709 | 1114 | 1339 | 1412 | 2635 | 200630 |
| 海南 | 49 | 79 | 263 | 101 | 79 | 211 | 7314 |
| 重庆 | 5579 | 625 | 179 | 2420 | 1646 | 2317 | 96714 |
| 四川 | 12998 | 1741 | 489 | 7917 | 4456 | 2855 | 116611 |
| 贵州 | 2369 | 320 | 996 | 2440 | 625 | 620 | 42301 |
| 云南 | 2625 | 146 | 161 | 1169 | 871 | 892 | 2159 |
| 西藏 | 209 | | | 126 | 56 | 27 | |
| 陕西 | 2058 | 1512 | 450 | 1624 | 1462 | 934 | 15016 |
| 甘肃 | 1922 | 451 | 273 | 1445 | 692 | 509 | 2627 |
| 青海 | 452 | 26 | 27 | 182 | 314 | 9 | 120 |
| 宁夏 | 579 | 255 | 53 | 254 | 403 | 230 | 8556 |
| 新疆 | 4767 | 332 | 836 | 4129 | 1296 | 510 | 6499 |

单位：人、人次、平方米、万元

| 家庭寄养儿童数量 | 机构建筑面积 | 事业单位会计制度财务指标 | | | 民间非营利组织会计制度财务指标 | | |
|---|---|---|---|---|---|---|---|
| | | 固定资产原价 | 本年收入合计 | 本年支出合计 | 固定资产原价 | 本年收入合计 | 本年费用合计 |
| **4706** | **11594105** | **1606297.5** | **851674.6** | **844434.7** | **30126.7** | **4439.8** | **4255.3** |
| | | | | | | | |
| 1 | 224178 | 49798.4 | 42004.6 | 42339.0 | 4529.6 | 1446.7 | 1214.3 |
| | 11220 | 3679.2 | 2941.9 | 3080.4 | | | |
| 313 | 261379 | 61537.3 | 16654.1 | 15509.4 | | | |
| 876 | 229265 | 56472.3 | 28512.9 | 26510.2 | 3000.0 | | 516.4 |
| 3 | 260522 | 52724.7 | 16568.5 | 15732.8 | | | |
| | | | | | | | |
| 50 | 429931 | 53871.6 | 35343.2 | 43313.7 | | | |
| 1 | 440272 | 71588.1 | 20372.8 | 19700.1 | 355.0 | 86.0 | 25.0 |
| 1 | 397865 | 63294.7 | 23355.0 | 21444.0 | 2009.0 | | 88.3 |
| | | | | | | | |
| | 223115 | 51448.4 | 42818.7 | 40063.0 | 158.3 | 629.5 | 412.0 |
| 165 | 938614 | 119268.7 | 83196.0 | 81245.5 | 719.0 | 903.5 | 559.5 |
| 218 | 867900 | 92356.3 | 58609.2 | 57546.7 | 87.0 | 48.3 | 48.3 |
| 82 | 346998 | 35228.5 | 14594.2 | 14609.8 | | | |
| 219 | 395330 | 37834.8 | 34350.4 | 30549.9 | 1.0 | 117.3 | 17.0 |
| 448 | 514883 | 48171.8 | 13032.0 | 14141.4 | 103.0 | 157.0 | 137.0 |
| 7 | 325442 | 29687.5 | 22264.3 | 20284.8 | 610.0 | 78.0 | 78.0 |
| | | | | | | | |
| 137 | 243738 | 21147.3 | 15991.4 | 15400.1 | 10.0 | 5.0 | 5.0 |
| 125 | 956322 | 117742.6 | 55888.7 | 51316.3 | 5930.0 | 210.1 | 148.0 |
| 798 | 708760 | 105756.1 | 53710.4 | 58510.5 | 3800.0 | 480.0 | 480.0 |
| 229 | 965563 | 166546.2 | 110410.7 | 108905.8 | 214.0 | 30.0 | 30.0 |
| 391 | 430290 | 45753.0 | 30699.8 | 28386.3 | | | |
| 7 | 20050 | 3643.3 | 3840.2 | 3184.3 | | | |
| | | | | | | | |
| 5 | 384602 | 38957.4 | 28331.2 | 27639.6 | | | |
| 124 | 710292 | 111586.9 | 35061.4 | 43989.7 | | | |
| 70 | 181096 | 30478.9 | 10510.3 | 11413.5 | 1285.4 | | 310.6 |
| 29 | 226050 | 26008.3 | 5782.5 | 5165.7 | 292.0 | 4.0 | 17.4 |
| | 15982 | 1791.2 | | | | | |
| | | | | | | | |
| 132 | 237426 | 47410.5 | 17739.3 | 17715.0 | 56.4 | 48.5 | 25.7 |
| 66 | 294367 | 22416.2 | 12073.0 | 11393.9 | | | |
| | 25793 | 5116.2 | 1399.3 | 1465.4 | | | |
| | 46148 | 13549.0 | 6269.4 | 5821.6 | | | |
| 209 | 280712 | 21432.1 | 9349.2 | 8056.3 | 6967.0 | 195.9 | 142.8 |

# C-2-5 农村特困人员

| 地区 | 单位数 | 0～99张 | 100～299张 | 300～499张 | 500张以上 |
|---|---|---|---|---|---|
| **全国** | **13885** | **7586** | **5663** | **510** | **126** |
| 中央级 | | | | | |
| 北京 | 10 | 8 | 2 | | |
| 天津 | 39 | 18 | 15 | 4 | 2 |
| 河北 | 388 | 154 | 160 | 51 | 23 |
| 山西 | 241 | 147 | 83 | 9 | 2 |
| 内蒙古 | 260 | 169 | 76 | 10 | 5 |
| 辽宁 | 207 | 107 | 90 | 7 | 3 |
| 吉林 | 556 | 416 | 138 | 2 | |
| 黑龙江 | 158 | 73 | 57 | 16 | 12 |
| 上海 | | | | | |
| 江苏 | 1230 | 396 | 693 | 123 | 18 |
| 浙江 | 565 | 223 | 289 | 43 | 10 |
| 安徽 | 978 | 339 | 573 | 59 | 7 |
| 福建 | 80 | 71 | 8 | 1 | |
| 江西 | 1050 | 597 | 427 | 26 | |
| 山东 | 652 | 212 | 402 | 31 | 7 |
| 河南 | 784 | 495 | 286 | 1 | 2 |
| 湖北 | 1038 | 407 | 606 | 20 | 5 |
| 湖南 | 1114 | 887 | 227 | | |
| 广东 | 1036 | 850 | 166 | 17 | 3 |
| 广西 | 40 | 32 | 8 | | |
| 海南 | 1 | | | 1 | |
| 重庆 | 339 | 222 | 117 | | |
| 四川 | 1546 | 778 | 717 | 38 | 13 |
| 贵州 | 639 | 481 | 155 | 3 | |
| 云南 | 326 | 206 | 113 | 5 | 2 |
| 西藏 | 3 | | 3 | | |
| 陕西 | 321 | 125 | 148 | 39 | 9 |
| 甘肃 | 107 | 81 | 22 | 2 | 2 |
| 青海 | 23 | 16 | 7 | | |
| 宁夏 | 50 | 23 | 24 | 2 | 1 |
| 新疆 | 104 | 53 | 51 | | |

# 救助供养机构

单位：个、人

| 年末职工人数 | #女性 | 受教育程度 | | 职业资格水平 | |
|---|---|---|---|---|---|
| | | 大学专科人数 | 大学本科及以上人数 | 助理社会工作师人数 | 社会工作师人数 |
| **100415** | **49820** | **11340** | **3654** | **1078** | **822** |
| 132 | 69 | 5 | 1 | | |
| 506 | 256 | 136 | 23 | 4 | 2 |
| 6315 | 3753 | 697 | 298 | 55 | 61 |
| 2304 | 1079 | 315 | 158 | 14 | 21 |
| 1713 | 791 | 274 | 51 | 6 | |
| 2328 | 1499 | 265 | 66 | 1 | 1 |
| 3211 | 1437 | 351 | 170 | 24 | 107 |
| 2127 | 1107 | 332 | 72 | 37 | 17 |
| 12683 | 6765 | 1319 | 438 | 141 | 59 |
| 6059 | 3568 | 429 | 126 | 91 | 95 |
| 7589 | 2935 | 438 | 147 | 74 | 58 |
| 443 | 173 | 26 | 15 | 1 | 1 |
| 5594 | 2173 | 360 | 42 | 40 | 11 |
| 6479 | 3255 | 905 | 332 | 185 | 54 |
| 5638 | 2885 | 586 | 170 | 22 | 28 |
| 7459 | 3793 | 882 | 135 | 14 | 16 |
| 5067 | 2161 | 506 | 112 | 68 | 28 |
| 5733 | 2912 | 416 | 236 | 96 | 46 |
| 225 | 138 | 38 | 12 | 2 | 1 |
| 36 | 26 | 12 | 4 | | |
| 1492 | 630 | 129 | 45 | 5 | 22 |
| 7291 | 3194 | 1116 | 264 | 79 | 38 |
| 2422 | 946 | 485 | 213 | 8 | 79 |
| 1588 | 899 | 260 | 112 | 15 | 9 |
| 57 | 47 | 1 | 5 | | |
| 3943 | 2175 | 634 | 232 | 29 | 14 |
| 551 | 263 | 146 | 67 | 30 | 30 |
| 119 | 69 | 30 | 9 | | |
| 473 | 307 | 66 | 64 | 4 | 11 |
| 838 | 515 | 181 | 35 | 33 | 13 |

C-2-5续表1

| 地区 | 按人员性质分 | | 年龄结构 | | | |
|---|---|---|---|---|---|---|
| | 管理人员 | 专业技术技能人员 | 35岁及以下人数 | 36岁至45岁人数 | 46岁至55岁人数 | 56岁及以上人数 |
| **全国** | **37962** | **62453** | **20743** | **36944** | **31939** | **10789** |
| 中央级 | | | | | | |
| 北京 | 18 | 114 | 7 | 33 | 61 | 31 |
| 天津 | 133 | 373 | 21 | 377 | 93 | 15 |
| 河北 | 1474 | 4841 | 1682 | 2336 | 1737 | 560 |
| 山西 | 943 | 1361 | 465 | 790 | 759 | 290 |
| 内蒙古 | 615 | 1098 | 331 | 630 | 523 | 229 |
| 辽宁 | 996 | 1332 | 405 | 807 | 921 | 195 |
| 吉林 | 1884 | 1327 | 964 | 1301 | 856 | 90 |
| 黑龙江 | 1008 | 1119 | 439 | 851 | 631 | 206 |
| 上海 | | | | | | |
| 江苏 | 2912 | 9771 | 2116 | 3838 | 4825 | 1904 |
| 浙江 | 1897 | 4162 | 768 | 1759 | 2458 | 1074 |
| 安徽 | 3257 | 4332 | 1270 | 2662 | 2570 | 1087 |
| 福建 | 196 | 247 | 56 | 157 | 135 | 95 |
| 江西 | 2330 | 3264 | 872 | 2484 | 1847 | 391 |
| 山东 | 1872 | 4607 | 1609 | 2475 | 1727 | 668 |
| 河南 | 2162 | 3476 | 1848 | 1963 | 1198 | 629 |
| 湖北 | 2983 | 4476 | 1108 | 3162 | 2462 | 727 |
| 湖南 | 1925 | 3142 | 901 | 2331 | 1501 | 334 |
| 广东 | 2364 | 3369 | 909 | 1856 | 2209 | 759 |
| 广西 | 126 | 99 | 44 | 95 | 78 | 8 |
| 海南 | 6 | 30 | 33 | 1 | 2 | |
| 重庆 | 542 | 950 | 136 | 439 | 676 | 241 |
| 四川 | 4755 | 2536 | 1353 | 2919 | 2363 | 656 |
| 贵州 | 1019 | 1403 | 779 | 1008 | 515 | 120 |
| 云南 | 669 | 919 | 486 | 634 | 383 | 85 |
| 西藏 | 13 | 44 | 48 | 9 | | |
| 陕西 | 1242 | 2701 | 1325 | 1304 | 1027 | 287 |
| 甘肃 | 232 | 319 | 135 | 208 | 157 | 51 |
| 青海 | 70 | 49 | 37 | 53 | 25 | 4 |
| 宁夏 | 143 | 330 | 120 | 226 | 116 | 11 |
| 新疆 | 176 | 662 | 476 | 236 | 84 | 42 |

单位：人、人次、时、人天、张

| 志愿服务 | | 年末床位数 | 年在院总人天数 | 年末在院人数 | |
|---|---|---|---|---|---|
| 志愿者服务人次数 | 志愿服务时间 | | | | #女性 |
| **168626** | **416591** | **1541673** | **237675851** | **869636** | **165330** |
| | | | | | |
| 498 | 1509 | 657 | 94525 | 252 | 71 |
| | | 6929 | 572154 | 2088 | 558 |
| 2039 | 9335 | 66777 | 8249129 | 27431 | 3920 |
| 101 | 207 | 23626 | 2938283 | 12841 | 910 |
| 2894 | 5876 | 27272 | 3739413 | 12322 | 991 |
| | | | | | |
| 923 | 1783 | 24080 | 3133266 | 13387 | 1940 |
| | | 40612 | 6053114 | 27032 | 4357 |
| 1998 | 5447 | 29945 | 3987546 | 16050 | 2798 |
| | | | | | |
| 22046 | 54371 | 192760 | 28042152 | 95094 | 21949 |
| 25613 | 47071 | 83869 | 9295469 | 35246 | 9346 |
| 3243 | 10519 | 135309 | 19776171 | 73908 | 11653 |
| 2601 | 5802 | 5082 | 649231 | 2228 | 551 |
| 3617 | 10293 | 110612 | 21969603 | 91780 | 27979 |
| 16237 | 42066 | 94929 | 15232649 | 46418 | 8198 |
| | | | | | |
| 557 | 1291 | 70990 | 9952495 | 45381 | 7802 |
| 18302 | 32725 | 125720 | 22943907 | 73556 | 18587 |
| 23059 | 80287 | 74144 | 15105520 | 52443 | 10354 |
| 25084 | 57232 | 74737 | 6597165 | 21507 | 6461 |
| 48 | 55 | 2463 | 366674 | 1295 | 460 |
| | | 323 | 15360 | 221 | 95 |
| | | | | | |
| 2702 | 6074 | 25956 | 4466656 | 14978 | 1022 |
| 1074 | 3023 | 178264 | 33291364 | 123030 | 11596 |
| 3479 | 10796 | 44883 | 6605945 | 25917 | 3451 |
| 480 | 960 | 28458 | 2935954 | 11402 | 2110 |
| | | 469 | 104755 | 336 | 55 |
| | | | | | |
| 11302 | 26742 | 47793 | 8289764 | 28357 | 3979 |
| 499 | 2045 | 7922 | 1073791 | 4858 | 746 |
| 2 | 8 | 1744 | 193093 | 812 | 177 |
| 228 | 1074 | 5836 | 790244 | 2856 | 503 |
| | | 9512 | 1210459 | 6610 | 2711 |

## C−2−5续表2

| 地 区 | 按人员性质分 | | | 按年龄分 | | |
|---|---|---|---|---|---|---|
| | 特困人员 | 自费人员 | 其他 | 老人 | 青壮年 | 少年儿童 |
| **全 国** | **714287** | **129339** | **26010** | **836878** | **28435** | **4323** |
| 中央级 | | | | | | |
| 北 京 | 137 | 114 | 1 | 212 | 40 | |
| 天 津 | 52 | 2036 | | 2088 | | |
| 河 北 | 16281 | 10861 | 289 | 26314 | 1039 | 78 |
| 山 西 | 9481 | 3236 | 124 | 11846 | 886 | 109 |
| 内蒙古 | 9408 | 2734 | 180 | 11202 | 1104 | 16 |
| 辽 宁 | 10230 | 2998 | 159 | 12447 | 899 | 41 |
| 吉 林 | 23280 | 955 | 2797 | 24319 | 2377 | 336 |
| 黑龙江 | 10277 | 5410 | 363 | 14505 | 1523 | 22 |
| 上 海 | | | | | | |
| 江 苏 | 65640 | 26005 | 3449 | 93088 | 1639 | 367 |
| 浙 江 | 16302 | 18452 | 492 | 34302 | 924 | 20 |
| 安 徽 | 68875 | 4722 | 311 | 72894 | 879 | 135 |
| 福 建 | 676 | 1534 | 18 | 2202 | 21 | 5 |
| 江 西 | 75291 | 9434 | 7055 | 87521 | 3423 | 836 |
| 山 东 | 43724 | 2468 | 226 | 45254 | 1148 | 16 |
| 河 南 | 38673 | 3998 | 2710 | 43867 | 1178 | 336 |
| 湖 北 | 62295 | 8506 | 2755 | 69935 | 3143 | 478 |
| 湖 南 | 47078 | 3848 | 1517 | 50902 | 1328 | 213 |
| 广 东 | 15128 | 5593 | 786 | 20893 | 490 | 124 |
| 广 西 | 578 | 710 | 7 | 1222 | 66 | 7 |
| 海 南 | 8 | 213 | | 221 | | |
| 重 庆 | 14305 | 659 | 14 | 14543 | 435 | |
| 四 川 | 114240 | 6553 | 2237 | 119323 | 3197 | 510 |
| 贵 州 | 23000 | 2794 | 123 | 25280 | 228 | 409 |
| 云 南 | 10566 | 808 | 28 | 10891 | 434 | 77 |
| 西 藏 | 336 | | | 309 | 7 | 20 |
| 陕 西 | 24588 | 3614 | 155 | 27349 | 989 | 19 |
| 甘 肃 | 4585 | 200 | 73 | 4610 | 197 | 51 |
| 青 海 | 811 | | 1 | 788 | 19 | 5 |
| 宁 夏 | 2349 | 492 | 15 | 2735 | 114 | 7 |
| 新 疆 | 6093 | 392 | 125 | 5816 | 708 | 86 |

单位：人、人次、平方米

| 按护理类型分 | | | 康复和医疗门诊人次数 | 机构建筑面积 |
|---|---|---|---|---|
| 自理（完全自理） | 介助（半自理） | 介护（不能自理） | | |
| **639441** | **167864** | **62331** | **1003190** | **33440862** |
| 91 | 111 | 50 | 2057 | 16225 |
| 1751 | 277 | 60 | 9850 | 203624 |
| 16440 | 6243 | 4748 | 4624 | 1508244 |
| 9786 | 1827 | 1228 | 6412 | 679316 |
| 8407 | 2552 | 1363 | 508 | 688305 |
| 7343 | 3949 | 2095 | 6575 | 542221 |
| 18302 | 5399 | 3331 | 31961 | 897493 |
| 11925 | 2779 | 1346 | 8165 | 512979 |
| 66176 | 20629 | 8289 | 196677 | 3931902 |
| 26220 | 5896 | 3130 | 49744 | 1548717 |
| 57317 | 13038 | 3553 | 31626 | 2197514 |
| 1457 | 411 | 360 | 233 | 150933 |
| 73542 | 16225 | 2013 | 1373 | 2417802 |
| 29686 | 11934 | 4798 | 43069 | 2879071 |
| 38396 | 5073 | 1912 | 49456 | 1826516 |
| 52934 | 14732 | 5890 | 191331 | 2861152 |
| 35273 | 13616 | 3554 | 47894 | 2019107 |
| 13273 | 4904 | 3330 | 92207 | 1600846 |
| 663 | 283 | 349 | 128 | 55347 |
| 221 | | | | 19000 |
| 12649 | 1598 | 731 | 24188 | 659174 |
| 98936 | 18804 | 5290 | 105148 | 2705287 |
| 21946 | 3315 | 656 | 11087 | 1016438 |
| 6907 | 3607 | 888 | 10043 | 649101 |
| 194 | 18 | 124 | | 3900 |
| 19410 | 6722 | 2225 | 25185 | 1156350 |
| 3731 | 995 | 132 | 41421 | 153684 |
| 450 | 281 | 81 | 356 | 92937 |
| 1670 | 921 | 265 | 3209 | 186872 |
| 4345 | 1725 | 540 | 8663 | 260805 |

C-2-5续表3

| 地 区 | 企业会计制度财务指标 | | | |
| --- | --- | --- | --- | --- |
| | 固定资产原价 | 营业收入 | 费用合计 | 营业利润 |
| **全 国** | **27498.4** | **852.9** | **492.2** | **-49.1** |
| 中央级 | | | | |
| 北 京 | | | | |
| 天 津 | | | | |
| 河 北 | | | | |
| 山 西 | 2.0 | 1.0 | | |
| 内蒙古 | | | | |
| 辽 宁 | | | | |
| 吉 林 | | | | |
| 黑龙江 | | | | |
| 上 海 | | | | |
| 江 苏 | 1590.0 | 50.0 | | |
| 浙 江 | 3863.7 | 244.3 | 82.2 | |
| 安 徽 | 1063.0 | 35.0 | 35.0 | |
| 福 建 | | | | |
| 江 西 | | | | |
| 山 东 | 184.0 | | | |
| 河 南 | | | | |
| 湖 北 | 6532.5 | 65.8 | | |
| 湖 南 | 16.0 | | | |
| 广 东 | 4768.7 | 17.3 | 23.1 | -49.1 |
| 广 西 | | | | |
| 海 南 | | | | |
| 重 庆 | | 133.0 | 8.0 | |
| 四 川 | 7297.5 | 40.0 | 8.0 | |
| 贵 州 | 860.0 | 3.0 | 0.6 | |
| 云 南 | 1200.0 | | | |
| 西 藏 | | | | |
| 陕 西 | 46.0 | 263.5 | 335.3 | |
| 甘 肃 | | | | |
| 青 海 | | | | |
| 宁 夏 | | | | |
| 新 疆 | 75.0 | | | |

单位：万元

| 事业单位会计制度财务指标 | | | 民间非营利组织会计制度财务指标 | | |
| --- | --- | --- | --- | --- | --- |
| 固定资产原价 | 本年收入合计 | 本年支出合计 | 固定资产原价 | 本年收入合计 | 本年费用合计 |
| **1780219.1** | **333773.3** | **327890.7** | **564923.3** | **107083.3** | **114600.5** |
| | | | | | |
| | | | | | |
| 1688.3 | 289.3 | 122.9 | 683.0 | 357.9 | 352.5 |
| | | | 7976.0 | 545.4 | 13255.5 |
| 83884.5 | 23308.5 | 22563.6 | 41584.5 | 7801.3 | 8029.9 |
| 14056.3 | 2333.4 | 2483.6 | 23728.5 | 2043.1 | 3307.3 |
| 38286.1 | 8507.8 | 7941.8 | 4445.9 | 1739.4 | 1277.6 |
| | | | | | |
| 38435.2 | 10307.2 | 10044.9 | 9966.0 | 1313.6 | 1024.2 |
| 47176.8 | 10514.5 | 10301.4 | 380.0 | 90.0 | 5.0 |
| 52265.1 | 9812.5 | 6753.5 | 23334.8 | 738.0 | 1190.0 |
| | | | | | |
| | | | | | |
| 197972.9 | 48468.5 | 45650.5 | 101241.1 | 19124.9 | 16972.9 |
| 60172.4 | 20752.9 | 20698.0 | 38748.8 | 7145.2 | 5632.8 |
| 2745.4 | 484.2 | 467.7 | 146201.7 | 21310.8 | 23018.1 |
| 4402.7 | 452.1 | 372.8 | 4579.8 | 476.6 | 399.7 |
| 109837.2 | 25117.5 | 23960.7 | 2424.2 | 555.4 | 545.2 |
| 54294.6 | 12233.2 | 12119.6 | 88183.0 | 24325.9 | 23906.2 |
| | | | | | |
| 52406.8 | 10728.7 | 10831.7 | 6415.1 | 1119.1 | 1059.5 |
| 160185.1 | 31700.9 | 30057.2 | 1909.0 | 742.2 | 196.9 |
| 111805.0 | 23297.9 | 18946.0 | 5324.7 | 583.2 | 501.0 |
| 143161.1 | 24832.5 | 35023.2 | 2959.4 | 1107.3 | 1067.0 |
| 871.2 | 134.5 | 225.2 | 2184.3 | 656.4 | 554.5 |
| 8500.0 | | | | | |
| | | | | | |
| 39415.9 | 12744.8 | 12607.7 | 321.3 | 223.1 | 209.7 |
| 184585.9 | 22123.0 | 22627.2 | 12588.8 | 3062.0 | 1975.5 |
| 98503.4 | 4791.6 | 4945.6 | 5482.2 | 1559.1 | 1451.6 |
| 36021.0 | 3740.6 | 3216.1 | 10890.9 | 589.5 | 766.6 |
| 5655.1 | 223.9 | 223.9 | | | |
| | | | | | |
| 163975.6 | 22016.6 | 20587.3 | 10882.9 | 9050.0 | 6880.5 |
| 17730.9 | 1826.9 | 1782.5 | 3435.7 | 200.6 | 331.9 |
| 6274.7 | 172.0 | 213.5 | 1720.0 | 234.9 | 154.0 |
| 10703.3 | 1648.1 | 1572.2 | 6309.5 | 169.2 | 272.5 |
| 35206.6 | 1209.7 | 1550.4 | 1022.2 | 219.2 | 262.4 |

# C-2-6 其他养

| 地区 | 单位数 | | | | |
| --- | --- | --- | --- | --- | --- |
| | | 0～99张 | 100～299张 | 300～499张 | 500张以上 |
| **全 国** | **13287** | **6988** | **4808** | **953** | **538** |
| 中央级 | | | | | |
| 北 京 | 513 | 197 | 234 | 47 | 35 |
| 天 津 | 265 | 113 | 123 | 11 | 18 |
| 河 北 | 805 | 470 | 262 | 50 | 23 |
| 山 西 | 233 | 156 | 67 | 9 | 1 |
| 内蒙古 | 384 | 193 | 159 | 24 | 8 |
| 辽 宁 | 1324 | 974 | 287 | 44 | 19 |
| 吉 林 | 675 | 476 | 165 | 24 | 10 |
| 黑龙江 | 1001 | 724 | 225 | 36 | 16 |
| 上 海 | 649 | 195 | 335 | 85 | 34 |
| 江 苏 | 899 | 301 | 429 | 102 | 67 |
| 浙 江 | 818 | 335 | 330 | 92 | 61 |
| 安 徽 | 553 | 300 | 204 | 35 | 14 |
| 福 建 | 148 | 56 | 59 | 23 | 10 |
| 江 西 | 248 | 204 | 29 | 8 | 7 |
| 山 东 | 1009 | 375 | 460 | 114 | 60 |
| 河 南 | 552 | 329 | 182 | 28 | 13 |
| 湖 北 | 416 | 173 | 202 | 25 | 16 |
| 湖 南 | 314 | 196 | 87 | 17 | 14 |
| 广 东 | 426 | 144 | 190 | 52 | 40 |
| 广 西 | 250 | 128 | 93 | 18 | 11 |
| 海 南 | 17 | 7 | 7 | 1 | 2 |
| 重 庆 | 390 | 211 | 151 | 18 | 10 |
| 四 川 | 575 | 314 | 195 | 45 | 21 |
| 贵 州 | 185 | 103 | 77 | 5 | |
| 云 南 | 150 | 72 | 63 | 9 | 6 |
| 西 藏 | | | | | |
| 陕 西 | 171 | 66 | 75 | 19 | 11 |
| 甘 肃 | 68 | 39 | 23 | 4 | 2 |
| 青 海 | 9 | 3 | 3 | | 3 |
| 宁 夏 | 32 | 14 | 10 | 4 | 4 |
| 新 疆 | 208 | 120 | 82 | 4 | 2 |

## 老机构

单位：个、人

| 年末职工人数 | #女性 | 受教育程度 |  | 职业资格水平 |  |
|---|---|---|---|---|---|
|  |  | 大学专科人数 | 大学本科及以上人数 | 助理社会工作师人数 | 社会工作师人数 |
| **231982** | **143312** | **36784** | **16940** | **3330** | **1965** |
| 15633 | 10080 | 2130 | 1073 | 101 | 73 |
| 5578 | 3890 | 817 | 555 | 176 | 40 |
| 12838 | 8286 | 1745 | 770 | 162 | 67 |
| 2937 | 1586 | 512 | 178 | 132 | 48 |
| 4650 | 2861 | 856 | 309 | 30 | 23 |
| 13383 | 9149 | 1643 | 831 | 51 | 142 |
| 11326 | 2071 | 223 | 116 | 62 | 36 |
| 8436 | 4770 | 1482 | 463 | 151 | 114 |
| 25009 | 18734 | 3259 | 876 | 56 | 32 |
| 20708 | 11766 | 3702 | 2275 | 229 | 126 |
| 14893 | 9222 | 1872 | 921 | 223 | 208 |
| 6468 | 3798 | 1055 | 363 | 256 | 120 |
| 3166 | 1655 | 237 | 105 | 19 | 21 |
| 2877 | 1273 | 296 | 87 | 43 | 26 |
| 18509 | 11768 | 4790 | 2164 | 331 | 175 |
| 7692 | 4943 | 1210 | 462 | 67 | 84 |
| 5713 | 3770 | 889 | 329 | 25 | 31 |
| 4437 | 2594 | 801 | 563 | 34 | 25 |
| 14474 | 9857 | 2276 | 1223 | 542 | 153 |
| 5942 | 4429 | 1470 | 903 | 54 | 119 |
| 514 | 348 | 80 | 50 | 11 |  |
| 6267 | 3992 | 1019 | 335 | 46 | 28 |
| 7187 | 4060 | 1472 | 473 | 192 | 99 |
| 2340 | 1423 | 464 | 255 | 123 | 33 |
| 2430 | 1489 | 561 | 355 | 30 | 28 |
| 4060 | 2634 | 958 | 360 | 54 | 37 |
| 1069 | 537 | 295 | 78 | 20 | 22 |
| 174 | 120 | 20 | 23 | 1 | 2 |
| 370 | 253 | 92 | 56 |  | 3 |
| 2902 | 1954 | 558 | 389 | 109 | 50 |

C-2-6续表1

| 地区 | 按人员性质分 | | 年龄结构 | | | |
|---|---|---|---|---|---|---|
| | 管理人员 | 专业技术技能人员 | 35岁及以下人数 | 36岁至45岁人数 | 46岁至55岁人数 | 56岁及以上人数 |
| **全　国** | **62082** | **169900** | **50793** | **73354** | **80563** | **27272** |
| 中央级 | | | | | | |
| 北　京 | 2435 | 13198 | 2919 | 3437 | 7115 | 2162 |
| 天　津 | 1174 | 4404 | 1199 | 1859 | 1828 | 692 |
| 河　北 | 2903 | 9935 | 3104 | 4204 | 4262 | 1268 |
| 山　西 | 1021 | 1916 | 820 | 1218 | 641 | 258 |
| 内蒙古 | 1649 | 3001 | 840 | 1601 | 1620 | 589 |
| 辽　宁 | 4434 | 8949 | 2049 | 4241 | 4874 | 2219 |
| 吉　林 | 3406 | 7920 | 305 | 1654 | 8649 | 718 |
| 黑龙江 | 3102 | 5334 | 1801 | 3371 | 2434 | 830 |
| 上　海 | 8514 | 16495 | 3725 | 7788 | 9486 | 4010 |
| 江　苏 | 4578 | 16130 | 5192 | 6017 | 6907 | 2592 |
| 浙　江 | 3843 | 11050 | 3009 | 4389 | 4847 | 2648 |
| 安　徽 | 1752 | 4716 | 1582 | 2101 | 2039 | 746 |
| 福　建 | 854 | 2312 | 850 | 1356 | 695 | 265 |
| 江　西 | 878 | 1999 | 1424 | 815 | 511 | 127 |
| 山　东 | 4173 | 14336 | 5908 | 6638 | 4683 | 1280 |
| 河　南 | 2738 | 4954 | 1562 | 2701 | 2510 | 919 |
| 湖　北 | 1968 | 3745 | 978 | 1868 | 2074 | 793 |
| 湖　南 | 1038 | 3399 | 1067 | 1814 | 1181 | 375 |
| 广　东 | 2871 | 11603 | 3209 | 5121 | 4836 | 1308 |
| 广　西 | 1142 | 4800 | 2136 | 1863 | 1409 | 534 |
| 海　南 | 87 | 427 | 249 | 136 | 97 | 32 |
| 重　庆 | 1540 | 4727 | 1053 | 1638 | 2478 | 1098 |
| 四　川 | 2460 | 4727 | 2034 | 2312 | 2040 | 801 |
| 贵　州 | 1083 | 1257 | 739 | 760 | 581 | 260 |
| 云　南 | 467 | 1963 | 760 | 970 | 564 | 136 |
| 西　藏 | | | | | | |
| 陕　西 | 1016 | 3044 | 1302 | 1273 | 1100 | 385 |
| 甘　肃 | 329 | 740 | 389 | 379 | 241 | 60 |
| 青　海 | 41 | 133 | 21 | 132 | 19 | 2 |
| 宁　夏 | 115 | 255 | 75 | 188 | 82 | 25 |
| 新　疆 | 471 | 2431 | 492 | 1510 | 760 | 140 |

单位：人、人次、时、人天、张

| 志愿服务 | | 年末床位数 | 年在院总人天数 | 年末在院人数 | |
|---|---|---|---|---|---|
| 志愿者服务人次数 | 志愿服务时间 | | | | #女性 |
| **233972** | **542494** | **1883607** | **230789817** | **916692** | **348372** |
| 10234 | 30095 | 99591 | 16760513 | 41660 | 21532 |
| | | 41570 | 5207955 | 22532 | 10197 |
| 6783 | 16943 | 96028 | 12704592 | 45203 | 14510 |
| 726 | 1816 | 18322 | 1490788 | 8980 | 1663 |
| 1063 | 1874 | 48018 | 6437392 | 25661 | 7771 |
| 10537 | 27916 | 110663 | 12244804 | 62969 | 21071 |
| 260 | 580 | 67712 | 7822945 | 36585 | 8289 |
| 4807 | 10957 | 93984 | 10966529 | 56152 | 15321 |
| 6841 | 16213 | 124926 | 25191872 | 78552 | 49334 |
| 42943 | 95801 | 179725 | 20282470 | 82111 | 27111 |
| 11760 | 27920 | 171129 | 16561163 | 74206 | 25520 |
| 5660 | 21591 | 70205 | 7645263 | 29245 | 10817 |
| 2993 | 6469 | 28848 | 3678582 | 12200 | 3631 |
| 5415 | 16793 | 18431 | 1930942 | 10693 | 2760 |
| 39717 | 103806 | 182867 | 21848187 | 83684 | 33439 |
| 6483 | 11339 | 58338 | 6308915 | 30811 | 10133 |
| 2222 | 6000 | 65574 | 7804950 | 27945 | 10459 |
| 7863 | 22938 | 40471 | 4106997 | 17700 | 6022 |
| 17139 | 33550 | 96579 | 12530874 | 45454 | 23630 |
| 3752 | 8423 | 39887 | 4328958 | 16466 | 6034 |
| 60 | 180 | 2742 | 277876 | 1000 | 523 |
| 3877 | 13317 | 46989 | 8223288 | 26374 | 11014 |
| 32249 | 36037 | 75896 | 7043922 | 32475 | 11235 |
| 2567 | 8587 | 19529 | 1937427 | 7893 | 2821 |
| 387 | 1651 | 21131 | 1421838 | 8605 | 1829 |
| 3275 | 8992 | 30153 | 2720372 | 13660 | 5488 |
| 711 | 1495 | 7192 | 490054 | 3247 | 799 |
| 2 | 8 | 2274 | 80130 | 746 | 113 |
| 516 | 1540 | 6328 | 503102 | 2301 | 681 |
| 3130 | 9663 | 18505 | 2237117 | 11582 | 4625 |

C-2-6续表2

| 地区 | 按人员性质分 | | | 按年龄分 | | |
|---|---|---|---|---|---|---|
| | 特困人员 | 自费人员 | 其他 | 老人 | 青壮年 | 少年儿童 |
| **全国** | **91951** | **809079** | **15662** | **895510** | **17522** | **3660** |
| 中央级 | | | | | | |
| 北京 | 2256 | 39205 | 199 | 40609 | 1034 | 17 |
| 天津 | 505 | 21982 | 45 | 22098 | 430 | 4 |
| 河北 | 3694 | 40606 | 903 | 44401 | 631 | 171 |
| 山西 | 1165 | 7244 | 571 | 8897 | 79 | 4 |
| 内蒙古 | 1163 | 23861 | 637 | 25137 | 515 | 9 |
| 辽宁 | 4023 | 58044 | 902 | 61369 | 1421 | 179 |
| 吉林 | 419 | 35500 | 666 | 36062 | 521 | 2 |
| 黑龙江 | 4800 | 50929 | 423 | 54705 | 1402 | 45 |
| 上海 | 2065 | 76381 | 106 | 76645 | 1751 | 156 |
| 江苏 | 10755 | 70733 | 623 | 81242 | 605 | 264 |
| 浙江 | 9040 | 64307 | 859 | 71978 | 1753 | 475 |
| 安徽 | 4457 | 23475 | 1313 | 28928 | 173 | 144 |
| 福建 | 285 | 11833 | 82 | 12075 | 96 | 29 |
| 江西 | 1842 | 8029 | 822 | 10378 | 118 | 197 |
| 山东 | 10032 | 72838 | 814 | 83090 | 433 | 161 |
| 河南 | 3964 | 25632 | 1215 | 30005 | 648 | 158 |
| 湖北 | 3361 | 22836 | 1748 | 26494 | 1248 | 203 |
| 湖南 | 2999 | 12780 | 1921 | 17036 | 586 | 78 |
| 广东 | 2063 | 43155 | 236 | 45133 | 248 | 73 |
| 广西 | 1449 | 14766 | 251 | 16117 | 243 | 106 |
| 海南 | 17 | 947 | 36 | 985 | 15 | |
| 重庆 | 828 | 25512 | 34 | 26068 | 265 | 41 |
| 四川 | 7878 | 24325 | 272 | 31583 | 303 | 589 |
| 贵州 | 2476 | 5325 | 92 | 7421 | 289 | 183 |
| 云南 | 5347 | 3140 | 118 | 8117 | 310 | 178 |
| 西藏 | | | | | | |
| 陕西 | 680 | 12568 | 412 | 12796 | 840 | 24 |
| 甘肃 | 1218 | 1975 | 54 | 3164 | 38 | 45 |
| 青海 | 559 | 187 | | 709 | 35 | 2 |
| 宁夏 | 658 | 1622 | 21 | 1968 | 234 | 99 |
| 新疆 | 1953 | 9342 | 287 | 10300 | 1258 | 24 |

单位：人、人次、平方米

| 按护理类型分 | | | 康复和医疗门诊人次数 | 机构建筑面积 |
|---|---|---|---|---|
| 自理（完全自理） | 介助（半自理） | 介护（不能自理） | | |
| **458116** | **242794** | **215782** | **2639051** | **47702691** |
| 11718 | 14754 | 15188 | 639793 | 2858463 |
| 7036 | 5579 | 9917 | 78127 | 946306 |
| 19099 | 12305 | 13799 | 93350 | 2818146 |
| 6590 | 1498 | 892 | 7663 | 557153 |
| 15631 | 5922 | 4108 | 84723 | 1138597 |
| 33677 | 17261 | 12031 | 39799 | 2297060 |
| 26578 | 4254 | 5753 | 11432 | 1365123 |
| 44601 | 6473 | 5078 | 4647 | 1685815 |
| 20625 | 31571 | 26356 | 109668 | 3479712 |
| 35608 | 23626 | 22877 | 253218 | 4833041 |
| 41306 | 19636 | 13264 | 148600 | 3827512 |
| 14899 | 9405 | 4941 | 9625 | 1629802 |
| 3730 | 4372 | 4098 | 16433 | 1057460 |
| 6998 | 2827 | 868 | 2271 | 537696 |
| 47970 | 18845 | 16869 | 248192 | 5903764 |
| 17488 | 8222 | 5101 | 39285 | 1317387 |
| 14019 | 8328 | 5598 | 83359 | 1295429 |
| 9083 | 5380 | 3237 | 67297 | 1000664 |
| 13978 | 12319 | 19157 | 293252 | 2325372 |
| 4644 | 4452 | 7370 | 26281 | 781384 |
| 357 | 256 | 387 | 89846 | 60844 |
| 17147 | 4405 | 4822 | 110684 | 1172933 |
| 20095 | 8420 | 3960 | 28110 | 1909981 |
| 4502 | 2091 | 1300 | 7625 | 415556 |
| 5189 | 1871 | 1545 | 15947 | 480720 |
| 5464 | 3922 | 4274 | 103715 | 790400 |
| 2067 | 654 | 526 | 2703 | 255362 |
| 251 | 432 | 63 | 80 | 53356 |
| 1037 | 933 | 331 | 1157 | 268284 |
| 6729 | 2781 | 2072 | 22169 | 639369 |

C-2-6续表3

| 地　区 | 企业会计制度财务指标 | | | |
|---|---|---|---|---|
| | 固定资产原价 | 营业收入 | 费用合计 | 营业利润 |
| **全　国** | **853074.0** | **104792.0** | **56285.9** | **-26083.6** |
| 中央级 | | | | |
| 北　京 | 64664.5 | 18960.9 | 8481.5 | -5559.7 |
| 天　津 | 20.0 | 2926.9 | 1975.8 | 604.9 |
| 河　北 | 641.0 | 1443.3 | 962.5 | -130.5 |
| 山　西 | | | | |
| 内蒙古 | 1860.0 | 199.0 | 33.0 | |
| 辽　宁 | 1301.4 | 100.9 | 159.8 | -409.9 |
| 吉　林 | 1260.0 | | 98.4 | |
| 黑龙江 | 4401.0 | 302.0 | 87.0 | |
| 上　海 | 1411.0 | 2362.1 | 368.6 | -756.6 |
| 江　苏 | 110746.7 | 5655.6 | 5435.8 | -1965.9 |
| 浙　江 | 68839.3 | 9057.6 | 3925.7 | -1282.6 |
| 安　徽 | 21569.2 | 455.0 | 517.5 | 113.7 |
| 福　建 | 1250.0 | 60.0 | 63.0 | |
| 江　西 | 580.0 | 200.0 | 200.0 | |
| 山　东 | 128479.4 | 2475.0 | 3050.1 | -2294.9 |
| 河　南 | 578.0 | | | |
| 湖　北 | 50942.3 | 2289.9 | 1062.8 | -158.4 |
| 湖　南 | 20031.9 | 727.0 | 664.0 | 58.0 |
| 广　东 | 191617.2 | 35179.3 | 19813.5 | -10148.8 |
| 广　西 | 5445.0 | 146.0 | 144.0 | 2.0 |
| 海　南 | 22428.5 | 3402.9 | 689.0 | -523.9 |
| 重　庆 | 53982.0 | 11126.7 | 3035.4 | -778.2 |
| 四　川 | 75809.6 | 7145.0 | 5154.5 | -2737.3 |
| 贵　州 | 2983.6 | 510.1 | 29.0 | 3.1 |
| 云　南 | 12439.2 | 66.8 | 331.0 | -118.6 |
| 西　藏 | | | | |
| 陕　西 | 128.2 | | | |
| 甘　肃 | 2182.0 | | 1.0 | |
| 青　海 | | | | |
| 宁　夏 | 7457.0 | | 3.0 | |
| 新　疆 | 26.0 | | | |

单位：万元

| 事业单位会计制度财务指标 | | | 民间非营利组织会计制度财务指标 | | |
|---|---|---|---|---|---|
| 固定资产原价 | 本年收入合计 | 本年支出合计 | 固定资产原价 | 本年收入合计 | 本年费用合计 |
| **703947.7** | **229224.4** | **227338.1** | **2991265.0** | **995226.3** | **837756.7** |
| | | | | | |
| 65723.5 | 31495.7 | 29657.8 | 222244.8 | 81883.3 | 115460.0 |
| 31415.3 | 17268.5 | 18144.3 | 17044.1 | 32556.9 | 29227.6 |
| 55329.9 | 8169.9 | 8210.9 | 297022.8 | 42335.9 | 50086.9 |
| 9352.1 | 5431.2 | 5300.9 | 36258.3 | 2162.4 | 8413.2 |
| 10390.4 | 4260.8 | 4131.0 | 88096.0 | 16034.0 | 14144.2 |
| | | | | | |
| 33196.3 | 8658.0 | 9827.4 | 135541.7 | 39910.8 | 22591.5 |
| 3646.1 | 1143.5 | 1410.6 | 32966.1 | 7844.7 | 8376.2 |
| 23093.5 | 3374.8 | 3033.5 | 181872.7 | 175410.9 | 11546.8 |
| | | | | | |
| 31587.4 | 5991.1 | 5561.6 | 180663.5 | 209445.0 | 198969.7 |
| 84890.8 | 24502.9 | 23068.1 | 329576.0 | 61067.9 | 61751.3 |
| 37707.2 | 16622.5 | 15909.6 | 147668.7 | 56097.8 | 46211.6 |
| 5423.6 | 1829.4 | 1762.8 | 110320.5 | 25084.4 | 20884.2 |
| 8043.2 | 871.2 | 682.3 | 31683.6 | 4925.0 | 7701.8 |
| 11074.0 | 357.0 | 357.0 | 42371.5 | 5723.7 | 5305.3 |
| 60101.4 | 8204.7 | 8379.1 | 487851.4 | 75700.4 | 83748.7 |
| | | | | | |
| 16386.4 | 7961.3 | 8277.7 | 95815.3 | 13466.8 | 13662.7 |
| 10637.2 | 1290.4 | 1168.0 | 38717.4 | 12562.0 | 11425.4 |
| 36625.6 | 11397.7 | 10867.8 | 32230.8 | 9143.4 | 8345.5 |
| 55855.3 | 49089.4 | 46242.8 | 62533.6 | 35296.8 | 34288.7 |
| 1126.9 | 467.3 | 461.7 | 29060.0 | 15924.7 | 14432.1 |
| 1787.3 | 558.6 | 863.2 | 376.3 | 151.5 | 319.1 |
| | | | | | |
| 26180.7 | 3417.5 | 3418.3 | 93491.2 | 24388.6 | 22869.5 |
| 16465.8 | 783.0 | 1328.4 | 64292.7 | 14235.9 | 15677.8 |
| 7712.4 | 661.9 | 488.8 | 28826.0 | 4630.9 | 5560.7 |
| 17832.6 | 3157.5 | 2547.1 | 20805.2 | 2147.3 | 3228.4 |
| | | | | | |
| 1095.6 | 439.6 | 439.6 | 109863.7 | 16126.4 | 14461.9 |
| 16301.9 | 3361.7 | 1926.1 | 13000.1 | 515.0 | 615.5 |
| 2790.6 | 697.1 | 681.0 | 75.0 | 3.0 | 0.3 |
| 5445.5 | 1224.1 | 6813.7 | 12397.5 | 618.0 | 282.2 |
| 16729.2 | 6536.1 | 6377.0 | 48598.5 | 9832.9 | 8167.9 |

# C-2-7 社会福

| 地区 | 单位数 | 按登记类型分 | | 按床位数量分 | | | |
|---|---|---|---|---|---|---|---|
| | | 编制部门登记 | 一个机构多块牌子 | 0～99张 | 100～299张 | 300～499张 | 500张以上 |
| **全国** | **145** | **141** | **4** | **20** | **38** | **30** | **57** |
| 中央级 | | | | | | | |
| 北京 | 1 | 1 | | 1 | | | |
| 天津 | 1 | 1 | | | | | 1 |
| 河北 | 1 | 1 | | | | | 1 |
| 山西 | 4 | 4 | | | 2 | 2 | |
| 内蒙古 | 4 | 4 | | | 1 | 1 | 2 |
| 辽宁 | | | | | | | |
| 吉林 | 7 | 7 | | | | | 7 |
| 黑龙江 | 7 | 7 | | | | 2 | 5 |
| 上海 | 3 | 3 | | | | 1 | 2 |
| 江苏 | 10 | 10 | | | 4 | 3 | 3 |
| 浙江 | 2 | 2 | | | | 1 | 1 |
| 安徽 | 3 | 3 | | 2 | 1 | | |
| 福建 | 13 | 13 | | 1 | 5 | 6 | 1 |
| 江西 | 2 | 2 | | 1 | | 1 | |
| 山东 | | | | | | | |
| 河南 | 6 | 6 | | 1 | 2 | 3 | |
| 湖北 | 3 | 3 | | | 1 | | 2 |
| 湖南 | 11 | 10 | 1 | 2 | 3 | 2 | 4 |
| 广东 | 1 | 1 | | | | | 1 |
| 广西 | 4 | 4 | | | 1 | 1 | 2 |
| 海南 | | | | | | | |
| 重庆 | 6 | 6 | | 1 | 2 | | 3 |
| 四川 | 21 | 20 | 1 | 4 | 4 | 3 | 10 |
| 贵州 | 19 | 18 | 1 | 7 | 7 | 1 | 4 |
| 云南 | 4 | 4 | | | 2 | | 2 |
| 西藏 | | | | | | | |
| 陕西 | 1 | 1 | | | | | 1 |
| 甘肃 | 2 | 2 | | | 1 | 1 | |
| 青海 | 1 | 1 | | | 1 | | |
| 宁夏 | 1 | | 1 | | | 1 | |
| 新疆 | 7 | 7 | | | 1 | 1 | 5 |

# 利医院

单位：个、人

| 年末职工人数 | #女性 | 受教育程度：大学专科人数 | 受教育程度：大学本科及以上人数 | 职业资格水平：助理社会工作师人数 | 职业资格水平：社会工作师人数 | 按人员性质分：管理人员 | 按人员性质分：专业技术技能人员 |
|---|---|---|---|---|---|---|---|
| **18570** | **11461** | **6359** | **6851** | **184** | **196** | **2588** | **15982** |
| | | | | | | | |
| | | | | | | | |
| 57 | 45 | 5 | 52 | 1 | | 6 | 51 |
| 245 | 129 | 81 | 99 | | | 25 | 220 |
| 148 | 77 | 80 | 28 | 1 | 6 | 2 | 146 |
| 385 | 203 | 94 | 180 | 11 | 4 | 69 | 316 |
| 313 | 141 | 148 | 94 | 4 | 7 | 71 | 242 |
| | | | | | | | |
| | | | | | | | |
| 782 | 435 | 178 | 213 | 2 | 1 | 189 | 593 |
| 1252 | 506 | 340 | 523 | 4 | 14 | 265 | 987 |
| | | | | | | | |
| 562 | 376 | 166 | 204 | 17 | 1 | 105 | 457 |
| 1474 | 946 | 383 | 670 | 28 | 28 | 94 | 1380 |
| 83 | 53 | 8 | 46 | 1 | 1 | 12 | 71 |
| 222 | 164 | 106 | 54 | | 1 | 28 | 194 |
| 1094 | 701 | 341 | 274 | 13 | 21 | 125 | 969 |
| 131 | 85 | 51 | 46 | | 1 | 26 | 105 |
| | | | | | | | |
| | | | | | | | |
| 806 | 495 | 335 | 325 | 4 | 11 | 115 | 691 |
| 464 | 247 | 169 | 123 | | | 79 | 385 |
| 1747 | 1130 | 564 | 515 | 24 | 9 | 263 | 1484 |
| 566 | 365 | 142 | 368 | | 2 | 22 | 544 |
| 1228 | 897 | 378 | 460 | 6 | 4 | 96 | 1132 |
| | | | | | | | |
| | | | | | | | |
| 486 | 260 | 162 | 219 | 27 | 22 | 79 | 407 |
| 4061 | 2667 | 1605 | 1504 | 22 | 16 | 489 | 3572 |
| 782 | 453 | 388 | 229 | 3 | 4 | 212 | 570 |
| 397 | 251 | 140 | 206 | | 14 | 89 | 308 |
| | | | | | | | |
| | | | | | | | |
| 146 | 60 | 36 | 85 | 5 | 8 | 24 | 122 |
| 183 | 124 | 38 | 38 | 1 | 2 | 22 | 161 |
| 228 | 168 | 119 | 76 | | 1 | 22 | 206 |
| 124 | 70 | 43 | 35 | 8 | 10 | 9 | 115 |
| 604 | 413 | 259 | 185 | 2 | 8 | 50 | 554 |

C-2-7续表1

| 地区 | 年龄结构 | | | | 志愿服务 | |
|---|---|---|---|---|---|---|
| | 35岁及以下人数 | 36岁至45岁人数 | 46岁至55岁人数 | 56岁及以上人数 | 志愿者服务人次数 | 志愿服务时间 |
| **全国** | **8481** | **5198** | **3894** | **997** | **19260** | **54401** |
| 中央级 | | | | | | |
| 北京 | 3 | 32 | 21 | 1 | 150 | 688 |
| 天津 | 81 | 93 | 57 | 14 | | |
| 河北 | 73 | 37 | 28 | 10 | | |
| 山西 | 97 | 107 | 159 | 22 | | |
| 内蒙古 | 110 | 61 | 118 | 24 | 520 | 1010 |
| 辽宁 | | | | | | |
| 吉林 | 196 | 336 | 216 | 34 | | |
| 黑龙江 | 338 | 386 | 375 | 153 | | |
| 上海 | 263 | 126 | 116 | 57 | 301 | 1201 |
| 江苏 | 592 | 438 | 375 | 69 | 1570 | 4055 |
| 浙江 | 37 | 27 | 18 | 1 | 1371 | 2633 |
| 安徽 | 126 | 40 | 25 | 31 | 195 | 804 |
| 福建 | 544 | 306 | 186 | 58 | 1187 | 4094 |
| 江西 | 50 | 34 | 41 | 6 | 1650 | 5060 |
| 山东 | | | | | | |
| 河南 | 373 | 252 | 147 | 34 | 1239 | 9627 |
| 湖北 | 84 | 155 | 151 | 74 | | |
| 湖南 | 735 | 595 | 358 | 59 | 775 | 1929 |
| 广东 | 143 | 283 | 129 | 11 | | |
| 广西 | 729 | 276 | 196 | 27 | 191 | 844 |
| 海南 | | | | | | |
| 重庆 | 180 | 186 | 100 | 20 | 9101 | 19151 |
| 四川 | 2610 | 715 | 559 | 177 | 89 | 534 |
| 贵州 | 345 | 210 | 182 | 45 | 605 | 1715 |
| 云南 | 215 | 111 | 53 | 18 | 66 | 276 |
| 西藏 | | | | | | |
| 陕西 | 67 | 36 | 29 | 14 | | |
| 甘肃 | 33 | 39 | 109 | 2 | 130 | 380 |
| 青海 | 122 | 66 | 23 | 17 | | |
| 宁夏 | 52 | 60 | 9 | 3 | 120 | 400 |
| 新疆 | 283 | 191 | 114 | 16 | | |

单位：人、人次、时、张、人天

| 年末床位数 | 年在院总人天数 | 年末在院人数 | #女性 | 按人员性质分 | | |
|---|---|---|---|---|---|---|
| | | | | 特困人员 | 自费人员 | 其他 |
| **63080** | **17499126** | **53872** | **15654** | **23335** | **26822** | **3715** |
| | | | | | | |
| 52 | 7204 | 22 | 13 | 1 | 21 | |
| 620 | 219256 | 620 | 210 | 200 | 420 | |
| 570 | 181260 | 318 | 98 | 45 | 203 | 70 |
| 1100 | 334821 | 936 | 216 | 466 | 158 | 312 |
| 1600 | 434010 | 1187 | 366 | 287 | 749 | 151 |
| | | | | | | |
| 4781 | 925185 | 2738 | 633 | 1155 | 1251 | 332 |
| 4205 | 1477118 | 4019 | 1100 | 2790 | 1211 | 18 |
| 1780 | 595799 | 1645 | 457 | 133 | 1473 | 39 |
| 4783 | 950551 | 4179 | 912 | 2757 | 1381 | 41 |
| 910 | 158587 | 568 | 230 | 137 | 394 | 37 |
| 315 | 34743 | 154 | 56 | 44 | 104 | 6 |
| 3514 | 1041800 | 3176 | 842 | 1372 | 1561 | 243 |
| 380 | 58015 | 347 | 30 | 145 | 202 | |
| | | | | | | |
| 1615 | 567357 | 1564 | 509 | 654 | 610 | 300 |
| 1538 | 282358 | 1053 | 149 | 517 | 458 | 78 |
| 3998 | 1016707 | 3450 | 1154 | 1137 | 1838 | 475 |
| 1700 | 584113 | 1566 | 565 | 476 | 1072 | 18 |
| 2366 | 664312 | 2304 | 756 | 576 | 1625 | 103 |
| | | | | | | |
| 2692 | 770234 | 2212 | 729 | 973 | 1211 | 28 |
| 13115 | 4256638 | 12146 | 3750 | 3723 | 7449 | 974 |
| 3907 | 924979 | 3134 | 858 | 677 | 2345 | 112 |
| 1970 | 469261 | 1736 | 429 | 1667 | 44 | 25 |
| | | | | | | |
| 750 | 154395 | 423 | 157 | 298 | 80 | 45 |
| 525 | 111011 | 395 | 129 | 377 | 16 | 2 |
| 260 | 65743 | 158 | 49 | 16 | 9 | 133 |
| 450 | 144000 | 421 | 149 | 237 | 152 | 32 |
| 3584 | 1069669 | 3401 | 1108 | 2475 | 785 | 141 |

## C-2-7续表2

| 地区 | 按年龄分 | | | 按护理类型分 | | |
|---|---|---|---|---|---|---|
| | 老人 | 青壮年 | 少年儿童 | 自理（完全自理） | 介助（半自理） | 介护（不能自理） |
| **全国** | **16008** | **37206** | **658** | **26938** | **19676** | **7258** |
| 中央级 | | | | | | |
| 北京 | 10 | | 12 | 3 | 1 | 18 |
| 天津 | 223 | 397 | | | 573 | 47 |
| 河北 | 59 | 256 | 3 | 236 | 79 | 3 |
| 山西 | 140 | 765 | 31 | 279 | 351 | 306 |
| 内蒙古 | 149 | 1035 | 3 | 489 | 627 | 71 |
| 辽宁 | | | | | | |
| 吉林 | 680 | 2046 | 12 | 1406 | 811 | 521 |
| 黑龙江 | 1321 | 2688 | 10 | 1531 | 1308 | 1180 |
| 上海 | 542 | 1103 | | 659 | 986 | |
| 江苏 | 1929 | 2177 | 73 | 2611 | 1016 | 552 |
| 浙江 | 219 | 349 | | 208 | 245 | 115 |
| 安徽 | 92 | 58 | 4 | 70 | 63 | 21 |
| 福建 | 635 | 2536 | 5 | 1862 | 1166 | 148 |
| 江西 | 136 | 211 | | 185 | 150 | 12 |
| 山东 | | | | | | |
| 河南 | 328 | 1161 | 75 | 658 | 805 | 101 |
| 湖北 | 485 | 565 | 3 | 643 | 339 | 71 |
| 湖南 | 1282 | 1952 | 216 | 1517 | 1283 | 650 |
| 广东 | 559 | 1006 | 1 | 539 | 787 | 240 |
| 广西 | 623 | 1663 | 18 | 1426 | 623 | 255 |
| 海南 | | | | | | |
| 重庆 | 859 | 1325 | 28 | 924 | 992 | 296 |
| 四川 | 4251 | 7807 | 88 | 5555 | 4576 | 2015 |
| 贵州 | 616 | 2500 | 18 | 2151 | 785 | 198 |
| 云南 | 209 | 1522 | 5 | 845 | 750 | 141 |
| 西藏 | | | | | | |
| 陕西 | 83 | 337 | 3 | 355 | 48 | 20 |
| 甘肃 | 48 | 347 | | 133 | 257 | 5 |
| 青海 | 108 | 45 | 5 | 151 | 7 | |
| 宁夏 | 153 | 250 | 18 | 69 | 254 | 98 |
| 新疆 | 269 | 3105 | 27 | 2433 | 794 | 174 |

单位：人、人次、平方米、万元

| 康复和医疗门诊人次数 | 机构建筑面积 | 事业单位会计制度财务指标 | | |
| --- | --- | --- | --- | --- |
| | | 固定资产原价 | 本年收入合计 | 本年支出合计 |
| **2306369** | **2307657** | **515824.7** | **609120.7** | **553414.7** |
| 14895 | 7993 | 7106.8 | 12622.1 | 13211.5 |
| 56055 | 13451 | 3219.9 | 10823.3 | 10155.5 |
| 35666 | 27318 | 7619.0 | 5794.9 | 6009.7 |
| 59296 | 81185 | 26687.8 | 15787.1 | 13017.8 |
| 34982 | 81393 | 7180.2 | 16079.5 | 18428.5 |
| 89751 | 144602 | 29999.6 | 11445.0 | 13968.3 |
| 299261 | 188543 | 42947.7 | 27547.4 | 28679.0 |
| 9459 | 83562 | 20357.2 | 28284.6 | 24486.1 |
| 124866 | 229439 | 47670.7 | 63875.0 | 61546.0 |
| 37176 | 42585 | 6579.5 | 15940.4 | 15920.8 |
| 786 | 19700 | 1107.4 | 2114.3 | 2192.0 |
| 152330 | 128228 | 19644.9 | 41292.6 | 31435.1 |
| 9194 | 21116 | 2863.2 | 3617.8 | 3367.7 |
| 276681 | 71330 | 11246.2 | 22209.5 | 21298.6 |
| 53037 | 55703 | 3343.9 | 1326.2 | 1325.8 |
| 196029 | 128048 | 30877.1 | 37998.8 | 35914.0 |
| 8175 | 42602 | 17738.9 | 27011.7 | 25911.3 |
| 105089 | 84731 | 20031.3 | 22723.8 | 24801.0 |
| 65382 | 88090 | 12312.3 | 24920.4 | 26097.1 |
| 461181 | 336116 | 117033.1 | 141887.8 | 101117.2 |
| 51211 | 131779 | 17282.4 | 17693.9 | 18880.2 |
| 49790 | 76018 | 21209.9 | 11773.0 | 10609.3 |
| 1926 | 25150 | 4064.7 | 3459.4 | 3720.6 |
| 277 | 36895 | 1440.8 | 3972.6 | 5413.2 |
| 35452 | 16830 | 5312.6 | 3635.4 | 5486.1 |
| 8500 | 12000 | 1060.0 | 2961.0 | 2282.0 |
| 69922 | 133250 | 29887.6 | 32323.2 | 28140.3 |

# C-2-8 儿童福利

| 地区 | 单位数 | 按登记类型分 | | | 按床位数量分 | | | |
|---|---|---|---|---|---|---|---|---|
| | | 编制部门登记 | 民政部门登记 | 一个机构多块牌子 | 0～99张 | 100～299张 | 300～499张 | 500张以上 |
| **全 国** | **651** | **362** | **63** | **226** | **322** | **234** | **60** | **35** |
| 中央级 | | | | | | | | |
| 北 京 | 12 | 11 | 1 | | 3 | 6 | 1 | 2 |
| 天 津 | 2 | 1 | 1 | | | 2 | | |
| 河 北 | 7 | 4 | 3 | | 4 | 3 | | |
| 山 西 | 14 | 4 | 4 | 6 | 11 | 3 | | |
| 内蒙古 | 9 | 8 | 1 | | 1 | 5 | 2 | 1 |
| 辽 宁 | 12 | 8 | 2 | 2 | 9 | 2 | | 1 |
| 吉 林 | 10 | 8 | | 2 | 3 | 5 | 1 | 1 |
| 黑龙江 | 15 | 14 | 1 | | 2 | 11 | 1 | 1 |
| 上 海 | 4 | 3 | 1 | | 2 | 1 | | 1 |
| 江 苏 | 33 | 11 | | 22 | 19 | 11 | 2 | 1 |
| 浙 江 | 17 | 12 | 2 | 3 | 6 | 8 | 2 | 1 |
| 安 徽 | 33 | 23 | | 10 | 10 | 17 | 5 | 1 |
| 福 建 | 13 | 6 | 3 | 4 | 7 | 5 | 1 | |
| 江 西 | 14 | 6 | 8 | | 8 | 4 | 2 | |
| 山 东 | 17 | 12 | | 5 | 2 | 6 | 6 | 3 |
| 河 南 | 23 | 19 | 3 | 1 | 10 | 9 | 2 | 2 |
| 湖 北 | 46 | 14 | | 32 | 33 | 8 | 4 | 1 |
| 湖 南 | 41 | 16 | 4 | 21 | 24 | 14 | 3 | |
| 广 东 | 52 | 27 | 14 | 11 | 27 | 20 | 3 | 2 |
| 广 西 | 40 | 7 | 1 | 32 | 26 | 12 | 2 | |
| 海 南 | 1 | | 1 | | 1 | | | |
| 重 庆 | 6 | 5 | 1 | | 1 | 3 | | 2 |
| 四 川 | 83 | 29 | 1 | 53 | 55 | 19 | 7 | 2 |
| 贵 州 | 25 | 14 | | 11 | 11 | 10 | 3 | 1 |
| 云 南 | 27 | 25 | 2 | | 13 | 13 | | 1 |
| 西 藏 | 6 | 6 | | | | | 3 | 3 |
| 陕 西 | 19 | 12 | 3 | 4 | 9 | 6 | 2 | 2 |
| 甘 肃 | 15 | 9 | 3 | 3 | 8 | 4 | 2 | 1 |
| 青 海 | 6 | 4 | 2 | | 2 | 2 | | 2 |
| 宁 夏 | 7 | 4 | | 3 | 3 | 3 | 1 | |
| 新 疆 | 42 | 40 | 1 | 1 | 12 | 22 | 5 | 3 |

# 和救助机构总表

单位：个、人

| 年末职工人数 | #女性 | 按登记类型分 | | | 受教育程度 | |
|---|---|---|---|---|---|---|
| | | 编制部门登记 | 民政部门登记 | 一个机构多块牌子 | 大学专科人数 | 大学本科及以上人数 |
| **14278** | **9716** | **11489** | **991** | **1798** | **3812** | **4530** |
| | | | | | | |
| 547 | 350 | 511 | 36 | | 143 | 255 |
| 52 | 30 | 18 | 34 | | 34 | 14 |
| 63 | 31 | 28 | 35 | | 1 | 8 |
| 188 | 111 | 47 | 23 | 118 | 44 | 75 |
| 354 | 244 | 351 | 3 | | 112 | 125 |
| | | | | | | |
| 295 | 201 | 196 | 23 | 76 | 138 | 119 |
| 409 | 261 | 350 | | 59 | 42 | 65 |
| 437 | 267 | 432 | 5 | | 132 | 113 |
| | | | | | | |
| 382 | 316 | 335 | 47 | | 115 | 195 |
| 634 | 435 | 511 | | 123 | 157 | 305 |
| 577 | 438 | 557 | 7 | 13 | 163 | 280 |
| 842 | 571 | 708 | | 134 | 165 | 164 |
| 173 | 123 | 114 | 23 | 36 | 46 | 68 |
| 176 | 134 | 117 | 59 | | 25 | 18 |
| 398 | 263 | 342 | | 56 | 105 | 223 |
| | | | | | | |
| 1032 | 822 | 996 | 15 | 21 | 182 | 199 |
| 648 | 427 | 384 | | 264 | 206 | 212 |
| 593 | 331 | 328 | 43 | 222 | 195 | 126 |
| 1799 | 1287 | 1251 | 488 | 60 | 424 | 344 |
| 886 | 652 | 627 | 14 | 245 | 204 | 307 |
| 12 | 7 | | 12 | | 1 | 2 |
| | | | | | | |
| 300 | 233 | 284 | 16 | | 69 | 208 |
| 998 | 642 | 800 | 4 | 194 | 330 | 284 |
| 293 | 178 | 226 | | 67 | 100 | 128 |
| 303 | 179 | 280 | 23 | | 66 | 130 |
| 106 | 64 | 106 | | | 41 | 43 |
| | | | | | | |
| 371 | 226 | 292 | 19 | 60 | 108 | 151 |
| 416 | 269 | 379 | 11 | 26 | 90 | 106 |
| 127 | 12 | 81 | 46 | | 15 | 32 |
| 261 | 221 | 237 | | 24 | 87 | 93 |
| 606 | 391 | 601 | 5 | | 272 | 138 |

## C-2-8续表1

| 地区 | 职业资格水平 | | 按人员性质分 | | 年龄结构 | | |
|---|---|---|---|---|---|---|---|
| | 助理社会工作师人数 | 社会工作师人数 | 管理人员 | 专业技术技能人员 | 35岁及以下人数 | 36岁至45岁人数 | 46岁至55岁人数 |
| **全 国** | **656** | **703** | **4206** | **10072** | **5336** | **5211** | **3202** |
| 中央级 | | | | | | | |
| 北 京 | 16 | 19 | 125 | 422 | 163 | 184 | 185 |
| 天 津 | 1 | 2 | 18 | 34 | 26 | 17 | 6 |
| 河 北 | | | 17 | 46 | 10 | 37 | 10 |
| 山 西 | 12 | 3 | 66 | 122 | 46 | 77 | 48 |
| 内蒙古 | 12 | 7 | 89 | 265 | 164 | 105 | 64 |
| 辽 宁 | 13 | 10 | 117 | 178 | 81 | 87 | 115 |
| 吉 林 | 12 | 12 | 99 | 310 | 140 | 137 | 88 |
| 黑龙江 | 7 | 22 | 151 | 286 | 156 | 148 | 107 |
| 上 海 | 28 | 7 | 60 | 322 | 183 | 112 | 69 |
| 江 苏 | 73 | 52 | 110 | 524 | 264 | 176 | 165 |
| 浙 江 | 24 | 31 | 132 | 445 | 272 | 169 | 127 |
| 安 徽 | 20 | 36 | 402 | 440 | 229 | 373 | 221 |
| 福 建 | 9 | 30 | 81 | 92 | 55 | 64 | 45 |
| 江 西 | 3 | 1 | 63 | 113 | 54 | 71 | 46 |
| 山 东 | 32 | 53 | 164 | 234 | 139 | 143 | 98 |
| 河 南 | 16 | 33 | 178 | 854 | 383 | 468 | 172 |
| 湖 北 | 29 | 21 | 191 | 457 | 227 | 244 | 144 |
| 湖 南 | 20 | 15 | 232 | 361 | 192 | 227 | 150 |
| 广 东 | 76 | 59 | 468 | 1331 | 671 | 673 | 396 |
| 广 西 | 31 | 30 | 204 | 682 | 319 | 336 | 202 |
| 海 南 | | | 2 | 10 | | 2 | 10 |
| 重 庆 | 16 | 57 | 102 | 198 | 179 | 61 | 51 |
| 四 川 | 45 | 72 | 406 | 592 | 367 | 360 | 235 |
| 贵 州 | 14 | 9 | 148 | 145 | 136 | 95 | 47 |
| 云 南 | 11 | 40 | 128 | 175 | 121 | 138 | 37 |
| 西 藏 | 49 | | 35 | 71 | 69 | 29 | 8 |
| 陕 西 | 32 | 18 | 125 | 246 | 129 | 130 | 94 |
| 甘 肃 | 23 | 15 | 93 | 323 | 188 | 132 | 84 |
| 青 海 | | | 23 | 104 | 30 | 54 | 40 |
| 宁 夏 | 14 | 23 | 19 | 242 | 126 | 87 | 43 |
| 新 疆 | 18 | 26 | 158 | 448 | 217 | 275 | 95 |

单位：人、人次、时、张

| 56岁及以上人数 | 志愿服务 | | 年末床位数 | | | |
| --- | --- | --- | --- | --- | --- | --- |
| | 志愿者服务人次数 | 志愿服务时间 | | 编制部门登记 | 民政部门登记 | 一个机构多块牌子 |
| **529** | **43418** | **114915** | **97175** | **76891** | **6241** | **14043** |
| 15 | 97 | 527 | 3153 | 2953 | 200 | |
| 3 | | | 345 | 200 | 145 | |
| 6 | | | 724 | 334 | 390 | |
| 17 | | | 1113 | 361 | 200 | 552 |
| 21 | 122 | 265 | 1983 | 1951 | 32 | |
| 12 | 180 | 400 | 1166 | 996 | 60 | 110 |
| 44 | | | 3127 | 2810 | | 317 |
| 26 | 613 | 1297 | 3535 | 3335 | 200 | |
| 18 | 1265 | 4731 | 2091 | 2021 | 70 | |
| 29 | 2601 | 7487 | 3835 | 2374 | | 1461 |
| 9 | 1752 | 3662 | 2739 | 2497 | 2 | 240 |
| 19 | 1745 | 5534 | 6033 | 4519 | | 1514 |
| 9 | 1021 | 2299 | 1323 | 899 | 203 | 221 |
| 5 | 2221 | 6540 | 1663 | 920 | 743 | |
| 18 | 9261 | 25191 | 5123 | 4417 | | 706 |
| 9 | 2580 | 8483 | 4226 | 4089 | 107 | 30 |
| 33 | 2847 | 4003 | 4192 | 2620 | | 1572 |
| 24 | 2246 | 8122 | 3920 | 2426 | 576 | 918 |
| 59 | 7180 | 8978 | 6379 | 4255 | 1117 | 1007 |
| 29 | 348 | 2678 | 3463 | 1425 | 160 | 1878 |
| | | | 30 | | 30 | |
| 9 | 186 | 1031 | 2579 | 2529 | 50 | |
| 36 | 106 | 212 | 8051 | 5703 | 20 | 2328 |
| 15 | 6330 | 20709 | 3373 | 2628 | | 745 |
| 7 | 43 | 301 | 3229 | 3014 | 215 | |
| | | | 4091 | 3520 | 571 | |
| 18 | 265 | 749 | 2971 | 2804 | 70 | 97 |
| 12 | 247 | 466 | 2543 | 2266 | 210 | 67 |
| 3 | 2 | 8 | 1700 | 850 | 850 | |
| 5 | 160 | 1242 | 940 | 680 | | 260 |
| 19 | | | 7535 | 7495 | 20 | 20 |

C−2−8续表2

| 地　区 | 年末在院人数 | #女性 | 按登记类型分 | | |
|---|---|---|---|---|---|
| | | | 编制部门登记 | 民政部门登记 | 一个机构多块牌子 |
| **全　国** | **49312** | **16108** | **42032** | **4108** | **3172** |
| 中央级 | | | | | |
| 北　京 | 1049 | 333 | 958 | 91 | |
| 天　津 | 159 | 58 | 16 | 143 | |
| 河　北 | 346 | 39 | 98 | 248 | |
| 山　西 | 730 | 283 | 255 | 136 | 339 |
| 内蒙古 | 1114 | 234 | 1091 | 23 | |
| 辽　宁 | 527 | 186 | 469 | 24 | 34 |
| 吉　林 | 1653 | 119 | 1412 | | 241 |
| 黑龙江 | 1453 | 524 | 1283 | 170 | |
| 上　海 | 1601 | 635 | 1531 | 70 | |
| 江　苏 | 1841 | 849 | 1580 | | 261 |
| 浙　江 | 1317 | 553 | 1264 | 2 | 51 |
| 安　徽 | 2753 | 1104 | 2386 | | 367 |
| 福　建 | 697 | 235 | 525 | 118 | 54 |
| 江　西 | 1174 | 161 | 449 | 725 | |
| 山　东 | 1826 | 672 | 1703 | | 123 |
| 河　南 | 2972 | 1551 | 2913 | 59 | |
| 湖　北 | 1641 | 674 | 1217 | | 424 |
| 湖　南 | 1822 | 572 | 1500 | 103 | 219 |
| 广　东 | 3500 | 1148 | 2431 | 828 | 241 |
| 广　西 | 1152 | 500 | 718 | 109 | 325 |
| 海　南 | 1 | 1 | | 1 | |
| 重　庆 | 821 | 309 | 771 | 50 | |
| 四　川 | 2907 | 1227 | 2622 | 7 | 278 |
| 贵　州 | 1116 | 493 | 940 | | 176 |
| 云　南 | 1608 | 352 | 1435 | 173 | |
| 西　藏 | 3731 | 427 | 3381 | 350 | |
| 陕　西 | 1879 | 675 | 1832 | 47 | |
| 甘　肃 | 1232 | 314 | 1099 | 131 | 2 |
| 青　海 | 1202 | 74 | 722 | 480 | |
| 宁　夏 | 349 | 126 | 317 | | 32 |
| 新　疆 | 5139 | 1680 | 5114 | 20 | 5 |

单位：人、人天、万元

| 事业单位会计制度财务指标 | | | 民间非营利组织会计制度财务指标 | | |
|---|---|---|---|---|---|
| 固定资产原价 | 本年收入合计 | 本年支出合计 | 固定资产原价 | 本年收入合计 | 本年费用合计 |
| **447458.9** | **329812.2** | **321350.9** | **9293.0** | **5561.1** | **5507.3** |
| | | | | | |
| | | | | | |
| 21589.5 | 24807.1 | 22577.2 | 100.0 | 175.5 | 212.5 |
| 111.9 | 788.1 | 823.6 | 50.0 | 84.0 | 220.5 |
| 348.2 | 523.3 | 463.1 | 318.6 | | 196.4 |
| 255.4 | 434.6 | 439.4 | 60.0 | | 5.5 |
| 16720.3 | 7489.1 | 6730.7 | 200.0 | 30.0 | 30.0 |
| | | | | | |
| 7960.8 | 4366.2 | 4193.7 | 138.0 | 87.0 | 114.6 |
| 9559.8 | 11054.5 | 10658.0 | | | |
| 24841.5 | 10108.4 | 9687.0 | 50.0 | | 1.0 |
| | | | | | |
| 18239.7 | 17240.8 | 17171.3 | 45.8 | | 226.6 |
| 15400.5 | 20960.0 | 20745.8 | | | |
| 22411.4 | 28157.8 | 25616.6 | 50.0 | 30.0 | 20.0 |
| 19109.4 | 13409.2 | 10331.1 | | | |
| 4284.8 | 4768.9 | 4572.7 | 483.2 | 181.8 | 178.1 |
| 3305.1 | 1905.0 | 2593.5 | 861.0 | 73.0 | 163.9 |
| 21869.3 | 17472.5 | 16430.4 | | | |
| | | | | | |
| 19323.2 | 11541.6 | 11993.5 | 25.0 | 1.6 | 2.0 |
| 11275.6 | 12712.0 | 12541.0 | | | |
| 18844.6 | 7089.9 | 7983.2 | 341.0 | 630.9 | 628.9 |
| 38402.1 | 35629.8 | 37480.4 | 4792.9 | 3423.5 | 3252.8 |
| 8611.2 | 10632.6 | 10110.8 | 326.0 | 133.4 | 133.3 |
| | | | 300.0 | | |
| | | | | | |
| 10652.9 | 14566.6 | 17556.0 | 20.0 | 20.0 | 20.0 |
| 40030.6 | 18027.7 | 19740.0 | 0.5 | | 11.0 |
| 8896.5 | 4375.1 | 4222.3 | | | |
| 15075.5 | 6158.6 | 4856.3 | 870.0 | 18.3 | 17.0 |
| 14596.0 | 4252.7 | 3246.4 | | | |
| | | | | | |
| 22526.6 | 14936.5 | 14997.4 | 126.0 | 44.5 | 43.0 |
| 17804.1 | 5293.1 | 5189.2 | 25.0 | 2.0 | 24.2 |
| 2340.0 | 123.8 | 196.4 | 100.0 | 625.6 | 5.0 |
| 9356.5 | 4450.9 | 3285.2 | | | |
| 23715.9 | 16535.8 | 14918.7 | 10.0 | | 1.0 |

# C-2-9 儿童

| 地区 | 单位数 | 0～99张 | 100～299张 | 300～499张 | 500张以上 | 年末职工人数 | #女性 |
|---|---|---|---|---|---|---|---|
| **全国** | **475** | **173** | **209** | **58** | **35** | **12919** | **9163** |
| 中央级 | | | | | | | |
| 北京 | 10 | 3 | 5 | | 2 | 506 | 333 |
| 天津 | 2 | | 2 | | | 52 | 30 |
| 河北 | 7 | 4 | 3 | | | 63 | 31 |
| 山西 | 10 | 7 | 3 | | | 146 | 89 |
| 内蒙古 | 9 | 1 | 5 | 2 | 1 | 354 | 244 |
| 辽宁 | 10 | 7 | 2 | | 1 | 275 | 196 |
| 吉林 | 10 | 3 | 5 | 1 | 1 | 409 | 261 |
| 黑龙江 | 14 | 1 | 11 | 1 | 1 | 429 | 261 |
| 上海 | 3 | 2 | | | 1 | 325 | 265 |
| 江苏 | 13 | 2 | 8 | 2 | 1 | 551 | 402 |
| 浙江 | 17 | 6 | 8 | 2 | 1 | 577 | 438 |
| 安徽 | 28 | 8 | 14 | 5 | 1 | 810 | 564 |
| 福建 | 11 | 5 | 5 | 1 | | 156 | 113 |
| 江西 | 12 | 7 | 3 | 2 | | 161 | 127 |
| 山东 | 14 | | 5 | 6 | 3 | 376 | 255 |
| 河南 | 19 | 8 | 7 | 2 | 2 | 968 | 799 |
| 湖北 | 20 | 10 | 5 | 4 | 1 | 463 | 364 |
| 湖南 | 23 | 8 | 12 | 3 | | 424 | 271 |
| 广东 | 44 | 21 | 18 | 3 | 2 | 1701 | 1259 |
| 广西 | 16 | 5 | 9 | 2 | | 691 | 568 |
| 海南 | 1 | 1 | | | | 12 | 7 |
| 重庆 | 6 | 1 | 3 | | 2 | 300 | 233 |
| 四川 | 48 | 23 | 17 | 6 | 2 | 879 | 601 |
| 贵州 | 18 | 4 | 10 | 3 | 1 | 232 | 152 |
| 云南 | 24 | 10 | 13 | | 1 | 261 | 169 |
| 西藏 | 6 | | | 3 | 3 | 106 | 64 |
| 陕西 | 15 | 5 | 6 | 2 | 2 | 311 | 184 |
| 甘肃 | 13 | 6 | 4 | 2 | 1 | 396 | 264 |
| 青海 | 6 | 2 | 2 | | 2 | 127 | 12 |
| 宁夏 | 4 | 1 | 2 | 1 | | 252 | 216 |
| 新疆 | 42 | 12 | 22 | 5 | 3 | 606 | 391 |

# 福利机构

单位：个、人

| 受教育程度 | | 职业资格水平 | | 按人员性质分 | |
|---|---|---|---|---|---|
| 大学专科人数 | 大学本科及以上人数 | 助理社会工作师人数 | 社会工作师人数 | 管理人员 | 专业技术技能人员 |
| **3381** | **4042** | **572** | **637** | **3534** | **9385** |
| 137 | 220 | 13 | 15 | 84 | 422 |
| 34 | 14 | 1 | 2 | 18 | 34 |
| 1 | 8 | | | 17 | 46 |
| 34 | 61 | 11 | 3 | 57 | 89 |
| 112 | 125 | 12 | 7 | 89 | 265 |
| 126 | 111 | 13 | 10 | 102 | 173 |
| 42 | 65 | 12 | 12 | 99 | 310 |
| 132 | 105 | 7 | 22 | 148 | 281 |
| 88 | 171 | 24 | 2 | 51 | 274 |
| 109 | 285 | 68 | 48 | 84 | 467 |
| 163 | 280 | 24 | 31 | 132 | 445 |
| 149 | 155 | 20 | 35 | 391 | 419 |
| 42 | 58 | 9 | 22 | 76 | 80 |
| 20 | 18 | 3 | 1 | 60 | 101 |
| 104 | 216 | 32 | 51 | 150 | 226 |
| 157 | 178 | 15 | 32 | 133 | 835 |
| 146 | 168 | 23 | 20 | 99 | 364 |
| 119 | 83 | 15 | 8 | 130 | 294 |
| 401 | 298 | 56 | 45 | 422 | 1279 |
| 164 | 213 | 23 | 21 | 81 | 610 |
| 1 | 2 | | | 2 | 10 |
| 69 | 208 | 16 | 57 | 102 | 198 |
| 287 | 245 | 43 | 68 | 329 | 550 |
| 78 | 108 | 13 | 7 | 132 | 100 |
| 61 | 125 | 9 | 37 | 120 | 141 |
| 41 | 43 | 49 | | 35 | 71 |
| 107 | 120 | 7 | 18 | 113 | 198 |
| 83 | 101 | 22 | 15 | 80 | 316 |
| 15 | 32 | | | 23 | 104 |
| 87 | 88 | 14 | 22 | 17 | 235 |
| 272 | 138 | 18 | 26 | 158 | 448 |

C-2-9续表1

| 地　区 | 年龄结构 | | | | 志愿服务 | |
|---|---|---|---|---|---|---|
| | 35岁及以下人数 | 36岁至45岁人数 | 46岁至55岁人数 | 56岁及以上人数 | 志愿者服务人次数 | 志愿服务时间 |
| **全　国** | **4929** | **4670** | **2902** | **418** | **40860** | **104799** |
| 中央级 | | | | | | |
| 北　京 | 150 | 169 | 175 | 12 | 92 | 497 |
| 天　津 | 26 | 17 | 6 | 3 | | |
| 河　北 | 10 | 37 | 10 | 6 | | |
| 山　西 | 36 | 60 | 41 | 9 | | |
| 内蒙古 | 164 | 105 | 64 | 21 | 122 | 265 |
| 辽　宁 | 77 | 82 | 105 | 11 | 180 | 400 |
| 吉　林 | 140 | 137 | 88 | 44 | | |
| 黑龙江 | 153 | 143 | 107 | 26 | 613 | 1297 |
| 上　海 | 157 | 88 | 63 | 17 | 1255 | 4701 |
| 江　苏 | 227 | 141 | 158 | 25 | 2320 | 6584 |
| 浙　江 | 272 | 169 | 127 | 9 | 1752 | 3662 |
| 安　徽 | 218 | 363 | 211 | 18 | 1741 | 5522 |
| 福　建 | 48 | 57 | 43 | 8 | 1019 | 2295 |
| 江　西 | 47 | 65 | 44 | 5 | 1621 | 4040 |
| 山　东 | 134 | 135 | 92 | 15 | 8881 | 24071 |
| 河　南 | 368 | 433 | 161 | 6 | 2520 | 8403 |
| 湖　北 | 172 | 176 | 103 | 12 | 2496 | 3319 |
| 湖　南 | 145 | 159 | 103 | 17 | 1803 | 6196 |
| 广　东 | 641 | 639 | 368 | 53 | 7180 | 8978 |
| 广　西 | 270 | 265 | 149 | 7 | | |
| 海　南 | | 2 | 10 | | | |
| 重　庆 | 179 | 61 | 51 | 9 | 186 | 1031 |
| 四　川 | 333 | 307 | 215 | 24 | 55 | 126 |
| 贵　州 | 104 | 90 | 32 | 6 | 6330 | 20709 |
| 云　南 | 115 | 104 | 35 | 7 | 43 | 301 |
| 西　藏 | 69 | 29 | 8 | | | |
| 陕　西 | 124 | 97 | 78 | 12 | 253 | 701 |
| 甘　肃 | 181 | 127 | 79 | 9 | 236 | 451 |
| 青　海 | 30 | 54 | 40 | 3 | 2 | 8 |
| 宁　夏 | 122 | 84 | 41 | 5 | 160 | 1242 |
| 新　疆 | 217 | 275 | 95 | 19 | | |

单位：人、人次、时、张、人天、平方米

| 年末床位数 | 年在院总人天数 | 年末在院人数 | #女性 | 家庭寄养儿童数量 | 机构建筑面积 |
|---|---|---|---|---|---|
| **89314** | **14214399** | **48849** | **16011** | **5923** | **2808631** |
| 2703 | 214834 | 1012 | 322 | 323 | 152829 |
| 345 | 58400 | 159 | 58 | | 11973 |
| 724 | 80260 | 346 | 39 | 99 | 9781 |
| 1009 | 247010 | 730 | 283 | 585 | 23519 |
| 1983 | 370117 | 1114 | 234 | 2 | 57198 |
| 1086 | 275580 | 527 | 186 | 205 | 26629 |
| 3127 | 608541 | 1653 | 119 | 30 | 228979 |
| 3515 | 337564 | 1453 | 524 | 100 | 126285 |
| 1991 | 398580 | 1587 | 630 | 240 | 40036 |
| 2824 | 559097 | 1837 | 849 | 167 | 92179 |
| 2739 | 529743 | 1317 | 553 | 360 | 75811 |
| 5489 | 886341 | 2752 | 1104 | 154 | 173901 |
| 1301 | 265276 | 697 | 235 | 258 | 27618 |
| 1523 | 302477 | 1174 | 161 | | 51510 |
| 4917 | 695275 | 1824 | 671 | 289 | 152292 |
| 3806 | 934666 | 2919 | 1551 | 364 | 239961 |
| 3348 | 535832 | 1590 | 670 | 302 | 59501 |
| 3224 | 395669 | 1737 | 565 | 826 | 76177 |
| 5982 | 1218289 | 3363 | 1098 | 134 | 179174 |
| 2555 | 299487 | 1135 | 490 | 293 | 58357 |
| 30 | 365 | 1 | 1 | | 2002 |
| 2579 | 310423 | 821 | 309 | 1 | 125400 |
| 6772 | 979515 | 2872 | 1218 | 422 | 187180 |
| 3130 | 333864 | 1089 | 493 | 130 | 67491 |
| 3154 | 362565 | 1608 | 352 | 184 | 105267 |
| 4091 | 455718 | 3731 | 427 | 4 | 60316 |
| 2874 | 595320 | 1879 | 675 | 263 | 103611 |
| 2478 | 353974 | 1232 | 314 | 36 | 84236 |
| 1700 | 246281 | 1202 | 74 | | 15198 |
| 780 | 113740 | 349 | 126 | 3 | 25443 |
| 7535 | 1249596 | 5139 | 1680 | 149 | 168777 |

## C-2-9续表2

| 地区 | 事业单位会计制度财务指标 | | |
| --- | --- | --- | --- |
| | 固定资产原价 | 本年收入合计 | 本年支出合计 |
| **全国** | **435669.7** | **322522.5** | **314886.6** |
| 中央级 | | | |
| 北京 | 21381.6 | 24238.4 | 22402.3 |
| 天津 | 111.9 | 788.1 | 823.6 |
| 河北 | 348.2 | 523.3 | 463.1 |
| 山西 | 255.4 | 434.6 | 439.4 |
| 内蒙古 | 16720.3 | 7489.1 | 6730.7 |
| 辽宁 | 7957.8 | 4349.2 | 4176.7 |
| 吉林 | 9559.8 | 11054.5 | 10658.0 |
| 黑龙江 | 23599.0 | 9866.0 | 9444.6 |
| 上海 | 17682.8 | 15289.8 | 15222.4 |
| 江苏 | 15400.5 | 20960.0 | 20745.8 |
| 浙江 | 22411.4 | 28157.8 | 25616.6 |
| 安徽 | 19109.4 | 13409.2 | 10331.1 |
| 福建 | 4284.8 | 4768.9 | 4572.7 |
| 江西 | 3265.1 | 1827.0 | 2513.5 |
| 山东 | 21869.3 | 17472.5 | 16430.4 |
| 河南 | 17795.2 | 10651.1 | 11337.0 |
| 湖北 | 11166.6 | 12667.0 | 12496.0 |
| 湖南 | 18812.6 | 6913.4 | 7914.5 |
| 广东 | 30554.4 | 32488.3 | 34405.2 |
| 广西 | 8599.2 | 10632.6 | 10110.8 |
| 海南 | | | |
| 重庆 | 10652.9 | 14566.6 | 17556.0 |
| 四川 | 40010.6 | 18002.7 | 19715.0 |
| 贵州 | 8841.5 | 4362.1 | 4211.3 |
| 云南 | 14943.3 | 6017.5 | 4736.6 |
| 西藏 | 14596.0 | 4252.7 | 3246.4 |
| 陕西 | 22526.6 | 14936.5 | 14997.4 |
| 甘肃 | 17804.1 | 5293.1 | 5189.2 |
| 青海 | 2340.0 | 123.8 | 196.4 |
| 宁夏 | 9353.5 | 4450.9 | 3285.2 |
| 新疆 | 23715.9 | 16535.8 | 14918.7 |

单位：万元

| 民间非营利组织会计制度财务指标 | | |
|---|---|---|
| 固定资产原价 | 本年收入合计 | 本年费用合计 |
| **9293.0** | **5561.1** | **5507.3** |
| | | |
| 100.0 | 175.5 | 212.5 |
| 50.0 | 84.0 | 220.5 |
| 318.6 | | 196.4 |
| 60.0 | | 5.5 |
| 200.0 | 30.0 | 30.0 |
| | | |
| 138.0 | 87.0 | 114.6 |
| | | |
| 50.0 | | 1.0 |
| | | |
| 45.8 | | 226.6 |
| | | |
| 50.0 | 30.0 | 20.0 |
| | | |
| 483.2 | 181.8 | 178.1 |
| 861.0 | 73.0 | 163.9 |
| | | |
| | | |
| 25.0 | 1.6 | 2.0 |
| | | |
| 341.0 | 630.9 | 628.9 |
| 4792.9 | 3423.5 | 3252.8 |
| 326.0 | 133.4 | 133.3 |
| 300.0 | | |
| | | |
| 20.0 | 20.0 | 20.0 |
| 0.5 | | 11.0 |
| | | |
| 870.0 | 18.3 | 17.0 |
| | | |
| | | |
| 126.0 | 44.5 | 43.0 |
| 25.0 | 2.0 | 24.2 |
| 100.0 | 625.6 | 5.0 |
| | | |
| 10.0 | | 1.0 |

# C−2−10 未成年人

| 地区 | 单位数 | | | | | 年末职工人数 | #女性 |
|---|---|---|---|---|---|---|---|
| | | 0～99张 | 100～299张 | 300～499张 | 500张以上 | | |
| **全国** | **176** | **149** | **25** | **2** | | **1359** | **553** |
| 中央级 | | | | | | | |
| 北京 | 2 | | 1 | 1 | | 41 | 17 |
| 天津 | | | | | | | |
| 河北 | | | | | | | |
| 山西 | 4 | 4 | | | | 42 | 22 |
| 内蒙古 | | | | | | | |
| 辽宁 | 2 | 2 | | | | 20 | 5 |
| 吉林 | | | | | | | |
| 黑龙江 | 1 | 1 | | | | 8 | 6 |
| 上海 | 1 | | 1 | | | 57 | 51 |
| 江苏 | 20 | 17 | 3 | | | 83 | 33 |
| 浙江 | | | | | | | |
| 安徽 | 5 | 2 | 3 | | | 32 | 7 |
| 福建 | 2 | 2 | | | | 17 | 10 |
| 江西 | 2 | 1 | 1 | | | 15 | 7 |
| 山东 | 3 | 2 | 1 | | | 22 | 8 |
| 河南 | 4 | 2 | 2 | | | 64 | 23 |
| 湖北 | 26 | 23 | 3 | | | 185 | 63 |
| 湖南 | 18 | 16 | 2 | | | 169 | 60 |
| 广东 | 8 | 6 | 2 | | | 98 | 28 |
| 广西 | 24 | 21 | 3 | | | 195 | 84 |
| 海南 | | | | | | | |
| 重庆 | | | | | | | |
| 四川 | 35 | 32 | 2 | 1 | | 119 | 41 |
| 贵州 | 7 | 7 | | | | 61 | 26 |
| 云南 | 3 | 3 | | | | 42 | 10 |
| 西藏 | | | | | | | |
| 陕西 | 4 | 4 | | | | 60 | 42 |
| 甘肃 | 2 | 2 | | | | 20 | 5 |
| 青海 | | | | | | | |
| 宁夏 | 3 | 2 | 1 | | | 9 | 5 |
| 新疆 | | | | | | | |

# 救助保护中心

单位：个、人

| 受教育程度 | | 职业资格水平 | | 按人员性质分 | |
|---|---|---|---|---|---|
| 大学专科人数 | 大学本科及以上人数 | 助理社会工作师人数 | 社会工作师人数 | 管理人员 | 专业技术技能人员 |
| **431** | **488** | **84** | **66** | **672** | **687** |
| | | | | | |
| | | | | | |
| 6 | 35 | 3 | 4 | 41 | |
| | | | | | |
| | | | | | |
| 10 | 14 | 1 | | 9 | 33 |
| | | | | | |
| | | | | | |
| 12 | 8 | | | 15 | 5 |
| | | | | | |
| | 8 | | | 3 | 5 |
| | | | | | |
| 27 | 24 | 4 | 5 | 9 | 48 |
| 48 | 20 | 5 | 4 | 26 | 57 |
| | | | | | |
| 16 | 9 | | 1 | 11 | 21 |
| 4 | 10 | | 8 | 5 | 12 |
| 5 | | | | 3 | 12 |
| 1 | 7 | | 2 | 14 | 8 |
| | | | | | |
| 25 | 21 | 1 | 1 | 45 | 19 |
| 60 | 44 | 6 | 1 | 92 | 93 |
| 76 | 43 | 5 | 7 | 102 | 67 |
| 23 | 46 | 20 | 14 | 46 | 52 |
| 40 | 94 | 8 | 9 | 123 | 72 |
| | | | | | |
| | | | | | |
| | | | | | |
| 43 | 39 | 2 | 4 | 77 | 42 |
| 22 | 20 | 1 | 2 | 16 | 45 |
| 5 | 5 | 2 | 3 | 8 | 34 |
| | | | | | |
| | | | | | |
| 1 | 31 | 25 | | 12 | 48 |
| 7 | 5 | 1 | | 13 | 7 |
| | | | | | |
| | 5 | | 1 | 2 | 7 |

C-2-10续表1

| 地区 | 年龄结构 | | | | 志愿服务 | |
| --- | --- | --- | --- | --- | --- | --- |
| | 35岁及以下人数 | 36岁至45岁人数 | 46岁至55岁人数 | 56岁及以上人数 | 志愿者服务人次数 | 志愿服务时间 |
| **全 国** | **407** | **541** | **300** | **111** | **2558** | **10116** |
| 中央级 | | | | | | |
| 北 京 | 13 | 15 | 10 | 3 | 5 | 30 |
| 天 津 | | | | | | |
| 河 北 | | | | | | |
| 山 西 | 10 | 17 | 7 | 8 | | |
| 内蒙古 | | | | | | |
| 辽 宁 | 4 | 5 | 10 | 1 | | |
| 吉 林 | | | | | | |
| 黑龙江 | 3 | 5 | | | | |
| 上 海 | 26 | 24 | 6 | 1 | 10 | 30 |
| 江 苏 | 37 | 35 | 7 | 4 | 281 | 903 |
| 浙 江 | | | | | | |
| 安 徽 | 11 | 10 | 10 | 1 | 4 | 12 |
| 福 建 | 7 | 7 | 2 | 1 | 2 | 4 |
| 江 西 | 7 | 6 | 2 | | 600 | 2500 |
| 山 东 | 5 | 8 | 6 | 3 | 380 | 1120 |
| 河 南 | 15 | 35 | 11 | 3 | 60 | 80 |
| 湖 北 | 55 | 68 | 41 | 21 | 351 | 684 |
| 湖 南 | 47 | 68 | 47 | 7 | 443 | 1926 |
| 广 东 | 30 | 34 | 28 | 6 | | |
| 广 西 | 49 | 71 | 53 | 22 | 348 | 2678 |
| 海 南 | | | | | | |
| 重 庆 | | | | | | |
| 四 川 | 34 | 53 | 20 | 12 | 51 | 86 |
| 贵 州 | 32 | 5 | 15 | 9 | | |
| 云 南 | 6 | 34 | 2 | | | |
| 西 藏 | | | | | | |
| 陕 西 | 5 | 33 | 16 | 6 | 12 | 48 |
| 甘 肃 | 7 | 5 | 5 | 3 | 11 | 15 |
| 青 海 | | | | | | |
| 宁 夏 | 4 | 3 | 2 | | | |
| 新 疆 | | | | | | |

单位：人、人次、时

| 在站救助人次数 | 有身份信息的救助人次数 | #从其他站转入的 | #女性 | #肢体残疾人 | #智障及精神病人 | #救治的危重病人 | #跨省接送 | 无身份信息的救助人次数 |
|---|---|---|---|---|---|---|---|---|
| **22053** | **20008** | **2520** | **4201** | **179** | **906** | **73** | **1014** | **2045** |
| 423 | 286 | | 98 | 16 | 3 | | 123 | 137 |
| 85 | 85 | | | | | | | |
| 38 | 38 | 2 | 16 | | | | | |
| 10 | 10 | | | | | | | |
| 14 | 14 | | 5 | | | | | |
| 1250 | 1149 | 40 | 325 | 35 | 20 | 2 | 63 | 101 |
| 74 | 74 | 3 | 10 | | | | 17 | |
| 168 | 168 | | 71 | 17 | 4 | | | |
| 23 | 23 | | | | | | | |
| 44 | 37 | | 12 | | 3 | | 9 | 7 |
| 207 | 141 | 3 | 26 | 1 | 10 | | 3 | 66 |
| 1126 | 1043 | 71 | 178 | 20 | 26 | 3 | 31 | 83 |
| 2360 | 2360 | 246 | 288 | 13 | 57 | 5 | 80 | |
| 651 | 488 | 200 | 150 | 15 | 32 | | 186 | 163 |
| 5148 | 3729 | 71 | 501 | 22 | 39 | 5 | 57 | 1419 |
| 7167 | 7122 | 1314 | 1269 | 37 | 56 | 16 | 255 | 45 |
| 339 | 328 | 155 | 125 | 1 | 16 | 1 | 23 | 11 |
| 19 | 19 | 1 | 2 | 1 | | | | |
| 2 | 2 | | 1 | | | | | |
| 39 | 26 | | 3 | | | 6 | | 13 |
| 2665 | 2665 | 414 | 1118 | | 640 | 35 | 167 | |
| 201 | 201 | | 3 | 1 | | | | |

C-2-10续表2

| 地　区 | 床位数 | 年末在站人数 | #女性 | 本年在站人天数 | 在站滞留三个月以上人数 | 残疾人 |
|---|---|---|---|---|---|---|
| **全　国** | **7861** | **463** | **97** | **158898** | **218** | **97** |
| 中央级 | | | | | | |
| 北　京 | 450 | 37 | 11 | 13646 | 45 | 11 |
| 天　津 | | | | | | |
| 河　北 | | | | | | |
| 山　西 | 104 | | | | | |
| 内蒙古 | | | | | | |
| 辽　宁 | 80 | | | 26 | | |
| 吉　林 | | | | | | |
| 黑龙江 | 20 | | | | | |
| 上　海 | 100 | 14 | 5 | 5087 | | |
| 江　苏 | 1011 | 4 | | 5871 | | |
| 浙　江 | | | | | | |
| 安　徽 | 544 | 1 | | 407 | | |
| 福　建 | 22 | | | | | |
| 江　西 | 140 | | | 20 | | |
| 山　东 | 206 | 2 | 1 | 970 | 2 | 1 |
| 河　南 | 420 | 53 | | 19683 | 1 | 1 |
| 湖　北 | 844 | 51 | 4 | 15345 | 28 | 10 |
| 湖　南 | 696 | 85 | 7 | 14412 | 8 | 3 |
| 广　东 | 397 | 137 | 50 | 54958 | 108 | 59 |
| 广　西 | 908 | 17 | 10 | 7532 | 9 | 5 |
| 海　南 | | | | | | |
| 重　庆 | | | | | | |
| 四　川 | 1279 | 35 | 9 | 18127 | 12 | 3 |
| 贵　州 | 243 | 27 | | 2778 | 5 | 4 |
| 云　南 | 75 | | | 12 | | |
| 西　藏 | | | | | | |
| 陕　西 | 97 | | | 4 | | |
| 甘　肃 | 65 | | | 20 | | |
| 青　海 | | | | | | |
| 宁　夏 | 160 | | | | | |
| 新　疆 | | | | | | |

单位：张、人、人天、平方米、万元

| 机构建筑面积 | 事业单位会计制度财务指标 | | |
|---|---|---|---|
| | 固定资产原价 | 本年收入合计 | 本年支出合计 |
| **123561** | **11789.2** | **7289.7** | **6464.3** |
| 2455 | 207.9 | 568.7 | 174.9 |
| 50 | | | |
| | 3 | 17 | 17 |
| | 1242.5 | 242.4 | 242.4 |
| | 556.9 | 1951 | 1948.9 |
| 21000 | | | |
| 2500 | | | |
| 300 | | | |
| | 40 | 78 | 80 |
| 10710 | | | |
| 17157 | 1528 | 890.5 | 656.5 |
| 6215 | 109 | 45 | 45 |
| 7073 | 32 | 176.5 | 68.7 |
| 13600 | 7847.7 | 3141.5 | 3075.2 |
| 20099 | 12 | | |
| 5808 | 20 | 25 | 25 |
| 4314 | 55 | 13 | 11 |
| 2952 | 132.2 | 141.1 | 119.7 |
| 2000 | | | |
| 4180 | | | |
| 3148 | 3 | | |

# C-2-11 其他提供住宿

| 地区 | 单位数 | 按登记类型分 | | | 按床位 | |
|---|---|---|---|---|---|---|
| | | 编制部门登记 | 民政部门登记 | 一个机构多块牌子 | 0～99张 | 100～299张 |
| **全国** | **1824** | **1525** | **216** | **83** | **1460** | **303** |
| 中央级 | 1 | 1 | | | | 1 |
| 北京 | 17 | 17 | | | 11 | 3 |
| 天津 | 12 | 12 | | | 10 | 1 |
| 河北 | 56 | 42 | 13 | 1 | 44 | 11 |
| 山西 | 56 | 48 | 7 | 1 | 45 | 9 |
| 内蒙古 | 41 | 37 | 3 | 1 | 35 | 5 |
| 辽宁 | 85 | 64 | 19 | 2 | 62 | 20 |
| 吉林 | 49 | 49 | | | 43 | 6 |
| 黑龙江 | 67 | 57 | 9 | 1 | 59 | 5 |
| 上海 | 21 | 21 | | | 15 | 4 |
| 江苏 | 74 | 70 | 1 | 3 | 56 | 14 |
| 浙江 | 55 | 53 | 2 | | 46 | 7 |
| 安徽 | 59 | 46 | 10 | 3 | 44 | 12 |
| 福建 | 47 | 45 | | 2 | 40 | 6 |
| 江西 | 70 | 59 | 11 | | 56 | 11 |
| 山东 | 56 | 54 | | 2 | 47 | 9 |
| 河南 | 102 | 90 | 8 | 4 | 82 | 16 |
| 湖北 | 89 | 75 | 9 | 5 | 68 | 19 |
| 湖南 | 117 | 104 | 12 | 1 | 99 | 17 |
| 广东 | 87 | 74 | 11 | 2 | 51 | 28 |
| 广西 | 65 | 59 | 3 | 3 | 61 | 4 |
| 海南 | 6 | 5 | 1 | | 2 | 4 |
| 重庆 | 42 | 41 | 1 | | 39 | 2 |
| 四川 | 220 | 135 | 47 | 38 | 161 | 52 |
| 贵州 | 76 | 42 | 34 | | 65 | 9 |
| 云南 | 74 | 69 | 4 | 1 | 66 | 7 |
| 西藏 | 1 | 1 | | | | 1 |
| 陕西 | 80 | 75 | 1 | 4 | 73 | 5 |
| 甘肃 | 35 | 31 | 2 | 2 | 30 | 4 |
| 青海 | 9 | 7 | 1 | 1 | 7 | 2 |
| 宁夏 | 17 | 9 | 7 | 1 | 14 | 2 |
| 新疆 | 38 | 33 | | 5 | 29 | 7 |

# 机构总表

单位：个、人

| 数量分 | | 年末职工人数 | #女性 | 按登记类型分 | | |
|---|---|---|---|---|---|---|
| 300～499张 | 500张以上 | | | 编制部门登记 | 民政部门登记 | 一个机构多块牌子 |
| **42** | **19** | **23834** | **9055** | **20334** | **2808** | **692** |
| | | 241 | 161 | 241 | | |
| | | | | | | |
| | 3 | 467 | 207 | 467 | | |
| | 1 | 188 | 63 | 188 | | |
| 1 | | 769 | 379 | 610 | 143 | 16 |
| 1 | 1 | 1935 | 472 | 1897 | 34 | 4 |
| 1 | | 411 | 115 | 398 | 8 | 5 |
| | | | | | | |
| 1 | 2 | 996 | 347 | 838 | 136 | 22 |
| | | 685 | 228 | 685 | | |
| 3 | | 1448 | 373 | 1381 | 64 | 3 |
| | | | | | | |
| | 2 | 729 | 430 | 729 | | |
| 4 | | 822 | 342 | 811 | 4 | 7 |
| 2 | | 709 | 304 | 624 | 85 | |
| 2 | 1 | 580 | 182 | 505 | 67 | 8 |
| 1 | | 450 | 158 | 446 | | 4 |
| 3 | | 571 | 231 | 475 | 96 | |
| | | 522 | 170 | 516 | | 6 |
| | | | | | | |
| 3 | 1 | 1533 | 497 | 1352 | 142 | 39 |
| 1 | 1 | 1006 | 367 | 820 | 129 | 57 |
| 1 | | 1059 | 363 | 981 | 71 | 7 |
| 5 | 3 | 2109 | 801 | 1752 | 324 | 33 |
| | | 558 | 225 | 496 | 25 | 37 |
| | | 92 | 32 | 82 | 10 | |
| | | | | | | |
| 1 | | 383 | 136 | 366 | 17 | |
| 5 | 2 | 2580 | 1331 | 1103 | 1136 | 341 |
| 1 | 1 | 511 | 197 | 327 | 184 | |
| 1 | | 596 | 240 | 525 | 68 | 3 |
| | | 18 | 3 | 18 | | |
| | | | | | | |
| 2 | | 1025 | 391 | 943 | 8 | 74 |
| | 1 | 356 | 122 | 328 | 24 | 4 |
| | | 47 | 13 | 41 | 1 | 5 |
| 1 | | 111 | 50 | 76 | 32 | 3 |
| 2 | | 327 | 125 | 313 | | 14 |

## C-2-11续表1

| 地区 | 受教育程度 | | 职业资格水平 | | 按人员性质分 | |
|---|---|---|---|---|---|---|
| | 大学专科人数 | 大学本科及以上人数 | 助理社会工作师人数 | 社会工作师人数 | 管理人员 | 专业技术技能人员 |
| **全国** | **7794** | **6799** | **847** | **873** | **12116** | **11718** |
| 中央级 | 75 | 166 | | 2 | 41 | 200 |
| 北京 | 99 | 310 | 28 | 10 | 338 | 129 |
| 天津 | 36 | 99 | 1 | 10 | 112 | 76 |
| 河北 | 204 | 196 | 22 | 25 | 221 | 548 |
| 山西 | 353 | 238 | 31 | 16 | 258 | 1677 |
| 内蒙古 | 152 | 168 | 7 | 6 | 231 | 180 |
| 辽宁 | 292 | 330 | 16 | 36 | 650 | 346 |
| 吉林 | 190 | 211 | 1 | 1 | 425 | 260 |
| 黑龙江 | 941 | 258 | 48 | 32 | 494 | 954 |
| 上海 | 191 | 254 | 49 | 9 | 331 | 398 |
| 江苏 | 224 | 360 | 63 | 70 | 414 | 408 |
| 浙江 | 191 | 275 | 17 | 27 | 398 | 311 |
| 安徽 | 153 | 167 | 40 | 31 | 322 | 258 |
| 福建 | 102 | 203 | 31 | 47 | 317 | 133 |
| 江西 | 178 | 127 | 14 | 6 | 350 | 221 |
| 山东 | 182 | 239 | 30 | 59 | 285 | 237 |
| 河南 | 596 | 289 | 89 | 104 | 862 | 671 |
| 湖北 | 348 | 184 | 27 | 21 | 480 | 526 |
| 湖南 | 424 | 202 | 41 | 38 | 561 | 498 |
| 广东 | 740 | 714 | 145 | 103 | 1291 | 818 |
| 广西 | 117 | 224 | 17 | 28 | 340 | 218 |
| 海南 | 24 | 33 | 3 | 4 | 35 | 57 |
| 重庆 | 141 | 190 | 19 | 22 | 311 | 72 |
| 四川 | 809 | 520 | 52 | 88 | 1426 | 1154 |
| 贵州 | 158 | 118 | 20 | 6 | 284 | 227 |
| 云南 | 181 | 221 | 22 | 36 | 269 | 327 |
| 西藏 | 4 | 4 | | | 2 | 16 |
| 陕西 | 394 | 218 | 5 | 18 | 606 | 419 |
| 甘肃 | 119 | 101 | 5 | 13 | 180 | 176 |
| 青海 | 11 | 10 | | 1 | 31 | 16 |
| 宁夏 | 32 | 41 | | 1 | 49 | 62 |
| 新疆 | 133 | 129 | 4 | 3 | 202 | 125 |

单位：人、人次、时

| 年龄结构 | | | | 志愿服务 | |
| --- | --- | --- | --- | --- | --- |
| 35岁及以下人数 | 36岁至45岁人数 | 46岁至55岁人数 | 56岁及以上人数 | 志愿者服务人次数 | 志愿服务时间 |
| **8654** | **8037** | **5558** | **1585** | **31977** | **95774** |
| 153 | 55 | 22 | 11 | | |
| 170 | 155 | 110 | 32 | 87 | 468 |
| 70 | 54 | 49 | 15 | | |
| 202 | 287 | 218 | 62 | 233 | 822 |
| 1389 | 296 | 188 | 62 | 26 | 60 |
| 102 | 101 | 163 | 45 | 144 | 237 |
| 240 | 354 | 323 | 79 | 4001 | 16571 |
| 152 | 346 | 157 | 30 | | |
| 756 | 330 | 289 | 73 | 206 | 911 |
| 229 | 313 | 131 | 56 | 56 | 199 |
| 272 | 312 | 192 | 46 | 1951 | 5703 |
| 219 | 268 | 171 | 51 | 4597 | 8097 |
| 188 | 177 | 170 | 45 | 971 | 3643 |
| 175 | 117 | 113 | 45 | 48 | 109 |
| 147 | 225 | 161 | 38 | 3046 | 7301 |
| 175 | 192 | 124 | 31 | 4784 | 11440 |
| 655 | 487 | 300 | 91 | 967 | 2463 |
| 283 | 432 | 210 | 81 | 1761 | 6045 |
| 310 | 459 | 224 | 66 | 2047 | 7370 |
| 652 | 678 | 660 | 119 | 1016 | 3013 |
| 168 | 214 | 137 | 39 | 75 | 429 |
| 26 | 32 | 25 | 9 | 20 | 80 |
| 127 | 121 | 113 | 22 | 2274 | 10666 |
| 884 | 882 | 576 | 238 | 333 | 699 |
| 170 | 178 | 118 | 45 | 1376 | 4021 |
| 150 | 228 | 157 | 61 | 41 | 203 |
| | 12 | 6 | | | |
| 374 | 378 | 217 | 56 | 1623 | 4545 |
| 99 | 128 | 103 | 26 | 292 | 672 |
| 8 | 20 | 19 | | 2 | 8 |
| 23 | 57 | 27 | 4 | | |
| 86 | 149 | 85 | 7 | | |

C-2-11续表2

| 地 区 | 年末床位数 | 编制部门登记 | 民政部门登记 | 一个机构多块牌子 | 年在院（站）总人天数 | 年末在院（站）人数 | #女性 |
|---|---|---|---|---|---|---|---|
| **全 国** | **127451** | **107046** | **17442** | **2963** | **10861831** | **40184** | **12346** |
| 中央级 | 150 | 150 | | | 47998 | 149 | 78 |
| 北 京 | 5438 | 5438 | | | 858707 | 2289 | 798 |
| 天 津 | 733 | 733 | | | 36447 | 341 | 66 |
| 河 北 | 3726 | 2242 | 1482 | 2 | 353030 | 1710 | 555 |
| 山 西 | 3094 | 2784 | 306 | 4 | 488832 | 1446 | 493 |
| 内蒙古 | 2087 | 1899 | 132 | 56 | 95582 | 353 | 44 |
| 辽 宁 | 7389 | 6106 | 1099 | 184 | 231199 | 1374 | 243 |
| 吉 林 | 2046 | 2046 | | | 28745 | 66 | 30 |
| 黑龙江 | 3670 | 2601 | 1057 | 12 | 381723 | 1597 | 1121 |
| 上 海 | 3039 | 3039 | | | 687021 | 1815 | 706 |
| 江 苏 | 5417 | 5251 | 150 | 16 | 543837 | 1365 | 476 |
| 浙 江 | 3817 | 3635 | 182 | | 405306 | 1476 | 481 |
| 安 徽 | 5405 | 5050 | 275 | 80 | 393981 | 1619 | 468 |
| 福 建 | 2463 | 2421 | | 42 | 313300 | 486 | 167 |
| 江 西 | 4340 | 3811 | 529 | | 318669 | 1637 | 174 |
| 山 东 | 2918 | 2848 | | 70 | 267389 | 967 | 341 |
| 河 南 | 6767 | 6224 | 355 | 188 | 605641 | 2674 | 1204 |
| 湖 北 | 5745 | 4507 | 864 | 374 | 955684 | 2986 | 591 |
| 湖 南 | 5927 | 5276 | 601 | 50 | 477683 | 1847 | 390 |
| 广 东 | 9698 | 7526 | 2004 | 168 | 990066 | 3398 | 841 |
| 广 西 | 2495 | 2266 | 116 | 113 | 229736 | 565 | 240 |
| 海 南 | 663 | 478 | 185 | | 30984 | 73 | 5 |
| 重 庆 | 2018 | 1919 | 99 | | 170422 | 363 | 80 |
| 四 川 | 15746 | 7892 | 6532 | 1322 | 1367889 | 6301 | 2023 |
| 贵 州 | 3363 | 3063 | 300 | | 117778 | 704 | 184 |
| 云 南 | 2899 | 2539 | 340 | 20 | 92008 | 588 | 160 |
| 西 藏 | 6042 | 6042 | | | 300 | 300 | |
| 陕 西 | 3388 | 3299 | 6 | 83 | 153321 | 680 | 101 |
| 甘 肃 | 3394 | 3191 | 180 | 23 | 100312 | 337 | 76 |
| 青 海 | 322 | 219 | 43 | 60 | 14810 | 20 | 12 |
| 宁 夏 | 1145 | 500 | 605 | 40 | 10919 | 323 | 123 |
| 新 疆 | 2107 | 2051 | | 56 | 92512 | 335 | 75 |

单位：张、人天、人、万元

| 事业单位会计制度财务指标 | | | 民间非营利组织会计制度财务指标 | | |
|---|---|---|---|---|---|
| 固定资产原价 | 本年收入合计 | 本年支出合计 | 固定资产原价 | 本年收入合计 | 本年费用合计 |
| **431316.6** | **541738.1** | **520021.7** | **35002.3** | **12326.7** | **9996.9** |
| 7789.7 | 12449.4 | 11105.5 | | | |
| | | | | | |
| 5469.9 | 63885.8 | 46427.7 | | | |
| 1818.2 | 8743.9 | 8994.8 | | | |
| 20751.3 | 17230.8 | 15719.1 | 2760.5 | 272.0 | 540.4 |
| 13136.7 | 15625.0 | 15338.7 | 191.0 | 6.2 | 8.6 |
| 5218.4 | 7972.0 | 7791.4 | 93.0 | 22.0 | 22.0 |
| | | | | | |
| 14700.4 | 14548.3 | 14972.9 | 1625.1 | 472.1 | 306.8 |
| 6728.3 | 11773.5 | 7206.8 | | | |
| 10317.7 | 6242.6 | 6663.9 | 9048.0 | | 141.2 |
| | | | | | |
| 26925.0 | 26456.9 | 30811.6 | | | |
| 22042.9 | 27282.7 | 25497.8 | 10.0 | | 6.0 |
| 15481.7 | 21643.4 | 22264.4 | 168.0 | | 4.0 |
| 16053.5 | 14423.9 | 14669.5 | 1586.0 | 52.0 | 297.5 |
| 9899.7 | 16821.1 | 14620.7 | | | |
| 7926.7 | 7041.3 | 7043.4 | 316.0 | 135.0 | 131.3 |
| 16634.2 | 15339.4 | 16406.2 | | | |
| | | | | | |
| 13651.3 | 19864.7 | 19451.0 | 1165.4 | 785.7 | 57.6 |
| 34023.8 | 20871.9 | 20936.2 | 1174.0 | 326.2 | 218.9 |
| 18686.9 | 21420.8 | 21776.3 | 602.1 | 294.2 | 186.1 |
| 60484.0 | 93815.4 | 93009.0 | 1777.8 | 2779.3 | 3237.5 |
| 9165.1 | 13460.1 | 13237.5 | 77.0 | 13.3 | 17.1 |
| 1730.0 | 3485.8 | 4142.6 | 5000.0 | | |
| | | | | | |
| 7678.1 | 12955.4 | 12795.7 | 50.0 | 50.0 | 50.0 |
| 26090.4 | 21324.9 | 22205.2 | 7074.8 | 6892.3 | 4656.6 |
| 4442.5 | 8018.2 | 7149.0 | 1368.0 | 27.0 | 31.6 |
| 12023.0 | 9781.1 | 9065.9 | 113.0 | 17.2 | 29.4 |
| | | 244.6 | | | |
| | | | | | |
| 22508.7 | 14896.0 | 14949.4 | 10.0 | 12.2 | 1.8 |
| 9668.5 | 6036.0 | 6731.9 | 502.6 | 20.0 | 2.4 |
| 330.1 | 913.6 | 926.8 | 30.0 | | 0.1 |
| 1718.5 | 1157.0 | 1373.3 | 260.0 | 150.0 | 50.0 |
| 8221.4 | 6257.2 | 6492.9 | | | |

# C-2-12 生活无着人员

| 地 区 | 单位数 | 0～99张 | 100～299张 | 300～499张 | 500张以上 | 年末职工人数 | #女性 | 受教育程度 | |
|---|---|---|---|---|---|---|---|---|---|
| | | | | | | | | 大学专科人数 | 大学本科及以上人数 |
| **全 国** | **1534** | **1267** | **228** | **25** | **14** | **16667** | **5813** | **5694** | **5799** |
| 中央级 | | | | | | | | | |
| 北 京 | 17 | 11 | 3 | | 3 | 467 | 207 | 99 | 310 |
| 天 津 | 12 | 10 | 1 | | 1 | 188 | 63 | 36 | 99 |
| 河 北 | 36 | 31 | 5 | | | 369 | 133 | 114 | 129 |
| 山 西 | 46 | 37 | 8 | 1 | | 426 | 155 | 152 | 125 |
| 内蒙古 | 36 | 31 | 4 | 1 | | 377 | 97 | 149 | 153 |
| 辽 宁 | 63 | 46 | 15 | 1 | 1 | 809 | 250 | 272 | 309 |
| 吉 林 | 49 | 43 | 6 | | | 685 | 228 | 190 | 211 |
| 黑龙江 | 57 | 53 | 3 | 1 | | 584 | 183 | 239 | 158 |
| 上 海 | 18 | 15 | 2 | | 1 | 335 | 129 | 104 | 203 |
| 江 苏 | 69 | 54 | 12 | 3 | | 763 | 302 | 217 | 356 |
| 浙 江 | 50 | 44 | 6 | | | 497 | 166 | 158 | 219 |
| 安 徽 | 46 | 32 | 12 | 1 | 1 | 456 | 146 | 150 | 153 |
| 福 建 | 41 | 35 | 6 | | | 320 | 101 | 71 | 168 |
| 江 西 | 59 | 47 | 10 | 2 | | 475 | 165 | 153 | 112 |
| 山 东 | 56 | 47 | 9 | | | 522 | 170 | 182 | 239 |
| 河 南 | 89 | 70 | 15 | 3 | 1 | 1111 | 379 | 349 | 263 |
| 湖 北 | 80 | 64 | 14 | 1 | 1 | 877 | 294 | 309 | 179 |
| 湖 南 | 102 | 86 | 15 | 1 | | 945 | 308 | 401 | 194 |
| 广 东 | 74 | 48 | 20 | 4 | 2 | 1782 | 592 | 651 | 667 |
| 广 西 | 62 | 58 | 4 | | | 533 | 209 | 116 | 222 |
| 海 南 | 5 | 2 | 3 | | | 82 | 28 | 20 | 27 |
| 重 庆 | 37 | 34 | 2 | 1 | | 353 | 119 | 128 | 184 |
| 四 川 | 153 | 131 | 21 | | 1 | 1158 | 438 | 472 | 350 |
| 贵 州 | 42 | 32 | 9 | | 1 | 327 | 128 | 132 | 116 |
| 云 南 | 69 | 64 | 5 | | | 446 | 161 | 154 | 168 |
| 西 藏 | 1 | | 1 | | | 18 | 3 | 4 | 4 |
| 陕 西 | 78 | 71 | 5 | 2 | | 988 | 380 | 389 | 204 |
| 甘 肃 | 32 | 28 | 3 | | 1 | 325 | 117 | 118 | 99 |
| 青 海 | 8 | 6 | 2 | | | 46 | 13 | 11 | 10 |
| 宁 夏 | 9 | 8 | | 1 | | 76 | 24 | 21 | 39 |
| 新 疆 | 38 | 29 | 7 | 2 | | 327 | 125 | 133 | 129 |

# 救助管理站

单位：个、人

| 职业资格水平 | | 按人员性质分 | | 年龄结构 | | | |
|---|---|---|---|---|---|---|---|
| 助理社会工作师人数 | 社会工作师人数 | 管理人员 | 专业技术技能人员 | 35岁及以下人数 | 36岁至45岁人数 | 46岁至55岁人数 | 56岁及以上人数 |
| **674** | **721** | **10119** | **6548** | **5114** | **6217** | **4192** | **1144** |
| | | | | | | | |
| 28 | 10 | 338 | 129 | 170 | 155 | 110 | 32 |
| 1 | 10 | 112 | 76 | 70 | 54 | 49 | 15 |
| 17 | 25 | 144 | 225 | 114 | 143 | 77 | 35 |
| 31 | 16 | 227 | 199 | 139 | 140 | 98 | 49 |
| 7 | 6 | 222 | 155 | 89 | 94 | 156 | 38 |
| | | | | | | | |
| 16 | 28 | 549 | 260 | 213 | 280 | 247 | 69 |
| 1 | 1 | 425 | 260 | 152 | 346 | 157 | 30 |
| 18 | 9 | 396 | 188 | 153 | 206 | 160 | 65 |
| | | | | | | | |
| 30 | 7 | 289 | 46 | 119 | 99 | 72 | 45 |
| 62 | 70 | 403 | 360 | 256 | 292 | 170 | 45 |
| 17 | 27 | 313 | 184 | 147 | 201 | 107 | 42 |
| 35 | 28 | 267 | 189 | 155 | 144 | 130 | 27 |
| 26 | 45 | 236 | 84 | 119 | 95 | 72 | 34 |
| 14 | 6 | 299 | 176 | 130 | 205 | 103 | 37 |
| 30 | 59 | 285 | 237 | 175 | 192 | 124 | 31 |
| | | | | | | | |
| 20 | 46 | 565 | 546 | 409 | 399 | 245 | 58 |
| 27 | 21 | 423 | 454 | 254 | 360 | 182 | 81 |
| 35 | 32 | 518 | 427 | 292 | 422 | 182 | 49 |
| 135 | 97 | 1208 | 574 | 497 | 593 | 586 | 106 |
| 17 | 28 | 327 | 206 | 152 | 211 | 131 | 39 |
| 3 | 4 | 31 | 51 | 21 | 30 | 23 | 8 |
| | | | | | | | |
| 18 | 22 | 305 | 48 | 114 | 113 | 105 | 21 |
| 44 | 67 | 760 | 398 | 376 | 446 | 287 | 49 |
| 18 | 6 | 228 | 99 | 123 | 102 | 77 | 25 |
| 11 | 15 | 228 | 218 | 102 | 192 | 122 | 30 |
| | | 2 | 16 | | 12 | 6 | |
| | | | | | | | |
| 5 | 18 | 574 | 414 | 373 | 365 | 200 | 50 |
| 4 | 13 | 172 | 153 | 92 | 119 | 91 | 23 |
| | 1 | 30 | 16 | 8 | 19 | 19 | |
| | 1 | 41 | 35 | 14 | 39 | 19 | 4 |
| 4 | 3 | 202 | 125 | 86 | 149 | 85 | 7 |

C-2-12续表1

| 地 区 | 志愿服务 | | 在站救助人次数 | | | | |
|---|---|---|---|---|---|---|---|
| | 志愿者服务人次数 | 志愿服务时间 | | 有身份信息的救助人次数 | #从其他站转入的 | #女性 | #未成年人 |
| **全 国** | **30590** | **92290** | **1198230** | **1005676** | **58155** | **164844** | **54327** |
| 中央级 | | | | | | | |
| 北 京 | 87 | 468 | 84447 | 83860 | 2934 | 30444 | 1705 |
| 天 津 | | | 3240 | 3234 | 57 | 389 | 58 |
| 河 北 | 104 | 242 | 47286 | 39918 | 1419 | 9473 | 7276 |
| 山 西 | 26 | 60 | 66024 | 46580 | 590 | 3093 | 2608 |
| 内蒙古 | 144 | 237 | 23848 | 11569 | 997 | 1882 | 279 |
| 辽 宁 | 3946 | 16481 | 33877 | 32434 | 1154 | 5832 | 1507 |
| 吉 林 | | | 24160 | 23544 | 1913 | 3914 | 869 |
| 黑龙江 | 206 | 911 | 20634 | 19020 | 2176 | 3949 | 886 |
| 上 海 | 30 | 60 | 14126 | 13192 | 2520 | 2768 | 884 |
| 江 苏 | 1936 | 5673 | 43051 | 36426 | 2084 | 6174 | 2217 |
| 浙 江 | 4597 | 8097 | 47880 | 37961 | 344 | 7682 | 1670 |
| 安 徽 | 971 | 3643 | 25918 | 23325 | 1998 | 4404 | 728 |
| 福 建 | 48 | 109 | 25060 | 24449 | 511 | 941 | 310 |
| 江 西 | 2318 | 5581 | 33588 | 31043 | 1948 | 2003 | 698 |
| 山 东 | 4784 | 11440 | 28215 | 16709 | 1140 | 3491 | 2945 |
| 河 南 | 867 | 2353 | 71828 | 26138 | 2856 | 5764 | 1251 |
| 湖 北 | 1749 | 6009 | 47838 | 45359 | 3187 | 7839 | 1752 |
| 湖 南 | 1800 | 6753 | 134361 | 130052 | 2739 | 10800 | 5392 |
| 广 东 | 1016 | 3013 | 92186 | 74161 | 1822 | 7602 | 2032 |
| 广 西 | 75 | 429 | 51348 | 24773 | 6666 | 7250 | 2688 |
| 海 南 | 20 | 80 | 10447 | 7545 | 71 | 1111 | 153 |
| 重 庆 | 2274 | 10666 | 25448 | 24820 | 2156 | 4472 | 931 |
| 四 川 | 333 | 699 | 94556 | 89810 | 10361 | 20076 | 8913 |
| 贵 州 | 1328 | 3913 | 25580 | 24200 | 2294 | 4138 | 2389 |
| 云 南 | 41 | 203 | 38819 | 38755 | 644 | 206 | 1537 |
| 西 藏 | | | 788 | 743 | | | 3 |
| 陕 西 | 1623 | 4545 | 48170 | 46072 | 1755 | 4808 | 1425 |
| 甘 肃 | 265 | 618 | 17935 | 16098 | 927 | 2777 | 610 |
| 青 海 | 2 | 8 | 1540 | 1442 | 740 | 165 | 47 |
| 宁 夏 | | | 8687 | 6191 | 58 | 598 | 191 |
| 新 疆 | | | 7345 | 6253 | 94 | 799 | 373 |

单位：人次、时

| #老年人 | #肢体残疾人 | #智障及精神病人 | #救治的危重病人 | #自主返乡 | #跨省接送 | 无身份信息的救助人次数 |
|---|---|---|---|---|---|---|
| **125540** | **30446** | **73885** | **8056** | **315136** | **25692** | **192554** |
| | | | | | | |
| 3955 | 503 | 6188 | 374 | 8069 | 2039 | 587 |
| 272 | 105 | 406 | 321 | 816 | 52 | 6 |
| 6753 | 1238 | 1795 | 107 | 15377 | 2648 | 7368 |
| 4976 | 350 | 2689 | 44 | 9409 | 299 | 19444 |
| 3497 | 1569 | 1713 | 518 | 4285 | 364 | 12279 |
| | | | | | | |
| 6699 | 1487 | 1636 | 324 | 8593 | 387 | 1443 |
| 4612 | 50 | 298 | 21 | 479 | 21 | 616 |
| 5531 | 877 | 1700 | 153 | 5286 | 320 | 1614 |
| | | | | | | |
| 1436 | 550 | 1185 | 80 | 9574 | 1022 | 934 |
| 3591 | 616 | 2623 | 285 | 11699 | 1459 | 6625 |
| 4954 | 706 | 8298 | 536 | 13857 | 1147 | 9919 |
| 3467 | 543 | 2758 | 166 | 6095 | 326 | 2593 |
| 1719 | 131 | 131 | 4 | 5227 | 85 | 611 |
| 2971 | 1614 | 1548 | 929 | 6685 | 1033 | 2545 |
| 1773 | 818 | 5440 | 146 | 9562 | 2170 | 11506 |
| | | | | | | |
| 3629 | 2537 | 3363 | 201 | 4273 | 1005 | 45690 |
| 6473 | 1797 | 5711 | 130 | 12494 | 1029 | 2479 |
| 15192 | 2389 | 5313 | 518 | 44639 | 646 | 4309 |
| 6352 | 4218 | 4384 | 1087 | 50925 | 2940 | 18025 |
| 2671 | 212 | 1819 | 128 | 2884 | 586 | 26575 |
| 1498 | 78 | 254 | 77 | 4572 | 154 | 2902 |
| | | | | | | |
| 4095 | 743 | 1602 | 97 | 15755 | 1664 | 628 |
| 17392 | 4019 | 7343 | 1511 | 24545 | 1493 | 4746 |
| 2357 | 371 | 1106 | 55 | 3978 | 239 | 1380 |
| 180 | 171 | 573 | 19 | 3944 | 189 | 64 |
| 1 | | | | | | 45 |
| | | | | | | |
| 5430 | 1373 | 1982 | 136 | 26246 | 1111 | 2098 |
| 2777 | 909 | 1726 | 35 | 3207 | 742 | 1837 |
| 230 | 327 | 52 | | 382 | | 98 |
| 150 | 37 | 113 | 2 | 1165 | 322 | 2496 |
| 907 | 108 | 136 | 52 | 1114 | 200 | 1092 |

C−2−12续表2

| 地　区 | 本年不在站救助人次数 | 床位数 | 成年人床位数 | 儿童床位数 | 年末在站人数 | #女性 | #儿童 | 本年在站人天数 |
|---|---|---|---|---|---|---|---|---|
| **全　国** | **351794** | **101822** | **83502** | **18320** | **25267** | **6706** | **1695** | **7444590** |
| 中央级 | | | | | | | | |
| 北　京 | 11886 | 5438 | 4726 | 712 | 2289 | 798 | 275 | 858707 |
| 天　津 | 3134 | 733 | 619 | 114 | 341 | 66 | 32 | 36447 |
| 河　北 | 23708 | 1909 | 1336 | 573 | 607 | 194 | 63 | 196250 |
| 山　西 | 18415 | 2191 | 1770 | 421 | 769 | 128 | 41 | 232021 |
| 内蒙古 | 12967 | 1831 | 1414 | 417 | 250 | 44 | 16 | 70479 |
| 辽　宁 | 10746 | 5556 | 4248 | 1308 | 580 | 142 | 49 | 103229 |
| 吉　林 | 317 | 2046 | 1479 | 567 | 66 | 30 | 7 | 28745 |
| 黑龙江 | 5785 | 2313 | 1781 | 532 | 283 | 36 | 21 | 67823 |
| 上　海 | 254 | 2019 | 1826 | 193 | 795 | 290 | 31 | 314721 |
| 江　苏 | 8305 | 4767 | 3843 | 924 | 1140 | 368 | 107 | 446942 |
| 浙　江 | 2264 | 2850 | 2300 | 550 | 847 | 277 | 61 | 251226 |
| 安　徽 | 27861 | 4792 | 4018 | 774 | 1306 | 340 | 123 | 307476 |
| 福　建 | 9977 | 1962 | 1356 | 606 | 116 | 32 | 17 | 220590 |
| 江　西 | 5588 | 3811 | 3305 | 506 | 1403 | 94 | 63 | 215849 |
| 山　东 | 16638 | 2918 | 2335 | 583 | 967 | 341 | 36 | 267389 |
| 河　南 | 25178 | 6202 | 4596 | 1606 | 2146 | 1124 | 161 | 436445 |
| 湖　北 | 7596 | 4881 | 3891 | 990 | 2309 | 381 | 81 | 715769 |
| 湖　南 | 31927 | 5288 | 4513 | 775 | 1489 | 282 | 71 | 423605 |
| 广　东 | 31519 | 7440 | 6082 | 1358 | 2929 | 780 | 93 | 899226 |
| 广　西 | 12495 | 2379 | 1913 | 466 | 510 | 204 | 27 | 208046 |
| 海　南 | 1087 | 478 | 344 | 134 | 73 | 5 | 1 | 30984 |
| 重　庆 | 3986 | 1798 | 1263 | 535 | 260 | 59 | 10 | 144082 |
| 四　川 | 29008 | 7434 | 6150 | 1284 | 1480 | 216 | 104 | 449258 |
| 贵　州 | 15490 | 3063 | 2394 | 669 | 588 | 179 | 136 | 76171 |
| 云　南 | 11251 | 2259 | 1980 | 279 | 184 | 25 | 13 | 88993 |
| 西　藏 | 211 | 6042 | 6042 | | 300 | | | 300 |
| 陕　西 | 6477 | 3332 | 2683 | 649 | 665 | 101 | 5 | 151466 |
| 甘　肃 | 8139 | 3204 | 2909 | 295 | 182 | 76 | 3 | 90462 |
| 青　海 | 625 | 279 | 257 | 22 | | | | 8883 |
| 宁　夏 | 1705 | 500 | 484 | 16 | 58 | 19 | | 10494 |
| 新　疆 | 7255 | 2107 | 1645 | 462 | 335 | 75 | 48 | 92512 |

单位：张、人、人天、人次、平方米、万元

| 在站滞留三个月以上人数 | #残疾人 | #未成年人 | 机构建筑面积 | 事业单位会计制度财务指标 | | |
|---|---|---|---|---|---|---|
| | | | | 固定资产原价 | 本年收入合计 | 本年支出合计 |
| **19987** | **10468** | **1257** | **361779** | **386963** | **496891.9** | **479006.1** |
| | | | | | | |
| 2904 | 2886 | 265 | 11886 | 5469.9 | 63885.8 | 46427.7 |
| 23 | 5 | | 3134 | 1818.2 | 8743.9 | 8994.8 |
| 685 | 175 | 65 | 21399 | 18183 | 13508.5 | 11830.2 |
| 640 | 519 | 29 | 15774 | 9892.6 | 8001.2 | 8044.5 |
| 146 | 47 | 1 | 6282 | 5108.8 | 7820.6 | 7646.5 |
| | | | | | | |
| 176 | 93 | 1 | 10746 | 14200.1 | 14194.9 | 14614 |
| 52 | 41 | 4 | 317 | 6728.3 | 11773.5 | 7206.8 |
| 473 | 84 | 102 | 6115 | 6231.3 | 6242.6 | 6663.9 |
| | | | | | | |
| 751 | 708 | 24 | 254 | 19984.5 | 16341.4 | 20696.3 |
| 1267 | 553 | 236 | 8303 | 20018.9 | 26892.6 | 25116.7 |
| 906 | 437 | 35 | 2264 | 13720.2 | 21053.8 | 21599.7 |
| 762 | 401 | 15 | 27699 | 11823.8 | 13608.3 | 13860 |
| 619 | 516 | 26 | 9130 | 6296.2 | 12670.4 | 11941.3 |
| 178 | 109 | 6 | 5182 | 7926.7 | 7041.3 | 7043.4 |
| 820 | 565 | 59 | 17944 | 16634.2 | 15339.4 | 16406.2 |
| | | | | | | |
| 1539 | 701 | 68 | 33285 | 13489.8 | 18941.5 | 18498 |
| 1058 | 480 | 40 | 12698 | 34023.8 | 20871.9 | 20936.2 |
| 1346 | 534 | 77 | 31925 | 18632.1 | 21301.3 | 21696.8 |
| 2757 | 560 | 66 | 25836 | 60394 | 93808.2 | 93002.2 |
| 727 | 243 | 31 | 11812 | 9165.1 | 13460.1 | 13237.5 |
| | | | 951 | 1730 | 3485.8 | 4142.6 |
| | | | | | | |
| 463 | 243 | 11 | 3931 | 7487.2 | 12654.2 | 12514.2 |
| 578 | 211 | 75 | 37268 | 22303.9 | 20640.9 | 21837.1 |
| 274 | 32 | 5 | 15475 | 4442.5 | 8018.2 | 7149 |
| 218 | 72 | 4 | 11112 | 9689.5 | 7707.2 | 7613 |
| | | | 172 | | | 244.6 |
| | | | | | | |
| 410 | 151 | 5 | 13410 | 21629.9 | 14520.6 | 14574 |
| 29 | 27 | 1 | 7893 | 9668.5 | 6036 | 6675.9 |
| 55 | | | 625 | 330.1 | 913.6 | 926.8 |
| 29 | 23 | | 1705 | 1718.5 | 1157 | 1373.3 |
| 102 | 52 | 6 | 7252 | 8221.4 | 6257.2 | 6492.9 |

# C-2-13 其他提供

| 地区 | 单位数 | 0～99张 | 100～299张 | 300～499张 | 500张以上 | 年末职工人数 | #女性 |
|---|---|---|---|---|---|---|---|
| **全国** | **290** | **193** | **75** | **17** | **5** | **7167** | **3242** |
| 中央级 | 1 | | 1 | | | 241 | 161 |
| 北京 | | | | | | | |
| 天津 | | | | | | | |
| 河北 | 20 | 13 | 6 | 1 | | 400 | 246 |
| 山西 | 10 | 8 | 1 | | 1 | 1509 | 317 |
| 内蒙古 | 5 | 4 | 1 | | | 34 | 18 |
| 辽宁 | 22 | 16 | 5 | | 1 | 187 | 97 |
| 吉林 | | | | | | | |
| 黑龙江 | 10 | 6 | 2 | 2 | | 864 | 190 |
| 上海 | 3 | | 2 | | 1 | 394 | 301 |
| 江苏 | 5 | 2 | 2 | 1 | | 59 | 40 |
| 浙江 | 5 | 2 | 1 | 2 | | 212 | 138 |
| 安徽 | 13 | 12 | | 1 | | 124 | 36 |
| 福建 | 6 | 5 | | 1 | | 130 | 57 |
| 江西 | 11 | 9 | 1 | 1 | | 96 | 66 |
| 山东 | | | | | | | |
| 河南 | 13 | 12 | 1 | | | 422 | 118 |
| 湖北 | 9 | 4 | 5 | | | 129 | 73 |
| 湖南 | 15 | 13 | 2 | | | 114 | 55 |
| 广东 | 13 | 3 | 8 | 1 | 1 | 327 | 209 |
| 广西 | 3 | 3 | | | | 25 | 16 |
| 海南 | 1 | | 1 | | | 10 | 4 |
| 重庆 | 5 | 5 | | | | 30 | 17 |
| 四川 | 67 | 30 | 31 | 5 | 1 | 1422 | 893 |
| 贵州 | 34 | 33 | | 1 | | 184 | 69 |
| 云南 | 5 | 2 | 2 | 1 | | 150 | 79 |
| 西藏 | | | | | | | |
| 陕西 | 2 | 2 | | | | 37 | 11 |
| 甘肃 | 3 | 2 | 1 | | | 31 | 5 |
| 青海 | 1 | 1 | | | | 1 | |
| 宁夏 | 8 | 6 | 2 | | | 35 | 26 |
| 新疆 | | | | | | | |

# 住宿机构

单位：个、人

| 受教育程度 | | 职业资格水平 | | 按人员性质分 | |
| --- | --- | --- | --- | --- | --- |
| 大学专科人数 | 大学本科及以上人数 | 助理社会工作师人数 | 社会工作师人数 | 管理人员 | 专业技术技能人员 |
| **2100** | **1000** | **173** | **152** | **1997** | **5170** |
| 75 | 166 | | 2 | 41 | 200 |
| | | | | | |
| | | | | | |
| | | | | | |
| 90 | 67 | 5 | | 77 | 323 |
| 201 | 113 | | | 31 | 1478 |
| 3 | 15 | | | 9 | 25 |
| | | | | | |
| 20 | 21 | | 8 | 101 | 86 |
| | | | | | |
| 702 | 100 | 30 | 23 | 98 | 766 |
| | | | | | |
| 87 | 51 | 19 | 2 | 42 | 352 |
| 7 | 4 | 1 | | 11 | 48 |
| 33 | 56 | | | 85 | 127 |
| 3 | 14 | 5 | 3 | 55 | 69 |
| 31 | 35 | 5 | 2 | 81 | 49 |
| 25 | 15 | | | 51 | 45 |
| | | | | | |
| | | | | | |
| 247 | 26 | 69 | 58 | 297 | 125 |
| 39 | 5 | | | 57 | 72 |
| 23 | 8 | 6 | 6 | 43 | 71 |
| 89 | 47 | 10 | 6 | 83 | 244 |
| 1 | 2 | | | 13 | 12 |
| 4 | 6 | | | 4 | 6 |
| | | | | | |
| 13 | 6 | 1 | | 6 | 24 |
| 337 | 170 | 8 | 21 | 666 | 756 |
| 26 | 2 | 2 | | 56 | 128 |
| 27 | 53 | 11 | 21 | 41 | 109 |
| | | | | | |
| | | | | | |
| 5 | 14 | | | 32 | 5 |
| 1 | 2 | 1 | | 8 | 23 |
| | | | | 1 | |
| 11 | 2 | | | 8 | 27 |

C-2-13续表1

| 地区 | 年龄结构 | | | | 志愿服务 | |
|---|---|---|---|---|---|---|
| | 35岁及以下人数 | 36岁至45岁人数 | 46岁至55岁人数 | 56岁及以上人数 | 志愿者服务人次数 | 志愿服务时间 |
| **全国** | **3540** | **1820** | **1366** | **441** | **1387** | **3484** |
| 中央级 | 153 | 55 | 22 | 11 | | |
| 北京 | | | | | | |
| 天津 | | | | | | |
| 河北 | 88 | 144 | 141 | 27 | 129 | 580 |
| 山西 | 1250 | 156 | 90 | 13 | | |
| 内蒙古 | 13 | 7 | 7 | 7 | | |
| 辽宁 | 27 | 74 | 76 | 10 | 55 | 90 |
| 吉林 | | | | | | |
| 黑龙江 | 603 | 124 | 129 | 8 | | |
| 上海 | 110 | 214 | 59 | 11 | 26 | 139 |
| 江苏 | 16 | 20 | 22 | 1 | 15 | 30 |
| 浙江 | 72 | 67 | 64 | 9 | | |
| 安徽 | 33 | 33 | 40 | 18 | | |
| 福建 | 56 | 22 | 41 | 11 | | |
| 江西 | 17 | 20 | 58 | 1 | 728 | 1720 |
| 山东 | | | | | | |
| 河南 | 246 | 88 | 55 | 33 | 100 | 110 |
| 湖北 | 29 | 72 | 28 | | 12 | 36 |
| 湖南 | 18 | 37 | 42 | 17 | 247 | 617 |
| 广东 | 155 | 85 | 74 | 13 | | |
| 广西 | 16 | 3 | 6 | | | |
| 海南 | 5 | 2 | 2 | 1 | | |
| 重庆 | 13 | 8 | 8 | 1 | | |
| 四川 | 508 | 436 | 289 | 189 | | |
| 贵州 | 47 | 76 | 41 | 20 | 48 | 108 |
| 云南 | 48 | 36 | 35 | 31 | | |
| 西藏 | | | | | | |
| 陕西 | 1 | 13 | 17 | 6 | | |
| 甘肃 | 7 | 9 | 12 | 3 | 27 | 54 |
| 青海 | | 1 | | | | |
| 宁夏 | 9 | 18 | 8 | | | |
| 新疆 | | | | | | |

单位：人、人次、时、张、人天

| 年末床位数 | 年在院总人天数 | 年末在院人数 | #女性 | 按人员性质分 | | |
|---|---|---|---|---|---|---|
| | | | | 特困人员 | 自费人员 | 其他 |
| **25629** | **3417241** | **14917** | **5640** | **4650** | **9946** | **321** |
| 150 | 47998 | 149 | 78 | | 149 | |
| | | | | | | |
| | | | | | | |
| | | | | | | |
| 1817 | 156780 | 1103 | 361 | 136 | 836 | 131 |
| 903 | 256811 | 677 | 365 | 124 | 484 | 69 |
| 256 | 25103 | 103 | | 23 | 80 | |
| | | | | | | |
| 1833 | 127970 | 794 | 101 | 479 | 285 | 30 |
| | | | | | | |
| 1357 | 313900 | 1314 | 1085 | 120 | 1194 | |
| | | | | | | |
| 1020 | 372300 | 1020 | 416 | 690 | 330 | |
| 650 | 96895 | 225 | 108 | 115 | 110 | |
| 967 | 154080 | 629 | 204 | 3 | 615 | 11 |
| 613 | 86505 | 313 | 128 | 268 | 45 | |
| 501 | 92710 | 370 | 135 | 139 | 220 | 11 |
| 529 | 102820 | 234 | 80 | 60 | 174 | |
| | | | | | | |
| | | | | | | |
| 565 | 169196 | 528 | 80 | 118 | 378 | 32 |
| 864 | 239915 | 677 | 210 | | 677 | |
| 639 | 54078 | 358 | 108 | 171 | 187 | |
| 2258 | 90840 | 469 | 61 | 121 | 348 | |
| 116 | 21690 | 55 | 36 | 51 | 4 | |
| 185 | | | | | | |
| | | | | | | |
| 220 | 26340 | 103 | 21 | 73 | 30 | |
| 8312 | 918631 | 4821 | 1807 | 1600 | 3198 | 23 |
| 300 | 41607 | 116 | 5 | 2 | 112 | 2 |
| 640 | 3015 | 404 | 135 | 338 | 66 | |
| | | | | | | |
| | | | | | | |
| 56 | 1855 | 15 | | 5 | 8 | 2 |
| 190 | 9850 | 155 | | | 155 | |
| 43 | 5927 | 20 | 12 | 5 | 5 | 10 |
| 645 | 425 | 265 | 104 | 9 | 256 | |

C-2-13续表2

| 地区 | 按年龄分 | | | 按护理类型分 | | | 康复和医疗门诊人次数 |
|---|---|---|---|---|---|---|---|
| | 老人 | 青壮年 | 少年儿童 | 自理(完全自理) | 介助(半自理) | 介护(不能自理) | |
| **全国** | **12479** | **2063** | **467** | **8183** | **3864** | **2962** | **104848** |
| 中央级 | 57 | 28 | 64 | 32 | 106 | 11 | 4135 |
| 北京 | | | | | | | |
| 天津 | | | | | | | |
| 河北 | 995 | 108 | | 520 | 442 | 141 | 750 |
| 山西 | 625 | 52 | | 510 | 154 | 13 | |
| 内蒙古 | 72 | 31 | | 45 | 45 | 13 | |
| 辽宁 | 687 | 85 | 22 | 517 | 202 | 75 | 128 |
| 吉林 | | | | | | | |
| 黑龙江 | 1314 | | | 1155 | 144 | 15 | 11474 |
| 上海 | 230 | 792 | 20 | 50 | 253 | 739 | 822 |
| 江苏 | 215 | 6 | 4 | 170 | 45 | 10 | 750 |
| 浙江 | 617 | 12 | | 210 | 9 | 410 | 435 |
| 安徽 | 243 | 138 | 2 | 29 | 312 | 42 | |
| 福建 | 177 | 191 | 2 | 269 | 88 | 13 | 682 |
| 江西 | 234 | | | 234 | | | |
| 山东 | | | | | | | |
| 河南 | 394 | 36 | 98 | 260 | 149 | 119 | 895 |
| 湖北 | 677 | | | 530 | 100 | 47 | 907 |
| 湖南 | 294 | 40 | 24 | 233 | 105 | 20 | 97 |
| 广东 | 268 | 135 | 66 | 318 | 69 | 82 | 78876 |
| 广西 | 49 | 6 | | 32 | 22 | 1 | |
| 海南 | | | | | | | |
| 重庆 | 102 | | 1 | 89 | 9 | 5 | 322 |
| 四川 | 4673 | 37 | 111 | 2645 | 1304 | 872 | 4575 |
| 贵州 | 25 | 83 | 8 | 35 | 43 | 38 | |
| 云南 | 85 | 274 | 45 | 90 | 95 | 219 | |
| 西藏 | | | | | | | |
| 陕西 | 13 | 2 | | 12 | 2 | 1 | |
| 甘肃 | 155 | | | 100 | 42 | 13 | |
| 青海 | 20 | | | | 20 | | |
| 宁夏 | 258 | 7 | | 98 | 104 | 63 | |
| 新疆 | | | | | | | |

单位：人、人次、平方米、万元

| 机构建筑面积 | 事业单位会计制度财务指标 | | | 民间非营利组织会计制度财务指标 | | |
|---|---|---|---|---|---|---|
| | 固定资产原价 | 本年收入合计 | 本年支出合计 | 固定资产原价 | 本年收入合计 | 本年费用合计 |
| **1011967** | **44353.6** | **44846.2** | **41015.6** | **35002.3** | **12326.7** | **9996.9** |
| 30000 | 7789.7 | 12449.4 | 11105.5 | | | |
| | | | | | | |
| | | | | | | |
| | | | | | | |
| 76018 | 2568.3 | 3722.3 | 3888.9 | 2760.5 | 272.0 | 540.4 |
| 48270 | 3244.1 | 7623.8 | 7294.2 | 191.0 | 6.2 | 8.6 |
| 7776 | 109.6 | 151.4 | 144.9 | 93.0 | 22.0 | 22.0 |
| | | | | | | |
| 38018 | 500.3 | 353.4 | 358.9 | 1625.1 | 472.1 | 306.8 |
| | | | | | | |
| 24921 | 4086.4 | | | 9048.0 | | 141.2 |
| | | | | | | |
| 30403 | 6940.5 | 10115.5 | 10115.3 | | | |
| 22700 | 2024.0 | 390.1 | 381.1 | 10.0 | | 6.0 |
| 37271 | 1761.5 | 589.6 | 664.7 | 168.0 | | 4.0 |
| 31674 | 4229.7 | 815.6 | 809.5 | 1586.0 | 52.0 | 297.5 |
| 52806 | 3603.5 | 4150.7 | 2679.4 | | | |
| 18000 | | | | 316.0 | 135.0 | 131.3 |
| | | | | | | |
| | | | | | | |
| 84913 | 161.5 | 923.2 | 953.0 | 1165.4 | 785.7 | 57.6 |
| 9638 | | | | 1174.0 | 326.2 | 218.9 |
| 114675 | 54.8 | 119.5 | 79.5 | 602.1 | 294.2 | 186.1 |
| 44640 | 90.0 | 7.2 | 6.8 | 1777.8 | 2779.3 | 3237.5 |
| 15720 | | | | 77.0 | 13.3 | 17.1 |
| 100000 | | | | 5000.0 | | |
| | | | | | | |
| 7920 | 190.9 | 301.2 | 281.5 | 50.0 | 50.0 | 50.0 |
| 158163 | 3786.5 | 684.0 | 368.1 | 7074.8 | 6892.3 | 4656.6 |
| 10558 | | | | 1368.0 | 27.0 | 31.6 |
| 22114 | 2333.5 | 2073.9 | 1452.9 | 113.0 | 17.2 | 29.4 |
| | | | | | | |
| | | | | | | |
| 1500 | 878.8 | 375.4 | 375.4 | 10.0 | 12.2 | 1.8 |
| 9009 | | | 56.0 | 502.6 | 20.0 | 2.4 |
| 1500 | | | | 30.0 | | 0.1 |
| 13760 | | | | 260.0 | 150.0 | 50.0 |

# C-2-14 不提供住宿的民政

| 地区 | 机构和设施数 | 市场监管部门登记 | 编制部门登记 | 民政部门登记 | 设施 |
|---|---|---|---|---|---|
| **全国** | **428128** | **26** | **2452** | **42288** | **383362** |
| 中央级 | 1 | | 1 | | |
| 北京 | 11923 | 3 | 227 | 1083 | 10610 |
| 天津 | 2876 | 1 | 13 | 68 | 2794 |
| 河北 | 36316 | | 22 | 255 | 36039 |
| 山西 | 6495 | | 83 | 109 | 6303 |
| 内蒙古 | 4575 | 1 | 79 | 154 | 4341 |
| 辽宁 | 7990 | | 37 | 212 | 7741 |
| 吉林 | 2009 | 2 | 120 | 262 | 1625 |
| 黑龙江 | 3396 | 2 | 48 | 437 | 2909 |
| 上海 | 6450 | 1 | 122 | 3434 | 2893 |
| 江苏 | 43544 | 2 | 102 | 24636 | 18804 |
| 浙江 | 35841 | 2 | 77 | 3817 | 31945 |
| 安徽 | 8127 | 2 | 64 | 263 | 7798 |
| 福建 | 10020 | | 33 | 245 | 9742 |
| 江西 | 4194 | | 68 | 133 | 3993 |
| 山东 | 26691 | 2 | 64 | 2372 | 24253 |
| 河南 | 6349 | | 105 | 101 | 6143 |
| 湖北 | 22957 | 2 | 129 | 442 | 22384 |
| 湖南 | 17303 | 1 | 139 | 345 | 16818 |
| 广东 | 65059 | 1 | 166 | 1060 | 63832 |
| 广西 | 14078 | | 147 | 77 | 13854 |
| 海南 | 2929 | | 6 | 177 | 2746 |
| 重庆 | 8424 | | 43 | 595 | 7786 |
| 四川 | 24664 | 1 | 86 | 1471 | 23106 |
| 贵州 | 23270 | 1 | 164 | 97 | 23008 |
| 云南 | 5279 | | 46 | 19 | 5214 |
| 西藏 | 88 | | 1 | 3 | 84 |
| 陕西 | 9685 | | 71 | 119 | 9495 |
| 甘肃 | 10908 | 1 | 58 | 59 | 10790 |
| 青海 | 1772 | | 6 | 1 | 1765 |
| 宁夏 | 2715 | | 9 | 85 | 2621 |
| 新疆 | 2200 | 1 | 116 | 157 | 1926 |

# 服务机构和设施总表

单位：个、人

| 年末职工人数 | #女性 | 按登记类型分 | | | |
|---|---|---|---|---|---|
| | | 市场监管部门登记 | 编制部门登记 | 民政部门登记 | 设施 |
| **1568136** | **598500** | **482** | **36055** | **215353** | **1313502** |
| 125 | 50 | | 125 | | |
| 49461 | 25261 | 99 | 2542 | 7248 | 39500 |
| 15862 | 9583 | 5 | 119 | 627 | 15094 |
| 76120 | 26760 | | 489 | 3378 | 72164 |
| 24695 | 8703 | | 829 | 759 | 23100 |
| 20089 | 9698 | 45 | 1453 | 923 | 17666 |
| 44624 | 26680 | | 544 | 1501 | 42519 |
| 15550 | 8927 | 12 | 2048 | 3093 | 10386 |
| 21342 | 10347 | 51 | 566 | 2294 | 18297 |
| 43203 | 17573 | 46 | 3796 | 25220 | 14141 |
| 199920 | 60218 | 14 | 1323 | 110060 | 88360 |
| 96512 | 41199 | 8 | 900 | 12489 | 83104 |
| 38080 | 15076 | 39 | 1195 | 1508 | 34873 |
| 26787 | 10583 | | 432 | 1163 | 25189 |
| 15927 | 5405 | | 539 | 995 | 14238 |
| 117400 | 49063 | 22 | 1410 | 12914 | 102084 |
| 37083 | 14820 | | 1020 | 871 | 35134 |
| 66446 | 26666 | 12 | 1404 | 3361 | 61650 |
| 55556 | 19896 | 4 | 1363 | 1762 | 52276 |
| 241779 | 86565 | 28 | 2687 | 7432 | 231621 |
| 26444 | 8711 | | 1620 | 463 | 24355 |
| 12320 | 4365 | | 65 | 886 | 11369 |
| 30349 | 13823 | | 555 | 3586 | 26206 |
| 77637 | 27115 | 49 | 1261 | 8984 | 67227 |
| 101337 | 25949 | 36 | 4407 | 486 | 96367 |
| 21480 | 8234 | | 437 | 164 | 20879 |
| 734 | 531 | | 41 | 30 | 663 |
| 35652 | 14814 | | 1067 | 981 | 33487 |
| 25401 | 8135 | 2 | 596 | 201 | 24584 |
| 5901 | 2574 | | 118 | | 5783 |
| 9985 | 4849 | | 320 | 211 | 9415 |
| 14335 | 6327 | 10 | 784 | 1763 | 11771 |

## C-2-14续表1

| 地区 | 受教育程度 | | 职业资格水平 | |
|---|---|---|---|---|
| | 大学专科人数 | 大学本科及以上人数 | 助理社会工作师人数 | 社会工作师人数 |
| **全 国** | **339220** | **177432** | **39245** | **17605** |
| 中央级 | 9 | 116 | | |
| 北 京 | 13375 | 13842 | 3607 | 1471 |
| 天 津 | 4577 | 5137 | 1682 | 615 |
| 河 北 | 6337 | 2663 | 694 | 273 |
| 山 西 | 3905 | 1875 | 524 | 299 |
| 内蒙古 | 5672 | 3847 | 585 | 224 |
| 辽 宁 | 14753 | 9183 | 2133 | 1098 |
| 吉 林 | 5555 | 2781 | 771 | 324 |
| 黑龙江 | 5368 | 2344 | 367 | 237 |
| 上 海 | 10198 | 4575 | 443 | 729 |
| 江 苏 | 34018 | 17206 | 2888 | 1289 |
| 浙 江 | 17158 | 10230 | 2259 | 1508 |
| 安 徽 | 9624 | 3145 | 1157 | 531 |
| 福 建 | 2785 | 1328 | 543 | 369 |
| 江 西 | 1882 | 828 | 282 | 50 |
| 山 东 | 39018 | 16688 | 1267 | 467 |
| 河 南 | 6165 | 3256 | 504 | 210 |
| 湖 北 | 13891 | 4322 | 517 | 409 |
| 湖 南 | 13163 | 5177 | 767 | 354 |
| 广 东 | 53761 | 36232 | 12910 | 3769 |
| 广 西 | 3010 | 1850 | 228 | 192 |
| 海 南 | 1076 | 435 | 28 | 18 |
| 重 庆 | 8952 | 4662 | 1394 | 689 |
| 四 川 | 18894 | 6004 | 1682 | 892 |
| 贵 州 | 19250 | 7259 | 249 | 86 |
| 云 南 | 4277 | 1855 | 308 | 125 |
| 西 藏 | 182 | 86 | 3 | |
| 陕 西 | 8688 | 3924 | 841 | 478 |
| 甘 肃 | 5409 | 2964 | 131 | 123 |
| 青 海 | 2084 | 634 | 30 | 33 |
| 宁 夏 | 2015 | 486 | 273 | 17 |
| 新 疆 | 4169 | 2498 | 178 | 726 |

单位：人、人次、时

| 年龄结构 | | | | 志愿服务 | |
| --- | --- | --- | --- | --- | --- |
| 35岁及以下人数 | 36岁至45岁人数 | 46岁至55岁人数 | 56岁及以上人数 | 志愿者服务人次数 | 志愿服务时间 |
| **455273** | **600286** | **389318** | **122876** | **7445980** | **15357852** |
| 43 | 43 | 25 | 14 | | |
| | | | | | |
| 14107 | 16739 | 13664 | 4951 | 5782700 | 11487777 |
| 6753 | 5245 | 3205 | 659 | 14484 | 115872 |
| 16942 | 28363 | 23295 | 7520 | 15608 | 41735 |
| 5223 | 8327 | 6246 | 4736 | 212 | 552 |
| 6734 | 8120 | 4091 | 1081 | 9490 | 18851 |
| | | | | | |
| 12864 | 17663 | 11252 | 2845 | 71036 | 134444 |
| 4364 | 8572 | 2360 | 254 | 2268 | 2830 |
| 5909 | 9246 | 4093 | 2094 | 2133 | 5264 |
| | | | | | |
| 11598 | 14982 | 12679 | 3944 | 23973 | 78012 |
| 53183 | 77894 | 53986 | 14857 | 248776 | 506684 |
| 24048 | 37083 | 26563 | 8818 | 227664 | 458654 |
| 10982 | 15661 | 9133 | 2304 | 29467 | 73494 |
| 6346 | 9879 | 7332 | 3141 | 26730 | 203076 |
| 4007 | 5938 | 3803 | 2179 | 4484 | 10078 |
| 40094 | 43096 | 26178 | 8032 | 321596 | 761217 |
| | | | | | |
| 9174 | 15828 | 9017 | 3064 | 11980 | 18767 |
| 16972 | 27380 | 16373 | 5721 | 63718 | 75119 |
| 13405 | 21323 | 15108 | 5700 | 19360 | 53031 |
| 84365 | 90505 | 51259 | 15650 | 33932 | 54995 |
| 6851 | 9368 | 7853 | 2372 | 1820 | 5270 |
| 3105 | 4968 | 3373 | 874 | 1900 | 4800 |
| | | | | | |
| 9234 | 11572 | 7654 | 1889 | 226763 | 536810 |
| 21591 | 30530 | 19161 | 6355 | 6329 | 20610 |
| 32111 | 38600 | 24545 | 6081 | 201461 | 455776 |
| 6311 | 8852 | 4823 | 1453 | 668 | 2438 |
| 497 | 214 | 15 | 8 | 5 | |
| | | | | | |
| 9004 | 12802 | 10902 | 2944 | 46415 | 124058 |
| 9574 | 9155 | 5421 | 1251 | 34611 | 63299 |
| 1882 | 2827 | 717 | 468 | 2 | 8 |
| 2441 | 4279 | 2543 | 722 | 1160 | 2671 |
| 5559 | 5232 | 2649 | 895 | 15235 | 41662 |

C-2-14续表2

| 地区 | 企业会计制度财务指标 | | | |
| --- | --- | --- | --- | --- |
| | 固定资产原价 | 营业收入 | 费用合计 | 营业利润 |
| **全国** | **25365.1** | **8548.1** | **345.6** | **-1112.7** |
| 中央级 | | | | |
| 北京 | 4555.9 | 2980.1 | | -1383.0 |
| 天津 | 86.0 | 57.0 | | -8.0 |
| 河北 | | | | |
| 山西 | 15.0 | | | |
| 内蒙古 | 797.0 | 565.0 | 1.0 | 159.0 |
| 辽宁 | | | | |
| 吉林 | 560.0 | 20.0 | | |
| 黑龙江 | 1900.8 | 6.0 | 1.5 | |
| 上海 | 2654.1 | 2933.4 | | 315.3 |
| 江苏 | 31.7 | 85.9 | 130.5 | 6.1 |
| 浙江 | 553.0 | 412.0 | | |
| 安徽 | 396.8 | 644.9 | | -91.9 |
| 福建 | 6.0 | | | |
| 江西 | 11.0 | | | |
| 山东 | 4824.0 | 86.0 | 26.2 | 15.9 |
| 河南 | | | | |
| 湖北 | 53.0 | 20.0 | 7.5 | 9.7 |
| 湖南 | 40.0 | | | |
| 广东 | 1383.3 | 34.7 | 33.3 | -5.1 |
| 广西 | 3739.3 | | | |
| 海南 | | | | |
| 重庆 | | | | |
| 四川 | 202.2 | 402.1 | 145.1 | -130.7 |
| 贵州 | 300.0 | 300.0 | | |
| 云南 | | | | |
| 西藏 | | | | |
| 陕西 | 3241.0 | | | |
| 甘肃 | 10.0 | 1.0 | 0.5 | |
| 青海 | | | | |
| 宁夏 | | | | |
| 新疆 | 5.0 | | | |

单位：万元

| 事业单位会计制度财务指标 | | | 民间非营利组织会计制度财务指标 | | |
|---|---|---|---|---|---|
| 固定资产原价 | 本年收入合计 | 本年支出合计 | 固定资产原价 | 本年收入合计 | 本年费用合计 |
| **1431322.9** | **1650783.7** | **1549261.9** | **612606.8** | **690597.1** | **632587.4** |
| 172818.0 | 142211.4 | 128445.5 | | | |
| | | | | | |
| 58759.7 | 97779.2 | 98369.6 | 14732.2 | 27655.2 | 23534.4 |
| 19938.8 | 11812.9 | 11471.5 | 752.8 | 976.7 | 856.8 |
| 38737.7 | 70077.6 | 64464.6 | 3063.0 | 1305.7 | 2250.4 |
| 30910.2 | 25008.6 | 21992.0 | 5396.3 | 6104.7 | 5922.6 |
| 46757.3 | 39854.2 | 30806.7 | 1802.8 | 872.9 | 1047.7 |
| | | | | | |
| 97499.8 | 38565.2 | 34471.2 | 3602.7 | 1140.3 | 2193.8 |
| 20527.7 | 48885.9 | 49532.7 | 200.6 | 282.0 | 264.9 |
| 49697.1 | 20818.7 | 20687.5 | 4113.8 | 883.5 | 1025.0 |
| | | | | | |
| 20359.9 | 122310.4 | 113674.5 | 73170.5 | 256580.7 | 286745.0 |
| 112115.6 | 94550.1 | 84490.0 | 281384.6 | 220061.4 | 173846.0 |
| 60845.6 | 99500.7 | 93974.0 | 23594.3 | 41485.9 | 37315.4 |
| 52887.9 | 35494.0 | 34396.3 | 5716.2 | 4609.1 | 2790.1 |
| 7970.3 | 23701.9 | 20009.3 | 1462.6 | 1328.8 | 1418.8 |
| 26485.6 | 23064.8 | 20718.5 | 1829.9 | 2307.0 | 2286.4 |
| 170360.2 | 83181.0 | 82985.1 | 56518.1 | 37179.7 | 37807.7 |
| | | | | | |
| 16380.2 | 21247.6 | 21483.8 | 1163.0 | 142.5 | 443.8 |
| 64421.0 | 78626.0 | 74183.6 | 9443.6 | 5058.2 | 5716.5 |
| 46580.5 | 56652.1 | 53812.8 | 3533.7 | 32118.0 | 2241.7 |
| 58861.7 | 127332.4 | 103947.3 | 27839.4 | 27917.6 | 21403.0 |
| 22006.6 | 46632.5 | 46879.4 | 832.2 | 185.7 | 266.5 |
| 2623.6 | 9130.2 | 7718.7 | 650.0 | 931.0 | 961.0 |
| | | | | | |
| 21480.2 | 40425.9 | 37783.2 | 3604.1 | 6792.4 | 6578.1 |
| 2969.3 | 69313.5 | 70490.6 | 68821.7 | 9433.5 | 12417.9 |
| 40140.4 | 73830.4 | 71461.1 | 7892.3 | 140.1 | 306.3 |
| 41191.7 | 28724.7 | 40380.7 | 58.9 | 12.1 | 25.6 |
| 517.4 | 9813.1 | 9563.4 | | 100.0 | |
| | | | | | |
| 61674.5 | 48474.1 | 45611.8 | 4200.4 | 1377.5 | 1811.9 |
| 19703.5 | 20802.9 | 15411.6 | 4067.0 | 349.1 | 107.7 |
| 7703.1 | 6439.0 | 6600.8 | 7.0 | | |
| 9898.7 | 9529.4 | 7778.8 | 1241.0 | 3180.3 | 0.4 |
| 28499.1 | 26993.3 | 25665.3 | 1912.1 | 85.5 | 1002.0 |

# C-2-15 社区服务

| 地区 | 机构和设施数 | 按登记类型分 | | | | 农村 |
| --- | --- | --- | --- | --- | --- | --- |
| | | 市场监管部门登记 | 编制部门登记 | 民政部门登记 | 设施 | |
| **全国** | **426524** | **27** | **933** | **42202** | **383362** | **245318** |
| 中央级 | | | | | | |
| 北京 | 11895 | 2 | 200 | 1083 | 10610 | 5129 |
| 天津 | 2865 | | 3 | 68 | 2794 | 1096 |
| 河北 | 36290 | | 4 | 247 | 36039 | 32479 |
| 山西 | 6427 | | 16 | 108 | 6303 | 4436 |
| 内蒙古 | 4535 | 3 | 40 | 151 | 4341 | 1435 |
| 辽宁 | 7962 | | 9 | 212 | 7741 | 2591 |
| 吉林 | 1901 | 2 | 12 | 262 | 1625 | 585 |
| 黑龙江 | 3353 | 1 | 6 | 437 | 2909 | 570 |
| 上海 | 6425 | | 113 | 3419 | 2893 | 400 |
| 江苏 | 43458 | 2 | 18 | 24634 | 18804 | 17852 |
| 浙江 | 35775 | 2 | 28 | 3800 | 31945 | 23808 |
| 安徽 | 8060 | 1 | 19 | 242 | 7798 | 3269 |
| 福建 | 9995 | | 8 | 245 | 9742 | 5470 |
| 江西 | 4130 | | 4 | 133 | 3993 | 538 |
| 山东 | 26656 | 6 | 30 | 2367 | 24253 | 16010 |
| 河南 | 6262 | | 18 | 101 | 6143 | 2602 |
| 湖北 | 22843 | 2 | 16 | 441 | 22384 | 14210 |
| 湖南 | 17175 | 1 | 11 | 345 | 16818 | 10673 |
| 广东 | 65001 | 1 | 108 | 1060 | 63832 | 34699 |
| 广西 | 13933 | | 2 | 77 | 13854 | 11600 |
| 海南 | 2923 | | | 177 | 2746 | 2373 |
| 重庆 | 8390 | | 9 | 595 | 7786 | 4028 |
| 四川 | 24599 | 1 | 21 | 1471 | 23106 | 11807 |
| 贵州 | 23207 | 1 | 101 | 97 | 23008 | 17507 |
| 云南 | 5232 | | | 18 | 5214 | 2514 |
| 西藏 | 87 | | | 3 | 84 | 38 |
| 陕西 | 9627 | | 13 | 119 | 9495 | 6362 |
| 甘肃 | 10877 | 1 | 29 | 57 | 10790 | 8232 |
| 青海 | 1765 | | | | 1765 | 1101 |
| 宁夏 | 2697 | | | 76 | 2621 | 1852 |
| 新疆 | 2179 | 1 | 95 | 157 | 1926 | 52 |

## 机构和设施总表

单位：个、人

| 年末职工人数 | #女性 | 受教育程度 | | 职业资格水平 | |
|---|---|---|---|---|---|
| | | 大学专科人数 | 大学本科及以上人数 | 助理社会工作师人数 | 社会工作师人数 |
| **1547279** | **589066** | **315788** | **169324** | **38838** | **17198** |
| 49137 | 25124 | 13089 | 13641 | 3600 | 1462 |
| 15760 | 9540 | 4557 | 5068 | 1681 | 612 |
| 75682 | 26555 | 5338 | 2536 | 692 | 268 |
| 23951 | 8356 | 3386 | 1526 | 510 | 296 |
| 19381 | 9351 | 5338 | 3512 | 564 | 203 |
| 44150 | 26482 | 14661 | 8888 | 2133 | 1094 |
| 13763 | 8376 | 5230 | 2224 | 753 | 318 |
| 20847 | 10117 | 5180 | 2127 | 362 | 229 |
| 42782 | 17364 | 10094 | 4410 | 426 | 722 |
| 198781 | 59715 | 33443 | 16765 | 2835 | 1250 |
| 95793 | 40852 | 16886 | 9997 | 2244 | 1490 |
| 37181 | 14619 | 9510 | 2854 | 1145 | 517 |
| 26393 | 10396 | 2529 | 1159 | 536 | 361 |
| 15458 | 5210 | 1693 | 704 | 275 | 40 |
| 116703 | 48765 | 32282 | 16293 | 1248 | 422 |
| 36210 | 14433 | 6165 | 2988 | 487 | 189 |
| 65203 | 26076 | 11324 | 3924 | 503 | 396 |
| 54320 | 19424 | 10614 | 4810 | 753 | 328 |
| 240802 | 86097 | 53511 | 35829 | 12837 | 3737 |
| 24834 | 7888 | 2346 | 1344 | 210 | 172 |
| 12255 | 4340 | 1123 | 410 | 26 | 12 |
| 29882 | 13625 | 8207 | 4311 | 1363 | 678 |
| 76532 | 26531 | 17771 | 5653 | 1670 | 873 |
| 100492 | 25540 | 18084 | 6850 | 244 | 75 |
| 21043 | 8039 | 4169 | 1701 | 297 | 110 |
| 693 | 511 | 158 | 80 | 3 | |
| 34787 | 14417 | 6957 | 3557 | 838 | 466 |
| 24902 | 7902 | 4574 | 2792 | 127 | 110 |
| 5783 | 2507 | 1748 | 577 | 30 | 32 |
| 9665 | 4682 | 1761 | 387 | 269 | 10 |
| 14114 | 6232 | 4060 | 2407 | 177 | 726 |

C-2-15续表1

| 地　区 | 年龄结构 | | | | 志愿服务 | |
|---|---|---|---|---|---|---|
| | 35岁及以下人数 | 36岁至45岁人数 | 46岁至55岁人数 | 56岁及以上人数 | 志愿者服务人次数 | 志愿服务时间 |
| **全　国** | **445860** | **592643** | **386100** | **122293** | **7427412** | **15314404** |
| 中央级 | | | | | | |
| 北　京 | 13979 | 16636 | 13590 | 4932 | 5782440 | 11487018 |
| 天　津 | 6706 | 5214 | 3192 | 648 | 14484 | 115872 |
| 河　北 | 16721 | 28211 | 23242 | 7508 | 15608 | 41735 |
| 山　西 | 4907 | 8048 | 6117 | 4716 | 212 | 552 |
| 内蒙古 | 6386 | 7880 | 3989 | 1063 | 9490 | 18851 |
| 辽　宁 | 12696 | 17467 | 11158 | 2829 | 71036 | 134444 |
| 吉　林 | 3629 | 7752 | 2155 | 227 | 2268 | 2830 |
| 黑龙江 | 5746 | 9019 | 3997 | 2085 | 2133 | 5264 |
| 上　海 | 11468 | 14820 | 12605 | 3889 | 23973 | 78012 |
| 江　苏 | 52639 | 77491 | 53830 | 14821 | 236883 | 482170 |
| 浙　江 | 23710 | 36826 | 26454 | 8803 | 227664 | 458654 |
| 安　徽 | 10485 | 15400 | 9009 | 2287 | 29323 | 73023 |
| 福　建 | 6193 | 9739 | 7248 | 3124 | 26730 | 203076 |
| 江　西 | 3837 | 5733 | 3729 | 2159 | 4318 | 9649 |
| 山　东 | 39859 | 42828 | 26020 | 7996 | 321566 | 761157 |
| 河　南 | 8762 | 15553 | 8844 | 3051 | 11776 | 18379 |
| 湖　北 | 16494 | 26882 | 16150 | 5677 | 63014 | 73431 |
| 湖　南 | 12865 | 20849 | 14914 | 5672 | 18014 | 49280 |
| 广　东 | 83941 | 90174 | 51066 | 15621 | 33468 | 53525 |
| 广　西 | 6123 | 8736 | 7625 | 2350 | 1695 | 4302 |
| 海　南 | 3087 | 4946 | 3348 | 874 | 1900 | 4800 |
| 重　庆 | 8996 | 11409 | 7591 | 1886 | 226452 | 535887 |
| 四　川 | 20862 | 30244 | 19084 | 6342 | 6202 | 20481 |
| 贵　州 | 31708 | 38265 | 24446 | 6073 | 200568 | 453830 |
| 云　南 | 6107 | 8687 | 4769 | 1439 | 655 | 2417 |
| 西　藏 | 476 | 199 | 10 | 8 | 5 | |
| 陕　西 | 8558 | 12533 | 10771 | 2925 | 45369 | 119859 |
| 甘　肃 | 9319 | 9023 | 5344 | 1216 | 33779 | 61568 |
| 青　海 | 1831 | 2781 | 698 | 466 | 2 | 8 |
| 宁　夏 | 2273 | 4168 | 2507 | 717 | 1150 | 2671 |
| 新　疆 | 5497 | 5130 | 2598 | 889 | 15235 | 41662 |

单位：人、人次、时、张

| 床位数合计 | 日间照料床位数 | | 留宿照料床位数 | |
| --- | --- | --- | --- | --- |
| | | 农村 | | 农村 |
| **3477691** | **1830244** | **1185119** | **1647447** | **1122402** |
| 8442 | 5426 | 2386 | 3016 | 659 |
| 11786 | 7065 | 3514 | 4721 | 3206 |
| 281675 | 188175 | 166910 | 93500 | 80784 |
| 76318 | 53456 | 43422 | 22862 | 17430 |
| 136121 | 20419 | 3861 | 115702 | 106708 |
| 55825 | 24565 | 12745 | 31260 | 16998 |
| 4307 | 3507 | 90 | 800 | |
| 67406 | 19491 | 5742 | 47915 | 13405 |
| 22913 | 2514 | 92 | 20399 | 1816 |
| 265221 | 196310 | 88875 | 68911 | 23946 |
| 320319 | 185038 | 141311 | 135281 | 62670 |
| 188842 | 21186 | 7539 | 167656 | 136557 |
| 104393 | 44264 | 24988 | 60129 | 34547 |
| 41404 | 14999 | 5494 | 26405 | 14988 |
| 331108 | 218821 | 164759 | 112287 | 85497 |
| 202481 | 59453 | 38978 | 143028 | 109862 |
| 143060 | 101645 | 54615 | 41415 | 16545 |
| 170159 | 76673 | 51712 | 93486 | 69602 |
| 253629 | 198117 | 116317 | 55512 | 20321 |
| 122462 | 23042 | 20175 | 99420 | 94099 |
| 9689 | 3543 | 2627 | 6146 | 5229 |
| 74240 | 24793 | 12055 | 49447 | 44075 |
| 218051 | 86307 | 40661 | 131744 | 84778 |
| 103865 | 65518 | 43987 | 38347 | 29170 |
| 47292 | 23316 | 10944 | 23976 | 14520 |
| 1715 | 1523 | 1313 | 192 | 22 |
| 72107 | 46295 | 38236 | 25812 | 20330 |
| 111491 | 97957 | 74246 | 13534 | 9787 |
| 15048 | 8639 | 5234 | 6409 | 2013 |
| 9203 | 5244 | 1892 | 3959 | 2193 |
| 7119 | 2943 | 399 | 4176 | 645 |

C-2-15续表2

| 地　区 | 年末收养照料人数合计 | 社区日间照料人数 | 农村 | 社区留宿照料人数 | 农村 |
|---|---|---|---|---|---|
| **全　国** | **1053741** | **441122** | **308715** | **612619** | **450745** |
| 中央级 | | | | | |
| 北　京 | 3012 | 1763 | 1100 | 1249 | 243 |
| 天　津 | 1709 | 824 | 365 | 885 | 698 |
| 河　北 | 57298 | 38765 | 35905 | 18533 | 15762 |
| 山　西 | 30712 | 23230 | 19269 | 7482 | 6077 |
| 内蒙古 | 74625 | 7921 | 2363 | 66704 | 64209 |
| 辽　宁 | 13550 | 4201 | 2505 | 9349 | 5666 |
| 吉　林 | 578 | 565 | 54 | 13 | |
| 黑龙江 | 32061 | 6902 | 3693 | 25159 | 7248 |
| 上　海 | 1291 | 1072 | 52 | 219 | 23 |
| 江　苏 | 45279 | 29392 | 17302 | 15887 | 5919 |
| 浙　江 | 54746 | 20371 | 16433 | 34375 | 14417 |
| 安　徽 | 59611 | 2659 | 1300 | 56952 | 53367 |
| 福　建 | 14721 | 3409 | 1383 | 11312 | 5872 |
| 江　西 | 13344 | 4342 | 2762 | 9002 | 4520 |
| 山　东 | 155341 | 105801 | 77711 | 49540 | 39074 |
| 河　南 | 112020 | 27625 | 18993 | 84395 | 61802 |
| 湖　北 | 40587 | 20379 | 7733 | 20208 | 6363 |
| 湖　南 | 79753 | 34077 | 26083 | 45676 | 35362 |
| 广　东 | 32982 | 23030 | 12275 | 9952 | 3930 |
| 广　西 | 39238 | 8842 | 8238 | 30396 | 28543 |
| 海　南 | 2459 | 493 | 446 | 1966 | 1867 |
| 重　庆 | 46465 | 17122 | 8416 | 29343 | 26462 |
| 四　川 | 66041 | 18518 | 13420 | 47523 | 35940 |
| 贵　州 | 20266 | 7398 | 5597 | 12868 | 10312 |
| 云　南 | 7794 | 2322 | 604 | 5472 | 3837 |
| 西　藏 | 1116 | 1116 | 978 | | |
| 陕　西 | 29396 | 18094 | 15961 | 11302 | 9606 |
| 甘　肃 | 11600 | 9119 | 7183 | 2481 | 2097 |
| 青　海 | 3233 | 489 | 303 | 2744 | 897 |
| 宁　夏 | 1658 | 925 | 268 | 733 | 609 |
| 新　疆 | 1255 | 356 | 20 | 899 | 23 |

单位：人、人次、人天、个、平方米

| 本年收养照料人天数 | 老年人活动人次数 | 社区服务志愿者组织（团体）数 | 社区志愿者人数 | 机构建筑面积 | 社会捐赠接收工作站、点数 |
|---|---|---|---|---|---|
| **44056081** | **21834243** | **129136** | **4219687** | **133021285** | **12445** |
| | | | | | |
| 210289 | 1082290 | 25098 | 1390638 | 1863993 | 1462 |
| 39260 | 1454 | 1060 | 85000 | 1235726 | 266 |
| 4083750 | 655997 | 24085 | 1261 | 6653949 | 60 |
| 842770 | 475121 | 414 | 1934 | 2170990 | 144 |
| 8588724 | 1169398 | 435 | 11672 | 3712911 | 260 |
| | | | | | |
| 503628 | 249184 | 798 | 64737 | 3277495 | 465 |
| | | 1 | 50 | 825136 | 18 |
| 460 | 4376 | 15 | | 2791795 | 810 |
| | | | | | |
| 221847 | 9986 | 2264 | 178841 | 1662281 | 3622 |
| 805836 | 2823897 | 4877 | 150673 | 10362768 | 442 |
| 158462 | 87336 | 24554 | 22485 | 10339349 | 151 |
| 716036 | 34114 | 1500 | 252532 | 5163829 | 300 |
| 212721 | 762120 | 251 | 12 | 3100419 | |
| 88922 | 68367 | 293 | 2090 | 1299893 | 124 |
| 10761325 | 6097754 | 3196 | 30998 | 16866603 | 293 |
| | | | | | |
| 1344511 | 81414 | 75 | 14080 | 4773805 | 316 |
| 129429 | 297883 | 1964 | 200661 | 5290546 | 84 |
| 3537180 | 14358 | 1014 | 5356 | 5993342 | 1410 |
| 1206829 | 869764 | 1116 | 135071 | 13556545 | 363 |
| 1456454 | 197308 | 21 | | 3186318 | 142 |
| | | 4 | 48 | 784696 | |
| | | | | | |
| 5492885 | 3348641 | 6866 | 1032046 | 3215141 | 1241 |
| 1173641 | 777112 | 352 | 43795 | 8467679 | 199 |
| 179358 | 56583 | 25717 | 22170 | 6632690 | 120 |
| 122559 | 52212 | 80 | 6779 | 2373970 | 11 |
| 365 | 62780 | | | 228208 | |
| | | | | | |
| 2177445 | 2500373 | 2407 | 555194 | 2854466 | 86 |
| 365 | 866 | | | 1979143 | |
| | 7748 | 56 | 10700 | 491327 | |
| | | | | 880328 | 41 |
| 1030 | 45807 | 623 | 864 | 985944 | 15 |

C-2-15续表3

| 地区 | 企业会计制度财务指标 | | | |
| --- | --- | --- | --- | --- |
| | 固定资产原价 | 营业收入 | 费用合计 | 营业利润 |
| **全国** | **2292.1** | **1403.7** | **345.6** | **-104.1** |
| 中央级 | | | | |
| 北京 | 3.6 | | | |
| 天津 | | | | |
| 河北 | | | | |
| 山西 | 15.0 | | | |
| 内蒙古 | | 1.0 | 1.0 | |
| 辽宁 | | | | |
| 吉林 | 560.0 | 20.0 | | |
| 黑龙江 | 15.0 | 6.0 | 1.5 | |
| 上海 | | | | |
| 江苏 | 31.7 | 85.9 | 130.5 | 6.1 |
| 浙江 | 553.0 | 412.0 | | |
| 安徽 | 126.0 | 35.0 | | |
| 福建 | 6.0 | | | |
| 江西 | 11.0 | | | |
| 山东 | 334.0 | 86.0 | 26.2 | 15.9 |
| 河南 | | | | |
| 湖北 | 53.0 | 20.0 | 7.5 | 9.7 |
| 湖南 | 40.0 | | | |
| 广东 | 26.6 | 34.7 | 33.3 | -5.1 |
| 广西 | | | | |
| 海南 | | | | |
| 重庆 | | | | |
| 四川 | 202.2 | 402.1 | 145.1 | -130.7 |
| 贵州 | 300.0 | 300.0 | | |
| 云南 | | | | |
| 西藏 | | | | |
| 陕西 | | | | |
| 甘肃 | 10.0 | 1.0 | 0.5 | |
| 青海 | | | | |
| 宁夏 | | | | |
| 新疆 | 5.0 | | | |

单位：万元

| 事业单位会计制度财务指标 | | | 民间非营利组织会计制度财务指标 | | |
|---|---|---|---|---|---|
| 固定资产原价 | 本年收入合计 | 本年支出合计 | 固定资产原价 | 本年收入合计 | 本年费用合计 |
| **99417.0** | **209669.2** | **203271.4** | **604155.2** | **676485.5** | **627988.0** |
| | | | | | |
| | | | | | |
| 43200.6 | 50377.8 | 54487.3 | 14732.2 | 27655.2 | 23534.4 |
| 192.4 | 294.5 | 302.3 | 752.8 | 976.7 | 856.8 |
| 72.1 | 15.5 | 15.1 | 2989.3 | 1304.0 | 2248.7 |
| 1103.4 | 221.0 | 215.5 | 5396.3 | 6104.7 | 5922.6 |
| 659.0 | 639.6 | 639.6 | 1802.8 | 872.9 | 1047.7 |
| | | | | | |
| 7.0 | 56.2 | 56.2 | 3602.7 | 1140.3 | 2193.8 |
| 931.0 | 105.0 | 105.0 | 200.6 | 282.0 | 264.9 |
| 183.0 | 155.0 | 183.1 | 4113.8 | 883.5 | 1025.0 |
| | | | | | |
| 11787.6 | 79210.3 | 71178.7 | 72502.2 | 251830.1 | 284039.0 |
| 1049.8 | 5064.1 | 4894.2 | 281368.8 | 219843.2 | 173846.0 |
| 1485.0 | 2723.8 | 2448.2 | 21117.6 | 38703.7 | 36748.9 |
| 632.8 | 641.5 | 741.6 | 3658.1 | 1746.7 | 1464.9 |
| 32.6 | 266.3 | 267.5 | 1462.6 | 1328.8 | 1418.8 |
| | 67.5 | 67.7 | 1829.9 | 2307.0 | 2286.4 |
| 5079.9 | 2533.6 | 2538.6 | 56518.1 | 37179.7 | 37807.7 |
| | | | | | |
| 1436.1 | 378.1 | 372.1 | 1163.0 | 142.5 | 443.8 |
| 6752.4 | 2381.4 | 2551.8 | 9243.6 | 5040.2 | 5716.5 |
| 3151.3 | 247.8 | 400.4 | 3533.7 | 32118.0 | 2241.7 |
| 7071.4 | 10646.3 | 11485.6 | 27839.4 | 27917.6 | 21403.0 |
| 22.6 | 55.0 | 48.0 | 832.2 | 185.7 | 266.5 |
| | | | 650.0 | 931.0 | 961.0 |
| | | | | | |
| 282.5 | 305.9 | 305.4 | 3604.1 | 6792.4 | 6578.1 |
| 325.8 | 150.3 | 186.2 | 68821.7 | 9433.5 | 12417.9 |
| 11161.6 | 48877.4 | 45321.0 | 7892.3 | 140.1 | 306.3 |
| | | | 58.9 | 12.1 | 25.6 |
| | | | | 100.0 | |
| | | | | | |
| 1110.1 | 4057.0 | 3976.0 | 4200.4 | 1377.5 | 1811.9 |
| 56.0 | | | 1296.0 | 49.1 | 107.7 |
| | | | | | |
| | | | 1060.0 | 1.8 | 0.4 |
| 1631.0 | 198.3 | 484.3 | 1912.1 | 85.5 | 1002.0 |

# C-2-16　社区服务

| 地　区 | 机构和设施数 | 按登记类型分 | | | | 农村 | 年末职工人数 | #女性 |
|---|---|---|---|---|---|---|---|---|
| | | 市场监管部门登记 | 编制部门登记 | 民政部门登记 | 设施 | | | |
| **全　国** | **569** | **4** | **143** | **83** | **339** | **15** | **5920** | **2683** |
| 中央级 | | | | | | | | |
| 北　京 | 17 | | 16 | | 1 | | 383 | 224 |
| 天　津 | 9 | | 3 | 2 | 4 | | 59 | 31 |
| 河　北 | 12 | | 2 | 5 | 5 | | 190 | 105 |
| 山　西 | 13 | | 7 | | 6 | | 47 | 19 |
| 内蒙古 | 2 | | 1 | | 1 | | 9 | 5 |
| 辽　宁 | 13 | | 2 | 2 | 9 | | 94 | 40 |
| 吉　林 | 4 | | 1 | | 3 | | 20 | 10 |
| 黑龙江 | 20 | | 3 | 2 | 15 | 1 | 256 | 103 |
| 上　海 | 7 | | 5 | 2 | | | 214 | 72 |
| 江　苏 | 56 | 2 | 14 | 20 | 20 | 1 | 495 | 238 |
| 浙　江 | 22 | | 7 | 10 | 5 | | 172 | 122 |
| 安　徽 | 37 | | 13 | 3 | 21 | 1 | 676 | 141 |
| 福　建 | 4 | | 1 | 1 | 2 | 1 | 22 | 11 |
| 江　西 | 41 | | 2 | 3 | 36 | 3 | 232 | 171 |
| 山　东 | 79 | 2 | 10 | 10 | 57 | 1 | 1644 | 806 |
| 河　南 | 23 | | 7 | 2 | 14 | | 159 | 61 |
| 湖　北 | 17 | | 9 | | 8 | 1 | 121 | 80 |
| 湖　南 | 33 | | 8 | | 25 | 3 | 255 | 71 |
| 广　东 | 17 | | 11 | 1 | 5 | | 142 | 72 |
| 广　西 | 5 | | 2 | | 3 | | 19 | 13 |
| 海　南 | | | | | | | | |
| 重　庆 | 5 | | 2 | 1 | 2 | | 16 | 7 |
| 四　川 | 54 | | 5 | 9 | 40 | | 252 | 90 |
| 贵　州 | 11 | | | | 11 | 1 | 52 | 15 |
| 云　南 | 4 | | | 4 | | | 23 | |
| 西　藏 | | | | | | | | |
| 陕　西 | 38 | | 10 | 2 | 26 | 1 | 244 | 114 |
| 甘　肃 | 13 | | | 1 | 12 | 1 | 33 | 13 |
| 青　海 | | | | | | | | |
| 宁　夏 | 2 | | | | 2 | | 41 | 21 |
| 新　疆 | 11 | | 2 | 3 | 6 | | 50 | 28 |

## 指导中心

单位：个、人

| 受教育程度 | | 职业资格水平 | | 年龄结构 | | | |
|---|---|---|---|---|---|---|---|
| 大学专科人数 | 大学本科及以上人数 | 助理社会工作师人数 | 社会工作师人数 | 35岁及以下人数 | 36岁至45岁人数 | 46岁至55岁人数 | 56岁及以上人数 |
| **1802** | **1754** | **295** | **151** | **2307** | **2022** | **1359** | **232** |
| | | | | | | | |
| | | | | | | | |
| 76 | 159 | 66 | 20 | 123 | 140 | 111 | 9 |
| 12 | 34 | 1 | | 17 | 16 | 23 | 3 |
| 34 | 34 | 2 | | 85 | 74 | 28 | 3 |
| 7 | 9 | 4 | 2 | 18 | 12 | 15 | 2 |
| 6 | 1 | | | 1 | 6 | 2 | |
| | | | | | | | |
| 43 | 34 | | 1 | 33 | 54 | 5 | 2 |
| 6 | 3 | | | 6 | 8 | 6 | |
| 102 | 61 | 8 | 3 | 53 | 80 | 106 | 17 |
| | | | | | | | |
| 119 | 82 | 4 | 2 | 161 | 32 | 17 | 4 |
| 126 | 97 | 31 | 10 | 170 | 206 | 83 | 36 |
| 59 | 73 | 11 | 10 | 108 | 43 | 12 | 9 |
| 53 | 43 | 73 | 17 | 148 | 140 | 377 | 11 |
| 3 | 12 | | | 3 | 17 | 2 | |
| 67 | 27 | | | 50 | 111 | 52 | 19 |
| 684 | 721 | 20 | 34 | 883 | 516 | 183 | 62 |
| | | | | | | | |
| 46 | 18 | 22 | 11 | 59 | 69 | 29 | 2 |
| 45 | 35 | 15 | 5 | 31 | 45 | 41 | 4 |
| 55 | 40 | 11 | 4 | 64 | 107 | 63 | 21 |
| 25 | 87 | 12 | 19 | 56 | 55 | 30 | 1 |
| 12 | 3 | | 1 | 5 | 11 | 3 | |
| | | | | | | | |
| | | | | | | | |
| 1 | 10 | 1 | | 2 | 8 | 6 | |
| 73 | 58 | 11 | 4 | 63 | 92 | 82 | 15 |
| 13 | 10 | 1 | | 29 | 15 | 8 | |
| 11 | 11 | | | 16 | 7 | | |
| | | | | | | | |
| | | | | | | | |
| 103 | 71 | 2 | 5 | 81 | 98 | 55 | 10 |
| 8 | 2 | | | 18 | 9 | 6 | |
| | | | | | | | |
| | | | | 4 | 28 | 9 | |
| 13 | 19 | | 3 | 20 | 23 | 5 | 2 |

C-2-16续表1

| 地区 | 志愿服务 | | 床位数合计 | 社区日间照料床位数 | | 社区留宿照料床位数 | |
|---|---|---|---|---|---|---|---|
| | 志愿者服务人次数 | 志愿服务时间 | | | 农村 | | 农村 |
| **全国** | **1806704** | **3933518** | **6950** | **4326** | **314** | **2624** | **91** |
| 中央级 | | | | | | | |
| 北京 | 1705311 | 3791370 | 952 | | | 952 | |
| 天津 | | | 116 | 116 | | | |
| 河北 | 693 | 2984 | 35 | 35 | | | |
| 山西 | | | 17 | 17 | | | |
| 内蒙古 | 280 | 1620 | 60 | 60 | | | |
| 辽宁 | 3 | 3 | 10 | 10 | | | |
| 吉林 | | | | | | | |
| 黑龙江 | | | 305 | 254 | | 51 | |
| 上海 | 9730 | 19460 | | | | | |
| 江苏 | 659 | 1296 | 392 | 384 | | 8 | |
| 浙江 | 228 | 963 | 415 | 95 | | 320 | |
| 安徽 | 2220 | 5584 | 536 | 368 | | 168 | 20 |
| 福建 | | | 20 | 20 | | | |
| 江西 | 696 | 2085 | 553 | 424 | 123 | 129 | 56 |
| 山东 | 12934 | 30322 | 56 | 40 | | 16 | |
| 河南 | 35 | 86 | 485 | 256 | | 229 | |
| 湖北 | 54198 | 54200 | 107 | 97 | | 10 | |
| 湖南 | 320 | 1411 | 571 | 448 | 26 | 123 | |
| 广东 | 17722 | 17722 | 410 | 383 | | 27 | |
| 广西 | | | | | | | |
| 海南 | | | | | | | |
| 重庆 | 14 | 49 | 158 | 8 | | 150 | |
| 四川 | 29 | 119 | 954 | 583 | | 371 | |
| 贵州 | 357 | 861 | 41 | 36 | | 5 | |
| 云南 | | | | | | | |
| 西藏 | | | | | | | |
| 陕西 | 1255 | 3321 | 371 | 341 | 150 | 30 | |
| 甘肃 | 10 | 12 | 366 | 331 | 15 | 35 | 15 |
| 青海 | | | | | | | |
| 宁夏 | | | | | | | |
| 新疆 | 10 | 50 | 20 | 20 | | | |

单位：人次、时、张、人、人天

| 年末收养照料人数合计 | 社区日间照料人数 | 农村 | 社区留宿照料人数 | 农村 | 本年收养照料人天数 | 老年人活动人次数 |
|---|---|---|---|---|---|---|
| **2262** | **1169** | **98** | **1093** | **55** | **355257** | **159106** |
| | | | | | | |
| | | | | | | |
| 454 | | | 454 | | 148190 | 74095 |
| | | | | | | 597 |
| 35 | 35 | | | | | |
| | | | | | | |
| | | | | | | 2400 |
| | | | | | | |
| 10 | 10 | | | | 680 | |
| | | | | | | |
| 12 | 12 | | | | | |
| | | | | | | |
| | | | | | | |
| 24 | 24 | | | | 240 | 1300 |
| 333 | 13 | | 320 | | 4378 | |
| 155 | 85 | | 70 | 2 | 24406 | 120 |
| | | | | | | |
| 357 | 280 | 83 | 77 | 53 | 55974 | |
| 42 | 30 | | 12 | | 230 | 26393 |
| | | | | | | |
| 61 | 25 | | 36 | | | 25 |
| 3 | 3 | | | | 510 | 20 |
| 356 | 273 | 15 | 83 | | 51464 | 328 |
| 315 | 290 | | 25 | | 67960 | 46889 |
| | | | | | | |
| | | | | | | |
| | | | | | | |
| 10 | 4 | | 6 | | 136 | 3516 |
| 25 | 19 | | 6 | | | |
| 3 | 2 | | 1 | | 365 | |
| | | | | | | |
| | | | | | | |
| | | | | | | |
| 47 | 44 | | 3 | | 724 | 3423 |
| 20 | 20 | | | | | |

C-2-16续表2

| 地 区 | 社区服务志愿者组织（团体）数 | 社区志愿者人数 | 机构建筑面积 | 企业会计制度财务指标 | | | |
|---|---|---|---|---|---|---|---|
| | | | | 固定资产原价 | 营业收入 | 费用合计 | 营业利润 |
| **全 国** | **18677** | **1153665** | **673691** | **231.7** | **127.4** | **156.5** | **6.1** |
| 中央级 | | | | | | | |
| 北 京 | 15499 | 819370 | 96735 | | | | |
| 天 津 | 20 | | 7012 | | | | |
| 河 北 | | | 9544 | | | | |
| 山 西 | 378 | 920 | 6416 | | | | |
| 内蒙古 | 1 | 64 | 5241 | | | | |
| 辽 宁 | | | 3870 | | | | |
| 吉 林 | | | 1454 | | | | |
| 黑龙江 | | | 29519 | | | | |
| 上 海 | 1089 | 78451 | 6155 | | | | |
| 江 苏 | 219 | 160 | 98863 | 29.7 | 85.9 | 130.5 | 6.1 |
| 浙 江 | | | 17493 | | | | |
| 安 徽 | 6 | 20189 | 28451 | | | | |
| 福 建 | | | 2006 | | | | |
| 江 西 | 1 | 10 | 23783 | | | | |
| 山 东 | 191 | 886 | 150641 | 202.0 | 41.5 | 26.0 | |
| 河 南 | | | 11620 | | | | |
| 湖 北 | 673 | 197105 | 36120 | | | | |
| 湖 南 | 1 | 29 | 35368 | | | | |
| 广 东 | 265 | 23857 | 17464 | | | | |
| 广 西 | | | 3708 | | | | |
| 海 南 | | | | | | | |
| 重 庆 | 4 | 13 | 2110 | | | | |
| 四 川 | | | 20742 | | | | |
| 贵 州 | | | 4008 | | | | |
| 云 南 | | | 360 | | | | |
| 西 藏 | | | | | | | |
| 陕 西 | 329 | 12611 | 37298 | | | | |
| 甘 肃 | | | 11540 | | | | |
| 青 海 | | | | | | | |
| 宁 夏 | | | 4650 | | | | |
| 新 疆 | 1 | | 1520 | | | | |

单位：个、人、平方米、万元

| 事业单位会计制度财务指标 | | | 民间非营利组织会计制度财务指标 | | |
| --- | --- | --- | --- | --- | --- |
| 固定资产原价 | 本年收入合计 | 本年支出合计 | 固定资产原价 | 本年收入合计 | 本年费用合计 |
| **52998.4** | **47034.7** | **47915.7** | **5674.1** | **2403.0** | **2461.0** |
| | | | | | |
| | | | | | |
| 27755.1 | 23255.6 | 24020.3 | | | |
| 192.4 | 294.5 | 302.3 | 59.3 | 21.5 | 65.7 |
| 72.1 | 15.5 | 15.1 | 278.2 | 169.8 | 284.3 |
| 48.4 | 163.0 | 156.5 | | | |
| 25.0 | 178.6 | 178.6 | | | |
| | | | | | |
| | 56.2 | 56.2 | 104.0 | 10.2 | 10.4 |
| | 15.0 | 15.0 | | | |
| 63.0 | 142.5 | 142.5 | 222.0 | 14.0 | 19.0 |
| | | | | | |
| 5091.5 | 4124.0 | 3984.8 | 105.7 | 105.0 | 79.9 |
| 590.9 | 4685.8 | 4563.7 | 316.0 | 415.0 | 522.2 |
| 1466.2 | 1782.7 | 1498.1 | 611.2 | 536.9 | 267.0 |
| 552.8 | 574.5 | 530.6 | 56.0 | 2.0 | 6.8 |
| | 143.0 | 143.0 | 10.0 | 1.0 | 2.0 |
| | 61.0 | 61.0 | 7.0 | 6.0 | 18.2 |
| 4652.9 | 1562.1 | 1567.1 | 3396.0 | 817.3 | 817.3 |
| | | | | | |
| 12.1 | 142.4 | 142.4 | 49.0 | 26.0 | 26.0 |
| 6004.2 | 2240.4 | 2455.8 | | | |
| 246.7 | 247.7 | 400.4 | | | |
| 5008.9 | 3547.6 | 3917.5 | 22.7 | 75.0 | 75.0 |
| 22.6 | 55.0 | 48.0 | | | |
| | | | | | |
| | | | | | |
| 12.5 | 103.6 | 103.6 | 2.0 | 6.0 | 6.0 |
| 204.0 | 90.0 | 104.2 | 274.1 | 158.1 | 167.2 |
| | | | | | |
| | | | 14.9 | | 1.2 |
| | | | | | |
| | | | | | |
| 977.1 | 3554.0 | 3473.0 | 36.0 | 32.0 | 79.5 |
| | | | 5.0 | | 0.1 |
| | | | | | |
| | | | | | |
| | | 36.0 | 105.0 | 7.2 | 13.2 |

# C-2-17 社区服务

| 地 区 | 机构和设施数 | 按登记类型分 | | | |
|---|---|---|---|---|---|
| | | 市场监管部门登记 | 编制部门登记 | 民政部门登记 | 设施 |
| **全 国** | **27635** | **5** | **740** | **2224** | **24666** |
| 中央级 | | | | | |
| 北 京 | 203 | 2 | 184 | | 17 |
| 天 津 | 366 | | | 22 | 344 |
| 河 北 | 415 | | | 5 | 410 |
| 山 西 | 539 | | 6 | 2 | 531 |
| 内蒙古 | 980 | | 38 | 2 | 940 |
| 辽 宁 | 882 | | 6 | 11 | 865 |
| 吉 林 | 533 | 2 | 11 | | 520 |
| 黑龙江 | 622 | | 1 | 11 | 610 |
| 上 海 | 243 | | 96 | 70 | 77 |
| 江 苏 | 3621 | | 1 | 1498 | 2122 |
| 浙 江 | 3252 | | 20 | 254 | 2978 |
| 安 徽 | 1134 | | 3 | 10 | 1121 |
| 福 建 | 201 | | 6 | 5 | 190 |
| 江 西 | 403 | | 2 | 1 | 400 |
| 山 东 | 1395 | | 20 | 42 | 1333 |
| 河 南 | 988 | | 4 | 1 | 983 |
| 湖 北 | 1562 | 1 | 7 | 133 | 1421 |
| 湖 南 | 757 | | 3 | 13 | 741 |
| 广 东 | 2054 | | 91 | 39 | 1924 |
| 广 西 | 290 | | | | 290 |
| 海 南 | 19 | | | | 19 |
| 重 庆 | 460 | | 7 | 4 | 449 |
| 四 川 | 1753 | | 16 | 25 | 1712 |
| 贵 州 | 1466 | | 100 | | 1366 |
| 云 南 | 1767 | | | 1 | 1766 |
| 西 藏 | 5 | | | | 5 |
| 陕 西 | 568 | | 3 | | 565 |
| 甘 肃 | 601 | | 29 | | 572 |
| 青 海 | 29 | | | | 29 |
| 宁 夏 | 58 | | | | 58 |
| 新 疆 | 469 | | 86 | 75 | 308 |

# 中心

单位：个

| #农村 | 按服务功能类型分<br>为居民提供便民办事服务 | 为居民提供活动场所服务 | 为居民提供养老等服务 | 农村 | 为居民提供便民信息服务 |
|---|---|---|---|---|---|
| **11431** | **20433** | **4904** | **3270** | **1928** | **3032** |
| | | | | | |
| 19 | 162 | 52 | 10 | | 67 |
| 185 | 267 | 94 | 4 | | 9 |
| 96 | 185 | 90 | 126 | 57 | 18 |
| 237 | 292 | 68 | 41 | 21 | 138 |
| 167 | 843 | 202 | 12 | 2 | 118 |
| | | | | | |
| 330 | 680 | 59 | 110 | 47 | 55 |
| 390 | 498 | 35 | 35 | | 21 |
| 131 | 484 | 177 | 30 | | 50 |
| | | | | | |
| 13 | 198 | 21 | 3 | | 21 |
| 1669 | 1983 | 691 | 972 | 469 | 234 |
| 2359 | 1967 | 477 | 803 | 711 | 29 |
| 594 | 754 | 141 | 160 | 91 | 168 |
| 50 | 126 | 29 | 44 | 5 | 8 |
| 69 | 279 | 77 | 21 | | 36 |
| 565 | 1237 | 688 | | | 548 |
| | | | | | |
| 359 | 586 | 82 | 316 | 232 | 34 |
| 859 | 1331 | 188 | 18 | 1 | 64 |
| 196 | 666 | 139 | 43 | 6 | 522 |
| 478 | 1734 | 169 | 68 | 51 | 140 |
| 37 | 207 | 34 | 1 | | 49 |
| | 14 | 1 | 4 | | |
| | | | | | |
| 91 | 395 | 140 | 4 | | 82 |
| 238 | 1504 | 214 | 120 | 18 | 279 |
| 797 | 1353 | 314 | 209 | 149 | 218 |
| 849 | 1502 | 271 | 11 | 5 | 51 |
| | | 5 | | | |
| | | | | | |
| 292 | 389 | 176 | 1 | | 6 |
| 317 | 325 | 177 | 96 | 61 | 25 |
| 16 | 15 | 9 | 3 | 1 | 4 |
| 11 | 57 | 3 | 1 | | 9 |
| 17 | 400 | 81 | 4 | 1 | 29 |

C−2−17续表1

| 地区 | 年末职工人数 | #女性 | 受教育程度 | | 职业资格水平 | |
|---|---|---|---|---|---|---|
| | | | 大学专科人数 | 大学本科及以上人数 | 助理社会工作师人数 | 社会工作师人数 |
| **全国** | **163887** | **63296** | **42500** | **24731** | **4492** | **2467** |
| 中央级 | | | | | | |
| 北京 | 2057 | 1202 | 501 | 860 | 32 | 26 |
| 天津 | 1698 | 946 | 519 | 380 | 160 | 27 |
| 河北 | 1904 | 1044 | 447 | 377 | 51 | 27 |
| 山西 | 3220 | 1349 | 508 | 268 | 82 | 69 |
| 内蒙古 | 6125 | 3222 | 1920 | 1188 | 191 | 53 |
| 辽宁 | 8052 | 2903 | 1755 | 1514 | 318 | 166 |
| 吉林 | 2757 | 1225 | 724 | 268 | 25 | 85 |
| 黑龙江 | 4771 | 2011 | 1873 | 638 | 57 | 26 |
| 上海 | 5590 | 2941 | 1733 | 1496 | 133 | 97 |
| 江苏 | 28302 | 5580 | 7104 | 1518 | 627 | 358 |
| 浙江 | 11798 | 5373 | 2631 | 1961 | 465 | 299 |
| 安徽 | 6456 | 2719 | 1644 | 779 | 221 | 135 |
| 福建 | 733 | 405 | 109 | 46 | 15 | 19 |
| 江西 | 1676 | 718 | 323 | 69 | 108 | 2 |
| 山东 | 9225 | 3931 | 3088 | 2225 | 99 | 31 |
| 河南 | 6655 | 2357 | 1408 | 714 | 80 | 35 |
| 湖北 | 7391 | 2199 | 968 | 346 | 37 | 21 |
| 湖南 | 4610 | 1711 | 1121 | 537 | 64 | 27 |
| 广东 | 11788 | 6233 | 3191 | 3515 | 1387 | 698 |
| 广西 | 922 | 352 | 169 | 111 | 13 | 3 |
| 海南 | 156 | 10 | 36 | 10 | | |
| 重庆 | 2959 | 1470 | 1037 | 585 | 101 | 88 |
| 四川 | 6766 | 2433 | 2150 | 502 | 83 | 58 |
| 贵州 | 11596 | 3991 | 2983 | 2590 | 22 | 16 |
| 云南 | 7025 | 2936 | 1676 | 744 | 46 | 21 |
| 西藏 | 6 | 3 | | | | |
| 陕西 | 2958 | 848 | 570 | 240 | 18 | 12 |
| 甘肃 | 2430 | 1187 | 834 | 613 | 48 | 39 |
| 青海 | 179 | 77 | 51 | 49 | 1 | 1 |
| 宁夏 | 566 | 401 | 34 | 22 | 1 | 2 |
| 新疆 | 3516 | 1519 | 1393 | 566 | 7 | 26 |

单位：人、人次、时

| 年龄结构 | | | | 志愿服务 | |
|---|---|---|---|---|---|
| 35岁及以下人数 | 36岁至45岁人数 | 46岁至55岁人数 | 56岁及以上人数 | 志愿者服务人次数 | 志愿服务时间 |
| **54595** | **62834** | **35861** | **10597** | **1895550** | **3850888** |
| 481 | 781 | 666 | 129 | 1703359 | 3334576 |
| 550 | 678 | 362 | 108 | 14484 | 115872 |
| 641 | 764 | 445 | 54 | 1402 | 3295 |
| 698 | 1564 | 740 | 218 | 168 | 472 |
| 2011 | 2642 | 1268 | 204 | 4625 | 8824 |
| 2054 | 2935 | 2351 | 712 | 3201 | 7571 |
| 619 | 1791 | 336 | 11 | | |
| 1431 | 1850 | 1343 | 147 | 723 | 723 |
| 2229 | 1603 | 1303 | 455 | 1755 | 5070 |
| 10113 | 9981 | 5637 | 2571 | 11131 | 19725 |
| 2551 | 4693 | 3729 | 825 | 8732 | 20770 |
| 1942 | 2761 | 1448 | 305 | 4654 | 11508 |
| 142 | 374 | 186 | 31 | 360 | 568 |
| 490 | 680 | 447 | 59 | 540 | 1100 |
| 3990 | 3399 | 1496 | 340 | 22797 | 59655 |
| 1933 | 2454 | 1599 | 669 | 870 | 1591 |
| 1800 | 3340 | 1774 | 477 | 413 | 911 |
| 1149 | 1778 | 734 | 949 | 1165 | 2899 |
| 6079 | 3597 | 1788 | 324 | 2196 | 3400 |
| 233 | 439 | 223 | 27 | 16 | 128 |
| 69 | 69 | 18 | | | |
| 953 | 1145 | 748 | 113 | 35978 | 81715 |
| 2214 | 3115 | 1064 | 373 | 540 | 1752 |
| 4199 | 4185 | 2691 | 521 | 51311 | 110162 |
| 2233 | 2801 | 1497 | 494 | | |
| 5 | 1 | | | | |
| 921 | 925 | 770 | 342 | 1820 | 5248 |
| 1192 | 908 | 300 | 30 | 11800 | 23100 |
| 70 | 59 | 49 | 1 | | |
| 117 | 192 | 250 | 7 | 741 | 1590 |
| 1486 | 1330 | 599 | 101 | 10769 | 28663 |

## C-2-17续表2

| 地区 | 床位数合计 | 社区日间照料床位数 | 农村 | 社区留宿照料床位数 | 农村 | 年末收养照料人数合计 | 社区日间照料人数 |
|---|---|---|---|---|---|---|---|
| **全国** | **127383** | **91787** | **40511** | **35596** | **13665** | **19984** | **13247** |
| 中央级 | | | | | | | |
| 北京 | 608 | 559 | 39 | 49 | | 211 | 180 |
| 天津 | 2307 | 2307 | 1526 | | | 160 | 160 |
| 河北 | 3553 | 3158 | 1997 | 395 | 126 | 136 | 124 |
| 山西 | 2269 | 1889 | 479 | 380 | 369 | 311 | 291 |
| 内蒙古 | 1495 | 1281 | 28 | 214 | 172 | 408 | 283 |
| 辽宁 | 4675 | 2370 | 588 | 2305 | 1262 | 622 | 286 |
| 吉林 | 407 | 404 | | 3 | | 204 | 204 |
| 黑龙江 | 3356 | 2186 | 414 | 1170 | 2 | 2466 | 1504 |
| 上海 | 2517 | 1909 | | 608 | | 982 | 830 |
| 江苏 | 17046 | 13415 | 4847 | 3631 | 2345 | 4115 | 2593 |
| 浙江 | 33936 | 25470 | 18271 | 8466 | 1170 | 741 | 621 |
| 安徽 | 13983 | 5205 | 2265 | 8778 | 5476 | 1070 | 965 |
| 福建 | 493 | 451 | 100 | 42 | 40 | 4 | 4 |
| 江西 | 1424 | 1176 | 223 | 248 | | 571 | 394 |
| 山东 | | | | | | | |
| 河南 | 6710 | 4447 | 1515 | 2263 | 333 | 2988 | 1436 |
| 湖北 | 4210 | 3545 | 1080 | 665 | 323 | 521 | 281 |
| 湖南 | 4595 | 3247 | 485 | 1348 | 721 | 1486 | 751 |
| 广东 | 5236 | 4758 | 1499 | 478 | 56 | 542 | 539 |
| 广西 | 44 | 36 | 4 | 8 | 1 | 19 | 19 |
| 海南 | 252 | 58 | | 194 | | | |
| 重庆 | 1524 | 1029 | 58 | 495 | 22 | 961 | 750 |
| 四川 | 6864 | 4109 | 216 | 2755 | 334 | 345 | 214 |
| 贵州 | 4260 | 3600 | 2600 | 660 | 381 | 717 | 421 |
| 云南 | 205 | 205 | 70 | | | | |
| 西藏 | | | | | | | |
| 陕西 | 150 | 105 | | 45 | | 45 | 45 |
| 甘肃 | 4551 | 4214 | 1994 | 337 | 110 | 147 | 140 |
| 青海 | 264 | 264 | 193 | | | 3 | 3 |
| 宁夏 | 48 | 43 | | 5 | | | |
| 新疆 | 401 | 347 | 20 | 54 | 422 | 209 | 209 |

单位：张、人、人次、人天、个、平方米

| 农村 | 社区留宿照料人数 | 农村 | 本年收养照料人天数 | 老年人活动人次数 | 社区服务志愿者组织（团体）数 | 社区志愿者人数 | 机构建筑面积 |
|---|---|---|---|---|---|---|---|
| **2950** | **6737** | **2706** | **522278** | **1130454** | **22649** | **919284** | **10616948** |
| | | | | | | | |
| | | | | | | | |
| 14 | 31 | | 26874 | 216702 | 4369 | 326559 | 140233 |
| 160 | | | 39260 | 260 | 1040 | 85000 | 192190 |
| 30 | 12 | | 6015 | 39199 | 1 | 55 | 114695 |
| | 20 | 19 | | | 10 | 1000 | 158818 |
| 28 | 125 | 110 | 53792 | 190658 | 288 | 7228 | 695281 |
| | | | | | | | |
| 78 | 336 | 302 | | | 82 | 1648 | 432409 |
| | | | | | | | 113064 |
| 378 | 962 | | 460 | 920 | | | 234852 |
| | | | | | | | |
| | 152 | | 221455 | 9618 | 1076 | 97301 | 134693 |
| 1400 | 1522 | 1127 | 5243 | 74182 | 246 | 25400 | 1137472 |
| 150 | 120 | | 23290 | 35810 | 1604 | 638 | 1056776 |
| | 105 | 85 | 14600 | 7 | 55 | 8369 | 401038 |
| | | | | | 13 | | 47952 |
| 152 | 177 | 11 | 15525 | 25920 | 129 | 1935 | 117580 |
| | | | | 288893 | 756 | 11652 | 1062377 |
| | | | | | | | |
| 142 | 1552 | 144 | | 1266 | 21 | | 520999 |
| 10 | 240 | 176 | 1000 | 29278 | 1028 | 1436 | 439554 |
| 100 | 735 | 493 | 41322 | 10 | 57 | 15 | 317676 |
| 25 | 3 | 3 | 52 | 8823 | 249 | 65802 | 691011 |
| 1 | | | 720 | 12 | | | 63328 |
| | | | | | | | 4250 |
| | | | | | | | |
| 46 | 211 | 20 | 63514 | 99752 | 1091 | 233603 | 261622 |
| 32 | 131 | 18 | | 14550 | 55 | 20331 | 445432 |
| 171 | 296 | 196 | 8144 | 3988 | 10202 | 17310 | 554518 |
| | | | | | | | 484214 |
| | | | | | | | 3000 |
| | | | | | | | |
| | | | 1012 | 60244 | 147 | 7788 | 216510 |
| 10 | 7 | 2 | | 36 | | | 166452 |
| 3 | | | | 3874 | 28 | 5350 | 7980 |
| | | | | | | | 33908 |
| 20 | | | | 26452 | 102 | 864 | 367064 |

C-2-17续表3

| 地区 | 企业会计制度财务指标 | | | |
| --- | --- | --- | --- | --- |
| | 固定资产原价 | 营业收入 | 费用合计 | 营业利润 |
| **全　国** | **613.6** | **40.0** | **7.5** | **9.7** |
| 中央级 | | | | |
| 北　京 | 3.6 | | | |
| 天　津 | | | | |
| 河　北 | | | | |
| 山　西 | | | | |
| 内蒙古 | | | | |
| 辽　宁 | | | | |
| 吉　林 | 560.0 | 20.0 | | |
| 黑龙江 | | | | |
| 上　海 | | | | |
| 江　苏 | | | | |
| 浙　江 | | | | |
| 安　徽 | | | | |
| 福　建 | | | | |
| 江　西 | | | | |
| 山　东 | | | | |
| 河　南 | | | | |
| 湖　北 | 50.0 | 20.0 | 7.5 | 9.7 |
| 湖　南 | | | | |
| 广　东 | | | | |
| 广　西 | | | | |
| 海　南 | | | | |
| 重　庆 | | | | |
| 四　川 | | | | |
| 贵　州 | | | | |
| 云　南 | | | | |
| 西　藏 | | | | |
| 陕　西 | | | | |
| 甘　肃 | | | | |
| 青　海 | | | | |
| 宁　夏 | | | | |
| 新　疆 | | | | |

单位：万元

| 事业单位会计制度财务指标 | | | 民间非营利组织会计制度财务指标 | | |
|---|---|---|---|---|---|
| 固定资产原价 | 本年收入合计 | 本年支出合计 | 固定资产原价 | 本年收入合计 | 本年费用合计 |
| **43860.6** | **160600.3** | **153544.2** | **26232.7** | **44890.8** | **23204.3** |
| | | | | | |
| | | | | | |
| 15445.5 | 27122.2 | 30467.0 | | | |
| | | | 345.5 | 127.4 | 155.0 |
| | | | 66.0 | | 15.2 |
| 980.0 | 35.0 | 37.0 | 14.0 | 31.0 | 2.3 |
| 633.0 | 460.0 | 460.0 | 6.0 | 14.8 | 14.8 |
| | | | | | |
| 6.0 | | | 33.1 | 21.2 | 48.2 |
| 931.0 | 90.0 | 90.0 | | | |
| | 1.6 | 1.6 | 19.3 | 5.0 | 5.3 |
| | | | | | |
| 6291.1 | 74843.9 | 67187.3 | 546.4 | 1914.2 | 1436.5 |
| 458.9 | 57.3 | 50.5 | 19541.9 | 35050.7 | 13406.7 |
| 18.8 | 936.1 | 950.1 | 2787.4 | 4414.1 | 4345.8 |
| 70.0 | 44.0 | 188.0 | 285.0 | 199.1 | 171.0 |
| 27.0 | 93.0 | 94.2 | 15.0 | 6.0 | 6.4 |
| | 6.5 | 6.7 | 3.0 | | 10.0 |
| 427.0 | 971.5 | 971.5 | 137.8 | 1042.0 | 1078.5 |
| | | | | | |
| 1000.0 | 153.0 | 153.0 | 190.0 | | 87.0 |
| 748.2 | 141.0 | 96.0 | 630.1 | 773.2 | 882.1 |
| 2904.6 | | | 27.2 | 85.0 | 93.8 |
| 615.1 | 5917.8 | 6504.1 | 1147.0 | 1096.0 | 994.5 |
| | | | | | |
| | | | | | |
| | | | | | |
| 270.0 | 202.3 | 201.8 | 10.0 | 11.0 | 6.2 |
| 121.8 | 60.3 | 59.0 | 97.0 | 80.1 | 29.0 |
| 11131.6 | 48838.8 | 45282.4 | | | |
| | | | 5.0 | 2.0 | 1.0 |
| | | | | | |
| | | | | | |
| 133.0 | 503.0 | 503.0 | | | |
| 56.0 | | | | | |
| | | | | | |
| | | | | | |
| 1592.0 | 123.0 | 241.0 | 326.0 | 18.0 | 415.0 |

# C-2-18 社区

| 地区 | 机构和设施数 | 按登记类型分 | | | #农村 | 按服务 | |
|---|---|---|---|---|---|---|---|
| | | 编制部门登记 | 民政部门登记 | 设施 | | 为居民提供便民办事服务 | 为居民提供活动场所服务 |
| **全国** | **148779** | **11** | **7312** | **141456** | **80608** | **108749** | **32268** |
| 中央级 | | | | | | | |
| 北京 | 6446 | | | 6446 | 3677 | 5294 | 2488 |
| 天津 | 1733 | | | 1733 | 476 | 972 | 701 |
| 河北 | 1892 | 1 | 9 | 1882 | 204 | 1110 | 130 |
| 山西 | 1561 | | 9 | 1552 | 786 | 875 | 251 |
| 内蒙古 | 1090 | | 3 | 1087 | 66 | 772 | 261 |
| 辽宁 | 4424 | | | 4424 | 1203 | 3270 | 455 |
| 吉林 | 1207 | | 145 | 1062 | 184 | 1160 | 23 |
| 黑龙江 | 1374 | | 2 | 1372 | 110 | 775 | 347 |
| 上海 | 2682 | 2 | 127 | 2553 | 348 | 1297 | 967 |
| 江苏 | 14965 | 1 | 6080 | 8884 | 8327 | 7879 | 1899 |
| 浙江 | 13784 | | 404 | 13380 | 10086 | 10446 | 1949 |
| 安徽 | 3061 | | 4 | 3057 | 924 | 2384 | 379 |
| 福建 | 3552 | | 34 | 3518 | 1360 | 2299 | 644 |
| 江西 | 1325 | | | 1325 | 104 | 935 | 256 |
| 山东 | 8739 | | 114 | 8625 | 5175 | 7139 | 5023 |
| 河南 | 1869 | | 1 | 1868 | 458 | 1251 | 508 |
| 湖北 | 6807 | | 32 | 6775 | 3914 | 4673 | 1225 |
| 湖南 | 4096 | | 12 | 4084 | 1225 | 3289 | 1030 |
| 广东 | 22850 | | 56 | 22794 | 16486 | 17180 | 4659 |
| 广西 | 2061 | | | 2061 | 730 | 1173 | 348 |
| 海南 | 2686 | | 158 | 2528 | 2189 | 2188 | 522 |
| 重庆 | 2770 | | | 2770 | 712 | 2102 | 1164 |
| 四川 | 9920 | | 109 | 9811 | 4780 | 7872 | 1051 |
| 贵州 | 17424 | | | 17424 | 13258 | 14931 | 4262 |
| 云南 | 1444 | | 2 | 1442 | 340 | 1295 | 56 |
| 西藏 | 10 | | | 10 | | | 10 |
| 陕西 | 2749 | | | 2749 | 741 | 2021 | 655 |
| 甘肃 | 2435 | | | 2435 | 1213 | 1488 | 608 |
| 青海 | 443 | | | 443 | 48 | 349 | 47 |
| 宁夏 | 2043 | | | 2043 | 1474 | 1561 | 157 |
| 新疆 | 1337 | 7 | 11 | 1319 | 10 | 769 | 193 |

# 服务站

单位：个、人

| 功能类型分 | | | 年末职工人数 | #女性 | 受教育程度 | |
| --- | --- | --- | --- | --- | --- | --- |
| 为居民提供养老等服务 | 农村 | 为居民提供便民信息服务 | | | 大学专科人数 | 大学本科及以上人数 |
| **13301** | **7382** | **24970** | **615578** | **247408** | **141908** | **70176** |
| 266 | 27 | 2033 | 30650 | 16037 | 8299 | 7114 |
| 21 | 7 | 70 | 9804 | 6461 | 2790 | 3610 |
| 669 | | 21 | 7708 | 4651 | 2126 | 1212 |
| 231 | 209 | 252 | 6942 | 2997 | 1343 | 871 |
| 1 | | 139 | 6027 | 3076 | 1877 | 1426 |
| 651 | 254 | 443 | 25791 | 18030 | 10796 | 6407 |
| 35 | | 21 | 9921 | 6465 | 4086 | 1514 |
| 62 | 28 | 197 | 6317 | 3706 | 2027 | 765 |
| 17 | 3 | 403 | 12180 | 6626 | 1551 | 970 |
| 5689 | 3668 | 1733 | 67870 | 22197 | 12139 | 5915 |
| 780 | 612 | 777 | 36178 | 13913 | 7022 | 3556 |
| 31 | 5 | 400 | 14207 | 6250 | 4203 | 1045 |
| 654 | 144 | 253 | 12422 | 5498 | 1777 | 732 |
| 12 | | 122 | 4140 | 1350 | 448 | 51 |
| | | 4597 | 41336 | 16955 | 12800 | 5841 |
| 43 | 26 | 225 | 9079 | 4087 | 1714 | 522 |
| 179 | 100 | 986 | 21446 | 7755 | 4778 | 1401 |
| 404 | 123 | 2917 | 17927 | 7865 | 4518 | 1853 |
| 357 | 318 | 1032 | 87237 | 28601 | 16598 | 10887 |
| 31 | 1 | 572 | 10487 | 3905 | 1584 | 806 |
| 39 | 23 | 311 | 11340 | 4063 | 905 | 293 |
| 214 | 43 | 247 | 12952 | 6919 | 4676 | 2157 |
| 529 | 347 | 3005 | 31420 | 10731 | 8528 | 2043 |
| 2079 | 1329 | 2999 | 75605 | 18049 | 12883 | 3363 |
| 5 | 1 | 105 | 8408 | 3369 | 1822 | 565 |
| | | | 9 | 7 | | |
| 9 | 1 | 226 | 13671 | 6485 | 4095 | 2138 |
| 194 | 81 | 168 | 6157 | 2958 | 1831 | 905 |
| | | 55 | 2109 | 1233 | 980 | 386 |
| 97 | 32 | 264 | 7419 | 3321 | 1468 | 320 |
| 2 | | 397 | 8819 | 3848 | 2244 | 1508 |

## C-2-18续表1

| 地区 | 职业资格水平 | | 年龄结构 | | | |
|---|---|---|---|---|---|---|
| | 助理社会工作师人数 | 社会工作师人数 | 35岁及以下人数 | 36岁至45岁人数 | 46岁至55岁人数 | 56岁及以上人数 |
| **全国** | **14249** | **6955** | **185946** | **236195** | **151987** | **41450** |
| 中央级 | | | | | | |
| 北京 | 2497 | 1170 | 7597 | 11042 | 9016 | 2995 |
| 天津 | 1212 | 426 | 4961 | 2943 | 1728 | 172 |
| 河北 | 180 | 125 | 2734 | 2838 | 1804 | 332 |
| 山西 | 255 | 158 | 2424 | 2633 | 1502 | 383 |
| 内蒙古 | 201 | 102 | 2443 | 2266 | 1067 | 251 |
| 辽宁 | 1404 | 630 | 8599 | 10451 | 5608 | 1133 |
| 吉林 | 398 | 233 | 2546 | 5428 | 1742 | 205 |
| 黑龙江 | 130 | 66 | 2562 | 2795 | 784 | 176 |
| 上海 | 170 | 76 | 1285 | 5454 | 4020 | 1421 |
| 江苏 | 1179 | 429 | 16874 | 24768 | 21325 | 4903 |
| 浙江 | 737 | 501 | 10287 | 13685 | 9205 | 3001 |
| 安徽 | 329 | 128 | 4134 | 6810 | 2944 | 319 |
| 福建 | 389 | 193 | 4403 | 4862 | 2567 | 590 |
| 江西 | 9 | 4 | 1041 | 1919 | 955 | 225 |
| 山东 | 307 | 85 | 14375 | 15295 | 8709 | 2957 |
| 河南 | 110 | 34 | 3008 | 3234 | 2048 | 789 |
| 湖北 | 78 | 40 | 6405 | 8551 | 4844 | 1646 |
| 湖南 | 367 | 152 | 5295 | 5970 | 5280 | 1382 |
| 广东 | 1841 | 622 | 25301 | 33399 | 22069 | 6468 |
| 广西 | 92 | 86 | 4049 | 3617 | 2269 | 552 |
| 海南 | 16 | 6 | 2880 | 4530 | 3090 | 840 |
| 重庆 | 905 | 378 | 4879 | 4967 | 2669 | 437 |
| 四川 | 435 | 197 | 8646 | 12092 | 7549 | 3133 |
| 贵州 | 37 | 23 | 23589 | 28959 | 18603 | 4454 |
| 云南 | 201 | 59 | 2647 | 3297 | 1989 | 475 |
| 西藏 | | | 6 | 3 | | |
| 陕西 | 579 | 325 | 4488 | 4859 | 3587 | 737 |
| 甘肃 | 14 | 18 | 2471 | 2402 | 1124 | 160 |
| 青海 | 17 | 7 | 904 | 921 | 276 | 8 |
| 宁夏 | 56 | 5 | 1735 | 3041 | 1974 | 669 |
| 新疆 | 104 | 677 | 3378 | 3164 | 1640 | 637 |

单位：人、人次、时、张

| 志愿服务 | | | | | | |
| --- | --- | --- | --- | --- | --- | --- |
| 志愿者服务人次数 | 志愿服务时间 | 床位数合计 | 社区日间照料床位数 | 农村 | 社区留宿照料床位数 | 农村 |
| **3287129** | **6286339** | **323200** | **278354** | **150441** | **44846** | **21202** |
| | | | | | | |
| 2369760 | 4348100 | 2811 | 2521 | 836 | 290 | |
| | | 2178 | 1841 | 850 | 337 | |
| 2594 | 5463 | 6325 | 5941 | 11 | 384 | 1 |
| | | 5466 | 5281 | 4579 | 185 | 170 |
| 1849 | 2902 | 306 | 230 | | 76 | |
| | | | | | | |
| 67086 | 125057 | 7261 | 5682 | 1407 | 1579 | 514 |
| 2268 | 2830 | 3793 | 2996 | 90 | 797 | |
| | | 3976 | 2896 | 505 | 1080 | 471 |
| | | | | | | |
| 5240 | 40485 | 351 | 351 | 42 | | |
| 84194 | 182234 | 82638 | 78164 | 44931 | 4474 | 2310 |
| 158031 | 230432 | 49595 | 44892 | 33929 | 4703 | 1997 |
| 9685 | 16142 | 6920 | 4142 | 1660 | 2778 | 1265 |
| 967 | 7264 | 11511 | 10524 | 5358 | 987 | 455 |
| 773 | 1113 | 1038 | 988 | 23 | 50 | |
| 202192 | 466520 | 54 | 54 | | | |
| | | | | | | |
| 7063 | 7381 | 2201 | 1587 | 183 | 614 | 22 |
| 1684 | 3817 | 15918 | 14082 | 6723 | 1836 | 692 |
| 4826 | 13937 | 7195 | 4585 | 934 | 2610 | 334 |
| 4744 | 8676 | 50669 | 41809 | 23741 | 8860 | 5659 |
| 160 | 627 | 314 | 240 | 14 | 74 | 45 |
| 1900 | 4800 | 1041 | 583 | 368 | 458 | 262 |
| | | | | | | |
| 174531 | 401855 | 4280 | 3514 | 330 | 766 | 126 |
| 1187 | 5253 | 15856 | 11201 | 3443 | 4655 | 2392 |
| 141930 | 316923 | 27122 | 22651 | 16235 | 4471 | 3452 |
| 360 | 902 | 1208 | 1083 | 389 | 125 | 111 |
| | | | | | | |
| | | | | | | |
| 20687 | 47985 | 3380 | 1765 | 700 | 1615 | 467 |
| 19150 | 33100 | 6007 | 5476 | 2599 | 531 | 376 |
| | | 1255 | 1255 | 209 | | |
| 37 | 111 | 1417 | 1332 | 345 | 85 | 73 |
| 4231 | 12432 | 1114 | 688 | 7 | 426 | 8 |

C-2-18续表2

| 地　区 | 年末收养照料人数合计 | 社区日间照料人数 | 农村 | 社区留宿照料人数 | 农村 | 本年收养照料人天数 | 老年人活动人次数 |
|---|---|---|---|---|---|---|---|
| **全　国** | **54510** | **46051** | **28078** | **8459** | **2999** | **1115705** | **3893654** |
| 中央级 | | | | | | | |
| 北　京 | 413 | 360 | 158 | 53 | | 5160 | 791493 |
| 天　津 | 98 | 98 | 17 | | | | |
| 河　北 | 133 | 132 | | 1 | | 14521 | 21551 |
| 山　西 | 2533 | 2533 | 2373 | | | | |
| 内蒙古 | 154 | 78 | | 76 | | 710 | 37652 |
| 辽　宁 | 867 | 863 | 281 | 4 | 2 | 210060 | 80494 |
| 吉　林 | 374 | 361 | 54 | 13 | | | |
| 黑龙江 | 990 | 608 | 84 | 382 | 160 | | |
| 上　海 | 193 | 193 | 12 | | | 392 | 320 |
| 江　苏 | 15851 | 15171 | 11768 | 680 | 405 | 224067 | 1378548 |
| 浙　江 | 5860 | 5375 | 4100 | 485 | | 51574 | 38511 |
| 安　徽 | 2600 | 1418 | 1271 | 1182 | 766 | 7270 | 30581 |
| 福　建 | 311 | 264 | 136 | 47 | 15 | | 8019 |
| 江　西 | 105 | 105 | | | | 9923 | 37797 |
| 山　东 | 54 | 54 | | | | | 283605 |
| 河　南 | 774 | 425 | 18 | 349 | | 6329 | 1833 |
| 湖　北 | 4875 | 3979 | 1317 | 896 | 190 | | 83828 |
| 湖　南 | 2532 | 1788 | 368 | 744 | 113 | 130009 | 3260 |
| 广　东 | 5116 | 4431 | 3257 | 685 | 148 | 115030 | 39842 |
| 广　西 | 61 | 56 | 6 | 5 | 1 | 12751 | 857 |
| 海　南 | 123 | 70 | 44 | 53 | 51 | | |
| 重　庆 | 2726 | 2293 | 291 | 433 | 52 | 317064 | 818271 |
| 四　川 | 1878 | 1446 | 457 | 432 | 129 | | 64450 |
| 贵　州 | 4388 | 2729 | 1722 | 1659 | 911 | 4960 | 21855 |
| 云　南 | 270 | 260 | 170 | 10 | | | |
| 西　藏 | | | | | | | |
| 陕　西 | 420 | 204 | 2 | 216 | 8 | 5885 | 132361 |
| 甘　肃 | 485 | 431 | 166 | 54 | 48 | | |
| 青　海 | 26 | 26 | | | | | 3874 |
| 宁　夏 | 200 | 200 | 6 | | | | |
| 新　疆 | 100 | 100 | | | | | 14652 |

单位：人、个、人天、人次、张、平方米、万元

| 社区服务志愿者组织（团体）数 | 社区志愿者人数 | 机构建筑面积 | 事业单位会计制度财务指标 | | | 民间非营利组织会计制度财务指标 | | |
|---|---|---|---|---|---|---|---|---|
| | | | 固定资产原价 | 本年收入合计 | 本年支出合计 | 固定资产原价 | 本年收入合计 | 本年费用合计 |
| **32143** | **1872561** | **38302419** | **40.0** | **108.9** | **207.3** | **137120.1** | **94418.9** | **75753.7** |
| | | | | | | | | |
| | | | | | | | | |
| 3442 | 228059 | 1010092 | | | | | | |
| | | 676349 | | | | | | |
| 25 | 305 | 405598 | | | | 191.3 | 12.0 | 22.2 |
| | | 290055 | | | | 30.0 | | |
| 74 | 940 | 333082 | | | | 20.0 | 5.0 | 5.0 |
| | | | | | | | | |
| 648 | 48148 | 1370888 | | | | | | |
| 1 | 50 | 645331 | | | | 78.8 | 186.0 | 186.0 |
| 15 | | 360460 | | | | 10.0 | 4.0 | 2.4 |
| | | | | | | | | |
| 30 | 1879 | 631178 | 1.0 | 33.6 | | 12087.9 | 10635.0 | 7378.8 |
| 2360 | 117116 | 3878992 | | | | 118435.4 | 68565.7 | 54623.1 |
| 857 | 19476 | 3870895 | | | | 461.3 | 11362.9 | 8791.6 |
| 999 | 111550 | 890282 | | | | 80.0 | 77.0 | 72.0 |
| 161 | 6 | 697673 | | | | 77.0 | 10.1 | 95.6 |
| 3 | 15 | 135908 | | | | | | |
| 1053 | 13010 | 3995846 | | | | 2129.9 | 2912.9 | 2786.1 |
| | | | | | | | | |
| 28 | 450 | 1081105 | | | | 30.0 | 2.2 | 2.2 |
| 166 | | 1550718 | | | | 198.0 | 27.0 | 107.0 |
| 947 | 1605 | 860380 | | | | 239.0 | 231.1 | 229.1 |
| 374 | 8553 | 4042732 | | | | 1914.0 | 10.0 | 266.2 |
| 6 | | 437237 | | | | | | |
| | | 423476 | | | | | 281.0 | 281.0 |
| | | | | | | | | |
| 4293 | 786739 | 1026934 | | | | | | |
| 234 | 22806 | 2567454 | | | | 1136.5 | 97.0 | 515.4 |
| 15067 | 2519 | 4181033 | | | | | | |
| | | 545277 | | | | 1.0 | | |
| | | 2000 | | | | | | |
| | | | | | | | | |
| 1332 | 503985 | 844419 | | | | | | |
| | | 484464 | | | | | | |
| 28 | 5350 | 125457 | | | | | | |
| | | 540289 | | | | | | |
| | | 396815 | 39.0 | 75.3 | 207.3 | | | 390.0 |

# C-2-19 未登记的农村特困

| 地区 | 设施数 | 年末职工人数 | #女性 | 受教育程度 | |
|---|---|---|---|---|---|
| | | | | 大学专科人数 | 大学本科及以上人数 |
| **全 国** | **3991** | **21707** | **7335** | **2607** | **1561** |
| 中央级 | | | | | |
| 北 京 | | | | | |
| 天 津 | | | | | |
| 河 北 | 155 | 1357 | 537 | 246 | 52 |
| 山 西 | 33 | 171 | 34 | 43 | 27 |
| 内蒙古 | 39 | 168 | 49 | 13 | 7 |
| 辽 宁 | 10 | 136 | 88 | 13 | 3 |
| 吉 林 | | | | | |
| 黑龙江 | | | | | |
| 上 海 | | | | | |
| 江 苏 | | | | | |
| 浙 江 | 17 | 75 | 42 | 5 | 3 |
| 安 徽 | 698 | 3445 | 956 | 347 | 79 |
| 福 建 | 87 | 167 | 37 | 1 | 4 |
| 江 西 | | | | | |
| 山 东 | 417 | 3657 | 1624 | 674 | 547 |
| 河 南 | 509 | 4932 | 1306 | 346 | 113 |
| 湖 北 | 11 | 11 | | | |
| 湖 南 | 945 | 3737 | 1098 | 425 | 515 |
| 广 东 | 7 | 26 | 5 | 1 | |
| 广 西 | 297 | 564 | 110 | 9 | |
| 海 南 | 162 | 455 | 189 | 74 | 3 |
| 重 庆 | 64 | 291 | 124 | 39 | 17 |
| 四 川 | 141 | 1128 | 734 | 122 | 17 |
| 贵 州 | 395 | 1367 | 391 | 248 | 174 |
| 云 南 | | | | | |
| 西 藏 | | | | | |
| 陕 西 | | | | | |
| 甘 肃 | 2 | 8 | 7 | 1 | |
| 青 海 | | | | | |
| 宁 夏 | | | | | |
| 新 疆 | 2 | 12 | 4 | | |

# 人员救助供养机构

单位：个、人

| 职业资格水平 | | 年龄结构 | | | |
|---|---|---|---|---|---|
| 助理社会工作师人数 | 社会工作师人数 | 35岁及以下人数 | 36岁至45岁人数 | 46岁至55岁人数 | 56岁及以上人数 |
| **434** | **226** | **3329** | **9257** | **6733** | **2388** |
| | | | | | |
| | | | | | |
| | | | | | |
| | | | | | |
| 46 | 45 | 312 | 397 | 438 | 210 |
| 10 | | 37 | 49 | 52 | 33 |
| | 11 | 10 | 53 | 47 | 58 |
| | | | | | |
| | | 7 | 41 | 65 | 23 |
| | | | | | |
| | | | | | |
| | | | | | |
| | | | | | |
| | | | | | |
| 3 | | 10 | 24 | 34 | 7 |
| 56 | 10 | 465 | 1128 | 1328 | 524 |
| | 2 | 15 | 87 | 62 | 3 |
| | | | | | |
| 77 | 13 | 737 | 1592 | 1035 | 293 |
| | | | | | |
| 72 | 10 | 374 | 2955 | 1342 | 261 |
| | | | 11 | | |
| 97 | 67 | 600 | 1500 | 1226 | 411 |
| | | 6 | 4 | 10 | 6 |
| 1 | 10 | 58 | 137 | 110 | 259 |
| 3 | 3 | 46 | 250 | 129 | 30 |
| | | | | | |
| | | 35 | 100 | 125 | 31 |
| 7 | 34 | 307 | 385 | 336 | 100 |
| 60 | 17 | 301 | 540 | 389 | 137 |
| | | | | | |
| | | | | | |
| | | | | | |
| | | | | | |
| 2 | 4 | 1 | | 5 | 2 |
| | | | | | |
| | | | | | |
| | | 8 | 4 | | |

C-2-19续表

| 地区 | 志愿服务 | | 年末床位数 | 年末收养人数 |
|---|---|---|---|---|
| | 志愿者服务人次数 | 志愿服务时间 | | |
| **全国** | **6282** | **20496** | **336067** | **148715** |
| 中央级 | | | | |
| 北京 | | | | |
| 天津 | | | | |
| 河北 | | | 17923 | 5584 |
| 山西 | | | 1711 | 432 |
| 内蒙古 | | | 2872 | 1406 |
| 辽宁 | | | 1176 | 827 |
| 吉林 | | | | |
| 黑龙江 | | | | |
| 上海 | | | | |
| 江苏 | | | | |
| 浙江 | | | 1868 | 410 |
| 安徽 | 118 | 336 | 91209 | 45105 |
| 福建 | 504 | 1008 | 3269 | 802 |
| 江西 | | | | |
| 山东 | 1058 | 1907 | 56879 | 27293 |
| 河南 | 3199 | 7746 | 46362 | 13963 |
| 湖北 | | | | |
| 湖南 | 101 | 185 | 49374 | 25100 |
| 广东 | | | 442 | 7 |
| 广西 | 150 | 330 | 6433 | 961 |
| 海南 | | | 7000 | 2130 |
| 重庆 | 1152 | 8984 | 7226 | 5825 |
| 四川 | | | 15080 | 9033 |
| 贵州 | | | 27189 | 9822 |
| 云南 | | | | |
| 西藏 | | | | |
| 陕西 | | | | |
| 甘肃 | | | | |
| 青海 | | | | |
| 宁夏 | | | | |
| 新疆 | | | 54 | 15 |

单位：人次、时、张、人、人天、平方米

| 本年收养照料人天数 | 老年人活动人次数 | 社区服务志愿者组织（团体）数 | 社区志愿者人数 | 机构建筑面积 |
| --- | --- | --- | --- | --- |
| **4259043** | **576549** | **74** | **1180** | **7134384** |
| | | | | |
| | | | | |
| | | | | |
| | | | | |
| 258484 | 182239 | 16 | 310 | 488926 |
| 146705 | 91126 | 1 | 5 | 55915 |
| 162000 | 2797 | | | 52885 |
| | | | | |
| 113860 | | | | 25540 |
| | | | | |
| | | | | |
| | | | | |
| | | | | |
| | | | | |
| | | | | 34242 |
| 331785 | 110 | 25 | 740 | 1575480 |
| 57670 | 115340 | | | 45539 |
| | | | | |
| 744284 | 73687 | 1 | 5 | 1436517 |
| | | | | |
| 838497 | 76489 | 1 | | 847267 |
| | | | | 1100 |
| 524475 | 80 | | | 1196969 |
| | | | | 5496 |
| 40270 | | | | 76558 |
| | | | | 124290 |
| | | | | |
| 204805 | 34678 | 30 | 120 | 88912 |
| 705238 | | | | 423244 |
| 130305 | | | | 652334 |
| | | | | |
| | | | | |
| | | | | |
| | | | | |
| | | | | 2820 |
| | | | | |
| | | | | |
| 665 | 3 | | | 350 |

# C-2-20 社区养老

| 地区 | 机构和设施数 | 按登记类型分 | | #农村 | 年末职工人数 | #女性 |
|---|---|---|---|---|---|---|
| | | 民政部门登记 | 设施 | | | |
| **全 国** | **44558** | **6100** | **38450** | **26404** | **165586** | **64783** |
| 中央级 | | | | | | |
| 北 京 | 23 | 15 | 8 | 18 | 165 | 97 |
| 天 津 | 183 | | 183 | 166 | 921 | 503 |
| 河 北 | 1181 | 106 | 1075 | 169 | 4699 | 2161 |
| 山 西 | 2442 | 71 | 2370 | 2106 | 8813 | 2476 |
| 内蒙古 | 833 | 15 | 815 | 104 | 3089 | 1473 |
| 辽 宁 | 489 | 38 | 451 | 159 | 3265 | 1808 |
| 吉 林 | 3 | 3 | | | 21 | 13 |
| 黑龙江 | 708 | 285 | 423 | 199 | 5049 | 2487 |
| 上 海 | 81 | 24 | 57 | 7 | 265 | 73 |
| 江 苏 | 5257 | 3006 | 2251 | 3281 | 26469 | 9494 |
| 浙 江 | 8102 | 302 | 7800 | 5913 | 23012 | 9167 |
| 安 徽 | 866 | 22 | 844 | 551 | 3681 | 1056 |
| 福 建 | 1168 | 21 | 1147 | 663 | 4440 | 1746 |
| 江 西 | 527 | 35 | 492 | 234 | 2787 | 589 |
| 山 东 | 1772 | 1440 | 328 | 445 | 9554 | 4644 |
| 河 南 | 1110 | 49 | 1061 | 661 | 6338 | 2569 |
| 湖 北 | 2823 | 123 | 2700 | 1387 | 7862 | 4034 |
| 湖 南 | 1539 | 21 | 1518 | 844 | 4557 | 1628 |
| 广 东 | 3377 | 13 | 3364 | 2596 | 12735 | 4922 |
| 广 西 | 1027 | 23 | 1004 | 789 | 2169 | 911 |
| 海 南 | 21 | | 21 | 12 | 60 | 28 |
| 重 庆 | 913 | 31 | 882 | 609 | 3270 | 1547 |
| 四 川 | 5459 | 333 | 5126 | 2610 | 15686 | 5797 |
| 贵 州 | 978 | 42 | 936 | 561 | 2631 | 641 |
| 云 南 | 1699 | | 1699 | 1096 | 4336 | 1376 |
| 西 藏 | 42 | | 42 | 38 | 615 | 466 |
| 陕 西 | 458 | 66 | 392 | 300 | 2304 | 990 |
| 甘 肃 | 977 | 1 | 976 | 719 | 4065 | 700 |
| 青 海 | 227 | | 227 | 74 | 1461 | 632 |
| 宁 夏 | 180 | 2 | 178 | 87 | 741 | 520 |
| 新 疆 | 93 | 13 | 80 | 6 | 526 | 235 |

# 照料机构和设施

单位：个、人

| 受教育程度 | | 职业资格水平 | | 年龄结构 | |
|---|---|---|---|---|---|
| 大学专科人数 | 大学本科及以上人数 | 助理社会工作师人数 | 社会工作师人数 | 35岁及以下人数 | 36岁至45岁人数 |
| **22970** | **11813** | **3256** | **1368** | **36841** | **61243** |
| | | | | | |
| 19 | 28 | 10 | 11 | 26 | 53 |
| 405 | 99 | 18 | 13 | 167 | 418 |
| 820 | 251 | 126 | 34 | 1042 | 2136 |
| 433 | 153 | 73 | 24 | 873 | 1746 |
| 706 | 189 | 17 | 8 | 855 | 1428 |
| 437 | 173 | 119 | 101 | 592 | 1026 |
| 4 | 2 | | | 6 | 8 |
| 573 | 291 | 101 | 57 | 1029 | 2419 |
| 46 | 20 | 8 | | 58 | 83 |
| 3981 | 1839 | 342 | 134 | 6959 | 10123 |
| 2510 | 1323 | 443 | 332 | 4553 | 8022 |
| 625 | 302 | 102 | 59 | 717 | 1238 |
| 260 | 99 | 50 | 58 | 700 | 1439 |
| 240 | 333 | 93 | 23 | 643 | 823 |
| 2399 | 1192 | 228 | 79 | 2276 | 3398 |
| 729 | 668 | 134 | 12 | 1158 | 2732 |
| 981 | 416 | 68 | 114 | 1331 | 2994 |
| 820 | 451 | 54 | 9 | 1068 | 1707 |
| 1308 | 1553 | 298 | 51 | 2758 | 4797 |
| 144 | 99 | 35 | 33 | 280 | 868 |
| 5 | 9 | 7 | 3 | 25 | 11 |
| 287 | 110 | 19 | 13 | 575 | 1031 |
| 2826 | 1080 | 513 | 107 | 4286 | 6008 |
| 501 | 244 | 46 | 6 | 747 | 1121 |
| 402 | 217 | 36 | 25 | 838 | 2096 |
| 146 | 70 | 3 | | 434 | 165 |
| 437 | 126 | 40 | 25 | 476 | 855 |
| 262 | 248 | 30 | 12 | 1612 | 1352 |
| 389 | 90 | 5 | 11 | 464 | 481 |
| 122 | 26 | 202 | 3 | 100 | 479 |
| 153 | 112 | 36 | 11 | 193 | 186 |

C-2-20续表1

| 地区 | 年龄结构 | | 志愿服务 | |
| --- | --- | --- | --- | --- |
| | 46岁至55岁人数 | 56岁及以上人数 | 志愿者服务人次数 | 志愿服务时间 |
| **全国** | **46416** | **21086** | **143283** | **343988** |
| 中央级 | | | | |
| 北京 | 58 | 28 | 1857 | 4355 |
| 天津 | 264 | 72 | | |
| 河北 | 1179 | 342 | 4394 | 11794 |
| 山西 | 2599 | 3595 | 40 | 80 |
| 内蒙古 | 624 | 182 | 2719 | 5458 |
| 辽宁 | 1179 | 468 | 706 | 1763 |
| 吉林 | 7 | | | |
| 黑龙江 | 1095 | 506 | 331 | 1014 |
| 上海 | 95 | 29 | 656 | 681 |
| 江苏 | 7267 | 2120 | 63414 | 122295 |
| 浙江 | 7634 | 2803 | 23608 | 76076 |
| 安徽 | 1209 | 517 | 3503 | 10461 |
| 福建 | 1622 | 679 | 1344 | 6543 |
| 江西 | 895 | 426 | 1586 | 3811 |
| 山东 | 2860 | 1020 | 19647 | 46624 |
| 河南 | 1707 | 741 | 173 | 548 |
| 湖北 | 2323 | 1214 | 1515 | 2287 |
| 湖南 | 1368 | 414 | 3067 | 8134 |
| 广东 | 2797 | 2383 | 3686 | 9723 |
| 广西 | 803 | 218 | 84 | 277 |
| 海南 | 20 | 4 | | |
| 重庆 | 1343 | 321 | 732 | 3368 |
| 四川 | 4162 | 1230 | 2749 | 7349 |
| 贵州 | 422 | 341 | 3295 | 10670 |
| 云南 | 1003 | 399 | 295 | 1515 |
| 西藏 | 8 | 8 | 5 | |
| 陕西 | 783 | 190 | 2826 | 7215 |
| 甘肃 | 723 | 378 | 639 | 978 |
| 青海 | 112 | 404 | 2 | 8 |
| 宁夏 | 138 | 24 | 290 | 750 |
| 新疆 | 117 | 30 | 120 | 212 |

单位：人、人次、时、张

| 床位数合计 | 社区日间照料床位数 | 农村 | 社区留宿照料床位数 | 农村 |
|---|---|---|---|---|
| **1307062** | **541010** | **293868** | **766052** | **427526** |
| 815 | 70 | 68 | 745 | 627 |
| 6788 | 2647 | 1138 | 4141 | 2976 |
| 33368 | 14811 | 4066 | 18557 | 10544 |
| 46842 | 28696 | 22851 | 18146 | 13549 |
| 21128 | 13489 | 707 | 7639 | 4657 |
| 28018 | 8467 | 5350 | 19551 | 10215 |
| 30 | 30 | | | |
| 49353 | 11756 | 4531 | 37597 | 8018 |
| 17842 | 55 | 50 | 17787 | 1816 |
| 88606 | 56097 | 25526 | 32509 | 11281 |
| 164941 | 71742 | 54646 | 93199 | 53084 |
| 50773 | 9145 | 2846 | 41628 | 25736 |
| 47194 | 5958 | 4066 | 41236 | 21166 |
| 37316 | 11560 | 4985 | 25756 | 14902 |
| 67414 | 35107 | 9071 | 32307 | 11842 |
| 133117 | 35314 | 27473 | 97803 | 69451 |
| 51426 | 25915 | 9705 | 25511 | 7617 |
| 39309 | 12814 | 5650 | 26495 | 9779 |
| 109813 | 90890 | 65541 | 18923 | 7086 |
| 27767 | 2708 | 1105 | 25059 | 20944 |
| 1218 | 747 | 104 | 471 | 44 |
| 32584 | 2731 | 1431 | 29853 | 27056 |
| 130828 | 37368 | 16505 | 93460 | 63178 |
| 19076 | 13120 | 1659 | 5956 | 1000 |
| 40747 | 18903 | 8742 | 21844 | 13740 |
| 1715 | 1523 | 1313 | 192 | 22 |
| 20577 | 4591 | 1660 | 15986 | 12261 |
| 22338 | 18958 | 12078 | 3380 | 2530 |
| 8313 | 2567 | 658 | 5746 | 1804 |
| 3791 | 1864 | 287 | 1927 | 443 |
| 4015 | 1367 | 56 | 2648 | 158 |

C-2-20续表2

| 地 区 | 年末收养照料人数合计 | 社区日间照料人数 | 农村 | 社区留宿照料人数 | 农村 |
|---|---|---|---|---|---|
| **全 国** | **418349** | **119449** | **67574** | **298900** | **176923** |
| 中央级 | | | | | |
| 北 京 | 338 | 19 | 19 | 319 | 233 |
| 天 津 | 1443 | 561 | 188 | 882 | 698 |
| 河 北 | 8634 | 2822 | 565 | 5812 | 3700 |
| 山 西 | 20907 | 14817 | 11741 | 6090 | 4962 |
| 内蒙古 | 7406 | 5299 | 596 | 2107 | 1804 |
| 辽 宁 | 7854 | 2083 | 1498 | 5771 | 3178 |
| 吉 林 | | | | | |
| 黑龙江 | 24359 | 4486 | 3076 | 19873 | 4409 |
| 上 海 | 90 | 40 | 40 | 50 | 23 |
| 江 苏 | 16541 | 7421 | 3350 | 9120 | 2350 |
| 浙 江 | 33094 | 6579 | 5254 | 26515 | 12917 |
| 安 徽 | 8568 | 87 | 20 | 8481 | 6245 |
| 福 建 | 10178 | 754 | 700 | 9424 | 4306 |
| 江 西 | 12129 | 3406 | 2432 | 8723 | 4436 |
| 山 东 | 30791 | 16320 | 3853 | 14471 | 5394 |
| 河 南 | 88376 | 19352 | 17565 | 69024 | 48799 |
| 湖 北 | 19967 | 4455 | 936 | 15512 | 4431 |
| 湖 南 | 15399 | 3319 | 1636 | 12080 | 4198 |
| 广 东 | 14600 | 9391 | 4551 | 5209 | 2406 |
| 广 西 | 11295 | 934 | 461 | 10361 | 8684 |
| 海 南 | 206 | 65 | 44 | 141 | 44 |
| 重 庆 | 18312 | 1379 | 496 | 16933 | 15116 |
| 四 川 | 40381 | 7911 | 4774 | 32470 | 25418 |
| 贵 州 | 2437 | 846 | 393 | 1591 | 237 |
| 云 南 | 7084 | 1998 | 411 | 5086 | 3586 |
| 西 藏 | 1116 | 1116 | 978 | | |
| 陕 西 | 10599 | 1759 | 922 | 8840 | 7509 |
| 甘 肃 | 2648 | 1469 | 856 | 1179 | 869 |
| 青 海 | 2762 | 266 | 127 | 2496 | 897 |
| 宁 夏 | 654 | 473 | 92 | 181 | 66 |
| 新 疆 | 181 | 22 | | 159 | 8 |

单位：人天、人次、个、人、平方米

| 本年收养照料人天数 | 老年人活动人次数 | 社区服务志愿者组织（团体）数 | 社区志愿者人数 | 机构建筑面积 |
|---|---|---|---|---|
| **12002201** | **5837734** | **24999** | **153294** | **27609196** |
| | | | | |
| | | | | |
| 30065 | | | | 19862 |
| | 597 | | | 144003 |
| 320966 | 32197 | 9 | 307 | 873255 |
| 657735 | 328527 | | | 1153908 |
| 610217 | 839586 | 72 | 3440 | 304127 |
| | | | | |
| 56485 | 50 | | | 810904 |
| | | | | 600 |
| | 1 | | | 1858373 |
| | | | | |
| | | 1 | 10 | 273423 |
| 505185 | 1098312 | 992 | 1989 | 1342009 |
| 79220 | 4255 | 22069 | 1550 | 2929482 |
| 82739 | 941 | 395 | 111082 | 1261005 |
| 94317 | 69249 | 26 | | 876225 |
| 7500 | 4500 | 157 | 105 | 715381 |
| 2486007 | 746763 | 182 | 1272 | 2074513 |
| | | | | |
| 495960 | 51 | 1 | 13574 | 1490462 |
| 80452 | 30523 | | | 992718 |
| 1309598 | 5348 | 3 | 50 | 919903 |
| 425154 | 594621 | 18 | 373 | 1891066 |
| 207371 | 47734 | 12 | | 623552 |
| | | | | 18982 |
| | | | | |
| 2817441 | 826783 | 340 | 5510 | 857155 |
| 236799 | 502085 | 60 | 616 | 3062163 |
| 6584 | 15255 | 419 | 2275 | 429410 |
| 122559 | 52212 | 80 | 6779 | 1186705 |
| 365 | 62780 | | | 217508 |
| | | | | |
| 1369117 | 575166 | 163 | 4362 | 454980 |
| 365 | 198 | | | 288286 |
| | | | | 220459 |
| | | | | 180449 |
| | | | | 138328 |

C-2-20续表3

| 地区 | 企业会计制度财务指标 | | | |
|---|---|---|---|---|
| | 固定资产原价 | 营业收入 | 费用合计 | 营业利润 |
| **全国** | **717.0** | **457.5** | **1.2** | **15.9** |
| 中央级 | | | | |
| 北京 | | | | |
| 天津 | | | | |
| 河北 | | | | |
| 山西 | 15.0 | | | |
| 内蒙古 | | 1.0 | 1.0 | |
| 辽宁 | | | | |
| 吉林 | | | | |
| 黑龙江 | | | | |
| 上海 | | | | |
| 江苏 | | | | |
| 浙江 | 548.0 | 412.0 | | |
| 安徽 | | | | |
| 福建 | 6.0 | | | |
| 江西 | 11.0 | | | |
| 山东 | 132.0 | 44.5 | 0.2 | 15.9 |
| 河南 | | | | |
| 湖北 | | | | |
| 湖南 | | | | |
| 广东 | | | | |
| 广西 | | | | |
| 海南 | | | | |
| 重庆 | | | | |
| 四川 | | | | |
| 贵州 | | | | |
| 云南 | | | | |
| 西藏 | | | | |
| 陕西 | | | | |
| 甘肃 | | | | |
| 青海 | | | | |
| 宁夏 | | | | |
| 新疆 | 5.0 | | | |

单位：万元

| 事业单位会计制度财务指标 | | | 民间非营利组织会计制度财务指标 | | |
|---|---|---|---|---|---|
| 固定资产原价 | 本年收入合计 | 本年支出合计 | 固定资产原价 | 本年收入合计 | 本年费用合计 |
| **100.0** | **5.1** | **28.0** | **165428.1** | **93395.1** | **63369.4** |
| | | | | | |
| | | | | | |
| | | | 1189.1 | 428.4 | 413.1 |
| | | | | | |
| | | | 1576.8 | 439.4 | 603.1 |
| | 5.0 | 5.0 | 5102.3 | 5923.1 | 5764.5 |
| | | | 232.5 | 169.2 | 202.8 |
| | | | | | |
| | | | 580.1 | 79.8 | 241.9 |
| | | | 0.3 | 3.0 | 3.0 |
| | | | 2227.5 | 675.7 | 838.3 |
| | | | | | |
| 100.0 | | | 46.4 | 100.5 | 286.2 |
| | | | 41819.5 | 18685.3 | 16430.6 |
| | | | 1580.5 | 3868.3 | 3688.0 |
| | | | 144.4 | 85.6 | 95.9 |
| | | | 420.5 | 306.2 | 187.4 |
| | | | 221.4 | 397.0 | 177.2 |
| | | | 41036.0 | 21014.9 | 20235.6 |
| | | | | | |
| | | | 634.0 | 65.0 | 234.6 |
| | | | 7655.6 | 3245.8 | 3911.9 |
| | 0.1 | | 655.0 | 30204.8 | 499.1 |
| | | | 935.4 | 857.2 | 899.8 |
| | | | 422.2 | 68.2 | 117.4 |
| | | | | | |
| | | | | | |
| | | | 958.0 | 636.4 | 644.0 |
| | | 23.0 | 46005.8 | 5202.5 | 6454.5 |
| | | | 6760.1 | 119.4 | 208.8 |
| | | | | | |
| | | | | | |
| | | | | | |
| | | | 3660.9 | 815.3 | 1208.3 |
| | | | | 2.0 | |
| | | | | | |
| | | | 1060.0 | | 0.4 |
| | | | 503.8 | 2.1 | 23.0 |

# C-2-21 社区互助型

| 地区 | 单位数 | #农村 | 年末职工人数 | #女性 | 受教育程度 | |
|---|---|---|---|---|---|---|
| | | | | | 大学专科人数 | 大学本科及以上人数 |
| **全国** | **82648** | **75395** | **164020** | **51661** | **15573** | **6235** |
| 中央级 | | | | | | |
| 北京 | 226 | 170 | 680 | 292 | 206 | 76 |
| 天津 | | | | | | |
| 河北 | 32122 | 31678 | 54862 | 16624 | 1138 | 334 |
| 山西 | 613 | 574 | 1327 | 452 | 148 | 14 |
| 内蒙古 | 1109 | 1001 | 1464 | 289 | 102 | 26 |
| 辽宁 | 301 | 289 | 600 | 252 | 73 | 12 |
| 吉林 | | | | | | |
| 黑龙江 | 57 | 57 | 264 | 44 | 19 | 99 |
| 上海 | | | | | | |
| 江苏 | 324 | 190 | 1732 | 710 | 171 | 43 |
| 浙江 | 399 | 179 | 785 | 372 | 19 | 4 |
| 安徽 | 135 | 78 | 546 | 273 | 129 | 38 |
| 福建 | 3409 | 2217 | 5011 | 1535 | 229 | 40 |
| 江西 | | | | | | |
| 山东 | 6665 | 5760 | 25214 | 9320 | 4505 | 2481 |
| 河南 | 397 | 365 | 536 | 131 | 25 | 22 |
| 湖北 | 4820 | 3679 | 10987 | 4417 | 1245 | 334 |
| 湖南 | 6529 | 5827 | 15882 | 4547 | 2409 | 1129 |
| 广东 | 307 | 199 | 768 | 219 | 2 | |
| 广西 | 9922 | 9772 | 9145 | 1809 | 108 | 95 |
| 海南 | 3 | 3 | 5 | 1 | 1 | |
| 重庆 | 1594 | 1251 | 2708 | 1009 | 669 | 209 |
| 四川 | 2347 | 1822 | 5016 | 1478 | 795 | 217 |
| 贵州 | 2469 | 2262 | 7000 | 1674 | 1074 | 223 |
| 云南 | 52 | 37 | 83 | 27 | 1 | 4 |
| 西藏 | | 1 | | | | |
| 陕西 | 4866 | 4346 | 12706 | 4400 | 1421 | 626 |
| 甘肃 | 2870 | 2571 | 4803 | 1319 | 634 | 121 |
| 青海 | 895 | 856 | 1457 | 308 | 364 | 82 |
| 宁夏 | 197 | 196 | 400 | 144 | 76 | 3 |
| 新疆 | 20 | 15 | 39 | 15 | 10 | 3 |

# 养老设施

单位：个、人、人次、时

| 职业资格水平 | | 年龄结构 | | | | 志愿服务 | |
|---|---|---|---|---|---|---|---|
| 助理社会工作师人数 | 社会工作师人数 | 35岁及以下人数 | 36岁至45岁人数 | 46岁至55岁人数 | 56岁及以上人数 | 志愿者服务人次数 | 志愿服务时间 |
| **896** | **514** | **37113** | **59870** | **49538** | **16966** | **68977** | **175839** |
| | | | | | | | |
| | | | | | | | |
| | | 163 | 280 | 198 | 39 | 200 | 800 |
| | | | | | | | |
| 207 | 9 | 10719 | 19012 | 18743 | 6388 | 11540 | 24625 |
| 4 | | 238 | 324 | 353 | 118 | | |
| | | 207 | 553 | 463 | 177 | 20 | 120 |
| | | | | | | | |
| 4 | 8 | 97 | 240 | 236 | 27 | | |
| | | | | | | | |
| | | 30 | 165 | 60 | 9 | | |
| | | | | | | | |
| | | | | | | | |
| 7 | 5 | 249 | 703 | 647 | 133 | 562 | 1808 |
| 2 | 1 | 298 | 170 | 216 | 101 | 187 | 914 |
| 12 | 12 | 184 | 174 | 145 | 35 | 28 | 90 |
| 4 | 10 | 651 | 1801 | 1687 | 721 | 24 | 47 |
| | | | | | | | |
| 175 | 37 | 9266 | 8043 | 6370 | 1535 | 33048 | 83731 |
| | | | | | | | |
| | | 32 | 248 | 191 | 65 | 269 | 269 |
| 107 | 136 | 2747 | 4431 | 2663 | 1146 | 954 | 2008 |
| 87 | 109 | 3130 | 6359 | 4235 | 2158 | 2309 | 7288 |
| | | 175 | 257 | 181 | 155 | 126 | 189 |
| 1 | 6 | 845 | 3032 | 3974 | 1293 | 2120 | 4040 |
| | | 1 | 2 | 2 | | | |
| | | | | | | | |
| 18 | 10 | 700 | 1082 | 774 | 152 | 536 | 1712 |
| 22 | 6 | 1118 | 2001 | 1282 | 615 | 1161 | 3235 |
| 11 | 1 | 1755 | 2767 | 1907 | 571 | 5139 | 13952 |
| 1 | | 11 | 40 | 13 | 8 | | |
| | | | | | | | |
| | | | | | | | |
| 229 | 137 | 2121 | 4950 | 4350 | 1285 | 10754 | 31011 |
| 3 | 19 | 1887 | 2133 | 613 | 170 | | |
| 2 | 8 | 266 | 923 | 206 | 58 | | |
| | | 196 | 169 | 28 | 7 | | |
| | | 27 | 11 | 1 | | | |

C-2-21续表

| 地区 | 床位数合计 | 社区日间照料床位数 | 农村 | 社区留宿照料床位数 | 农村 | 年末收养照料人数合计 | 社区日间照料人数 | 农村 |
|---|---|---|---|---|---|---|---|---|
| **全国** | **931447** | **615484** | **533634** | **315963** | **291221** | **322971** | **202228** | **173363** |
| 中央级 | | | | | | | | |
| 北京 | 1821 | 1821 | 1349 | | | 1178 | 1178 | 900 |
| 天津 | | | | | | | | |
| 河北 | 205422 | 151627 | 150187 | 53795 | 52474 | 41632 | 34287 | 34118 |
| 山西 | 10657 | 10563 | 10284 | 94 | 89 | 4357 | 4357 | 4294 |
| 内蒙古 | 109050 | 4033 | 2598 | 105017 | 99423 | 64723 | 1536 | 1301 |
| 辽宁 | 4330 | 3031 | 2984 | 1299 | 607 | 993 | 397 | 365 |
| 吉林 | | | | | | | | |
| 黑龙江 | 2069 | 155 | 155 | 1914 | 1914 | 1263 | 52 | 52 |
| 上海 | | | | | | | | |
| 江苏 | 3466 | 1901 | 1106 | 1565 | 1025 | 516 | 196 | 130 |
| 浙江 | 4886 | 3945 | 3509 | 941 | 5 | 217 | | |
| 安徽 | 2769 | 1122 | 311 | 1647 | 1519 | 1046 | 67 | 3 |
| 福建 | 34403 | 23446 | 14580 | 10957 | 8409 | 1456 | 727 | 542 |
| 江西 | | | | | | | | |
| 山东 | 202598 | 180065 | 152764 | 22533 | 18252 | 96276 | 88115 | 72800 |
| 河南 | 2678 | 2445 | 2218 | 233 | 191 | 37 | 37 | 36 |
| 湖北 | 52469 | 45252 | 31102 | 7217 | 5011 | 10205 | 8795 | 4264 |
| 湖南 | 59853 | 43185 | 36381 | 16668 | 14733 | 32815 | 23414 | 20138 |
| 广东 | 4966 | 4966 | 3780 | | | 2135 | 2135 | 1607 |
| 广西 | 87073 | 19590 | 18844 | 67483 | 66500 | 26723 | 7745 | 7739 |
| 海南 | | | | | | | | |
| 重庆 | 11113 | 6646 | 4146 | 4467 | 4204 | 8098 | 5109 | 3285 |
| 四川 | 14347 | 11870 | 8987 | 2477 | 1764 | 3354 | 2237 | 1589 |
| 贵州 | 20608 | 15234 | 13939 | 5374 | 4794 | 2560 | 1502 | 1462 |
| 云南 | 2135 | 2020 | 1650 | 115 | 35 | 85 | 54 | 23 |
| 西藏 | | | | | | | | |
| 陕西 | 45982 | 38949 | 35561 | 7033 | 6704 | 17799 | 15774 | 14907 |
| 甘肃 | 41194 | 37358 | 31541 | 3836 | 2292 | 4540 | 4090 | 3465 |
| 青海 | 4675 | 4449 | 4082 | 226 | 209 | 186 | 186 | 173 |
| 宁夏 | 2507 | 1435 | 1260 | 1072 | 1067 | 777 | 238 | 170 |
| 新疆 | 376 | 376 | 316 | | | | | |

单位：张、人 、人天、人次、个、平方米

| 社区留宿照料人数 | 农村 | 本年收养照料人天数 | 老年人活动人次数 | 社区服务志愿者组织（团体）数 | 社区志愿者人数 | 机构建筑面积 |
|---|---|---|---|---|---|---|
| **120743** | **114221** | **23721086** | **8430910** | **25750** | **34629** | **22723348** |
| | | | | | | |
| | | | | | | |
| | | | | | | 70498 |
| | | | | | | |
| 7345 | 7257 | 3459864 | 374798 | 24019 | 284 | 4267106 |
| | | | | | | 200997 |
| 63187 | 61226 | 7722690 | 92605 | | | 2160473 |
| | | | | | | |
| 596 | 146 | 78835 | | | | 108633 |
| | | | | | | |
| 1211 | 1211 | | | | | 48386 |
| | | | | | | |
| | | | | | | |
| 320 | 201 | 8384 | 1800 | | | 76022 |
| 217 | | | | | | 100359 |
| 979 | 978 | 201700 | 245 | | | 54845 |
| 729 | 729 | | 569000 | | | 1133043 |
| | | | | | | |
| 8161 | 7129 | 7487129 | 4414818 | 731 | 3647 | 5801128 |
| | | | | | | |
| | | | | | | 93895 |
| 1410 | 243 | 887 | 122165 | | | 1286881 |
| 9401 | 8537 | 1342768 | 5032 | 6 | 3657 | 1974109 |
| | | | | | | 82902 |
| 18978 | 18919 | 1192042 | 147940 | 3 | | 1902671 |
| | | | | | | |
| | | | | | | |
| 2989 | 2902 | 1238797 | 822867 | 590 | 1514 | 367471 |
| 1117 | 863 | 169725 | 182560 | | | 514633 |
| 1058 | 995 | 29000 | 15485 | 29 | 66 | 533109 |
| 31 | | | | | | 82774 |
| | | | | | | |
| | | | | | | |
| 2025 | 1921 | 789265 | 1680963 | 372 | 25461 | 1167517 |
| 450 | 425 | | 632 | | | 524215 |
| | | | | | | 112617 |
| 539 | 539 | | | | | 54866 |

# C-2-22 其他社区服务

| 地区 | 机构和设施数 | 按登记类型分 | | | | #农村 | 年末职工人数 | #女性 |
|---|---|---|---|---|---|---|---|---|
| | | 市场监管部门登记 | 编制部门登记 | 民政部门登记 | 设施 | | | |
| **全国** | **109935** | **11** | **38** | **26483** | **83403** | **40415** | **390358** | **143718** |
| 中央级 | | | | | | | | |
| 北京 | 4980 | | | 1068 | 3912 | 1245 | 15202 | 7272 |
| 天津 | 574 | | | 44 | 530 | 269 | 3278 | 1599 |
| 河北 | 948 | | 1 | 122 | 825 | 557 | 3861 | 1121 |
| 山西 | 1161 | | 2 | 26 | 1133 | 638 | 2829 | 918 |
| 内蒙古 | 436 | | 1 | 131 | 304 | 3 | 2433 | 1212 |
| 辽宁 | 1646 | | 1 | 161 | 1484 | 408 | 5813 | 3314 |
| 吉林 | 154 | | | 114 | 40 | 11 | 1044 | 663 |
| 黑龙江 | 572 | 1 | 2 | 137 | 432 | 72 | 4194 | 1762 |
| 上海 | 3412 | | 10 | 3196 | 206 | 32 | 24533 | 7652 |
| 江苏 | 19250 | | 2 | 14030 | 5218 | 4391 | 73968 | 21525 |
| 浙江 | 10200 | 2 | 1 | 2830 | 7367 | 5254 | 23597 | 11644 |
| 安徽 | 2133 | 1 | 3 | 203 | 1926 | 427 | 8182 | 3227 |
| 福建 | 494 | | 1 | 184 | 309 | 137 | 2693 | 1145 |
| 江西 | 1834 | | | 94 | 1740 | 128 | 6623 | 2382 |
| 山东 | 4564 | | | 761 | 3803 | 1431 | 17191 | 7111 |
| 河南 | 1365 | | 7 | 48 | 1310 | 249 | 8460 | 3904 |
| 湖北 | 5240 | 1 | | 153 | 5086 | 3032 | 13864 | 6130 |
| 湖南 | 1712 | 1 | | 299 | 1412 | 314 | 5258 | 1914 |
| 广东 | 36383 | 1 | 6 | 951 | 35425 | 14858 | 128060 | 46063 |
| 广西 | 426 | | | 54 | 372 | 47 | 1726 | 817 |
| 海南 | 35 | | | 19 | 16 | 10 | 244 | 50 |
| 重庆 | 2580 | | | 559 | 2021 | 1300 | 7695 | 2540 |
| 四川 | 4929 | 1 | | 995 | 3933 | 2216 | 16376 | 5340 |
| 贵州 | 397 | 1 | 1 | 55 | 340 | 189 | 1995 | 729 |
| 云南 | 90 | | | 11 | 79 | 21 | 760 | 267 |
| 西藏 | 30 | | | 3 | 27 | | 63 | 35 |
| 陕西 | 468 | | | 51 | 417 | 189 | 2090 | 976 |
| 甘肃 | 3451 | 1 | | 55 | 3395 | 2910 | 6631 | 1505 |
| 青海 | 65 | | | | 65 | 40 | 159 | 90 |
| 宁夏 | 159 | | | 74 | 85 | 36 | 384 | 228 |
| 新疆 | 247 | 1 | | 55 | 191 | 1 | 1152 | 583 |

单位：个、人

| 受教育程度 | | 职业资格水平 | | 年龄结构 | | | |
|---|---|---|---|---|---|---|---|
| 大学专科人数 | 大学本科及以上人数 | 助理社会工作师人数 | 社会工作师人数 | 35岁及以下人数 | 36岁至45岁人数 | 46岁至55岁人数 | 56岁及以上人数 |
| **84683** | **52025** | **15310** | **5684** | **122570** | **150902** | **88967** | **27919** |
| | | | | | | | |
| 3988 | 5404 | 995 | 235 | 5589 | 4340 | 3541 | 1732 |
| 831 | 945 | 290 | 146 | 1011 | 1159 | 815 | 293 |
| 545 | 274 | 70 | 28 | 1090 | 1902 | 716 | 153 |
| 773 | 184 | 82 | 43 | 506 | 1310 | 796 | 217 |
| 697 | 676 | 155 | 29 | 856 | 946 | 455 | 176 |
| | | | | | | | |
| 1610 | 744 | 291 | 193 | 1333 | 2581 | 1500 | 399 |
| 410 | 437 | 330 | | 452 | 517 | 64 | 11 |
| 581 | 273 | 63 | 77 | 648 | 1711 | 602 | 1233 |
| | | | | | | | |
| 6645 | 1842 | 111 | 547 | 7735 | 7648 | 7170 | 1980 |
| 9912 | 7342 | 650 | 318 | 18278 | 31733 | 18884 | 5073 |
| 4639 | 3076 | 583 | 347 | 5897 | 10148 | 5546 | 2006 |
| 2498 | 568 | 327 | 152 | 2896 | 3145 | 1568 | 573 |
| 225 | 213 | 71 | 69 | 361 | 749 | 766 | 817 |
| 615 | 224 | 65 | 11 | 1613 | 2200 | 1380 | 1430 |
| 5431 | 2464 | 330 | 126 | 6192 | 6346 | 3731 | 922 |
| | | | | | | | |
| 1894 | 930 | 69 | 87 | 2195 | 3818 | 1924 | 523 |
| 2518 | 1116 | 185 | 76 | 3818 | 5800 | 3201 | 1045 |
| 1098 | 418 | 105 | 54 | 1354 | 2059 | 1420 | 425 |
| 32376 | 19771 | 9298 | 2347 | 49606 | 48035 | 24188 | 6231 |
| 303 | 230 | 68 | 33 | 618 | 679 | 413 | 16 |
| 103 | 95 | | | 67 | 86 | 91 | |
| | | | | | | | |
| 1482 | 1219 | 318 | 189 | 1849 | 3083 | 1929 | 834 |
| 3324 | 1744 | 602 | 468 | 4299 | 6668 | 4566 | 843 |
| 338 | 241 | 76 | 12 | 998 | 584 | 358 | 55 |
| 231 | 156 | 13 | 5 | 259 | 275 | 180 | 46 |
| 12 | 10 | | | 31 | 30 | 2 | |
| | | | | | | | |
| 320 | 319 | 94 | 62 | 545 | 627 | 611 | 307 |
| 973 | 898 | 28 | 20 | 1954 | 2045 | 2181 | 451 |
| 27 | | 5 | 1 | 75 | 47 | 37 | |
| 37 | 13 | 6 | | 60 | 219 | 96 | 9 |
| 247 | 199 | 30 | 9 | 385 | 412 | 236 | 119 |

C-2-22续表1

| 地区 | 志愿服务 | | 床位数合计 | | | | |
| --- | --- | --- | --- | --- | --- | --- | --- |
| | 志愿者服务人次数 | 志愿服务时间 | | 日间照料床位数 | 农村 | 留宿照料床位数 | 农村 |
| **全国** | **180331** | **464712** | **445582** | **261967** | **129035** | **183615** | **69946** |
| 中央级 | | | | | | | |
| 北京 | 1953 | 7817 | 1435 | 455 | 94 | 980 | 32 |
| 天津 | | | 397 | 154 | | 243 | 230 |
| 河北 | 549 | 860 | 15049 | 6863 | 4909 | 8186 | 5456 |
| 山西 | 4 | | 9356 | 6663 | 4882 | 2693 | 1889 |
| 内蒙古 | 11 | 25 | 1210 | 910 | 112 | 300 | |
| 辽宁 | 40 | 50 | 10355 | 4755 | 2166 | 5600 | 3474 |
| 吉林 | | | 77 | 77 | | | |
| 黑龙江 | 1079 | 3527 | 8347 | 2244 | 137 | 6103 | 3000 |
| 上海 | 6592 | 12316 | 2203 | 199 | | 2004 | |
| 江苏 | 76889 | 154749 | 73073 | 46349 | 12465 | 26724 | 6985 |
| 浙江 | 36850 | 129338 | 64678 | 38894 | 30956 | 25784 | 4546 |
| 安徽 | 9084 | 28848 | 22652 | 1186 | 439 | 21466 | 11350 |
| 福建 | 141 | 466 | 7503 | 3775 | 794 | 3728 | 1298 |
| 江西 | 723 | 1540 | 1073 | 851 | 140 | 222 | 30 |
| 山东 | 20281 | 49858 | 4107 | 1522 | 891 | 2585 | 557 |
| 河南 | 414 | 1005 | 10928 | 8284 | 469 | 2644 | 623 |
| 湖北 | 2996 | 7467 | 18930 | 12754 | 6005 | 6176 | 2902 |
| 湖南 | 3135 | 7977 | 9262 | 5637 | 1479 | 3625 | 1418 |
| 广东 | 4994 | 13815 | 82093 | 55251 | 21696 | 26842 | 7138 |
| 广西 | 5 | 18 | 831 | 265 | 5 | 566 | 379 |
| 海南 | | | 178 | 39 | 39 | 139 | 39 |
| 重庆 | 9164 | 28039 | 17355 | 7687 | 2912 | 9668 | 8619 |
| 四川 | 315 | 1388 | 34122 | 21031 | 11365 | 13091 | 2175 |
| 贵州 | 811 | 3888 | 5569 | 2034 | 711 | 3535 | 1197 |
| 云南 | | | 2997 | 1105 | 93 | 1892 | 634 |
| 西藏 | | | | | | | |
| 陕西 | 2234 | 7419 | 1647 | 544 | 165 | 1103 | 898 |
| 甘肃 | 1880 | 3778 | 37035 | 31620 | 26019 | 5415 | 4464 |
| 青海 | | | 541 | 104 | 92 | 437 | |
| 宁夏 | 82 | 220 | 1440 | 570 | | 870 | 610 |
| 新疆 | 105 | 305 | 1139 | 145 | | 994 | 3 |

单位：人、人次、时、张、人天

| 年末收养照料人数合计 | 日间照料人数 | 农村 | 留宿照料人数 | 农村 | 本年收养照料人天数 | 老年人活动人次数 |
|---|---|---|---|---|---|---|
| **86950** | **46860** | **24534** | **40090** | **17244** | **2080511** | **1805836** |
| | | | | | | |
| | | | | | | |
| 418 | 26 | 9 | 392 | 10 | | |
| 8 | 5 | | 3 | | | |
| 1144 | 180 | 7 | 964 | 406 | 23900 | 6013 |
| 2172 | 1232 | 861 | 940 | 664 | 38330 | 55468 |
| 528 | 388 | 101 | 140 | | 39315 | 3700 |
| | | | | | | |
| 2377 | 324 | 45 | 2053 | 1449 | 43708 | 168640 |
| | | | | | | |
| 2971 | 240 | 103 | 2731 | 1468 | | 3455 |
| | | | | | | |
| 26 | 9 | | 17 | | | 48 |
| 8232 | 3987 | 654 | 4245 | 1836 | 62717 | 269755 |
| 14091 | 7783 | 6929 | 6308 | 1090 | | 8760 |
| 1067 | 37 | 6 | 1030 | 186 | 53536 | 2110 |
| 1970 | 1660 | 5 | 310 | 20 | 60734 | 512 |
| 182 | 157 | 95 | 25 | 20 | | 150 |
| 885 | 436 | 212 | 449 | 104 | 43675 | 263595 |
| | | | | | | |
| 5821 | 5242 | 124 | 579 | 4 | 3725 | 1750 |
| 5016 | 2866 | 1206 | 2150 | 1323 | 46580 | 32069 |
| 2065 | 1154 | 448 | 911 | 299 | 137544 | 300 |
| 10267 | 6244 | 2835 | 4023 | 1366 | 598633 | 179589 |
| 179 | 61 | 4 | 118 | 5 | 3300 | 765 |
| | | | | | | |
| | | | | | | |
| 10533 | 4920 | 1631 | 5613 | 5214 | 851128 | 742774 |
| 11025 | 6566 | 6443 | 4459 | 604 | 61879 | 13467 |
| 339 | 49 | | 290 | | | |
| 355 | 10 | | 345 | 251 | | |
| | | | | | | |
| | | | | | | |
| 486 | 268 | 130 | 218 | 168 | 11442 | 48216 |
| 3760 | 2969 | 2686 | 791 | 753 | | |
| 256 | 8 | | 248 | | | |
| 27 | 14 | | 13 | 4 | | |
| 750 | 25 | | 725 | | 365 | 4700 |

C-2-22续表2

| 地　区 | 社区服务志愿者组织（团体）数 | 社区志愿者人数 | 机构建筑面积 | 企业会计制度财务指标 | | | |
|---|---|---|---|---|---|---|---|
| | | | | 固定资产原价 | 营业收入 | 费用合计 | 营业利润 |
| **全　国** | **4844** | **85074** | **25961299** | **727.8** | **778.8** | **180.4** | **-135.8** |
| 中央级 | | | | | | | |
| 北　京 | 1788 | 16650 | 526573 | | | | |
| 天　津 | | | 216172 | | | | |
| 河　北 | 15 | | 494825 | | | | |
| 山　西 | 25 | 9 | 304881 | | | | |
| 内蒙古 | | | 161822 | | | | |
| 辽　宁 | 68 | 14941 | 525251 | | | | |
| 吉　林 | | | 64687 | | | | |
| 黑龙江 | | | 260205 | 15.0 | 6.0 | 1.5 | |
| 上　海 | 68 | 1200 | 616832 | | | | |
| 江　苏 | 1060 | 6008 | 3829410 | | | | |
| 浙　江 | 24 | 821 | 2330102 | 5.0 | | | |
| 安　徽 | 20 | 602 | 952728 | 126.0 | 35.0 | | |
| 福　建 | 51 | 6 | 297981 | | | | |
| 江　西 | 3 | 25 | 307241 | | | | |
| 山　东 | 282 | 526 | 2345581 | | | | |
| 河　南 | 24 | 56 | 728457 | | | | |
| 湖　北 | 97 | 2120 | 983455 | 3.0 | | | |
| 湖　南 | | | 688937 | 40.0 | | | |
| 广　东 | 210 | 36486 | 6825874 | 26.6 | 34.7 | 33.3 | -5.1 |
| 广　西 | | | 79264 | | | | |
| 海　南 | 4 | 48 | 213698 | | | | |
| 重　庆 | 518 | 4547 | 610937 | | | | |
| 四　川 | 3 | 42 | 1434011 | 202.2 | 402.1 | 145.1 | -130.7 |
| 贵　州 | | | 278278 | 300.0 | 300.0 | | |
| 云　南 | | | 74640 | | | | |
| 西　藏 | | | 5700 | | | | |
| 陕　西 | 64 | 987 | 133742 | | | | |
| 甘　肃 | | | 501366 | 10.0 | 1.0 | 0.5 | |
| 青　海 | | | 24814 | | | | |
| 宁　夏 | | | 66166 | | | | |
| 新　疆 | 520 | | 77669 | | | | |

单位：个、人、平方米、万元

| 事业单位会计制度财务指标 | | | 民间非营利组织会计制度财务指标 | | |
| --- | --- | --- | --- | --- | --- |
| 固定资产原价 | 本年收入合计 | 本年支出合计 | 固定资产原价 | 本年收入合计 | 本年费用合计 |
| **2418.0** | **1920.2** | **1576.2** | **269700.2** | **441377.7** | **463199.6** |
| | | | | | |
| | | | | | |
| | | | 13543.1 | 27226.8 | 23121.3 |
| | | | 348.0 | 827.8 | 636.1 |
| | | | 877.0 | 682.8 | 1323.9 |
| 75.0 | 18.0 | 17.0 | 250.0 | 150.6 | 155.8 |
| 1.0 | 1.0 | 1.0 | 1544.3 | 683.9 | 825.1 |
| | | | | | |
| 1.0 | | | 2885.5 | 1029.1 | 1893.3 |
| | | | 121.5 | 93.0 | 75.9 |
| 120.0 | 10.9 | 39.0 | 1635.0 | 184.8 | 160.0 |
| | | | | | |
| 304.0 | 208.8 | 6.6 | 59715.8 | 239075.4 | 274857.6 |
| | 321.0 | 280.0 | 101256.0 | 97126.5 | 88863.4 |
| | 5.0 | | 15677.2 | 18521.5 | 19656.5 |
| 10.0 | 23.0 | 23.0 | 3092.7 | 1383.0 | 1119.2 |
| 5.6 | 30.3 | 30.3 | 940.1 | 1005.5 | 1127.4 |
| | | | 1598.5 | 1904.0 | 2081.0 |
| | | | 9818.4 | 11392.6 | 12890.2 |
| | | | | | |
| 424.0 | 82.7 | 76.7 | 260.0 | 49.3 | 94.0 |
| | | | 759.9 | 994.2 | 815.5 |
| | | | 2612.5 | 1597.1 | 1419.7 |
| 1447.4 | 1180.9 | 1064.0 | 23820.3 | 25879.4 | 19167.5 |
| | | | 410.0 | 117.5 | 149.1 |
| | | | 650.0 | 650.0 | 680.0 |
| | | | | | |
| | | | 2634.1 | 6139.0 | 5921.9 |
| | | | 21308.3 | 3895.8 | 5251.8 |
| 30.0 | 38.6 | 38.6 | 1132.2 | 20.7 | 97.5 |
| | | | 38.0 | 10.1 | 23.4 |
| | | | | 100.0 | |
| | | | | | |
| | | | 503.5 | 530.2 | 524.1 |
| | | | 1291.0 | 47.1 | 107.6 |
| | | | | | |
| | | | | 1.8 | |
| | | | 977.3 | 58.2 | 160.8 |

# C-2-23 老年人福利

| 地区 | 老年活动设施 | | | 享受高龄补贴的老年人数 |
|---|---|---|---|---|
| | 老年活动站/中心/室数 | | | |
| | | 老年人参与人数 | 年末活动人次数 | |
| **全　国** | **264231** | **34821066** | **141503785** | **29722660** |
| 中央级 | | | | |
| 北　京 | 6403 | 930935 | 5129642 | 433517 |
| 天　津 | 674 | 172012 | 292350 | 51837 |
| 河　北 | 5858 | 408129 | 681833 | 1347053 |
| 山　西 | 8658 | 623896 | 1074759 | 218172 |
| 内蒙古 | 1891 | 294545 | 2831016 | 509282 |
| 辽　宁 | 4782 | 548730 | 2169312 | 319323 |
| 吉　林 | 58 | 2710 | 20120 | 41679 |
| 黑龙江 | 1219 | 117155 | 1707212 | 238334 |
| 上　海 | 6396 | 341244 | 27447314 | 3237402 |
| 江　苏 | 17211 | 3681077 | 36799035 | 2524408 |
| 浙　江 | 27791 | 7498804 | 13602800 | 1011563 |
| 安　徽 | 7529 | 1276904 | 2629864 | 1631929 |
| 福　建 | 9644 | 1143313 | 2354504 | 630228 |
| 江　西 | 9797 | 932845 | 1505396 | 841271 |
| 山　东 | 30936 | 2095800 | 3627549 | 891795 |
| 河　南 | 31864 | 1144230 | 2341834 | 714837 |
| 湖　北 | 9186 | 1358964 | 8170388 | 1268538 |
| 湖　南 | 14013 | 1754006 | 3198983 | 593595 |
| 广　东 | 13698 | 2624965 | 4584660 | 2974089 |
| 广　西 | 5128 | 997540 | 2108592 | 1218487 |
| 海　南 | 158 | 136494 | 187432 | 210778 |
| 重　庆 | 7097 | 1330404 | 3010046 | 357702 |
| 四　川 | 19179 | 2687551 | 10150214 | 2732185 |
| 贵　州 | 5282 | 709978 | 1478311 | 845472 |
| 云　南 | 5067 | 509078 | 738339 | 957463 |
| 西　藏 | 3 | 677 | 677 | 17903 |
| 陕　西 | 6270 | 883640 | 1623947 | 2936424 |
| 甘　肃 | 2101 | 260477 | 870575 | 64556 |
| 青　海 | 100 | 41915 | 44793 | 295963 |
| 宁　夏 | 170 | 23250 | 23250 | 36550 |
| 新　疆 | 6068 | 289798 | 1099038 | 570325 |

## 和残疾人福利

单位：个、人、次

| 老年人福利 | | | 残疾人福利 | |
|---|---|---|---|---|
| 享受护理补贴的老年人数 | 享受养老服务补贴的老年人数 | 享受综合补贴的老年人数 | 困难残疾人生活补贴人数 | 重度残疾人护理补贴人数 |
| **748471** | **5217214** | **30327** | **10058474** | **11930175** |
| 14 | 183611 | | 124272 | 202157 |
| | | 22430 | 49562 | 132823 |
| 47346 | 229283 | | 341160 | 584936 |
| 19135 | 24743 | | 360455 | 63478 |
| 1851 | 6045 | | 254846 | 260374 |
| 24790 | 102055 | | 288330 | 356064 |
| 21008 | 28008 | | 273939 | 282048 |
| 25319 | 143776 | | 342646 | 357279 |
| 4018 | 163849 | | 77995 | 186401 |
| 102819 | 1024300 | | 602361 | 425966 |
| 28002 | 284107 | | 372120 | 461789 |
| 60816 | 387932 | | 788366 | 749184 |
| 26739 | 165844 | | 325773 | 369777 |
| 7031 | 14140 | | 406119 | 315035 |
| 55171 | 101572 | 240 | 415048 | 864666 |
| 14999 | 113313 | | 729312 | 1006796 |
| 26644 | 11720 | | 428405 | 627802 |
| 28233 | 200740 | | 496845 | 702247 |
| 14497 | 327533 | | 376759 | 743646 |
| 7579 | 38844 | | 223470 | 435340 |
| 3735 | 4778 | 7657 | 36105 | 95394 |
| 23424 | 51821 | | 179572 | 275673 |
| 123382 | 1291660 | | 723567 | 931848 |
| 31333 | 8880 | | 144617 | 292400 |
| 41 | 886 | | 433607 | 394617 |
| 6557 | | | 85905 | 34118 |
| 5666 | 5979 | | 579334 | 286478 |
| 25888 | 176342 | | 230825 | 141348 |
| 1958 | 79871 | | 99285 | 82580 |
| 132 | 104 | | 96928 | 101770 |
| 10344 | 45478 | | 170946 | 166141 |

# C-2-24 民政部门直属

| 地 区 | 单位数 | 市场监管部门登记 | 编制部门登记 | 年末职工人数 | 受教育程度：大学专科人数 | 受教育程度：大学本科及以上人数 | 职业资格水平：助理社会工作师人数 | 职业资格水平：社会工作师人数 | 35岁及以下人数 |
|---|---|---|---|---|---|---|---|---|---|
| **全 国** | **21** | **6** | **15** | **1240** | **343** | **382** | **37** | **41** | **372** |
| 中央级 | | | | | | | | | |
| 北 京 | 1 | 1 | | 93 | 26 | 32 | | 1 | 44 |
| 天 津 | 1 | 1 | | 5 | 5 | | | | |
| 河 北 | 1 | | 1 | 16 | 5 | 6 | | 1 | 6 |
| 山 西 | | | | | | | | | |
| 内蒙古 | 1 | 1 | | 45 | 17 | 12 | 2 | | 16 |
| 辽 宁 | | | | | | | | | |
| 吉 林 | | | | | | | | | |
| 黑龙江 | 1 | 1 | | 40 | 17 | 13 | | | 17 |
| 上 海 | 1 | 1 | | 46 | 13 | 7 | | | |
| 江 苏 | 1 | | 1 | 130 | 53 | 42 | 2 | 1 | 69 |
| 浙 江 | | | | | | | | | |
| 安 徽 | 1 | 1 | | 33 | 12 | 4 | | | 9 |
| 福 建 | | | | | | | | | |
| 江 西 | 1 | | 1 | 28 | 8 | 9 | 1 | 2 | 6 |
| 山 东 | 1 | | 1 | 75 | 20 | 22 | | | 4 |
| 河 南 | 1 | | 1 | 81 | 24 | 36 | 9 | 7 | 29 |
| 湖 北 | 1 | | 1 | 123 | 35 | 34 | | 1 | 38 |
| 湖 南 | 1 | | 1 | 98 | 26 | 38 | 2 | 2 | 33 |
| 广 东 | 1 | | 1 | 51 | 10 | 27 | 13 | 6 | 11 |
| 广 西 | 1 | | 1 | 81 | 18 | 21 | 5 | 9 | 21 |
| 海 南 | | | | | | | | | |
| 重 庆 | | | | | | | | | |
| 四 川 | | | | | | | | | |
| 贵 州 | 1 | | 1 | 51 | 8 | 26 | 1 | 2 | 14 |
| 云 南 | 1 | | 1 | 77 | | | 1 | 3 | 27 |
| 西 藏 | | | | | | | | | |
| 陕 西 | 1 | | 1 | 93 | 29 | 25 | | 1 | 12 |
| 甘 肃 | 1 | | 1 | 37 | 10 | 12 | 1 | 5 | 7 |
| 青 海 | 1 | | 1 | 12 | 2 | 9 | | | 3 |
| 宁 夏 | | | | | | | | | |
| 新 疆 | 1 | | 1 | 25 | 5 | 7 | | | 6 |

# 康复辅具机构

单位：人、万元

| 年龄结构 | | | 企业会计制度财务指标 | | | | 事业单位会计制度财务指标 | | |
|---|---|---|---|---|---|---|---|---|---|
| 36岁至45岁人数 | 46岁至55岁人数 | 56岁及以上人数 | 固定资产原价 | 本年收入合计 | 本年支出合计 | 营业利润 | 固定资产原价 | 本年收入合计 | 本年支出合计 |
| **329** | **382** | **157** | **23073.0** | **17127.3** | **8567.5** | **-3043.2** | **24333.6** | **21729.0** | **25668.0** |
| | | | | | | | | | |
| | | | | | | | | | |
| 21 | 21 | 7 | 4552.3 | 2980.1 | 1245.7 | -1383.0 | | | |
| | | 5 | 86.0 | 57.0 | 18.8 | -8.0 | | | |
| 4 | 3 | 3 | | | | | 107.1 | 409.2 | 398.6 |
| | | | | | | | | | |
| 13 | 10 | 6 | 797.0 | 564.0 | 493.5 | 159.0 | | | |
| | | | | | | | | | |
| | | | | | | | | | |
| | | | | | | | | | |
| 15 | 7 | 1 | 1885.8 | | | | | | |
| | | | | | | | | | |
| 18 | 19 | 9 | 2654.1 | 2933.4 | 819.7 | 315.3 | | | |
| 33 | 16 | 12 | | | | | 6703.8 | 3949.0 | 4228.9 |
| | | | | | | | | | |
| 5 | 12 | 7 | 270.8 | 609.9 | 270.5 | -91.9 | | | |
| | | | | | | | | | |
| 6 | 7 | 9 | | | | | 558.1 | 1526.0 | 1062.8 |
| 23 | 33 | 15 | 4490.0 | 2757.0 | 1635.0 | -676.0 | | | |
| | | | | | | | | | |
| 19 | 30 | 3 | | | | | 4020.0 | 3759.0 | 4871.0 |
| 18 | 38 | 29 | | | | | 4383.3 | 4067.5 | 4400.7 |
| 30 | 28 | 7 | | | | | 1914.9 | 4408.2 | 3652.9 |
| 14 | 18 | 8 | 1356.7 | 2822.6 | 2424.6 | -472.6 | | | |
| 29 | 23 | 8 | 3739.3 | 1122.3 | 778.3 | -379.0 | | | |
| | | | | | | | | | |
| | | | | | | | | | |
| | | | | | | | | | |
| | | | | | | | | | |
| 17 | 18 | 2 | | | | | 1914.0 | 211.0 | 2440.0 |
| 20 | 24 | 6 | | | | | 1821.0 | 379.3 | 1970.5 |
| | | | | | | | | | |
| | | | | | | | | | |
| 26 | 47 | 8 | 3241.0 | 3281.0 | 881.4 | -507.0 | | | |
| 6 | 15 | 9 | | | | | 875.3 | 982.4 | 916.8 |
| 2 | 7 | | | | | | 241.1 | 393.5 | 84.8 |
| | | | | | | | | | |
| 10 | 6 | 3 | | | | | 1795.0 | 1643.9 | 1641.0 |

# C-2-25 孤儿和

| 地区 | 孤儿 | 集中养育 | 社会散居 | 收养登记 |
|---|---|---|---|---|
| **全国** | **305110** | **69760** | **235350** | **16267** |
| 中央级 | | | | |
| 北京 | 2138 | 1473 | 665 | 144 |
| 天津 | 687 | 491 | 196 | 55 |
| 河北 | 16241 | 1912 | 14329 | 302 |
| 山西 | 10228 | 3037 | 7191 | 238 |
| 内蒙古 | 4182 | 1061 | 3121 | 185 |
| 辽宁 | 6429 | 2870 | 3559 | 158 |
| 吉林 | 4252 | 1564 | 2688 | 51 |
| 黑龙江 | 4860 | 1097 | 3763 | 101 |
| 上海 | 1582 | 1492 | 90 | 93 |
| 江苏 | 9605 | 2604 | 7001 | 1550 |
| 浙江 | 3315 | 1812 | 1503 | 2118 |
| 安徽 | 25949 | 2443 | 23506 | 349 |
| 福建 | 3727 | 1416 | 2311 | 566 |
| 江西 | 9274 | 2241 | 7033 | 139 |
| 山东 | 10818 | 2220 | 8598 | 1318 |
| 河南 | 18639 | 4178 | 14461 | 598 |
| 湖北 | 8029 | 1639 | 6390 | 636 |
| 湖南 | 21767 | 2346 | 19421 | 574 |
| 广东 | 24097 | 7525 | 16572 | 1115 |
| 广西 | 15354 | 2038 | 13316 | 2610 |
| 海南 | 927 | 222 | 705 | 117 |
| 重庆 | 3603 | 926 | 2677 | 165 |
| 四川 | 23322 | 2827 | 20495 | 890 |
| 贵州 | 12311 | 1955 | 10356 | 241 |
| 云南 | 21969 | 666 | 21303 | 1226 |
| 西藏 | 5366 | 4942 | 424 | 21 |
| 陕西 | 7274 | 2144 | 5130 | 342 |
| 甘肃 | 9201 | 1588 | 7613 | 110 |
| 青海 | 6703 | 3208 | 3495 | 21 |
| 宁夏 | 5708 | 395 | 5313 | 20 |
| 新疆 | 7553 | 5428 | 2125 | 214 |

# 家庭收养登记

单位：件

| 中国公民收养登记 | 港澳台及华侨 | 外国人收养登记 | 协议解除收养关系登记 | 中国公民 |
|---|---|---|---|---|
| **14582** | **116** | **1685** | **485** | **484** |
| 121 | 1 | 23 | 2 | 2 |
| 30 | 3 | 25 | 3 | 3 |
| 280 | | 22 | 12 | 12 |
| 148 | | 90 | | |
| 125 | | 60 | 1 | 1 |
| 148 | 4 | 10 | 29 | 29 |
| 30 | | 21 | 5 | 5 |
| 73 | 3 | 28 | 1 | 1 |
| 70 | | 23 | 7 | 7 |
| 1442 | | 108 | 6 | 6 |
| 2079 | 19 | 39 | 38 | 38 |
| 316 | 2 | 33 | | |
| 536 | 7 | 30 | 6 | 6 |
| 59 | | 80 | 1 | 1 |
| 1245 | 2 | 73 | 1 | 1 |
| 297 | 5 | 301 | 51 | 51 |
| 584 | 1 | 52 | 51 | 51 |
| 511 | 3 | 63 | 38 | 38 |
| 894 | 44 | 221 | 18 | 18 |
| 2547 | 8 | 63 | 22 | 22 |
| 117 | 4 | | 23 | 23 |
| 154 | 3 | 11 | 32 | 32 |
| 851 | 1 | 39 | 79 | 79 |
| 198 | 1 | 43 | 9 | 9 |
| 1178 | 5 | 48 | | |
| 21 | | | | |
| 230 | | 112 | 17 | 16 |
| 68 | | 42 | | |
| 18 | | 3 | 1 | 1 |
| 7 | | 13 | | |
| 205 | | 9 | 32 | 32 |

# C-2-26 被收养的

| 地 区 | 被收养人合计 | #女性 | #残疾儿童 | #外国人收养 | 社会福利机构抚养的孤儿 | 社会福利机构抚养的弃婴 |
|---|---|---|---|---|---|---|
| **全 国** | **16267** | **10355** | **1479** | **1685** | **8082** | **499** |
| 中央级 | | | | | | |
| 北 京 | 144 | 64 | 27 | 23 | 27 | 5 |
| 天 津 | 55 | 21 | 24 | 25 | 40 | |
| 河 北 | 302 | 152 | 46 | 22 | 109 | 29 |
| 山 西 | 238 | 86 | 14 | 90 | 197 | |
| 内蒙古 | 185 | 98 | 62 | 60 | 75 | |
| 辽 宁 | 158 | 74 | 9 | 10 | 67 | 4 |
| 吉 林 | 51 | 16 | | 21 | 43 | |
| 黑龙江 | 101 | 60 | 26 | 28 | 42 | |
| 上 海 | 93 | 68 | 24 | 23 | 58 | |
| 江 苏 | 1550 | 1056 | 100 | 108 | 1012 | 41 |
| 浙 江 | 2118 | 1587 | 12 | 39 | 1393 | 86 |
| 安 徽 | 349 | 205 | 8 | 33 | 171 | 2 |
| 福 建 | 566 | 384 | 30 | 30 | 267 | 57 |
| 江 西 | 139 | 78 | 79 | 80 | 114 | |
| 山 东 | 1318 | 763 | 81 | 73 | 573 | |
| 河 南 | 598 | 267 | 318 | 301 | 434 | 11 |
| 湖 北 | 636 | 384 | 50 | 52 | 185 | 66 |
| 湖 南 | 574 | 364 | 65 | 63 | 301 | 16 |
| 广 东 | 1115 | 757 | 211 | 221 | 790 | 40 |
| 广 西 | 2610 | 1978 | 13 | 63 | 1181 | 116 |
| 海 南 | 117 | 87 | 1 | 0 | 33 | 5 |
| 重 庆 | 165 | 87 | 14 | 11 | 57 | |
| 四 川 | 890 | 463 | 46 | 39 | 307 | 4 |
| 贵 州 | 241 | 158 | 44 | 43 | 112 | 8 |
| 云 南 | 1226 | 733 | | 48 | 172 | |
| 西 藏 | 21 | 2 | | 0 | 11 | |
| 陕 西 | 342 | 169 | 112 | 112 | 163 | |
| 甘 肃 | 110 | 53 | 41 | 42 | 68 | 6 |
| 青 海 | 21 | 12 | 3 | 3 | 8 | 1 |
| 宁 夏 | 20 | 9 | 13 | 13 | 18 | |
| 新 疆 | 214 | 120 | 6 | 9 | 54 | 2 |

# 儿童情况

单位：人

| 继子女 | 三代以内同辈旁系血亲的子女 | 非社会福利机构抚养的孤儿 | 非社会福利机构抚养的弃婴 | 生父母有特殊困难无力抚养的子女 | 生父母均不具备完全民事行为能力且具有严重危害可能的子女 |
|---|---|---|---|---|---|
| **697** | **1314** | **4522** | **230** | **918** | **5** |
| | | | | | |
| 13 | 44 | 52 | | 3 | |
| 1 | 12 | 1 | | 1 | |
| 7 | 40 | 59 | 44 | 14 | |
| 1 | 18 | 4 | | 18 | |
| 18 | 11 | 18 | 11 | 52 | |
| | | | | | |
| 8 | 27 | 48 | | 4 | |
| | 5 | | | 3 | |
| 5 | 38 | 4 | | 12 | |
| | | | | | |
| 3 | 7 | 25 | | | |
| 10 | 112 | 354 | | 21 | |
| 28 | 84 | 509 | 17 | 1 | |
| 6 | 51 | 104 | 1 | 14 | |
| 18 | 30 | 142 | 43 | 9 | |
| 1 | 3 | 20 | | 1 | |
| 320 | 68 | 301 | 10 | 46 | |
| | | | | | |
| 7 | 48 | 71 | | 26 | 1 |
| 50 | 104 | 148 | 1 | 81 | 1 |
| 22 | 90 | 108 | 1 | 34 | 2 |
| 11 | 117 | 117 | 7 | 32 | 1 |
| 46 | 86 | 1055 | 20 | 106 | |
| | 13 | 38 | 16 | 12 | |
| | | | | | |
| 11 | 25 | 46 | | 26 | |
| 47 | 93 | 186 | 4 | 249 | |
| 5 | 13 | 74 | 12 | 17 | |
| 3 | 77 | 880 | 26 | 68 | |
| | 4 | 1 | | 5 | |
| | | | | | |
| 36 | 34 | 59 | | 50 | |
| 2 | 18 | 14 | | 2 | |
| 2 | 6 | 2 | | 2 | |
| | 1 | | 1 | | |
| 16 | 35 | 82 | 16 | 9 | |

# C-2-27 低保

| 地　区 | 单位数 | 编制部门登记 | 民政部门登记 | 年末职工人数 | #女性 | 受教育程度 | | 职业资格水平 | |
|---|---|---|---|---|---|---|---|---|---|
| | | | | | | 大学专科人数 | 大学本科及以上人数 | 助理社会工作师人数 | 社会工作师人数 |
| **全　国** | **883** | **881** | **2** | **7549** | **3467** | **2382** | **3452** | **180** | **200** |
| 中央级 | | | | | | | | | |
| 北　京 | 10 | 10 | | 97 | 57 | 19 | 77 | 7 | 4 |
| 天　津 | 2 | 2 | | 13 | 5 | 1 | 12 | 1 | 2 |
| 河　北 | 3 | 3 | | 21 | 13 | 6 | 6 | | 1 |
| 山　西 | 56 | 56 | | 492 | 237 | 192 | 231 | 13 | 3 |
| 内蒙古 | 24 | 24 | | 293 | 159 | 76 | 193 | 18 | 20 |
| 辽　宁 | 13 | 13 | | 90 | 48 | 21 | 58 | | 3 |
| 吉　林 | 66 | 66 | | 1204 | 401 | 236 | 398 | 13 | 5 |
| 黑龙江 | 27 | 27 | | 254 | 126 | 89 | 120 | 2 | 1 |
| 上　海 | 7 | 6 | 1 | 94 | 51 | 17 | 65 | 14 | 7 |
| 江　苏 | 11 | 11 | | 50 | 23 | 3 | 37 | 6 | 7 |
| 浙　江 | 13 | 13 | | 61 | 38 | 12 | 35 | 3 | 5 |
| 安　徽 | 23 | 23 | | 111 | 43 | 24 | 74 | 1 | 6 |
| 福　建 | 15 | 15 | | 62 | 36 | 17 | 39 | 6 | 7 |
| 江　西 | 52 | 52 | | 326 | 156 | 147 | 93 | 6 | 8 |
| 山　东 | 16 | 15 | 1 | 95 | 49 | 30 | 62 | 3 | 13 |
| 河　南 | 47 | 47 | | 386 | 184 | 145 | 133 | 2 | 10 |
| 湖　北 | 73 | 73 | | 694 | 329 | 316 | 230 | 13 | 12 |
| 湖　南 | 55 | 55 | | 522 | 181 | 183 | 147 | 8 | 13 |
| 广　东 | 3 | 3 | | 41 | 26 | 1 | 40 | 7 | 3 |
| 广　西 | 126 | 126 | | 727 | 404 | 234 | 409 | 5 | 6 |
| 海　南 | 2 | 2 | | 15 | 8 | 7 | 7 | | 2 |
| 重　庆 | 33 | 33 | | 290 | 153 | 63 | 223 | 30 | 11 |
| 四　川 | 61 | 61 | | 354 | 155 | 134 | 135 | 10 | 19 |
| 贵　州 | 50 | 50 | | 489 | 247 | 171 | 263 | 2 | 7 |
| 云　南 | 31 | 31 | | 141 | 63 | 29 | 92 | 5 | 12 |
| 西　藏 | | | | | | | | | |
| 陕　西 | 38 | 38 | | 433 | 202 | 154 | 194 | 3 | 5 |
| 甘　肃 | 15 | 15 | | 137 | 40 | 23 | 55 | | 2 |
| 青　海 | 3 | 3 | | 12 | 8 | 5 | 6 | | |
| 宁　夏 | 5 | 5 | | 38 | 20 | 22 | 16 | 1 | 6 |
| 新　疆 | 3 | 3 | | 7 | 5 | 5 | 2 | 1 | |

# 服务机构

单位：个、人、人次、时、万元

| 年龄结构 | | | | 志愿服务 | | 事业单位会计制度财务指标 | | |
|---|---|---|---|---|---|---|---|---|
| 35岁及以下人数 | 36岁至45岁人数 | 46岁至55岁人数 | 56岁及以上人数 | 志愿者服务人次数 | 志愿服务时间 | 固定资产原价 | 本年收入合计 | 本年支出合计 |
| **3237** | **3183** | **1049** | **80** | **5034** | **14253** | **30667.2** | **244719.9** | **243545.4** |
| 35 | 37 | 24 | 1 | 81 | 220 | 250.1 | 23768.7 | 22437.1 |
| 10 | 2 | | 1 | | | 231.9 | 271.1 | 383.7 |
| 18 | 2 | 1 | | | | 26.0 | 8680.1 | 8020.6 |
| 201 | 190 | 96 | 5 | | | 1668.0 | 5099.5 | 5210.4 |
| 126 | 113 | 52 | 2 | | | 489.0 | 4680.1 | 4456.7 |
| 35 | 42 | 11 | 2 | | | 45.8 | 5450.2 | 5606.5 |
| 492 | 562 | 139 | 11 | | | 1672.7 | 26331.4 | 25972.9 |
| 81 | 121 | 48 | 4 | | | 835.2 | 1314.6 | 1378.3 |
| 52 | 33 | 8 | 1 | | | 382.0 | 16795.8 | 16396.2 |
| 23 | 21 | 6 | | 49 | 84 | 95.4 | 997.5 | 415.2 |
| 25 | 20 | 13 | 3 | | | 256.0 | 47809.3 | 47980.1 |
| 41 | 52 | 17 | 1 | 37 | 206 | 164.9 | 1014.0 | 1009.8 |
| 38 | 18 | 6 | | | | 62.2 | 561.6 | 537.4 |
| 116 | 162 | 42 | 6 | 166 | 429 | 452.0 | 4040.7 | 3922.4 |
| 41 | 41 | 12 | 1 | 30 | 60 | 177.1 | 717.1 | 728.9 |
| 220 | 111 | 53 | 2 | 189 | 350 | 1075.9 | 1709.4 | 1904.5 |
| 238 | 322 | 123 | 11 | 616 | 1451 | 11781.0 | 13696.5 | 13755.6 |
| 200 | 226 | 82 | 14 | 1048 | 2822 | 1547.9 | 11511.8 | 11493.1 |
| 24 | 8 | 9 | | | | 1468.9 | 1810.0 | 1932.9 |
| 293 | 326 | 106 | 2 | 125 | 968 | 2707.7 | 21991.9 | 22198.7 |
| 3 | 7 | 5 | | | | 41.1 | 123.8 | 129.1 |
| 151 | 103 | 35 | 1 | 311 | 923 | 1020.9 | 5288.3 | 5209.9 |
| 148 | 167 | 36 | 3 | 127 | 129 | 585.6 | 27495.7 | 27778.7 |
| 218 | 216 | 52 | 3 | 853 | 1886 | 1683.1 | 2990.9 | 3197.5 |
| 68 | 70 | 3 | | 3 | 9 | 65.9 | 5993.1 | 6549.4 |
| 246 | 140 | 44 | 3 | 970 | 3856 | 1117.5 | 4131.4 | 4261.2 |
| 86 | 37 | 13 | 1 | 419 | 861 | 190.2 | 235.0 | 390.0 |
| 2 | 7 | 3 | | | | 473.0 | | 88.0 |
| 4 | 25 | 7 | 2 | 10 | | 36.2 | 207.4 | 197.6 |
| 2 | 2 | 3 | | | | 64.0 | 3.0 | 3.0 |

# C-2-28 城市居民

| 地　区 | 城市最低生活保障人数 | 按人员性质分类 | | | | |
|---|---|---|---|---|---|---|
| | | #女性 | #残疾人 | 重度残疾人 | 老年人 | 成年人 |
| **全　国** | **10070131** | **4515931** | **1454803** | **525305** | **1803589** | **6630816** |
| 中央级 | | | | | | |
| 北　京 | 67325 | 29207 | 14624 | 10908 | 12452 | 40985 |
| 天　津 | 80373 | 37757 | 17523 | 9291 | 11734 | 53451 |
| 河　北 | 236550 | 103767 | 32230 | 14853 | 40171 | 159663 |
| 山　西 | 357999 | 160767 | 36406 | 15386 | 42796 | 238506 |
| 内蒙古 | 388421 | 191600 | 68821 | 24398 | 67261 | 287028 |
| 辽　宁 | 455285 | 186877 | 100886 | 40655 | 61165 | 312278 |
| 吉　林 | 509322 | 246782 | 93020 | 48218 | 110077 | 360840 |
| 黑龙江 | 740715 | 335523 | 125287 | 21738 | 93613 | 559717 |
| 上　海 | 154122 | 60652 | 32919 | 28513 | 7377 | 117040 |
| 江　苏 | 144737 | 64150 | 26831 | 8964 | 38436 | 88015 |
| 浙　江 | 219770 | 90129 | 76714 | 42052 | 70114 | 127487 |
| 安　徽 | 426828 | 181848 | 73136 | 24840 | 133858 | 245429 |
| 福　建 | 60851 | 27157 | 16757 | 8680 | 14568 | 39404 |
| 江　西 | 689558 | 289621 | 83520 | 4698 | 155362 | 405308 |
| 山　东 | 159119 | 76217 | 28516 | 18378 | 27715 | 112678 |
| 河　南 | 500633 | 198226 | 51678 | 16463 | 125512 | 306465 |
| 湖　北 | 378059 | 178372 | 37763 | 5717 | 75744 | 261380 |
| 湖　南 | 596721 | 283227 | 49902 | 26780 | 85755 | 453475 |
| 广　东 | 173417 | 70119 | 35780 | 17058 | 35459 | 106496 |
| 广　西 | 119902 | 54059 | 21558 | 7452 | 19652 | 83780 |
| 海　南 | 48345 | 20964 | 8076 | 2339 | 3785 | 33600 |
| 重　庆 | 311400 | 140945 | 65265 | 43250 | 38331 | 209344 |
| 四　川 | 937070 | 371789 | 139474 | 28328 | 181309 | 627069 |
| 贵　州 | 340920 | 148071 | 33646 | 13321 | 73408 | 195348 |
| 云　南 | 483427 | 242489 | 61418 | 149 | 119787 | 304229 |
| 西　藏 | 28991 | 11229 | 2275 | 276 | 8299 | 16163 |
| 陕　西 | 259387 | 127084 | 20390 | 1091 | 17981 | 118756 |
| 甘　肃 | 496705 | 225196 | 26969 | 8106 | 48500 | 337996 |
| 青　海 | 76572 | 41923 | 5269 | 376 | 12548 | 48852 |
| 宁　夏 | 97383 | 49399 | 14132 | 9205 | 8824 | 70826 |
| 新　疆 | 530224 | 270785 | 54018 | 23822 | 61996 | 309208 |

# 最低生活保障

单位：人、户

| 按年龄分类 | | | | | 城市最低生活保障户数 |
|---|---|---|---|---|---|
| 在职人员 | 灵活就业 | 登记失业 | 无就业条件 | 未成年人 | |
| **140206** | **2192238** | **1092270** | **3206102** | **1635726** | **6050515** |
| | | | | | |
| 3736 | 10516 | 15479 | 11254 | 13888 | 40506 |
| 2196 | 7603 | 23229 | 20423 | 15188 | 51691 |
| 2642 | 44340 | 30610 | 82071 | 36716 | 148302 |
| 7692 | 104170 | 34153 | 92491 | 76697 | 191784 |
| 773 | 166188 | 41561 | 78506 | 34132 | 239925 |
| | | | | | |
| 4539 | 52643 | 120851 | 134245 | 81842 | 289572 |
| 8149 | 267262 | 7942 | 77487 | 38405 | 355224 |
| 2409 | 59379 | 62930 | 434999 | 87385 | 490850 |
| | | | | | |
| 6938 | 7301 | 38932 | 63869 | 29705 | 109706 |
| 1366 | 10404 | 16840 | 59405 | 18286 | 89610 |
| 2826 | 43137 | 12555 | 68969 | 22169 | 153017 |
| 4659 | 70229 | 32503 | 138038 | 47541 | 280696 |
| 275 | 8734 | 4279 | 26116 | 6879 | 38989 |
| 14475 | 140870 | 75333 | 174630 | 128888 | 364736 |
| 1013 | 7783 | 9458 | 94424 | 18726 | 95444 |
| | | | | | |
| 3702 | 94596 | 63460 | 144707 | 68656 | 326909 |
| 34910 | 126530 | 29561 | 70379 | 40935 | 238450 |
| 1326 | 140429 | 74585 | 237135 | 57491 | 374160 |
| 5042 | 25370 | 13169 | 62915 | 31462 | 92686 |
| 179 | 69068 | 10150 | 4383 | 16470 | 69741 |
| 57 | 3101 | 1036 | 29406 | 10960 | 24249 |
| | | | | | |
| 477 | 101103 | 35484 | 72280 | 63725 | 196572 |
| 11449 | 181322 | 133123 | 301175 | 128692 | 568251 |
| 1629 | 49960 | 18503 | 125256 | 72164 | 177500 |
| 1274 | 183396 | 32466 | 87093 | 59411 | 317560 |
| 2924 | 4685 | 2334 | 6220 | 4529 | 16275 |
| | | | | | |
| 1131 | 59541 | 29891 | 28193 | 122650 | 136352 |
| 5154 | 102791 | 85153 | 144898 | 110209 | 213259 |
| 551 | 5097 | 2105 | 41099 | 15172 | 40894 |
| | 139 | 172 | 70515 | 17733 | 55294 |
| 6713 | 44551 | 34423 | 223521 | 159020 | 262311 |

# C-2-29 农村居民

| 地 区 | 农村最低生活保障人数 | 纳入扶贫建档立卡对象 | 按人员性质分类 | | |
|---|---|---|---|---|---|
| | | | #女性 | #残疾人 | 重度残疾人 |
| **全 国** | **35190789** | **10843110** | **14764877** | **4444449** | **1514600** |
| 中央级 | | | | | |
| 北 京 | 37691 | | 15231 | 14213 | 8200 |
| 天 津 | 62178 | 184 | 23752 | 11663 | 5542 |
| 河 北 | 1221638 | 312343 | 462129 | 192510 | 107970 |
| 山 西 | 1005439 | 320960 | 431250 | 135264 | 58501 |
| 内蒙古 | 1251522 | 220025 | 658133 | 158339 | 76475 |
| 辽 宁 | 599435 | 110953 | 228546 | 105250 | 38305 |
| 吉 林 | 593931 | 200220 | 300457 | 112626 | |
| 黑龙江 | 892972 | 119700 | 432992 | 89752 | 14254 |
| 上 海 | 35012 | | 17578 | 16113 | 14466 |
| 江 苏 | 748075 | 256663 | 305373 | 98662 | 47916 |
| 浙 江 | 506113 | 123367 | 206797 | 160989 | 89082 |
| 安 徽 | 1806379 | 913954 | 732222 | 260760 | 75374 |
| 福 建 | 378088 | 57086 | 158368 | 68775 | 36541 |
| 江 西 | 1677864 | 49942 | 593351 | 245681 | 22815 |
| 山 东 | 1171327 | 440894 | 475711 | 170956 | 108098 |
| 河 南 | 2577942 | 335809 | 923329 | 350524 | 108519 |
| 湖 北 | 1337592 | 597747 | 616837 | 207587 | 8151 |
| 湖 南 | 1267571 | 886154 | 578980 | 203564 | 120894 |
| 广 东 | 1237512 | 389978 | 451799 | 147076 | 62898 |
| 广 西 | 1822053 | 1032981 | 827557 | 161751 | 52668 |
| 海 南 | 146704 | 12657 | 65140 | 17288 | 4758 |
| 重 庆 | 580926 | 80107 | 263428 | 103552 | 68796 |
| 四 川 | 3399154 | 589871 | 1167152 | 489133 | 152192 |
| 贵 州 | 2267631 | 821274 | 958150 | 181774 | 102516 |
| 云 南 | 2549460 | 1046344 | 1173915 | 348300 | 943 |
| 西 藏 | 173361 | 97121 | 70828 | 9702 | 309 |
| 陕 西 | 856647 | 517220 | 373767 | 118322 | 41309 |
| 甘 肃 | 2336428 | 392679 | 923899 | 111249 | 26366 |
| 青 海 | 308911 | 206848 | 154677 | 9549 | 1390 |
| 宁 夏 | 365539 | 23292 | 171241 | 44848 | 23292 |
| 新 疆 | 1975694 | 686737 | 1002288 | 98677 | 36060 |

# 最低生活保障

单位：人、户

| 按人员年龄分类 | | | | | 农村最低生活保障户数 |
|---|---|---|---|---|---|
| 老年人 | 成年人 | | | 未成年人 | |
| | | 有劳动条件 | 无劳动条件 | | |
| **13128626** | **16903561** | **9376064** | **7509984** | **5158602** | **19016867** |
| 16425 | 16168 | 4937 | 11231 | 5098 | 23857 |
| 16616 | 34685 | 19670 | 15015 | 10877 | 31896 |
| 614900 | 501914 | 201919 | 299995 | 104824 | 843975 |
| 576001 | 371366 | 186271 | 185095 | 58072 | 716479 |
| 809284 | 395704 | 210758 | 184946 | 46534 | 827145 |
| 274258 | 280647 | 82119 | 198528 | 44530 | 399626 |
| 329979 | 232296 | 36348 | 195948 | 31656 | 409806 |
| 512811 | 339967 | 168283 | 171684 | 40194 | 588051 |
| 14228 | 19651 | 7538 | 12113 | 1133 | 29915 |
| 308793 | 353569 | 145967 | 207602 | 85713 | 418741 |
| 206463 | 248904 | 174367 | 74537 | 50746 | 340951 |
| 781483 | 845172 | 418726 | 421867 | 179724 | 1032091 |
| 108627 | 217545 | 95423 | 122122 | 51916 | 206531 |
| 565727 | 857297 | 382525 | 474772 | 254840 | 881230 |
| 575008 | 491369 | 312315 | 179054 | 104950 | 807170 |
| 1271248 | 1052317 | 544694 | 507623 | 254377 | 1863870 |
| 494848 | 697422 | 507827 | 189595 | 145322 | 747029 |
| 393467 | 689229 | 374477 | 314731 | 184875 | 650968 |
| 330615 | 615051 | 296217 | 318854 | 291846 | 485623 |
| 414475 | 1004461 | 509772 | 494689 | 403117 | 643466 |
| 28309 | 78285 | 50707 | 27591 | 40110 | 60260 |
| 107510 | 378902 | 130555 | 248347 | 94514 | 314075 |
| 1467388 | 1543192 | 959791 | 583401 | 388574 | 1968055 |
| 669720 | 1083637 | 855255 | 228382 | 514274 | 975453 |
| 804837 | 1361805 | 716388 | 644125 | 382818 | 1300528 |
| 69618 | 57893 | 14541 | 31698 | 45850 | 59778 |
| 267894 | 468900 | 120681 | 348219 | 119853 | 346463 |
| 514572 | 1418819 | 1124897 | 293922 | 403037 | 711846 |
| 43450 | 173494 | 148929 | 24565 | 91967 | 94439 |
| 152032 | 184767 | 6661 | 178106 | 28740 | 273917 |
| 388040 | 889133 | 567506 | 321627 | 698521 | 963633 |

# C-2-30 城市特困人员

| 地区 | 城市特困人员救助供养 | #女性 | #残疾人 | #老年人 | #未成年人 |
|---|---|---|---|---|---|
| **全国** | **276863** | **41248** | **77756** | **199963** | **5363** |
| 中央级 | | | | | |
| 北京 | 1036 | 274 | 492 | 654 | 10 |
| 天津 | 1521 | 424 | 675 | 803 | 39 |
| 河北 | 2735 | 468 | 970 | 1824 | 19 |
| 山西 | 1206 | 197 | 567 | 533 | 45 |
| 内蒙古 | 11370 | 1763 | 6868 | 5598 | 40 |
| 辽宁 | 5495 | 1288 | 2484 | 3373 | 47 |
| 吉林 | 4849 | 692 | 1671 | 2407 | 102 |
| 黑龙江 | 9554 | 2201 | 4697 | 4342 | 115 |
| 上海 | 1094 | 55 | 114 | 1019 | 10 |
| 江苏 | 7458 | 1076 | 1679 | 4378 | 313 |
| 浙江 | 3116 | 618 | 655 | 2503 | 183 |
| 安徽 | 4388 | 271 | 309 | 3736 | 10 |
| 福建 | 4483 | 929 | 2045 | 2637 | 59 |
| 江西 | 8143 | 1772 | 1766 | 6390 | 320 |
| 山东 | 2668 | 632 | 1400 | 1467 | 25 |
| 河南 | 5774 | 677 | 1103 | 4644 | 92 |
| 湖北 | 8397 | 1981 | 3013 | 5330 | 209 |
| 湖南 | 14993 | 3678 | 5066 | 8423 | 91 |
| 广东 | 8780 | 1976 | 2851 | 5815 | 114 |
| 广西 | 7831 | 1275 | 1883 | 5731 | 159 |
| 海南 | 1073 | 262 | 198 | 810 | 28 |
| 重庆 | 88285 | 5736 | 17020 | 74464 | 1936 |
| 四川 | 40613 | 5391 | 8899 | 32908 | 434 |
| 贵州 | 6033 | 819 | 1463 | 4565 | 143 |
| 云南 | 10067 | 2713 | 4425 | 6525 | 234 |
| 西藏 | 128 | 43 | 27 | 89 | 1 |
| 陕西 | 3366 | 585 | 1313 | 1755 | 87 |
| 甘肃 | 3293 | 663 | 1272 | 1935 | 72 |
| 青海 | 1520 | 606 | 288 | 1024 | 66 |
| 宁夏 | 866 | 190 | 540 | 397 | 4 |
| 新疆 | 6728 | 1993 | 2003 | 3884 | 356 |

# 救助供养

单位：人

| 按护理类型分 | | | 按供养方式分 | |
| --- | --- | --- | --- | --- |
| 全自理 | 半护理 | 全护理 | 集中供养 | 分散供养 |
| **177235** | **61476** | **38152** | **98087** | **178776** |
| | | | | |
| 151 | 422 | 463 | 441 | 595 |
| 496 | 323 | 702 | 605 | 916 |
| 1621 | 602 | 512 | 601 | 2134 |
| 585 | 407 | 214 | 191 | 1015 |
| 5756 | 3266 | 2348 | 3340 | 8030 |
| | | | | |
| 2497 | 1495 | 1503 | 1592 | 3903 |
| 2621 | 1392 | 836 | 1160 | 3689 |
| 2905 | 4198 | 2451 | 4693 | 4861 |
| | | | | |
| 723 | 249 | 122 | 315 | 779 |
| 3234 | 1869 | 2355 | 3423 | 4035 |
| 1748 | 836 | 532 | 2635 | 481 |
| 2508 | 1741 | 139 | 957 | 3431 |
| 2358 | 1140 | 985 | 1298 | 3185 |
| 5409 | 2186 | 548 | 3570 | 4573 |
| 1053 | 956 | 659 | 962 | 1706 |
| | | | | |
| 3927 | 1327 | 520 | 945 | 4829 |
| 5093 | 1744 | 1560 | 4599 | 3798 |
| 7845 | 4257 | 2891 | 5755 | 9238 |
| 4394 | 2639 | 1747 | 1299 | 7481 |
| 5975 | 1027 | 829 | 4631 | 3200 |
| 894 | 149 | 30 | 45 | 1028 |
| | | | | |
| 76605 | 7182 | 4498 | 18184 | 70101 |
| 23498 | 10522 | 6593 | 24243 | 16370 |
| 4231 | 1189 | 613 | 2911 | 3122 |
| 4035 | 4240 | 1792 | 3392 | 6675 |
| 89 | 23 | 16 | 37 | 91 |
| | | | | |
| 1402 | 1492 | 472 | 1733 | 1633 |
| 1593 | 1198 | 502 | 797 | 2496 |
| 584 | 705 | 231 | 413 | 1107 |
| 468 | 398 | | 397 | 469 |
| 2937 | 2302 | 1489 | 2923 | 3805 |

# C-2-31 农村特困人员

| 地区 | 农村特困人员救助供养 | #女性 | #残疾人 | #老年人 | #未成年人 |
|---|---|---|---|---|---|
| **全国** | **4549686** | **570040** | **814741** | **3800056** | **71405** |
| 中央级 | | | | | |
| 北京 | 4599 | 290 | 2638 | 3816 | 10 |
| 天津 | 9961 | 871 | 2150 | 8632 | 35 |
| 河北 | 250492 | 12838 | 39545 | 217044 | 1435 |
| 山西 | 136969 | 7767 | 38423 | 96714 | 2757 |
| 内蒙古 | 82390 | 4662 | 25749 | 62094 | 118 |
| 辽宁 | 126532 | 10462 | 23408 | 108205 | 872 |
| 吉林 | 105484 | 16599 | 37331 | 66166 | 1653 |
| 黑龙江 | 102746 | 18466 | 39680 | 66586 | 630 |
| 上海 | 2280 | 212 | 470 | 1933 | 1 |
| 江苏 | 201593 | 20450 | 18792 | 190010 | 1088 |
| 浙江 | 26149 | 2644 | 3112 | 25072 | 84 |
| 安徽 | 376946 | 48798 | 48439 | 340768 | 3583 |
| 福建 | 65083 | 6786 | 15852 | 48996 | 915 |
| 江西 | 202996 | 55059 | 30330 | 174359 | 13468 |
| 山东 | 223680 | 18608 | 17801 | 206366 | 398 |
| 河南 | 496377 | 58959 | 61788 | 450126 | 5832 |
| 湖北 | 244294 | 32745 | 50548 | 203624 | 605 |
| 湖南 | 369711 | 50726 | 61889 | 285213 | 3278 |
| 广东 | 220202 | 26618 | 33727 | 193691 | 5974 |
| 广西 | 238906 | 26651 | 28215 | 204574 | 4172 |
| 海南 | 24148 | 4409 | 1682 | 21126 | 161 |
| 重庆 | 97076 | 7721 | 17170 | 81187 | 2898 |
| 四川 | 445371 | 45349 | 82423 | 377575 | 6770 |
| 贵州 | 80987 | 9699 | 12015 | 66433 | 2529 |
| 云南 | 117639 | 29185 | 47719 | 71307 | 6281 |
| 西藏 | 19102 | 9019 | 1857 | 14812 | 647 |
| 陕西 | 120963 | 10969 | 36635 | 93717 | 1974 |
| 甘肃 | 100553 | 14927 | 22086 | 78629 | 1613 |
| 青海 | 17925 | 5899 | 2774 | 13877 | 287 |
| 宁夏 | 9958 | 2682 | 3092 | 6401 | 34 |
| 新疆 | 28574 | 9970 | 7401 | 21003 | 1303 |

# 救助供养

单位：人

| 按护理类型分 | | | 按供养方式分 | |
|---|---|---|---|---|
| 全自理 | 半护理 | 全护理 | 集中供养 | 分散供养 |
| **3455702** | **788913** | **305071** | **862182** | **3687504** |
| 1761 | 1961 | 877 | 1608 | 2991 |
| 6746 | 2341 | 874 | 886 | 9075 |
| 200565 | 35128 | 14799 | 29652 | 220840 |
| 100927 | 23092 | 12950 | 15533 | 121436 |
| 65211 | 11273 | 5906 | 10220 | 72170 |
| 95264 | 23455 | 7813 | 22437 | 104095 |
| 86410 | 17265 | 1809 | 19469 | 86015 |
| 68647 | 24496 | 9603 | 17530 | 85216 |
| 1484 | 668 | 128 | 859 | 1421 |
| 132680 | 44828 | 24085 | 49579 | 152014 |
| 19742 | 5089 | 1318 | 23473 | 2676 |
| 304012 | 55619 | 17315 | 65841 | 311105 |
| 46140 | 13296 | 5647 | 6362 | 58721 |
| 143990 | 48184 | 10822 | 108542 | 94454 |
| 164227 | 41556 | 17897 | 55610 | 168070 |
| 381163 | 86641 | 28573 | 77084 | 419293 |
| 214038 | 18162 | 12094 | 46054 | 198240 |
| 281891 | 59678 | 28142 | 53044 | 316667 |
| 161301 | 37587 | 21314 | 16413 | 203789 |
| 224135 | 9561 | 5210 | 16120 | 222786 |
| 21653 | 1593 | 902 | 1734 | 22414 |
| 86188 | 7598 | 3290 | 10633 | 86443 |
| 325392 | 86896 | 33083 | 104217 | 341154 |
| 66549 | 10428 | 4010 | 30376 | 50611 |
| 64040 | 39471 | 14128 | 11670 | 105969 |
| 7999 | 8299 | 2804 | 11211 | 7891 |
| 93933 | 22069 | 4961 | 30559 | 90404 |
| 61171 | 32057 | 7325 | 7609 | 92944 |
| 6801 | 9226 | 1898 | 3020 | 14905 |
| 7080 | 2878 | | 2878 | 7080 |
| 14562 | 8518 | 5494 | 11959 | 16615 |

# C-2-32 临时救助

| 地区 | 传统救济 | 临时救助 | #纳入扶贫建档立卡人员 | 按属地分类 | |
|---|---|---|---|---|---|
| | | | | 本地户籍 | 非本地户籍 |
| **全国** | **568262** | **11079967** | **477359** | **10986467** | **93500** |
| 中央级 | | | | | |
| 北京 | | 20974 | | 20947 | 27 |
| 天津 | | 102632 | | 102372 | 260 |
| 河北 | 5883 | 443400 | 35755 | 441864 | 1536 |
| 山西 | 6198 | 416702 | 7131 | 414556 | 2146 |
| 内蒙古 | 16170 | 298530 | 2188 | 283446 | 15084 |
| 辽宁 | 13096 | 189080 | 462 | 188258 | 822 |
| 吉林 | 852 | 145098 | 622 | 143695 | 1403 |
| 黑龙江 | 473 | 219014 | 1067 | 218628 | 386 |
| 上海 | | 79818 | | 79546 | 272 |
| 江苏 | 32600 | 261598 | 7526 | 259199 | 2399 |
| 浙江 | 2547 | 266040 | 4155 | 263064 | 2976 |
| 安徽 | 38333 | 118058 | 1914 | 115399 | 2659 |
| 福建 | 2853 | 134058 | 995 | 133323 | 735 |
| 江西 | 29531 | 157906 | 1454 | 156971 | 935 |
| 山东 | 214 | 170491 | 5960 | 170262 | 229 |
| 河南 | 20967 | 292409 | 13685 | 290205 | 2204 |
| 湖北 | 10864 | 357022 | 30819 | 355392 | 1630 |
| 湖南 | 81272 | 1082000 | 23616 | 1068337 | 13663 |
| 广东 | 2424 | 133847 | 656 | 127937 | 5910 |
| 广西 | 143788 | 128383 | 6093 | 128328 | 55 |
| 海南 | 43 | 57448 | 1808 | 57416 | 32 |
| 重庆 | 14522 | 194802 | 24481 | 193016 | 1786 |
| 四川 | 58033 | 421710 | 5101 | 416622 | 5088 |
| 贵州 | 19614 | 533440 | 114265 | 529251 | 4189 |
| 云南 | 33489 | 940005 | 9121 | 936596 | 3409 |
| 西藏 | 974 | 14891 | 23 | 14849 | 42 |
| 陕西 | 2626 | 622221 | 31952 | 620910 | 1311 |
| 甘肃 | 30052 | 1621239 | 88837 | 1601284 | 19955 |
| 青海 | 329 | 109844 | | 109618 | 226 |
| 宁夏 | 14 | 260032 | 56 | 259206 | 826 |
| 新疆 | 501 | 1287275 | 57617 | 1285970 | 1305 |

## 和传统救济

单位：人、人次

| 按对象分类 | | | | #未成年人 |
|---|---|---|---|---|
| 低保人员 | #纳入低保的扶贫建档立卡人员 | 特困人员 | 其他 | |
| **3625495** | **339765** | **974064** | **6480408** | **104651** |
| | | | | |
| 16908 | | | 4066 | 32 |
| 75384 | | 1908 | 25340 | |
| 126018 | 12077 | 42343 | 275039 | 1385 |
| 153071 | 10912 | 56043 | 207588 | 578 |
| 140946 | 820 | 22037 | 135547 | 15 |
| | | | | |
| 121293 | 17201 | 12157 | 55630 | 1721 |
| 91817 | 1267 | 15611 | 37670 | 259 |
| 124154 | 3174 | 8488 | 86372 | 333 |
| | | | | |
| 53440 | 1110 | 1636 | 24742 | 26 |
| 42322 | 9700 | 28206 | 191070 | 2432 |
| 56318 | 13432 | 6218 | 203504 | 25 |
| 29448 | 1211 | 13946 | 74664 | 261 |
| 22842 | 404 | 6250 | 104966 | |
| 65339 | 2959 | 21482 | 71085 | 363 |
| 47012 | 2402 | 17136 | 106343 | 302 |
| | | | | |
| 84050 | 9194 | 32332 | 176027 | 3846 |
| 60141 | 8434 | 8496 | 288385 | 4543 |
| 378491 | 29613 | 134294 | 569215 | 1770 |
| 36853 | 974 | 14604 | 82390 | 59 |
| 30725 | 3400 | 4857 | 92801 | 1456 |
| 4719 | 407 | 488 | 52241 | 1 |
| | | | | |
| 36739 | 8622 | 21532 | 136531 | 4069 |
| 156165 | 5749 | 51521 | 214024 | 591 |
| 111493 | 28377 | 11904 | 410043 | 10689 |
| 243545 | 1209 | 37749 | 658711 | 2701 |
| 2983 | 756 | 2591 | 9317 | 1 |
| | | | | |
| 235017 | 26522 | 54397 | 332807 | 5647 |
| 602830 | 50093 | 277459 | 740950 | 21576 |
| 21835 | 2966 | 19435 | 68574 | 153 |
| 101498 | 7182 | 27207 | 131327 | 67 |
| 352099 | 79598 | 21737 | 913439 | 39750 |

# C-2-33 福利彩票

| 地区 | 单位数 | 编制部门登记 | 民政部门登记 | 年末职工人数 | #女性 | 受教育程度 | |
|---|---|---|---|---|---|---|---|
| | | | | | | 大学专科人数 | 大学本科及以上人数 |
| **全国** | **700** | **624** | **76** | **12068** | **5541** | **3996** | **4274** |
| 中央级 | 1 | 1 | | 125 | 50 | 9 | 116 |
| 北京 | 17 | 17 | | 134 | 54 | 35 | 92 |
| 天津 | 8 | 8 | | 84 | 38 | 14 | 57 |
| 河北 | 22 | 14 | 8 | 401 | 187 | 114 | 115 |
| 山西 | 12 | 12 | | 252 | 110 | 91 | 118 |
| 内蒙古 | 15 | 15 | | 370 | 174 | 135 | 130 |
| 辽宁 | 15 | 15 | | 384 | 150 | 77 | 237 |
| 吉林 | 42 | 42 | | 583 | 150 | 89 | 159 |
| 黑龙江 | 15 | 15 | | 201 | 84 | 58 | 84 |
| 上海 | 17 | 3 | 14 | 281 | 148 | 74 | 93 |
| 江苏 | 74 | 72 | 2 | 959 | 429 | 338 | 362 |
| 浙江 | 53 | 36 | 17 | 658 | 309 | 245 | 198 |
| 安徽 | 43 | 22 | 21 | 755 | 404 | 285 | 213 |
| 福建 | 10 | 10 | | 332 | 151 | 86 | 130 |
| 江西 | 11 | 11 | | 115 | 29 | 34 | 22 |
| 山东 | 18 | 18 | | 527 | 225 | 154 | 311 |
| 河南 | 39 | 39 | | 406 | 176 | 149 | 99 |
| 湖北 | 40 | 39 | 1 | 426 | 226 | 182 | 134 |
| 湖南 | 72 | 72 | | 616 | 251 | 188 | 182 |
| 广东 | 54 | 54 | | 885 | 431 | 228 | 336 |
| 广西 | 18 | 18 | | 802 | 387 | 296 | 76 |
| 海南 | 4 | 4 | | 50 | 17 | 20 | 18 |
| 重庆 | 1 | 1 | | 177 | 45 | 36 | 128 |
| 四川 | 4 | 4 | | 751 | 429 | 363 | 216 |
| 贵州 | 12 | 12 | | 305 | 144 | 117 | 120 |
| 云南 | 15 | 14 | 1 | 219 | 101 | 52 | 62 |
| 西藏 | 1 | 1 | | 41 | 20 | 24 | 6 |
| 陕西 | 19 | 19 | | 339 | 165 | 116 | 148 |
| 甘肃 | 15 | 13 | 2 | 325 | 179 | 138 | 105 |
| 青海 | 3 | 2 | 1 | 94 | 56 | 28 | 42 |
| 宁夏 | 13 | 4 | 9 | 282 | 147 | 132 | 83 |
| 新疆 | 17 | 17 | | 189 | 75 | 89 | 82 |

# 发行机构

单位：个、人、人次、时

| 职业资格水平 | | 年龄结构 | | | | 志愿服务 | |
| --- | --- | --- | --- | --- | --- | --- | --- |
| 助理社会工作师人数 | 社会工作师人数 | 35岁及以下人数 | 36岁至45岁人数 | 46岁至55岁人数 | 56岁及以上人数 | 志愿者服务人次数 | 志愿服务时间 |
| **190** | **166** | **5804** | **4131** | **1787** | **346** | **13534** | **29195** |
| | | 43 | 43 | 25 | 14 | | |
| | | | | | | | |
| | 4 | 49 | 45 | 29 | 11 | 179 | 540 |
| | 1 | 37 | 29 | 13 | 5 | | |
| 2 | 3 | 197 | 146 | 49 | 9 | | |
| 1 | | 115 | 89 | 33 | 15 | | |
| 1 | 1 | 206 | 114 | 40 | 10 | | |
| | | | | | | | |
| | 1 | 133 | 154 | 83 | 14 | | |
| 5 | 1 | 243 | 258 | 66 | 16 | | |
| 3 | 7 | 65 | 91 | 41 | 4 | | |
| | | | | | | | |
| 3 | | 78 | 111 | 47 | 45 | | |
| 45 | 31 | 452 | 349 | 134 | 24 | 11844 | 24430 |
| 12 | 13 | 313 | 237 | 96 | 12 | | |
| 11 | 8 | 447 | 204 | 95 | 9 | 107 | 265 |
| 1 | 1 | 115 | 122 | 78 | 17 | | |
| | | 48 | 37 | 25 | 5 | | |
| 16 | 32 | 190 | 204 | 113 | 20 | | |
| | | | | | | | |
| 6 | 4 | 163 | 145 | 90 | 8 | 15 | 38 |
| 1 | | 202 | 158 | 62 | 4 | 88 | 237 |
| 4 | 11 | 307 | 218 | 84 | 7 | 298 | 929 |
| 53 | 23 | 389 | 309 | 166 | 21 | 464 | 1471 |
| 8 | 5 | 414 | 277 | 99 | 12 | | |
| 2 | 4 | 15 | 15 | 20 | | | |
| | | | | | | | |
| 1 | | 87 | 60 | 28 | 2 | | |
| 2 | | 581 | 119 | 41 | 10 | | |
| 2 | 2 | 171 | 102 | 29 | 3 | 40 | 60 |
| 5 | | 109 | 75 | 27 | 8 | 10 | 12 |
| | | 21 | 15 | 5 | | | |
| | | | | | | | |
| | 6 | 188 | 103 | 40 | 8 | 76 | 343 |
| 3 | 6 | 162 | 89 | 49 | 25 | 413 | 870 |
| | 1 | 46 | 37 | 9 | 2 | | |
| 3 | 1 | 164 | 86 | 29 | 3 | | |
| | | 54 | 90 | 42 | 3 | | |

C-2-33续表

| 地 区 | 事业单位会计制度财务指标 | | |
| --- | --- | --- | --- |
| | 固定资产原价 | 本年收入合计 | 本年支出合计 |
| **全 国** | **1276905.1** | **1174665.6** | **1076777.1** |
| 中央级 | 172818.0 | 142211.4 | 128445.5 |
| 北 京 | 15309.0 | 23632.7 | 21445.2 |
| 天 津 | 19514.5 | 11247.3 | 10785.5 |
| 河 北 | 38532.5 | 60972.8 | 56030.3 |
| 山 西 | 28138.8 | 19688.1 | 16566.1 |
| 内蒙古 | 45609.3 | 34534.5 | 25710.4 |
| 辽 宁 | 97447.0 | 33058.8 | 28808.5 |
| 吉 林 | 17924.0 | 22449.5 | 23454.8 |
| 黑龙江 | 48678.9 | 19349.1 | 19126.1 |
| 上 海 | 8190.3 | 26304.3 | 26099.6 |
| 江 苏 | 104266.6 | 84539.5 | 74951.7 |
| 浙 江 | 59104.6 | 48967.6 | 43545.7 |
| 安 徽 | 52090.2 | 33838.5 | 32644.9 |
| 福 建 | 7875.5 | 22874.0 | 19204.4 |
| 江 西 | 25475.5 | 17430.6 | 15665.6 |
| 山 东 | 165103.2 | 79930.3 | 79717.6 |
| 河 南 | 9848.2 | 15401.1 | 14336.2 |
| 湖 北 | 41504.3 | 58480.6 | 53475.5 |
| 湖 南 | 39966.4 | 40484.3 | 38266.4 |
| 广 东 | 50321.4 | 114876.1 | 90528.8 |
| 广 西 | 19276.3 | 24585.6 | 24632.7 |
| 海 南 | 2582.5 | 9006.4 | 7589.6 |
| 重 庆 | 20176.8 | 34831.7 | 32267.9 |
| 四 川 | 2057.9 | 41667.5 | 42525.7 |
| 贵 州 | 25381.7 | 21751.1 | 20502.6 |
| 云 南 | 39304.8 | 22352.3 | 31860.8 |
| 西 藏 | 517.4 | 9813.1 | 9563.4 |
| 陕 西 | 59446.9 | 40285.7 | 37374.6 |
| 甘 肃 | 18582.0 | 19585.5 | 14104.8 |
| 青 海 | 6989.0 | 6045.5 | 6428.0 |
| 宁 夏 | 9862.5 | 9322.0 | 7581.2 |
| 新 疆 | 25009.1 | 25148.1 | 23537.0 |

单位：万元

| 民间非营利组织会计制度财务指标 | | |
| --- | --- | --- |
| 固定资产原价 | 本年收入合计 | 本年费用合计 |
| **8451.6** | **14111.6** | **4599.4** |
| 73.7 | 1.7 | 1.7 |
| 668.3 | 4750.6 | 2706.0 |
| 15.8 | 218.2 | |
| 2476.7 | 2782.2 | 566.5 |
| 2058.1 | 2862.4 | 1325.2 |
| 200.0 | 18.0 | |
| 2771.0 | 300.0 | |
| 7.0 | | |
| 181.0 | 3178.5 | |

# C-3-1 成员组

| 地 区 | 单位数 | 年末职工人数 | #女性 | 受教育程度 | | 职业资 |
|---|---|---|---|---|---|---|
| | | | | 大学专科人数 | 大学本科及以上人数 | 助理社会工作师人数 |
| **全 国** | **1467248** | **12597420** | **4148615** | **2205975** | **1763496** | **115898** |
| 中央级 | 2300 | 70909 | 31629 | 5585 | 56615 | 635 |
| 北 京 | 19654 | 266500 | 157399 | 123019 | 110958 | 3354 |
| 天 津 | 10361 | 108158 | 33382 | 18525 | 20573 | 1405 |
| 河 北 | 79384 | 596601 | 182471 | 83785 | 61247 | 3438 |
| 山 西 | 44751 | 307263 | 105967 | 34675 | 18874 | 1748 |
| 内蒙古 | 30167 | 223591 | 74357 | 51105 | 28886 | 1345 |
| 辽 宁 | 39312 | 312070 | 140407 | 71217 | 62860 | 14114 |
| 吉 林 | 24288 | 123368 | 38040 | 26260 | 11370 | 1588 |
| 黑龙江 | 30247 | 159908 | 52857 | 20638 | 10709 | 1925 |
| 上 海 | 22196 | 283282 | 56641 | 119778 | 26692 | 1852 |
| 江 苏 | 114801 | 911246 | 219771 | 118471 | 108504 | 11262 |
| 浙 江 | 84689 | 703366 | 252926 | 129779 | 109511 | 9598 |
| 安 徽 | 48728 | 503565 | 147485 | 125617 | 91547 | 4852 |
| 福 建 | 46391 | 323316 | 108638 | 39673 | 45596 | 1441 |
| 江 西 | 45608 | 421766 | 124257 | 40579 | 35686 | 1177 |
| 山 东 | 128254 | 1155968 | 497706 | 273915 | 276129 | 21271 |
| 河 南 | 91896 | 673879 | 220446 | 110776 | 56690 | 2341 |
| 湖 北 | 57853 | 434465 | 152669 | 66664 | 58398 | 1590 |
| 湖 南 | 64785 | 514794 | 141111 | 74145 | 44362 | 2851 |
| 广 东 | 94526 | 999269 | 359407 | 205713 | 170438 | 9254 |
| 广 西 | 42219 | 337813 | 115419 | 45853 | 27752 | 1217 |
| 海 南 | 10439 | 87497 | 28954 | 13978 | 10807 | 1489 |
| 重 庆 | 28502 | 264022 | 122492 | 67904 | 58375 | 3720 |
| 四 川 | 96841 | 767039 | 278938 | 101101 | 104972 | 3944 |
| 贵 州 | 30897 | 343760 | 90902 | 43151 | 33680 | 2486 |
| 云 南 | 38139 | 481371 | 106519 | 59968 | 42486 | 739 |
| 西 藏 | 6106 | 42502 | 10168 | 2689 | 3477 | 17 |
| 陕 西 | 48269 | 497733 | 126161 | 57063 | 34976 | 1827 |
| 甘 肃 | 44482 | 327515 | 56244 | 33297 | 16752 | 2132 |
| 青 海 | 10650 | 71709 | 19620 | 8752 | 5528 | 584 |
| 宁 夏 | 9100 | 64696 | 22322 | 8340 | 5370 | 142 |
| 新 疆 | 21413 | 218479 | 73310 | 23960 | 13676 | 560 |

# 织总表

单位：个、人、人次、时

| 格水平 | 年龄结构 | | | | 志愿服务 | |
|---|---|---|---|---|---|---|
| 社会工作师人数 | 35岁及以下人数 | 36岁至45岁人数 | 46岁至55岁人数 | 56岁及以上人数 | 志愿者服务人次数 | 志愿服务时间 |
| **97120** | **4396112** | **4343161** | **2755430** | **1102717** | **2602133** | **6876643** |
| 13382 | 16388 | 24027 | 18795 | 11699 | | |
| | | | | | | |
| 1431 | 107562 | 48926 | 95504 | 14508 | 76203 | 193943 |
| 644 | 23886 | 39921 | 36344 | 8007 | 8319 | 21926 |
| 3419 | 204637 | 202129 | 134399 | 55436 | 67870 | 198745 |
| 1641 | 102297 | 102688 | 71577 | 30701 | 436 | 875 |
| 896 | 76436 | 77333 | 50737 | 19085 | 18493 | 50620 |
| | | | | | | |
| 2599 | 110488 | 106274 | 65465 | 29843 | 1354 | 2377 |
| 2799 | 31320 | 64000 | 19148 | 8900 | | |
| 902 | 44573 | 70126 | 34634 | 10575 | 6305 | 7028 |
| | | | | | | |
| 2806 | 84859 | 104629 | 62956 | 30838 | 73637 | 125422 |
| 5112 | 314184 | 351335 | 181549 | 64178 | 289998 | 700616 |
| 4338 | 230800 | 222026 | 164175 | 86365 | 323317 | 936310 |
| 1919 | 175779 | 195608 | 102710 | 29468 | 87786 | 252001 |
| 1065 | 117658 | 112775 | 69074 | 23809 | 6901 | 15450 |
| 529 | 176056 | 170230 | 57076 | 18404 | 13189 | 25999 |
| 32357 | 394091 | 363549 | 277885 | 120443 | 131254 | 335786 |
| | | | | | | |
| 2621 | 240602 | 220391 | 123999 | 88887 | 9497 | 16404 |
| 1042 | 139847 | 148319 | 116119 | 30180 | 230421 | 373647 |
| 1381 | 198471 | 192079 | 86844 | 37400 | 121482 | 299224 |
| 4329 | 494430 | 261489 | 169547 | 73803 | 228294 | 1141769 |
| 563 | 99920 | 112528 | 83366 | 41999 | 29951 | 39088 |
| 183 | 30501 | 35631 | 16198 | 5167 | 5 | |
| | | | | | | |
| 2579 | 105419 | 80744 | 56240 | 21619 | 311898 | 665757 |
| 1653 | 258067 | 296542 | 136279 | 76151 | 39065 | 77417 |
| 925 | 128320 | 119545 | 70081 | 25814 | 216308 | 585526 |
| 1203 | 135507 | 164370 | 125500 | 55994 | 54871 | 78829 |
| 90 | 11661 | 14678 | 11539 | 4624 | 1 | |
| | | | | | | |
| 2098 | 141736 | 150516 | 161029 | 44452 | 187500 | 584108 |
| 1153 | 94640 | 142103 | 72107 | 18665 | 41888 | 73490 |
| 976 | 21460 | 28513 | 15382 | 6354 | 77 | 60 |
| 114 | 21926 | 26778 | 12627 | 3365 | | |
| 371 | 62591 | 93359 | 56545 | 5984 | 25813 | 74226 |

C-3-1续表

| 地区 | 企业会计制度财务指标 | | | |
| --- | --- | --- | --- | --- |
| | 固定资产原价 | 营业收入 | 费用合计 | 营业利润 |
| **全国** | **103114.5** | **22.0** | | |
| 中央级 | | | | |
| 北京 | | | | |
| 天津 | | | | |
| 河北 | | | | |
| 山西 | | | | |
| 内蒙古 | | | | |
| 辽宁 | | | | |
| 吉林 | | | | |
| 黑龙江 | | | | |
| 上海 | | | | |
| 江苏 | 91329.2 | | | |
| 浙江 | | | | |
| 安徽 | | | | |
| 福建 | | | | |
| 江西 | 12.0 | | | |
| 山东 | | | | |
| 河南 | | | | |
| 湖北 | | | | |
| 湖南 | | | | |
| 广东 | | | | |
| 广西 | | | | |
| 海南 | | | | |
| 重庆 | | | | |
| 四川 | | | | |
| 贵州 | | | | |
| 云南 | | | | |
| 西藏 | 2285.0 | | | |
| 陕西 | | | | |
| 甘肃 | | | | |
| 青海 | | | | |
| 宁夏 | | | | |
| 新疆 | 9488.3 | 22.0 | | |

单位：万元

| 事业单位会计制度财务指标 | | | 民间非营利组织会计制度财务指标 | | |
|---|---|---|---|---|---|
| 固定资产原价 | 本年收入合计 | 本年支出合计 | 固定资产原价 | 本年收入合计 | 本年费用合计 |
| **444063.9** | **260222.7** | **229490.7** | **40746053.2** | **46159196.6** | **41254546.5** |
| | | | 2280116.3 | 10142755.4 | 7932510.5 |
| | | | | | |
| | | | 2121778.9 | 4530489.8 | 3952431.0 |
| | | | 200316.6 | 304465.7 | 261325.3 |
| | | | 1536476.8 | 1282980.6 | 1172569.9 |
| 8789.0 | 5883.0 | 5490.0 | 428216.9 | 205496.8 | 196942.3 |
| 492.5 | 530.0 | 530.0 | 152342.8 | 98957.8 | 104654.3 |
| | | | | | |
| | | | 994374.7 | 1375410.4 | 1343099.6 |
| | | | 35098.1 | 35107.8 | 38176.7 |
| | | | 113518.8 | 36766.5 | 220350.7 |
| | | | | | |
| | | | 992778.2 | 2874028.6 | 2461798.5 |
| 114165.5 | 32539.5 | 23773.7 | 2848776.9 | 2305970.9 | 2813790.0 |
| | | | 1854902.1 | 2918951.6 | 2880721.5 |
| 15644.7 | 2739.4 | 2693.7 | 1667904.7 | 706854.5 | 780695.2 |
| | | | 351794.6 | 419001.6 | 401547.4 |
| 3872.1 | 6266.7 | 6262.9 | 389086.4 | 355100.8 | 430791.5 |
| | | | 6116791.0 | 532858.0 | 4019420.7 |
| | | | | | |
| | | | 1026652.9 | 697202.9 | 574455.6 |
| | | | 618117.7 | 941603.7 | 991265.5 |
| | | | 665003.1 | 1082537.7 | 919671.7 |
| 239141.4 | 193869.4 | 166052.0 | 8278800.7 | 6829544.3 | 5127433.1 |
| | | | 333868.9 | 119185.7 | 122746.1 |
| 3779.5 | 6615.0 | 15882.1 | 71316.7 | 19932.2 | 31897.0 |
| | | | | | |
| | | | 865190.5 | 1033961.7 | 881304.2 |
| | | | 3708547.2 | 5542134.3 | 2136729.2 |
| | | | 477809.2 | 421587.2 | 371102.9 |
| 40889.5 | 2283.6 | 447.5 | 647954.8 | 732507.1 | 364466.3 |
| 400.0 | 153.0 | 153.0 | 183264.1 | 30330.4 | 15353.1 |
| | | | | | |
| | | | 1179377.0 | 338516.1 | 424969.8 |
| | | | 153955.0 | 84012.5 | 103056.1 |
| | | | 259469.2 | 65525.0 | 60971.2 |
| | | | 90511.1 | 48560.5 | 58665.7 |
| 16889.7 | 9343.1 | 8205.8 | 101941.3 | 46858.5 | 59633.9 |

# C-3-2 社会组

| 地区 | 单位数 | 年末职工人数 | #女性 | 受教育程度 | | 职业资格水平 | |
|---|---|---|---|---|---|---|---|
| | | | | 大学专科人数 | 大学本科及以上人数 | 助理社会工作师人数 | 社会工作师人数 |
| **全国** | **817360** | **9803903** | **3326465** | **1991337** | **1676787** | **84043** | **82087** |
| 中央级 | 2300 | 70909 | 31629 | 5585 | 56615 | 635 | 13382 |
| 北京 | 12530 | 227911 | 135455 | 114637 | 104161 | | 4 |
| 天津 | 5148 | 84787 | 22412 | 15877 | 17421 | 147 | 259 |
| 河北 | 26427 | 405050 | 145117 | 72561 | 57263 | 2904 | 2911 |
| 山西 | 15535 | 192896 | 64323 | 27530 | 16307 | 437 | 822 |
| 内蒙古 | 16677 | 167857 | 55401 | 45493 | 26386 | 1228 | 834 |
| 辽宁 | 23299 | 236569 | 106950 | 62013 | 58255 | 12108 | 1703 |
| 吉林 | 13066 | 83385 | 24476 | 25006 | 10395 | 1405 | 2704 |
| 黑龙江 | 18698 | 104194 | 35623 | 18492 | 9866 | 1569 | 763 |
| 上海 | 16208 | 254702 | 39970 | 114297 | 22133 | 118 | 2178 |
| 江苏 | 93061 | 795741 | 184673 | 106359 | 102549 | 5739 | 3150 |
| 浙江 | 55298 | 578888 | 214802 | 125269 | 106597 | 7255 | 3049 |
| 安徽 | 30777 | 421048 | 122272 | 113329 | 88689 | 3147 | 1365 |
| 福建 | 29457 | 252452 | 88355 | 35124 | 44721 | 973 | 746 |
| 江西 | 24921 | 332908 | 100561 | 35598 | 34117 | 771 | 378 |
| 山东 | 51269 | 866784 | 408742 | 248505 | 267546 | 19930 | 30779 |
| 河南 | 40270 | 453076 | 170397 | 98117 | 53417 | 1825 | 2123 |
| 湖北 | 29933 | 318746 | 115678 | 58248 | 55793 | 637 | 552 |
| 湖南 | 35561 | 405359 | 106596 | 67669 | 42208 | 2152 | 1130 |
| 广东 | 67940 | 866008 | 318834 | 185805 | 161786 | 7137 | 3306 |
| 广西 | 25935 | 253523 | 92124 | 41720 | 26220 | 819 | 410 |
| 海南 | 7287 | 68486 | 24807 | 12061 | 10601 | 1488 | 183 |
| 重庆 | 17343 | 205864 | 99748 | 52809 | 53569 | 1929 | 1728 |
| 四川 | 43835 | 556359 | 221420 | 92741 | 102049 | 2436 | 1233 |
| 贵州 | 13413 | 257770 | 68806 | 38985 | 32767 | 2444 | 910 |
| 云南 | 23723 | 407098 | 90078 | 58405 | 42024 | 518 | 1148 |
| 西藏 | 612 | 14292 | 4799 | 2110 | 3291 | 15 | 52 |
| 陕西 | 28410 | 413006 | 103555 | 51853 | 33284 | 1330 | 1893 |
| 甘肃 | 27028 | 257072 | 43036 | 32783 | 16361 | 2022 | 1077 |
| 青海 | 6028 | 50664 | 15520 | 7867 | 5108 | 511 | 930 |
| 宁夏 | 6300 | 51339 | 16766 | 7632 | 5158 | 44 | 104 |
| 新疆 | 9071 | 149160 | 53540 | 16857 | 10130 | 370 | 281 |

# 织总表

单位：个、人、人次、时

| 年龄结构 | | | | 建立党组织的社会组织 | 社会组织中中共党员人数 | 志愿服务 | |
|---|---|---|---|---|---|---|---|
| 35岁及以下人数 | 36岁至45岁人数 | 46岁至55岁人数 | 56岁及以上人数 | | | 志愿者服务人次数 | 志愿服务时间 |
| **3838267** | **3234104** | **1896393** | **835139** | **107026** | **1274187** | **1168774** | **3403620** |
| 16388 | 24027 | 18795 | 11699 | 1141 | 40108 | | |
| | | | | | | | |
| 97381 | 37092 | 83997 | 9441 | 1892 | 39010 | 4982 | 18981 |
| 15819 | 33005 | 30218 | 5745 | 2997 | 15458 | | |
| 180581 | 136330 | 63634 | 24505 | 7364 | 46890 | 36802 | 87242 |
| 81424 | 61122 | 34269 | 16081 | 4492 | 24049 | 413 | 833 |
| 64660 | 55253 | 34080 | 13864 | 4273 | 24492 | 946 | 4392 |
| | | | | | | | |
| 93473 | 78988 | 42599 | 21509 | 3968 | 40715 | 557 | 1080 |
| 29492 | 29462 | 16390 | 8041 | 383 | 10159 | | |
| 34406 | 40505 | 21646 | 7637 | 1208 | 14220 | 6285 | 6868 |
| | | | | | | | |
| 78520 | 95272 | 54860 | 26050 | 4612 | 50430 | 2235 | 6705 |
| 285416 | 307246 | 147583 | 55496 | 6418 | 96517 | 95885 | 208992 |
| 204914 | 174268 | 124352 | 75354 | 6160 | 87222 | 197955 | 384190 |
| 157345 | 162260 | 76625 | 24818 | 3436 | 52571 | 34494 | 87643 |
| 103284 | 81673 | 47961 | 19534 | 2819 | 33844 | 2066 | 6363 |
| 156848 | 125929 | 35814 | 14317 | 4656 | 40382 | 6851 | 17905 |
| 344684 | 253247 | 183556 | 85297 | 1810 | 119398 | 130845 | 334965 |
| | | | | | | | |
| 199865 | 131774 | 57141 | 64296 | 4455 | 48367 | 1912 | 3923 |
| 115997 | 101776 | 80012 | 20961 | 4378 | 45031 | 27353 | 38574 |
| 176942 | 143950 | 54068 | 30399 | 3591 | 35990 | 104723 | 255464 |
| 470457 | 217848 | 119168 | 58535 | 2525 | 60467 | 210280 | 1098612 |
| 86316 | 83696 | 51982 | 31529 | 1205 | 32228 | 2737 | 11874 |
| 27343 | 27966 | 9963 | 3214 | 913 | 6965 | 5 | |
| | | | | | | | |
| 89585 | 60432 | 37995 | 17852 | 1042 | 29404 | 43954 | 144517 |
| 213505 | 213462 | 72268 | 57124 | 4553 | 83408 | 6217 | 34820 |
| 107857 | 86318 | 44843 | 18752 | 3270 | 37850 | 8703 | 36587 |
| 116134 | 132869 | 106147 | 51948 | 1610 | 26705 | 52995 | 67015 |
| 6441 | 4515 | 2597 | 739 | 122 | 3057 | | |
| | | | | | | | |
| 127865 | 121776 | 128330 | 35035 | 3307 | 33017 | 142503 | 449132 |
| 79659 | 107278 | 55281 | 14854 | 13268 | 65515 | 41012 | 72269 |
| 17099 | 19385 | 9605 | 4575 | 1518 | 9128 | 77 | 60 |
| 18668 | 21328 | 8545 | 2798 | 1775 | 8122 | | |
| 39899 | 64052 | 42069 | 3140 | 1865 | 13468 | 5987 | 24614 |

C-3-2续表

| 地区 | 行政执法 | 行政处罚数 | | 行政处罚分类 | | | 取缔非法社会组织 |
|---|---|---|---|---|---|---|---|
| | | | 并处罚款 | 警告 | 限期（责令）停止活动 | 撤销登记 | |
| **全国** | **9295** | **8665** | **189** | **2405** | **411** | **5849** | **630** |
| 中央级 | | | | | | | |
| 北京 | 271 | 244 | | 166 | 25 | 53 | 27 |
| 天津 | 183 | 183 | 142 | 142 | | 41 | |
| 河北 | 169 | 152 | 4 | 69 | 4 | 79 | 17 |
| 山西 | 133 | 122 | | 9 | 2 | 111 | 11 |
| 内蒙古 | 108 | 95 | | 13 | | 82 | 13 |
| 辽宁 | 921 | 908 | | 215 | 5 | 688 | 13 |
| 吉林 | 124 | 124 | | 14 | 84 | 26 | |
| 黑龙江 | 110 | 37 | 12 | 13 | 24 | | 73 |
| 上海 | 32 | 32 | | | 32 | | |
| 江苏 | 240 | 234 | | 93 | 11 | 130 | 6 |
| 浙江 | 160 | 151 | 5 | 1 | 2 | 148 | 9 |
| 安徽 | 394 | 379 | | 184 | | 195 | 15 |
| 福建 | 57 | 53 | 4 | 40 | 7 | 6 | 4 |
| 江西 | 336 | 302 | 1 | 123 | 10 | 169 | 34 |
| 山东 | 1935 | 1887 | | 855 | 13 | 1019 | 48 |
| 河南 | 221 | 211 | | 60 | | 151 | 10 |
| 湖北 | 444 | 441 | | 2 | | 439 | 3 |
| 湖南 | 439 | 435 | 9 | 65 | 15 | 355 | 4 |
| 广东 | 469 | 460 | | 121 | 51 | 288 | 9 |
| 广西 | 761 | 756 | | 33 | | 723 | 5 |
| 海南 | | | | | | | |
| 重庆 | 40 | 39 | | 12 | 2 | 25 | 1 |
| 四川 | 208 | 194 | 6 | 112 | 1 | 81 | 14 |
| 贵州 | 327 | 320 | | 7 | 9 | 304 | 7 |
| 云南 | 48 | 48 | | 10 | | 38 | |
| 西藏 | 8 | 6 | 1 | 4 | | 2 | 2 |
| 陕西 | 526 | 519 | | 10 | 10 | 499 | 7 |
| 甘肃 | 105 | 97 | | 12 | | 85 | 8 |
| 青海 | 283 | 16 | | 2 | 1 | 13 | 267 |
| 宁夏 | 145 | 145 | | 1 | 84 | 60 | |
| 新疆 | 98 | 75 | 5 | 17 | 19 | 39 | 23 |

单位：起、个、万元

| 当年新登记数 | 当年年检单位数 | 被认定的慈善组织 | 民间非营利组织会计制度财务指标 | | |
|---|---|---|---|---|---|
| | | | 固定资产原价 | 本年收入合计 | 本年费用合计 |
| **79443** | **423224** | **5391** | **35422797.2** | **44032031.4** | **40219260.0** |
| 2 | 2191 | 164 | 2280116.3 | 10142755.4 | 7932510.5 |
| 1014 | 9385 | 723 | 2121778.9 | 4528480.2 | 3952431.0 |
| 711 | 1124 | 42 | 175312.6 | 302989.8 | 256822.4 |
| 3972 | 15317 | 160 | 1369129.3 | 1252463.7 | 1163819.0 |
| 1843 | 6331 | 45 | 260387.5 | 179491.9 | 163076.1 |
| 1862 | 8091 | 115 | 152342.8 | 96658.2 | 104654.3 |
| 2988 | 8506 | 59 | 946016.3 | 1357774.5 | 1325886.3 |
| 1660 | 3769 | 70 | 35098.1 | 35107.8 | 38176.7 |
| 2625 | 341 | 92 | 113486.8 | 36766.5 | 220325.7 |
| 1700 | 13001 | 332 | 296775.7 | 2857207.7 | 2457358.3 |
| 8063 | 46575 | 165 | 2140979.3 | 2103122.0 | 2661999.5 |
| 5402 | 33751 | 336 | 1716984.5 | 2521056.1 | 2540918.9 |
| 3008 | 22148 | 230 | 1417788.6 | 648212.0 | 741557.9 |
| 2696 | 15357 | 297 | 328836.9 | 410170.9 | 398478.1 |
| 2328 | 12945 | 32 | 344907.4 | 348344.4 | 422179.6 |
| 4946 | 30906 | 395 | 6103244.4 | 526405.9 | 4019420.7 |
| 4115 | 10581 | 117 | 1026383.9 | 696565.3 | 574428.7 |
| 1806 | | 154 | 522349.5 | 891457.3 | 953089.0 |
| 2983 | 25233 | 296 | 663999.7 | 1071002.5 | 918243.6 |
| 5510 | 40970 | 584 | 5687071.3 | 5748164.9 | 4886278.6 |
| 2259 | 12597 | 104 | 333717.4 | 118979.5 | 122598.1 |
| 654 | 2501 | | 71316.7 | 19932.2 | 31897.0 |
| 897 | 12202 | 73 | 709090.6 | 909971.6 | 789984.2 |
| 4092 | 18929 | 120 | 3639726.8 | 5482267.5 | 2103331.0 |
| 1193 | 5422 | 133 | 468555.7 | 417186.8 | 370301.8 |
| 2730 | 15309 | 34 | 564344.8 | 719930.2 | 351078.3 |
| 17 | 151 | 5 | 183264.1 | 30330.4 | 15353.1 |
| 4499 | 16555 | 101 | 1178694.0 | 338516.1 | 424918.8 |
| 2157 | 8802 | 358 | 153208.6 | 84012.5 | 102825.0 |
| 800 | 2392 | 6 | 242426.5 | 64166.8 | 60048.7 |
| 302 | 2675 | 40 | 90511.1 | 48560.5 | 58665.7 |
| 609 | 4880 | 9 | 84951.1 | 43980.3 | 56603.4 |

| 地区 | 单位数 | 年末职工人数 | #女性 | 受教育程度 大学专科人数 | 大学本科及以上人数 | 职业资 助理社会工作师人数 |
|---|---|---|---|---|---|---|
| **全国** | **366234** | **4201653** | **918149** | **612498** | **560854** | **22796** |
| 中央级 | 1986 | 66459 | 29667 | 5584 | 55115 | 635 |
| 北京 | 4539 | 59965 | 26259 | 29239 | 28564 | |
| 天津 | 2103 | 45817 | 4940 | 3727 | 6508 | 43 |
| 河北 | 9892 | 142402 | 23420 | 18380 | 16809 | 426 |
| 山西 | 7307 | 67773 | 17959 | 6474 | 3285 | 176 |
| 内蒙古 | 8602 | 93606 | 22451 | 24404 | 14024 | 164 |
| 辽宁 | 6772 | 49099 | 12692 | 10530 | 10366 | 730 |
| 吉林 | 5828 | 42090 | 10050 | 8559 | 5016 | 813 |
| 黑龙江 | 6838 | 56327 | 15087 | 7213 | 4202 | 484 |
| 上海 | 4083 | 32498 | 5000 | 16979 | 2748 | 5 |
| 江苏 | 37261 | 223108 | 43854 | 31358 | 27413 | 1815 |
| 浙江 | 24184 | 207828 | 27611 | 25348 | 26099 | 3579 |
| 安徽 | 13991 | 161965 | 21702 | 44735 | 38743 | 1959 |
| 福建 | 17655 | 120785 | 27620 | 16716 | 12557 | 247 |
| 江西 | 11786 | 147434 | 25359 | 14937 | 11014 | 264 |
| 山东 | 17533 | 440067 | 158149 | 108645 | 117382 | 4018 |
| 河南 | 11838 | 145460 | 32136 | 14246 | 7486 | 415 |
| 湖北 | 12232 | 113360 | 20820 | 15982 | 13340 | 114 |
| 湖南 | 15197 | 162857 | 19215 | 15555 | 9518 | 319 |
| 广东 | 30299 | 252013 | 44550 | 32271 | 33061 | 850 |
| 广西 | 12896 | 130835 | 29266 | 16377 | 12060 | 245 |
| 海南 | 2915 | 31098 | 6914 | 4095 | 5017 | 47 |
| 重庆 | 7767 | 54784 | 11729 | 10753 | 9961 | 489 |
| 四川 | 20364 | 264979 | 88287 | 27197 | 25457 | 788 |
| 贵州 | 7191 | 168926 | 28457 | 19484 | 15347 | 1434 |
| 云南 | 14647 | 278280 | 38271 | 29131 | 15940 | 34 |
| 西藏 | 546 | 13810 | 4640 | 2015 | 3196 | 10 |
| 陕西 | 16147 | 246572 | 43819 | 20371 | 12609 | 370 |
| 甘肃 | 20930 | 201906 | 24012 | 20393 | 10889 | 1747 |
| 青海 | 4170 | 33904 | 6735 | 2942 | 2806 | 400 |
| 宁夏 | 3735 | 34962 | 8581 | 2958 | 910 | 22 |
| 新疆 | 5000 | 110684 | 38897 | 5900 | 3412 | 154 |

# 团体

单位：个、人、人次、时

| 格水平 | 年龄结构 | | | | 志愿服务 | |
|---|---|---|---|---|---|---|
| 社会工作师人数 | 35岁及以下人数 | 36岁至45岁人数 | 46岁至55岁人数 | 56岁及以上人数 | 志愿者服务人次数 | 志愿服务时间 |
| **30527** | **1109509** | **1492116** | **1055155** | **544873** | **677403** | **1668518** |
| 13382 | 14865 | 22870 | 17702 | 11022 | | |
| 4 | 15695 | 35728 | 8542 | | 2418 | 8937 |
| 10 | 3433 | 16801 | 22848 | 2735 | | |
| 362 | 45493 | 49669 | 33411 | 13829 | 28716 | 59441 |
| 92 | 14447 | 26441 | 17065 | 9820 | 365 | 785 |
| 190 | 29084 | 29935 | 22908 | 11679 | 769 | 3866 |
| 512 | 10224 | 21635 | 11465 | 5775 | 285 | 595 |
| 339 | 14255 | 16564 | 8723 | 2548 | | |
| 138 | 15582 | 22042 | 13184 | 5519 | 6199 | 6696 |
| 283 | 7211 | 10849 | 7115 | 7323 | 2235 | 6705 |
| 895 | 54108 | 91609 | 52553 | 24838 | 42868 | 96768 |
| 534 | 39413 | 54373 | 69114 | 44928 | 172880 | 336287 |
| 682 | 47304 | 69142 | 33544 | 11975 | 23173 | 45643 |
| 222 | 32516 | 44774 | 30470 | 13025 | 1215 | 3646 |
| 113 | 48953 | 73519 | 16895 | 8067 | 1595 | 4780 |
| 6307 | 134592 | 133838 | 113629 | 58008 | 41566 | 115829 |
| 248 | 35219 | 34362 | 23197 | 52682 | 1010 | 2039 |
| 240 | 23309 | 34198 | 46458 | 9395 | 22207 | 25221 |
| 287 | 44914 | 68808 | 27742 | 21393 | 84613 | 201656 |
| 694 | 95296 | 66500 | 56444 | 33773 | 41749 | 207153 |
| 176 | 27986 | 44191 | 32721 | 25937 | 1841 | 5956 |
| 89 | 10268 | 14315 | 4577 | 1938 | | |
| 520 | 12159 | 18697 | 13940 | 9988 | 18331 | 60041 |
| 333 | 79290 | 96363 | 39535 | 49791 | 759 | 5743 |
| 478 | 65310 | 57694 | 30544 | 15378 | 3127 | 10620 |
| 1012 | 47656 | 91289 | 92780 | 46555 | 51214 | 62547 |
| 36 | 6165 | 4401 | 2532 | 712 | | |
| 640 | 41361 | 70060 | 107929 | 27222 | 114933 | 365609 |
| 821 | 53570 | 88958 | 46024 | 13354 | 12929 | 30505 |
| 662 | 9032 | 14766 | 8011 | 2095 | 62 | |
| 55 | 12143 | 15166 | 5825 | 1828 | | |
| 171 | 18656 | 52559 | 37728 | 1741 | 344 | 1450 |

C-3-3续表1

| 地 区 | 社会组织负责人 | #女性 | 社会团体按活动区域分 | | |
|---|---|---|---|---|---|
| | | | 全国性社团 | 省级社团 | 地级社团 |
| **全 国** | **829984** | **164415** | **1986** | **31380** | **87528** |
| 中央级 | 49373 | 8222 | 1986 | | |
| 北 京 | 36577 | 14645 | | 2097 | |
| 天 津 | 5241 | 314 | | 948 | |
| 河 北 | 16230 | 2155 | | 1087 | 3023 |
| 山 西 | 10280 | 1099 | | 824 | 2310 |
| 内蒙古 | 16569 | 3450 | | 878 | 3203 |
| 辽 宁 | 18608 | 2425 | | 680 | 3151 |
| 吉 林 | 14529 | 3115 | | 948 | 1847 |
| 黑龙江 | 6247 | 1181 | | 1098 | 2568 |
| 上 海 | 19605 | 4354 | | 1333 | |
| 江 苏 | 64220 | 12608 | | 1013 | 6391 |
| 浙 江 | 48585 | 10946 | | 1208 | 5122 |
| 安 徽 | 23238 | 3136 | | 1011 | 4014 |
| 福 建 | 28206 | 3764 | | 1332 | 3747 |
| 江 西 | 20336 | 3627 | | 844 | 3065 |
| 山 东 | 46856 | 8350 | | 900 | 5816 |
| 河 南 | 45446 | 32309 | | 1065 | 4253 |
| 湖 北 | 30346 | 3587 | | 1001 | 3394 |
| 湖 南 | 27611 | 3817 | | 954 | 4415 |
| 广 东 | 84983 | 9737 | | 2037 | 10962 |
| 广 西 | 18411 | 2887 | | 942 | 2890 |
| 海 南 | 7880 | 1019 | | 1208 | 610 |
| 重 庆 | 28481 | 4886 | | 1064 | |
| 四 川 | 43872 | 6814 | | 1230 | 4618 |
| 贵 州 | 18721 | 3556 | | 793 | 1678 |
| 云 南 | 26304 | 3345 | | 963 | 2995 |
| 西 藏 | 1205 | 222 | | 260 | 115 |
| 陕 西 | 30088 | 5208 | | 976 | 2458 |
| 甘 肃 | 27882 | 1343 | | 642 | 1847 |
| 青 海 | 3728 | 493 | | 589 | 575 |
| 宁 夏 | 3456 | 44 | | 694 | 823 |
| 新 疆 | 6870 | 1757 | | 761 | 1638 |

单位：人、个

| 县级社团 | 建立党组织的社会组织 | 社会组织职工中中共党员人数 | 当年新增单位数 | 当年年检单位数 | 被认定的慈善组织数 |
|---|---|---|---|---|---|
| **245340** | **59366** | **666661** | **30793** | **182993** | **1199** |
| | 1022 | 37610 | 2 | 1898 | 1 |
| | | | | | |
| 2442 | 750 | 19746 | 279 | 3698 | |
| 1155 | 1445 | 7377 | 339 | 289 | 3 |
| 5782 | 3598 | 21877 | 1223 | 6022 | 30 |
| 4173 | 2517 | 12906 | 739 | 2671 | 4 |
| 4521 | 2582 | 15798 | 838 | 3582 | 24 |
| | | | | | |
| 2941 | 1725 | 13172 | 381 | 2184 | 32 |
| 3033 | 270 | 7202 | 546 | 1688 | 2 |
| 3172 | 599 | 7684 | 609 | 15 | 14 |
| | | | | | |
| 2750 | 988 | 13036 | 222 | 3568 | |
| 29857 | 2795 | 37355 | 3669 | 16580 | 3 |
| 17854 | 3034 | 36034 | 1509 | 15370 | 98 |
| 8966 | 1636 | 22711 | 1356 | 10196 | 71 |
| 12576 | 1792 | 25405 | 1607 | 8995 | 66 |
| 7877 | 2115 | 17850 | 862 | 6074 | |
| 10817 | 810 | 66019 | 1365 | 10241 | 168 |
| | | | | | |
| 6520 | 2387 | 15258 | 786 | 3586 | 108 |
| 7837 | 1764 | 17440 | 677 | 5717 | 54 |
| 9828 | 2160 | 18457 | 1194 | 10122 | 26 |
| 17300 | 1516 | 26122 | 2282 | 17452 | 2 |
| 9064 | 597 | 24395 | 889 | 5443 | 32 |
| 1097 | 164 | 3062 | 243 | 966 | |
| | | | | | |
| 6703 | 580 | 10912 | 379 | 5052 | 3 |
| 14516 | 2763 | 46784 | 1849 | 7781 | 36 |
| 4720 | 1911 | 23977 | 487 | 2505 | 26 |
| 10689 | 811 | 17980 | 1544 | 9502 | 18 |
| 171 | 110 | 2966 | 14 | 150 | |
| | | | | | |
| 12713 | 2124 | 21664 | 2643 | 9505 | 31 |
| 18441 | 11127 | 54821 | 1321 | 6372 | 329 |
| 3006 | 1122 | 7041 | 594 | 1400 | 4 |
| 2218 | 1278 | 5121 | 148 | 1589 | 5 |
| 2601 | 1274 | 8879 | 197 | 2780 | 9 |

C-3-3续表2

| 地区 | 按行业 | | | | | |
|---|---|---|---|---|---|---|
| | 科技与研究 | 生态环境 | 教育 | 卫生 | 社会服务 | 文化 |
| **全国** | **14838** | **5588** | **10102** | **8707** | **49409** | **41835** |
| 中央级 | 60 | 6 | 40 | 26 | 27 | 61 |
| 北京 | 338 | 62 | 162 | 153 | 951 | 420 |
| 天津 | 178 | 18 | 88 | 55 | 421 | 177 |
| 河北 | 212 | 212 | 407 | 303 | 996 | 1426 |
| 山西 | 654 | 109 | 258 | 156 | 615 | 1309 |
| 内蒙古 | 167 | 129 | 202 | 181 | 910 | 1652 |
| 辽宁 | 330 | 121 | 177 | 282 | 845 | 803 |
| 吉林 | 188 | 50 | 161 | 179 | 1385 | 668 |
| 黑龙江 | 172 | 101 | 158 | 225 | 1140 | 1027 |
| 上海 | 654 | 47 | 130 | 185 | 465 | 351 |
| 江苏 | 1303 | 363 | 742 | 735 | 9599 | 3786 |
| 浙江 | 1423 | 359 | 940 | 664 | 3104 | 2835 |
| 安徽 | 667 | 153 | 286 | 331 | 1992 | 1789 |
| 福建 | 386 | 238 | 772 | 453 | 2752 | 2495 |
| 江西 | 251 | 169 | 302 | 292 | 990 | 1241 |
| 山东 | 797 | 150 | 299 | 414 | 2042 | 2457 |
| 河南 | 542 | 232 | 507 | 370 | 1372 | 1409 |
| 湖北 | 712 | 201 | 272 | 415 | 1243 | 1480 |
| 湖南 | 491 | 293 | 427 | 377 | 1884 | 2014 |
| 广东 | 1726 | 233 | 832 | 753 | 3952 | 3407 |
| 广西 | 592 | 87 | 214 | 161 | 2270 | 1025 |
| 海南 | 275 | 26 | 77 | 42 | 271 | 469 |
| 重庆 | 486 | 90 | 231 | 152 | 481 | 704 |
| 四川 | 498 | 549 | 759 | 629 | 2638 | 2514 |
| 贵州 | 211 | 82 | 135 | 143 | 862 | 849 |
| 云南 | 317 | 246 | 468 | 336 | 1540 | 1602 |
| 西藏 | 16 | 11 | 9 | 20 | 194 | 56 |
| 陕西 | 469 | 99 | 373 | 192 | 1591 | 2009 |
| 甘肃 | 103 | 862 | 104 | 105 | 1367 | 863 |
| 青海 | 90 | 145 | 218 | 122 | 497 | 257 |
| 宁夏 | 201 | 61 | 211 | 75 | 460 | 272 |
| 新疆 | 329 | 84 | 141 | 181 | 553 | 408 |

单位：个

| 分类 | | | | | | | |
|---|---|---|---|---|---|---|---|
| 体育 | 法律 | 工商业服务 | 宗教 | 农业及农村发展 | 职业及从业组织 | 国际及涉外组织 | 其他 |
| **33722** | **3116** | **42510** | **5073** | **64745** | **21487** | **437** | **64665** |
| 20 | 7 | 1521 | 4 | 9 | 3 | 35 | 167 |
| 348 | 65 | 519 | 43 | 388 | 88 | 8 | 994 |
| 229 | 30 | 421 | 22 | 74 | 53 | | 337 |
| 1226 | 82 | 1458 | 223 | 1244 | 601 | 10 | 1492 |
| 999 | 56 | 625 | 124 | 639 | 405 | 8 | 1350 |
| 1123 | 41 | 703 | 108 | 915 | 486 | 8 | 1977 |
| 771 | 90 | 1006 | 158 | 648 | 560 | 38 | 943 |
| 540 | 73 | 348 | 76 | 504 | 717 | 15 | 924 |
| 787 | 79 | 522 | 96 | 676 | 1050 | 7 | 798 |
| 404 | 51 | 1004 | 66 | 59 | 158 | 10 | 499 |
| 4382 | 650 | 3287 | 310 | 4883 | 1553 | 25 | 5643 |
| 2272 | 227 | 4396 | 340 | 2225 | 2116 | 46 | 3237 |
| 1460 | 101 | 1577 | 227 | 1978 | 780 | 15 | 2635 |
| 1407 | 141 | 1853 | 331 | 2142 | 1334 | 60 | 3291 |
| 1251 | 93 | 1636 | 135 | 1976 | 985 | 13 | 2452 |
| 2028 | 163 | 2215 | 286 | 2759 | 955 | 6 | 2962 |
| 1355 | 103 | 1710 | 318 | 1373 | 813 | 12 | 1722 |
| 1184 | 114 | 1779 | 194 | 1742 | 722 | 1 | 2173 |
| 1380 | 134 | 1543 | 234 | 1865 | 1210 | 33 | 3312 |
| 3046 | 140 | 4754 | 267 | 1473 | 1237 | 31 | 8448 |
| 765 | 52 | 987 | 94 | 3168 | 549 | 12 | 2920 |
| 351 | 5 | 545 | 18 | 215 | 153 | 4 | 464 |
| 580 | 27 | 1125 | 99 | 2456 | 433 | | 903 |
| 1858 | 155 | 1846 | 327 | 3929 | 1379 | 7 | 3276 |
| 584 | 45 | 996 | 128 | 1197 | 635 | 2 | 1322 |
| 1038 | 150 | 1225 | 334 | 4031 | 770 | 7 | 2583 |
| 21 | 9 | 47 | 6 | 103 | 6 | | 48 |
| 801 | 56 | 1181 | 180 | 6812 | 432 | 9 | 1943 |
| 469 | 36 | 410 | 160 | 12206 | 905 | 3 | 3337 |
| 419 | 5 | 75 | 52 | 1159 | 71 | | 1060 |
| 224 | 55 | 231 | 28 | 1031 | 97 | 1 | 788 |
| 400 | 81 | 965 | 85 | 866 | 231 | 11 | 665 |

C-3-3续表3

| 地区 | 行政执法 | 行政处罚数 | | 行政处罚分类 | | | 取缔非法社会组织 |
|---|---|---|---|---|---|---|---|
| | | | 并处罚款 | 警告 | 限期（责令）停止活动 | 撤销登记 | |
| **全国** | **5355** | **5146** | **121** | **1441** | **288** | **3417** | **209** |
| 中央级 | | | | | | | |
| 北京 | 150 | 123 | | 87 | 15 | 21 | 27 |
| 天津 | 132 | 132 | 100 | 100 | | 32 | |
| 河北 | 101 | 89 | 1 | 46 | 3 | 40 | 12 |
| 山西 | 85 | 75 | | 9 | | 66 | 10 |
| 内蒙古 | 82 | 79 | | 6 | | 73 | 3 |
| 辽宁 | 556 | 552 | | 169 | | 383 | 4 |
| 吉林 | 109 | 109 | | 11 | 79 | 19 | |
| 黑龙江 | 31 | 7 | 12 | 1 | 6 | | 24 |
| 上海 | 10 | 10 | | | 10 | | |
| 江苏 | 106 | 104 | | 13 | 7 | 84 | 2 |
| 浙江 | 38 | 33 | | 1 | | 32 | 5 |
| 安徽 | 211 | 206 | | 107 | | 99 | 5 |
| 福建 | 40 | 38 | | 27 | 5 | 6 | 2 |
| 江西 | 235 | 212 | | 80 | 4 | 128 | 23 |
| 山东 | 1074 | 1045 | | 532 | 8 | 505 | 29 |
| 河南 | 99 | 99 | | 33 | | 66 | |
| 湖北 | 279 | 276 | | 1 | | 275 | 3 |
| 湖南 | 229 | 226 | | 30 | 14 | 182 | 3 |
| 广东 | 201 | 194 | | 62 | 34 | 98 | 7 |
| 广西 | 587 | 582 | | 19 | | 563 | 5 |
| 海南 | | | | | | | |
| 重庆 | 30 | 29 | | 12 | 1 | 16 | 1 |
| 四川 | 120 | 108 | 6 | 58 | 1 | 49 | 12 |
| 贵州 | 221 | 216 | | 6 | 8 | 202 | 5 |
| 云南 | 25 | 25 | | 9 | | 16 | |
| 西藏 | 7 | 5 | 1 | 4 | | 1 | 2 |
| 陕西 | 354 | 354 | | 4 | 8 | 342 | |
| 甘肃 | 44 | 40 | | 6 | | 34 | 4 |
| 青海 | 16 | 13 | | | | 13 | 3 |
| 宁夏 | 109 | 109 | | | 69 | 40 | |
| 新疆 | 74 | 56 | 1 | 8 | 16 | 32 | 18 |

单位：起、万元

| 民间非营利组织会计制度财务指标 | | |
|---|---|---|
| 固定资产原价 | 本年收入合计 | 本年费用合计 |
| **5335535.6** | **10219184.8** | **8684312.4** |
| 2013394.6 | 4622107.0 | 3378800.1 |
| | | |
| 143843.4 | 384993.7 | 363769.3 |
| 25709.5 | 55866.5 | 50045.6 |
| 35115.3 | 119841.4 | 68277.1 |
| 71798.9 | 38741.0 | 38197.9 |
| 23318.4 | 31517.5 | 32285.5 |
| | | |
| 35612.2 | 679285.0 | 678225.4 |
| 14983.6 | 16909.5 | 19326.3 |
| 13474.9 | 11631.2 | 162762.9 |
| | | |
| 22878.4 | 499557.8 | 386799.7 |
| 555301.2 | 460095.4 | 551209.2 |
| 148217.4 | 450745.6 | 371785.2 |
| 158867.7 | 95940.2 | 112358.0 |
| 36740.5 | 123602.2 | 105571.9 |
| 57119.5 | 42101.3 | 63000.3 |
| 193090.5 | 198889.6 | 313954.5 |
| | | |
| 45618.7 | 86614.2 | 43592.5 |
| 62654.7 | 98097.7 | 102314.2 |
| 68840.5 | 165059.2 | 152192.5 |
| 356217.2 | 1023691.0 | 832394.2 |
| 57747.4 | 19508.8 | 21745.6 |
| 13554.6 | 3277.9 | 5753.9 |
| | | |
| 52579.9 | 139276.8 | 142186.3 |
| 538715.2 | 551241.1 | 358167.7 |
| 70542.0 | 47444.5 | 42456.1 |
| 62393.9 | 51495.2 | 62595.9 |
| 179942.7 | 25656.6 | 4685.3 |
| | | |
| 141454.0 | 89213.7 | 110220.5 |
| 81938.8 | 41026.2 | 59735.0 |
| 20446.5 | 30563.1 | 25681.9 |
| 14458.7 | 9354.8 | 12059.2 |
| 18964.8 | 5839.1 | 12162.7 |

# C-3-4 基金

| 地 区 | 单位数 | 年末职工人数 | #女性 | 受教育程度 | | 职业资 |
|---|---|---|---|---|---|---|
| | | | | 大学专科人数 | 大学本科及以上人数 | 助理社会工作师人数 |
| **全 国** | **7034** | **35449** | **6056** | **5464** | **7729** | **353** |
| 中央级 | 213 | 2591 | 923 | | | |
| 北 京 | 729 | 6510 | 10 | 4 | 17 | |
| 天 津 | 85 | 264 | 126 | 60 | 143 | |
| 河 北 | 121 | 558 | 243 | 154 | 310 | 3 |
| 山 西 | 98 | 348 | 58 | 8 | 7 | 32 |
| 内蒙古 | 133 | 387 | 115 | 152 | 142 | 1 |
| 辽 宁 | 103 | 626 | 193 | 139 | 453 | |
| 吉 林 | 108 | 324 | 108 | | | |
| 黑龙江 | 114 | 161 | 130 | | | |
| 上 海 | 467 | 2410 | 212 | 1636 | 408 | |
| 江 苏 | 710 | 2160 | 241 | 256 | 368 | 13 |
| 浙 江 | 677 | 1364 | 264 | 267 | 308 | 24 |
| 安 徽 | 151 | 1208 | 52 | 48 | 174 | 1 |
| 福 建 | 353 | 1885 | 346 | 362 | 237 | 31 |
| 江 西 | 84 | 1008 | 387 | 239 | 498 | 7 |
| 山 东 | 200 | 1203 | 288 | 291 | 800 | 16 |
| 河 南 | 145 | 501 | 67 | 233 | 188 | 1 |
| 湖 北 | 145 | 726 | 133 | 47 | 253 | 2 |
| 湖 南 | 311 | 1334 | 92 | 82 | 112 | 9 |
| 广 东 | 1088 | 5337 | 752 | 644 | 1730 | 23 |
| 广 西 | 90 | 650 | 219 | 137 | 60 | 1 |
| 海 南 | 97 | 469 | 63 | 69 | 153 | 136 |
| 重 庆 | 77 | 482 | 148 | 132 | 255 | 19 |
| 四 川 | 168 | 589 | 288 | 108 | 311 | 1 |
| 贵 州 | 58 | 152 | 50 | 2 | 72 | |
| 云 南 | 116 | 395 | 131 | 100 | 214 | 15 |
| 西 藏 | 19 | 101 | 26 | 23 | 54 | |
| 陕 西 | 150 | 718 | 59 | 62 | 102 | 17 |
| 甘 肃 | 77 | 377 | 77 | 18 | 22 | |
| 青 海 | 34 | 65 | 18 | 1 | | |
| 宁 夏 | 71 | 350 | 152 | 105 | 227 | 1 |
| 新 疆 | 42 | 196 | 85 | 85 | 111 | |

# 会

单位：个、人、人次、时

| 格水平 | 年龄结构 | | | | 志愿服务 | |
|---|---|---|---|---|---|---|
| 社会工作师人数 | 35岁及以下人数 | 36岁至45岁人数 | 46岁至55岁人数 | 56岁及以上人数 | 志愿者服务人次数 | 志愿服务时间 |
| **310** | **10036** | **10869** | **11020** | **3524** | **3362** | **11172** |
| | 959 | 772 | 525 | 335 | | |
| | | | | | | |
| | 5 | 1232 | 5262 | 11 | 350 | 1350 |
| | 75 | 107 | 31 | 51 | | |
| 3 | 153 | 172 | 136 | 97 | | |
| 16 | 71 | 92 | 79 | 106 | | |
| 1 | 177 | 141 | 55 | 14 | | |
| | | | | | | |
| | 113 | 130 | 152 | 231 | | |
| | | 216 | 108 | | | |
| | 100 | 50 | 11 | | | |
| | | | | | | |
| 91 | 813 | 988 | 244 | 365 | | |
| 29 | 517 | 720 | 598 | 325 | 592 | 1589 |
| 12 | 535 | 518 | 251 | 60 | 338 | 651 |
| 1 | 54 | 964 | 132 | 58 | 2 | 6 |
| 63 | 594 | 586 | 395 | 310 | 500 | 1196 |
| 3 | 477 | 274 | 196 | 61 | | |
| 18 | 198 | 332 | 415 | 258 | 588 | 1695 |
| | | | | | | |
| 1 | 74 | 67 | 168 | 192 | 32 | 64 |
| 1 | 161 | 272 | 163 | 130 | | |
| 6 | 325 | 395 | 353 | 261 | 13 | 29 |
| 15 | 3279 | 1280 | 616 | 162 | 98 | 502 |
| 2 | 139 | 292 | 191 | 28 | 34 | 171 |
| 2 | 80 | 100 | 225 | 64 | | |
| | | | | | | |
| 34 | 100 | 233 | 89 | 60 | 410 | 2800 |
| | 201 | 194 | 120 | 74 | | |
| | 64 | 61 | 21 | 6 | | |
| 5 | 119 | 113 | 84 | 79 | 344 | 885 |
| | 17 | 28 | 36 | 20 | | |
| | | | | | | |
| 5 | 147 | 188 | 247 | 136 | 33 | 168 |
| 2 | 323 | 41 | 10 | 3 | 28 | 66 |
| | 25 | 32 | 8 | | | |
| | 91 | 174 | 58 | 27 | | |
| | 50 | 105 | 41 | | | |

C-3-4续表1

| 地　区 | 社会组织负责人数 | #女性 | 基金会按性质分 | |
|---|---|---|---|---|
| | | | 具有公开募捐资格的基金会 | 不具有公开募捐资格的基金会 |
| **全　国** | **15758** | **3110** | **1925** | **5109** |
| 中央级 | 780 | | 104 | 109 |
| 北　京 | 4979 | 1577 | 49 | 680 |
| 天　津 | 168 | 54 | 19 | 66 |
| 河　北 | 205 | 67 | 113 | 8 |
| 山　西 | 138 | 8 | 29 | 69 |
| 内蒙古 | 188 | 30 | 88 | 45 |
| 辽　宁 | 130 | 15 | 49 | 54 |
| 吉　林 | 324 | 108 | 26 | 82 |
| 黑龙江 | 1 | 1 | 43 | 71 |
| 上　海 | 696 | 200 | 56 | 411 |
| 江　苏 | 850 | 77 | 241 | 469 |
| 浙　江 | 608 | 111 | 220 | 457 |
| 安　徽 | 327 | 30 | 11 | 140 |
| 福　建 | 541 | 122 | 31 | 322 |
| 江　西 | 205 | 36 | 24 | 60 |
| 山　东 | 426 | 71 | 42 | 158 |
| 河　南 | 441 | 17 | 48 | 97 |
| 湖　北 | 320 | 117 | 25 | 120 |
| 湖　南 | 948 | 34 | 143 | 168 |
| 广　东 | 1315 | 54 | 207 | 881 |
| 广　西 | 151 | 23 | 28 | 62 |
| 海　南 | 278 | 47 | 24 | 73 |
| 重　庆 | 290 | 46 | 27 | 50 |
| 四　川 | 562 | 32 | 85 | 83 |
| 贵　州 | 97 | 9 | 29 | 29 |
| 云　南 | 274 | 99 | 39 | 77 |
| 西　藏 | 52 | 18 | 10 | 9 |
| 陕　西 | 214 | 86 | 30 | 120 |
| 甘　肃 | 96 | 5 | 6 | 71 |
| 青　海 | 34 | 15 | 17 | 17 |
| 宁　夏 | 71 | | 40 | 31 |
| 新　疆 | 49 | 1 | 22 | 20 |

单位：人、个

| 建立党组织的社会组织 | 社会组织职工中中共党员人数 | 当年登记单位数 | 当年年检单位数 | 被认定的慈善组织数 |
|---|---|---|---|---|
| **1524** | **10987** | **780** | **4309** | **3490** |
| 87 | 1958 |  | 202 | 163 |
|  |  |  |  |  |
| 240 | 1230 | 124 | 600 | 690 |
| 85 | 264 | 10 |  | 30 |
| 109 | 526 | 14 | 3 | 110 |
| 4 | 103 | 17 | 72 | 37 |
| 99 | 331 | 10 | 111 | 91 |
|  |  |  |  |  |
| 2 | 430 | 1 | 75 | 10 |
|  |  | 7 | 76 | 44 |
| 6 | 120 | 12 | 73 | 78 |
|  |  |  |  |  |
| 43 | 168 | 42 | 415 | 321 |
| 35 | 272 | 60 | 528 | 124 |
| 27 | 412 | 85 | 270 | 188 |
| 57 | 285 | 22 | 105 | 143 |
| 156 | 626 | 51 | 229 | 172 |
| 12 | 200 | 10 | 56 | 31 |
| 10 | 706 | 32 | 18 | 147 |
|  |  |  |  |  |
| 373 | 1150 | 10 | 6 | 1 |
| 5 | 55 | 9 | 6 | 92 |
| 54 | 591 | 29 | 262 | 245 |
| 18 | 334 | 142 | 641 | 538 |
| 5 | 30 | 11 | 67 | 57 |
|  | 70 | 12 | 39 |  |
|  |  |  |  |  |
| 7 | 121 | 2 | 73 | 67 |
|  | 289 | 10 | 128 |  |
|  | 15 | 6 | 45 | 26 |
| 1 | 30 | 12 | 83 | 12 |
| 5 | 34 | 1 |  | 5 |
|  |  |  |  |  |
| 16 | 133 | 29 | 13 | 47 |
| 46 | 330 | 8 | 1 |  |
|  | 1 |  | 26 |  |
| 17 | 53 | 2 | 45 | 21 |
| 5 | 120 |  | 41 |  |

## C-3-4续表2

| 地区 | 按行业 | | | | | |
|---|---|---|---|---|---|---|
| | 科技与研究 | 生态环境 | 教育 | 卫生 | 社会服务 | 文化 |
| **全国** | **504** | **86** | **1511** | **177** | **2341** | **295** |
| 中央级 | 2 | | 2 | 1 | 20 | |
| 北京 | 25 | 11 | 86 | 39 | 466 | 66 |
| 天津 | | | 29 | 2 | 41 | 5 |
| 河北 | 1 | | 10 | 5 | 7 | |
| 山西 | 1 | | 39 | 4 | 3 | 11 |
| 内蒙古 | 1 | | 9 | 4 | 99 | 4 |
| 辽宁 | | | 32 | 2 | 56 | 1 |
| 吉林 | | 2 | 36 | 5 | 54 | 2 |
| 黑龙江 | 2 | 7 | 25 | 8 | 59 | 2 |
| 上海 | 15 | 8 | 71 | 23 | 292 | 31 |
| 江苏 | 3 | 3 | 188 | 16 | 255 | 24 |
| 浙江 | 199 | 16 | 160 | 14 | 70 | 20 |
| 安徽 | 5 | 7 | 33 | 3 | 64 | 6 |
| 福建 | | 3 | 143 | 7 | 95 | 10 |
| 江西 | | | 24 | | 39 | 1 |
| 山东 | | | 16 | 2 | 37 | 1 |
| 河南 | | | 20 | 1 | 7 | 8 |
| 湖北 | 1 | 5 | 69 | 1 | 40 | 7 |
| 湖南 | 2 | | 171 | 3 | 23 | 10 |
| 广东 | 236 | 7 | 81 | 13 | 398 | 12 |
| 广西 | 1 | | 27 | 5 | 45 | 2 |
| 海南 | 1 | 4 | 32 | 2 | 12 | 15 |
| 重庆 | 2 | | 33 | 2 | 23 | 3 |
| 四川 | 4 | | 55 | 4 | 30 | 5 |
| 贵州 | 1 | | 9 | | 31 | |
| 云南 | | 5 | 31 | 3 | 7 | 9 |
| 西藏 | | 2 | 4 | 1 | 3 | 4 |
| 陕西 | 1 | 3 | 51 | 2 | 27 | 16 |
| 甘肃 | | | 5 | | 4 | 2 |
| 青海 | | 2 | 3 | | 6 | 6 |
| 宁夏 | 1 | 1 | 15 | 5 | 24 | 12 |
| 新疆 | | | 2 | | 4 | |

单位：人、个

| 分类 | | | | | | |
|---|---|---|---|---|---|---|
| 体育 | 法律 | 工商业服务 | 宗教 | 农业及农村发展 | 职业及从业组织 | 其他 |
| **42** | **46** | **224** | **46** | **86** | **27** | **1649** |
| | | 176 | | | | 12 |
| | | | | | | |
| 4 | 3 | | | 3 | | 26 |
| 2 | | 1 | 1 | | | 4 |
| | | 1 | 5 | 2 | 1 | 89 |
| | 1 | | 2 | | 1 | 36 |
| 1 | | 5 | | 2 | | 8 |
| | | | | | | |
| 1 | | | | | 1 | 10 |
| 2 | 5 | 2 | | | | |
| 2 | 4 | 1 | 1 | 1 | 1 | 1 |
| | | | | | | |
| 3 | | 9 | 4 | | 1 | 10 |
| 3 | 4 | 2 | 8 | 27 | 3 | 174 |
| 1 | | 12 | 3 | 27 | 1 | 154 |
| 1 | 1 | 1 | | | 7 | 23 |
| 2 | | 5 | 2 | 9 | | 77 |
| | 1 | 2 | 4 | 1 | | 12 |
| 1 | | | | 1 | | 142 |
| | | | | | | |
| 2 | | | | 1 | 1 | 105 |
| 2 | 4 | 1 | 1 | 4 | | 10 |
| 4 | 2 | | 5 | 2 | 4 | 85 |
| 7 | 5 | 2 | 2 | 2 | | 323 |
| | | 1 | | | | 9 |
| | 4 | 1 | 4 | 2 | | 20 |
| | | | | | | |
| 1 | 1 | 1 | 2 | | 3 | 6 |
| 2 | 2 | | | 1 | 2 | 63 |
| 1 | | | | | | 16 |
| | 1 | | | | | 60 |
| | 2 | | | | | 3 |
| | | | | | | |
| | 1 | 1 | 1 | 1 | | 46 |
| | | | | | | 66 |
| | 1 | | 1 | | | 15 |
| | 4 | | | | 1 | 8 |
| | | | | | | 36 |

C-3-4续表3

| 地　区 | 行政执法 | 行政处罚数 | 行政处罚分类 | | |
|---|---|---|---|---|---|
| | | | 警告 | 限期（责令）停止活动 | 撤销登记 |
| **全　国** | **50** | **50** | **23** | **12** | **15** |
| 中央级 | | | | | |
| 北　京 | 19 | 19 | 9 | 6 | 4 |
| 天　津 | | | | | |
| 河　北 | | | | | |
| 山　西 | | | | | |
| 内蒙古 | | | | | |
| 辽　宁 | | | | | |
| 吉　林 | | | | | |
| 黑龙江 | | | | | |
| 上　海 | | | | | |
| 江　苏 | | | | | |
| 浙　江 | | | | | |
| 安　徽 | 7 | 7 | 7 | | |
| 福　建 | 1 | 1 | | 1 | |
| 江　西 | 6 | 6 | | 4 | 2 |
| 山　东 | 6 | 6 | | | 6 |
| 河　南 | | | | | |
| 湖　北 | | | | | |
| 湖　南 | | | | | |
| 广　东 | 8 | 8 | 6 | 1 | 1 |
| 广　西 | 1 | 1 | 1 | | |
| 海　南 | | | | | |
| 重　庆 | | | | | |
| 四　川 | | | | | |
| 贵　州 | 2 | 2 | | | 2 |
| 云　南 | | | | | |
| 西　藏 | | | | | |
| 陕　西 | | | | | |
| 甘　肃 | | | | | |
| 青　海 | | | | | |
| 宁　夏 | | | | | |
| 新　疆 | | | | | |

单位：个、起、万元

| 民间非营利组织会计制度财务指标 | | |
| --- | --- | --- |
| 固定资产原价 | 本年收入合计 | 本年费用合计 |
| **455920.4** | **8411020.0** | **6216046.5** |
| 93076.6 | 5453181.3 | 4487287.0 |
| | | |
| 13811.9 | 496534.5 | 349390.8 |
| 7761.7 | 45387.9 | 6278.3 |
| 856.1 | 32666.6 | 22230.7 |
| 1742.6 | 9609.9 | 11314.0 |
| 3440.6 | 1272.5 | 370.8 |
| | | |
| 1600.2 | 38907.6 | 31613.0 |
| 648.0 | 540.0 | 540.0 |
| 300.0 | 100.0 | 200.0 |
| | | |
| | 370108.0 | 237535.8 |
| 9900.9 | 66626.8 | 40621.1 |
| 5007.1 | 37372.1 | 9216.8 |
| 4159.9 | 7976.3 | 1079.7 |
| 1296.8 | 33566.3 | 28613.4 |
| 1013.2 | 14230.9 | 10591.2 |
| 2193.6 | 72461.2 | 25421.5 |
| | | |
| 261.3 | 1160.7 | 613.5 |
| 983.5 | 123403.9 | 72008.6 |
| 2512.4 | 202490.2 | 212312.9 |
| 24964.7 | 1175174.4 | 474990.2 |
| 1427.0 | 1204.7 | 505.8 |
| 12047.0 | 4000.0 | 1200.0 |
| | | |
| 71791.6 | 57844.9 | 52205.6 |
| | | |
| 2010.4 | 90885.8 | 89644.0 |
| 2469.6 | 28061.0 | 21313.8 |
| 1148.0 | 3825.0 | 2309.7 |
| | | |
| 171448.0 | 18092.5 | 1402.3 |
| 504.0 | 297.5 | 404.1 |
| 564.1 | 8100.3 | 8241.6 |
| 16831.6 | 15801.2 | 16461.3 |
| 148.0 | 136.0 | 129.0 |

# C-3-5 民办

| 地 区 | 单位数 | 年末职工人数 | #女性 | 受教育程度 | | 职业资 |
|---|---|---|---|---|---|---|
| | | | | 大学专科人数 | 大学本科及以上人数 | 助理社会工作师人数 |
| **全 国** | **444092** | **5566801** | **2402260** | **1373375** | **1108204** | **60894** |
| 中央级 | 101 | 1859 | 1039 | 1 | 1500 | |
| 北 京 | 7262 | 161436 | 109186 | 85394 | 75580 | |
| 天 津 | 2960 | 38706 | 17346 | 12090 | 10770 | 104 |
| 河 北 | 16414 | 262090 | 121454 | 54027 | 40144 | 2475 |
| 山 西 | 8130 | 124775 | 46306 | 21048 | 13015 | 229 |
| 内蒙古 | 7942 | 73864 | 32835 | 20937 | 12220 | 1063 |
| 辽 宁 | 16424 | 186844 | 94065 | 51344 | 47436 | 11378 |
| 吉 林 | 7130 | 40971 | 14318 | 16447 | 5379 | 592 |
| 黑龙江 | 11746 | 47706 | 20406 | 11279 | 5664 | 1085 |
| 上 海 | 11658 | 219794 | 34758 | 95682 | 18977 | 113 |
| 江 苏 | 55090 | 570473 | 140578 | 74745 | 74768 | 3911 |
| 浙 江 | 30437 | 369696 | 186927 | 99654 | 80190 | 3652 |
| 安 徽 | 16635 | 257875 | 100518 | 68546 | 49772 | 1187 |
| 福 建 | 11449 | 129782 | 60389 | 18046 | 31927 | 695 |
| 江 西 | 13051 | 184466 | 74815 | 20422 | 22605 | 500 |
| 山 东 | 33536 | 425514 | 250305 | 139569 | 149364 | 15896 |
| 河 南 | 28287 | 307115 | 138194 | 83638 | 45743 | 1409 |
| 湖 北 | 17556 | 204660 | 94725 | 42219 | 42200 | 521 |
| 湖 南 | 20053 | 241168 | 87289 | 52032 | 32578 | 1824 |
| 广 东 | 36553 | 608658 | 273532 | 152890 | 126995 | 6264 |
| 广 西 | 12949 | 122038 | 62639 | 25206 | 14100 | 573 |
| 海 南 | 4275 | 36919 | 17830 | 7897 | 5431 | 1305 |
| 重 庆 | 9499 | 150598 | 87871 | 41924 | 43353 | 1421 |
| 四 川 | 23303 | 290791 | 132845 | 65436 | 76281 | 1647 |
| 贵 州 | 6164 | 88692 | 40299 | 19499 | 17348 | 1010 |
| 云 南 | 8960 | 128423 | 51676 | 29174 | 25870 | 469 |
| 西 藏 | 47 | 381 | 133 | 72 | 41 | 5 |
| 陕 西 | 12113 | 165716 | 59677 | 31420 | 20573 | 943 |
| 甘 肃 | 6021 | 54789 | 18947 | 12372 | 5450 | 275 |
| 青 海 | 1824 | 16695 | 8767 | 4924 | 2302 | 111 |
| 宁 夏 | 2494 | 16027 | 8033 | 4569 | 4021 | 21 |
| 新 疆 | 4029 | 38280 | 14558 | 10872 | 6607 | 216 |

# 非企业单位

单位：个、人、人次、时

| 格水平 | 年龄结构 | | | | 志愿服务 | |
|---|---|---|---|---|---|---|
| 社会工作师人数 | 35岁及以下人数 | 36岁至45岁人数 | 46岁至55岁人数 | 56岁及以上人数 | 志愿者服务人次数 | 志愿服务时间 |
| **51250** | **2718722** | **1731119** | **830218** | **286742** | **1607** | **1723930** |
| | 564 | 385 | 568 | 342 | | |
| | | | | | | |
| | 81681 | 132 | 70193 | 9430 | 2214 | 8694 |
| 249 | 12311 | 16097 | 7339 | 2959 | | |
| 2546 | 134935 | 86489 | 30087 | 10579 | 8086 | 27801 |
| 714 | 66906 | 34589 | 17125 | 6155 | 48 | 48 |
| 643 | 35399 | 25177 | 11117 | 2171 | 177 | 526 |
| | | | | | | |
| 1191 | 83136 | 57223 | 30982 | 15503 | 272 | 485 |
| 2365 | 15237 | 12682 | 7559 | 5493 | | |
| 625 | 18724 | 18413 | 8451 | 2118 | 86 | 172 |
| | | | | | | |
| 1804 | 70496 | 83435 | 47501 | 18362 | | |
| 2226 | 230791 | 214917 | 94432 | 30333 | 52425 | 110635 |
| 2503 | 164966 | 119377 | 54987 | 30366 | 24737 | 47252 |
| 682 | 109987 | 92154 | 42949 | 12785 | 11319 | 41994 |
| 461 | 70174 | 36313 | 17096 | 6199 | 351 | 1521 |
| 262 | 107418 | 52136 | 18723 | 6189 | 5256 | 13125 |
| 24454 | 209894 | 119077 | 69512 | 27031 | 88691 | 217441 |
| | | | | | | |
| 1874 | 164572 | 97345 | 33776 | 11422 | 870 | 1820 |
| 311 | 92527 | 67306 | 33391 | 11436 | 5146 | 13353 |
| 837 | 131703 | 74747 | 25973 | 8745 | 20097 | 53779 |
| 2597 | 371882 | 150068 | 62108 | 24600 | 168433 | 890957 |
| 232 | 58191 | 39213 | 19070 | 5564 | 862 | 5747 |
| 92 | 16995 | 13551 | 5161 | 1212 | 5 | |
| | | | | | | |
| 1174 | 77326 | 41502 | 23966 | 7804 | 25213 | 81677 |
| 900 | 134014 | 116905 | 32613 | 7259 | 5458 | 29077 |
| 432 | 42483 | 28563 | 14278 | 3368 | 5576 | 25967 |
| 131 | 68359 | 41467 | 13283 | 5314 | 1437 | 3583 |
| 16 | 259 | 86 | 29 | 7 | | |
| | | | | | | |
| 1248 | 86357 | 51528 | 20154 | 7677 | 27537 | 83355 |
| 254 | 25766 | 18279 | 9247 | 1497 | 28055 | 41698 |
| 268 | 8042 | 4587 | 1586 | 2480 | 15 | 60 |
| 49 | 6434 | 5988 | 2662 | 943 | | |
| 110 | 21193 | 11388 | 4300 | 1399 | 5643 | 23164 |

C-3-5续表1

| 地区 | 社会组织负责人 | #女性 | 按单位性质分 法人 | 合伙 | 个体 |
|---|---|---|---|---|---|
| **全国** | **691435** | **258863** | **377108** | **9286** | **57698** |
| 中央级 | 90 | 56 | 100 | 1 | |
| 北京 | 31053 | 15599 | 7262 | | |
| 天津 | 3387 | 1369 | 2910 | 5 | 45 |
| 河北 | 26691 | 8539 | 11619 | 261 | 4534 |
| 山西 | 10808 | 2627 | 7669 | 38 | 423 |
| 内蒙古 | 15586 | 4760 | 7820 | 26 | 96 |
| 辽宁 | 23189 | 11000 | 13321 | 187 | 2916 |
| 吉林 | 9551 | 4037 | 4488 | 58 | 2584 |
| 黑龙江 | 11498 | 4849 | 8686 | 295 | 2765 |
| 上海 | 40198 | 16116 | 9640 | 12 | 2006 |
| 江苏 | 71899 | 19194 | 51463 | 505 | 3122 |
| 浙江 | 46826 | 18999 | 26685 | 1189 | 2563 |
| 安徽 | 24846 | 7677 | 13176 | 423 | 3036 |
| 福建 | 16133 | 6187 | 9678 | 656 | 1115 |
| 江西 | 17952 | 6667 | 9893 | 443 | 2715 |
| 山东 | 48268 | 21527 | 30104 | 202 | 3230 |
| 河南 | 40871 | 15100 | 22670 | 1330 | 4287 |
| 湖北 | 25401 | 8241 | 15699 | 183 | 1674 |
| 湖南 | 35808 | 13454 | 15471 | 610 | 3972 |
| 广东 | 52906 | 21606 | 34016 | 158 | 2379 |
| 广西 | 14278 | 6041 | 10385 | 221 | 2343 |
| 海南 | 8782 | 3785 | 3865 | 8 | 402 |
| 重庆 | 22518 | 11012 | 8839 | 31 | 629 |
| 四川 | 37492 | 12434 | 19515 | 551 | 3237 |
| 贵州 | 8083 | 2915 | 3727 | 307 | 2130 |
| 云南 | 13877 | 3538 | 6930 | 1162 | 868 |
| 西藏 | 73 | 21 | 34 | 2 | 11 |
| 陕西 | 16509 | 5910 | 9432 | 164 | 2517 |
| 甘肃 | 7301 | 2159 | 4717 | 130 | 1174 |
| 青海 | 1868 | 437 | 1758 | 15 | 51 |
| 宁夏 | 2838 | 647 | 1793 | 48 | 653 |
| 新疆 | 4855 | 2360 | 3743 | 65 | 221 |

单位：人、个

| 建立党组织的社会组织 | 社会组织职工中中共党员人数 | 当年登记单位数 | 当年年检单位数 | 被认定的慈善组织数 |
|---:|---:|---:|---:|---:|
| **46136** | **596539** | **47870** | **235922** | **702** |
| 32 | 540 | | 92 | |
| 902 | 18034 | 611 | 5087 | 33 |
| 1467 | 7817 | 362 | 835 | 9 |
| 3657 | 24487 | 2735 | 9292 | 20 |
| 1971 | 11040 | 1087 | 3588 | 4 |
| 1592 | 8363 | 1014 | 4398 | |
| 2241 | 27113 | 2606 | 6247 | 17 |
| 113 | 2957 | 1107 | 2005 | 24 |
| 603 | 6416 | 2004 | 253 | |
| 3581 | 37226 | 1436 | 9018 | 11 |
| 3588 | 58890 | 4334 | 29467 | 38 |
| 3099 | 50776 | 3808 | 18111 | 50 |
| 1743 | 29575 | 1630 | 11847 | 16 |
| 871 | 7813 | 1038 | 6133 | 59 |
| 2529 | 22332 | 1456 | 6815 | 1 |
| 990 | 52673 | 3549 | 20647 | 80 |
| 1695 | 31959 | 3319 | 6989 | 8 |
| 2609 | 27536 | 1120 | 8563 | 8 |
| 1377 | 16942 | 1760 | 14849 | 25 |
| 991 | 34011 | 3086 | 22877 | 44 |
| 603 | 7803 | 1359 | 7087 | 15 |
| 749 | 3833 | 399 | 1496 | |
| 455 | 18371 | 516 | 7077 | 3 |
| 1790 | 36335 | 2233 | 11020 | 84 |
| 1359 | 13858 | 700 | 2872 | 81 |
| 798 | 8695 | 1174 | 5724 | 4 |
| 7 | 57 | 2 | 1 | |
| 1167 | 11220 | 1827 | 7037 | 23 |
| 2095 | 10364 | 828 | 2429 | 29 |
| 396 | 2086 | 206 | 966 | 2 |
| 480 | 2948 | 152 | 1041 | 14 |
| 586 | 4469 | 412 | 2059 | |

C-3-5续表2

| 地 区 | 按行业 | | | | | |
|---|---|---|---|---|---|---|
| | 科技与研究 | 生态环境 | 教育 | 卫生 | 社会服务 | 文化 |
| **全 国** | **14665** | **661** | **240012** | **30882** | **73024** | **26614** |
| 中央级 | 23 | | 7 | 7 | 24 | 19 |
| 北 京 | 466 | 24 | 3034 | 412 | 2320 | 403 |
| 天 津 | 64 | 2 | 1502 | 255 | 368 | 106 |
| 河 北 | 408 | 7 | 9800 | 3199 | 1418 | 517 |
| 山 西 | 391 | 14 | 5208 | 655 | 740 | 516 |
| 内蒙古 | 428 | 12 | 4412 | 380 | 962 | 480 |
| 辽 宁 | 244 | 18 | 9810 | 1999 | 2751 | 415 |
| 吉 林 | 113 | 5 | 4189 | 403 | 1586 | 244 |
| 黑龙江 | 521 | 8 | 6974 | 270 | 2089 | 251 |
| 上 海 | 463 | 84 | 3045 | 347 | 4455 | 916 |
| 江 苏 | 809 | 61 | 10516 | 2824 | 27756 | 4870 |
| 浙 江 | 1390 | 67 | 14275 | 1062 | 4943 | 2253 |
| 安 徽 | 525 | 17 | 8170 | 2765 | 2330 | 757 |
| 福 建 | 370 | 23 | 7595 | 530 | 553 | 970 |
| 江 西 | 169 | 9 | 9819 | 880 | 435 | 641 |
| 山 东 | 2535 | 42 | 12601 | 3178 | 5134 | 3761 |
| 河 南 | 819 | 17 | 20384 | 2770 | 1555 | 976 |
| 湖 北 | 628 | 94 | 8409 | 1235 | 1924 | 1394 |
| 湖 南 | 279 | 18 | 15433 | 1059 | 917 | 932 |
| 广 东 | 1706 | 64 | 23506 | 992 | 3186 | 2201 |
| 广 西 | 164 | 11 | 10885 | 268 | 635 | 331 |
| 海 南 | 191 | 4 | 2826 | 516 | 227 | 213 |
| 重 庆 | 169 | 3 | 6621 | 147 | 904 | 154 |
| 四 川 | 501 | 17 | 15195 | 1179 | 2485 | 880 |
| 贵 州 | 185 | 2 | 4430 | 509 | 298 | 105 |
| 云 南 | 165 | 3 | 5824 | 560 | 326 | 164 |
| 西 藏 | 3 | | 18 | | 4 | 6 |
| 陕 西 | 428 | 9 | 7799 | 1108 | 1031 | 786 |
| 甘 肃 | 253 | 4 | 3208 | 670 | 526 | 668 |
| 青 海 | 51 | 8 | 813 | 187 | 328 | 176 |
| 宁 夏 | 69 | 12 | 1304 | 68 | 388 | 220 |
| 新 疆 | 135 | 2 | 2400 | 448 | 426 | 289 |

单位：个

| 分类 | | | | | | | |
|---|---|---|---|---|---|---|---|
| 体育 | 法律 | 工商业服务 | 宗教 | 农业及农村发展 | 职业及从业组织 | 国际及涉外组织 | 其他 |
| **19986** | **1709** | **5437** | **65** | **3060** | **1607** | **14** | **26356** |
| | 1 | 10 | | | | 2 | 8 |
| | | | | | | | |
| 360 | | 22 | | | | | 221 |
| 262 | | 20 | 1 | 4 | 57 | | 319 |
| 590 | 7 | 47 | 3 | 32 | 41 | | 345 |
| 323 | 1 | 19 | 5 | 15 | 7 | | 236 |
| 583 | 21 | 218 | 5 | 40 | 88 | 1 | 312 |
| | | | | | | | |
| 633 | 7 | 43 | 1 | 6 | 35 | 1 | 461 |
| 368 | 14 | 15 | | 20 | 28 | | 145 |
| 852 | 19 | 8 | 1 | 7 | 19 | | 727 |
| | | | | | | | |
| 776 | 53 | 272 | | 24 | 12 | 5 | 1206 |
| 2933 | 1186 | 1778 | 3 | 253 | 141 | 2 | 1958 |
| 1347 | 19 | 358 | 5 | 690 | 104 | | 3924 |
| 630 | 8 | 76 | 6 | 99 | 25 | | 1227 |
| 627 | 1 | 168 | 4 | 25 | 18 | | 565 |
| 338 | 37 | 146 | 1 | 37 | 35 | 1 | 503 |
| 2688 | 125 | 442 | 3 | 284 | 397 | | 2346 |
| | | | | | | | |
| 1248 | 5 | 62 | 3 | 10 | 43 | 1 | 394 |
| 479 | 61 | 208 | 5 | 1203 | 148 | | 1768 |
| 520 | 11 | 94 | 4 | 6 | 12 | | 768 |
| 1311 | 41 | 322 | 3 | 15 | 75 | 1 | 3130 |
| 503 | 6 | 36 | | 11 | 3 | | 96 |
| 136 | 1 | 13 | | 1 | 30 | | 117 |
| | | | | | | | |
| 452 | 4 | 338 | 1 | 31 | 21 | | 654 |
| 568 | 33 | 446 | 2 | 159 | 81 | | 1757 |
| 202 | 3 | 20 | 1 | 9 | 11 | | 389 |
| 230 | | 99 | 3 | | 120 | | 1466 |
| | 1 | 2 | | | | | 13 |
| | | | | | | | |
| 309 | 34 | 56 | | 17 | 7 | | 529 |
| 258 | 7 | 50 | 4 | 53 | 12 | | 308 |
| 85 | | | | 1 | 7 | | 168 |
| 180 | 1 | 36 | | 4 | 26 | | 186 |
| 195 | 2 | 13 | 1 | 4 | 4 | | 110 |

## C-3-5续表3

| 地区 | 行政执法 | 行政处罚数 | | 行政处罚分类 | | | 取缔非法社会组织 |
|---|---|---|---|---|---|---|---|
| | | | 并处罚款 | 警告 | 限期（责令）停止活动 | 撤销登记 | |
| **全国** | **3890** | **3469** | **68** | **941** | **111** | **2417** | **421** |
| 中央级 | | | | | | | |
| 北京 | 102 | 102 | | 70 | 4 | 28 | |
| 天津 | 51 | 51 | 42 | 42 | | 9 | |
| 河北 | 68 | 63 | 3 | 23 | 1 | 39 | 5 |
| 山西 | 48 | 47 | | | 2 | 45 | 1 |
| 内蒙古 | 26 | 16 | | 7 | | 9 | 10 |
| 辽宁 | 365 | 356 | | 46 | 5 | 305 | 9 |
| 吉林 | 15 | 15 | | 3 | 5 | 7 | |
| 黑龙江 | 79 | 30 | | 12 | 18 | | 49 |
| 上海 | 22 | 22 | | | 22 | | |
| 江苏 | 134 | 130 | | 80 | 4 | 46 | 4 |
| 浙江 | 122 | 118 | 5 | | 2 | 116 | 4 |
| 安徽 | 176 | 166 | | 70 | | 96 | 10 |
| 福建 | 16 | 14 | 4 | 13 | 1 | | 2 |
| 江西 | 95 | 84 | 1 | 43 | 2 | 39 | 11 |
| 山东 | 855 | 836 | | 323 | 5 | 508 | 19 |
| 河南 | 122 | 112 | | 27 | | 85 | 10 |
| 湖北 | 165 | 165 | | 1 | | 164 | |
| 湖南 | 210 | 209 | 9 | 35 | 1 | 173 | 1 |
| 广东 | 260 | 258 | | 53 | 16 | 189 | 2 |
| 广西 | 173 | 173 | | 13 | | 160 | |
| 海南 | | | | | | | |
| 重庆 | 10 | 10 | | | 1 | 9 | |
| 四川 | 88 | 86 | | 54 | | 32 | 2 |
| 贵州 | 104 | 102 | | 1 | 1 | 100 | 2 |
| 云南 | 23 | 23 | | 1 | | 22 | |
| 西藏 | 1 | 1 | | | | 1 | |
| 陕西 | 172 | 165 | | 6 | 2 | 157 | 7 |
| 甘肃 | 61 | 57 | | 6 | | 51 | 4 |
| 青海 | 267 | 3 | | 2 | 1 | | 264 |
| 宁夏 | 36 | 36 | | 1 | 15 | 20 | |
| 新疆 | 24 | 19 | 4 | 9 | 3 | 7 | 5 |

单位：起、万元

| 民间非营利组织会计制度财务指标 | | |
|---|---|---|
| 固定资产原价 | 本年收入合计 | 本年费用合计 |
| **29631341.2** | **25401826.6** | **25318901.1** |
| 173645.1 | 67467.1 | 66423.4 |
| | | |
| 1964123.6 | 3646952.0 | 3239270.9 |
| 141841.4 | 201735.4 | 200498.5 |
| 1333157.9 | 1099955.7 | 1073311.2 |
| 186846.0 | 131141.0 | 113564.2 |
| 125583.8 | 63868.2 | 71998.0 |
| | | |
| 908803.9 | 639581.9 | 616047.9 |
| 19466.5 | 17658.3 | 18310.4 |
| 99711.9 | 25035.3 | 57362.8 |
| | | |
| 273897.3 | 1987541.9 | 1833022.8 |
| 1575777.2 | 1576399.8 | 2070169.2 |
| 1563760.0 | 2032938.4 | 2159916.9 |
| 1254761.0 | 544295.5 | 628120.2 |
| 290799.6 | 253002.4 | 264292.8 |
| 286774.7 | 292012.2 | 348588.1 |
| 5907960.3 | 255055.1 | 3680044.7 |
| | | |
| 980503.9 | 608790.4 | 530222.7 |
| 458711.3 | 669955.7 | 778766.2 |
| 592646.8 | 703453.1 | 553738.2 |
| 5305889.4 | 3549299.5 | 3578894.2 |
| 274543.0 | 98266.0 | 100346.7 |
| 45715.1 | 12654.3 | 24943.1 |
| | | |
| 584719.1 | 712849.9 | 595592.3 |
| 3101011.6 | 4931026.4 | 1745163.3 |
| 396003.3 | 278856.5 | 238201.7 |
| 499481.3 | 640374.0 | 267168.6 |
| 2173.4 | 848.8 | 8358.1 |
| | | |
| 865792.0 | 231209.9 | 313296.0 |
| 70765.8 | 42688.8 | 42685.9 |
| 221415.9 | 25503.4 | 26125.2 |
| 59220.8 | 23404.5 | 30145.2 |
| 65838.3 | 38005.2 | 44311.7 |

# C-3-6 自治组

| 地区 | 单位数 | 居民1000户以下 | 居民1000户至3000户 | 居民3000户以上 | 社区居委会（村委会）主任 |
|---|---|---|---|---|---|
| **全国** | **649888** | **467319** | **146123** | **36446** | **645219** |
| 中央级 | | | | | |
| 北京 | 7124 | 4288 | 2296 | 540 | 7124 |
| 天津 | 5213 | 3637 | 1265 | 311 | 5139 |
| 河北 | 52957 | 44093 | 7568 | 1296 | 52622 |
| 山西 | 29216 | 23912 | 4476 | 828 | 28973 |
| 内蒙古 | 13490 | 9515 | 3323 | 652 | 13453 |
| 辽宁 | 16013 | 8346 | 5405 | 2262 | 15820 |
| 吉林 | 11222 | 6853 | 3296 | 1073 | 11107 |
| 黑龙江 | 11549 | 6341 | 4132 | 1076 | 11442 |
| 上海 | 5988 | 2257 | 3396 | 335 | 5799 |
| 江苏 | 21740 | 9315 | 9740 | 2685 | 21494 |
| 浙江 | 29391 | 22478 | 6016 | 897 | 29116 |
| 安徽 | 17951 | 8378 | 7403 | 2170 | 17856 |
| 福建 | 16934 | 12500 | 3844 | 590 | 16798 |
| 江西 | 20687 | 13724 | 6102 | 861 | 20629 |
| 山东 | 76985 | 63677 | 10511 | 2797 | 76787 |
| 河南 | 51626 | 36848 | 12236 | 2542 | 51228 |
| 湖北 | 27920 | 20959 | 5296 | 1665 | 27784 |
| 湖南 | 29224 | 19998 | 7307 | 1919 | 29033 |
| 广东 | 26586 | 16152 | 7389 | 3045 | 26432 |
| 广西 | 16284 | 10780 | 4647 | 857 | 16155 |
| 海南 | 3152 | 2560 | 510 | 82 | 3111 |
| 重庆 | 11159 | 6332 | 3640 | 1187 | 11112 |
| 四川 | 53006 | 40324 | 9663 | 3019 | 52626 |
| 贵州 | 17484 | 14015 | 2909 | 560 | 17338 |
| 云南 | 14416 | 9532 | 4196 | 688 | 14263 |
| 西藏 | 5494 | 5463 | 30 | 1 | 5384 |
| 陕西 | 19859 | 15593 | 3476 | 790 | 19812 |
| 甘肃 | 17454 | 14014 | 2811 | 629 | 17361 |
| 青海 | 4622 | 3822 | 403 | 397 | 4505 |
| 宁夏 | 2800 | 2005 | 586 | 209 | 2696 |
| 新疆 | 12342 | 9608 | 2251 | 483 | 12220 |

# 织总表

单位：个、人

| #主任、书记“一肩挑” | #中共党员 | #女性 | 社区居委会（村委会）成员 | #中共党员 | #女性 |
|---|---|---|---|---|---|
| **241426** | **479306** | **102456** | **2793517** | **1552249** | **822150** |
| | | | | | |
| 4253 | 6032 | 2356 | 38589 | 24429 | 21944 |
| 3627 | 4511 | 1216 | 23371 | 11624 | 10970 |
| 27324 | 39685 | 5361 | 191551 | 97749 | 37354 |
| 6015 | 15962 | 2908 | 114367 | 39356 | 41644 |
| 3702 | 8970 | 2448 | 55734 | 27674 | 18956 |
| | | | | | |
| 7195 | 10942 | 4289 | 75501 | 40125 | 33457 |
| 4009 | 7649 | 2297 | 39983 | 4501 | 13564 |
| 2093 | 6388 | 3004 | 55714 | 25915 | 17234 |
| | | | | | |
| 2612 | 4341 | 3262 | 28580 | 14327 | 16671 |
| 6916 | 17918 | 5051 | 115505 | 74079 | 35098 |
| 3447 | 16356 | 3099 | 124478 | 59044 | 38124 |
| 7114 | 15591 | 3322 | 82517 | 52324 | 25213 |
| 5151 | 10651 | 1899 | 70864 | 32715 | 20283 |
| 8613 | 13170 | 5294 | 88858 | 35956 | 23696 |
| 44937 | 64542 | 12980 | 289184 | 212909 | 88964 |
| | | | | | |
| 20956 | 38224 | 7184 | 220803 | 118183 | 50049 |
| 23899 | 26667 | 3780 | 115719 | 78737 | 36991 |
| 10219 | 25676 | 4089 | 109435 | 72544 | 34515 |
| 21228 | 24137 | 3406 | 133261 | 98952 | 40573 |
| 3458 | 12132 | 1833 | 84290 | 55426 | 23295 |
| 2689 | 2793 | 437 | 19011 | 11556 | 4147 |
| | | | | | |
| 706 | 9625 | 2087 | 58158 | 38003 | 22744 |
| 3601 | 37535 | 9107 | 210680 | 114350 | 57518 |
| 1172 | 10644 | 2376 | 85990 | 35856 | 22096 |
| 5747 | 10989 | 1620 | 74273 | 49093 | 16441 |
| 1598 | 3080 | 864 | 28210 | 20939 | 5369 |
| | | | | | |
| 1301 | 12593 | 1487 | 84727 | 36139 | 22606 |
| 1606 | 10065 | 2489 | 70443 | 29018 | 13208 |
| 586 | 2536 | 494 | 21045 | 7657 | 4100 |
| 1199 | 2177 | 492 | 13357 | 7865 | 5556 |
| 4453 | 7725 | 1925 | 69319 | 25204 | 19770 |

C-3-6续表1

| 地区 | 受教育程度 | | 职业资格水平 | |
|---|---|---|---|---|
| | 大学专科人数 | 大学本科及以上人数 | 助理社会工作师人数 | 社会工作师人数 |
| **全 国** | **214638** | **86709** | **31855** | **15033** |
| 中央级 | | | | |
| 北 京 | 8382 | 6797 | 3354 | 1427 |
| 天 津 | 2648 | 3152 | 1258 | 385 |
| 河 北 | 11224 | 3984 | 534 | 508 |
| 山 西 | 7145 | 2567 | 1311 | 819 |
| 内蒙古 | 5612 | 2500 | 117 | 62 |
| 辽 宁 | 9204 | 4605 | 2006 | 896 |
| 吉 林 | 1254 | 975 | 183 | 95 |
| 黑龙江 | 2146 | 843 | 356 | 139 |
| 上 海 | 5481 | 4559 | 1734 | 628 |
| 江 苏 | 12112 | 5955 | 5523 | 1962 |
| 浙 江 | 4510 | 2914 | 2343 | 1289 |
| 安 徽 | 12288 | 2858 | 1705 | 554 |
| 福 建 | 4549 | 875 | 468 | 319 |
| 江 西 | 4981 | 1569 | 406 | 151 |
| 山 东 | 25410 | 8583 | 1341 | 1578 |
| 河 南 | 12659 | 3273 | 516 | 498 |
| 湖 北 | 8416 | 2605 | 953 | 490 |
| 湖 南 | 6476 | 2154 | 699 | 251 |
| 广 东 | 19908 | 8652 | 2117 | 1023 |
| 广 西 | 4133 | 1532 | 398 | 153 |
| 海 南 | 1917 | 206 | 1 | |
| 重 庆 | 15095 | 4806 | 1791 | 851 |
| 四 川 | 8360 | 2923 | 1508 | 420 |
| 贵 州 | 4166 | 913 | 42 | 15 |
| 云 南 | 1563 | 462 | 221 | 55 |
| 西 藏 | 579 | 186 | 2 | 38 |
| 陕 西 | 5210 | 1692 | 497 | 205 |
| 甘 肃 | 514 | 391 | 110 | 76 |
| 青 海 | 885 | 420 | 73 | 46 |
| 宁 夏 | 708 | 212 | 98 | 10 |
| 新 疆 | 7103 | 3546 | 190 | 90 |

单位：人、人次、时

| 年龄结构 | | | | 志愿服务 | |
| --- | --- | --- | --- | --- | --- |
| 35岁及以下人数 | 36岁至45岁人数 | 46岁至55岁人数 | 56岁及以上人数 | 志愿者服务人次数 | 志愿服务时间 |
| **557845** | **1109057** | **859037** | **267578** | **1433359** | **3473023** |
| | | | | | |
| 10181 | 11834 | 11507 | 5067 | 71221 | 174962 |
| 8067 | 6916 | 6126 | 2262 | 8319 | 21926 |
| 24056 | 65799 | 70765 | 30931 | 31068 | 111503 |
| 20873 | 41566 | 37308 | 14620 | 23 | 42 |
| 11776 | 22080 | 16657 | 5221 | 17547 | 46228 |
| | | | | | |
| 17015 | 27286 | 22866 | 8334 | 797 | 1297 |
| 1828 | 34538 | 2758 | 859 | | |
| 10167 | 29621 | 12988 | 2938 | 20 | 160 |
| | | | | | |
| 6339 | 9357 | 8096 | 4788 | 71402 | 118717 |
| 28768 | 44089 | 33966 | 8682 | 194113 | 491624 |
| 25886 | 47758 | 39823 | 11011 | 125362 | 552120 |
| 18434 | 33348 | 26085 | 4650 | 53292 | 164358 |
| 14374 | 31102 | 21113 | 4275 | 4835 | 9087 |
| 19208 | 44301 | 21262 | 4087 | 6338 | 8094 |
| 49407 | 110302 | 94329 | 35146 | 409 | 821 |
| | | | | | |
| 40737 | 88617 | 66858 | 24591 | 7585 | 12481 |
| 23850 | 46543 | 36107 | 9219 | 203068 | 335073 |
| 21529 | 48129 | 32776 | 7001 | 16759 | 43760 |
| 23973 | 43641 | 50379 | 15268 | 18014 | 43157 |
| 13604 | 28832 | 31384 | 10470 | 27214 | 27214 |
| 3158 | 7665 | 6235 | 1953 | | |
| | | | | | |
| 15834 | 20312 | 18245 | 3767 | 267944 | 521240 |
| 44562 | 83080 | 64011 | 19027 | 32848 | 42597 |
| 20463 | 33227 | 25238 | 7062 | 207605 | 548939 |
| 19373 | 31501 | 19353 | 4046 | 1876 | 11814 |
| 5220 | 10163 | 8942 | 3885 | 1 | |
| | | | | | |
| 13871 | 28740 | 32699 | 9417 | 44997 | 134977 |
| 14981 | 34825 | 16826 | 3811 | 876 | 1221 |
| 4361 | 9128 | 5777 | 1779 | | |
| 3258 | 5450 | 4082 | 567 | | |
| 22692 | 29307 | 14476 | 2844 | 19826 | 49612 |

C-3-6续表2

| 地　区 | 居民（村民）小组 | 当年完成选举的居（村）委会数 | 当年完成选举的居（村）委会选民登记总数 |
| --- | --- | --- | --- |
| **全　国** | **6053785** | **276138** | **359023823** |
| 中央级 | | | |
| 北　京 | 80376 | | |
| 天　津 | 78884 | 3145 | 4037674 |
| 河　北 | 343033 | 50343 | 40664122 |
| 山　西 | 102270 | 2781 | 1455659 |
| 内蒙古 | 84080 | 12355 | 12908522 |
| 辽　宁 | 206282 | 394 | 580384 |
| 吉　林 | 120517 | 2894 | 3317284 |
| 黑龙江 | 97695 | 2653 | 8001081 |
| 上　海 | 279931 | 3108 | 6891670 |
| 江　苏 | 322266 | 5990 | 15304763 |
| 浙　江 | 318252 | | |
| 安　徽 | 299482 | 9896 | 29673578 |
| 福　建 | 176036 | 16080 | 26344384 |
| 江　西 | 199157 | 4108 | 11794267 |
| 山　东 | 484335 | 45860 | 39546725 |
| 河　南 | 389585 | 45058 | 62232882 |
| 湖　北 | 223225 | 22828 | 30115339 |
| 湖　南 | 451058 | | |
| 广　东 | 267507 | 277 | 570107 |
| 广　西 | 263470 | 3366 | 6586090 |
| 海　南 | 28847 | 730 | 702490 |
| 重　庆 | 99490 | 2 | 30612 |
| 四　川 | 384783 | 16930 | 21638756 |
| 贵　州 | 187724 | 26 | 30032 |
| 云　南 | 170109 | 2142 | 5400077 |
| 西　藏 | 19549 | 2288 | 1011822 |
| 陕　西 | 137390 | 17710 | 21697293 |
| 甘　肃 | 88930 | 4408 | 6719565 |
| 青　海 | 91883 | 39 | 61444 |
| 宁　夏 | 15929 | 295 | 1020034 |
| 新　疆 | 41710 | 432 | 687167 |

单位：个、人

| 本届登记选民数 | 参加投票人数 | 委托投票人数 |
|---|---|---|
| **284906624** | **230556138** | **22325008** |
| | | |
| 1788374 | 1484313 | 82101 |
| 37446951 | 30514749 | 1721429 |
| 1212949 | 1157847 | 4409 |
| 11593349 | 9071313 | 472291 |
| | | |
| 317375 | 242775 | 8815 |
| 384031 | 342410 | 101062 |
| 2934228 | 2244461 | 56719 |
| | | |
| 5095313 | 4698458 | 283025 |
| 9992679 | 8498314 | 1209792 |
| | | |
| 23318424 | 19781903 | 805049 |
| 18724401 | 14234125 | 820743 |
| 9718216 | 9477037 | 710971 |
| 36006838 | 25943059 | 5106167 |
| | | |
| 55138538 | 42205392 | 2200015 |
| 29045517 | 24622303 | 5915783 |
| | | |
| 566868 | 531332 | 59549 |
| 5957875 | 5083275 | 202934 |
| 479432 | 441603 | 31959 |
| | | |
| 30612 | 25376 | 2400 |
| 8540370 | 7297435 | 1253984 |
| 26944 | 20756 | 2255 |
| 1118191 | 1034212 | 28797 |
| 935069 | 588240 | 2 |
| | | |
| 19345734 | 16941394 | 1039908 |
| 4015663 | 3195988 | 53735 |
| 22535 | 19901 | 1391 |
| 912090 | 753936 | 145239 |
| 238058 | 104231 | 4484 |

# C-3-7 村民

| 地 区 | 单位数 | 居民1000户以下 | 居民1000户至3000户 | 居民3000户以上 | 社区居委会（村委会）主任 |
|---|---|---|---|---|---|
| **全 国** | **542019** | **424498** | **100646** | **16875** | **538972** |
| 中央级 | | | | | |
| 北 京 | 3915 | 3564 | 332 | 19 | 3915 |
| 天 津 | 3556 | 3340 | 201 | 15 | 3512 |
| 河 北 | 48724 | 42416 | 5678 | 630 | 48493 |
| 山 西 | 26623 | 23087 | 3093 | 443 | 26417 |
| 内蒙古 | 11057 | 8714 | 2156 | 187 | 11026 |
| 辽 宁 | 11586 | 7562 | 3333 | 691 | 11476 |
| 吉 林 | 9325 | 6339 | 2358 | 628 | 9227 |
| 黑龙江 | 8967 | 5707 | 2885 | 375 | 8916 |
| 上 海 | 1572 | 945 | 568 | 59 | 1545 |
| 江 苏 | 14410 | 7086 | 6064 | 1260 | 14288 |
| 浙 江 | 24711 | 20391 | 4081 | 239 | 24561 |
| 安 徽 | 14516 | 7415 | 5734 | 1367 | 14461 |
| 福 建 | 14358 | 11296 | 2773 | 289 | 14283 |
| 江 西 | 17004 | 11896 | 4538 | 570 | 16967 |
| 山 东 | 69599 | 59485 | 8460 | 1654 | 69424 |
| 河 南 | 45651 | 33682 | 10269 | 1700 | 45365 |
| 湖 北 | 23392 | 19274 | 3729 | 389 | 23338 |
| 湖 南 | 23897 | 17551 | 5258 | 1088 | 23784 |
| 广 东 | 19792 | 13944 | 4408 | 1440 | 19691 |
| 广 西 | 14229 | 10096 | 3775 | 358 | 14117 |
| 海 南 | 2558 | 2254 | 276 | 28 | 2532 |
| 重 庆 | 8031 | 5400 | 2421 | 210 | 8016 |
| 四 川 | 45524 | 36481 | 7419 | 1624 | 45233 |
| 贵 州 | 13295 | 11336 | 1729 | 230 | 13224 |
| 云 南 | 11865 | 8571 | 3093 | 201 | 11758 |
| 西 藏 | 5266 | 5244 | 21 | 1 | 5157 |
| 陕 西 | 17022 | 14409 | 2371 | 242 | 17009 |
| 甘 肃 | 16062 | 13410 | 2233 | 419 | 15978 |
| 青 海 | 4144 | 3574 | 232 | 338 | 4030 |
| 宁 夏 | 2257 | 1876 | 344 | 37 | 2182 |
| 新 疆 | 9111 | 8153 | 814 | 144 | 9047 |

# 委员会

单位：个、人

| #主任、书记“一肩挑” | #中共党员 | #女性 | 社区居委会（村委会）成员 | #中共党员 | #女性 |
|---|---|---|---|---|---|
| **193176** | **393719** | **60011** | **2214899** | **1236004** | **530711** |
| 2129 | 3112 | 329 | 17042 | 13426 | 6620 |
| 2214 | 3020 | 193 | 12204 | 6732 | 3032 |
| 24792 | 36206 | 3426 | 169869 | 86975 | 24778 |
| 4988 | 14195 | 1901 | 101385 | 34385 | 34475 |
| 2549 | 6990 | 960 | 42910 | 21041 | 10618 |
| 3895 | 7193 | 1375 | 46757 | 24609 | 12480 |
| 3014 | 6285 | 1356 | 32106 | 2442 | 9411 |
| 1113 | 4656 | 1328 | 42112 | 20950 | 8762 |
| 581 | 1376 | 513 | 6310 | 4553 | 2223 |
| 4493 | 12232 | 2406 | 74211 | 48553 | 17135 |
| 1888 | 12980 | 1312 | 103347 | 46796 | 27224 |
| 5701 | 12668 | 2175 | 63718 | 40902 | 16502 |
| 4404 | 8866 | 936 | 57022 | 26177 | 13739 |
| 7174 | 10820 | 3923 | 71923 | 29410 | 16445 |
| 40243 | 57859 | 10452 | 254504 | 188654 | 74797 |
| 18431 | 33568 | 5235 | 189564 | 102602 | 36517 |
| 20371 | 22532 | 2065 | 92361 | 62691 | 25060 |
| 8009 | 20844 | 2614 | 85213 | 56533 | 24224 |
| 15427 | 17638 | 1228 | 92148 | 69103 | 21204 |
| 2971 | 10474 | 1079 | 71272 | 47690 | 16682 |
| 2204 | 2294 | 337 | 14915 | 9684 | 3093 |
| 235 | 6831 | 933 | 38900 | 25654 | 12271 |
| 2784 | 31818 | 6835 | 176962 | 94828 | 44143 |
| 641 | 8061 | 1259 | 61850 | 26078 | 12330 |
| 4838 | 8983 | 1076 | 59426 | 39768 | 11487 |
| 1530 | 2905 | 824 | 26808 | 19836 | 5024 |
| 710 | 10574 | 641 | 69488 | 29251 | 14677 |
| 1142 | 9163 | 1913 | 63457 | 26384 | 10044 |
| 388 | 2208 | 292 | 18203 | 6352 | 2645 |
| 814 | 1713 | 145 | 9882 | 5996 | 2668 |
| 3503 | 5655 | 950 | 49030 | 17949 | 10401 |

## C-3-7续表1

| 地区 | 受教育程度 | | 职业资格水平 | |
|---|---|---|---|---|
| | 大学专科人数 | 大学本科及以上人数 | 助理社会工作师人数 | 社会工作师人数 |
| **全　国** | **116189** | **25280** | **5174** | **3248** |
| 中央级 | | | | |
| 北　京 | 3640 | 1447 | 83 | 12 |
| 天　津 | 671 | 225 | 1 | 3 |
| 河　北 | 7174 | 1234 | 212 | 246 |
| 山　西 | 4289 | 921 | 607 | 380 |
| 内蒙古 | 2310 | 514 | 3 | 8 |
| 辽　宁 | 3221 | 556 | 66 | 30 |
| 吉　林 | 243 | 103 | 6 | |
| 黑龙江 | 521 | 75 | 129 | 53 |
| 上　海 | 900 | 786 | 105 | 58 |
| 江　苏 | 6907 | 2183 | 1397 | 375 |
| 浙　江 | 2512 | 715 | 452 | 194 |
| 安　徽 | 8114 | 1127 | 442 | 64 |
| 福　建 | 2978 | 378 | 19 | 10 |
| 江　西 | 3679 | 1043 | 6 | 8 |
| 山　东 | 18502 | 3903 | 244 | 883 |
| 河　南 | 8025 | 1102 | 170 | 330 |
| 湖　北 | 3702 | 542 | 6 | 46 |
| 湖　南 | 3417 | 678 | 80 | 26 |
| 广　东 | 9261 | 1629 | 261 | 107 |
| 广　西 | 1641 | 302 | 43 | 49 |
| 海　南 | 1289 | 50 | | |
| 重　庆 | 8151 | 1386 | 207 | 38 |
| 四　川 | 4442 | 1529 | 450 | 136 |
| 贵　州 | 1821 | 396 | 2 | 2 |
| 云　南 | 797 | 83 | 14 | 24 |
| 西　藏 | 525 | 139 | 2 | 38 |
| 陕　西 | 2794 | 387 | 38 | 10 |
| 甘　肃 | 97 | 21 | 25 | 51 |
| 青　海 | 281 | 187 | 51 | 35 |
| 宁　夏 | 230 | 24 | 35 | 1 |
| 新　疆 | 4055 | 1615 | 18 | 31 |

单位：人、人次、时

| 年龄结构 | | | | 志愿服务 | |
| --- | --- | --- | --- | --- | --- |
| 35岁及以下人数 | 36岁至45岁人数 | 46岁至55岁人数 | 56岁及以上人数 | 志愿者服务人次数 | 志愿服务时间 |
| **390375** | **879864** | **715181** | **229479** | **735014** | **1507412** |
| | | | | | |
| 3717 | 4409 | 6013 | 2903 | 3131 | 12178 |
| 2639 | 3691 | 4292 | 1582 | 7660 | 21104 |
| 17298 | 57661 | 65418 | 29492 | 27023 | 102392 |
| 16786 | 36196 | 34572 | 13831 | 23 | 42 |
| 7376 | 16883 | 13887 | 4764 | 3328 | 4770 |
| | | | | | |
| 6686 | 16187 | 16722 | 7162 | 739 | 1236 |
| 523 | 28896 | 2018 | 669 | | |
| 6264 | 22946 | 10569 | 2333 | 20 | 160 |
| | | | | | |
| 1540 | 2261 | 2039 | 470 | 64447 | 106237 |
| 16934 | 28351 | 22891 | 6035 | 77698 | 206334 |
| 19324 | 39245 | 34821 | 9957 | 27670 | 52655 |
| 12893 | 25968 | 20907 | 3950 | 31483 | 86759 |
| 10408 | 25283 | 17766 | 3565 | 3704 | 5927 |
| 14998 | 35764 | 17636 | 3525 | 6098 | 7554 |
| 40988 | 97085 | 84301 | 32130 | 7 | 16 |
| | | | | | |
| 32030 | 76057 | 59031 | 22446 | 7348 | 11864 |
| 17471 | 36884 | 29943 | 8063 | 132032 | 167156 |
| 14945 | 37559 | 26803 | 5906 | 3869 | 8117 |
| 12903 | 28423 | 38754 | 12068 | 9629 | 18107 |
| 10297 | 23856 | 27731 | 9388 | 27214 | 27214 |
| 1978 | 6086 | 5227 | 1624 | | |
| | | | | | |
| 9111 | 13559 | 13426 | 2804 | 116695 | 202501 |
| 35265 | 69825 | 55106 | 16766 | 13230 | 18121 |
| 14728 | 24264 | 17960 | 4898 | 134109 | 329418 |
| 15780 | 25374 | 15264 | 3008 | 1706 | 11372 |
| 4804 | 9662 | 8525 | 3817 | 1 | |
| | | | | | |
| 9708 | 23249 | 28247 | 8284 | 35401 | 105092 |
| 12843 | 31625 | 15410 | 3579 | 749 | 1087 |
| 3345 | 7812 | 5354 | 1692 | | |
| 2022 | 3807 | 3525 | 528 | | |
| 14771 | 20996 | 11023 | 2240 | | |

C-3-7续表2

| 地区 | 当年完成选举的村委会数 | 当年完成选举的村委会选民登记数 | 本届登记选民数 | 参加投票人数 | 委托投票人数 |
|---|---|---|---|---|---|
| **全 国** | **243042** | **295879769** | **240609596** | **198525230** | **20195116** |
| 中央级 | | | | | |
| 北 京 | | | | | |
| 天 津 | 2584 | 3027163 | 1427415 | 1194769 | 21936 |
| 河 北 | 46839 | 38292208 | 35515505 | 29109914 | 1670227 |
| 山 西 | 2673 | 1175690 | 1041833 | 956341 | 3456 |
| 内蒙古 | 10183 | 8812382 | 8058264 | 6907536 | 441892 |
| 辽 宁 | 333 | 446571 | 305619 | 233178 | 8815 |
| 吉 林 | 2373 | 2679869 | 303983 | 269552 | 100871 |
| 黑龙江 | 2210 | 6302641 | 1824592 | 1504557 | 51608 |
| 上 海 | 589 | 1772584 | 1474029 | 1417185 | 70790 |
| 江 苏 | 4033 | 9676195 | 7007828 | 6105830 | 910269 |
| 浙 江 | | | | | |
| 安 徽 | 7871 | 22441692 | 18442297 | 15890513 | 661924 |
| 福 建 | 13780 | 21850872 | 15799444 | 12635897 | 791944 |
| 江 西 | 3544 | 10353042 | 8582697 | 8450532 | 654487 |
| 山 东 | 41732 | 34721185 | 31858017 | 23205385 | 4725000 |
| 河 南 | 40154 | 53658634 | 48114725 | 37380527 | 2017167 |
| 湖 北 | 20286 | 25703250 | 24863810 | 21784277 | 5600776 |
| 湖 南 | | | | | |
| 广 东 | 245 | 452387 | 449148 | 419577 | 59549 |
| 广 西 | 2920 | 5147156 | 4734701 | 4085895 | 169747 |
| 海 南 | 628 | 540908 | 319008 | 290134 | 27234 |
| 重 庆 | | | | | |
| 四 川 | 15004 | 17389240 | 6564655 | 5637955 | 1008373 |
| 贵 州 | | | | | |
| 云 南 | 1699 | 3885758 | 915467 | 852698 | 25499 |
| 西 藏 | 2236 | 953895 | 910792 | 564149 | |
| 陕 西 | 16750 | 20328460 | 18291369 | 16094712 | 979138 |
| 甘 肃 | 3833 | 5043072 | 2848123 | 2733943 | 47078 |
| 青 海 | 30 | 32023 | 7491 | 5465 | 1322 |
| 宁 夏 | 292 | 936896 | 894822 | 741729 | 145214 |
| 新 疆 | 221 | 255996 | 53962 | 52980 | 800 |

单位：个、人、次

| 经推举产生的村民代表数 | 女性 | 当年召开村民会议次数 | 当年召开村民代表会议的次数 | 自然村 | 村民小组数 |
|---|---|---|---|---|---|
| **11383687** | **1510485** | **424201** | **868693** | **1631338** | **4490805** |
| | | | | 4299 | 33353 |
| 46322 | 9848 | 153 | 1196 | 699 | 25805 |
| 973579 | 68459 | 30242 | 51925 | 40409 | 294360 |
| 104336 | 13456 | 3311 | 9077 | 45406 | 86383 |
| 298057 | 47066 | 41108 | 47372 | 37901 | 57470 |
| 15658 | 4434 | 5258 | 18621 | 26857 | 82158 |
| 104417 | 6651 | 686 | 774 | 9325 | 63599 |
| 77536 | 2455 | 249 | 476 | 9593 | 52891 |
| 49811 | 7783 | 1638 | 1809 | 2095 | 24527 |
| 170038 | 19529 | 13886 | 27903 | 55740 | 205005 |
| | | 4293 | 17205 | 82205 | 240498 |
| 792936 | 266109 | 8458 | 16139 | 126383 | 248699 |
| 482449 | 100364 | 3850 | 7062 | 60256 | 145507 |
| 216506 | 25864 | 18441 | 28466 | 108684 | 173600 |
| 1695332 | 418987 | 142327 | 275669 | 83366 | 388381 |
| 2454219 | 68571 | 12577 | 19396 | 105220 | 337558 |
| 1007720 | 93143 | 9084 | 12333 | 95775 | 177308 |
| | | 14201 | 31741 | 90164 | 389394 |
| 36890 | 7985 | 26787 | 82288 | 144814 | 217799 |
| 95666 | 18434 | 8827 | 8558 | 158059 | 222389 |
| 17778 | 3472 | 480 | 680 | 16281 | 24020 |
| | | | | 5743 | 68158 |
| 812653 | 87297 | 18389 | 32112 | 38189 | 322880 |
| | | 20964 | 31432 | 81374 | 138928 |
| 407357 | 94759 | 1110 | 1545 | 114621 | 147165 |
| 58387 | 7536 | | | 14587 | 16949 |
| 1164723 | 97956 | 36107 | 142589 | 35935 | 116189 |
| 225176 | 35753 | 740 | 938 | 25873 | 78335 |
| 3560 | 20 | | | 2493 | 66100 |
| 57547 | 2103 | 474 | 1143 | 3924 | 12938 |
| 15034 | 2451 | 561 | 244 | 5068 | 32459 |

# C-3-8 社区

| 地区 | 单位数 | 居民1000户以下 | 居民1000户至3000户 | 居民3000户以上 | 社区居委会（村委会）主任 |
|---|---|---|---|---|---|
| **全国** | **107869** | **42821** | **45477** | **19571** | **106247** |
| 中央级 | | | | | |
| 北京 | 3209 | 724 | 1964 | 521 | 3209 |
| 天津 | 1657 | 297 | 1064 | 296 | 1627 |
| 河北 | 4233 | 1677 | 1890 | 666 | 4129 |
| 山西 | 2593 | 825 | 1383 | 385 | 2556 |
| 内蒙古 | 2433 | 801 | 1167 | 465 | 2427 |
| 辽宁 | 4427 | 784 | 2072 | 1571 | 4344 |
| 吉林 | 1897 | 514 | 938 | 445 | 1880 |
| 黑龙江 | 2582 | 634 | 1247 | 701 | 2526 |
| 上海 | 4416 | 1312 | 2828 | 276 | 4254 |
| 江苏 | 7330 | 2229 | 3676 | 1425 | 7206 |
| 浙江 | 4680 | 2087 | 1935 | 658 | 4555 |
| 安徽 | 3435 | 963 | 1669 | 803 | 3395 |
| 福建 | 2576 | 1204 | 1071 | 301 | 2515 |
| 江西 | 3683 | 1828 | 1564 | 291 | 3662 |
| 山东 | 7386 | 4192 | 2051 | 1143 | 7363 |
| 河南 | 5975 | 3166 | 1967 | 842 | 5863 |
| 湖北 | 4528 | 1685 | 1567 | 1276 | 4446 |
| 湖南 | 5327 | 2447 | 2049 | 831 | 5249 |
| 广东 | 6794 | 2208 | 2981 | 1605 | 6741 |
| 广西 | 2055 | 684 | 872 | 499 | 2038 |
| 海南 | 594 | 306 | 234 | 54 | 579 |
| 重庆 | 3128 | 932 | 1219 | 977 | 3096 |
| 四川 | 7482 | 3843 | 2244 | 1395 | 7393 |
| 贵州 | 4189 | 2679 | 1180 | 330 | 4114 |
| 云南 | 2551 | 961 | 1103 | 487 | 2505 |
| 西藏 | 228 | 219 | 9 | | 227 |
| 陕西 | 2837 | 1184 | 1105 | 548 | 2803 |
| 甘肃 | 1392 | 604 | 578 | 210 | 1383 |
| 青海 | 478 | 248 | 171 | 59 | 475 |
| 宁夏 | 543 | 129 | 242 | 172 | 514 |
| 新疆 | 3231 | 1455 | 1437 | 339 | 3173 |

# 居委会

单位：个、人

| #主任、书记“一肩挑” | #中共党员 | #女性 | 社区居委会（村委会）成员 | #中共党员 | #女性 |
|---|---|---|---|---|---|
| **48250** | **85587** | **42445** | **578618** | **316245** | **291439** |
| 2124 | 2920 | 2027 | 21547 | 11003 | 15324 |
| 1413 | 1491 | 1023 | 11167 | 4892 | 7938 |
| 2532 | 3479 | 1935 | 21682 | 10774 | 12576 |
| 1027 | 1767 | 1007 | 12982 | 4971 | 7169 |
| 1153 | 1980 | 1488 | 12824 | 6633 | 8338 |
| 3300 | 3749 | 2914 | 28744 | 15516 | 20977 |
| 995 | 1364 | 941 | 7877 | 2059 | 4153 |
| 980 | 1732 | 1676 | 13602 | 4965 | 8472 |
| 2031 | 2965 | 2749 | 22270 | 9774 | 14448 |
| 2423 | 5686 | 2645 | 41294 | 25526 | 17963 |
| 1559 | 3376 | 1787 | 21131 | 12248 | 10900 |
| 1413 | 2923 | 1147 | 18799 | 11422 | 8711 |
| 747 | 1785 | 963 | 13842 | 6538 | 6544 |
| 1439 | 2350 | 1371 | 16935 | 6546 | 7251 |
| 4694 | 6683 | 2528 | 34680 | 24255 | 14167 |
| 2525 | 4656 | 1949 | 31239 | 15581 | 13532 |
| 3528 | 4135 | 1715 | 23358 | 16046 | 11931 |
| 2210 | 4832 | 1475 | 24222 | 16011 | 10291 |
| 5801 | 6499 | 2178 | 41113 | 29849 | 19369 |
| 487 | 1658 | 754 | 13018 | 7736 | 6613 |
| 485 | 499 | 100 | 4096 | 1872 | 1054 |
| 471 | 2794 | 1154 | 19258 | 12349 | 10473 |
| 817 | 5717 | 2272 | 33718 | 19522 | 13375 |
| 531 | 2583 | 1117 | 24140 | 9778 | 9766 |
| 909 | 2006 | 544 | 14847 | 9325 | 4954 |
| 68 | 175 | 40 | 1402 | 1103 | 345 |
| 591 | 2019 | 846 | 15239 | 6888 | 7929 |
| 464 | 902 | 576 | 6986 | 2634 | 3164 |
| 198 | 328 | 202 | 2842 | 1305 | 1455 |
| 385 | 464 | 347 | 3475 | 1869 | 2888 |
| 950 | 2070 | 975 | 20289 | 7255 | 9369 |

C-3-8续表1

| 地区 | 受教育程度 | | 职业资格水平 | |
| --- | --- | --- | --- | --- |
| | 大学专科人数 | 大学本科及以上人数 | 助理社会工作师人数 | 社会工作师人数 |
| **全 国** | **98449** | **61429** | **26681** | **11785** |
| 中央级 | | | | |
| 北 京 | 4742 | 5350 | 3271 | 1415 |
| 天 津 | 1977 | 2927 | 1257 | 382 |
| 河 北 | 4050 | 2750 | 322 | 262 |
| 山 西 | 2856 | 1646 | 704 | 439 |
| 内蒙古 | 3302 | 1986 | 114 | 54 |
| 辽 宁 | 5983 | 4049 | 1940 | 866 |
| 吉 林 | 1011 | 872 | 177 | 95 |
| 黑龙江 | 1625 | 768 | 227 | 86 |
| 上 海 | 4581 | 3773 | 1629 | 570 |
| 江 苏 | 5205 | 3772 | 4126 | 1587 |
| 浙 江 | 1998 | 2199 | 1891 | 1095 |
| 安 徽 | 4174 | 1731 | 1263 | 490 |
| 福 建 | 1571 | 497 | 449 | 309 |
| 江 西 | 1302 | 526 | 400 | 143 |
| 山 东 | 6908 | 4680 | 1097 | 695 |
| 河 南 | 4634 | 2171 | 346 | 168 |
| 湖 北 | 4714 | 2063 | 947 | 444 |
| 湖 南 | 3059 | 1476 | 619 | 225 |
| 广 东 | 10647 | 7023 | 1856 | 916 |
| 广 西 | 2492 | 1230 | 355 | 104 |
| 海 南 | 628 | 156 | 1 | |
| 重 庆 | 6944 | 3420 | 1584 | 813 |
| 四 川 | 3918 | 1394 | 1058 | 284 |
| 贵 州 | 2345 | 517 | 40 | 13 |
| 云 南 | 766 | 379 | 207 | 31 |
| 西 藏 | 54 | 47 | | |
| 陕 西 | 2416 | 1305 | 459 | 195 |
| 甘 肃 | 417 | 370 | 85 | 25 |
| 青 海 | 604 | 233 | 22 | 11 |
| 宁 夏 | 478 | 188 | 63 | 9 |
| 新 疆 | 3048 | 1931 | 172 | 59 |

单位：人、人次、时

| 年龄结构 | | | | 志愿服务 | |
|---|---|---|---|---|---|
| 35岁及以下人数 | 36岁至45岁人数 | 46岁至55岁人数 | 56岁及以上人数 | 志愿者服务人次数 | 志愿服务时间 |
| **167470** | **229193** | **143856** | **38099** | **698345** | **1965611** |
| | | | | | |
| 6464 | 7425 | 5494 | 2164 | 68090 | 162784 |
| 5428 | 3225 | 1834 | 680 | 659 | 822 |
| 6758 | 8138 | 5347 | 1439 | 4045 | 9111 |
| 4087 | 5370 | 2736 | 789 | | |
| 4400 | 5197 | 2770 | 457 | 14219 | 41458 |
| | | | | | |
| 10329 | 11099 | 6144 | 1172 | 58 | 61 |
| 1305 | 5642 | 740 | 190 | | |
| 3903 | 6675 | 2419 | 605 | | |
| | | | | | |
| 4799 | 7096 | 6057 | 4318 | 6955 | 12480 |
| 11834 | 15738 | 11075 | 2647 | 116415 | 285290 |
| 6562 | 8513 | 5002 | 1054 | 97692 | 499465 |
| 5541 | 7380 | 5178 | 700 | 21809 | 77599 |
| 3966 | 5819 | 3347 | 710 | 1131 | 3160 |
| 4210 | 8537 | 3626 | 562 | 240 | 540 |
| 8419 | 13217 | 10028 | 3016 | 402 | 805 |
| | | | | | |
| 8707 | 12560 | 7827 | 2145 | 237 | 617 |
| 6379 | 9659 | 6164 | 1156 | 71036 | 167917 |
| 6584 | 10570 | 5973 | 1095 | 12890 | 35643 |
| 11070 | 15218 | 11625 | 3200 | 8385 | 25051 |
| 3307 | 4976 | 3653 | 1082 | | |
| 1180 | 1579 | 1008 | 329 | | |
| | | | | | |
| 6723 | 6753 | 4819 | 963 | 151249 | 318739 |
| 9297 | 13255 | 8905 | 2261 | 19618 | 24476 |
| 5735 | 8963 | 7278 | 2164 | 73496 | 219521 |
| 3593 | 6127 | 4089 | 1038 | 170 | 442 |
| 416 | 501 | 417 | 68 | | |
| | | | | | |
| 4163 | 5491 | 4452 | 1133 | 9596 | 29885 |
| 2138 | 3200 | 1416 | 232 | 127 | 134 |
| 1016 | 1316 | 423 | 87 | | |
| 1236 | 1643 | 557 | 39 | | |
| 7921 | 8311 | 3453 | 604 | 19826 | 49612 |

C-3-8续表2

| 地　区 | 当年完成选举的居委会数 | 当年完成选举的居委会选民登记数 | 本届登记选民数 |
|---|---|---|---|
| **全　国** | **33096** | **63143247** | **44296221** |
| 中央级 | | | |
| 北　京 | | | |
| 天　津 | 561 | 1010511 | 360959 |
| 河　北 | 3504 | 2371914 | 1931446 |
| 山　西 | 108 | 279969 | 171116 |
| 内蒙古 | 2172 | 4096140 | 3535085 |
| 辽　宁 | 61 | 133813 | 11756 |
| 吉　林 | 521 | 637415 | 80048 |
| 黑龙江 | 443 | 1698440 | 1109636 |
| 上　海 | 2519 | 5119086 | 3621284 |
| 江　苏 | 1957 | 5628568 | 2984851 |
| 浙　江 | | | |
| 安　徽 | 2025 | 7231886 | 4876127 |
| 福　建 | 2300 | 4493512 | 2924957 |
| 江　西 | 564 | 1441225 | 1135519 |
| 山　东 | 4128 | 4825540 | 4148821 |
| 河　南 | 4904 | 8574248 | 7023813 |
| 湖　北 | 2542 | 4412089 | 4181707 |
| 湖　南 | | | |
| 广　东 | 32 | 117720 | 117720 |
| 广　西 | 446 | 1438934 | 1223174 |
| 海　南 | 102 | 161582 | 160424 |
| 重　庆 | 2 | 30612 | 30612 |
| 四　川 | 1926 | 4249516 | 1975715 |
| 贵　州 | 26 | 29225 | 26137 |
| 云　南 | 443 | 1514319 | 202724 |
| 西　藏 | 52 | 57927 | 24277 |
| 陕　西 | 960 | 1368833 | 1054365 |
| 甘　肃 | 575 | 1676493 | 1167540 |
| 青　海 | 9 | 29421 | 15044 |
| 宁　夏 | 3 | 83138 | 17268 |
| 新　疆 | 211 | 431171 | 184096 |

单位：个、人

| 参加投票人数 | 委托投票人数 | 居委会小组数 |
|---|---|---|
| **32030149** | **2129892** | **1562980** |
| | | |
| | | 47023 |
| 289544 | 60165 | 53079 |
| 1404835 | 51202 | 48673 |
| 201506 | 953 | 15887 |
| 2163777 | 30399 | 26610 |
| | | |
| 9597 | | 124124 |
| 72858 | 191 | 56918 |
| 739904 | 5111 | 44804 |
| | | |
| 3281273 | 212235 | 255404 |
| 2392484 | 299523 | 117261 |
| | | 77754 |
| 3891390 | 143125 | 50783 |
| 1598228 | 28799 | 30529 |
| 1026505 | 56484 | 25557 |
| 2737674 | 381167 | 95954 |
| | | |
| 4824865 | 182848 | 52027 |
| 2838026 | 315007 | 45917 |
| | | 61664 |
| 111755 | | 49708 |
| 997380 | 33187 | 41081 |
| 151469 | 4725 | 4827 |
| | | |
| 25376 | 2400 | 31332 |
| 1659480 | 245611 | 61903 |
| 19997 | 2255 | 48796 |
| 181514 | 3298 | 22944 |
| 24091 | 2 | 2600 |
| | | |
| 846682 | 60770 | 21201 |
| 462045 | 6657 | 10595 |
| 14436 | 69 | 25783 |
| 12207 | 25 | 2991 |
| 51251 | 3684 | 9251 |

# C-3-9 其他社会服务

| 地区 | 单位数 | 市场监管部门登记 | 编制部门登记 | 民政部门登记 | 年末职工人数 | #女性 | 受教育程度 | |
|---|---|---|---|---|---|---|---|---|
| | | | | | | | 大学专科人数 | 大学本科及以上人数 |
| **全 国** | **5157** | **904** | **3754** | **428** | **87331** | **28144** | **24696** | **12702** |
| 中央级 | | | | | | | | |
| 北 京 | 63 | 5 | 58 | | 1674 | 569 | 373 | 529 |
| 天 津 | 36 | 3 | 27 | 5 | 805 | 257 | 184 | 239 |
| 河 北 | 208 | 5 | 201 | 2 | 3513 | 961 | 804 | 409 |
| 山 西 | 80 | 22 | 55 | 3 | 1176 | 374 | 329 | 252 |
| 内蒙古 | 152 | 25 | 123 | 4 | 1931 | 567 | 710 | 304 |
| 辽 宁 | 555 | 53 | 235 | 267 | 6221 | 1931 | 1787 | 1070 |
| 吉 林 | 186 | 41 | 144 | 1 | 4414 | 923 | 1589 | 473 |
| 黑龙江 | 176 | 28 | 134 | 2 | 3120 | 990 | 935 | 495 |
| 上 海 | 89 | 54 | 35 | | 3653 | 1505 | 786 | 513 |
| 江 苏 | 308 | 61 | 217 | 18 | 4906 | 1644 | 1419 | 971 |
| 浙 江 | 258 | 66 | 181 | 8 | 3746 | 982 | 934 | 618 |
| 安 徽 | 173 | 29 | 129 | 9 | 3160 | 1063 | 866 | 321 |
| 福 建 | 158 | 37 | 118 | 3 | 2806 | 765 | 466 | 255 |
| 江 西 | 141 | 12 | 117 | 7 | 1701 | 515 | 338 | 80 |
| 山 东 | 267 | 24 | 232 | 11 | 4519 | 1397 | 1613 | 987 |
| 河 南 | 276 | 34 | 242 | | 5894 | 1914 | 1717 | 557 |
| 湖 北 | 230 | 24 | 198 | 7 | 4057 | 1546 | 1533 | 471 |
| 湖 南 | 216 | 37 | 179 | | 3001 | 1036 | 1074 | 442 |
| 广 东 | 292 | 52 | 222 | 14 | 7229 | 2054 | 1783 | 1002 |
| 广 西 | 143 | 27 | 115 | | 2102 | 820 | 750 | 395 |
| 海 南 | 15 | 6 | 8 | | 311 | 54 | 43 | 24 |
| 重 庆 | 147 | 36 | 92 | 11 | 2132 | 900 | 652 | 417 |
| 四 川 | 314 | 50 | 250 | 8 | 4556 | 1694 | 1181 | 463 |
| 贵 州 | 139 | 66 | 68 | 2 | 3827 | 1356 | 828 | 421 |
| 云 南 | 177 | 13 | 158 | | 1480 | 394 | 516 | 271 |
| 西 藏 | 2 | | 2 | | 30 | 8 | 15 | 9 |
| 陕 西 | 140 | 36 | 95 | 9 | 2730 | 943 | 710 | 391 |
| 甘 肃 | 74 | 25 | 38 | 11 | 1110 | 373 | 240 | 119 |
| 青 海 | 16 | 11 | 5 | | 192 | 52 | 43 | 15 |
| 宁 夏 | 36 | 14 | 12 | 9 | 357 | 143 | 56 | 36 |
| 新 疆 | 90 | 8 | 64 | 17 | 978 | 414 | 422 | 153 |

# 机构总表

单位：个、人、人次、时

| 职业资格水平 | | 年龄结构 | | | | 志愿服务 | |
|---|---|---|---|---|---|---|---|
| 助理社会工作师人数 | 社会工作师人数 | 35岁及以下人数 | 36岁至45岁人数 | 46岁至55岁人数 | 56岁及以上人数 | 志愿者服务人次数 | 志愿服务时间 |
| **1065** | **1004** | **26131** | **33143** | **21604** | **904** | **3754** | **499** |
| | | | | | | | |
| 55 | 35 | 519 | 525 | 486 | 5 | 58 | |
| 1 | 3 | 207 | 213 | 218 | 3 | 27 | 6 |
| 9 | 31 | 1087 | 1438 | 765 | 5 | 201 | 2 |
| 13 | 6 | 370 | 415 | 305 | 22 | 55 | 3 |
| 9 | 18 | 531 | 703 | 546 | 25 | 123 | 4 |
| | | | | | | | |
| 79 | 74 | 1815 | 2331 | 1637 | 53 | 235 | 267 |
| 9 | 7 | 1183 | 1575 | 1211 | 41 | 144 | 1 |
| 18 | 20 | 758 | 1419 | 756 | 28 | 134 | 14 |
| | | | | | | | |
| 16 | 16 | 1024 | 1287 | 896 | 54 | 35 | |
| 127 | 124 | 1408 | 1866 | 1234 | 61 | 217 | 30 |
| 53 | 67 | 875 | 1334 | 1113 | 66 | 181 | 11 |
| 50 | 28 | 928 | 1222 | 825 | 29 | 129 | 15 |
| 49 | 53 | 786 | 1157 | 668 | 37 | 118 | 3 |
| 20 | 19 | 497 | 719 | 389 | 12 | 117 | 12 |
| 94 | 140 | 1417 | 1709 | 1066 | 24 | 232 | 11 |
| | | | | | | | |
| 46 | 39 | 2531 | 2103 | 995 | 34 | 242 | |
| 49 | 41 | 1316 | 1555 | 926 | 24 | 198 | 8 |
| 27 | 22 | 1088 | 1217 | 580 | 37 | 179 | |
| 127 | 88 | 1905 | 2830 | 1987 | 52 | 222 | 18 |
| 30 | 23 | 731 | 789 | 456 | 27 | 115 | 1 |
| | | 50 | 100 | 110 | 6 | 8 | 1 |
| | | | | | | | |
| 50 | 37 | 612 | 802 | 592 | 36 | 92 | 19 |
| 38 | 35 | 1228 | 1869 | 1200 | 50 | 250 | 14 |
| 8 | 10 | 1184 | 1563 | 850 | 66 | 68 | 5 |
| 23 | 22 | 507 | 581 | 242 | 13 | 158 | 6 |
| | 1 | 9 | 15 | 5 | | 2 | |
| | | | | | | | |
| 14 | 29 | 810 | 922 | 770 | 36 | 95 | 9 |
| 8 | 13 | 294 | 359 | 366 | 25 | 38 | 11 |
| 5 | | 46 | 81 | 45 | 11 | 5 | |
| 27 | 2 | 34 | 121 | 143 | 14 | 12 | 10 |
| 11 | 1 | 381 | 323 | 222 | 8 | 64 | 18 |

C-3-9续表

| 地区 | 企业会计制度财务指标 | | | |
|---|---|---|---|---|
| | 固定资产原价 | 营业收入 | 费用合计 | 营业利润 |
| **全　国** | **1272351.7** | **1237902.1** | **317669.8** | **235448.7** |
| 中央级 | | | | |
| 北　京 | 34477.6 | 57227.3 | 20817.3 | 21165.7 |
| 天　津 | 117536.2 | 3151.2 | 1664.2 | 319.8 |
| 河　北 | 9521.0 | 8012.0 | 4980.5 | -646.8 |
| 山　西 | 30820.1 | 15332.3 | 13127.4 | 1036.8 |
| 内蒙古 | 13862.2 | 9973.4 | 4688.1 | 880.3 |
| 辽　宁 | 63601.0 | 27352.7 | 16879.7 | 1001.6 |
| 吉　林 | 22049.9 | 3957.9 | 969.7 | 86.8 |
| 黑龙江 | 20694.0 | 9797.8 | 5794.4 | 533.3 |
| 上　海 | 251799.9 | 499002.4 | 66127.6 | 103187.2 |
| 江　苏 | 43707.3 | 77678.8 | 13385.6 | 45884.7 |
| 浙　江 | 24912.6 | 52391.9 | 15958.3 | 11964.6 |
| 安　徽 | 17848.0 | 16195.9 | 5072.7 | 3953.3 |
| 福　建 | 112955.7 | 24846.0 | 11577.4 | 1344.8 |
| 江　西 | 15058.1 | 5683.1 | 3064.3 | -85.5 |
| 山　东 | 22710.7 | 7938.5 | 2894.0 | 845.5 |
| 河　南 | 26847.4 | 10439.5 | 4110.9 | 2113.0 |
| 湖　北 | 21101.2 | 22060.0 | 7572.3 | 3791.0 |
| 湖　南 | 30057.4 | 10537.1 | 4449.7 | 958.7 |
| 广　东 | 53926.2 | 70537.9 | 21381.6 | 14734.9 |
| 广　西 | 37315.0 | 103680.0 | 15152.2 | 7372.2 |
| 海　南 | 920.8 | 4917.6 | 3435.3 | 423.2 |
| 重　庆 | 34151.4 | 37277.0 | 14679.3 | 2421.6 |
| 四　川 | 71475.9 | 45241.3 | 20541.4 | 3558.0 |
| 贵　州 | 104106.6 | 59284.4 | 23417.3 | 6402.3 |
| 云　南 | 14062.5 | 2983.4 | 795.9 | 689.2 |
| 西　藏 | 367.2 | | | |
| 陕　西 | 23720.1 | 29371.7 | 13552.7 | 1048.7 |
| 甘　肃 | 9866.6 | 21826.4 | 1246.2 | 465.6 |
| 青　海 | 2591.0 | 30.0 | 30.0 | |
| 宁　夏 | 4526.5 | 919.1 | 269.6 | -1.8 |
| 新　疆 | 35761.6 | 255.5 | 34.2 | |

单位：万元

| 事业单位会计制度财务指标 | | | 民间非营利组织会计制度财务指标 | | |
|---|---|---|---|---|---|
| 固定资产原价 | 本年收入合计 | 本年支出合计 | 固定资产原价 | 本年收入合计 | 本年费用合计 |
| **2101399.8** | **1589457.0** | **1509782.2** | **85117.5** | **27478.5** | **22128.4** |
| | | | | | |
| 106617.7 | 118614.6 | 108294.8 | | | |
| 44714.1 | 56364.3 | 62081.6 | 0.5 | 21.0 | 3.0 |
| 90135.8 | 52793.1 | 54754.9 | 296.0 | 209.8 | 21.1 |
| 36565.5 | 17831.4 | 17683.1 | 513.0 | 13.0 | 14.0 |
| 37631.0 | 31405.9 | 30506.7 | 1919.0 | 751.4 | 436.6 |
| | | | | | |
| 124352.0 | 90763.5 | 84726.8 | 13803.9 | 2927.1 | 1793.0 |
| 81465.2 | 20868.6 | 19463.8 | 890.0 | | 10.0 |
| 76549.7 | 45495.4 | 43532.9 | 247.0 | 207.0 | 82.9 |
| | | | | | |
| 5326.5 | 17816.5 | 16526.4 | | | |
| 200596.6 | 139191.8 | 134226.9 | 7847.8 | 7995.9 | 4799.4 |
| 118268.6 | 117761.2 | 111167.3 | 456.6 | 824.8 | 690.3 |
| 61374.3 | 53060.2 | 50917.1 | 1675.5 | 1357.4 | 737.7 |
| 44483.8 | 32552.5 | 31147.0 | 634.0 | 2.0 | 45.0 |
| 26363.3 | 20289.0 | 22105.9 | 1964.5 | 244.0 | 2191.3 |
| 125238.4 | 92847.6 | 90218.6 | 3620.5 | 1573.2 | 1659.1 |
| | | | | | |
| 56663.8 | 33135.8 | 32941.1 | | | |
| 130779.1 | 99715.6 | 84515.7 | 2532.8 | 649.5 | 1308.2 |
| 81403.1 | 55113.7 | 53142.0 | | | |
| 281691.8 | 227763.4 | 214453.8 | 4239.8 | 1130.4 | 980.9 |
| 52369.5 | 39029.1 | 36578.3 | | | |
| 8087.0 | 6183.0 | 5629.8 | | | |
| | | | | | |
| 42644.6 | 49090.0 | 44245.3 | 16255.0 | 2868.7 | 3010.4 |
| 97597.9 | 82188.6 | 75654.3 | 13424.5 | 1573.7 | 2237.2 |
| 35361.7 | 5707.8 | 7653.6 | 163.9 | 3111.5 | 839.7 |
| 49245.9 | 19129.8 | 16814.2 | 58.0 | 28.5 | 34.5 |
| 1908.6 | 1748.9 | 458.4 | | | |
| | | | | | |
| 35984.5 | 38008.5 | 36269.5 | 4992.2 | 418.4 | 490.3 |
| 23378.2 | 14252.7 | 13783.8 | 1131.0 | 225.5 | 53.4 |
| 1573.1 | 826.4 | 804.4 | | | |
| 7834.7 | 4481.9 | 3875.6 | 4043.6 | 86.6 | 28.4 |
| 15193.8 | 5426.2 | 5608.6 | 4408.4 | 1259.1 | 662.0 |

# C-3-10 婚姻登记

| 地区 | 单位数 | | | 年末职工人数 | #女性 | 受教育程度 | |
|---|---|---|---|---|---|---|---|
| | | 编制部门登记 | 民政部门登记 | | | 大学专科人数 | 大学本科及以上人数 |
| **全国** | **1114** | **1043** | **71** | **7264** | **4841** | **2858** | **2500** |
| 中央级 | | | | | | | |
| 北京 | 10 | 10 | | 100 | 80 | 15 | 76 |
| 天津 | 2 | 1 | 1 | 8 | 3 | | 5 |
| 河北 | 36 | 36 | | 342 | 220 | 105 | 81 |
| 山西 | 19 | 19 | | 110 | 79 | 41 | 53 |
| 内蒙古 | 28 | 28 | | 142 | 93 | 76 | 58 |
| 辽宁 | 91 | 91 | | 631 | 436 | 217 | 309 |
| 吉林 | 63 | 63 | | 472 | 295 | 132 | 102 |
| 黑龙江 | 42 | 30 | 12 | 262 | 172 | 92 | 78 |
| 上海 | 17 | 17 | | 169 | 136 | 41 | 106 |
| 江苏 | 78 | 66 | 12 | 532 | 380 | 179 | 207 |
| 浙江 | 43 | 40 | 3 | 237 | 171 | 89 | 114 |
| 安徽 | 32 | 26 | 6 | 226 | 153 | 106 | 64 |
| 福建 | 25 | 25 | | 85 | 53 | 30 | 33 |
| 江西 | 32 | 27 | 5 | 133 | 96 | 51 | 13 |
| 山东 | 88 | 88 | | 723 | 482 | 318 | 296 |
| 河南 | 40 | 40 | | 331 | 204 | 121 | 51 |
| 湖北 | 84 | 83 | 1 | 560 | 408 | 279 | 135 |
| 湖南 | 75 | 75 | | 499 | 271 | 235 | 102 |
| 广东 | 56 | 52 | 4 | 404 | 270 | 175 | 158 |
| 广西 | 53 | 52 | 1 | 235 | 156 | 117 | 74 |
| 海南 | 2 | 1 | 1 | 11 | 6 | 5 | 3 |
| 重庆 | 44 | 36 | 8 | 251 | 172 | 83 | 147 |
| 四川 | 65 | 59 | 6 | 332 | 200 | 162 | 71 |
| 贵州 | 17 | 14 | 3 | 76 | 28 | 27 | 23 |
| 云南 | 23 | 17 | 6 | 86 | 54 | 31 | 32 |
| 西藏 | | | | | | | |
| 陕西 | 26 | 26 | | 221 | 153 | 93 | 82 |
| 甘肃 | 8 | 8 | | 26 | 21 | 8 | 5 |
| 青海 | | | | | | | |
| 宁夏 | 1 | | 1 | 2 | 2 | | |
| 新疆 | 14 | 13 | 1 | 58 | 47 | 30 | 22 |

# 服务机构

单位：个、人、人次、时

| 职业资格水平 | | 年龄结构 | | | | 志愿服务 | |
|---|---|---|---|---|---|---|---|
| 助理社会工作师人数 | 社会工作师人数 | 35岁及以下人数 | 36岁至45岁人数 | 46岁至55岁人数 | 56岁及以上人数 | 志愿者服务人次数 | 志愿服务时间 |
| **189** | **231** | **3067** | **3024** | **1080** | **93** | **14057** | **37847** |
| | | | | | | | |
| | | | | | | | |
| 4 | 3 | 36 | 49 | 14 | 1 | 142 | 445 |
| | 1 | 5 | | 2 | 1 | | |
| | 14 | 137 | 164 | 39 | 2 | 227 | 698 |
| 2 | 2 | 59 | 46 | 5 | | | |
| | | 33 | 71 | 34 | 4 | | |
| | | | | | | | |
| 12 | 17 | 249 | 268 | 104 | 10 | 13 | 20 |
| 3 | 5 | 167 | 197 | 102 | 6 | | |
| 2 | | 117 | 121 | 22 | 2 | | |
| | | | | | | | |
| 5 | 11 | 79 | 67 | 17 | 6 | | |
| 28 | 27 | 273 | 181 | 69 | 9 | 308 | 1011 |
| 12 | 16 | 103 | 101 | 28 | 5 | 4947 | 9811 |
| 4 | 11 | 89 | 83 | 54 | | 334 | 711 |
| 6 | 8 | 39 | 36 | 9 | 1 | 219 | 325 |
| | 1 | 57 | 63 | 13 | | 300 | 900 |
| 28 | 37 | 301 | 306 | 108 | 8 | 2747 | 8099 |
| | | | | | | | |
| 4 | 11 | 187 | 99 | 32 | 13 | 29 | 90 |
| 13 | 6 | 213 | 238 | 103 | 6 | 438 | 814 |
| 8 | 6 | 243 | 196 | 58 | 2 | 297 | 799 |
| 16 | 14 | 165 | 165 | 69 | 5 | 886 | 1153 |
| 3 | 5 | 69 | 118 | 45 | 3 | 2 | 4 |
| | | 7 | 4 | | | | |
| | | | | | | | |
| 25 | 20 | 112 | 104 | 35 | | 1446 | 6987 |
| 7 | 4 | 131 | 155 | 43 | 3 | 141 | 217 |
| 2 | 3 | 27 | 19 | 27 | 3 | 973 | 4063 |
| 5 | 4 | 37 | 41 | 6 | 2 | 14 | 40 |
| | | | | | | | |
| | | | | | | | |
| | 4 | 98 | 92 | 31 | | 527 | 1470 |
| | | 19 | 3 | 3 | 1 | 25 | 69 |
| | | | | | | | |
| | | | 2 | | | | |
| | 1 | 15 | 35 | 8 | | 42 | 121 |

C-3-10续表

| 地区 | 办理婚姻登记事务的处数 | 可办理婚姻登记的乡镇机关数 | 事业单位会计制度财务指标 固定资产原价 | 本年收入合计 |
|---|---|---|---|---|
| **全国** | **4649** | **848** | **22511.1** | **55648.5** |
| 中央级 | | | | |
| 北京 | 18 | 2 | 800.3 | 2167.9 |
| 天津 | 20 | | 23.8 | 113.0 |
| 河北 | 199 | 12 | 464.8 | 1484.2 |
| 山西 | 130 | 1 | 68.9 | 474.7 |
| 内蒙古 | 114 | 9 | 220.7 | 974.4 |
| 辽宁 | 197 | 48 | 1362.6 | 4174.0 |
| 吉林 | 68 | | 809.9 | 1990.8 |
| 黑龙江 | 197 | 16 | 438.2 | 551.6 |
| 上海 | 20 | | 1940.1 | 7246.3 |
| 江苏 | 106 | | 1221.0 | 4839.8 |
| 浙江 | 110 | 5 | 514.1 | 3369.7 |
| 安徽 | 115 | | 687.0 | 1260.2 |
| 福建 | 117 | 24 | 325.8 | 901.8 |
| 江西 | 125 | 18 | 513.2 | 232.6 |
| 山东 | 166 | 1 | 2817.6 | 5436.2 |
| 河南 | 189 | 3 | 239.6 | 823.6 |
| 湖北 | 116 | 7 | 1308.0 | 3736.8 |
| 湖南 | 149 | 7 | 1549.1 | 2196.0 |
| 广东 | 297 | 55 | 2024.0 | 3933.0 |
| 广西 | 132 | 4 | 644.8 | 987.4 |
| 海南 | 185 | 44 | 0.1 | |
| 重庆 | 51 | 1 | 2187.1 | 4269.7 |
| 四川 | 262 | 95 | 1627.9 | 1812.4 |
| 贵州 | 636 | 348 | 106.4 | 97.0 |
| 云南 | 183 | 41 | 141.6 | 396.4 |
| 西藏 | 75 | 1 | | |
| 陕西 | 152 | 21 | 360.7 | 1895.3 |
| 甘肃 | 101 | 14 | 16.6 | 61.5 |
| 青海 | 203 | 50 | | |
| 宁夏 | 51 | 1 | 3.0 | 5.0 |
| 新疆 | 165 | 20 | 94.2 | 217.2 |

单位：处、个、万元

| | 民间非营利组织会计制度财务指标 | | |
|---|---|---|---|
| 本年支出合计 | 固定资产原价 | 本年收入合计 | 本年费用合计 |
| **57387.1** | **783.3** | **1291.1** | **1555.8** |
| | | | |
| | | | |
| 2157.3 | | | |
| 110.9 | 0.5 | 3.0 | 3.0 |
| 1561.9 | | | |
| 525.4 | | | |
| 1037.6 | | 25.0 | 25.0 |
| | | | |
| 4264.4 | | | |
| 2121.7 | | | |
| 626.2 | 56.0 | 87.0 | 28.5 |
| | | | |
| 7174.2 | | | |
| 5174.2 | 81.6 | 422.5 | 92.4 |
| 3567.9 | 168.0 | 218.0 | 122.5 |
| 1444.3 | 84.9 | 128.1 | 70.5 |
| 863.2 | | | |
| 300.2 | 214.5 | 77.0 | 35.3 |
| 5366.6 | | | |
| | | | |
| 729.3 | | | |
| 3833.5 | 12.0 | 15.0 | 11.5 |
| 2153.9 | | | |
| 4327.9 | 23.0 | 53.4 | 48.9 |
| 1055.2 | | | |
| 1.4 | | | |
| | | | |
| 4378.8 | 54.0 | 159.0 | 174.7 |
| 1822.2 | 24.9 | 69.1 | 104.6 |
| 148.9 | 4.9 | 5.5 | 804.4 |
| 389.9 | 58.0 | 28.5 | 34.5 |
| | | | |
| | | | |
| 1925.5 | | | |
| 63.5 | | | |
| | | | |
| 3.0 | | | |
| 258.1 | 1.0 | | |

# C-3-11 结婚登

| 地区 | 结婚登记件数 | 结婚登记人数 | 按居住 | | |
|---|---|---|---|---|---|
| | | | 内地居民登记结婚件数 | 内地居民登记结婚人数 | 涉外及华侨、港澳台居民登记结婚件数 |
| **全国** | **10139439** | **20278878** | **10091077** | **20180154** | **48362** |
| 中央级 | | | | | |
| 北京 | 137818 | 275636 | 136971 | 273942 | 847 |
| 天津 | 97486 | 194972 | 97207 | 194414 | 279 |
| 河北 | 458718 | 917436 | 457499 | 914998 | 1219 |
| 山西 | 278525 | 557050 | 278154 | 556308 | 371 |
| 内蒙古 | 176866 | 353732 | 176660 | 353320 | 206 |
| 辽宁 | 280773 | 561546 | 279401 | 558802 | 1372 |
| 吉林 | 193167 | 386334 | 192398 | 384796 | 769 |
| 黑龙江 | 278195 | 556390 | 276933 | 553866 | 1262 |
| 上海 | 105112 | 210224 | 103710 | 207420 | 1402 |
| 江苏 | 637705 | 1275410 | 636256 | 1272512 | 1449 |
| 浙江 | 337295 | 674590 | 334296 | 668592 | 2999 |
| 安徽 | 619146 | 1238292 | 617301 | 1234602 | 1845 |
| 福建 | 273649 | 547298 | 268292 | 536584 | 5357 |
| 江西 | 330641 | 661282 | 328818 | 657636 | 1823 |
| 山东 | 599034 | 1198068 | 597718 | 1195436 | 1316 |
| 河南 | 808992 | 1617984 | 807664 | 1615328 | 1328 |
| 湖北 | 437777 | 875554 | 436459 | 872918 | 1318 |
| 湖南 | 421551 | 843102 | 419835 | 839670 | 1716 |
| 广东 | 713814 | 1427628 | 704411 | 1408874 | 9403 |
| 广西 | 361883 | 723766 | 357046 | 714092 | 4837 |
| 海南 | 72746 | 145492 | 72363 | 144726 | 383 |
| 重庆 | 258782 | 517564 | 258093 | 516186 | 689 |
| 四川 | 669042 | 1338084 | 667559 | 1335118 | 1483 |
| 贵州 | 400272 | 800544 | 399822 | 799644 | 450 |
| 云南 | 377567 | 755134 | 374578 | 749156 | 2989 |
| 西藏 | 30097 | 60194 | 30094 | 60188 | 3 |
| 陕西 | 300405 | 600810 | 299897 | 599794 | 508 |
| 甘肃 | 210653 | 421306 | 210078 | 420156 | 575 |
| 青海 | 57326 | 114652 | 57301 | 114602 | 25 |
| 宁夏 | 60747 | 121494 | 60704 | 121408 | 43 |
| 新疆 | 153655 | 307310 | 153559 | 305066 | 96 |

# 记服务

单位：件、人

地分类

| 内地居民 | #女性 | 香港居民 | 澳门居民 | 台湾居民 | 华侨 | 外国人 |
|---|---|---|---|---|---|---|
| **46998** | **20472** | **5117** | **1103** | **5914** | **4042** | **33550** |
| 767 | 541 | 47 | 6 | 120 | 13 | 741 |
| 271 | 182 | 7 | 2 | 43 | 6 | 229 |
| 1219 | 263 | 9 | 6 | 58 | 7 | 1139 |
| 369 | 81 | 22 | 65 | 42 | 123 | 121 |
| 205 | 96 | 6 | 1 | 20 | 3 | 177 |
| 1357 | 1021 | 27 | 6 | 141 | 54 | 1159 |
| 767 | 521 | 21 | 7 | 118 | 18 | 607 |
| 1256 | 782 | 12 | 11 | 128 | 246 | 871 |
| 1268 | 886 | 100 | 13 | 261 | 20 | 1142 |
| 1419 | 911 | 48 | 7 | 361 | 11 | 1052 |
| 2199 | 967 | 61 | 12 | 195 | 2085 | 1446 |
| 1841 | 454 | 34 | 8 | 180 | 12 | 1615 |
| 5342 | 2630 | 1324 | 70 | 1218 | 487 | 2273 |
| 1822 | 330 | 38 | 12 | 153 | 10 | 1611 |
| 1313 | 613 | 26 | 4 | 127 | 28 | 1134 |
| 1328 | 529 | 45 | 22 | 215 | 12 | 1034 |
| 1313 | 748 | 86 | 26 | 293 | 15 | 903 |
| 1716 | 877 | 147 | 61 | 412 | 22 | 1074 |
| 9163 | 4214 | 2189 | 650 | 680 | 768 | 5356 |
| 4834 | 680 | 113 | 45 | 197 | 37 | 4448 |
| 380 | 240 | 99 | 11 | 119 | 9 | 148 |
| 687 | 451 | 42 | 13 | 175 | 9 | 452 |
| 1480 | 903 | 94 | 25 | 336 | 24 | 1007 |
| 450 | 262 | 43 | 10 | 106 | 10 | 281 |
| 2988 | 402 | 20 | 6 | 64 |  | 2900 |
| 3 | 2 |  |  |  |  | 3 |
| 505 | 268 | 21 | 3 | 91 | 6 | 390 |
| 574 | 510 | 434 |  | 32 | 5 | 105 |
| 25 | 16 |  |  | 3 |  | 22 |
| 42 | 29 | 1 |  | 4 | 1 | 38 |
| 95 | 63 | 1 | 1 | 22 | 1 | 72 |

C-3-11续表

| 地区 | 按婚姻状况分类 | | | |
| --- | --- | --- | --- | --- |
| | 初婚人数 | 再婚人数 | #女性 | #恢复结婚件数 |
| **全国** | **15986682** | **4292196** | **2306282** | **562921** |
| 中央级 | | | | |
| 北京 | 169157 | 106479 | 51902 | 9473 |
| 天津 | 149558 | 45414 | 22690 | 21441 |
| 河北 | 645160 | 272276 | 149078 | 9918 |
| 山西 | 475647 | 81403 | 45090 | 9410 |
| 内蒙古 | 234829 | 118903 | 64622 | 18759 |
| 辽宁 | 456354 | 105192 | 53897 | 27829 |
| 吉林 | 271928 | 114406 | 59271 | 24435 |
| 黑龙江 | 462484 | 93906 | 47672 | 34501 |
| 上海 | 138802 | 71422 | 36400 | 13271 |
| 江苏 | 973003 | 302407 | 159469 | 51596 |
| 浙江 | 561895 | 112695 | 59904 | 24329 |
| 安徽 | 950906 | 287386 | 153116 | 44230 |
| 福建 | 458256 | 89042 | 47873 | 1263 |
| 江西 | 543471 | 117811 | 65216 | 16230 |
| 山东 | 839568 | 358500 | 191358 | 13706 |
| 河南 | 1358470 | 259514 | 139828 | 52102 |
| 湖北 | 749195 | 126359 | 70176 | 18272 |
| 湖南 | 626477 | 216625 | 120742 | 17979 |
| 广东 | 1223100 | 204528 | 103424 | 34048 |
| 广西 | 599424 | 124342 | 73395 | 9647 |
| 海南 | 127299 | 18193 | 9739 | 1996 |
| 重庆 | 342569 | 174995 | 93149 | 18267 |
| 四川 | 986278 | 351806 | 192461 | 33330 |
| 贵州 | 671777 | 128767 | 69920 | 12600 |
| 云南 | 580186 | 174948 | 98559 | 13006 |
| 西藏 | 58364 | 1830 | 887 | 1 |
| 陕西 | 467482 | 133328 | 74602 | 14111 |
| 甘肃 | 384023 | 37283 | 18980 | 4272 |
| 青海 | 96105 | 18547 | 10158 | 927 |
| 宁夏 | 99497 | 21997 | 11714 | 2542 |
| 新疆 | 285418 | 21892 | 10990 | 9430 |

单位：件、人

| 按年龄分类 | | | | |
|---|---|---|---|---|
| 20～24岁 | 25～29岁 | 30～34岁 | 35～39岁 | 40岁及以上 |
| **4356109** | **7361719** | **3146899** | **1541864** | **3872287** |
| | | | | |
| 16776 | 100568 | 63602 | 35447 | 59243 |
| 23015 | 69447 | 43289 | 24166 | 35055 |
| 221009 | 356568 | 149718 | 71299 | 118842 |
| 125453 | 221906 | 66329 | 33040 | 110322 |
| 51102 | 139745 | 61066 | 32546 | 69273 |
| | | | | |
| 77004 | 197290 | 110131 | 54697 | 122424 |
| 48400 | 124420 | 69425 | 37354 | 106735 |
| 66991 | 148501 | 87556 | 57385 | 195957 |
| | | | | |
| 12311 | 75189 | 46846 | 25922 | 49956 |
| 223608 | 442870 | 157756 | 83465 | 367711 |
| 104794 | 280870 | 108323 | 50222 | 130381 |
| 307681 | 412229 | 136448 | 75859 | 306075 |
| 104592 | 227409 | 88437 | 35450 | 91410 |
| 185032 | 229564 | 87284 | 41604 | 117798 |
| 264379 | 456107 | 214128 | 91824 | 171630 |
| | | | | |
| 388459 | 570428 | 222206 | 130711 | 306180 |
| 138540 | 348313 | 142555 | 58885 | 187261 |
| 173681 | 317419 | 154599 | 70941 | 126462 |
| 345681 | 603260 | 231485 | 95447 | 151755 |
| 168029 | 248405 | 146292 | 64059 | 96981 |
| 29681 | 52035 | 24025 | 12019 | 27732 |
| | | | | |
| 127588 | 168886 | 75454 | 36954 | 108682 |
| 351702 | 441548 | 194132 | 92487 | 258215 |
| 221036 | 231827 | 112346 | 66082 | 169253 |
| 208021 | 235629 | 109791 | 58944 | 142749 |
| 19459 | 18616 | 9212 | 5890 | 7017 |
| | | | | |
| 114992 | 282102 | 100287 | 36863 | 66566 |
| 114550 | 173055 | 56591 | 21758 | 55352 |
| 29115 | 35816 | 15201 | 9928 | 24592 |
| 33147 | 43041 | 14283 | 7660 | 23363 |
| 60281 | 108656 | 48102 | 22956 | 67315 |

# C-3-12 离婚登

| 地 区 | 总计 | 民政部门办理离婚登记合计 | 内地居民登记离婚 | 涉外及华侨、港澳台居民登记离婚 | |
|---|---|---|---|---|---|
| | | | | | 外国人 |
| **全 国** | **4460849** | **3812249** | **3804682** | **7567** | **3361** |
| 北 京 | 74125 | 66616 | 66391 | 225 | 171 |
| 天 津 | 64064 | 60742 | 60665 | 77 | 58 |
| 河 北 | 234494 | 195524 | 195395 | 129 | 104 |
| 山 西 | 87513 | 70917 | 70873 | 44 | 16 |
| 内蒙古 | 98789 | 82095 | 82066 | 29 | 12 |
| 辽 宁 | 172446 | 152080 | 151812 | 268 | 182 |
| 吉 林 | 128830 | 119510 | 119386 | 124 | 94 |
| 黑龙江 | 193731 | 175566 | 175363 | 203 | 105 |
| 上 海 | 59022 | 51820 | 51428 | 392 | 265 |
| 江 苏 | 284821 | 245720 | 245432 | 288 | 151 |
| 浙 江 | 154154 | 129619 | 129249 | 370 | 173 |
| 安 徽 | 243843 | 210785 | 210597 | 188 | 135 |
| 福 建 | 106944 | 91597 | 90664 | 933 | 292 |
| 江 西 | 125135 | 107456 | 107315 | 141 | 81 |
| 山 东 | 274497 | 224524 | 224332 | 192 | 136 |
| 河 南 | 326030 | 286941 | 286824 | 117 | 56 |
| 湖 北 | 201010 | 177022 | 176826 | 196 | 94 |
| 湖 南 | 213215 | 181537 | 181257 | 280 | 95 |
| 广 东 | 228815 | 203181 | 201791 | 1390 | 417 |
| 广 西 | 128656 | 108008 | 107810 | 198 | 114 |
| 海 南 | 19577 | 16711 | 16650 | 61 | 14 |
| 重 庆 | 153291 | 136193 | 136042 | 151 | 69 |
| 四 川 | 312561 | 270556 | 269511 | 1045 | 122 |
| 贵 州 | 151658 | 120623 | 120552 | 71 | 29 |
| 云 南 | 133253 | 107399 | 107047 | 352 | 313 |
| 西 藏 | 4664 | 3950 | 3950 | 0 | 0 |
| 陕 西 | 128445 | 100174 | 100108 | 66 | 37 |
| 甘 肃 | 57807 | 40871 | 40860 | 11 | 7 |
| 青 海 | 17109 | 12225 | 12220 | 5 | 4 |
| 宁 夏 | 22828 | 17643 | 17642 | 1 | 0 |
| 新 疆 | 59522 | 44644 | 44624 | 20 | 15 |

## 记服务

单位：件、人

| 法院部门判决、调解离婚合计 | 离婚 | | 收案 | 维持 | |
|---|---|---|---|---|---|
| | 判决离婚 | 调解离婚 | | 判决不离 | 调解不离 |
| **648600** | **204869** | **443731** | **1377073** | **329720** | **31462** |
| 7509 | 2479 | 5030 | 18038 | 3146 | 98 |
| 3322 | 1246 | 2076 | 12709 | 3635 | 51 |
| 38970 | 12512 | 26458 | 85050 | 20378 | 1099 |
| 16596 | 5098 | 11498 | 37579 | 10915 | 630 |
| 16694 | 5876 | 10818 | 32496 | 2979 | 1151 |
| 20366 | 6823 | 13543 | 42492 | 9782 | 771 |
| 9320 | 3417 | 5903 | 21774 | 3760 | 37 |
| 18165 | 5454 | 12711 | 32690 | 3260 | 143 |
| 7202 | 2231 | 4971 | 16306 | 3881 | 266 |
| 39101 | 9539 | 29562 | 93277 | 22823 | 4168 |
| 24535 | 7127 | 17408 | 49524 | 11135 | 1102 |
| 33058 | 9146 | 23912 | 73264 | 21048 | 1402 |
| 15347 | 6688 | 8659 | 32723 | 8874 | 482 |
| 17679 | 6056 | 11623 | 40362 | 12420 | 516 |
| 49973 | 14569 | 35404 | 115348 | 35549 | 1905 |
| 39089 | 12964 | 26125 | 99216 | 28752 | 1188 |
| 23988 | 7325 | 16663 | 53696 | 17001 | 696 |
| 31678 | 11156 | 20522 | 62382 | 20365 | 1131 |
| 25634 | 10798 | 14836 | 51857 | 13076 | 633 |
| 20648 | 8132 | 12516 | 39916 | 10412 | 1010 |
| 2866 | 1509 | 1357 | 6561 | 1089 | 1229 |
| 17098 | 6687 | 10411 | 32814 | 7277 | 450 |
| 42005 | 11059 | 30946 | 83171 | 20287 | 1633 |
| 31035 | 8448 | 22587 | 56624 | 8008 | 1313 |
| 25854 | 6860 | 18994 | 47617 | 7218 | 2956 |
| 714 | 101 | 613 | 1100 | 5 | 108 |
| 28271 | 11161 | 17110 | 53944 | 8078 | 1024 |
| 16936 | 5295 | 11641 | 40108 | 9865 | 1599 |
| 4884 | 1057 | 3827 | 10406 | 1189 | 756 |
| 5185 | 1444 | 3741 | 12559 | 2466 | 684 |
| 14878 | 2612 | 12266 | 21470 | 1047 | 1231 |

注：法院部门收案及判决、调解离婚数据来源于最高人民法院。

# C-3-13 殡葬服务

| 地区 | 单位数 | 市场监管部门登记 | 编制部门登记 | 民政部门登记 | 年末职工人数 | #女性 | 受教育程度 | |
|---|---|---|---|---|---|---|---|---|
| | | | | | | | 大学专科人数 | 大学本科及以上人数 |
| **全国** | **4043** | **904** | **2711** | **428** | **80067** | **23303** | **21838** | **10202** |
| 中央级 | | | | | | | | |
| 北京 | 53 | 5 | 48 | | 1574 | 489 | 358 | 453 |
| 天津 | 34 | 3 | 26 | 5 | 797 | 254 | 184 | 234 |
| 河北 | 172 | 5 | 165 | 2 | 3171 | 741 | 699 | 328 |
| 山西 | 61 | 22 | 36 | 3 | 1066 | 295 | 288 | 199 |
| 内蒙古 | 124 | 25 | 95 | 4 | 1789 | 474 | 634 | 246 |
| 辽宁 | 464 | 53 | 144 | 267 | 5590 | 1495 | 1570 | 761 |
| 吉林 | 123 | 41 | 81 | 1 | 3942 | 628 | 1457 | 371 |
| 黑龙江 | 134 | 28 | 104 | 2 | 2858 | 818 | 843 | 417 |
| 上海 | 72 | 54 | 18 | | 3484 | 1369 | 745 | 407 |
| 江苏 | 230 | 61 | 151 | 18 | 4374 | 1264 | 1240 | 764 |
| 浙江 | 215 | 66 | 141 | 8 | 3509 | 811 | 845 | 504 |
| 安徽 | 141 | 29 | 103 | 9 | 2934 | 910 | 760 | 257 |
| 福建 | 133 | 37 | 93 | 3 | 2721 | 712 | 436 | 222 |
| 江西 | 109 | 12 | 90 | 7 | 1568 | 419 | 287 | 67 |
| 山东 | 179 | 24 | 144 | 11 | 3796 | 915 | 1295 | 691 |
| 河南 | 236 | 34 | 202 | | 5563 | 1710 | 1596 | 506 |
| 湖北 | 146 | 24 | 115 | 7 | 3497 | 1138 | 1254 | 336 |
| 湖南 | 141 | 37 | 104 | | 2502 | 765 | 839 | 340 |
| 广东 | 236 | 52 | 170 | 14 | 6825 | 1784 | 1608 | 844 |
| 广西 | 90 | 27 | 63 | | 1867 | 664 | 633 | 321 |
| 海南 | 13 | 6 | 7 | | 300 | 48 | 38 | 21 |
| 重庆 | 103 | 36 | 56 | 11 | 1881 | 728 | 569 | 270 |
| 四川 | 249 | 50 | 191 | 8 | 4224 | 1494 | 1019 | 392 |
| 贵州 | 122 | 66 | 54 | 2 | 3751 | 1328 | 801 | 398 |
| 云南 | 154 | 13 | 141 | | 1394 | 340 | 485 | 239 |
| 西藏 | 2 | | 2 | | 30 | 8 | 15 | 9 |
| 陕西 | 114 | 36 | 69 | 9 | 2509 | 790 | 617 | 309 |
| 甘肃 | 66 | 25 | 30 | 11 | 1084 | 352 | 232 | 114 |
| 青海 | 16 | 11 | 5 | | 192 | 52 | 43 | 15 |
| 宁夏 | 35 | 14 | 12 | 9 | 355 | 141 | 56 | 36 |
| 新疆 | 76 | 8 | 51 | 17 | 920 | 367 | 392 | 131 |

# 机构总表

单位：个、人、人次、时

| 职业资格水平 | | 年龄结构 | | | | 志愿服务 | |
|---|---|---|---|---|---|---|---|
| 助理社会工作师人数 | 社会工作师人数 | 35岁及以下人数 | 36岁至45岁人数 | 46岁至55岁人数 | 56岁及以上人数 | 志愿者服务人次数 | 志愿服务时间 |
| **876** | **773** | **23064** | **30119** | **20524** | **6360** | **10533** | **37889** |
| | | | | | | | |
| 51 | 32 | 483 | 476 | 472 | 143 | 983 | 3722 |
| 1 | 2 | 202 | 213 | 216 | 166 | | |
| 9 | 17 | 950 | 1274 | 726 | 221 | 150 | 672 |
| 11 | 4 | 311 | 369 | 300 | 86 | 7 | 32 |
| 9 | 18 | 498 | 632 | 512 | 147 | | |
| | | | | | | | |
| 67 | 57 | 1566 | 2063 | 1533 | 428 | 60 | 95 |
| 6 | 2 | 1016 | 1378 | 1109 | 439 | 30 | 60 |
| 16 | 20 | 641 | 1298 | 734 | 185 | | |
| | | | | | | | |
| 11 | 5 | 945 | 1220 | 879 | 440 | 1839 | 6170 |
| 99 | 97 | 1135 | 1685 | 1165 | 389 | | |
| 41 | 51 | 772 | 1233 | 1085 | 419 | 155 | 466 |
| 46 | 17 | 839 | 1139 | 771 | 185 | 957 | 2717 |
| 43 | 45 | 747 | 1121 | 659 | 194 | 127 | 599 |
| 20 | 18 | 440 | 656 | 376 | 96 | 563 | 2746 |
| 66 | 103 | 1116 | 1403 | 958 | 319 | | |
| | | | | | | | |
| 42 | 28 | 2344 | 2004 | 963 | 252 | 124 | 349 |
| 36 | 35 | 1103 | 1317 | 823 | 254 | 438 | 1433 |
| 19 | 16 | 845 | 1021 | 522 | 114 | 256 | 341 |
| 111 | 74 | 1740 | 2665 | 1918 | 502 | 347 | 2347 |
| 27 | 18 | 662 | 671 | 411 | 123 | 5 | 5 |
| | | 43 | 96 | 110 | 51 | | |
| | | | | | | | |
| 25 | 17 | 500 | 698 | 557 | 126 | 484 | 1206 |
| 31 | 31 | 1097 | 1714 | 1157 | 256 | 30 | 176 |
| 6 | 7 | 1157 | 1544 | 823 | 227 | 1792 | 8632 |
| 18 | 18 | 470 | 540 | 236 | 148 | 11 | 52 |
| | 1 | 9 | 15 | 5 | 1 | | |
| | | | | | | | |
| 14 | 25 | 712 | 830 | 739 | 228 | 1049 | 4158 |
| 8 | 13 | 275 | 356 | 363 | 90 | 575 | 1038 |
| 5 | | 46 | 81 | 45 | 20 | 2 | 8 |
| 27 | 2 | 34 | 119 | 143 | 59 | 2 | 4 |
| 11 | | 366 | 288 | 214 | 52 | 547 | 861 |

C-3-13续表1

| 地　区 | 火化炉数 | 全年火化遗体数 | 国际运尸数 | 外国人 | 港澳台 | 侨民 |
|---|---|---|---|---|---|---|
| **全　国** | **6444** | **5016890** | **361** | **217** | **96** | **48** |
| 中央级 | | | | | | |
| 北　京 | 90 | 101694 | | | | |
| 天　津 | 84 | 80633 | | | | |
| 河　北 | 389 | 185038 | | | | |
| 山　西 | 62 | 27450 | | | | |
| 内蒙古 | 167 | 72417 | | | | |
| 辽　宁 | 391 | 331958 | | | | |
| 吉　林 | 178 | 107724 | | | | |
| 黑龙江 | 255 | 179964 | | | | |
| 上　海 | 99 | 126581 | 105 | 99 | 5 | 1 |
| 江　苏 | 562 | 534728 | | | | |
| 浙　江 | 366 | 324515 | 5 | 5 | | |
| 安　徽 | 274 | 289143 | | | | |
| 福　建 | 235 | 202616 | | | | |
| 江　西 | 226 | 136241 | 47 | | | 47 |
| 山　东 | 569 | 659823 | | | | |
| 河　南 | 318 | 131009 | | | | |
| 湖　北 | 350 | 234659 | | | | |
| 湖　南 | 173 | 96169 | 1 | 1 | | |
| 广　东 | 445 | 472643 | 203 | 112 | 91 | |
| 广　西 | 110 | 89351 | | | | |
| 海　南 | 6 | 4466 | | | | |
| 重　庆 | 130 | 72962 | | | | |
| 四　川 | 305 | 224246 | | | | |
| 贵　州 | 191 | 107199 | | | | |
| 云　南 | 209 | 103963 | | | | |
| 西　藏 | 6 | 1002 | | | | |
| 陕　西 | 111 | 62547 | | | | |
| 甘　肃 | 55 | 20458 | | | | |
| 青　海 | 19 | 5902 | | | | |
| 宁　夏 | 12 | 3373 | | | | |
| 新　疆 | 57 | 26416 | | | | |

单位：台、具、个

| 穴位数 | 本年销售穴位数 | 安葬数 | 本年安葬数 | 节地生态安葬数 |
|---|---|---|---|---|
| **17694262** | **696687** | **13033268** | **1213463** | **402538** |
| 719008 | 11744 | 643420 | 19470 | 50435 |
| 326260 | 6446 | 263947 | 6363 | 3490 |
| 272044 | 7186 | 218537 | 15397 | 485 |
| 134489 | 4519 | 69635 | 5461 | 851 |
| 327101 | 16141 | 256349 | 22300 | 4735 |
| 956109 | 81705 | 621998 | 54357 | 1144 |
| 35991 | 1589 | 23455 | 5645 | |
| 266042 | 19076 | 201298 | 30620 | 7 |
| 2255070 | 83250 | 1522159 | 63133 | 10273 |
| 1771121 | 98135 | 1664702 | 286468 | 22888 |
| 1827836 | 64644 | 1453924 | 159580 | 133762 |
| 581561 | 20537 | 502642 | 42971 | 3014 |
| 329603 | 13754 | 243824 | 18797 | 2986 |
| 210401 | 11777 | 92131 | 23615 | 1816 |
| 372263 | 8820 | 250587 | 56904 | 26282 |
| 346500 | 7037 | 217349 | 12214 | 277 |
| 1120941 | 20548 | 741245 | 59717 | 1129 |
| 420860 | 21097 | 245170 | 36218 | 11731 |
| 1154446 | 25187 | 1035606 | 91539 | 66696 |
| 368188 | 12919 | 181583 | 13958 | 8727 |
| 109797 | 2138 | 74536 | 3617 | 8 |
| 795338 | 19299 | 424027 | 21343 | 13519 |
| 1214005 | 48127 | 869190 | 50520 | 6365 |
| 564254 | 29104 | 231340 | 31779 | 8009 |
| 321139 | 15450 | 144876 | 33858 | 4664 |
| 421996 | 15943 | 456191 | 19763 | 17344 |
| 215312 | 9673 | 186976 | 11560 | 1795 |
| 5315 | 953 | 927 | 50 | 106 |
| 36365 | 3528 | 41423 | 653 | |
| 214907 | 16361 | 154221 | 15593 | |

C-3-13续表2

| 地区 | 企业会计制度财务指标 | | | |
|---|---|---|---|---|
| | 固定资产原价 | 营业收入 | 费用合计 | 营业利润 |
| **全国** | **1272351.7** | **1237902.1** | **317669.8** | **235448.7** |
| 中央级 | | | | |
| 北京 | 34477.6 | 57227.3 | 20817.3 | 21165.7 |
| 天津 | 117536.2 | 3151.2 | 1664.2 | 319.8 |
| 河北 | 9521.0 | 8012.0 | 4980.5 | -646.8 |
| 山西 | 30820.1 | 15332.3 | 13127.4 | 1036.8 |
| 内蒙古 | 13862.2 | 9973.4 | 4688.1 | 880.3 |
| 辽宁 | 63601.0 | 27352.7 | 16879.7 | 1001.6 |
| 吉林 | 22049.9 | 3957.9 | 969.7 | 86.8 |
| 黑龙江 | 20694.0 | 9797.8 | 5794.4 | 533.3 |
| 上海 | 251799.9 | 499002.4 | 66127.6 | 103187.2 |
| 江苏 | 43707.3 | 77678.8 | 13385.6 | 45884.7 |
| 浙江 | 24912.6 | 52391.9 | 15958.3 | 11964.6 |
| 安徽 | 17848.0 | 16195.9 | 5072.7 | 3953.3 |
| 福建 | 112955.7 | 24846.0 | 11577.4 | 1344.8 |
| 江西 | 15058.1 | 5683.1 | 3064.3 | -85.5 |
| 山东 | 22710.7 | 7938.5 | 2894.0 | 845.5 |
| 河南 | 26847.4 | 10439.5 | 4110.9 | 2113.0 |
| 湖北 | 21101.2 | 22060.0 | 7572.3 | 3791.0 |
| 湖南 | 30057.4 | 10537.1 | 4449.7 | 958.7 |
| 广东 | 53926.2 | 70537.9 | 21381.6 | 14734.9 |
| 广西 | 37315.0 | 103680.0 | 15152.2 | 7372.2 |
| 海南 | 920.8 | 4917.6 | 3435.3 | 423.2 |
| 重庆 | 34151.4 | 37277.0 | 14679.3 | 2421.6 |
| 四川 | 71475.9 | 45241.3 | 20541.4 | 3558.0 |
| 贵州 | 104106.6 | 59284.4 | 23417.3 | 6402.3 |
| 云南 | 14062.5 | 2983.4 | 795.9 | 689.2 |
| 西藏 | 367.2 | | | |
| 陕西 | 23720.1 | 29371.7 | 13552.7 | 1048.7 |
| 甘肃 | 9866.6 | 21826.4 | 1246.2 | 465.6 |
| 青海 | 2591.0 | 30.0 | 30.0 | |
| 宁夏 | 4526.5 | 919.1 | 269.6 | -1.8 |
| 新疆 | 35761.6 | 255.5 | 34.2 | |

单位：万元

| 事业单位会计制度财务指标 | | | 民间非营利组织会计制度财务指标 | | |
|---|---|---|---|---|---|
| 固定资产原价 | 本年收入合计 | 本年支出合计 | 固定资产原价 | 本年收入合计 | 本年费用合计 |
| **2078888.7** | **1533808.5** | **1452395.1** | **84334.2** | **26187.4** | **20572.6** |
| 105817.4 | 116446.7 | 106137.5 | | | |
| 44690.3 | 56251.3 | 61970.7 | | 18.0 | |
| 89671.0 | 51308.9 | 53193.0 | 296.0 | 209.8 | 21.1 |
| 36496.6 | 17356.7 | 17157.7 | 513.0 | 13.0 | 14.0 |
| 37410.3 | 30431.5 | 29469.1 | 1919.0 | 726.4 | 411.6 |
| 122989.4 | 86589.5 | 80462.4 | 13803.9 | 2927.1 | 1793.0 |
| 80655.3 | 18877.8 | 17342.1 | 890.0 | | 10.0 |
| 76111.5 | 44943.8 | 42906.7 | 191.0 | 120.0 | 54.4 |
| 3386.4 | 10570.2 | 9352.2 | | | |
| 199375.6 | 134352.0 | 129052.7 | 7766.2 | 7573.4 | 4707.0 |
| 117754.5 | 114391.5 | 107599.4 | 288.6 | 606.8 | 567.8 |
| 60687.3 | 51800.0 | 49472.8 | 1590.6 | 1229.3 | 667.2 |
| 44158.0 | 31650.7 | 30283.8 | 634.0 | 2.0 | 45.0 |
| 25850.1 | 20056.4 | 21805.7 | 1750.0 | 167.0 | 2156.0 |
| 122420.8 | 87411.4 | 84852.0 | 3620.5 | 1573.2 | 1659.1 |
| 56424.2 | 32312.2 | 32211.8 | | | |
| 129471.1 | 95978.8 | 80682.2 | 2520.8 | 634.5 | 1296.7 |
| 79854.0 | 52917.7 | 50988.1 | | | |
| 279667.8 | 223830.4 | 210125.9 | 4216.8 | 1077.0 | 932.0 |
| 51724.7 | 38041.7 | 35523.1 | | | |
| 8086.9 | 6183.0 | 5628.4 | | | |
| 40457.5 | 44820.3 | 39866.5 | 16201.0 | 2709.7 | 2835.7 |
| 95970.0 | 80376.2 | 73832.1 | 13399.6 | 1504.6 | 2132.6 |
| 35255.3 | 5610.8 | 7504.7 | 159.0 | 3106.0 | 35.3 |
| 49104.3 | 18733.4 | 16424.3 | | | |
| 1908.6 | 1748.9 | 458.4 | | | |
| 35623.8 | 36113.2 | 34344.0 | 4992.2 | 418.4 | 490.3 |
| 23361.6 | 14191.2 | 13720.3 | 1131.0 | 225.5 | 53.4 |
| 1573.1 | 826.4 | 804.4 | | | |
| 7831.7 | 4476.9 | 3872.6 | 4043.6 | 86.6 | 28.4 |
| 15099.6 | 5209.0 | 5350.5 | 4407.4 | 1259.1 | 662.0 |

# C-3-14 殡仪

| 地区 | 单位数 | 年末职工人数 | #女性 | 受教育程度 | | 职业资 |
|---|---|---|---|---|---|---|
| | | | | 大学专科人数 | 大学本科及以上人数 | 助理社会工作师人数 |
| **全国** | **1730** | **46336** | **12271** | **13813** | **6026** | **501** |
| 中央级 | | | | | | |
| 北京 | 12 | 455 | 99 | 174 | 142 | 20 |
| 天津 | 14 | 456 | 133 | 130 | 106 | 1 |
| 河北 | 153 | 2652 | 563 | 537 | 251 | 9 |
| 山西 | 24 | 382 | 98 | 86 | 100 | 8 |
| 内蒙古 | 65 | 1063 | 279 | 375 | 135 | 3 |
| 辽宁 | 81 | 2659 | 723 | 790 | 330 | 19 |
| 吉林 | 46 | 1885 | 281 | 1116 | 254 | 6 |
| 黑龙江 | 94 | 2228 | 656 | 650 | 346 | 14 |
| 上海 | 14 | 1175 | 329 | 342 | 207 | 4 |
| 江苏 | 92 | 2959 | 748 | 851 | 546 | 63 |
| 浙江 | 74 | 1933 | 410 | 576 | 288 | 25 |
| 安徽 | 68 | 2147 | 615 | 561 | 187 | 40 |
| 福建 | 62 | 1899 | 472 | 222 | 107 | 26 |
| 江西 | 85 | 1298 | 349 | 215 | 48 | 8 |
| 山东 | 122 | 2926 | 651 | 1043 | 525 | 46 |
| 河南 | 112 | 3417 | 1028 | 1024 | 267 | 34 |
| 湖北 | 75 | 2489 | 815 | 856 | 221 | 22 |
| 湖南 | 65 | 1495 | 447 | 510 | 208 | 7 |
| 广东 | 85 | 4103 | 960 | 1043 | 560 | 77 |
| 广西 | 31 | 1060 | 346 | 390 | 177 | 13 |
| 海南 | 2 | 65 | 19 | 13 | 10 | |
| 重庆 | 33 | 780 | 251 | 292 | 139 | 5 |
| 四川 | 78 | 1915 | 554 | 512 | 207 | 17 |
| 贵州 | 58 | 2053 | 623 | 460 | 217 | |
| 云南 | 77 | 776 | 171 | 289 | 124 | 7 |
| 西藏 | 2 | 30 | 8 | 15 | 9 | |
| 陕西 | 43 | 1130 | 313 | 391 | 179 | 7 |
| 甘肃 | 25 | 432 | 166 | 140 | 53 | 1 |
| 青海 | 6 | 87 | 28 | 42 | 15 | 5 |
| 宁夏 | 4 | 60 | 26 | 7 | 9 | 11 |
| 新疆 | 28 | 327 | 110 | 161 | 59 | 3 |

# 馆

单位：个、人、人次、时

| 格水平 | 年龄结构 | | | | 志愿服务 | |
|---|---|---|---|---|---|---|
| 社会工作师人数 | 35岁及以下人数 | 36岁至45岁人数 | 46岁至55岁人数 | 56岁及以上人数 | 志愿者服务人次数 | 志愿服务时间 |
| **404** | **13747** | **17683** | **11602** | **3304** | **6138** | **26169** |
| | | | | | | |
| 13 | 118 | 108 | 166 | 63 | 600 | 2350 |
| | 122 | 106 | 121 | 107 | | |
| 15 | 747 | 1105 | 636 | 164 | 142 | 640 |
| 3 | 97 | 134 | 129 | 22 | | |
| 5 | 260 | 406 | 315 | 82 | | |
| | | | | | | |
| 24 | 785 | 1007 | 653 | 214 | | |
| 2 | 384 | 631 | 535 | 335 | | |
| 19 | 493 | 1003 | 599 | 133 | | |
| | | | | | | |
| 4 | 422 | 429 | 226 | 98 | 1389 | 5570 |
| 50 | 791 | 1075 | 848 | 245 | | |
| 35 | 440 | 763 | 574 | 156 | 56 | 198 |
| 14 | 645 | 833 | 567 | 102 | 235 | 571 |
| 25 | 553 | 722 | 488 | 136 | 89 | 375 |
| 2 | 356 | 568 | 308 | 66 | 561 | 2742 |
| 65 | 834 | 1096 | 763 | 233 | | |
| | | | | | | |
| 10 | 1551 | 1185 | 553 | 128 | 73 | 206 |
| 17 | 761 | 968 | 565 | 195 | 166 | 537 |
| 4 | 497 | 591 | 337 | 70 | 16 | 35 |
| 34 | 1025 | 1628 | 1156 | 294 | 231 | 1760 |
| 11 | 397 | 360 | 234 | 69 | | |
| | 24 | 18 | 20 | 3 | | |
| | | | | | | |
| 17 | 220 | 261 | 250 | 49 | 278 | 756 |
| 17 | 499 | 839 | 476 | 101 | | |
| 1 | 769 | 824 | 387 | 73 | 1481 | 6848 |
| 6 | 291 | 302 | 155 | 28 | 11 | 52 |
| 1 | 9 | 15 | 5 | 1 | | |
| | | | | | | |
| 7 | 398 | 406 | 266 | 60 | 673 | 3014 |
| 3 | 128 | 139 | 121 | 44 | 137 | 515 |
| | 37 | 36 | 14 | | | |
| | 4 | 15 | 28 | 13 | | |
| | 90 | 110 | 107 | 20 | | |

C-3-14续表1

| 地 区 | 火化炉数 | 全年火化遗体数 | 国际运尸数 | 外国人 | 港澳台 | 侨民 |
|---|---|---|---|---|---|---|
| **全 国** | **6444** | **5016890** | **361** | **217** | **96** | **48** |
| 中央级 | | | | | | |
| 北 京 | 90 | 101694 | | | | |
| 天 津 | 84 | 80633 | | | | |
| 河 北 | 389 | 185038 | | | | |
| 山 西 | 62 | 27450 | | | | |
| 内蒙古 | 167 | 72417 | | | | |
| 辽 宁 | 391 | 331958 | | | | |
| 吉 林 | 178 | 107724 | | | | |
| 黑龙江 | 255 | 179964 | | | | |
| 上 海 | 99 | 126581 | 105 | 99 | 5 | 1 |
| 江 苏 | 562 | 534728 | | | | |
| 浙 江 | 366 | 324515 | 5 | 5 | | |
| 安 徽 | 274 | 289143 | | | | |
| 福 建 | 235 | 202616 | | | | |
| 江 西 | 226 | 136241 | 47 | | | 47 |
| 山 东 | 569 | 659823 | | | | |
| 河 南 | 318 | 131009 | | | | |
| 湖 北 | 350 | 234659 | | | | |
| 湖 南 | 173 | 96169 | 1 | 1 | | |
| 广 东 | 445 | 472643 | 203 | 112 | 91 | |
| 广 西 | 110 | 89351 | | | | |
| 海 南 | 6 | 4466 | | | | |
| 重 庆 | 130 | 72962 | | | | |
| 四 川 | 305 | 224246 | | | | |
| 贵 州 | 191 | 107199 | | | | |
| 云 南 | 209 | 103963 | | | | |
| 西 藏 | 6 | 1002 | | | | |
| 陕 西 | 111 | 62547 | | | | |
| 甘 肃 | 55 | 20458 | | | | |
| 青 海 | 19 | 5902 | | | | |
| 宁 夏 | 12 | 3373 | | | | |
| 新 疆 | 57 | 26416 | | | | |

单位：台、具、个

| 穴位数 | 本年销售穴位数 | 安葬数 | 本年安葬数 | 节地生态安葬数 |
|---|---|---|---|---|
| **3856294** | **181279** | **3225185** | **709454** | **251735** |
| 11118 | 123 | 9769 | 168 | 549 |
| 32434 | 1439 | 11252 | 1608 | 1134 |
| 71610 | 2157 | 161509 | 8535 | 385 |
| 1293 | 107 | 922 | 93 | |
| 160043 | 9619 | 134250 | 15091 | 3554 |
| 42131 | 12083 | 33645 | 16871 | 390 |
| 9926 | 533 | 7971 | 750 | |
| 88508 | 3502 | 83166 | 11382 | |
| 1114 | 59 | | | |
| 318821 | 11776 | 339628 | 227628 | 17167 |
| 751016 | 37913 | 578236 | 130505 | 112279 |
| 154761 | 5887 | 117062 | 26324 | 802 |
| 193696 | 7356 | 135071 | 11335 | 1197 |
| 182991 | 10372 | 74172 | 22214 | 1813 |
| 162041 | 1022 | 119273 | 47354 | 25440 |
| 60971 | 1348 | 42864 | 2045 | |
| 195081 | 7495 | 149555 | 20896 | 148 |
| 218276 | 8219 | 161596 | 25859 | 7309 |
| 133990 | 2949 | 400300 | 51847 | 53851 |
| 4136 | 955 | 6402 | 1976 | 7386 |
| 172443 | 5443 | 80009 | 5333 | 8268 |
| 112904 | 6204 | 106203 | 14023 | 3036 |
| 266206 | 17144 | 62673 | 21420 | 1706 |
| 216701 | 10904 | 92235 | 28064 | 4325 |
| 66201 | 3107 | 147801 | 3447 | 33 |
| 24746 | 1939 | 21365 | 2912 | 963 |
| 3623 | 291 | 1701 | | |
| 199513 | 11333 | 146555 | 11774 | |

## C-3-14续表2

| 地 区 | 企业会计制度财务指标 | | | |
|---|---|---|---|---|
| | 固定资产原价 | 营业收入 | 费用合计 | 营业利润 |
| **全 国** | **476658.6** | **174106.3** | **63958.9** | **14380.4** |
| 中央级 | | | | |
| 北 京 | | | | |
| 天 津 | | | | |
| 河 北 | 447.5 | 554.9 | 889.8 | -404.1 |
| 山 西 | | | | |
| 内蒙古 | 3925.8 | 2707.5 | 2088.8 | 63.0 |
| 辽 宁 | 18748.3 | 3938.2 | 4287.7 | -264.3 |
| 吉 林 | 17720.2 | 1182.1 | 169.7 | |
| 黑龙江 | 6820.5 | 3525.2 | 2371.7 | -672.2 |
| 上 海 | 97424.2 | 85672.8 | 19218.6 | 9395.3 |
| 江 苏 | 7164.5 | 3464.3 | 769.5 | 667.2 |
| 浙 江 | 4915.6 | 3659.2 | 1609.1 | 54.8 |
| 安 徽 | 3582.9 | 1918.9 | 329.3 | 357.2 |
| 福 建 | 101889.7 | 16255.1 | 8545.9 | -39.2 |
| 江 西 | 12767.5 | 2271.3 | 699.8 | 413.6 |
| 山 东 | | | | |
| 河 南 | 6002.1 | 909.4 | 300.0 | 100.2 |
| 湖 北 | 3255.6 | 295.9 | 320.6 | -3.0 |
| 湖 南 | 12866.7 | 3101.6 | 1864.1 | 38.7 |
| 广 东 | 3647.8 | 1916.9 | 1262.7 | 4.3 |
| 广 西 | 17305.6 | 3586.1 | 1919.8 | 822.2 |
| 海 南 | 370.4 | 2126.0 | 775.0 | 413.0 |
| 重 庆 | 8588.2 | 2141.1 | 1861.4 | 43.4 |
| 四 川 | 34423.8 | 7584.6 | 3078.1 | 193.1 |
| 贵 州 | 76645.9 | 26961.9 | 11550.8 | 3231.3 |
| 云 南 | 8672.0 | 50.0 | | |
| 西 藏 | 367.2 | | | |
| 陕 西 | 1613.1 | 237.8 | 44.3 | -34.1 |
| 甘 肃 | 4.0 | | | |
| 青 海 | 1811.0 | | | |
| 宁 夏 | | | | |
| 新 疆 | 25678.5 | 45.5 | 2.2 | |

单位：万元

| 事业单位会计制度财务指标 | | | 民间非营利组织会计制度财务指标 | | |
| --- | --- | --- | --- | --- | --- |
| 固定资产原价 | 本年收入合计 | 本年支出合计 | 固定资产原价 | 本年收入合计 | 本年费用合计 |
| **1749578.7** | **1147258.2** | **1088029.1** | **43621.3** | **8615.6** | **9641.4** |
| 50598.0 | 51069.7 | 47145.3 | | | |
| 30216.0 | 25875.1 | 21251.9 | | | |
| 86643.8 | 43690.2 | 46978.7 | 150.0 | | 21.0 |
| 35837.9 | 16235.7 | 16059.1 | | | |
| 31486.9 | 25143.6 | 24135.7 | 1201.0 | 55.4 | 264.8 |
| 107825.4 | 67745.6 | 60903.2 | 2003.8 | 507.4 | 13.2 |
| 70309.7 | 13280.0 | 12011.9 | 890.0 | | 10.0 |
| 60139.6 | 37062.5 | 34702.7 | 145.0 | 120.0 | 1.0 |
| 2692.8 | 4175.7 | 2721.5 | | | |
| 184663.5 | 101110.6 | 101960.3 | 6093.3 | 3037.2 | 2293.9 |
| 107186.7 | 90607.0 | 87384.4 | | | |
| 45696.8 | 40813.7 | 38647.3 | 1472.6 | 1209.3 | 630.1 |
| 36969.1 | 22160.4 | 21086.8 | 634.0 | | 45.0 |
| 24029.5 | 18776.4 | 20620.8 | 1700.0 | 167.0 | 2131.0 |
| 109951.0 | 75832.8 | 73542.1 | 1036.8 | 567.6 | 768.5 |
| 49571.9 | 24127.6 | 24501.9 | | | |
| 111335.2 | 63015.9 | 59974.2 | 2413.8 | 600.0 | 1268.2 |
| 61113.7 | 43870.2 | 42351.9 | | | |
| 252938.2 | 187114.7 | 172906.4 | 3156.0 | 807.0 | 616.0 |
| 47427.2 | 31414.0 | 29346.3 | | | |
| 31327.7 | 38305.2 | 33851.6 | 13766.0 | 1232.1 | 1205.1 |
| 73091.1 | 56137.0 | 50067.8 | 500.0 | | 20.0 |
| 31845.3 | 4052.7 | 5977.0 | | | |
| 40932.7 | 14734.6 | 12610.7 | | | |
| 1908.6 | 1748.9 | 458.4 | | | |
| 24452.4 | 31734.8 | 30230.5 | 2976.0 | 233.0 | 319.0 |
| 22859.9 | 11062.8 | 10440.7 | 526.0 | | 9.2 |
| 1556.0 | 807.0 | 785.0 | | | |
| 6921.9 | 1896.7 | 1646.9 | 4041.6 | 79.6 | 25.4 |
| 8050.2 | 3657.1 | 3728.1 | 915.4 | | |

# C-3-15 公

| 地 区 | 单位数 | 年末职工人数 | #女性 | 受教育程度 | | 职业资 |
|---|---|---|---|---|---|---|
| | | | | 大学专科人数 | 大学本科及以上人数 | 助理社会工作师人数 |
| **全 国** | **1367** | **25773** | **8899** | **5359** | **2492** | **257** |
| 中央级 | | | | | | |
| 北 京 | 34 | 1063 | 366 | 177 | 275 | 29 |
| 天 津 | 10 | 240 | 97 | 39 | 69 | |
| 河 北 | 12 | 438 | 153 | 132 | 71 | |
| 山 西 | 26 | 591 | 168 | 166 | 78 | 3 |
| 内蒙古 | 22 | 443 | 131 | 156 | 57 | |
| 辽 宁 | 333 | 2530 | 652 | 623 | 282 | 40 |
| 吉 林 | 45 | 1802 | 309 | 257 | 90 | |
| 黑龙江 | 28 | 456 | 103 | 128 | 47 | 2 |
| 上 海 | 49 | 2263 | 1021 | 388 | 176 | 6 |
| 江 苏 | 92 | 1133 | 424 | 313 | 137 | 27 |
| 浙 江 | 78 | 1106 | 295 | 123 | 71 | 7 |
| 安 徽 | 52 | 722 | 268 | 179 | 56 | 5 |
| 福 建 | 16 | 285 | 115 | 60 | 26 | 1 |
| 江 西 | 3 | 117 | 45 | 23 | 15 | 8 |
| 山 东 | 47 | 679 | 206 | 192 | 124 | 17 |
| 河 南 | 44 | 1121 | 402 | 269 | 107 | 4 |
| 湖 北 | 47 | 734 | 254 | 268 | 77 | 14 |
| 湖 南 | 29 | 580 | 235 | 139 | 44 | 10 |
| 广 东 | 71 | 1835 | 637 | 291 | 141 | 15 |
| 广 西 | 28 | 649 | 277 | 188 | 84 | 7 |
| 海 南 | 6 | 192 | 23 | 17 | 4 | |
| 重 庆 | 36 | 785 | 338 | 182 | 57 | 16 |
| 四 川 | 101 | 1877 | 802 | 330 | 122 | 10 |
| 贵 州 | 24 | 1319 | 604 | 212 | 89 | 4 |
| 云 南 | 23 | 343 | 93 | 77 | 24 | 8 |
| 西 藏 | | | | | | |
| 陕 西 | 44 | 1168 | 416 | 164 | 74 | 7 |
| 甘 肃 | 29 | 534 | 141 | 65 | 33 | 6 |
| 青 海 | 9 | 101 | 22 | | | |
| 宁 夏 | 17 | 225 | 91 | 31 | 16 | 6 |
| 新 疆 | 12 | 442 | 211 | 170 | 46 | 5 |

# 墓

单位：个、人、人次、时

| 格水平 | 年龄结构 | | | | 志愿服务 | |
|---|---|---|---|---|---|---|
| 社会工作师人数 | 35岁及以下人数 | 36岁至45岁人数 | 46岁至55岁人数 | 56岁及以上人数 | 志愿者服务人次数 | 志愿服务时间 |
| **238** | **6832** | **9077** | **7203** | **2661** | **3052** | **8168** |
| | | | | | | |
| 15 | 343 | 349 | 295 | 76 | 339 | 1221 |
| | 60 | 69 | 67 | 44 | | |
| 2 | 159 | 147 | 75 | 57 | 8 | 32 |
| 1 | 192 | 198 | 143 | 58 | | |
| 1 | 166 | 108 | 122 | 47 | | |
| | | | | | | |
| 18 | 698 | 880 | 768 | 184 | 60 | 95 |
| | 592 | 600 | 520 | 90 | 30 | 60 |
| 1 | 105 | 209 | 98 | 44 | | |
| | | | | | | |
| | 513 | 769 | 646 | 335 | 450 | 600 |
| 41 | 279 | 475 | 255 | 124 | | |
| 2 | 173 | 297 | 402 | 234 | 80 | 216 |
| 2 | 183 | 275 | 185 | 79 | 700 | 2076 |
| | 75 | 126 | 60 | 24 | | |
| 16 | 38 | 17 | 37 | 25 | | |
| 35 | 225 | 235 | 156 | 63 | | |
| | | | | | | |
| 11 | 281 | 481 | 265 | 94 | 10 | 23 |
| 18 | 252 | 243 | 186 | 53 | 42 | 96 |
| 10 | 192 | 241 | 112 | 35 | 10 | 41 |
| 18 | 466 | 655 | 544 | 170 | 25 | 160 |
| 5 | 216 | 250 | 143 | 40 | | |
| | 13 | 55 | 81 | 43 | | |
| | | | | | | |
| | 190 | 287 | 236 | 72 | 78 | 214 |
| 12 | 476 | 695 | 562 | 144 | 22 | 128 |
| | 243 | 572 | 369 | 135 | 225 | 1565 |
| 5 | 75 | 108 | 49 | 111 | | |
| | | | | | | |
| | | | | | | |
| 15 | 248 | 338 | 423 | 159 | 228 | 578 |
| 9 | 102 | 168 | 227 | 37 | 211 | 234 |
| | 7 | 43 | 31 | 20 | | |
| 1 | 26 | 77 | 81 | 41 | 2 | 4 |
| | 244 | 110 | 65 | 23 | 532 | 825 |

C-3-15续表

| 地区 | 穴位数 | | 安葬数 | | 节地生态安葬数 | 企业会计制度 | |
|---|---|---|---|---|---|---|---|
| | | 本年销售穴位数 | | 本年安葬数 | | 固定资产原价 | 本年收入合计 |
| **全国** | **13837968** | **515408** | **9808083** | **504009** | **150803** | **774242.5** | **1054389.9** |
| 中央级 | | | | | | | |
| 北京 | 707890 | 11621 | 633651 | 19302 | 49886 | 34477.6 | 57227.3 |
| 天津 | 293826 | 5007 | 252695 | 4755 | 2356 | 117536.2 | 3151.2 |
| 河北 | 200434 | 5029 | 57028 | 6862 | 100 | 9073.5 | 7457.1 |
| 山西 | 133196 | 4412 | 68713 | 5368 | 851 | 30191.1 | 15279.3 |
| 内蒙古 | 167058 | 6522 | 122099 | 7209 | 1181 | 9398.4 | 7185.9 |
| 辽宁 | 913978 | 69622 | 588353 | 37486 | 754 | 44852.7 | 23414.5 |
| 吉林 | 26065 | 1056 | 15484 | 4895 | | 3613.0 | 2367.3 |
| 黑龙江 | 177534 | 15574 | 118132 | 19238 | 7 | 7577.2 | 4878.0 |
| 上海 | 2253956 | 83191 | 1522159 | 63133 | 10273 | 154375.7 | 413329.6 |
| 江苏 | 1452300 | 86359 | 1325074 | 58840 | 5721 | 34557.8 | 74214.5 |
| 浙江 | 1076820 | 26731 | 875688 | 29075 | 21483 | 19918.2 | 47520.1 |
| 安徽 | 426800 | 14650 | 385580 | 16647 | 2212 | 14265.1 | 14277.0 |
| 福建 | 135907 | 6398 | 108753 | 7462 | 1789 | 7118.1 | 7231.2 |
| 江西 | 27410 | 1405 | 17959 | 1401 | 3 | 2290.6 | 3411.8 |
| 山东 | 210222 | 7798 | 131314 | 9550 | 842 | 22710.7 | 7938.5 |
| 河南 | 285529 | 5689 | 174485 | 10169 | 277 | 20845.3 | 9530.1 |
| 湖北 | 925860 | 13053 | 591690 | 38821 | 981 | 17822.6 | 21764.1 |
| 湖南 | 202584 | 12878 | 83574 | 10359 | 4422 | 16406.7 | 6796.7 |
| 广东 | 1020456 | 22238 | 635306 | 39692 | 12845 | 50242.4 | 68533.0 |
| 广西 | 364052 | 11964 | 175181 | 11982 | 1341 | 20009.4 | 100093.9 |
| 海南 | 109797 | 2138 | 74536 | 3617 | 8 | 545.1 | 2791.6 |
| 重庆 | 622895 | 13856 | 344018 | 16010 | 5251 | 24607.5 | 33664.4 |
| 四川 | 1101101 | 41923 | 762987 | 36497 | 3329 | 36094.0 | 37122.9 |
| 贵州 | 298048 | 11960 | 168667 | 10359 | 6303 | 23943.3 | 30345.5 |
| 云南 | 104438 | 4546 | 52641 | 5794 | 339 | 5377.7 | 2918.4 |
| 西藏 | | | | | | | |
| 陕西 | 355795 | 12836 | 308390 | 16316 | 17311 | 22107.0 | 29133.9 |
| 甘肃 | 190566 | 7734 | 165611 | 8648 | 832 | 9432.0 | 21668.0 |
| 青海 | 5315 | 953 | 927 | 50 | 106 | 780.0 | 30.0 |
| 宁夏 | 32742 | 3237 | 39722 | 653 | | 4485.5 | 904.1 |
| 新疆 | 15394 | 5028 | 7666 | 3819 | | 9588.1 | 210.0 |

单位：个、具、万元

| 财务指标 | | 事业单位会计制度财务指标 | | | 民间非营利组织会计制度财务指标 | | |
|---|---|---|---|---|---|---|---|
| 本年支出合计 | 营业利润 | 固定资产原价 | 本年收入合计 | 本年支出合计 | 固定资产原价 | 本年收入合计 | 本年费用合计 |
| **249497.3** | **220096.2** | **190671.5** | **248496.7** | **214965.3** | **28740.7** | **14507.8** | **7358.9** |
| 20817.3 | 21165.7 | 36034.4 | 54883.5 | 52771.3 | | | |
| 1664.2 | 319.8 | 11125.8 | 18780.0 | 16367.5 | | | |
| 4090.7 | -242.7 | 1889.4 | 6723.5 | 5327.6 | 146.0 | 209.8 | 0.1 |
| 13086.4 | 1018.8 | 374.7 | 496.8 | 485.4 | 500.0 | 10.0 | 10.0 |
| 2579.3 | 809.3 | 893.1 | 3130.7 | 3010.7 | 718.0 | 671.0 | 146.8 |
| 12592.0 | 1265.9 | 10843.0 | 11912.0 | 12391.2 | 11800.1 | 2414.7 | 1774.8 |
| 457.9 | 59.1 | 6509.7 | 3671.9 | 3506.7 | | | |
| 2658.0 | 865.0 | 13791.2 | 6920.6 | 6795.2 | 46.0 | | 53.4 |
| 46909.0 | 93791.9 | | | | | | |
| 12616.1 | 45217.5 | 13418.8 | 24650.7 | 18523.8 | 1258.9 | 3206.3 | 1375.2 |
| 14284.6 | 11543.7 | 6384.1 | 11495.9 | 7885.1 | 3.0 | | 2.0 |
| 4743.4 | 3596.1 | 10063.8 | 9901.6 | 9549.1 | 118.0 | 5.0 | 30.7 |
| 2297.7 | 1272.5 | 338.1 | 2707.1 | 1567.5 | | 2.0 | |
| 2364.5 | -499.1 | 130.0 | 230.0 | 230.0 | 50.0 | | 25.0 |
| 2894.0 | 845.5 | 10318.6 | 9987.6 | 9554.9 | 2515.1 | 678.6 | 542.5 |
| 3810.9 | 2012.8 | 3699.5 | 3889.1 | 3420.4 | | | |
| 7251.7 | 3794.0 | 12414.0 | 30681.3 | 18397.6 | 78.0 | 32.0 | 26.0 |
| 2502.8 | 974.0 | 7264.3 | 4693.3 | 4709.0 | | | |
| 20043.9 | 14730.6 | 13404.0 | 15820.2 | 16231.2 | 1060.8 | 270.0 | 316.0 |
| 13232.4 | 6550.0 | 1663.4 | 3007.3 | 2405.8 | | | |
| 2660.3 | 10.2 | 314.4 | 1133.7 | 578.1 | | | |
| 12124.5 | 2418.6 | 4312.6 | 2233.6 | 1704.0 | 1690.0 | 799.4 | 954.4 |
| 16964.8 | 3339.0 | 15979.2 | 15147.8 | 14268.6 | 2899.6 | 1439.0 | 1212.6 |
| 11008.8 | 3010.2 | | | | 59.0 | 3100.0 | 32.0 |
| 790.9 | 688.2 | 4790.6 | 2098.0 | 1392.3 | | | |
| 13508.4 | 1082.8 | 2885.0 | 1882.6 | 1590.2 | 2016.2 | 185.4 | 171.3 |
| 1225.2 | 458.6 | 157.5 | 967.9 | 1118.2 | 600.0 | 225.5 | 44.1 |
| 30.0 | | | | | | | |
| 255.6 | -1.8 | 297.3 | 1220.0 | 953.9 | | | |
| 32.0 | | 1375.0 | 230.0 | 230.0 | 3182.0 | 1259.1 | 642.0 |

# C-3-16 殡葬管

| 地 区 | 单位数 | 年末职工人数 | #女性 | 受教育程度 | | 职业资 |
|---|---|---|---|---|---|---|
| | | | | 大学专科人数 | 大学本科及以上人数 | 助理社会工作师人数 |
| **全 国** | **946** | **7958** | **2133** | **2666** | **1684** | **118** |
| 中央级 | | | | | | |
| 北 京 | 7 | 56 | 24 | 7 | 36 | 2 |
| 天 津 | 10 | 101 | 24 | 15 | 59 | |
| 河 北 | 7 | 81 | 25 | 30 | 6 | |
| 山 西 | 11 | 93 | 29 | 36 | 21 | |
| 内蒙古 | 37 | 283 | 64 | 103 | 54 | 6 |
| 辽 宁 | 50 | 401 | 120 | 157 | 149 | 8 |
| 吉 林 | 32 | 255 | 38 | 84 | 27 | |
| 黑龙江 | 12 | 174 | 59 | 65 | 24 | |
| 上 海 | 9 | 46 | 19 | 15 | 24 | 1 |
| 江 苏 | 46 | 282 | 92 | 76 | 81 | 9 |
| 浙 江 | 63 | 470 | 106 | 146 | 145 | 9 |
| 安 徽 | 21 | 65 | 27 | 20 | 14 | 1 |
| 福 建 | 55 | 537 | 125 | 154 | 89 | 16 |
| 江 西 | 21 | 153 | 25 | 49 | 4 | 4 |
| 山 东 | 10 | 191 | 58 | 60 | 42 | 3 |
| 河 南 | 80 | 1025 | 280 | 303 | 132 | 4 |
| 湖 北 | 24 | 274 | 69 | 130 | 38 | |
| 湖 南 | 47 | 427 | 83 | 190 | 88 | 2 |
| 广 东 | 80 | 887 | 187 | 274 | 143 | 19 |
| 广 西 | 31 | 158 | 41 | 55 | 60 | 7 |
| 海 南 | 5 | 43 | 6 | 8 | 7 | |
| 重 庆 | 34 | 316 | 139 | 95 | 74 | 4 |
| 四 川 | 70 | 432 | 138 | 177 | 63 | 4 |
| 贵 州 | 40 | 379 | 101 | 129 | 92 | 2 |
| 云 南 | 54 | 275 | 76 | 119 | 91 | 3 |
| 西 藏 | | | | | | |
| 陕 西 | 27 | 211 | 61 | 62 | 56 | |
| 甘 肃 | 12 | 118 | 45 | 27 | 28 | 1 |
| 青 海 | 1 | 4 | 2 | 1 | | |
| 宁 夏 | 14 | 70 | 24 | 18 | 11 | 10 |
| 新 疆 | 36 | 151 | 46 | 61 | 26 | 3 |

# 理机构

单位：个、人、人次、时

| 格水平 | 年龄结构 | | | | 志愿服务 | |
| --- | --- | --- | --- | --- | --- | --- |
| 社会工作师人数 | 35岁及以下人数 | 36岁至45岁人数 | 46岁至55岁人数 | 56岁及以上人数 | 志愿者服务人次数 | 志愿服务时间 |
| **131** | **2485** | **3359** | **1719** | **395** | **1343** | **3552** |
| | | | | | | |
| | | | | | | |
| 4 | 22 | 19 | 11 | 4 | 44 | 151 |
| 2 | 20 | 38 | 28 | 15 | | |
| | 44 | 22 | 15 | | | |
| | 22 | 37 | 28 | 6 | 7 | 32 |
| 12 | 72 | 118 | 75 | 18 | | |
| | | | | | | |
| 15 | 83 | 176 | 112 | 30 | | |
| | 40 | 147 | 54 | 14 | | |
| | 43 | 86 | 37 | 8 | | |
| | | | | | | |
| 1 | 10 | 22 | 7 | 7 | | |
| 6 | 65 | 135 | 62 | 20 | | |
| 14 | 159 | 173 | 109 | 29 | 19 | 52 |
| 1 | 11 | 31 | 19 | 4 | 22 | 70 |
| 20 | 119 | 273 | 111 | 34 | 38 | 224 |
| | 46 | 71 | 31 | 5 | 2 | 4 |
| 3 | 57 | 72 | 39 | 23 | | |
| | | | | | | |
| 7 | 512 | 338 | 145 | 30 | 41 | 120 |
| | 90 | 106 | 72 | 6 | 230 | 800 |
| 2 | 156 | 189 | 73 | 9 | 230 | 265 |
| 22 | 249 | 382 | 218 | 38 | 91 | 427 |
| 2 | 49 | 61 | 34 | 14 | 5 | 5 |
| | 6 | 23 | 9 | 5 | | |
| | | | | | | |
| | 90 | 150 | 71 | 5 | 128 | 236 |
| 2 | 122 | 180 | 119 | 11 | 8 | 48 |
| 6 | 145 | 148 | 67 | 19 | 86 | 219 |
| 7 | 104 | 130 | 32 | 9 | | |
| | | | | | | |
| | | | | | | |
| 3 | 66 | 86 | 50 | 9 | 148 | 566 |
| 1 | 45 | 49 | 15 | 9 | 227 | 289 |
| | 2 | 2 | | | 2 | 8 |
| 1 | 4 | 27 | 34 | 5 | | |
| | 32 | 68 | 42 | 9 | 15 | 36 |

C-3-16续表

| 地区 | 企业会计制度财务指标 | | | |
| --- | --- | --- | --- | --- |
| | 固定资产原价 | 营业收入 | 费用合计 | 营业利润 |
| **全国** | **21450.6** | **9405.9** | **4213.6** | **972.1** |
| 中央级 | | | | |
| 北京 | | | | |
| 天津 | | | | |
| 河北 | | | | |
| 山西 | 629.0 | 53.0 | 41.0 | 18.0 |
| 内蒙古 | 538.0 | 80.0 | 20.0 | 8.0 |
| 辽宁 | | | | |
| 吉林 | 716.7 | 408.5 | 342.1 | 27.7 |
| 黑龙江 | 6296.3 | 1394.6 | 764.7 | 340.5 |
| 上海 | | | | |
| 江苏 | 1985.0 | | | |
| 浙江 | 78.8 | 1212.6 | 64.6 | 366.1 |
| 安徽 | | | | |
| 福建 | 3947.9 | 1359.7 | 733.8 | 111.5 |
| 江西 | | | | |
| 山东 | | | | |
| 河南 | | | | |
| 湖北 | 23.0 | | | |
| 湖南 | 784.0 | 638.8 | 82.8 | -54.0 |
| 广东 | 36.0 | 88.0 | 75.0 | |
| 广西 | | | | |
| 海南 | 5.3 | | | |
| 重庆 | 955.7 | 1471.5 | 693.4 | -40.4 |
| 四川 | 958.1 | 533.8 | 498.5 | 25.9 |
| 贵州 | 3517.4 | 1977.0 | 857.7 | 160.8 |
| 云南 | 12.8 | 15.0 | 5.0 | 1.0 |
| 西藏 | | | | |
| 陕西 | | | | |
| 甘肃 | 430.6 | 158.4 | 21.0 | 7.0 |
| 青海 | | | | |
| 宁夏 | 41.0 | 15.0 | 14.0 | |
| 新疆 | 495.0 | | | |

单位：万元

| 事业单位会计制度财务指标 | | | 民间非营利组织会计制度财务指标 | | |
|---|---|---|---|---|---|
| 固定资产原价 | 本年收入合计 | 本年支出合计 | 固定资产原价 | 本年收入合计 | 本年费用合计 |
| **138638.5** | **138053.6** | **149400.7** | **11972.2** | **3064.0** | **3572.3** |
| | | | | | |
| | | | | | |
| 19185.0 | 10493.5 | 6220.9 | | | |
| 3348.5 | 11596.2 | 24351.3 | | 18.0 | |
| 1137.8 | 895.2 | 886.7 | | | |
| 284.0 | 624.2 | 613.2 | 13.0 | 3.0 | 4.0 |
| 5030.3 | 2157.2 | 2322.7 | | | |
| | | | | | |
| 4321.0 | 6931.9 | 7168.0 | | 5.0 | 5.0 |
| 3835.9 | 1925.9 | 1823.5 | | | |
| 2180.7 | 960.7 | 1408.8 | | | |
| | | | | | |
| 693.6 | 6394.5 | 6630.7 | | | |
| 1293.3 | 8590.7 | 8568.6 | 414.0 | 1329.9 | 1037.9 |
| 4183.7 | 12288.6 | 12329.9 | 285.6 | 606.8 | 565.8 |
| 4926.7 | 1084.7 | 1276.4 | | 15.0 | 6.4 |
| 6850.8 | 6783.2 | 7629.5 | | | |
| 1690.6 | 1050.0 | 954.9 | | | |
| 2151.2 | 1591.0 | 1755.0 | 68.6 | 327.0 | 348.1 |
| | | | | | |
| 3152.8 | 4295.5 | 4289.5 | | | |
| 5721.9 | 2281.6 | 2310.4 | 29.0 | 2.5 | 2.5 |
| 11476.0 | 4354.2 | 3927.2 | | | |
| 13325.6 | 20895.5 | 20988.3 | | | |
| 2634.1 | 3620.4 | 3771.0 | | | |
| 7772.5 | 5049.3 | 5050.3 | | | |
| | | | | | |
| 4817.2 | 4281.5 | 4310.9 | 745.0 | 678.2 | 676.2 |
| 6899.7 | 9091.4 | 9495.7 | 10000.0 | 65.6 | 900.0 |
| 3410.0 | 1558.1 | 1527.7 | 100.0 | 6.0 | 3.3 |
| 3381.0 | 1900.8 | 2421.3 | | | |
| | | | | | |
| | | | | | |
| 8286.4 | 2495.8 | 2523.3 | | | |
| 344.2 | 2160.5 | 2161.4 | 5.0 | | 0.1 |
| 17.1 | 19.4 | 19.4 | | | |
| 612.5 | 1360.2 | 1271.8 | 2.0 | 7.0 | 3.0 |
| 5674.4 | 1321.9 | 1392.4 | 310.0 | | 20.0 |

| 地区 | 单位数 | 年末职工人数 | #女性 | 受教育程度 | |
|---|---|---|---|---|---|
| | | | | 大学专科人数 | 大学本科及以上人数 |
| **全国** | **1658** | **14507** | **6804** | **3667** | **6914** |
| 中央级 | 17 | 1019 | 528 | 80 | 895 |
| 北京 | 63 | 757 | 370 | 105 | 579 |
| 天津 | 20 | 151 | 71 | 39 | 102 |
| 河北 | 26 | 250 | 126 | 81 | 67 |
| 山西 | 56 | 555 | 270 | 117 | 239 |
| 内蒙古 | 24 | 236 | 96 | 59 | 133 |
| 辽宁 | 95 | 863 | 408 | 229 | 530 |
| 吉林 | 5 | 82 | 26 | 1 | 5 |
| 黑龙江 | 22 | 242 | 114 | 66 | 90 |
| 上海 | 39 | 490 | 281 | 83 | 361 |
| 江苏 | 69 | 546 | 279 | 131 | 277 |
| 浙江 | 139 | 623 | 295 | 116 | 378 |
| 安徽 | 22 | 119 | 47 | 32 | 33 |
| 福建 | 46 | 274 | 131 | 57 | 175 |
| 江西 | 326 | 1189 | 421 | 257 | 238 |
| 山东 | 56 | 709 | 293 | 204 | 343 |
| 河南 | 110 | 1008 | 449 | 306 | 336 |
| 湖北 | 67 | 601 | 285 | 203 | 197 |
| 湖南 | 95 | 1020 | 515 | 322 | 353 |
| 广东 | 31 | 393 | 212 | 98 | 265 |
| 广西 | 45 | 701 | 332 | 263 | 214 |
| 海南 | 7 | 69 | 27 | 34 | 26 |
| 重庆 | 18 | 109 | 39 | 38 | 54 |
| 四川 | 133 | 1148 | 559 | 319 | 559 |
| 贵州 | 38 | 453 | 196 | 154 | 150 |
| 云南 | 23 | 193 | 74 | 55 | 71 |
| 西藏 | | | | | |
| 陕西 | 28 | 317 | 169 | 99 | 72 |
| 甘肃 | 16 | 177 | 53 | 60 | 50 |
| 青海 | 3 | 13 | 7 | 2 | 8 |
| 宁夏 | 3 | 31 | 16 | 4 | 9 |
| 新疆 | 16 | 169 | 115 | 53 | 105 |

## 事业单位

单位：个、人、人次、时

| 职业资格水平 | | 年龄结构 | | | | 志愿服务 | |
|---|---|---|---|---|---|---|---|
| 助理社会工作师人数 | 社会工作师人数 | 35岁及以下人数 | 36岁至45岁人数 | 46岁至55岁人数 | 56岁及以上人数 | 志愿者服务人次数 | 志愿服务时间 |
| **345** | **474** | **4922** | **5297** | **3451** | **837** | **6849** | **15782** |
| 16 | 41 | 391 | 346 | 222 | 60 | | |
| 15 | 32 | 240 | 245 | 218 | 54 | 107 | 323 |
| 9 | 7 | 31 | 61 | 48 | 11 | | |
| | 2 | 89 | 97 | 60 | 4 | 680 | 2930 |
| 32 | 21 | 127 | 182 | 193 | 53 | | |
| 3 | 8 | 82 | 65 | 72 | 17 | | |
| 1 | 4 | 284 | 358 | 165 | 56 | | |
| | | 38 | 18 | 16 | 10 | | |
| 3 | 2 | 99 | 97 | 42 | 4 | | |
| 21 | 38 | 183 | 173 | 106 | 28 | | |
| 19 | 43 | 161 | 222 | 141 | 22 | 69 | 200 |
| 14 | 43 | 217 | 241 | 136 | 29 | 3987 | 7116 |
| 1 | 7 | 22 | 48 | 45 | 4 | 10 | 38 |
| 6 | 24 | 105 | 92 | 70 | 7 | 11 | 54 |
| 22 | 21 | 377 | 581 | 193 | 38 | 262 | 730 |
| 19 | 35 | 234 | 248 | 160 | 67 | 493 | 1102 |
| 35 | 23 | 375 | 349 | 220 | 64 | 103 | 308 |
| 6 | 6 | 188 | 226 | 149 | 38 | 127 | 206 |
| 31 | 16 | 392 | 368 | 220 | 40 | 82 | 230 |
| 11 | 18 | 119 | 163 | 92 | 19 | 32 | 192 |
| 12 | 18 | 261 | 203 | 192 | 45 | | |
| 6 | 1 | 22 | 22 | 22 | 3 | | |
| 7 | 2 | 23 | 40 | 39 | 7 | 56 | 158 |
| 31 | 37 | 453 | 378 | 245 | 72 | 28 | 224 |
| 10 | 7 | 95 | 169 | 154 | 35 | 159 | 323 |
| 11 | 7 | 88 | 70 | 28 | 7 | | |
| 2 | 1 | 117 | 110 | 79 | 11 | 272 | 887 |
| 2 | 5 | 49 | 51 | 56 | 21 | 371 | 761 |
| | | 7 | 2 | 4 | | | |
| | | 3 | 7 | 13 | 8 | | |
| | 5 | 50 | 65 | 51 | 3 | | |

C-4-1续表

| 地区 | 事业单位会计制度财务指标 | | | |
| --- | --- | --- | --- | --- |
| | 固定资产原价 | 本年收入合计 | 本年支出合计 | 营业利润 |
| **全国** | **7996.1** | **20547.1** | **8264.4** | **-273.2** |
| 中央级 | 7660.0 | 16233.3 | 6905.2 | -348.3 |
| 北京 | 173.3 | 2062.6 | 428.2 | -290.2 |
| 天津 | | | | |
| 河北 | | | | |
| 山西 | | | | |
| 内蒙古 | | | | |
| 辽宁 | | | | |
| 吉林 | | | | |
| 黑龙江 | | | | |
| 上海 | 87.9 | 2191.2 | 923.7 | 364.3 |
| 江苏 | | | | |
| 浙江 | | | | |
| 安徽 | | | | |
| 福建 | | | | |
| 江西 | | | | |
| 山东 | | | | |
| 河南 | | | | |
| 湖北 | | | | |
| 湖南 | | | | |
| 广东 | | | | |
| 广西 | | | | |
| 海南 | | | | |
| 重庆 | | | | |
| 四川 | 24.9 | | 3.0 | |
| 贵州 | | | | |
| 云南 | 50.0 | 60.0 | 4.3 | 1.0 |
| 西藏 | | | | |
| 陕西 | | | | |
| 甘肃 | | | | |
| 青海 | | | | |
| 宁夏 | | | | |
| 新疆 | | | | |

单位：万元

| 民间非营利组织会计制度财务指标 | | |
|---|---|---|
| 固定资产原价 | 本年收入合计 | 本年费用合计 |
| **536515.6** | **471556.1** | **471399.7** |
| 102883.5 | 73656.4 | 58370.9 |
| 86832.5 | 73648.7 | 70849.0 |
| 8114.0 | 3857.6 | 3766.5 |
| 843.3 | 3130.9 | 3088.2 |
| 21843.2 | 15632.8 | 16448.0 |
| 1941.2 | 3658.5 | 5495.0 |
| 3454.2 | 9658.9 | 9201.4 |
| 44.5 | 156.0 | 141.1 |
| 8523.0 | 4640.7 | 5997.3 |
| 34630.2 | 31568.8 | 32258.7 |
| 17504.2 | 26389.3 | 26371.6 |
| 8716.9 | 37491.5 | 38744.1 |
| 953.9 | 1116.9 | 1130.5 |
| 3627.7 | 7025.9 | 14108.2 |
| 8056.6 | 11052.2 | 11210.1 |
| 23554.1 | 21026.6 | 20787.3 |
| 6606.6 | 13593.6 | 16661.4 |
| 17767.3 | 12598.8 | 12449.3 |
| 16393.4 | 22305.4 | 24558.3 |
| 35500.1 | 24209.0 | 24497.0 |
| 33035.9 | 11938.2 | 11768.1 |
| 2341.9 | 6853.5 | 5801.8 |
| 1286.1 | 3653.1 | 3673.0 |
| 57835.5 | 29055.4 | 27256.1 |
| 11518.6 | 10306.8 | 11844.0 |
| 1696.5 | 1785.9 | 1938.0 |
| 2496.4 | 2721.2 | 2895.0 |
| 12555.8 | 3445.5 | 3857.1 |
| 145.2 | 38.2 | 293.1 |
| 340.3 | 83.7 | 72.8 |
| 5473.0 | 5256.1 | 5866.8 |

# 第六部分

# 主要指标解释

# 主要指标解释

## 行政区划

**镇**　指报告期末不设区的市、市辖区、县（自治县、旗、自治旗、特区、林区）在辖区内实际设有的镇人民政府个数（必须是经省级人民政府批准而设置的）。

**乡**　指报告期末不设区的市、市辖区、县（自治县、旗、自治旗、特区、林区）在辖区内实际设有的乡人民政府个数（必须是经省级人民政府批准而设置的）。

**民族乡**　在少数民族聚居地区建立的乡级行政区划。

**苏木（民族苏木）**　内蒙古自治区的乡级行政区划。

**街道**　街道办事处的简称，是市辖区人民政府或功能区管委会（例:经济技术开发区管委会）的派出机关，受市辖区人民政府或功能区管委会领导，行使区人民政府或功能区管委会赋予的职权，相当于乡级行政区。

## 行政机关

**行政机关**　指县以上各级民政部门行政机关。

**乡、镇、街道民政助理员**　是在乡、镇、街道负责民政具体业务的工作人员，是我国最基层的民政工作者，他们主要负责与保障人民群众基本生活权益和民主政治权益相关的特困人员救助供养、最低生活保障、扶贫帮困、社区建设、婚丧嫁娶，以及老年人、残疾人、困境儿童权益保障等各项工作。

## 基本建设

**在建项目规模**　指本年度在建的新建、改建、扩建项目的建筑面积之和，包括以前年度开工未完工和本年度新开工的项目，不包括单纯设备购置、更新项目以及因购置设备安装而进行的局部管线、基础、空间改造项目。扩建项目统计扩建后项目总建筑面积。“其中：使用彩票公益金建设规模”包括彩票公益金全额投资以及部分资助的所有在建项目的建筑面积总和。

**在建项目总投资**　指本年度所有在建项目的总投资之和。

**开工累计完成投资**　指截至本年度末，所有开工项目自开工以来各年度已支付资金的总和。

**本年计划投资**　指本年度各项目建设单位申请并落实到位的各种来源资金总和。

**本年实际完成投资**　指本年度实际支出项目建设资金的总和。截至年底未完成计划工程内容时，该数字可小于本年投资计划；有往年结余资金在本年度使用时，该数字可大于本年投资计划。

（1）国家预算内投资：中央、省、地市及县预算内安排的投资，不含彩票公益金。

（2）银行贷款：包括向商业银行、政策性银行等借入的各项贷款。

（3）利用外资：包括国际金融组织贷款、外国政府组织贷款、外商直接投资以及国外银行贷款。

（4）彩票公益金：包括中央彩票公益金和各级民政系统留存使用的彩票公益金。

（5）其他：除上述资金来源以外的其他投资。

**本年完工项目规模**　指本年度完成正式竣工验收的项目建筑面积。项目统计口径与在建项目保持一致。

## 民政事业费预算

**上年结转预算指标**　指各级财政部门根据民政经费跨年使用的原则，由民政部门继续使用的上年结转预算指标。

**本级财政安排预算指标**　指各级财政安排的除上级下达的指标外的预算指标。

**本年上级下达预算指标**　指由上级民政部门下达的预算指标，此数字应与上级民政部门下达的指标文件核对一致。

**本年下达所属地方预算指标**　指省、地（市）级民政部门下达所属地方民政预算指标。此数字应与下级民政部门收到的上级下达预算指标核对一致。

本年预算指标=上年结转预算指标+本年财政安排预算指标+本年上级下达预算指标−本年下达所属地方预算指标。预算安排主要是财政拨款，民政部门财政拨款包括一般公共预算财政拨款和政府性基金预算财政拨款（彩票公益金）。

## 民政事业费支出

**社会福利**　反映社会福利事务支出，包括：

（1）儿童福利：指各级列入政府收支分类科目中2081001项指标，反映对儿童提供福利服务方面的支出。

（2）老年人福利：指各级列入政府收支分类科目中2081002项指标，反映对老年人提供福利服务方面的支出。

（3）残疾人福利：指各级列入政府收支分类科目中2081003假肢矫形与2081107残疾人生活和护理补贴项指标的合计，反映对残疾人提供福利服务方面的支出。

（4）殡葬：指各级列入政府收支分类科目中2081004项指标，反映财政对民政举办的火葬场等殡仪事业单位的补助支出。

（5）社会福利事业单位：指各级列入政府收支分类科目中2081005项指标，反映民政部门举办的社会福利事业单位支出，以及对集体办社会福利单位的补助费。

（6）其他社会福利支出：不在上述范围的用于社会福利的支出。含直接发放给未从单位领取过丧葬费（补贴）的城乡居民的丧葬补助。

**社会救助** 包括最低生活保障、临时救助、特困人员救助供养及其他生活救助。

（1）最低生活保障：指各级列入政府收支分类科目中20819款指标，反映城乡最低生活保障对象的最低生活保障金支出。

城市低保：指各级列入政府收支分类科目中2081901项指标，反映城市最低生活保障对象的最低生活保障金支出。

农村低保：指各级列入政府收支分类科目中2081902项指标，反映农村最低生活保障对象的最低生活保障金支出。

（2）临时救助：指各级列入政府收支分类科目中20820款指标，反映城乡生活困难居民的临时救助等支出，包括临时救助和流浪乞讨人员救助。

临时救助：指各级列入政府收支分类科目中2082001项指标，反映用于城乡生活困难居民的临时救助支出。

流浪乞讨人员救助：指各级列入政府收支分类科目中2082002项指标，反映用于生活无着的流浪乞讨人员的救助支出。

（3）特困人员救助供养：指各级列入政府收支分类科目中20821款指标，反映特困人员救助供养支出。

城市特困人员救助供养：指各级列入政府收支分类科目中2082101项指标，反映城市特困人员救助供养支出。

农村特困人员救助供养：指各级列入财政部政府收支分类科目中2082102项指标，反映农村特困人员救助供养支出。

（4）其他生活救助：指各级列入政府收支分类科目中20825款指标，反映除最低生活保障、临时救助、特困人员供养外，用于城乡生活困难居民生活救助的其他支出。

其他城市生活救助（含传统救济）：指各级列入政府收支分类科目中2082501项指标，反映除最低生活保障、临时救助、特困人员供养外，用于城市生活困难居民生活救助的其他支出。

其他农村生活救助（含传统救济）：指各级列入政府收支分类科目中2082502项指标，反映除最低生活保障、临时救助、特困人员供养、自然灾害生活救助外，用于农村生活困难居民生活救助的其他支出。

**民政管理事务** 指各级列入政府收支分类科目中20802款指标，反映民政管理事务支出。

（1）行政运行：指各级列入政府收支分类科目中2080201项，反映行政单位（包括实行公务员管理的事业单位）的基本支出。

（2）一般行政管理事务：指各级列入政府收支分类科目中2080202项，反映行政单位（包括实行公务员管理的事业单位）未单独设置项级科目的其他项目支出。

（3）机关服务：指各级列入政府收支分类科目中2080203项，反映为行政单位（包括实行公务员管理的事业单位）提供后勤服务的各类后勤服务中心、医务室等附属事业单位的支出。其他事业单位的支出，凡单独设立了项级科目的，在单独设置的项级科目反映。未设项级科目的，在“其他”项级科目中反映。

（4）社会组织管理：指各级列入政府收支分类科目中2080206项，反映民间组织管理方面的支出。

（5）行政区划和地名管理：指各级列入政府收支分类科目中2080207项，反映行政区划界线勘定、维护，以及行政区划和地名管理支出。

（6）基层政权和社区建设：指各级列入政府收支分类科目中2080208项，反映开展村民自治、村务公开等基层政权和社区建设工作的支出。

（7）其他民政管理事务支出：指各级列入政府收支分类科目中2080299项，反映民政部门接待来访、法制建设、政策宣传方面的支出，以及开展社会救助、社会福利、婚姻登记、社会事务、信息化建设等专项事务的支出。

**行政事业单位离退休**　指各级列入政府收支分类科目中20805款指标，反映用于行政事业单位离退休方面的支出。

**其他**　指财政从预算内经费中安排的其他用于民政事业的经费支出。

## 民政事业费收支

**上年结转及结余**　指各级民政部门以前年度尚未使用完毕、需结转至本年按有关规定继续使用的各类资金。

**本年收入合计**　本年度取得的全部收入。

**本年实际支出**　本年度全部支出。

**收支结余**　全部收入减去支出后的余额。

**年末结转及结余**　需要结转下年继续使用的各类资金。

**财政拨款收入**　本年度从本级财政部门取得的财政拨款，包括一般公共预算财政拨款和政府性基金预算财政拨款。

**上级补助收入**　事业单位从主管部门和上级单位取得的非财政补助收入。

**事业收入**　事业单位开展专业业务活动及其辅助活动取得的收入（事业单位收到的财政专户实际核拨的教育收费等资金在此反映）。

**经营收入**　事业单位在专业业务活动及其辅助活动之外开展非独立核算经营活动取得的收入。

**附属单位上缴收入**　单位附属的独立核算单位按照有关规定上缴的收入。

**其他收入**　单位取得的上述收入以外的各项收入，包括未纳入财政预算或财政专户管理的投资收益、银行存款利息收入、租金收入、捐赠收入、现金盘盈收入、存货盘盈收入、收回已经核销应收及预付款项，以及行政单位收到的财政专户管理资金等，也包括从本级财政部门以外的同级单位取得的经费，从非本级财政部门取得的经费。

**基本支出** 单位为保障机构正常运转、完成日常工作任务而发生的各项支出。

**项目支出** 单位为完成特定的行政工作任务或事业发展目标，在基本支出之外发生的各项支出。

**上缴上级支出** 事业单位按照财政部门和主管部门的规定上缴上级单位的支出。

**经营支出** 事业单位在专业业务活动及其辅助活动之外开展非独立核算经营活动发生的支出。

**对附属单位补助支出** 事业单位用财政补助收入之外的收入对附属单位补助发生的支出。

**婚姻登记收费** 指各级列入政府收支分类科目中103044901款指标，民政部门收取的婚姻登记收入。

**收养登记收费** 指各级列入政府收支分类科目中103044902款指标，民政部门收取的收养登记收入。

**殡葬收费** 指各级列入政府收支分类科目中103044908款指标，民政部门收取的殡葬收费收入。

## 社会工作

社会工作包括提供住宿的社会工作和不提供住宿的社会工作。

提供住宿的社会工作机构包括：养老机构、精神疾病服务机构、儿童福利和救助机构以及其他提供住宿机构。

**床位数** 指收留抚养性单位报告期末床位的实际收留抚养能力。对于炕、通铺，以正常可容纳人员数量折算床位数。

**民政服务床位** 包括养老床位、智障和精神疾病服务床位、儿童收养救助床位及其他社会服务床位。

（1）养老床位：包括养老机构床位和社区养老服务床位。

养老机构床位：包括社会福利院床位、农村特困人员供养机构床位、光荣院床位和老年公寓等其他养老机构床位。

社区养老服务床位：包括未登记的农村特困人员救助供养机构床位、社区养老照料机构和设施床位、社区互助型养老设施床位。

（2）智障和精神疾病床位数：指社会福利医院床位数。

（3）儿童服务床位数：包括儿童福利机构和未成年人流浪乞讨救助保护中心床位数。

（4）其他社会服务床位数：包括生活无着人员救助管理站、安置农场、其他提供住宿机构的相关床位数。

**年在院总人天数** 指提供住宿单位报告期内，收留抚养人员住院的总人天数。公式：本年在院总人天数=Σ（每名收留抚养人员的在院天数）。

**年末在院（收留抚养）人数** 指提供住宿单位在报告期末实际收留抚养的人员总数，包括特困人员、自费人员和其他人员。

（1）特困人员：是指因无法定赡养（抚养、扶养）义务人、无劳动能力和无生活来源而纳入特困救助供养政策保障的居民。

（2）自费人员：除优抚对象和特困人员以外的住院人员，不管实际有无收费，均统计为自费人员。

（3）其他人员：除以上两类以外均统计为其他人员。

**年龄段的划分**　老人是指60周岁及以上的人员；青壮年是指18周岁以上至59周岁以内的人员；未成年人是指17周岁（含17周岁）以下的人员。下同。

**自理能力划分**　（1）自理；（2）介助（半自理、半失能）；（3）介护（不能自理、失能）三类。

（1）自理：日常生活能够自理的老年人。

（2）介助（半自理、半失能）：日常生活行为依赖扶手、拐杖、轮椅和升降等设施帮助的老年人。

（3）介护（不能自理、失能）：日常生活行为依赖他人护理的老年人。

**康复和医疗门诊人次数**　设有医疗服务窗口（部门）的民政服务机构提供的康复和医疗门诊服务人次数。

**家庭寄养儿童数量**　应进入福利机构供养，但因当地未建福利机构或现有福利机构床位有限而散居社会、寄养在家庭中的、由民政部门负担生活费用的儿童数量。

**职工人数**　单位年末实有职工人数，按性质分为（1）机构管理人员；（2）专业技术技能人员。

（1）机构管理人员：指机构内承担领导职责和管理任务的工作人员，包括从事党政、行政、业务、财务、后勤和安全保卫等管理工作的人员。如：党委书记、院长、部门主任等。

（2）专业技术技能人员：指除具有管理职责工作人员以外的，直接为老年人、儿童、残疾人等贫困特殊群体提供服务的人员，不包括从事管理工作的技术技能人员。

**取得医疗机构执业许可证书的机构**　颁发给达到《医疗机构管理条例》相应条件的机构的执业证书。按照《医疗机构管理条例》，医疗机构执业许可证由卫生管理部门审发，并赋予登记证号，登记证号为22位的字母与数字组合。

**取得医疗保险定点医疗机构资格的机构**　定点医疗机构是通过劳动保障行政部门资格审定，并经医疗保险经办机构确定，为参保人员提供医疗服务的医疗机构。

## 养老机构

养老机构包括社会福利院、农村特困人员救助供养机构、光荣院和养老公寓等各类养老机构。

**社会福利院**　不以营利为目的提供食宿的，主要收养城市中无亲属子女赡养、无生活来源、无劳动能力的孤老、孤儿和残疾人为对象的综合性社会福利事业单位。

**农村特困人员救助供养机构**　为农村特困老年人等提供24小时集中居住和收留抚养照料服务的办理了注册登记、拥有统一社会信用代码的机构。例如，已经登记注册的**农村敬老院、**五保之家、**托老所、**镇养老服务中心、**镇养老福利服务中心等。

**光荣院**　收养照料孤老革命烈属或其他优抚对象安享晚年的机构。

**养老公寓等各类养老机构**　是指除了社会福利院、农村特困人员供养机构、光荣院以外，在编办、民政或者市场监管部门办理了登记注册手续，为老年人提供24小时集中居住和照料服务的机构，例如××养老中心、××养老公寓、××颐养院等。

## 精神疾病服务机构

精神疾病服务机构指社会福利医院。

**社会福利医院**　提供食宿的、不以营利为目的、主要收治无亲属子女赡养、无劳动能力、无生活来源的困难人群和低保对象中的智障和精神病人等的具有医疗机构资质的专门福利机构。

## 儿童福利和救助机构

儿童福利和救助机构包括儿童福利机构和未成年人救助保护中心。

**儿童福利机构**　包括儿童福利院和设有儿童部的社会福利院等儿童福利机构。

（1）儿童福利院：民政部门设立的，主要为依法由民政部门担任监护人的未成年人提供收留抚养等服务的机构。

（2）SOS儿童村：国际性的民间慈善机构，其运行经费主要来源是世界各国友好人士的爱心捐款，办村模式为以家庭方式抚养教育孤儿，并用“SOS”这个国际上通用的求救信号，呼吁全社会都来关心和帮助那些失去父母的孩子。

**未成年人救助保护中心**　对生活无着流浪乞讨未成年人实施救助，提供基本生活照料和教育、心理疏导、行为矫治等服务的专门机构。

## 其他提供住宿机构

其他提供住宿机构包括生活无着人员救助管理站、安置农场、其他提供住宿机构。

**生活无着人员救助管理站**　救助生活无着流浪乞讨人员的专门单位。

**生活无着流浪乞讨人员**　是指离家在外、自身无力解决食宿、无亲友投靠处于流浪或者乞讨状态的人员。

**在站救助人次数**　进入救助站接受救助的总人次数。每一位流浪乞讨人员从进入救助管理机构接受救助到结束救助计1人次，统计时正在救助站内接受救助的每一位流浪乞讨人员计为1人次。

（1）从其他站转入：是指在其他站已经得到了救助，但在必要的情况下，通过其他站与本站协商安排，转入本站继续救助的情况。

（2）肢体残疾人：是指在生理、人体结构上，某种组织、功能丧失或者不正常，全部或者部分丧失以正常方式从事某种活动能力的人。肢体残疾人包括视力残疾、听力残疾、语言残疾、四肢残疾的人。

（3）智障及精神疾病病人：指智力残疾、精神残疾的人，包括处于发作期的精神病人。

（4）救治的危重病人：指救助管理机构无偿为站内或者流落街头无人照料且生活无着的、正处于危重状态的急症病人提供的基本医疗救治服务。

（5）自主返乡：是指具有完全行为能力的公民，在身体、精神状况等因素允许的情况下，基于自己的意愿，自行返乡的情形。

（6）跨省接送：是指对于受助人员中无自主返乡能力的残疾人、未成年人和其他行动不便者等跨省流动的特殊困难救助对象，由流出地救助管理机构将其接领返乡或流入地救助管理机构将其护送返乡的情形。

（7）家暴庇护：因家暴自愿到救助站申请庇护救助服务或者由职能部门护送家暴受害人到站接受庇护救助服务的人次数。

（8）年末在站人数：报告期末，仍在救助站内接受救助的人数。

（9）本年在站人天数：所有受助人员在站天数的总和。

（10）在站滞留三个月以上人数：暂时查找不到监护人（家庭信息、住所地）滞留在救助管理站三个月以上的受助人员，包括救助站委托社会力量照料的受助人员。

（11）本年站外救助人次数：本年在救助站外救助的流浪乞讨人员总人次数。

**安置农场**　指由民政部门管理、独立核算、企业化管理的农场（由救助类单位中的安置农场转移而来）。

**其他提供住宿机构**　指上述机构之外的提供住宿的其他民政服务机构。

## 不提供住宿的社会工作

不提供住宿的社会工作包括社区服务机构和设施、老年人福利和残疾人福利、儿童福利和儿童收养、民政部门直属康复辅具机构、低保服务机构、社会救助以及彩票发行机构。

## 社区服务机构和设施

**社区服务机构和设施**　是面向全体城乡居民提供社区服务的机构和设施。原则上，城乡社区服务机构应能提供以公共服务为主体的综合性服务，城乡社区服务设施面积应能满足社区组织办公和社区综合服务所需，并配置多功能社区居民活动场所。在此基础上可根据社区居民的实际需求，重点强化若干类服务功能。社区服务机构和设施包括：

（1）社区服务指导中心：是指建立在县区层面以上的，对社区服务中心和服务站具有指导功能的社区服务类机构。

（2）社区服务中心：是指建设在乡、镇、街道层面，以“一站式”服务为特点的社区服务中心。街道办事处及社区组织依托社区服务中心，组织开展就业服务和职业培训、社区救助、社区治安、社区卫生和计划生育、社区环境和文化、教育、体育等公共服务。

（3）社区服务站：是指在社区层面，建设功能为社区居家养老服务，重点发展面向老年人及其家庭的商品递送、医疗保健、家庭保洁、日间照料、陪伴等服务的设施和综合性、多功能的社区服务站。

（4）未登记的农村特困人员救助供养机构：是指没有在编办或者民政部门登记，为农村特困供养老年人等提供24小时集中居住和收留抚养照料服务的设施。例如，没有登记注册的××农村敬老院、××五保之家、××托老所、××镇养老服务中心、××镇养老福利服务中心等。

（5）社区养老照料机构和设施：是指在社区建立的、为社区老年人提供日间或留宿照料服务的小型养老机构或者设施。例如：××社区老年中心、××星光老年之家、××老年社区日间照料中心。

（6）社区互助型养老设施：是指依托村（居）委会办的微型的五保村、五保家园、幸福院等互助型养老设施，没有专职服务人员、不是注册登记的独立机构，以相互帮助为主，提供少量床位，可以住宿、不以营利为目的，为老年人、残疾人、烈军属等社区居民提供互助养老服务的设施。

（7）其他社区服务机构和设施：是指独立于社区服务中心、社区服务站以外的为居民提供各种（除养老以外的）专业社区服务的机构和设施。如：社区儿童服务站、社区残疾人康复站、问题人群庇护站等。

（8）社会捐赠接收站点：指至报告期末，在大中城市、有条件的小城市设立的具备集中清理、消毒、运输捐赠物品功能的机构数量和设立在街道（乡、镇）、居（村）委会中的社会捐助点数量。

（9）慈善超市：截至报告期末，以经常性社会捐助站（点）为依托，以解决困难群众生活困难为主的，以有针对性的募集和发放为主要形式，借鉴商业超市管理模式，救助对象按需领取捐助物资的社会捐助机构数。

（10）(I) 城市社区综合服务设施覆盖率：城市建设的社区指导中心、社区服务中心、社区服务站的个数之和除以当年期末居委会数乘以100%。计算公式如下：

$$\text{城市社区综合服务设施覆盖率} = \frac{\text{城市社区指导中心+城市社区服务中心+城市社区服务站}}{\text{当年期末居委会数}} \times 100\%$$

(II) 农村社区综合服务设施覆盖率：是指农村社区指导中心、农村社区服务中心、农村社区服务站、未登记注册的农村特困供养机构、农村社区养老照料机构和设施、农村社区互助型养老设施、农村其他社区服务机构和设施数量之和除以当年期末村委会数乘以100%。计算公式如下：

$$\text{农村社区综合服务设施覆盖率} = \frac{\begin{array}{c}\text{农村社区指导中心+ 农村社区服务中心 + 农村社区服务站+农村社区养老照料机构和设施}\\ \text{+未登记注册的农村特困供养机构+农村社区互助型养老设施+ 农村其他社区服务机构和设施}\end{array}}{\text{当年期末村委会数}} \times 100\%$$

## 老年人福利和残疾人福利

**享受高龄补贴的老年人数**　指报告期末各地领取了高龄补贴的老年人数。

**享受护理补贴的老年人数**　指报告期末，生活长期不能自理、经济困难的老年人，根据其失能程度等情况享受政府给予的现金、代金券、物资等护理补贴的人数。

**享受养老服务补贴的老年人数**　指报告期末，经济困难的老年人，在生活照料、紧急救援、医疗护理、精神慰藉、心理咨询等养老服务方面享受政府给予的现金、代金券、物资等补贴人数。

**享受综合补贴的老年人数**　如果本省设立了老年人综合补贴，没有单独设立护理补贴和养老服务补贴，则护理补贴和养老服务补贴指标必须为空，将享受补贴的人数填在享受综合补贴的老年人指标中。

**残疾人**　是指在心理、生理、人体结构上，某种组织、功能丧失或者不正常，全部或者部分丧失以正常方式从事某种活动能力的人。残疾人包括视力残疾、听力残疾、言语残疾、肢体残疾、智力残疾、精神残疾、多重残疾和其他残疾的人。六类残疾人证的评定标准按照中国残疾人联合会文件〔1995〕残联组联字第61号《关于统一制发中华人民共和国残疾人证的通知》规定。

**困难残疾人生活补贴**　补助残疾人因残疾产生的额外生活支出，对象主要是低保家庭中的残疾人，有条件的地方可逐步扩大到低收入残疾人及其他困难残疾人。

**重度残疾人护理补贴**　补助残疾人因残疾产生的额外长期照护支出，对象为残疾等级被评定为一级、二级且需要长期照护的重度残疾人，有条件的地方可扩大到非重度智力、精神残疾人或其他残疾人，逐步推动形成面向所有需要长期照护残疾人的护理补贴制度。

## 儿童福利和儿童收养

**孤儿**　是指失去父母或查找不到生父母的未满18周岁、由地方县级以上民政部门依据有关规定和条件认定的、并已经领取了孤儿基本生活费的未成年人。

**集中养育孤儿**　社会福利机构抚养或寄养的孤儿。

**社会散居孤儿**　在社会上分散供养的，由其法定监护人承担抚养义务、履行监护职责的孤儿。

**儿童收养登记**　指中国公民以及外国人在中国境内收养子女和协议解除收养关系，在县级及以上民政部门办理的收养登记和解除收养关系登记。县级及以上民政部门办理儿童收养登记或解除收养关系登记一次为一件。

**成立收养关系登记**　指中国公民以及外国人在中国境内收养子女，在县级及以上民政部门办理的收养登记。

（1）中国公民收养登记：指中国居民作为收养人办理成立收养关系的收养登记。其中：

①香港居民收养登记：指收养人是居住在香港特别行政区的中国公民。夫妻共同收养有一方是香港居民的，按香港居民办理收养统计。

②澳门居民收养登记：指收养人是居住在澳门的中国公民。夫妻共同收养有一方是澳门居民的，按澳门居民办理收养统计。

③台湾居民收养登记：指收养人是居住在台湾的中国公民。夫妻共同收养有一方是台湾居民的，按台湾居民办理收养统计。

④华侨收养登记：指收养人是侨居国外的中国公民（含留学生）。夫妻共同收养有一方是华侨的，按华侨办理收养统计。

（2）外国人收养登记：指收养人是具有外国国籍（包括无国籍人）的人员。夫妻共同收养有一方是外国人的，按外国人办理收养统计。

**被收养儿童合计**　指通过收养登记被家庭收养儿童人数的总和。分为以下八类：

**（1）社会福利机构抚养的孤儿**　指在社会福利机构抚养的父母死亡的儿童。

**（2）社会福利机构抚养的弃儿**　指在社会福利机构抚养的查找不到生父母的儿童。

**（3）继子女收养**　是指因被收养人的生父或生母再婚，继父或继母与被收养人确立收养关系的收养登记。

**（4）三代以内同辈旁系血亲的子女**　指被收养法中规定的三代以内同辈旁系血亲关系收养的儿童人数。统计此指标的目的是为了掌握收养三代以内同辈旁系血亲子女数量。

**（5）非社会福利机构抚养的孤儿**　指非社会福利机构抚养的孤儿。此类必须是孤儿父母死亡或查找不到生父母，一般由其近亲属担任监护人，未在社会福利机构抚养。

**（6）非社会福利机构抚养的弃儿**　指非社会福利机构抚养的弃儿。

**（7）生父母有特殊困难无力抚养的子女**　指生身父母有特殊困难无力抚养自己的子女而作为送养人的儿童。

**（8）生父母均不具备完全民事行为能力且具有严重危害可能的子女**　指生身父母不具备完全民事行为能力且对子女具有严重危害可能而被收养的子女。

**协议解除收养关系登记**　指具有收养关系的当事人通过协商解除收养关系的必经程序。办理协议解除收养关系的登记机关是县级及以上民政部门。

## 民政部门直属康复辅具机构

**民政部门直属康复辅具机构**　指民政部门直属的专门为残疾人生产、装配、修理、销售康复辅具的单位。

## 低保服务机构

**低保服务机构**　承担低收入家庭经济状况信息数据库的建立和维护、经济状况信息查询与核对、宣传交流等相关具体工作的机构，以及民政直属的低保审批经办机构，不包括各级民政部门内设的社会救助处、科、办等。

## 社会救助

**城市（农村）最低生活保障** 最低生活保障是指国家对家庭人均收入低于当地政府公告的最低生活标准的人口给予一定现金资助，以保证该家庭成员基本生活所需的社会保障制度。城市（农村）最低生活保障人数指在报告期末纳入城市（农村）最低生活保障的居民数。

城市低保对象中的成年人按照就业情况分为以下四类：

（1）在职人员：指从事一定社会劳动并取得劳动报酬或经营收入的人员，一般应与某一单位建立劳动关系，包括企业内退人员和个体经营人员。

（2）灵活就业：指为社会、单位、家庭或个人提供临时性、季节性、弹性劳务并获取相应劳动报酬，且无法建立或暂无条件建立稳定劳动关系的人员。

（3）失业：指在劳动年龄（16周岁至法定退休年龄）内，有劳动能力，无业而要求就业，并在当地就业服务机构进行求职登记的人员。

（4）无就业条件：指在劳动年龄（16周岁至法定退休年龄）内，因丧失劳动能力或因照料家中残疾人、老年人、未成年人等原因而不具备劳动时间，且未在当地就业服务机构进行求职登记的人员。

农村低保对象中的成年人按照劳动条件分为以下两类：

（1）无劳动条件：指在劳动年龄（16周岁至法定退休年龄）内，因丧失劳动能力或因照料家中残疾人、老年人、未成年人等原因而没有劳动时间或不具有劳动条件的人员。

（2）有劳动条件：指在劳动年龄（16周岁至法定退休年龄）内，除无劳动条件人员外的人员。

农村低保中“纳入扶贫建档立卡对象”：指纳入扶贫部门建档立卡范围的农村低保对象人数。

**当月新增低保人数** 指本月新纳入最低生活保障并领取了低保金的人数。

**当月退出低保人数** 指本月退出最低生活保障并停发低保金的人数。

**城市（农村）低保累计支出** 是指低保金与低保临时补助的合计。低保金：反映对最低生活保障对象发放低保金的支出；低保临时补助：反映对最低生活保障对象的价格补贴、节日补贴等临时或者一次性补助支出。

**城市（农村）低保标准** 指由地方人民政府确定的家庭人均收入线，低于该线的家庭纳入最低生活保障范围。

**城市（农村）低保户数** 指领取最低生活保障金的居民家庭数。

**特困人员救助供养** 指满足特困人员认定条件，纳入特困人员救助供养范围的，享受特困人员救助供养待遇的对象。

（1）按护理类型（自理能力）分类

全护理：指根据特困人员认定办法，被认定为完全丧失生活自理能力的特困人员。

半护理：指根据特困人员认定办法，被认定为部分丧失生活自理能力的特困人员。

全自理：指根据特困人员认定办法，被认定为具备生活自理能力的特困人员。

（2）按供养方式分类

集中供养：指在供养服务机构中集中供养的特困人员。

分散供养：指享受分散供养待遇在家供养的特困人员。

**临时救助**　对遭遇突发事件、意外伤害、重大疾病或其他特殊原因导致基本生活陷入困境，其他社会救助制度暂时无法覆盖或救助之后基本生活暂时仍有严重困难的家庭或个人给予的应急性、过渡性的救助。临时救助的人次数，不包括在救助管理机构获得救助的生活无着的流浪、乞讨人员。临时救助人次数指临时救助对象一年内获得临时救助的总次数，如1人一年内获得2次临时救助，则统计为2人次。

（1）按属地分类

本地户籍：指本地户籍人员获得临时救助的人次数。

非本地户籍：指非本地户籍人员获得临时救助的人次数。

（2）按对象分类

低保对象：指最低生活保障对象获得临时救助的人次数。

特困人员：指特困人员获得临时救助的人次数。

其他：指除最低生活保障对象、特困人员外的其他人员获得临时救助的人次数。

## 彩票发行

**福利彩票发行单位**　指民政部门管理的、独立核算的，以筹集社会福利基金为目的发行和销售社会福利彩票的事业单位。

## 社会组织

社会组织包括社会团体、民办非企业单位（社会服务机构）和基金会三类。

**社会团体**　指中国公民自愿组成，为实现会员共同意愿，按照其章程开展活动的非营利性社会组织。包括各种协会、学会、联合会、研究会、联谊全、促进会、商会等。社会团体不得从事以营利为目的的经营性活动，并具备以下四项法人条件：①依法成立；②必要的财产或者经费；③有自己的名称、组织机构和场所；④能够独立承担民事责任。否则，不能统计为社团机构数。报告期末合法社团总数，即为年末实有社团机构数。

**民办非企业单位**　即社会服务机构，是指企业事业单位、社会团体和其他社会力量以及公民个人利用非国有资产举办的，从事非营利性社会服务活动的社会组织。目前，民办非企业单位主要分布在教育、卫生、文化、科技、体育、劳动、民政、社会中介、服务业等行（事）业中。

民办非企业单位根据其依法承担民事责任的不同方式分为民办非企业单位（法人）、民办非企业单位（合伙）和民办非企业单位（个体）3种。个人出资且担任民办非企业单位负责人的，可申请办理民办非企业单位（个体）登记；两人或两人以上合伙举办的，可申请办理民办非企业单位（合伙）登记；两人或两人以上举办且具备法人条件的，可申请办理民办非企业单位（法人）登记。由企业事业单位、社会团体和其他社会力量举办的，或由上述组织与个人共同举办的，应当申请民办非企业单位（法人）登记。

**基金会** 指利用自然人、法人或者其他组织捐赠的财产，以从事公益事业为目的，按照《基金会管理条例》规定成立的非营利性法人。基金会分为具有公开募捐资格的基金会和不具有公开募捐资格的基金会。

（1）具有公开募捐资格的基金会：依据《慈善法》取得了公开募捐资格的基金会。

（2）不具有公开募捐资格的基金会：没有依据《慈善法》取得公开募捐资格，只可以在特定对象范围内开展定向募捐的基金会。

**社会组织负责人** 是指任理事长（会长）、副理事长（副会长）及秘书长以上职务的负责人。

**当年年检单位数** 指当年按规定参加年检的社会组织单位个数，包括参加年检但未通过的单位数。

**当年新登记单位** 是指本年度民政部门新登记的社会团体、民办非企业单位、基金会数量，基层备案的社会组织不计算在内。

**慈善组织** 依法成立、符合《慈善法》规定，以面向社会开展慈善活动为宗旨的非营利性组织。慈善组织可以采取基金会、社会团体、民办非企业单位等组织形式。

社会组织按照所服务行业分为：

（1）S工商服务业：从事工业、商业、服务业等经济类活动的社会组织；

（2）S农业及农村发展：直接为农业及农村发展服务的社会组织；

（3）M科学研究：从事自然科学、社会科学研究的社会组织，包括思想政治工作研究会；

（4）P教育：从事各种教育活动的组织；

（5）Q卫生：从事各种医疗、卫生、保健服务的组织；

（6）R文化：从事文学、艺术、娱乐、收藏、新闻、媒体、出版等相关的活动组织；

（7）R体育：从事各种体育运动、健身活动的组织；

（8）N生态环境：从事动物保护、植物保护、环境保护以及环境治理的组织；

（9）Q社会服务：从事社会福利、救灾救助、社会保障及社会事务的组织；

（10）S法律：从事各种法律研究、咨询、援助、代理的组织；

（11）S宗教：各类宗教及宗教交流组织；

（12）S职业及从业者组织：职业协会、专门行业从事者组织；

（13）T国际及涉外组织：国际性非营利性组织、外国商会；

（14）K其他：校友会、友好协会，及其他未列明的组织。

**社会组织行政执法** 是指民政部门对登记的社会组织作出的行政处罚和取缔非法社会组织。包括：

（1）行政处罚：指本年度民政部门依据《社会团体登记管理条例》《民办非企业单位登记管理暂行条例》《基金会管理条例》，对违反上述条例规定的社会团体、民办非企业单位、基金会作出行政处罚并且已经结案归档的案件数。因行政处罚引起的行政复议、行政诉讼未复议或审理终结的，不影响统计。

（2）没收违法经营额或违法所得：指本年度民政部门依据《社会团体登记管理条例》《民办非企业单位登记管理暂行条例》，对违反上述条例规定的社会团体和民办非企业单位作出其他行政处罚时予以并处没收违法经营额或违法所得处罚的案件数。

（3）罚款：指本年度民政部门依据《社会团体登记管理条例》《民办非企业单位登记管理暂行条例》，对违反上述条例规定的社会团体和民办非企业单位作出其他行政处罚时予以并处罚款处罚的案件数。

（4）警告：指本年度民政部门依据《社会团体登记管理条例》《民办非企业单位登记管理暂行条例》《基金会管理条例》，对违反上述条例规定的社会团体、民办非企业单位、基金会作出警告处罚的案件数。

（5）限期（责令）停止活动：指本年度民政部门依据《社会团体登记管理条例》《民办非企业单位登记管理暂行条例》《基金会管理条例》，对违反上述条例规定的社会团体、民办非企业单位、基金会作出限期（责令）停止活动处罚的案件数。

（6）撤销登记（吊销登记证书）：指本年度民政部门依据《慈善法》《社会团体登记管理条例》《民办非企业单位登记管理暂行条例》《基金会管理条例》，对违反上述条例规定的社会团体、民办非企业单位、基金会作出撤销登记和吊销登记证书处罚的案件数。

（7）取缔非法社会组织：指本年度民政部门依据《社会团体登记管理条例》《民办非企业单位登记管理暂行条例》《基金会管理条例》取缔的案件数。

（8）没收非法财产：指本年度民政部门取缔非法社会组织案件中并处没收非法财产的案件数。

## 自治组织

**居民委员会数**　指报告期末城市和建制镇在城镇居民集中居住的地区设立的居民委员会实有个数（含家委会）。

**取得统一社会信用代码的村（居）民委员会个数**　到民政部门办理了统一社会信用代码证并取得了相关证书的村（居）民委员会个数。相关工作见民政部公告第414号《民政部关于赋予村（居）民委员会统一社会信用代码有关事项的公告》。

**居民小组数**　指报告期末在居民委员会下设的由居民组成的群众自治组织总数。

**居（村）民委员会成员人数**　指依照法律规定，经选举产生的居民委员会（村民委员会）的主任、副主任和委员的总数。

**村民委员会数**　指报告期末乡镇在农业人口的居住地区设立的群众性自治组织（即村民委员会）实有个数。

**成员中有女性的村民委员会数**　指报告期末村民委员会成员中有女性的村民委员会实有个数。

**自然村** 是指按照自然、地理特点自发形成的农民生活居住村落。

**村民小组数** 指报告期末在村民委员会下设的由农民组成的群众自治组织总数。

**当年完成选举的村（居）民委员会数** 本年度内进行了村（居）民委员会选举，而且当选成员人数足够组成新一届村（居）委会开展工作的村（居）委会。

**当年完成选举的村（居）选民登记总数** 只对本年度内完成村（居）委会选举的村（居）统计此指标。一个村（居）的选民登记总数少于本村（居）村（居）民数，大于等于本届登记选民数。

**本届（登记）选民数** 指在本年度内完成村（居）委会选举的村（社区）中，按照村（居）民选举委员会发布的公告，于有效日前在村（居）民选举委员会依法登记，有资格参加投票的本村（社区）选民。

**参加投票人数** 在本年度内完成村（居）委会选举的村中，以亲自投票、委托投票等形式参加了选举的选民人数。每个村（居）的参加选举人数，应当等于从票箱里收回的全部选票数。其中“委托投票人数”：指采用委托投票方式参加投票人数。

**经推选（选举）产生的村民代表数** 指依照法律、法规规定，经推选（选举）程序产生、任期为三年的村民代表人数。一般来说，一个村村民代表的人数从数值上少于村民代表会议组成人员的总数。

**当年召开村民会议的次数** 村民会议有两种组织形式：一是本村18周岁以上村民的过半数参加；二是本村三分之二以上的户的代表参加。有些地方通过“村务公决”的方式决策重大村务，也可视为第三种形式的村民会议予以统计。

**村委监督委员会数** 指报告期末建制村建立的村务监督委员会个数。

## 婚姻登记

**内地居民结婚登记** 指报告期内婚姻登记机关办理的当事人双方均是内地居民的结婚登记。

**结婚率** 结婚对数除以当年期初人口数与当年期末人口数的和的一半乘以1000‰。

**初婚人数** 指报告期内婚姻登记机关办理的结婚登记中，当事人属第一次结婚人数的总和。

**再婚人数** 指报告期内经婚姻登记机关办理的结婚登记中，当事人属第二次（或者二次以上）结婚人数的总和。再婚包含恢复结婚。

**恢复结婚** 指报告期内，原为夫妻关系的男女双方申请办理结婚登记，经婚姻登记机关审查，为其办理结婚登记的件数。

**涉外及华侨、港澳台结婚登记** 指婚姻登记机关办理的，夫妻双方或一方是外国人、华侨、港澳台同胞的结婚登记件数。

**港澳居民结婚登记人数** 指报告期内经民政部门的婚姻登记机关批准登记结婚的当事人的一方或双方是居住在香港、澳门特别行政区的中国公民人数。

**台湾居民结婚登记人数** 指报告期内在婚姻登记机关登记结婚的台湾居民人数。

**华侨结婚登记人数** 指报告期内婚姻登记机关登记结婚的华侨（含留学人员）的人数。

**外国结婚登记人数**　指报告期婚姻登记机关登记结婚的外国人（含外籍华人）人数。

**离婚率**　是指离婚对数除以当年期初人口数与当年期末人口数的和的一半乘以1000‰。

**内地居民离婚登记**　指报告期内内地居民在婚姻登记机关登记离婚的件数。

**港澳居民离婚登记**　指报告期内港澳特别行政区的中国公民在婚姻登记机关登记离婚的件数。

**台湾居民离婚登记**　指报告期内台湾居民在婚姻登记机关登记离婚的件数。

**华侨离婚登记**　指报告期内华侨（含留学人员）在婚姻登记机关登记离婚的件数。

**涉外居民离婚登记**　指报告期内外国人（含外籍华人）在婚姻登记机关登记离婚的件数。

**办理婚姻登记事务处数**　指具体办理婚姻登记事务的场所、网点的数量，含编办登记、民政登记和未登记的婚姻登记机构以及乡镇街道可以办理婚姻登记的网点等。

## 殡葬服务

殡葬管理服务机构包括殡仪馆（含火葬场）、公墓、殡葬管理机构。

**殡仪馆**　指独立核算的，从事遗体火化、骨灰寄存以及其他殡仪服务单位总称。

**公墓**　指省级民政部门批准建设、独立核算的、集中埋葬骨灰或遗体的单位总称。

**殡葬管理机构**　是独立核算的、受行政机关委托从事殡葬管理工作的单位。

在统计殡葬单位时，同一个单位不能跨类进行统计。

**火化率**　是指当年火化遗体数除以当年死亡人数乘以100%。

**火化炉数**　指报告期末遗体火化的设备实有数，包括火化备用炉。

**全年火化遗体数**　指报告期内殡仪馆火化遗体的总数。

**国际运尸数**　是指经海关出入境户体的数量。

**穴位数**　指报告期末公墓实建的穴位数。

**本年销售穴位数**　指报告期内公墓实际售出的穴位数。

**安葬数**　指报告期末已安葬的穴位数。

**本年安葬数**　指报告期内已安葬的穴位数。

**节地生态安葬数**　就是以节约资源、保护环境为价值导向，鼓励和引导人们采用格位葬、树葬、草坪葬、花葬、撒散、江（河、湖）葬、深埋等不占或少占土地、少耗资源、少使用不可降解材料的方式安葬骨灰或遗体，使安葬活动更好地促进人与自然和谐发展。

## 其他民政直属单位

**其他民政直属单位**　指民政信息中心、地名普查研究单位等未归类到社会工作机构中的各类其他民政直属单位。